Uni-Taschenbücher Ba

UTB

Eine Arbeitsgemeinschaft der Verlage

Birkhäuser Verlag Basel und Stuttgart
Wilhelm Fink Verlag München
Gustav Fischer Verlag Stuttgart
Francke Verlag München
Paul Haupt Verlag Bern und Stuttgart
Dr. Alfred Hüthig Verlag Heidelberg
Leske Verlag + Budrich GmbH Opladen
J. C. B. Mohr (Paul Siebeck) Tübingen
C. F. Müller Juristischer Verlag – R. v. Decker's Verlag Heidelberg
Quelle & Meyer Heidelberg
Ernst Reinhardt Verlag München und Basel
F. K. Schattauer Verlag Stuttgart-New York
Ferdinand Schöningh Verlag Paderborn
Dr. Dietrich Steinkopff Verlag Darmstadt
Eugen Ulmer Verlag Stuttgart
Vandenhoeck & Ruprecht in Göttingen und Zürich
Verlag Dokumentation München

Sozialistische und kommunistische Parteien in Westeuropa
Band I: Südländer

Veröffentlichung des
Sozialwissenschaftlichen Forschungsinstituts
der Konrad-Adenauer Stiftung
Herausgegeben durch
Professor Dr. Dieter Oberndörfer
Redaktion: Dr. Hans-Joachim Veen

Sozialistische und kommunistische Parteien in Westeuropa
Band I: Südländer

Leske Verlag + Budrich GmbH, Opladen

CIP-Kurztitelaufnahme der Deutschen Bibliothek

**Sozialistische und kommunistische Parteien in
Westeuropa:** Veröff. d. Sozialwissenschaftl.
Forschungsinst. d. Konrad-Adenauer-Stiftung.
Hrsg. durch Dieter Oberndörfer. Opladen:
Leske und Budrich.

NE: Oberndörfer, Dieter [Hrsg.]; Sozialwissen-
schaftliches Forschungsinstitut <Bonn>

Bd. 1. Südländer. - 1. Aufl. - 1978.
  (Uni-Taschenbücher; 761)
  ISBN 3-8100-0240-2

Satz: Gisela Beermann, Leverkusen
      Volker Spiess, Berlin
Druck: Hain-Druck KG, Meisenheim/Glan
Bindearbeit von Sigloch-Henzler, Stuttgart
Umschlagentwurf: Alfred Krugmann, Stuttgart
© 1978 by Leske Verlag + Budrich GmbH, Opladen
Printed in Germany
Band II dieses Werkes hat die
ISBN 3-8100-0241-0

Inhaltsübersicht

bis zur Zeit nach dem Zweiten Weltkrieg; III. Griechische Außenpolitik nach dem Zweiten Weltkrieg; IV. Das Parteienspektrum seit 1974: „Neue Demokratie" und „Vereinigung des Demokratischen Zentrums"; V. Die kommunistischen und sozialistischen Parteien nach 1974 und ihre außenpolitischen Optionen; VI. Die Außenpolitik der Regierung Karamanlis; VII. Ausblick: Perspektiven der griechischen Politik.

Einführung: Die sozialistischen und kommunistischen Parteien Frankreichs, Italiens, Spaniens und Griechenlands

Dieter Oberndörfer

I. Die unterschiedlichen Entwicklungsmuster der sozialistischen und kommunistischen Parteien Westeuropas

In diesem ersten Band einer zunächst auf zwei Bände angelegten Veröffentlichung über die kommunistischen und sozialistischen Parteien Westeuropas werden die ideologisch-programmatische und organisatorisch-personelle Entwicklung dieser Parteien in Frankreich, Italien, Spanien und Griechenland dargestellt und analysiert. Das Erkenntnisinteresse der einzelnen Untersuchungen ist ein politisch-prognostisches: Es sollen die hinter der bloßen Fassade ideologischer Etiketten und Grundsatzerklärungen liegenden „eigentlichen" Motive, Ziele, Taktiken und Strategien der politischen Akteure erkennbar gemacht, die politischen Kräftekonstellationen innerhalb der einzelnen Parteien und der Spielraum möglicher politischer Entscheidungen einschließlich der damit verbundenen innen- und außenpolitischen Konsequenzen herausgearbeitet werden.

Die Geschichte der politischen Linken Frankreichs, Italiens, Spaniens und auch Griechenlands wird durch ein gemeinsames oder zumindest ähnliches Entwicklungsmuster charkterisiert, das sich grundlegend von dem der politischen Linken in Großbritannien, Mitteleuropa und Skandinavien unterscheidet.

Nördlich der Alpen blieben oder wurden nach dem 2. Weltkrieg die kommunistischen Parteien fast durchweg – von den Sonderfällen Finnlands und der Machtergreifung des Kommunismus in Mitteldeutschland abgesehen – zu einer politisch unbedeutenden Ghettoexistenz am Rande des Wählerspektrums und der politisch-geistigen Entwicklung verurteilt. Gleichzeitig wurde innerhalb der politisch organisierten Linken der Gedanke des sozialen Reformismus dominant. Die politische Linke öffnete sich zur Mitte hin. Sie integrierte sich voll in die bürgerlich pluralistische Demokratie. Sie orientierte sich am Leitbild einer durch soziale Reformen sozialstaatlich ange-

reicherten Demokratie und wandte sich damit von dem traditionellen
instrumentalen sozialistischen Verständnis der Demokratie als eines
bloßen Mittels zur Verwirklichung einer sozialistischen Gesellschaft ab.
Dort wo, wie z.B. in der Bundesrepublik nach dem 2. Weltkrieg, sozialistisch-marxistische Traditionen überlebt hatten, erhielten diese einen
zunehmend ornamentalen Charakter und wurden im Laufe der 50er
Jahre innerparteilich marginalisiert. Die Übernahme der Regierungsverantwortung durch die politische Linke erfolgte in Großbritannien,
in Skandinavien und schließlich in der Bundesrepublik auf der Grundlage einer pragmatisch-sozialreformerischen, eben „sozialdemokratischen" Programmatik. Im Rahmen des kalten Krieges gehörten die
politischen Sympathien der „sozialdemokratischen" Linken eindeutig
der westlichen Staatengemeinschaft. Erst in den 60er Jahren setzten
innerhalb der sozialdemokratischen Parteien ideologische Gährungs-
prozesse ein. Es bildeten sich von Land zu Land mit jeweils unterschiedlicher Kraft radikale „linke" Flügel, die sich ideologisch an einem
Gemisch aus radikaldemokratisch-egalitären und klassenkämpferisch-
sozialistischen Vorstellungen orientierten. Außenpolitisch drängten
die neuen radikalen Kräfte häufig auf einen mit antiamerikanischen
Ressentiments aufgeladenen neutralistischen Kurs. Die Radikalisierung
bzw. „Resozialisierung" der sozialdemokratischen Parteien erhielt,
trotz kritischer Resonanz in weiten Teilen der Öffentlichkeit, durch
ihre starke Verankerung in der jüngeren Parteibasis und der allgemeinen
Entwicklung des geistig-kulturellen Klimas Westeuropas eine beträchtliche politische Durchschlagkraft. Als Konsequenz der mit ihr verbundenen scharfen moralischen Abqualifizierung der westlichen Marktwirt-
schaften durch deren Etikettierung als „Kapitalismus" und „Imperialismus" wurde die Abgrenzung dieses Neosozialismus vom Kommunismus zunehmend schwieriger. Das umso mehr, weil die historischen
Konkretisierungen des Kommunismus in den Ostblockstaaten, in
Kuba und China von den Neosozialisten trotz aller kritischen Distanzierung im Detail doch als Ausdrucksformen des Sozialismus entweder
im Prizip bejaht oder ihnen im Unterschied zum eigentlichen Gegner,
eben dem „westlichen Kapitalismus", zumindest noch gewisse residuale
Sympathien entgegengebracht wurden. Dadurch wurden kommunistische Unterwanderungsversuche erleichtert und die Zusammenarbeit mit Kommunisten außerhalb der eigenen Parteiorganisation
bei der Verfolgung gemeinsamer Ziele ermöglicht. Bemerkenswert
erscheint in diesem Zusammenhang, daß der Kampf um die ideologisch-
programmatische Orientierung der politischen Linken Mitteleuropas,

Skandinaviens und Großbritanniens bis heute als Kampf um die Macht innerhalb der traditionellen sozialdemokratischen Parteien ausgetragen wurde. Der Ausgang dieser internen Auseinandersetzungen ist noch ungewiß. Immerhin hatten Abspaltungen radikaler Gruppen und Neugründungen radikaler sozialistischer Parteien bei den Wählern bisher keine oder nur ganz geringe Erfolge. Zugleich bieten die orthodoxen kommunistischen Parteien heute hinsichtlich ihrer inneren Geschlossenheit, der Zahl ihrer Mitglieder und Wähler ein eher noch schwächeres Bild als früher. In Schweden und Holland, den Ländern, in denen sich die neuen radikalen ideologischen Kräfte mit am stärksten in der Sozialdemokratie durchgesetzt hatten, verloren diese entweder wie in Schweden die Regierungsmehrheit oder wurden wie in Holland koalitionsunfähig. Auch die jüngste Geschichte der Labour Party in Großbritannien und der Sozialdemokratischen Partei der Bundesrepublik macht die Vermutung wahrscheinlich, daß eine neosozialistische Reideologisierung und Dogmatik eher ins politische Abseits als zu politischen Erfolgen bei den Wählern führt.

Die für die Nachkriegsjahre typische sozialdemokratische Homogenisierung der politischen Linken in Mittel- und Nordeuropa hat in den romanischen Ländern des Mittelmeerraumes und in Griechenland nie stattgefunden. Das Erscheinungsbild und die innere Dynamik der politischen Linken wurde hier durch die Koexistenz starker kommunistischer und sozialistischer Parteien bestimmt, wobei die Kräfteverhältnisse und die Formen der politischen Symbiose von Land zu Land verschieden sind und sich teilweise auch im zeitlichen Ablauf verändert haben. Im Unterschied zu den nach den Prinzipien des demokratischen Zentralismus organisierten, straff geführten und diszipliniert agierenden kommunistischen Kaderparteien, handelt es sich bei den sozialistischen Parteien Frankreichs, Italiens und Spaniens eher um lockere Gebilde, in deren schillernder ideologischer Substanz und heterogener personeller Zusammensetzung manigfaltige Varianten radikaldemokratischer, syndikalistisch-anarchistischer und marxistisch-sozialistischer Traditionen miteinander rivalisieren. Dies bedeutet, daß die politische Entwicklung in diesen sozialistischen Parteien sehr viel weniger kalkulierbar ist als in den kommunistischen Parteien und daß ihr Erfolg in starkem Ausmaß von der Existenz überragender Führungspersönlichkeiten abhängt, die ihre verschiedenen ideologischen Strömungen zu disziplinieren vermögen. Für die kommunistischen Parteien gilt, daß sie dank einer intensiven und äußerst geschickten Basisarbeit in den Gewerkschaften und anderen

politischen Einflußzentren (z.B. in den Kommunen) auf die politische
Willensbildung ihrer Länder sehr viel mehr Einfluß ausüben als dies
im Anteil der von ihnen gewonnenen Wählerstimmen zum Ausdruck
kommt.
Dennoch blieb der politischen Linken Frankreichs, Italiens, Spaniens
und Griechenlands im Unterschied zur sozialdemokratischen
Linken Mitteleuropas, Skandinaviens und Großbritanniens bislang
der Weg zur Übernahme der Regierungsverantwortung versperrt.
Nicht zuletzt daher erklärt sich der gegenwärtige vehemente Versuch
der kommunistischen Parteien Frankreichs, Italiens und Spaniens
und Teilen des griechischen Kommunismus, durch eine spektakuläre
Liberalisierung ihres außen- und innenpolitischen Programms für
breitere Wählerschichten attraktiv und auf dem Weg über Koalitionen
mit sozialistischen oder bürgerlichen Parteien regierungsfähig zu
werden. Bei diesem, unter dem Schlagwort „Eurokommunismus"
bekanntgewordenen Vorgang,. distanzieren sich die kommunistischen
Parteien in der Form „kritischer Solidarität" von ihrer bisherigen
Zentrale, dem Moskauer Sowjetkommunismus. Sie schwören dem Ziel
der Diktatur des Proletariats ab und bekennen sich innenpolitisch
mit Vorbehalten zu Prinzipien der bürgerlichen Demokratie, insbesondere zum Pluralismus der Parteien und Verbände, zu den individuellen Grundrechten und zum Verzicht auf die Macht im Falle einer
Abwahl. Außenpolitisch werden ebenso schillernde Bekenntnisse
zu bestehenden nationalen Bündnisverpflichtungen abgelegt. Bei
genauerem Hinsehen zeigt sich allerdings, daß es sich hierbei nicht
um eine prinzipielle Bejahung dieser Verbindlichkeiten, sondern
um strategische Überlegungen handelt. Durch die Fortführung der
Mitgliedschaft Italiens in der NATO soll z.B. eine allmähliche Reduktion des amerikanischen Engagements in Europa und die davon
erhoffte Entspannung nicht gestört werden. Als Fanal wirkten in
diesem Zusammenhang zwei gemeinsame Erklärungen der kommunistischen Parteien Italiens und Spaniens vom 11.7.1975 und der
kommunistischen Parteien Italiens und Frankreichs vom 15.10.1975,
in denen die Grundsätze des neuen Eurokommunismus inhaltlich
fixiert wurden. In der europäischen Öffentlichkeit wurden dadurch
Hoffnungen auf einen „neuen" *nationalen*, in die liberale Demokratie
integrierbaren, quasi „sozialdemokratischen" Kommunismus mit
„menschlichem Antlitz" geweckt.
Aus den Unterschieden der geschichtlichen Entwicklungsmuster und
der nationalen politischen Kontexte der kommunistischen Parteien

Frankreichs, Italiens, Spaniens und Griechenlands ergibt sich, daß die Interpretationen des Eurokommunismus und die mit ihnen verbundenen politischen Absichten in den kommunistischen Parteien von Land zu Land variieren.

Über alle nationalen Abweichungen der Interpretation, Akzentuierung und politischen Motivation hinweg hat sich jedoch die Wettbewerbsposition der kommunistischen Parteien durch ihr „eurokommunistisches" Erscheinungsbild deutlich verbessert. Die optische Lockerung ihrer traditionellen Bindungen an den Sowjetkommunismus entlastete sie in der Sicht vieler Wähler von dem Makel nationaler und demokratischer Unzuverlässigkeit. Sie wurden damit zu direkten Rivalen der sozialistischen Parteien. Gleichzeitig wurden sie jetzt für manche von der bisherigen politisch-sozialen Entwicklung enttäuschte bürgerliche Protestwähler attraktiv. Dies gilt insbesondere für den Bereich der Außenpolitik. Hier hat sich der Eurokommunismus mit seiner Forderung nach einer eigenständigen vom „amerikanischen Kapitalismus" unabhängigen „nationalen" Politik den antiamerikanischen Ressentiments der Sozialisten und dem traditionellen Nationalimus bestimmter bürgerlicher Wählerschichten angenähert.

II. Die politische Linke Frankreichs, Italiens, Spaniens und Griechenlands

Der Überblick über die allgemeinen Entwicklungstendenzen der politischen Linken Südeuropas soll im folgenden jeweils nach Ländern getrennt, konkretisiert und differenziert werden:

1. Die politische Linke Frankreichs

Die Entwicklung des Kommunismus und Sozialismus Frankreichs in der IV. und der Anfangszeit der V. Republik ist zunächst eine Geschichte ihrer zunehmenden Schwächung und politischen Isolierung. Mit einem Anteil von ca. 28% der Stimmen bei den Wahlen im November 1946 war die Kommunistische Partei (PCF) als führende Kraft der politischen Linken in die Nachkriesära eingetreten. Wegen ihrer zentralen Rolle in der Resistance hatte sie auch über den Bereich der eigenen Anhänger hinaus moralisch-politisches Gewicht gewonnen. Mit dem Wiederaufbau der französischen Wirtschaft und dem seit Mitte der 50er Jahre einsetzenden französischen „Wirtschaftswunder" sowie

unter dem Eindruck der kommunistischen Machtergreifung in Osteuropa und der stalinistischen Herrschaftsausübung ging der Einfluß
der PCF bei den Wählern allmählich zurück und pendelte sich Ende
der 50er Jahre bei einem Stimmenanteil von ca. 19-20% ein. Die nur
locker organisierte und ideologisch heterogene alte Sozialistische
Partei (SFIO) konnte die Vormachtstellung der Kommunisten niemals ernsthaft in Frage stellen. Ihr Anteil bei den Parlamentswahlen
ging seit Oktober 1946 von 21,8% auf 15,5% im November 1958
zurück. Gleichzeitig verlor sie 2/3 ihrer Mitglieder. Trotz ihrer traditionell starken Position im geistig-kulturellen Leben Frankreichs
verloren die Kommunisten und Sozialisten in der Blütezeit des Gaullismus in den Anfangsjahren der V. Republik auch im intellektuellen
Bereich an Terrain. Den geistigen Wendepunkt dieses Niedergangs
markierten die Pariser Studentenunruhen von 1968, die beinahe zum
Zusammenbruch der V. Republik führten. Trotz der vorübergehenden
Stabilisierung des Gaullismus durch Pompidou kanalisierte sich in
den folgenden Jahren die durch die Pariser Studentenrevolte einge-
leitete Wende in der geistig-politischen Dynamik in einer politischen
Wiedergeburt der beiden traditionellen Säulen der französischen
politischen Linken. Entscheidend für die politische Durchsetzungskraft
des neuen Trends wurde die Einigung der Kommunistischen Partei
mit der 1969 nach der vernichtenden Niederlage des sozialistischen
Präsidentschaftskandidaten Deferre (Stimmenanteil 5%) neugegrün-
deten „Sozialistischen Partei" (PSF), einer Sammelpartei verschiedener sozialistischer Gruppen auf ein „gemeinsames Regierungsprogramm" im Jahre 1972. Unter Aussparung des sozialistisch-marxistischen Fachvokabulars wurde in ihm ein Katalog von mehr oder
weniger konkreten Forderungen aufgestellt nach durchgäniger Demokratisierung aller wirtschaftlichen Entscheidungsprozesse, insbesondere
durch Ausweitung der Mitbestimmungsmacht der Gewerkschaften
in den Unternehmen, sowie nach Nationalisierung der wichtigsten
Wirtschaftssektoren, Banken, Finanzen, Grundstoff-, Waffen-, Raum-
fahrt-, Nuklear-, Pharma- und eines großen Teils der Stahlindustrie.
Es finden sich in ihm ferner vage Postulate nach einer „demokratisierten" staatlichen Planung und Lenkung, nach einem Abbau der hervorragenden Stellung des Präsidenten, nach der Parlamentarisierung
des Regierungssystems, der Einführung des Verhältniswahlrechts bis
hin zum Verzicht auf strategische Nuklearwaffen, zur Verkürzung
des Wehrdienstes auf sechs Monate, allseitige Rüstungsreduzierung
und Unabhängigkeit von jeglichem politisch-militärischem Block.

Im Widerspruch zu der grundsätzlichen Ablehnung der NATO steht die gemeinsame Versicherung, bestehende Bündnisverpflichtungen einhalten zu wollen, um „den Entspannungsprozeß" zwischen Ost und West nicht zu stören. Ebenso ambivalent ist die Haltung zur EG: Neben dem Versprechen der Mitwirkung am Aufbau der Europäischen Gemeinschaft steht der Wille, sie von der Vorherrschaft des großen Kapitals zu befreien und die Feststellung, daß Frankreich seine nationale Handlungsfähigkeit für die Realisierung des skizzierten politischen, ökonomischen und sozialen Programms behalten müsse.

In der Ambivalenz und der inhaltlichen und zeitlichen Vagheit des „gemeinsamen Programms" in zentralen Fragen der Verfassung von Wirtschaft, Gesellschaft und Politik manifestiert sich dessen politischer Charakter als eines eher formelhaften Kompromisses zwischen divergierenden ideologischen Positionen einer mehrheitlich sozialdemokratisch-reformistischen PSF und der marxistisch-leninistischen PCF, wobei dieser Kompromiß für die PCF laut Parteistatut nur eine erste Etappe auf dem Weg zum Sozialismus und zum Kommunismus markiert.

Die marxistisch-leninistischen Endziele der Kommunistischen Partei bleiben in der (partei)öffentlichen Diskussion ausgeklammert bzw. werden von den Stellungnahmen der Partei zum Nahziel der „fortgeschrittenen Demokratie" auf der Grundlage des gemeinsamen Programms völlig verdeckt. Nur bezogen auf dieses Nahziel bekannte sich die PCF im gemeinsamen Programm zur Anerkennung der Prinzipien der westlichen Demokratie: Repräsentation, Gewaltenteilung, liberal-individuelle Grund- und Freiheitsrechte, Parteien und Verbändepluralismus, freie Wahlen.

In späteren Etappen müssen diese liberaldemokratischen Prinzipien zwangsläufig unvereinbar werden mit dem programmatischen Festhalten der Partei am absoluten Wahrheitsanspruch des „wissenschaftlichen Sozialismus", der Führungsrolle der Partei und ihrem „demokratischen Zentralismus", die die Gewaltenteilung, den Parteienpluralismus und die Garantie individueller Freiheitsrechte ausschließen.

Neben der zeitlichen und inhaltlichen Vorläufigkeit der Aussagen der PCF (Etappentheorie) werden die von ihr verwendeten politischen Begriffe selber inhaltlich zum Teil völlig anders als in der Theorie der liberalen Demokratie definiert. Der Demokratiebegriff der PCF läßt sich nur aus dem absoluten Wahrheitsanspruch des Marxismus und in der Verklammerung mit dem Prinzip des „demokratischen Zentralismus" ableiten, der die Willensbildung von oben nach unten, den strikten Gehorsam der Kader gegenüber den Parteiführern und die Kooptation der Führung fordert, um die Willens- und Handlungseinheit der Partei als alleiniger Interpretin der Ideologie zu erhalten. Charakteristisch für die Vordergründigkeit des Bekenntnisses der PCF zu einem demokratischen Pluralismus ist es, daß die DDR und andere Ostblockstaaten (z.B. auch Bulgarien) von ihr als Vorbilder eines sozialistischen „Parteipluralismus" genannt wurden. Auch die Streichung des Begriffs der „Diktatur des Proletariats auf dem XXII. Parteitag der PCF (Februar 1976) und mehrfach geäußerte Kritik an Menschenrechtsverletzungen im Ostblock können nicht darüber hinwegtäuschen, daß die sozialistischen Staaten des Ostens in ihren wesentlichen Strukturen Modellcharakter behalten. Verbale Abweichungen bilden einen Teil der innenpolitischen Taktik des Kampfes um die politische Macht.

Demgegenüber betrachtet die Mehrheit der PCF um Mitterand das gemeinsame Programm von 1972 als langfristig verbindlich für ihr verschwommenes programmatisches Modell eines „antikapitalistischen" demokratischen Sozialismus in allen Lebensbereichen unter Betonung der nationalen Unabhängigkeit.

Die explosive Kraft des Bündnisses zwischen Kommunisten und Sozialisten manifestierte sich zum ersten Mal bei den Präsidentschaftswahlen von 1973. Der Kandidat der Vereinigten Linken, Mitterand, unterlag dem Kandidaten des bürgerlichen Frankreichs Giscard d'Estaing nur äußerst knapp mit wenigen hunderttausend Stimmen. Einen weiteren vorläufigen Höhepunkt der neuen Linksallianz bildeten dann die Kommunalwahlen von 1975, aus denen die Vereinigte Linke mit einem Stimmenanteil von 50% als eindeutiger Sieger hervorging. Eigentlicher Gewinner der Wahl wahren allerdings die Sozialisten, die mit einem Stimmenanteil von 30% zum ersten Mal in der Nachkriegsgeschichte Frankreichs die Kommunisten, die ihren Stimmenanteil nur geringfügig steigern konnten, weit überrundeten.

Obgleich die bisherigen Wahlen und zahlreiche Meinungsumfragen zeigen, daß das neue Linksbündnis vor allem den Sozialisten zugute kam, ist deren Position gegenüber der bei weitem mitgliederstärkeren, straff organisierten und ideologisch homogenen PCF zumindest mittelfristig eher schwächer. Dem starken Vordringen der PCF in den Betrieben, deren Betriebszellen eine Zusammenarbeit mit den Sozialisten dort strikt ablehnen und der engen Verbindung der PCF mit der größten Gewerkschaft, der kommunistischen CGT, hat die PSF relativ wenig entgegenzusetzen. Über ihre traditionelle personelle Heterogenität hinaus ist die PSF heute ideologisch tief zerstritten. Insbesondere der starke linke Flügel des CERES (25-30% der Mitglieder) steht in radikaler Opposition zur Parteiführung. Er wendet sich scharf gegen „sozialdemokratische Degeneration" und orientiert sich am Zielbild eines eher rätedemokratischen Sozialismus. Nur die Integrationskraft der politisch schillernden und wendigen Persönlichkeit Mitterands und das gemeinsame Machtstreben halten die Partei zusammen.

Es ist unwahrscheinlich, daß sich die PSF kurzfristig von der Anlehnung an die PCF lösen kann. Jedes Schwenken zur Mitte würde zwangsläufig die Partei spalten. Die PSF stellt somit den eigentlichen Unsicherheitsfaktor für die Kalkulierbarkeit der zükünftigen inneren politischen Entwicklung Frankreichs dar. Trotz ihrer voraussichtlichen zahlenmäßigen Überlegenheit in Mandaten erscheint es wegen ihrer inneren ideologischen Gespaltenheit fraglich, ob sie bei einem Regierungsbündnis mit den Kommunisten auf die Dauer der stärkere Partner sein kann.

Insbesondere in der Außen- und Verteidigungspolitik ist die PCF gemeinsam mit dem CERES-Flügel der PSF in einer besseren Position als die PSF-Mehrheit, da es den Kommunisten ebenso wie der PSF-Minderheit auf den Abbau der bestehenden Bindungen Frankreichs an den Westen und die Schwächung des bürgerlichen Europas ankommt; hierzu genügt schon eine Vetopolitik. Die weitere Erosion der NATO und EG wäre die Folge.

Im September 1977 wurden die Verhandlungen zwischen der PSF und der PCF über die Fortschreibung des gemeinsamen Programms ergebnislos abgebrochen. Vorsätzlich überzogene Verstaatlichungsforderungen der PCF provozierten scharfe Reaktionen der Sozialisten, die sich dadurch betont bürgerlich-liberal, moderiert marktwirtschaftlich und westeuropäisch profilieren konnten. Mitterand gelang es in der Auseinandersetzung mit den Kommunisten, den bisherigen Kurs der Sozialistischen Partei kurz vor den Wahlen sozialdemokratisch zu korrigieren.

Über die Motive des Verhaltens der PCF wird noch gerätselt. Denkbar ist, daß es sich um ein primär innerparteilich-ideologisch orientiertes Manöver gehandelt hat, dessen Auswirkungen auf die Realisierung eines sozialistisch-kommunistischen Bündnisses unterschätzt wurden. Es ist auch nicht ausgeschlossen, daß dem Verhalten der PCF eine Direktive Moskaus zugrunde liegt, ein erfolgversprechendes Volksfrontbündnis zu sabotieren, da dieses gegenwärtig welt- und europa-politisch (KSZE-Verhandlungen) nicht als opportun erscheint. Dahinter könnte

aber auch das wahlstrategische Kalkül stehen, daß nur eine sich zur
bürgerlichen Mitte öffnende „sozialdemokratisierte" PSF die für ein
erfolgreiches Volksfrontbündnis erforderlichen Wählerstimmen gewinnen kann. Die Auflösung der intstitutionalisierten Form der Zusammenarbeit zwischen PSF und PCF schließt ja deren neuerliche
Koalition nach den Parlamentswahlen von 1978 nicht aus. Die Differenzen in den politischen Nahzielen sind, dies muß festgehalten
werden, zwischen PCF und PSF gegenwärtig immer noch überwiegend
nur gradueller und nicht prinzipieller Art.

Ein Grund für die bisherigen Erfolge der Linksunion Frankreichs
ist sicher darin zu sehen, daß es ihr gelungen ist, sich gegen die atlantischen und europafreundlichen Tendenzen des Präsidenten Giscard
d'Estain zum Sprecher des traditionellen französischen Nationalismus
zu machen und damit Teile des gaullistischen Wählerpotentials an
sich zu ziehen. Charakteristisch hierfür ist die in jüngster Zeit erfolgte
Änderung ihrer Haltung zur französischen Nuklearrüstung. Im Unterschied zum gemeinsamen Programm von 1972 wird diese jetzt wie
im traditionellen Gaullismus als Garantie für die Sicherung der nationalen Unabhängigkeit Frankreichs bejaht. Eine weitere und vielleicht
entscheidende Chance für weitere Erfolge der neuen Linksallianz bei
den Wählern könnte das verteilungspolitische Versagen der französischen Nachkriegsregierungen bilden. Die im wirtschaftlichen Aufstieg Frankreichs zur zweitstärksten Industriemacht Europas enthaltenen Möglichkeiten eines Abbaus tradierter sozialer Gegensätze
und Konflikte wurden nur wenig genutzt. An der Bewältigung dieses
Problemfeldes wird sich vermutlich das politische Schicksal Frankreichs
entscheiden. In diesem Zusammenhang gewinnt die Tatsache Bedeutung, daß die neue Linksunion in der Volksfront der 30er Jahre auch
bei bürgerlichen Wählern eine emotional durchaus positiv bewertete
Tradition besitzt. Die Volksfrontzeit der 30er Jahre steht als Symbol
für die ersten Ansätze einer modernen Sozialpolitik in Frankreich. Es
kommt noch hinzu, daß in der Politik nicht die Tatsachen selbst,
sondern die Art, wie sie wahrgenommen werden, den Ausschlag geben.
In der Sicht vieler Wähler wird eine Volksfrontregierung einseitig und
unrealistisch als sozialdemokratische Alternative zum Status Quo
interpretiert. Die in der ideologischen Basis der neuen Linksallianz
enthaltenen Sprengsätze für eine revolutionäre sozialistisch-kommunistische Umgestaltung Frankreichs werden weithin nicht zur Kenntnis
genommen.

2. Die politische Linke Italiens

Während in Frankreich nach dem zweiten Weltkrieg die kommunistische Partei aus den Parlamentswahlen als die stärkste politische
Kraft hervorging und erst in den 70er Jahren von der „sozialdemokra-
tisierten" Sozialistischen Partei überholt wurde, betrug bei den ersten
italienischen Nachkriegswahlen der Stimmenanteil der in einer Wahlallianz vereinigten Sozialisten und Sozialdemokraten etwa 21%
gegenüber nur 16% für die Kommunisten. Trotz dieser günstigeren
Ausgangsposition der Sozialisten und Sozialdemokraten wurde die
Nachkriegsgeschichte Italiens eine Geschichte des kontinuierlichen
Verschleißes der nichtkommunistischen politischen Linken und des
ebenso kontinuierlichen Aufstiegs der KPI bzw. PCI zu einer die italienische Politik zunehmend dominierenden Vetomacht. Der Gesamttrend
der Entwicklung wird durch die Ergebnisse der italienischen Parlamentswahlen von 1976 verdeutlicht: Der Stimmenanteil der Kommunisten stieg gegenüber 1972 von 29,1% auf 34,4%. Die KPI lag damit
nur noch knapp hinter den Christdemokraten, während für die Sozialisten nur noch 9,8% der Wähler votierten, und die Sozialdemokraten
mit einem Stimmenanteil von 3,4% (Verlust gegenüber 1972 = 2,2%)
endgültig zu einer unbedeutenden Splitterpartei schrumpften.
Das reine Zahlenergebnis der Parlamentswahlen des Jahres 1976 ver-
mittelt nur ein unvollkommenes Bild der tatsächlichen Stärke der PCI.
In dem im Vergleich zu Frankreich sehr viel dezentralisierteren politischen System Italiens werden nahezu alle großen Kommunen und
die Regionalparlamente gerade der hochindustrialisierten Gebiete
von der PCI oder von ihr geführten Volksfrontkoalitionen beherrscht.
Darüber hinaus gelang es den Kommunisten, durch den Aufbau eines
eigenen mächtigen Medienapparats und durch die Unterwanderung
wichtiger Medien (z.B. der Tageszeitung Corriere della Serra) und der
Universitäten mit eigenen Anhängern oder Sympathisanten zur dominierenden Kraft des geistig-politischen Klimas zu werden. Auch ohne
den Rückzug der Sozialisten (PSI) aus der Regierungsverantwortung
und ohne Zusammenbruch der Mitte-Linkskoalition (Christdemokraten, Sozialisten, Sozialdemokraten und Republikaner) könnte sich
heute eine italienische Regierung ohne stille Billigung und Unterstützung durch die Kommunisten nicht mehr halten. Die Überlebenschancen und der Erfolg des wirtschaftlichen und sozialen Reformprogramms der derzeitigen christdemokratischen Minderheitenregierung
sind zumindest vorläufig vom Stehvermögen der kommunistischen

Führung bei der Disziplinierung der eigenen Parteibasis und der von
ihnen beherrschten Gewerkschaften abhängig.

Den historischen Ausgangspunkt für den Niedergang der nichtkommunistischen politischen Linken Italiens bildete die Abspaltung der sozialdemokratischen Minderheit von der sozialistischen Mehrheit in der PSI
und die ihr folgende Gründung einer selbständigen Sozialdemokratischen Partei im Jahre 1947. Durch diese organisatorische Trennung
der betont antimarxistischen sozialdemokratischen Minderheit von der
dogmatisch-marxistischen Mehrheit der PSI und durch den Eintritt
der neuen Sozialdemokratischen Partei in die von den Christdemokraten geführten Regierungskoalitionen koppelte sich die italienische
Sozialdemokratie von der ideologischen Willensbildung der italienischen
politischen Linken ab und nützte sich in der Perspektive der Wähler
als bloßer Annex der bürgerlichen Regierungsparteien ab.

Die im Vergleich zu den Kommunisten mitgliederschwache Sozialistische Partei ging nach der Abspaltung der Sozialdemokraten ein
iedologisch-politisches Bündnis mit der PCI ein. Sie unterschied sich
dabei von der straff nach dem Prinzip des demokratischen Zentralismus
geführten PCI vor allem durch ein beachtliches Maß innerparteilichen
Pluralismus. Dies machte sie besonders für Intellektuelle attraktiv;
zugleich bildete dieser innerparteiliche Pluralismus die Basis für mannig-
faltige personelle und ideologische Rivalitäten bei der Interpretation
des „wahren" Sozialismus. Unbeschadet dieses ideologischen und
personellen Pluralismus versuchte die Sozialistische Partei, die Kommunisten in der Radikalität der Ablehnung der bürgerlichen Demokratie
und des westlichen Bündnisses noch zu übertreffen. Diese trotz aller
internen ideologischen Konfusion durch die Negation der bürgerlichen
Demokratie, NATO und EG begründete politische Kampfgemeinschaft
der PSI mit der PCI führte dazu, daß beide Parteien unter dem Schlagwort des „Sozialkommunismus" als politische Einheit gesehen und
der Führer der italienischen Sozialisten, Pietro Nenni, 1956 sogar mit
dem Stalinpreis ausgezeichnet wurde. Der Distanzierungsprozeß der
PSI von den Kommunisten, der 1956 unter dem Eindruck der Entstalinisierung und der sowjetischen Intervention in Ungarn einsetzte,
führte 1963 zur Übernahme von Regierungsverantwortung durch die
PSI im Rahmen einer neuen Mitte-Linkskoalition unter Führung der
Christdemokraten und schließlich 1966 sogar zur Wiedervereinigung
mit den Sozialdemokraten. Da diese Entwicklung nicht mit einer
Korrektur der den verschiedenen Flügeln der Sozialistischen Partei
gemeinsamen Grundsubstanz, der scharfen Opposition zur bürgerlichen

Demokratie im Namen eines verschwommenen klassenkämpferischen sozialistischen Utopismus einherging, war ihr Scheitern politisch und ideologisch vorprogrammiert. Diese ideologische Grundsubstanz mußte der eigenen Parteibasis die Mitwirkung in einer „bürgerlichen" Regierung und den Zusammenschluß mit den revisionistischen Sozialdemokraten auf die Dauer unerträglich machen, dies umso mehr, als wegen der neuen „eurokommunistischen" Linie der PCI sich der Eindruck verbreitete, daß die Faktoren, die seinerzeit zum Bruch mit den Kommunisten geführt hatten, deren enge Bindung an Moskau und Ablehnung jeglichen politischen Pluralismus, keine politische Realität mehr besäßen. Als zudem die Wähler die Wiedervereinigung mit den Sozialdemokraten und die Übernahme von Regierungsverantwortung in den Mitte-Linksregierungen nicht honorierten, wurden die neuerliche Trennung von den Sozialdemokraten, der Austritt aus der Mitte-Linkskoalition und die Wiederannäherung an die Kommunisten unvermeidlich. Die Weigerung der PSI zu einer weiteren Zusammenarbeit mit den Christdemokraten in einer Mitte-Linksregierung *ohne Mitwirkung* der Kommunisten führte 1972 und 1976 jeweils zu vorzeitigen Neuwahlen. Der eindeutige Gewinner dieser Entwicklung war hierbei aber ausschließlich die PCI, die 1976 5,4 % dazugewann.

Diese Erfolge der Kommunisten haben die Radikalisierung der Sozialisten eher noch verstärkt. In der PSI trat seither zunehmend die Forderung nach einer bei weiterer Stärkung der Kommunisten eventuell möglichen Volksfrontregierung allein von Kommunisten und Sozialisten an die Stelle des bisherigen Postulats nach einer gemeinsamen von Christdemokraten, Kommunisten und Sozialisten gebildeten Regierungskoalition. Die damit verbundene Distanzierung von den Christdemokraten stärkte gleichzeitig wiederum die Position der PCI gegenüber der christdemokratischen Minderheitsregierung.

Der rasante Aufstieg der PCI zur dominierenden Kraft der politischen Linken Italiens erklärt sich nicht nur aus der politischen Durchschlagskraft ihrer straff geführten, mitgliederstarken Parteiorganisation oder aus der nach dem Kriege von den christdemokratischen Regierungen erst eingeführten regionalen und kommunalen Dezentralisierung des politischen Systems. Das Zusammenspiel beider Faktoren war gleichwohl wichtig: Erst die Dezentralisierung des politischen Systems Italiens ermöglichte es der PCI, die Vorteile einer disziplinierten und hervorragend organisierten Massenpartei voll auszuschöpfen. Durch sie erhielt sie die Chance, viele Schaltstellen und Nervenzentren des politischen Systems Italiens zu besetzen, gleichzeitig gewann sie damit vielfältige Möglichkeiten der politischen Patronage. Darüber hinaus konnte sie in der täglichen Wahrnehmung politischer Verantwortung in den Regionen und großen Kommunen aus der politischen Isolation der ersten Nachkriegsjahre ausbrechen und sich den Anstrich einer kooperationsbereiten und regierungsfähigen „bürgerlichen" Partei geben.

Ebenso wichtig wie diese Chancen der partiellen Machtübernahme war für den Erfolg der PCI ihre langfristige ideologische Entwicklungstendenz. Deren roten Faden bildet seit der Rekonstituierung der PCI während des zweiten Weltkrieges der Versuch der ideologisch-politischen Annäherung an die beiden großen Pole des italienischen politischen Kräftefeldes, an den politischen Katholizismus und den laizistischen, antiklerikalen Sozialismus. Charakteristisch für diese ideologische Linie ist nicht die Konfrontation, sondern die Umarmungstaktik. In diesem Sinne forderte Togliatti bereits 1944 unter Berufung auf die nationalen Interessen Italiens ein Volksfrontbündnis mit den Sozialisten und den Katholiken. Auch nach der Exkommunizierung der Kommunisten aus der katholischen Kirche 1949 setzte Togliatti sein. Werben um die Katholiken unermüdlich mit einer Politik der „ausgestreckten Hand" fort. Unter dem negativen Eindruck der Entstalinisierung und der sowjetischen Intervention in Ungarn führte er dann 1956 die Theorie des Polyzentrismus ein, die eine individuelle Entwicklung der unterschiedlichen Staaten zum Sozialismus auf der Grundlage der Einheit der Arbeiterklasse und unter Berücksichtigung der jeweils verschiedenen nationalen Traditionen bei gleichzeitiger Bewahrung der Freiheit für Kultur und Glauben postulierte. Auch die vorsichtige Verurteilung des russischen Eingriffs in den ungarischen Volksaufstand 1956 deutete eine weitere Distanzierung der PCI von der Sowjetunion und der Avantgarderolle der KPDSU an. Bei dieser und aller weiterer Kritik am Modellcharakter des Sowjetkommunismus und dessen Politik, die die PCI in der italienischen Öffentlichkeit zunehmend von dem Vorwurf der Moskauhörigkeit und nationalen Unzuverlässigkeit entlastete, blieb die *prinzipielle Solidarität* mit der Sowjetunion als dem Mutterland des Sozialismus stets intakt. Diese prinzipielle, wenn auch „kritische Solidarität" blieb zudem mit der ebenso prinzipiellen Ablehnung der USA als der Vormacht des „westlichen Kapitalismus" verbunden. Diese werden als das Haupthindernis einer sozialistischen Umgestaltung der Wirtschaft und Gesellschaft Europas angesehen.

Der Taktik der ständigen ideologischen Umarmung des Sozialismus

und Katholizismus durch die prinzipielle Bejahung des politischen
Pluralismus, der religiösen Freiheit und der positiven Elemente eines
religiös motivierten sozialen Engagements wurde in den weiter oben
bereits erwähnten gemeinsamen Erklärungen der PCI mit der Kommunistischen Partei Frankreichs vom Oktober 1975 eine systematische
programmatische Grundlage gegeben. Diese Erklärungen enthalten
Bekenntnisse zu den Grundlagen der liberalen Demokratie, zu den
persönlichen und kooperativen Freiheitsrechten, zum Pluralismus
der Parteien, zur Freiheit und Vielfalt der Kunst, der Kultur und
der Wissenschaft, zur Koexistenz verschiedener Formen öffentlicher
und privater Initiativen. Sie fordern ferner eine nur allmähliche sukzessive Vergesellschaftung der wichtigsten Produktionsmittel und eine
„demokratische" Wirtschaftsprogrammierung.
Neben diesen und anderen Stellungnahmen, in denen immer wieder
die Prinzipien des liberalen pluralistischen Verfassungsstaats bejaht
und die mögliche „positive" Rolle des Katholizismus unterstrichen
wurden, finden sich seit 1975 auch Bekenntnisse zur NATO und zur
Europäischen Gemeinschaft. Die weitere Mitgliedschaft Italiens in der
NATO wird freilich von der PCI nicht mit der Notwendigkeit eines
gemeinsamen Verteidigungsbündnisses gegen die Sowjetunion, sondern
mit dem Argument begründet, ein Austritt Italiens könne das internationale Kräftegleichgewicht und damit den Entspannungsprozeß gefährden. Die Mitgliedschaft in der EG erhält ihren Sinn allein durch
die in ihr gegebene Einwirkungsmöglichkeit der PCI auf eine sozialistische Umgestaltung ihrer Mitgliedstaaten.
Die formelhafte Allgemeinheit der Bekenntnisse der PCI zu den
Grundprinzipien eines demokratischen Pluralismus erschweren die
Analyse ihrer tatsächlich gemeinten Inhalte.
Trotz aller Vorbehalte gegenüber der chamäleonhaften taktisch-ver-
balen Wandlungs- und Anpassungsfähigkeit kommunistischer Parteien
bei der Verfolgung ihrer langfristigen Ziele muß der PCI eingeräumt
werden, daß ihre Bekenntnisse zum politischen Pluralismus, zu individuellen Grundrechten und zur Freiheit der Religion in einer Parteibasis Resonanz finden, die durch die spezifischen Bedingungen des
politischen Systems Italiens gerade in marxistischer Perspektive als
politisch korrumpiert und unzuverlässig erscheinen muß. Im Unterschied zu dem zentralistischen System Frankreichs, das die Funktionäre der PCF von der Teilnahme an der politischen Macht fern-
gehalten hat, wurde die PCI eben durch die Übernahme politischer
Macht in den Regionen und Kommunen zumindest partiell verbürger-

licht. Gegenüber der Überschätzung des politischen Effekts dieses
Verbürglichungsprozesses muß allerdings festgehalten werden, daß
für die Führung der PCI nach wie vor die Dialektik der kommunistischen Geschichtsphilosophie gültig ist. Der Stellenwert ihrer
politischen Begriffe ergibt sich aus ihrer jeweiligen Verortung im historischen Entwicklungsprozeß. Je nachdem, ob sie auf die Übergangszeit
„der Entwicklung zum Sozialismus" oder auf den Endzustand einer
sozialistischen Gesellschaft angewandt werden, gewinnen Begriffe wie
Demokratie, Pluralismus und Freiheit eine jeweils andere inhaltliche
Bedeutung: Die westlich-liberale Deutung dieser Begriffe für die
Übergangszeit wird am Ende doch wieder in einem traditionell-kom-
munistischen Verständnis aufgehoben. Die Abkehr der Führung der
PCI vom Ziel der Diktatur des Proletariats und ihre wiederholten Zusicherungen, daß eine Übernahme der Macht nur auf dem Wege der
Gewinnung einer parlamentarischen Mehrheit erfolgen sollte, darf
nicht darüber hinwegtäuschen, daß bei der Erhaltung und Stabilisierung der errungenen Regierungsmacht den „demokratischen Massenorganisationen" eine besondere Rolle zugedacht ist. Im Unterschied
zu den Zielvorstellungen der Sozialisten ist in der sozialistischen
Gesellschaft der PCI nicht das Parlament der ausschließliche Souverän,
sondern vielmehr die durch die *Mitwirkung* der „demokratischen
Massenorganisationen" *stabilisierte* „demokratische Mehrheit" des
Parlaments.

Gerade im Hinblick auf diese langfristigen Perspektiven der PCI wird
ihre Taktik der Anvisierung eines „historischen Kompromisses"
zwischen Kommunisten, Sozialisten und Katholiken verständlich.
Sowohl der Katholizismus als auch die Organisation der Kommunistischen Partei sind in nahezu allen Schichten der italienischen Gesellschaft tief verankert. Gegen oder ohne Duldung der Katholiken
könnten die Kommunisten derzeit die politische Führung ohne das
Risiko eines Bürgerkriegs nicht ausüben. Deshalb strebt der PCI gerade
die Allianz mit den Katholiken in einer Art organisierten Massendemokratie an, die mit der traditionellen liberalen parlamentarischen Demokratie nicht verwechselt werden darf.

Die Resonanz und Durchschlagskraft der neuen politischen Strategie
der PCI ergibt sich nicht zuletzt auch aus den moralistisch-idealistischen
Untertönen ihres Programms. Ihre Forderung nach einer „neuen Ethik"
findet Resonanz in einem gerade unter Linkskatholiken weit verbreiteten Gefühl für die Notwendigkeit einer politisch-ethischen Erneuerung.

Irritierend und letztlich auch unglaubwürdig wirkt bei allem die Tatsache, daß dieser Idealismus und das Bekenntnis zum politischen Pluralismus in der PCI von Führungskadern proklamiert werden, die zuvor ebenso konsequent stalinistische Ansichten verkündet hatten. Die Frage nach der demokratischen Glaubwürdigkeit der PCI wird sich mit letzter Klarheit erst dann beantworten lassen, wenn sich diese Partei in der unmittelbaren Regierungsverantwortung befindet. Dann könnte sie allerdings vielleicht schon zu spät gestellt sein, da der Entwicklungsprozeß im Rahmen westlich-demokratischer Prinzipien für abgeschlossen erklärt werden und die faktisch erreichte Macht ideologisch auf neue totalitäre Grundlagen gestellt werden kann. Im Sinne dialektischen Denkens ist damit nur eine höhere Stufe des historischen Entwicklungsprozesses zum Sozialismus erreicht und für freiheitliche Politik zugleich alles verloren.

3. Die spanische Linke

Bei den Wahlen für die spanische Nationalversammlung im Sommer des Jahres 1977 stimmten für die verschiedenen Parteien der spanischen Linken, für die Kommunistische Partei, die Sozialistische Partei und sozialistische oder sozialistisch eingefärbten Kleinparteien (autnomistische Parteien) insgesamt weit mehr Wähler (ca. 50%), als für die bürgerlich-sozialreformerische Sammelbewegung des amtierenden Ministerpräsidenten Soares (= 34,7%) und die rechte Francistenpartei Allianca Popular (= 8,4%). Wie schon zuvor in Portugal hatte der autoritäre Faschismus trotz fast 40jähriger Herrschaft sich als denkbar ungeeignetes Mittel zur Überwindung des tief in der lateinischen Tradition verwurzelten revolutionären sozialistischen Potentials erwiesen. Nur wegen der Zersplitterung der Linken und des die größte Partei begünstigenden Wahlsystems errang die Regierungspartei eine kanppe parlamentarische Mehrheit.

Im Bereich der Linken war die Sozialistische Partei (PSOE) unter der charismatischen Führerpersönlichkeit ihres jungen und dynamischen Vorsitzenden Gonzales mit einem Stimmenanteil von 29,3% der unbestrittene Sieger. Die Kommunistische Partei Spaniens (PCE), dessen Führer Carillo. sich innerhalb des westeuropäischen Kommunismus als entschiedenster Befürworter eines von Mokau distanzierten Eurokommunismus profiliert hatte, erhielt hingegen nur 9,4% der Stimmen. Dieses Wahlergebnis wird der tatsächlichen politischen Stärke der Kommunistischen Partei Spaniens nicht gerecht. Mit Hilfe ihres beherrschenden Einflusses auf die spanischen Gewerkschaften und mit ihrer im Vergleich zu allen anderen spanischen Parteien und insbesondere auch zur Sozialistischen Partei, mitgliederstarken diszi- plinierten Parteiorganisation, kommt ihr innerhalb der spanischen Linken eine Schlüsselposition zu.

Da die Kaderorganisation der PCE unter dem Franco-Regime im Unter- grund stets intakt blieb, gelang ihr in der Liberalisierungsphase nach dem Tode Francos in kurzer Zeit der Aufbau einer neuen, straff ge- führten Parteiorganisation. Die Mitgliederzahl der PCE die schon für das Frühjahr 1977 auf 100 000 bis 150 000 geschätzt wurde, markiert zugleich den Übergang von der Kaderorganisation zur Massenpartei. Bei Ablehnung eines engen ideologischen Dogmatismus und angesichts einiger revisionistischer Züge läuft der innerparteiliche Willensbildungs- prozeß unverändert nach dem leninistischen Prinzip des demokra- tischen Zentralismus ab. Dies bedeutet, daß bei innerparteilichen Meinungsverschiedenheiten die Minderheit sich der Mehrheit nicht nur zu fügen, sondern auch deren Beschlüsse nach außen hin diszipliniert zu vertreten hat, wobei in der Praxis dafür gesorgt ist, daß die „Mehr- heit" den von der Führungsspitze selbst festgelegten Richtlinien unter- worfen bleibt.

Wie für andere westeuropäische kommunistische Parteien bedeutete der sowjetische Einmarsch in die CSSR von 1968 für die PCE ein Wendepunkt im Verhältnis zu Moskau, wobei unter Carillos Führung selbst der offene Konflikt nicht gescheut wurde. Die PCE betrachtete es als unannehmbar, daß eine andere sozialistische Macht, wer immer sie auch sei, einem kommunistisch geführten Spanien jemals eine Politik von außen diktieren oder gar militärisch durchsetzen könne. Parteichef Carillo versicherte, er würde in einem solchen Falle als Regierungschef nicht zögern, die spanische Armee zu mobilisieren.

Carillo wie andere führende Funktionäre der PCE kommen immer wieder darauf zurück, daß unter den gegenwärtigen Verhältnissen die Haltung gegenüber der UdSSR nicht als Prüfstein des proletarischen Internationalismus angesehen werden dürfe. Diese Distanzierungen vom Modellcharakter der Sowjetunion für den eigenen und interna- tionalen Sozialismus sind bei Carillo und anderen Führern der PCE dezidierter als im übrigen Eurokommunismus. Im Gegensatz zu den anderen westeuropäischen kommunistischen Parteien, die sich sehr bald mit dem von der Sowjetunion in der CSSR herbeigeführten Status quo zufrieden gaben, haben Carillo und die PCE ihre Kritik an den Verhältnissen in der CSSR nie eingestellt. Daß die Abwendung der PCE von der Sowjetunion am entschiedensten ist, wurde auch durch das Redeverbot für Carillo anläßlich der 50-Jahrfeier der Russischen Revolution im Oktober 1977 und in dem überaus kühlen Empfang Carillos durch den Vorsitzenden der italienischen Kommunisten Berlinguer bei einem Zwischenaufenthalt in Rom auf der Rückreise von Moskau erkennbar.

Diese und andere Manifestationen der nationalen Eigenständigkeit der PCE werden allerdings durch verschiedene Bekanntnisse Carillos relativiert, die PCE werde sich bei einer Bedrohung sozialistischer Staaten solidarisch verhalten: „Wenn es einen Krieg gegen die sozialistischen Länder geben sollte, so wäre damit allen fortschrittlichen Kräften eine gemeinsame Aufgabe gestellt, unabhängig von den Kritiken, die gegen dieses oder jenes System vorzubringen wären. Was mich betrifft, so würde ich mich immer ohne Zögern für den Sozialismus schlagen. Das würde genügen, alles zu rechtfertigen . . .“. Diese Aussage markiert die Grenzen der Unabhängigkeit der PCE von Moskau: die Distanzierung darf die Übereinstimmung dort nicht gefährden, wo es um die Überlebensinteressen des Sozialismus in der Welt geht – eines Sozialismus mit dem letztlich auch die kritisierten Volksdemokratien Osteuropas identifiziert werden.

Die Haltung der PCE zum westlichen Verteidigungsbündnis ist in einigen Nuancen positiver als die der KPs Frankreichs und Portugals. Zwar setzt sich die PCE nachdrücklich für die Bündnisfreiheit Spaniens gegenüber der NATO und dem Warschauer Pakt ein, gleichzeitig aber erklärte sie sich doch bereit, eine demokratische Mehrheitsentscheidung für den Beitritt Spaniens zur NATO zu akzeptieren. Zur Frage der Existenz von US-Stützpunkten auf spanischem Boden wird ebenfalls zwischen einer grundsätzlichen Ablehnung und einem pragmatischen Arrangement unterschieden: Solange die beiden Supermächte ihre ausländischen Basen nicht „verschrottet hätten“, würde die PCE die Existenz amerikanischer Stützpunkte im Interesse der Erhaltung des internationalen Kräftegleichgewichts hinnehmen. In der Europapolitik verfolgt die PCE ein neutralistisches Konzept. Sie strebt ein von der Hegemonie auswärtiger Großmächte befreites Europa an, „dessen Nationen Herr ihres eigenen Schicksals ‚würden‘, frei, das Joch der Monopole . . . abzuschütteln und den Sozialismus so aufzubauen, wie sie das wünschen“.

Wie die Kommunistischen Parteien Italiens und Frankreichs bekennt sich die PCE in der Innenpolitik ebenfalls zu den Prinzipien der liberalen pluralistischen Demokratie. Zu welch undogmatischen innenpolitischen Arrangements sie hierbei bereit ist, wurde nicht zuletzt durch ihre zumindest vorläufige Anerkennung der spanischen Monarchie deutlich.

Wie bei der PCF und der PCI liegen auch bei der PCE quer zu ihren Bekenntnissen zum liberalen Pluralismus ihre eigene am Prinzip des demokratischen Zentralismus orientierte Führungsorganisation, und ihre langfristigen mit einem liberalen Pluralismus unvereinbaren sozialistischen Zielbilder. Dabei gestattet deren extreme Verschwommenheit und Unbestimmtheit in den Verlautbarungen der PCE einen ebenso extrem weiten Spielraum für tagespolitische Taktik.

Während die Geschichte der PCE in der Franco-Ära trotz mannigfacher taktischer und strategischer Wendungen der Parteiführung eine bemerkenswerte organisatorische und ideologische Kontinuität aufweist, wurde die sozialistische Parteiorganisation im Bürgerkrieg völlig zertrümmert. Der spanische Sozialismus mußte sich nach dem Tode Francos in der Liberalisierungsphase neu konstituieren. Unter den vielen sozialistischen Gruppen die sich in dieser Zeit bildeten, setzte sich die PSOE als integrierende und stärkste politische Gruppierung durch. Sie wurde zur spanischen Mitgliedspartei in der Sozialistischen Internationale. Für das Frühjahr 1977 wurde ihre Mitgliederzahl mit 50 000 beziffert. Die Mitgliederentwicklung ist steigend, nicht zuletzt unter dem Eindruck des ersten legalen PSOE-Parteitages vom Dezember 1976, auf dem Persönlichkeiten des internationalen Sozialismus wie Willy Brandt, Mitterand, Nenni und Olof Palme als Bürgen für die demokratische Qualität und den Rang der neuen Sozialistischen Partei Spaniens auftraten.

Anders als bei der PCE die sich wegen ihrer scholastischen Tradition und auch wegen ihres revisionistischen Kurses auf einigermaßen verbindliche politische Positionen festlegen mußte, blieben die programmatischen Grundzüge des spanischen Sozialismus wesentlich unbestimmter. Die ideologischen Grundsatzdokumente der PSOE sind daher weniger als Richtschnur politischen Handelns, sondern eher als Resultanten der jeweiligen innerparteilichen Kräftekonstellation zwischen ihren verschiedenen weit auseinanderstrebenden Flügeln zu interpretieren. Die auffallende Neigung zu einem verbalen Radikalismus geht dabei mit einer durchaus anpassungsfähigen Tagespraxis Hand in Hand.

Als oberstes Ziel der Politik der PSOE wird die „Eroberung der politischen und wirtschaftlichen Macht durch die Arbeiterklasse und die radikale Umwandlung der kapitalistischen Gesellschaft in eine

sozialistische Gesellschaft" proklamiert. Bei allem tagespolitischen
Opportunismus tendieren die Sozialisten dahin, die Kommunisten
ideologisch „links" zu überholen. Sie bedienen sich unbekümmert
des marxistischen und leninistischen revolutionären Vokabulars, das
die Kommunisten zumindest in der gegenwärtigen Situation entweder überhaupt nicht oder nur mit größter Zurückhaltung benutzen.
Eine ähnliche Kluft zwischen verbalem Radikalismus und tagespo-
litischem Opportunismus bestimmt auch die Haltung der PSOE zu
internationalen Problemen. Daß die Nebelzone der Mehrdeutigkeit
in diesem Bereich breiter und dichter ist, hängt offenbar damit zusammen, daß die Führung der PSOE hier in ganz besonderem Umfang
auf unterschiedliche Kräfte der Parteibasis eingehen muß. Insgesamt
ergibt sich der Eindruck, daß sich die Spitze der PSOE um eine
realistische Einschätzung der Situation bemüht. Andererseits macht
sich gerade in der Außenpolitik der Druck der mehr ideologisch
orientierten und emotional bestimmten, zu extremer Formulierung
neigenden Gruppen der Parteibasis geltend, bei denen antiwestliche
und vor allem antiamerikanische Ressentiments aus der Zeit der
Diktatur nachwirken. Hier, wie auch in der scharfen Ablehnung des
kommunistischen Revisionismus und einer betont „klassenkämpferischen" Haltung, fühlen sich die Sozialisten gegenüber Carillo und
seiner PCE als die wahren und echten Hüter des marxistischen Erbes
und der linken Tradition.
Daraus ergibt sich die eigentümliche Situation, daß die von der mitteleuropäischen und skandinavischen Sozialdemokratie unterstützten
spanischen Sozialisten in mancher Hinsicht eine weit negativere
Haltung als die PCE gegenüber dem westlichen Bündnis, der europäischen Integration und insbesondere gegenüber der USA vertreten.
Aus der Sicht der PSOE ist die heutige internationale Lage charaker-
siert „durch die Existenz von Ausbeuterstaaten und ausgebeuteten
Völkern wie durch die Konfrontation zwischen politisch-militärischen
Blöcken — was sich in der Aufspaltung der Arbeiterklasse im Weltmaßstab ausdrückt, ihre totale Befreiung von wirtschaftlicher, gesellschaftlicher und politischer Ausbeutung verzögert".
Aus dieser ideologischen Position fordert die PSOE die unverzügliche
Liquidation der amerikanischen Militärbasen in Spanien. Sie proklamiert die Unabhängigkeit Spaniens von allen militärischen Blöcken
und strebt eine aktive Neutralitätspolitik gemeinsam mit den anderen
neutralistischen und bündnisfreien Staaten Europas an. Die aktive
Neutralität soll aus der eigenen Kraft der neutralistischen Staaten

verteidigt werden können. In diesem Sinn soll eine dritte militärische
Kraft aus den Ländern geschaffen werden, die wie Jugoslawien auf
dem Wege sind, einen nationalen und „demokratischen Sozialismus"
aufzubauen.

Die Haltung der spanischen Sozialisten zu Europa ist nicht eindeutig
fixierbar. Einmütigkeit besteht nur darin, daß ein geeintes Europa
ein sozialistisches Europa sein muß. Da dieses Ziel nicht unmittelbar
verwirklicht werden kann, verfolgt die PSOE eine Politik, die darauf
abzielt, innerhalb der Europäischen Gemeinschaft „für jedes Land die
Autonomie zur Vornahme sozialistischer Transformationen zu erhalten". Die Unterordnung unter supranationale Institutionen und
Kompetenzen, die möglicherweise „nationale" Fortschritte zum
Sozialismus blockieren könnten, soll daher verhindert werden. Für
eine Entwicklung der europäischen Integration unter liberaldemokratischen Vorzeichen ist also von den spanischen Sozialisten nur
Gegnerschaft und keine Unterstützung zu erwarten.

In der spanischen Innenpolitik ist im Augenblick alles offen. Angesichts ihres tagespolitischen Opportunismus erscheint eine allmähliche
Sozialdemokratisierung der Sozialisten nicht völlig ausgeschlossen. Im
Unterschied zu Portugal, wo die zunächst ideologisch ebenso radikalen
Sozialisten durch ihre Überlebensinteressen im Kampf mit einer
stalinistischen Kommunistischen Partei auf einen revisionistischen
Kurs abgedrängt wurden, fehlt in Spanien der Druck einer starken
„linken" Konkurrenz. Angesichts der scharfen Rivalität zwischen den
sich radikal gerierenden Sozialisten und den sich ständig um den Nachweis ihrer bürgerlichen Ehrbarkeit bemühten Kommunisten ist es
paradoxerweise wahrscheinlicher, daß die bürgerliche Regierung Soares
von den Kommunisten und den autonomistischen Parteien gegen die
Sozialisten Unterstützung erhalten könnte. Für eine solche Politik der
autonomistischen Parteien Kataloniens und der Basken könnte die
„zentralistische" Tradition der Sozialisten den Anlaß bilden.

4. Die politische Linke Griechenlands

Die Rückkehr Griechenlands zur parteienstaatlich-parlamentarischen
Demokratie im Sommer 1974 bedeutete den Wiedereintritt einer
marxistisch-revolutionären Linken in die politische Arena. Die Legalisierung der Kommunisten nach einem blutigen Bürgerkrieg, in dem sie
beinahe Sieger geblieben wären und nach 27 Jahren illegaler Unter-
grundexistenz erfolgte unmittelbar bei Amtsantritt der zivilen Über-

gangsregierung. Sie stellt eine Zäsur der griechischen Zeitgeschichte
dar. Die Legalisierung der Kommunisten ist das Ergebnis des sich im
gemeinsamen Kampf gegen die Militärherrschaft herausgebildeten
antidiktatorischen Grundkonsenses, der über den Sturz der Militärherrschaft hinausreichte. Ihr lag zugleich das Kalkül der bürgerlichen
Kräfte zugrunde, eine legalisierte KP könne besser unter Kontrolle
gehalten werden als eine im Untergrund wirkende, die sich dadurch
zudem auch weiterhin als die eigentliche Kraft demokratischer Befreiung deklarieren hätte können.

Die politische Linke Griechenlands setzt sich zusammen aus der
panhellenistischen-sozialistischen Bewegung (PASOK), aus einer
eurokommunistischen „nationalen" Kommunistischen Partei (sog.
KP-Inland) und einer moskauhörigen Kommunistischen Partei (sog.
KP-Ausland) sowie einer Reihe radikaler sozialistischer Splitterparteien. Bei den Parlamentswahlen 1974 erhielt die PASOK 13,6% und
ein Wahlbündnis der beiden kommunistischen Parteien mit sozialistischen Splittergruppen 8,5% der abgegebenen Stimmen. Im Kontrast zu diesem mageren Ergebnis für die politische Linke erhielt die
bürgerliche Sammlungspartei „Neue Demokratie" des Premierministers
Karamanlis 54,4% und die konservative Zentrumsunion 20,4% der
Stimmen.

Die Grundlage des überwältigenden Votums für ein bürgerlich-liberales
Griechenland bei den Wahlen vom November 1974 bildet wohl vor
allem die Furcht vor einer Rückkehr der Militärs in die griechische
Politik. Die Option für die bürgerlich-liberale Sammlungsbewegung
wurde damals von vielen Wählern als einziger Weg zur Verhinderung
eines neuerlichen Militärputsches gesehen. Gerade durch die Erfolge
Karamanlis' bei der Stabilisierung der griechischen Demokratie und
der sie begleitenden „Zivilisierung" des Militärs verlor dieses Motiv in
der Wählerschaft rasch an Bedeutung. Dadurch und durch eine über-
eilte, gerade von ländlichen Wählern befürchtete Politik des forcierten
Eintritts in die Europäische Gemeinschaft, bei gleichzeitiger Entfremdung der griechischen Öffentlichkeit vom amerikanischen Verbündeten
wegen dessen neutraler Haltung in den Konflikten mit der Türkei,
konnte die griechische Linke bei den von Karamanlis im November
1977 vorzeitig abgehaltenen Parlamentswahlen triumphale Erfolge
erzielen. Unter der dynamischen Führung Andreas Papandreous der
sich rhetorisch und demagogisch seinem Vater, der als Premierminister
durch seinen radikalen Populismus wesentliche psychologisch-poli-
tische Voraussetzungen für den Putsch der Militärs geschaffen hatte,

durchaus als ebenbürtig erwiesen hat, konnte die PASOK ihren Stimmenanteil gegenüber 1974 mit 25,2% nahezu verdoppeln. Gleichzeitig brachte die Wahl eine Klärung der Kräfteverhältnisse zwischen den beiden kommunistischen Parteien. Die moskauorientierte KP-Ausland erhielt nunmehr allein 8,9% der Stimmen und 11 Parlamentssitze während die KP-Inland mit nur 2 Abgeordneten politisch nahezu bedeutungslos wurde.

Die PASOK verfügt über einen für die griechischen Verhältnisse sehr hohen Organisationsgrad. Das Netz ihrer Organisation reicht bis in die Wohnviertel der Städte und die kleinsten Dörfer hinein. Zugleich ist sie ideologisch erheblich homogener als die beiden kommunistischen Parteien. Die internen ideologischen Differenzen werden jedoch durch die Führungspersönlichkeit Papandreous, der letztlich den außen- und innenpolitischen Kurs der PASOK verbindlich definiert, überdeckt.

Andreas Papandreou hat die PASOK innen- und außenpolitisch auf einen Kurs links von der KP-Inland festgelegt. In der Außenpolitik führte sein leidenschaftlicher Antiamerikanismus zugleich zu einem erheblichen Maß politischer Gemeinsamkeit mit der moskauorientierten KP-Ausland. In der Diktion Papandreous, der während seines Exils zeitweilig als Professor für Wirtschaftswissenschaft an der Universität Berkeley lehrte, wird die NATO als Organ der Besetzung Griechenlands dargestellt. In der Europäischen Gemeinschaft sieht er lediglich eine andere Fassade der NATO, eine ,,Gemeinschaft multinationaler Bestien von übergroßen Dimensionen unter amerikanisch-deutschem Direktorat." Demgemäß will Papandreou Griechenland aus allen militärischen und politischen Bündnissen herauslösen und zu einer Politik der ,,aktiven Neutralität" verpflichten. Der mit dem Adjektiv ,,aktiv" gemeinte Sinn ergibt sich aus dem radikalen und durchaus moskaufreundlichen Antiamerikanismus Papandreous. In der Innenpolitik verfolgt er einen ideologisch stark von der Internationale der ,,neuen Linken" geprägten radikaldemokratischen populistischen Kurs, mit dem er die beiden kommunistischen Parteien bei weitem links überholt.

Die Wurzel der Spaltung der griechischen Kommunisten in die moskauorientierte KP-Ausland und die ,,national" orientierte KP-Inland lassen sich bis in die 50er Jahre zurückverfolgen. Sie sind im wesentlichen das Ergebnis der natürlichen Spannungen zwischen einer im Exil lebenden Parteiführung und der Mitgliederbasis in der Heimat. Die Organisation des Widerstands der Kommunisten gegen die Militärherrschaft verlagerte den Schwerpunkt zwangsläufig in die Heimat;

der Widerstand ließ sich nicht nach den Direktiven einer im Ausland ansässigen Parteiführung durchführen. Die zunächst nur organisatorische Trennung von Exilzentralkomitee und Inlandsbüro entwickelte sich seit 1968 auch zu einer ideologischen Spaltung in zwei selbständige Parteien.

Die moskauorientierte KP-Ausland vertritt die klassische Einheitsstrategie, die die Zusammenarbeit mit allen „antidiktatorischen Kräften" anstrebt, dabei Massendemonstrationen und Streiks einschließt, jedoch entschieden auf den bewaffneten Kampf verzichtet. Programmatisches Ziel ist eine „erneute und modernisierte Demokratie", die der KP-Ausland bei der marxistischen Linken deshalb nicht selten den Vorwurf des „Sozialdemokratismus" einbrachte, weil es konkretisiert nicht über ein bürgerliches Reformprogramm hinauszugehen schien. Hierbei verkennen die Kritiker jedoch die zu Grunde liegende leninistische Zweiphasenstrategie, die in ihrer ersten Etappe nur eine „demokratische" und „antimonopolistische" Umgestaltung der Gesellschaft anzielt und erst danach die Diktatur des Proletariats bzw. die grundlegende sozialistische Umwandlung der Gesellschaft mit ungeteiltem Machtmonopol der kommunistischen Partei ansetzt. Demgemäß tritt die KP-Ausland in der gegenwärtigen ersten Phase programmatisch zunächst „nur" für die Befreiung Griechenlands von der Abhängigkeit vom „ausländischen", d.h. westlichen Kaptal ein. Sie fordert in Übereinstimmung mit der PASOK die Aufkündigung aller Verträge mit den „fremden Monopolen", die Lösung der Bindungen an die NATO und die Entfernung aller ausländischen Militärstützpunkte von griechischem Boden. Die Grundlage dieser außenpolitischen Konzeption der KP-Ausland bildet dabei stets die strikte Unterordnung unter die außenpolitischen Interessen der Sowjetunion, deren Führungsrolle im internationalen Kommunismus kritiklos anerkannt wird.

Der „eurokommunistische" Charakter der KP-Inland äußert sich in der Betonung der nationalen Eigeninteressen Griechenlands und ihrem national-patriotischem Vokabular. Der „Berlinguer-Kurs" der KP-Inland dokumentiert sich außenpolitisch insbesondere in der prinzipiellen Zustimmung einer griechischen Mitgliedschaft in der EG. Innenpolitisch orientiert sich die KP-Inland an den Formen eines „demokratischen, patriotischen, antidiktatorischen Kampfes", für den sie sich um die Sammlung aller antimonopolistischen Kräfte der Gesellschaft einschließlich der nationalen Bourgeoisie bemüht. Sie stellte daher maximalistische Forderungen für die Verwirklichung der von ihr letztlich angestrebten sozialistisch-kommunistischen Gesell-

schaftsordnung diszipliniert zurück und gab ihrer Bereitschaft zur
Mitwirkung am Reformprogramm der Regierung Karamanlis Ausdruck. Auf diese Weise hoffte die KP-Inland vor allem die stärker
werdenden „neuen" Mittelschichten in einer expandierten Dienstleistungsgesellschaft zu gewinnen.

Das Scheitern der KP-Inland bei den Parlamentswahlen von 1977
erklärt sich vor allem daraus, daß sie durch ihr Bekenntnis zur EG
in einen schroffen Gegensatz zu den schon früher dargestellten, für
den Erfolg der PASOK und der KP-Ausland konstitutiven Faktoren
geriet: Die Furcht ländlicher Wähler vor der EG und die Enttäuschung
der griechischen Öffentlichkeit über die passive Haltung der westlichen
Verbündeten bei den Streitigkeiten mit der Türkei. Da der Nationalismus der politischen Linken Griechenlands eine ausschließlich antiwestliche Schubkraft entwickelte, geriet die europafreundliche KP-
Inland ins politische Abseits. Bei der vernichtenden Niederlage des
griechischen Eurokommunismus hat ferner die breitere und straffer
geführte Mitgliederbasis der KP-Ausland eine Rolle gespielt. Für die
KP-Ausland werden 60 000 Vollmitglieder, für die KP-Inland hingegen
nur 15 000 Vollmitglieder genannt.

Die Erfolge der griechischen politischen Linken bei den Wahlen sind
auch die Konsequenz der ideologischen Entwicklung im intellektuellen Milieu und an den Universitäten, den geistigen Nervenzentren
der Nation. Die Wahlen zu den Studentenvertretungen zeigen, daß
in den Hochschulen ein Monopol marxistischer und sozialistischer
Kräfte auf die Meinungsbildung besteht. Diese Situation darf schon
deshalb nicht unterschätzt werden, weil sie geeignet sein könnte,
ein nationales, geistig-kulturelles und moralisches Vakuum aufzufüllen,
das durch die Militärdiktatur und durch den vielleicht überschnellen
sozialen Wandel von einer traditionalistischen klientelhaft-personali-
stischen Gesellschaft zu einer Industrie- und Konsumgesellschaft
westeuropäischen Typs entstanden ist. Die gegenwärtigen Identitätsprobleme Griechenlands können leicht in eine Mischung aus extremem
Nationalismus und revolutionärem Sozialismus einmünden, wenn das
soziale Reformprogramm der gegenwärtigen Regierung Karamanlis
nicht schon kurzfristig Erfolge zeitigt und die von ihre angestrebte
Einbindung Griechenlands in die Gemeinschaft der Demokratien
Europas mißlingt.

III. Die Zukunftsperspektiven

Innerhalb weiter Teile der europäischen Öffentlichkeit hat sich in den letzten Jahren die Diskussion über die Entwicklung der politischen Linken perspektivisch zunehmend auf die Analyse des Eurokommunismus verengt. Der Entwicklung in den sozialistischen Parteien wurde sehr viel weniger Aufmerksamkeit gewidmet. Letztere wurde überwiegend unkritisch als eine etwas radikalere Variante der Sozialdemokratie gesehen. In ähnlicher Weise wurde zugleich die spektakuläre Entwicklung eines von Moskau sich distanzierenden Eurokommunismus als erster Schritt zur Sozialdemokratisierung des europäischen Kommunismus interpretiert. In allem wurde jedoch übersehen, daß auch ein nationaler Kommunismus immer noch den traditionellen wirtschaftlichen und sozialen Zielen des Kommunismus verbunden bleibt und daß die radikalen Kräfte innerhalb der sozialistischen Parteien die Kommunisten sowohl hinsichtlich der Radikalität als auch des Dogmatismus ihres orthodoxen Marxismus noch übertreffen.

In Anbetracht des den kommunistischen und sozialistischen Parteien gemeinsamen Ziels der Bündnisfreiheit und des ihm zu Grunde liegenden Antiamerikanismus wäre die sichere Folge eines Volksfrontbündnisses in Frankreich, einer endgültigen Verwirklichung des historischen Kompromisses in Italien und einer weiteren Stärkung der radikalen Linken Spaniens und Griechenlands die Erosion des westlichen Bündnisses in einen Zustand völliger Bedeutungslosigkeit. Die Einschüchterungseffekte in einem nach Osten hin militärisch wehrlos gewordenen Europa würden u.a. die innenpolitische Dynamik, die die Ursache einer solchen Entwicklung bildete, noch verstärken. Die Übernahme eines nationalen Kommunismus oder Sozialismus gäbe der bürgerlich-liberalen Demokratie unter ordnungspolitischen Gesichtspunkten und im Hinblick auf die dadurch ausgelöste tagespolitische Eigendynamik keine Chance. Die zu erwartende Kapitalflucht würde die nationalen Wirtschaften aufs schwerste erschüttern und zwangsläufig die umfassende staatliche Reglementierung und Bürokratisierung der nationalen Ökonomien beschleunigen. Gerade im Hinblick auf die bisherige Verflechtung der westeuropäischen Volkswirtschaften mit dem Weltmarkt wäre ein nur halber Sozialismus nicht möglich. Das Herausbrechen der nationalen Wirtschaftssysteme aus ihrer internationalen Verflechtung wäre aber wiederum nur in der Form der in Osteuropa konsequent praktizierten totalen staatlichen Lenkung und Kontrolle der Wirtschaft möglich. Die damit verbundene Ballung

wirtschaftlicher Verfügungsmacht wäre unvereinbar mit dem tragen-
den Grundprinzip der liberalen Demokratie, der vielfältigen Gewaltenteilung. Die vom klassischen Sozialismus und auch vom nationalen
Eurokommunismus vertretene widersprüchliche Forderung nach
einem Maximum von Basisdemokratie und einem Maximum öffentlicher Kontrolle über die einzelnen und die gesellschaftlichen Gruppen
läßt darüber hinaus nur die Alternativen der Anarchie oder der totalen
Entmündigung des einzelnen und der Gruppen durch eine von wenigen
„Führern" definierte und kontrollierte „Öffentlichkeit". In der
Geschichte des Sozialismus und Kommunismus ging die Entwicklung
stets über eine kurze Phase der Anarchie zum allseitigen bürokratischen Zentralismus und Dirigismus. Dies wäre noch die mildeste
Variante der Etablierung des Sozialismus in Europa.
Gegenwärtig ist in Frankreich wie in Italien, Spanien und Griechenland die weitere politische Entwicklung durchaus offen. In Frankreich
hat Giscard d'Estaing und mit ihm das bürgerlicheFrankreich immer
noch eine Chance der Behauptung gegen die Sozialisten und Kommunisten. Auch eine Sozialdemokratisierung der Sozialistischen Partei
bei gleichzeitig schärferer Abgrenzung von den Kommunisten erscheint nicht ausgeschlossen. In Spanien hat die Regierung Suarez
trotz aller wirtschaftlichen Schwierigkeiten wegen des demagogischen
Radikalismus der Sozialisten immer noch Aussichten auf Selbstbe-
hauptung; und gerade in Spanien besteht die Möglichkeit, daß die
jetzige Regierung von den Kommunisten gegen die Sozialisten stabilisiert wird. In Italien könnte sich der de facto bereits praktizierte
historische Kompromiß langfristig vielleicht eher zuungunsten der
Kommunisten auswirken. In Griechenland sind die bürgerlichen
Parteien immer noch ungleich stärker als die politische Linke. Trotz
dieser durchaus vorhandenen Überlebenschancen der bürgerlichen
Demokratien Frankreichs, Italiens, Spaniens und Griechenlands ist
jedoch unverkennbar, daß sie sich heute in einer historischen Ent-
scheidungsphase befinden, in der bald die Weichen für ihre langfristige
künftige politische Entwicklung gestellt werden. Dabei sollte Klarheit
bestehen, daß im Unterschied zu Laborexperimenten, die beliebig
wiederholbar und korrigierbar sind, die jetzt anstehenden politischen
Entscheidungen unwiderrufliche politische Tatsachen schaffen können.

Die sozialistische Partei und die kommunistische Partei Frankreichs

Wolfgang Jäger

I. Das Problem

Im Vordergrund des aktuellen Interesses an Frankreich steht die Frage, ob die französische kommunistische Partei sich tatsächlich zu einer Partei gewandelt habe, die innerhalb des politischen Systems nach dessen verfassungsmäßigen demokratischen Spielregeln agiere und die einmal gewonnene Regierungsmacht wieder aufgäbe, sobald der Wähler der von ihr mitgetragenen Mehrheit das Vertrauen entzöge. Mit anderen Worten: Erstrebt die PCF (Parti Communiste Français) eine Volksdemokratie osteuropäischen Musters oder ist sie — einmal an die Macht gekommen — bereit, die zentralen Errungenschaften der westlichen Demokratie wie Repräsentation, Gewaltenteilung, Parteien- und Verbändepluralismus und die liberalen Grundrechte zu akzeptieren und sogar zu verteidigen? An der Beantwortung dieser Frage scheiden sich die Geister.[1]

In der politikwissenschaftlichen Analyse der PCF kann man zwischen zwei grundsätzlichen Positionen unterscheiden.[2] Die eine, deren subtilster Vertreter Georges Lavau ist[3], sieht eine grundlegende Entwicklung der PCF von einer revolutionären Partei zu einer sozialdemokratischen Partei besonderen Typs, die sich noch nicht ganz, aber fast innerhalb des politischen Systems bewegt. Die andere Position, die sich vor allem mit den Arbeiten von Annie Kriegel und in starker An-

---

1 Aus der jüngsten deutschen Literatur vgl. vor allem Wilfried Loth, Sozialisten und Kommunisten in Frankreich, in: Europa-Archiv 1975, S. 39–50; Klaus Burkhardt, Wandlungen im französischen Kommunismus? Der 22. Parteitag der Kommunistischen Partei Frankreichs, in: Aus Politik und Zeitgeschichte B 17/76 (24.4.1976), S. 3–12.

2 Vgl. dazu den vorzüglichen Literaturbericht von Adolf Kimmel, Der französische Kommunismus (III), in: Neue Politische Literatur 19 (1974), S. 64–82.

3 Vgl. vor allem: The PCF, the State, and the Revolution: An Analysis of Party Policies, Communications, and Popular Culture, in: Donald M. Blackmer/Sidney Tarrow (eds.), Communism in Italy and France, Princeton/London 1975, 87–139.

lehnung an Kriegel von Roland Tiersky verbindet[4], vermag keinen
prinzipiellen Wandel der PCF zu erkennen. Beide Urteile stützen sich
in Anwendung unterschiedlicher Forschungsansätze auf komplexe
Analysen der PCF und ihres theoretischen und praktischen Verhältnisses zum politischen System Frankreichs.

Lavau geht von systemanalytischen Gedankengängen Easton'scher
Provenienz aus. Er betrachtet die Intentionen und die Ideologie der
PCF als sekundär und fragt nach dem tatsächlichen Beitrag der Partei
für die Funktionsfähigkeit des französischen politischen Systems. Er
stellt die These auf, daß die PCF sich seit 1936 zu einer Partei entwik-
kelt habe, die — objektiv gesehen — zentrale Funktionen für den Er-
halt des politischen Systems ausübe: die Funktionen der Legitimation,
des Volkstribuns und der politischen Opposition. Als bedeutende politische Kraft habe die PCF ihre Anhänger dazu gebracht, bestimmte
grundlegende Prinzipien und Spielregeln des politischen Systems zu
akzeptieren (Legitimation), sie kanalisiere Ströme von Unzufrieden-
heit aus den unteren Schichten in die Bahnen des legalen politischen
Konflikts (Volkstribun), und schließlich schlage sie radikal eine wirkliche Alternativgesellschaft vor, die vielen als eine ertragbare Alternative erscheine (politische Opposition).

Kriegel bestreitet vor dem Hintergrund einer intensiven Beschäftigung mit der Geschichte, Ideologie und Organisation der PCF die Aus-
sagekraft einer systemanalytisch orientierten Interpretation der Rolle
der französischen KP. Das Frageraster Kriegels ist komplexer: Die Rolle der PCF innerhalb des politischen Systems wird erstens zur Strategie und Taktik nach der Lehre des Marxismus-Leninismus allgemein
und zweitens zum innerparteilichen Geschehen der PCF in Beziehung
gesetzt. Kriegel arbeitet heraus, daß sich die PCF nach dem auf Lenin
zurückgehenden strategischen Modell verhält, gleichzeitig — wenngleich unterschiedlich akzentuiert in den Phasen ihrer Geschichte — innerhalb und außerhalb des politischen Systems zu sein. Kriegel sieht
darin eine Variante der Doppelherrschaft. Der Eintritt in die Strukturen der liberalen Demokratie dient deren kommunistischen Durchdringung. Der andere Bezugspunkt für Kriegels Urteil ist das innere Leben

---

4 Von den zahlreichen Arbeiten Annie Kriegels seien besonders hervorgehoben: Les communistes français, Essai d'éthnographie politique, Paris 1970[2];
  dies., The French Communist Party and the Fifth Republic, in: Blackmer/
  Tarrow, a.a.O., S. 69—86. Von den Arbeiten Tierskys vgl. vor allem: Le
  mouvement communiste en France (1920—1972), Paris 1973 (übers. a. d.
  Engl.).

der Partei. Von der innerparteilichen Willensbildung über die Instrumente, die Bedürfnisse der Parteimitglieder zu befriedigen, bis hin zur Integration der Parteimitglieder werde hier eine „contre-société" – in den Worten Tierskys „contre-communauté" – praktiziert, in der man modellartig zentrale Elemente einer zukünftigen kommunistischen Gesellschaft vermuten dürfe. Im übrigen spricht nach einer eingehenden Analyse des internationalen Kommunismus nach Kriegel nichts dafür, daß die PCF die Priorität des internationalen Kommunismus gegenüber der nationalen Gemeinschaft aufgegeben habe.

Tiersky entwickelt Kriegels Ansatz weiter. Ausgehend von der im Sinne des Marxismus-Leninismus notwendigen Strategie, sowohl innerhalb wie außerhalb des Systems der liberalen Demokratie zu agieren, zählt er vier Rollen bzw. Gesichter der KP auf. Rollen außerhalb des Systems seien: 1. revolutionäre Avantgarde zu sein und 2. sich als „contre-communauté" von der bürgerlichen Gesellschaft abzusetzen. Rollen innerhalb des Systems seien: 3. Volkstribun zu sein und 4. Regierungsverantwortung zu tragen. Die ersten beiden Rollen fügten sich in das Maximalprogramm, die zwei folgenden Rollen in das Minimalprogramm der PCF ein. Die Geschichte der PCF zeige, daß die Akzentuierung des einen oder anderen Programms jeweils in Abhängigkeit von der sowjetischen Politik geschehen sei.

Die vorliegende Untersuchung wird den von der Literatur aufgezeigten zahlreichen komplexen Zusammenhängen auch nicht annähernd befriedigend nachgehen können. Die Arbeit, die nicht nur die PCF, sondern auch die PS (Parti Socialiste) und beider Beziehungen zum Gegenstand hat, läßt die historische Dimension einerseits und die allgemeinen Probleme von Strategie und Taktik des Marxismus-Leninismus etwas in den Hintergrund treten vor der situationsorientierten Analyse. Vorausgesetzt beim Leser wird eine allgemeine Kenntnis der sozialen und ökonomischen Probleme Frankreichs[5], ohne die die Erfolge der großen französischen Linksparteien nicht erklärbar sind. Ausgeklammert wird ebenfalls eine Analyse der linken Splitterparteien. Auch der kleinste Unterzeichner des Gemeinsamen Programms, die linksliberale Partei MRG (Mouvement des Radicaux de Gauche), soll angesichts seiner Bedeutungslosigkeit keine besondere Behandlung er-

---

5 Eine gute Einführung in das politische System Frankreichs einschließlich seiner Sozialstruktur gibt Udo Kempf, Das politische System Frankreichs. Eine Einführung, Opladen 1975. Vgl. auch Henry W. Ehrmann, Das politische System Frankreichs. Eine Einführung, München 1976.

fahren. Die Untersuchung konzentriert sich auf die beiden großen
Linksparteien, die PCF und die PS.

II. Historische Stationen

Es kann hier nicht darum gehen, die Geschichte des französischen Sozialismus bis zu seinen Wurzeln nachzuzeichnen, so wichtig dies wäre
für das Verständnis zahlreicher Charakteristika des modernen Sozialismus und Kommunismus in Frankreich.[6] Der historische Rückblick
soll hier einsetzen mit der Gründung der kommunistischen Partei im
Jahre 1920. Die französische Linke bestand fortan aus drei großen
Einheiten, den Kommunisten, den Sozialisten und den Radikalen, wovon letztere sich nur mit Mühe in die Gegenwart retteten.[7] Insbesondere die Beziehungen zwischen Kommunisten und Sozialisten sollen
hier ins Blickfeld treten.
   Die französische kommunistische Partei ist ein Ergebnis der vom
Ersten Weltkrieg geschaffenen weltpolitischen Situation. Die russische
Oktoberrevolution und Lenins Anspruch der Führung des Weltproleta-
riats für die Organisation der Weltrevolution konfrontierten die sozialistischen Parteien mit dem Problem, für oder gegen Moskau zu votieren. Lenin initiierte im Jahre 1919 die III. Internationale (Komintern)
als kommunistische Weltpartei mit nationalen Sektionen. Im Juli/Au-
gust 1920 fand der zweite Weltkongreß des Komintern statt, der 21
Bedingungen formulierte, die jede Sektion vor ihrem Beitritt zur III.
Internationalen unterschreiben mußte. U.a. beinhalteten die Bedingungen das Prinzip des demokratischen Zentralismus als Garant eiser-

6 Vgl. von zahlreichen Werken vor allem: Claude Willard, Socialisme et communisme français, Paris 1971³ ; Madeleine Rebérioux, Die sozialistischen Parteien Europas: Frankreich, in: Geschichte des Sozialismus von 1875 bis
  1918, Bd. V, Frankfurt u.a. 1975; Daniel Ligou, Histoire du socialisme en
  France (1871–1961), Paris 1961; Georges Lefranc, Le mouvement socialiste
  sous la Troisième Republique (1875–1940), Paris 1963; Jacques Droz, Le
  socialisme démocratique (1864–1960), Paris 1966. Zur Geschichte der KP
  vgl. vor allem Jacques Fauvet (en collaboration avec Alain Duhamel), Histoire du Parti Communiste Français (1920–1976), Paris 1977² . Zu den Beziehungen zwischen Sozialisten und Kommunisten seit 1920: Robert Verdier, PS/PC. Une lutte pour l'entente, Paris 1976.
7 Eine interessante kurze Geschichte der französischen Linken, die sich an dieser Dreiteilung orientiert, ist: Jean Defrasne, La gauche en France de 1789 à
  nos jours, Paris 1972 (Reihe „Que sais-je?" Nr. 1464).

ner Disziplin. Auf dem Kongreß in Tours im Dezember 1920 zerbrach die sozialistische Partei Frankreichs SFIO (Section Française de l'Internationale Ouvrière) an der Frage des Beitritts zur III. Internationalen. Die überwältigende Mehrheit (!) sprach sich für die 21 Bedingungen Lenins aus. Sie wurde als Sektion der Komintern zur SFIC (Section Française de l'Internationale Communiste). Im Dezember 1921 nannte sich die SFIC „Parti Communiste"; zur PCF wurde sie erst nach Auflösung der Komintern durch Stalin im Mai 1943.

Die Geschichte der Partei weist deutliche Einschnitte auf[8], die auch als Einschnitte in der Geschichte der französischen Linken insgesamt, vor allem der Beziehungen zwischen Kommunisten und Sozialisten, fungieren können:

1920–1934 war die Phase der Bolschewisierung der kommunistischen Partei (Aufbau der Parteibasis in den Betrieben, Einführung eines strikten Zentralismus und die permanente Reinigung der Partei von allen „Abweichlern"[9]). Die Partei verhielt sich dem Staat und den anderen Parteien gegenüber äußerst militant. Die Richtlinien der Politik der französischen KP wurden immer deutlicher von Moskau bestimmt. Moskaus französischer Erfüllungsgehilfe wurde Maurice Thorez, seit 1925 Mitglied der Politbüros und Organisationssekretär, seit 1930 Sekretär des Politbüros, d.h. faktisch Generalsekretär − ein Titel, der allerdings erst 1936 für Thorez geschaffen wurde[10] und den er bis 1964 hatte. Die von Stalin 1928 ausgegebene Parole, die Arbeiterklasse im Rahmen der kommunistischen Parteien zu einigen und die sozialdemokratischen Parteien als Sozialfaschisten zu denunzieren, isolierte die französische KP völlig. Ihr Mitgliederbestand reduzierte sich auf 30.000 (1921: 110.000 und 1928: 52.000)[11]; katastrophal war ebenso das Ergebnis der Parlamentswahlen. Der Stimmenanteil der PC fiel von 11,3% (1928) auf 8,4% (1932).

Umgekehrt verlief die Entwicklung der alten − 1920 in der Minderheit gebliebenen − SFIO. Die Mehrheit der auf lokaler und nationaler Ebene gewählten Abgeordneten und der Bürgermeister hatte ihr ohnehin die Treue gehalten. Unter der Führung von Léon Blum wurde die Mitgliedschaft neu aufgebaut (1921: 35.000 und 1932: 138.000[12]); die Partei verbesserte ihre Wahlerfolge.

---

8 Ich schließe mich hier Tiersky, a.a.O., an.
9 Vgl. ebd., S. 29 f.
10 Kriegel (1970), a.a.O., S. 203.
11 Vgl. ebd., S. 13.
12 Tiersky, a.a.O., S. 351.

Die dritte linke Gruppierung, die Radikalen, stellte die größte Fraktion in der Nationalversammlung. Mit Ausnahme der Jahre von 1928 bis 1932 war sie an der Regierung zumindest beteiligt.

Beide nichtkommunistischen großen Linksparteien waren zwischen zwei Tendenzen hin- und hergerissen. Die Sozialisten zerstritten sich in der Frage, ob sie eine von den Radikalen getragene Regierung zumindest stützen sollten; die Radikalen waren sich uneinig in der Frage, ob sie eher mit den Sozialisten im „Cartel des Gauches" oder mit der rechts davon anzusiedelnden „Union nationale" sich verbinden sollten.

Im Jahre 1934 erschien die Linke uneiniger als je zuvor.[13]

1934—1938 folgte die PC dem von der Internationalen 1933 nach der nationalsozialistischen Machtergreifung in Deutschland erlassenen Appell, internationale Aktionseinheiten zur Bekämpfung des Faschismus zu schaffen. Das Ergebnis war 1934 ein Pakt der Aktionseinheit mit der SFIO, der 1935 nach dem französisch-sowjetischen Pakt in der Volksfront zwischen PC, SFIO und den Radikalen gipfelte. In den Parlamentswahlen Anfang 1936 verdoppelten die Kommunisten ihren Stimmenanteil, während die Sozialisten ihren Anteil halten konnten und die Radikalen Verluste erlitten. Die Zahl der Mitglieder der PC stieg von 28.000 im Jahre 1933 auf 280.000 Ende 1936 und 328.000 Ende 1937.[14] Die PC unterstützte zwar die Regierung unter dem Sozialisten Léon Blum, weigerte sich aber, selbst in die Regierung einzutreten. Das Mißtrauen zwischen den Sozialisten und Kommunisten war groß. Die Volksfront krankte von Anfang an daran, daß die Kommunisten als Träger der Volksfront im Parlament an der Macht teilhatten, andererseits aber ihre Fundamentalopposition gegen das politische System aufrechterhielten und damit ihr revolutionäres Potential erhalten wollten.[15] Das Ende der Volksfront war in den außen- und wirtschaftspolitischen Differenzen schon 1937 sichtbar. 1938 zerfiel die Volksfront über ihren eigenen Differenzen (vor allem über das von den Kommunisten abgelehnte Münchner Abkommen[15a]) und dem Ansturm von rechts. Von ihren Leistungen ist die Sozialgesetzge-

13 Defrasne, a.a.O., S. 89.
14 Kriegel (1970), a.a.O., S. 13.
15 So im Anschluß an Kriegel Tiersky, a.a.O., S. 58, S. 81.
15a Fauvet, a.a.O., S. 212 f.

bung hervorzuheben, die einen bedeutenden Einschnitt der Geschichte der französischen Innenpolitik darstellt.[16]

1939–1941 wird allgemein als eine dunkle Phase in der Geschichte der PC gewertet. Die Parteiführung wurde vom Wandel der sowjetischen Außenpolitik, der Unterzeichnung des Hitler-Stalin-Paktes am 23.8.1939 offensichtlich überrascht und vor eine völlig neue Situation gestellt. Die PC vollzog die Schwenkung Moskaus mit und begrüßte den Pakt im Namen des Friedens. Hitlers Angriff auf Polen am 1.9. 1939, der für Frankreich den Kriegszustand gegen das Reich bedeutete, stürzte die Partei in einen großen Konflikt zwischen Innen- und Außenorientierung. Die Kommunisten begrüßten die Haltung der Regierung in der Kriegsfrage und stimmten für die Kriegskredite. Zahlreiche Kommunisten, darunter der Generalsekretär Thorez, begaben sich im Zuge der Mobilisierung zu ihren Einheiten. Im Sinne der sowjetischen Außenpolitik war dies nicht. Die Verurteilung der französischen KP-Führer durch die Komintern ließ nicht auf sich warten. Schon beim Überschreiten der polnischen Grenze durch die Rote Armee am 17.9.1939 war die PCF in die Reihen der Internationale zurückgetreten und verurteilte jetzt den Eintritt Frankreichs in den Krieg. Im Gegenzug wurde sie mit allen ihren Organisationen von der französischen Regierung verboten. Im Oktober 1939 verurteilte die PC-Führung im Sinne der Interpretation der Komintern in einem geheimen Aufruf an das französische Volk den Krieg als einen Krieg zwischen dem englischen und dem deutschen Imperialismus, wobei Frankreich die Weisungen der Londoner Bankiers ausführe. Thorez war inzwischen zum Deserteur geworden. Die französische kommunistische Bewegung erlebte einen Tiefpunkt ihrer Popularität.[17] Die Haltung der KP Frankreichs zeigte sich ausschließlich als Funktion der sowjetischen Außenpolitik.

Auch die Sozialisten entgingen nicht der Zerreißprobe durch den Ausbruch des Zweiten Weltkrieges. Die Mehrheit der sozialistischen Abgeordneten stimmte für die Übergabe der Macht an Marschall Pétain. Ein großer Teil der Sozialisten schloß sich dem Vichy-Regime an. Die alte SFIO war praktisch tot. Sie wurde in der Résistance vor

16 François Goguel/Alfred Grosser, La politique en France, Paris 1970[4], S. 129;
   Georges Dupeux, La société française 1789–1970, Paris 1972, S. 208 ff.;
   Georges Lefranc, Histoire du front populaire, Pairs 1965, S. 283 ff.
17 Vgl. Tiersky, a.a.O., S. 88, Fauvet, a.a.O., S. 226 ff.

allem von Daniel Mayer neu aufgebaut. Die erneuerte sozialistische Gruppierung reihte sich in die Widerstandsbewegung de Gaulles ein.[18]

1941–1947. Der deutsche Angriff auf die Sowjetunion erlaubte der französischen KP wiederum einen Positionswechsel. Sie trat voll auf die Seite der Résistance. Nach anfänglichen vergeblichen Versuchen, die Résistance unter eigenem Dach zu einigen, schloß sich die PC dem von de Gaulle 1943 geschaffenen CNR (Conseil National de la Résistance) an.[19] Die PCF fand sich wieder in Aktionseinheit mit den Sozialisten, jetzt freilich im Rahmen einer nationalen Union. Das Programm des CNR kam dem Programm der Volksfront sehr nahe: Es sah die Einrichtung einer „wirklichen ökonomischen Demokratie", die Ausmerzung der „großen ökonomischen Feudalitäten", die Verstaatlichung der Bodenschätze, Energiequellen, Versicherungsgesellschaften und der großen Banken und zahlreiche sozialpolitische Maßnahmen vor.[20] In der provisorischen Regierung de Gaulles saßen zum erstenmal kommunistische Minister. Der PCF stand im Zenit ihres Ansehens. Die Zahl der Mitglieder (Ende 1947: etwa 900.000)[21] und Wähler (1945: 26%; November 1946: 28,6%)[22] schnellte in bislang unbekannte Höhen. Aus den Wahlen des Jahres 1945 ging die PCF als stärkste Fraktion hervor. Die Linke hatte die Mehrheit der Sitze inne. Dennoch vermochte die PCF eine gewisse Isolation nicht zu durchbrechen. Die Sozialisten lehnten Einheitsbestrebungen der Kommunisten ab. De Gaulle weigerte sich, den kommunistischen Ministern ein Schlüsselministerium anzuvertrauen. Die Chance schien erst nach de Gaulles Rücktritt als Ministerpräsident Anfang 1946 gekommen. Die Sozialisten weigerten sich jedoch, mit der PCF eine Linksunion einzugehen: Das Ergebnis war ein lockeres „gouvernement tripartite" von PCF, SFIO und MRP. Die Beziehungen der Regierungspartner verschlechterten sich freilich schnell angesichts der Differenzen über Kolonialkriege, der Haltung der PCF gegenüber Streiks und vor allem durch die Genese des Kalten Krieges. Im Blick auf die Entwicklung in Osteuropa wuchs das Mißtrauen der Sozialisten, bis der sozialistische Ministerpräsident die PCF-Minister am 5.5.1947 gegen ihren Willen entließ. Die PCF selbst bewahrte „eine

18 Ligou, a.a.O., S. 441 ff.
19 Tiersky, a.a.O., S. 98.
20 François-G. Dreyfus, Histoire des Gauches an France 1940–1974, Paris 1975, S. 25 f.
21 Kriegel (1970), a.a.O., S. 13.
22 Jean Elleinstein, Le PC, Paris 1976, S. 195.

tiefe Nostalgie ihrer Periode der Beteiligung an der Macht".[23] Noch im Juni 1947 verkündete Thorez vor dem 21. Parteikongreß: „Wir sind und wir werden eine Regierungspartei bleiben . . .". Moskaus Aussenpolitik sah jedoch anders aus.

1947–1962. Im September 1947 schuf Stalin das Kommunistische Informationsbüro (Kominform). Auf der konstituierenden Sitzung der neun kommunistischen Parteien wurden die kommunistischen Parteien Frankreichs und Italiens von der Sowjetdelegation wegen ihres Opportunismus, der Teilnahme am bürgerlichen Parlamentarismus, kritisiert. Die westeuropäischen kommunistischen Parteien wurden wieder straffer am Zügel der sowjetischen Außenpolitik geführt. Ihre Aufgabe war es, angesichts der Teilung der Welt in zwei Blöcke, aus einer kompromißlosen Position heraus die westeuropäischen Massen gegen die Vorherrschaft der USA zu mobilisieren. Es mag durchaus sein, daß Stalins Motiv auch in der Furcht vor einer allmählichen Verbürgerlichung der westeuropäischen Kommunisten, die die Macht kosteten, zu suchen ist.[24] Die PCF-Führung nahm sich die sowjetische Kritik zu Herzen. Thorez übte im Oktober 1947 vor seinem Zentralkomitee Selbstkritik. Es folgte eine länger als 10 Jahre dauernde Phase der Isolation. Die PCF lebte während des Kalten Krieges abgeschirmt in einer feindlichen Umwelt. Die altstalinistische Parteiführung meisterte auch jene Ereignisse des Jahres 1956, die vor allem die Intellektuellen der Partei aufrührten: den 20. Parteitag der sowjetischen KP und die Niederschlagung des Aufstandes in Ungarn durch sowjetische Truppen. Wurde die Entstalinisierung allzu zögernd in Angriff genommen, so wurde das sowjetische Handeln in Ungarn von der Führung der PCF als Niederschlagung der Gegenrevolution begrüßt. Zahlreiche Parteiausschlüsse und Parteiaustritte hielten den innerparteilichen Zentralismus aufrecht. In der Phase des Nachkriegsstalinismus verlor die PCF mehr als die Hälfte ihrer Mitglieder, dagegen war der Wählerverlust geringer: 1956 erhielt die Partei noch 25,7% der Stimmen. Erst die Parlamentswahlen unter de Gaulle im November 1958 brachten einen empfindlichen Rückgang der PCF-Stimmen auf 18,9%.[25] Die Situation der Sozialisten sah freilich nicht besser aus.[26] Die Sozialisten, die in der IV. Republik lange Jahre Regierungsverantwortung trugen

23 Goguel/Grosser, a.a.O., S. 129.
24 So vermutet Tiersky, a.a.O., S. 138 f.
25 Elleinstein, a.a.O., S. 195.
26 Eine vorzügliche Chronologie des französischen Nachkriegssozialismus findet sich in: La nouvelle revue socialiste Nr. 14–15, 1975, S. 35–67.

(1951–1956 war die SFIO in der Opposition), verloren zwischen 1946 und 1958 zwei Drittel ihrer Mitglieder; ihre Wählerschaft reduzierte sich von 21,6% im Oktober 1946 auf 15,5% im November 1958. Der Regimewechsel 1958 sah die französische Linke auf dem Tiefpunkt ihrer Nachkriegsentwicklung.

In den ersten Jahren gaullistischer Herrschaft nach 1958 war die französische Linke gleichsam „entwaffnet". Die Kritik an de Gaulles Innen- und Verfassungspolitik verblaßte vor den Erfahrungen seiner Außen- und Entkolonialisierungspolitik, insbesondere der Lösung der Algerienfrage.[27] Der Regimewechsel schuf freilich auch Voraussetzungen für erneuerte Einheitsbestrebungen der französischen Linken: nicht zuletzt durch die zunehmende Bipolarisierung der französischen Politik, für die wesentlich das neue französische Wahlsystem (absolute Mehrheitswahl) verantwortlich war.[28]

1962–1977.[29] Die Anstrengungen der Kommunisten, eine gemeinsame Front der Opposition gegen das gaullistische Regime aufzubauen, blieben zunächst ohne Echo bei den Sozialisten. Erst als die Sozialisten, die de Gaulle zunächst unterstützten, spätestens 1962 beim Referendum über die Verfassungsänderung der Wahl des Staatspräsidenten in Opposition zu de Gaulles Regierung traten, entwickelte sich eine Dynamik in Richtung einer gemeinsamen linken antigaullistischen Position. Der Weg bis zum Gemeinsamen Programm 1972 war freilich noch lang und mühsam. Die Treiber auf diesem Weg waren eindeutig die Kommunisten. Gebremst wurde der Marsch zur Gemeinsamkeit vor allem vom rechten Flügel der SFIO unter der Führung von Gaston Deferre, dem das alte Ziel einer „Dritten Kraft" zwischen Kommunisten und Gaullisten vorschwebte.

In den Parlamentswahlen im November 1962 machte die PCF-Führung eigenmächtig einen ersten Schritt auf die Sozialisten zu. Sie empfahl den kommunistischen Wählern, im zweiten Wahlgang ihre Stimmen den besser plazierten sozialistischen Kandidaten zu geben.[30] Der 17. Parteitag der PCF (1964) vebesserte unter der Führung des neuen Generalsekretärs Waldeck Rochet die ideologischen Bedingungen der Zusammenarbeit. Die PCF sprach sich für friedliche Koexistenz, friedlichen Wandel zum Sozialismus und Parteienpluralität zumindest in

27 Defrasne, a.a.O., S. 113.
28 Zum Wahlsystem der V. Republik vgl. Kempf, a.a.O., S. 127 ff.
29 Vgl. zu dieser Phase vor allem die einschlägigen Kapitel in dem zit. Werk von Dreyfus, a.a.O.; Jean Poperen, La gauche française, 2 Bde., Paris 1972/1975.
30 Tiersky, a.a.O., S. 198.

der Zeit des Übergangs zum Sozialismus aus.[31] Im folgenden Jahr (1965) brachte die Wahl des Staatspräsidenten den ersten Höhepunkt der linken Aktionsgemeinschaft. François Mitterrand — in der IV. Republik lange Jahre Minister als Vertreter der kleinen sozialistischen Partei UDSR (Union Démocratique et Socialiste de la Résistance) und 1964 Gründer des CIR (Convention des Institutions Républicaines) — war der gemeinsame Kandidat der Linken; er erzielte im zweiten Wahlgang gegen de Gaulle 45,4% der Stimmen.[32] Die PCF drängte nun immer stärker, ein gemeinsames Programm für eine Linksregierung auszuarbeiten, während die Sozialisten jedoch über Wahlabsprachen nicht hinausgehen wollten. Die Sozialisten waren sich zu diesem Zeitpunkt keineswegs in ihrer Strategie einig. Wichtiger noch: Es ging um die Zukunft der Partei als solcher. Der Verfall der SFIO war nicht zu übersehen. Schon 1958 war über den Auseinandersetzungen um de Gaulles Verfassung eine autonome sozialistische Partei abgesplittert; sie nennt sich seit 1960 — nach dem Zusammenschluß mit anderen linken Splittergruppen — PSU (Parti Socialiste Unifié). Der Parteiapparat der SFIO unter der Führung von Guy Mollet war veraltet. Ihr Sozialismus war zum Dogma geronnen. Das politische Leben des Sozialismus in Frankreich war in die Gewerkschaften, in politische Clubs und Intellektuellenzirkel geflüchtet. Ein neuer ideologischer und organisatorischer Anfang wurde gesucht. Im Zusammenhang mit dem Präsidentschaftswahlkampf 1965 wurde angestrebt, in der FGDS (Fédération de la Gauche Démocrate et Socialiste) die nichtkommunistische Linke zusammen mit der SFIO unter einem Dachverband zu sammeln.

Es bedurfte zweier großer Niederlagen der französischen Linken, einmal um einen Neuanfang der Sozialistischen Partei zu ermöglichen und zum anderen, um die Sozialisten für eine Union zwischen Kommunisten und Sozialisten zu rüsten. Die erste Niederlage waren die Parlamentswahlen im Juni 1968 als Konsequenz der Mai-Ereignisse, von denen auch Kommunisten und Sozialisten überrascht worden waren. Die FGDS zerbrach darüber. Wichtiger noch war die Niederlage der Linken in den Präsidentschaftswahlen im Juni 1969 nach dem Rücktritt de Gaulles. Die Linke stellte keinen gemeinsamen Kandidaten auf. Der sozialistische Kandidat Defferre erzielte nur 5% der Stimmen, die linken Kandidaten insgesamt nur 30,9% im ersten Wahlgang.

---

31 Ebd., S. 201 f.
32 Ebd., S. 203.

Die Stichwahl fand zwischen den bürgerlichen Kandidaten Poher und Pompidou statt. In der SFIO setzte nun beschleunigt ein Umdenkungs- und Erneuerungsprozeß ein. Der Parteikongreß von Issy-les-Moulineaux im Juli 1969 setzte ein Signal. Eine Zweidrittelmehrheit sprach sich für engere Bindungen mit den Kommunisten aus. Alain Savary wurde zum Ersten Sekretär der Partei gewählt, nachdem Mollet 21 Jahre lang das Generalsekretariat innegehabt hatte. Die SFIO nannte sich von nun ab Parti Socialiste (PS).

Die Jahre bis zur Unterzeichnung des Gemeinsamen Programms (1972) sind von zwei Entwicklungen geprägt, die nicht voneinander zu trennen sind: erstens vom Dialog der PS mit der PCF und zweitens von der Stärkung der PS. Die zweite Entwicklung, die für die Sozialisten die Voraussetzung einer engeren Zusammenarbeit mit den Kommunisten sein mußte, vollzog sich vor allem unter der Regie von François Mitterrand, der auf dem Parteikongreß von Epinay-sur-Seine im Juni 1971 zum Ersten Sekretär der PS gewählt wurde. Der Kongreß beschloß, unter Verzicht auf eine „ideologische Debatte" mit der PCF, ein gemeinsames Regierungsprogramm über konkrete Maßnahmen auszuarbeiten. Das Ergebnis war das „Gemeinsame Regierungsprogramm der Kommunistischen Partei und der Sozialistischen Partei" im Juni 1972, dem sich im folgenden Monat auch ein Teil der Radikalsozialisten um Robert Fabre anschloß, der sich heute „Mouvement des Radicaux de Gauche" etikettiert. Zwischen dem Kongreß von Epinay und der Unterzeichnung des Gemeinsamen Programms spielte auch die parteiinterne Programmarbeit vor allem in der PS eine bedeutende Rolle. Im Oktober 1971 veröffentlichte die PCF ihren Programmentwurf für eine Linksunion „Changer de cap", der der PS-Führung zu weit links stand. Die PS hielt diesem Entwurf einerseits als Diskussionsgrundlage für die Erarbeitung des Gemeinsamen Programms und andererseits zur Profilierung nach links ein eigenes Programm „Changer la vie" entgegen, das sie im März 1972 in Suresnes verabschiedete. Als Spezifikum der sozialistischen Programmatik wurde vor allem das Konzept der „Autogestion" gefeiert.

Die Entwicklung der Partner des Gemeinsamen Programms seit dessen Unterzeichnung bis zu den Kommunalwahlen im März 1977 kann durch vier Tendenzen charakterisiert werden:

1. Die Wahlen unter dem Banner des Gemeinsamen Programms verbesserten die Position der Linken. Dies galt vor allem für die Sozialisten. Der bis Ende 1976 größte Erfolg der Linksunion war das Abschneiden des Präsidentschaftskandidaten Mitterrand 1974, der gegen

Giscard d'Estaing im zweiten Wahlgang äußerst knapp unterlag und im ersten Wahlgang sogar die meisten Stimmen erzielte.

2. Sowohl PS wie PCF unternahmen alle Anstrengungen, sich den Wählern, die bislang nicht die Linke gewählt hatten, als potentielle Regierungsparteien vorzustellen. Für die sozialistische Parteiführung bedeutete dies den Nachweis, daß der Bruch der sozialistischen Politik mit der Gegenwart nicht so groß sei, wie er von den politischen Gegnern dargestellt werde, daß es vielmehr darum gehe, notwendige Reformen einzuleiten. Für die kommunistische Parteiführung beinhaltete die Werbekampagne vor allem die Bekräftigung der demokratischen Glaubwürdigkeit nicht zuletzt durch die Kritik an der Behandlung von Dissidenten durch die Behörden in den Ostblockländern. Die Partei unternahm auch noch nie solche Anstrengungen wie in den jüngsten Jahren, sich der Öffentlichkeit darzustellen. Hinzu kam ein intensives Werben um die christlichen Wähler. Die PCF will ihr antichristliches Image korrigieren. Ein Höhepunkt dieser Kampagne war die Rede von Marchais am 10. Juni 1976 in Lyon „Les communistes s'adressent au chrétiens de France".[33] Marchais forderte die christlichen Organisationen und die Kirchenführer zur Aktionseinheit für das Gemeinsame Programm auf.

3. Die sozialistische Parteiführung setzte ihr Bemühen um die Konsolidierung der Partei und die Sammlung aller Sozialisten in der PS fort. Das herausragende Ereignis dieser Bemühungen war der kurz nach den Präsidentschaftswahlen von der sozialistischen Parteiführung initiierte Kongreß der französischen Sozialisten aller Schattierungen am 12. und 13. Oktober 1974 in Paris: „Assises du socialisme".[34] Tausende von Mitgliedern der PSU unter Führung von Michel Rocard und der Gewerkschaft CFDT schlossen sich der PS an. Die PSU spaltete sich. Einigendes Dach der Sozialisten war vor allem das Konzept der „Autogestion".

4. Die Beziehungen zwischen den Sozialisten und den Kommunisten blieben auch nach der Aushandlung des Gemeinsamen Programms von zahlreichen und intensiven Spannungen geprägt.[35] Insbesondere die PCF-Führung verlieh ihrem Mißtrauen gegenüber der Loyalität des sozialistischen Partners immer wieder Ausdruck. Ein besonderer An-

---

33 Veröffentlicht von der Partei als Broschüre.
34 Das Protokoll wurde veröffentlicht: Pour le socialisme. Le livre des assises du socialisme, Paris 1974. Vgl. dazu auch Kempf, a.a.O., S. 173 f.
35 Zusammenfassungen der Polemik finden sich in: Le Monde, 20.6.1975, 17.9. 1975; vgl. auch Kempf, a.a.O., S. 174.

laß des Konfliktes war das von Mitterrand schon kurz nach der Unterzeichnung des Gemeinsamen Programms formulierte Ziel, innerhalb der Linksunion ein Gleichgewicht der Kräfte, mit anderen Worten: die Stärkung der PS gegenüber der PCF zu erreichen, da eine kommunistisch geprägte Linke nie die Mehrheit gewinnen könne. Die kommunistische Parteiführung entgegnete, daß die Sozialisten damit faktisch zugunsten des gemeinsamen Gegners argumentierten und sorgte sich, daß die Sozialisten es auf einen Teil der kommunistischen Wählerschaft abgesehen hätten. Eskaliert wurde der Konflikt denn auch durch die Nachwahlen zum Parlament Ende September/Anfang Oktober 1974, die den Sozialisten Gewinne und den Kommunisten Verluste einbrachten. Ein Jahr lang etwa blieb die sozialistisch-kommunistische Polemik angeheizt. Die Gegenstände der Auseinandersetzung waren unterschiedlich, kreisten jedoch immer wieder um die Loyalität der PS und die demokratische Glaubwürdigkeit der PCF. Besondere Anlässe dafür waren der Sammlungsversuch der PS auf den „Assises du socialisme" (Oktober 1974), die Einladung des Staatspräsidenten an die Führer der Linken zu einem Gespräch (Oktober 1974), die französische Nuklearbewaffnung (März 1975), die Diskussion des Übergangs zum Sozialismus nach Realisierung des Gemeinsamen Programms (Mai 1975) und vor allem immer wieder die Situation in Portugal. Die internationalen Solidaritäten der französischen Linksparteien standen sich hier gegenüber. Die Partner des Gemeinsamen Programms maßen das Verhalten der portugiesischen Sozialisten und Kommunisten an den Kriterien der Problematik ihres eigenen Verhältnisses. Kritisierte die PCF die portugiesischen Sozialisten und deren Unterstützung durch die französische PS als prinzipiell antikommunistisch und forderte eine Linksunion auch in Portugal, so sah die PS im Verhalten der PCF gegenüber der an den Dogmen des Leninismus festhaltenden KP Portugals den Prüfstein für den demokratischen Wandel der KP Frankreichs.

Die Spannungen zwischen PS und PCF sind sicherlich vielschichtig und nicht aus einer einzigen Ursache heraus zu verstehen. Neben der echten sachlichen Auseinandersetzung und der Fortdauer des alten gegenseitigen Mißtrauens ist eine Ursache des Konflikts zweifellos im Anliegen beider Seiten zu suchen, vor den Wählern und Parteimitgliedern die eigene Identität und das eigene Profil zu wahren. Gilt dies für die PS vor allem im Hinblick auf die Wähler, so will die PCF ihre Identität wohl vor allem in den Augen ihrer Mitglieder erhalten. Ein Motiv für das polemische Verhalten der PCF („L'union est un combat permanent"[36]) liegt wahrscheinlich in der Absicht, durch ständige Auseinandersetzungen die Sozialisten permanent zum Bekenntnis zur Linksunion zu drängen. Vor allem aber zeigt der Beginn des intensiven Konflikts, daß eine ganz zentrale Ursache im Kampf um den Führungsanspruch innerhalb der Linksunion zu suchen ist. Darum ging es auch in den Konflikten zwischen den Parteien des Gemeinsamen Programms über die Aufstellung gemeinsamer Kandidatenlisten für die Kommunalwahlen im März 1977.

III. Mitglieder, Strukturen und Wähler

1. Die „Parti Communiste Français"

a. Die Mitglieder

Die PCF hatte 1975 nach eigenen Angaben etwa 500.000 Mitglieder, wovon 28% die Pariser Region und 57% die vier Regionen Paris, Nord-Picardie, Provence-Côte d'Azur und Rhône-Alpes repräsentierten.[37] Für Dezember 1977 gab die Parteiführung die Zahl von 620.000 Mitgliedern bekannt.[38] Die Daten für eine sozio-ökonomische Analyse der gesamten Mitgliedschaft veröffentlichte die Parteiführung nicht; dagegen gab sie die Daten für die Zusammensetzung der nach eigener Interpretation im innerparteilichen Willensbildungsprozeß zentralen Parteitage von 96 der 97 Föderationen zur Vorbereitung des 21. Parteitages (1974) und des 22. Parteitages (1976) frei, d.h. jeweils für insgesamt mehr als 20.000 Delegierte, in denen man den aktiven Kern der Parteimitglieder vermuten darf. Ohne Einbeziehung der Rentner und Pensionäre (1,6%) waren davon 1976 36,3% Arbeiter, 22,5% Angestellte, 8,6% Ingenieure, Techniker, Kader, 15,3% Lehrberufe, 3,3% Bauern, 2,4% Handwerker und Kaufleute, 4,5% Gymnasiasten und Studenten, 1,5% Freiberufliche und 4% Hausfrauen.[39] 25,6% der De-

36 Le Monde, 17.9.1975, zitiert Georges Marchais.
37 Die jüngsten Zusammenstellungen finden sich bei: Jean Elleinstein, a.a.O., S. 95 ff. und Anhang. Jean-Paul Molinari, Contribution à la sociologie du P.C.F., in: Cahiers du communisme, H. 1, 1976, S. 38 ff.; ders., Conférences fédérales préparatoires au XXIIe congrès du p.c.f., in: Cahiers du communisme, H. 2, 1977, S. 96 ff. Vgl. insbesondere die Daten von 1974 und 1976, S. 97. S. dazu auch die Tabellen auf S. 131.
38 L'Humanité, 2.1.1978.
39 Jean-Paul Molinari, a.a.O.

legierten waren Frauen. 41,7% der Delegierten waren jünger als 30 Jahre und 30,9% älter als 40 Jahre.[40]

b. Organisation und Willensbildung

Die Basiseinheit der Partei ist die Zelle, sei es als Betriebszelle, sei es als Ortszelle. Die nächste Ebene ist die Sektion, ebenfalls als betriebliche oder lokale Einrichtung. Darüber steht die Föderation als departementale Einheit der Partei. Die oberste Ebene bilden die „nationalen Instanzen der Partei".[41] Jede Ebene hat eine Versammlung, ein Büro und ein Sekretariat. Die Ebenen der Föderation und der Nation verfügen zusätzlich über ein Organ, das zwischen der Versammlung einerseits und Büro und Sekretariat andererseits steht: das von der Versammlung gewählte Komitee, das erst das Büro und das Sekretariat wählt.

Das Innenleben der Partei ist nach dem Statut durch das leninistische Prinzip des demokratischen Zentralismus geregelt (Art. 5). Der Sieg des Zentralismus über die Demokratie in der Realität ist in das Konzept eingebaut. Die Willensbildung findet von oben nach unten in einer Form systematischer Kontrollen statt. Die Erstickung innerparteilicher Opposition erlaubt die Satzung durch das Fraktionsverbot. Viel wichtiger jedoch für den Zentralismus der Willensbildung ist die – auch satzungsgemäß vorgesehene – Einschränkung des demokratischen Prinzips der Wahlen von unten nach oben. Sowohl die Wahl des Sektionssekretärs wie die Wahl des Föderationssekretärs bedürfen der Bestätitung durch die jeweils übergeordnete Stufe. Wahlen vollziehen sich grundsätzlich nach scharfer Selektion. Auf jeder Stufe werden selbst die Kandidaten, die als Delegierte in die Kongresse der übergeordneten Ebenen gewählt werden wollen, vor der Wahl von einer „politischen Kommission" daraufhin geprüft, „ob sie geeignet sind, sich in einer Parteiversammlung anständig aufzuführen".[42] So nimmt an der Sitzung der „politischen Kommission" ein Vertreter der übergeordneten Stufe teil, der über minutiöse Informationen über die Kandi-

40 Ebd., S. 48; und Elleinstein, a.a.O., S. 110.
41 So ist Kap. VI des Statuts überschrieben: Statuts du Parti Communiste Français, adoptés au XVIIe Congrès du Parti (Mai 1964), mis à jour au XXe Congrès (décembre 1972).
42 So die hervorragenden PCF-Kenner André Laurens und Thierry Pfister in ihrem Buch: Les nouveaux communistes, Paris 1973, S. 142. Die beste Analyse des Selektionsprozesses gibt Kriegel (1970), a.a.O., S. 146 ff.

daten verfügt und insgesamt den übrigen Mitgliedern der Kommission, die sich kaum kennen, überlegen ist.[43] Die Kontrolle der Wahlen von oben nach unten oder auf derselben Ebene durch die Führungsgremien führt dazu, daß das Wahlsystem häufig genug zu einem System der Kooptation wird.[44] Auch die nach dem 20. Kongreß der KPdSU erfolgte Einführung der geheimen Wahlen und von Listen, die mehr Kandidaten als zu vergebende Ämter enthalten, änderte daran nichts. Sie können daran nichts ändern, solange „die offene, diskrete oder verschleierte Einmischung der übergeordneten Instanz in die Angelegenheiten der unteren Stufe" (Kriegel) nicht radikal abgeschafft wird und solange die Parteiführung die äußerst wirksamen Instrumente der zentralen Speicherung von Informationen über die Mitglieder und zahlreicher Schulungsmechanismen verfügt.[45]

Das Ergebnis dieses ausgeklügelten Systems der Kontrollen von oben nach unten ist ein „stabiler Kern"[46], der Apparat, der sich durch das Kontrollsystem permanent erhält. Die Existenz dieses Kerns und der Mechanismen seiner Selbsterhaltung macht verständlich, warum die große Mitgliederfluktuation der Partei – die PCF verliert pro Jahr etwa 10% ihrer Mitglieder[47] – keinen Einfluß auf die Dynamik der innerparteilichen Willensbildung hatte und hat.

An den zwei Polen der Willensbildung, der Zelle unten und der nationalen Parteiführung oben, kann das innere Leben der PCF vielleicht am deutlichsten demonstriert werden.

Ende 1975 waren von den 23.178 Zellen der PCF 8.042 Betriebszellen. Heute sind es 10.000 Betriebszellen. Eine Zelle umfaßt durchschnittlich 13 Mitglieder.[48] Die Parteimitglieder sind also in sehr kleinen Einheiten organisiert, wovon ein starkes Drittel den Arbeitsplatz zur Grundlage hat. Die Organisationsform der Zelle, insbesondere der Betriebszelle, gilt in der Parteienforschung als ein konstitutives Element eines Parteityps, der sich durch einen sehr hohen Organisations- und Zentralisationsgrad, eine ausgeprägte innere Disziplin, eine autoritäre Führung einer Elite, die von der Partei selbst entwickelt wird, sehr großes Engagement der Mitglieder und einen das gesamte persönliche und öffentliche Leben abdeckenden Aktivitätsbereich auszeich-

43 Kriegel (1970), a.a.O., S. 152.
44 Laurens/Pfister, a.a.O., S. 143.
45 Kriegel (1970), a.a.O., S. 153, S. 166 ff.
46 Ebd., S. 154.
47 Elleinstein, a.a.O., S. 98.
48 Elleinstein, a.a.O., S. 49; Le Monde, 1.3.1977, S. 37.

net.[49] Die Zellen als „Kleingruppen ermöglichen einen dauernden
Kontakt zwischen den Mitgliedern, sie machen das Verhalten eines jeden sichtbarer, sind für die permanente Schulung der Mitglieder geeignet und können schließlich sogar die Basis für Geheimtätigkeiten abgeben".[50] Die Betriebszelle ermöglicht eine umfassende Integration
des Mitglieds in die Partei. Die Zelle als homogene Kleingruppe entwickelt eine Fülle von Aktivitäten, die Bedürfnisse der Mitglieder zu
erfüllen, die nicht identisch sind mit den Parteizielen: Sie schafft Vertrauen, gewährt Solidarität, erlaubt Identifikation usw.[51] Sie entwik-
kelt aber auch ein festes Netz sozialer Normen, das den einzelnen um-
schlingt. Alles, was über das Leben in den Zellen der PCF berichtet
wird, bestätigt die Ergebnisse der Parteien- und Kleingruppenfor-
schung. Die Zellen der PCF sind Kleingruppen, die zahlreiche Bedürfnisse ihrer Mitglieder im engeren politischen, aber auch im weiteren
sozialen und beruflichen Bereich erfüllen.[52] Die Literatur bestätigt
auch, daß die politischen Diskussionen in den Zellen durchaus lebhaft
und kritisch sein können. Elleinstein schreibt, daß es häufig vorkom-
me, daß die Politik der Führung in ihrer Richtigkeit bezweifelt werde[53]
und selbst die kritische Annie Kriegel gesteht zu, daß die Demokratie
auf der Stufe der Zelle (aber nur dort) respektiert werde.[54] Aber die
Einbindung dieser Debatten in die sozialen Normen und die Mechanismen der Elitenbildung und Entscheidungsfällung in der Gesamtpartei weisen der Demokratie in der Zelle nur Funktionalität für die Mo-
tivationen und Perzeptionen des einzelnen Mitglieds, aber nicht für die

---

49 Maurice Duverger, Die politischen Parteien, Tübingen 1959, S. 46 ff.; vgl.
auch Aaron B. Wildavski, Maurice Duverger: Les partis politiques; eine methodische Kritik, in: Gilbert Ziebura, Hrsg., Beiträge zur allgemeinen Parteienlehre. Zur Theorie, Typologie und Vergleichung politischer Parteien,
Darmstadt 1969, S. 527–47, Tabelle I, S. 540.
50 Manfred Hättich, Zur Typologie politischer Parteien, in: Ziebura, a.a.O., S.
375–410, S. 400.
51 Vgl. zur grundsätzlichen Problematik Manfred Hättich, Parteien als Integrationssysteme, in: Strukturprobleme des lokalen Parteiensystems, hrsg. von
der Konrad-Adenauer-Stiftung, Bonn 1975, S. 235–290; s. auch Mathias
Schmitz, Parteien als Partizipationssysteme, in: ebd., S. 161–234.
52 Vgl. etwa die begeisterte Schilderung des KP-Mitglieds Elleinstein, a.a.O., S.
56 ff. Vgl. auch den informativen Bericht von Joanine Roy, La politique
dans l'entreprise. I. Au commencement était la cellule, in: Le Monde, 1.3.
1977, S. 1, 37.
53 Elleinstein, a.a.O., S. 58.
54 Kriegel (1970), a.a.O., S. 146.

Existenz innerparteilicher Demokratie im Rahmen der Gesamtpartei zu.

Bemerkenswert ist nun das gegenwärtige Bestreben der Parteiführung, den Anteil der Betriebszellen an der Gesamtzahl der Zellen noch auszubauen. Konnte die Parteienforschung noch in den 50er Jahren konstatieren, daß die Bedeutung der Betriebszellen in der PCF im Vergleich zu den Vorkriegsjahren deutlich zurückgegangen sei[55], so gilt heute, d.h. etwa seit der Existenz der Linksunion, die gegenteilige Feststellung. Betrug der Anteil der Betriebszellen 1937 31,02%, 1945 24,59%, 1946 23,00%[56], 1970 25,5%, so waren es Ende 1975 34,7%. Allein in den ersten fünf Monaten 1976 wurden 782 Betriebszellen neu geschaffen.[57]

Der andere Pol der Parteiorganisation, die nationale Parteiführung, besteht aus dem vom Parteikongreß gewählten Zentralkomitee, dem vom Zentralkomitee gewählten Politbüro und dem ebenfalls vom Zentralkomitee gewählten Sekretariat. Artikel 39 des Parteistatuts lautet: „Das Politbüro wendet die Entscheidungen des Zentralkomitees an und führt die Partei zwischen den Sitzungen des Zentralkomitees. Das Sekretariat gewährleistet die laufende Arbeit." Im Zuge der Entstalinisierung war versucht worden, die diktatorische Position des Sekretariats abzubauen. Unter Marchais freilich gewann dieses wieder eine Bedeutung, die nach der Satzung eigentlich dem Politbüro zukommen sollte.[58] Das Sekretariat besteht heute aus dem Generalsekretär und fünf weiteren Sekretären, die alle dem Politbüro angehören. Das Politbüro umfaßt insgesamt 21 Mitglieder. Das Zentralkomitee zählt 121 Mitglieder. Wenn man bedenkt, daß dazu die Politbüromitglieder gehören und daß fast die Hälfte der Zentralkomiteemitglieder entweder Föderationssekretäre oder andere Föderationsfunktionäre sind, wird die Konstruktion des Apparates deutlich. Das Sekretariat ist ein „Konzentrat"[59] des Politbüros, das seinerseits ein „Konzentrat" des Zentralkomitees ist, dem wiederum die wichtigsten Föderationsfunktionäre angehören.

55 Duverger, a.a.O., S. 52.
56 Ebd., S. 52.
57 Vgl. Elleinstein, a.a.O., S. 45 f.
58 Kriegel (1970), a.a.O., S. 204. Kriegel bezieht sich auf die Zeit, als Marchais „secretaire général adjoint" an der Seite des kranken Generalsekretärs Waldeck Rochet war.
59 Kriegel (1970), a.a.O., S. 205.

Hinsichtlich der soziologischen Zusammensetzung der nationalen Führungsorgane ist vor allem der große Anteil derer hervorzuheben, die aus der Arbeiterschaft stammen — etwa im Unterschied zur KP Italiens, deren Führer zum großen Teil dem Bürgertum seit Geburt angehören. Die PCF wird nicht von Intellektuellen, sondern von Berufspolitikern, die sich aus der Arbeiterschicht mit Hilfe der Partei emporarbeiteten, geführt.

Bemerkenswert ist die Zusammensetzung der Führungsorgane nach Generationen. Dem Übergang der Macht an Marchais entspricht ein deutlicher Generationenwechsel in den Führungsorganen, der etwa mit dem Jahre 1970 anzusetzen ist. Etwa die Hälfte des Zentralkomitees besteht aus Mitgliedern, die seit 1970 aufgenommen wurden.[60] Dieselbe Relation gilt für das Politbüro: 10 von 21 Mitgliedern wurden erst seit 1970 gewählt.[61] Von diesen 10 Neugewählten gehören zwei dem Sekretariat an, so daß die Sekretäre zusammen mit den seit 1970 Gewählten zwei Drittel der Mitglieder des Politbüros ausmachen. Mit Ausnahme von zwei Mitgliedern (Etienne Fajon und Georges Séguy) liegt das Jahr des Eintritts in das Politbüro bei allen in der V. Republik und mit Ausnahme von drei Mitgliedern (zusätzlich zu den zwei Genannten Georges Marchais) liegen die Eintrittsjahre in den 60er Jahren der „nouvelle vague" der Politik der PCF.[62]

c. Massenorganisationen: Das Beispiel der CGT

Die wirkungsvollste Massenorganisation und über die Parteiorganisation hinausreichende Einflußzone der PCF ist die größte französische Gewerkschaft CGT (Confédération Générale du Travail). Zwar gehören von den 2,35 Millionen CGT-Mitgliedern nicht mehr als 15% der PCF an[63], doch stellen diese fast alle Kader.[64] Die Führungsorgane

---

60 Eine Aufstellung aller ZK-Mitglieder findet sich bei Elleinstein, a.a.O., S. 187 ff.
61 Elleinstein, a.a.O., S. 117.
62 Vgl. die Angaben bei Elleinstein, a.a.O., S. 185 f.
63 Zu den französischen Gewerkschaften vor allem: Jean-Daniel Reynaud, Les syndicats en France, 2 Bde., Paris 1975; die beste Analyse der Beziehungen CGT-PCF, seit dem Kriege liefert George Ross, Party and Mass Organization: The Changing Relationship of PCF and CGT, in: Blackmer/Tarrow, a.a.O., S. 504—540.
64 Laurens/Pfister, a.a.O., S. 165; vgl. auch Le Monde, Dossiers et documents Nr. 39, März 1977, Le syndicalisme en France.

von CGT und PCF sind eng verzahnt. Die wichtigsten CGT-Führer, an erster Stelle Georges Séguy, gehören dem Politbüro der PCF an.

Die Beziehungen von Partei und Gewerkschaft wandelten sich entsprechend der von der PCF gewählten Taktik.[65] In der IV. Republik wurde die Gewerkschaft von der Partei als „Transmissionsriemen" ihrer Politik verstanden. Die politischen Ziele der Partei determinierten die Gewerkschaftspolitik. In der V. Republik vollzog sich mit dem Wandel zur Volksfrontpolitik eine deutliche Arbeitsteilung. Partei und Gewerkschaft erfüllten unterschiedliche Aufgaben in unterschiedlichen Bereichen.[66] Die CGT gewann mehr Handlungsfreiheit, konnte sich eher als Gewerkschaft im engeren Sinne profilieren und damit ihren Einfluß auf den ökonomischen und politischen Prozeß letztlich ausdehnen. Aufgabe der Gewerkschaft ist es, zu einer „Atmosphäre der sozialen Mobilisierung und des Protestes" beizutragen, die die PCF politisch auswerten kann. Das Image gewerkschaftlicher Unabhängigkeit unterstützt dieses Ziel.

2. Die „Parti Socialiste"

a. Die Mitglieder

Die Sozialistische Partei zählte Ende 1977 nach eigenen Angaben etwa 164.000 Mitglieder, während es 1971 nur etwa 80.000 waren.[67] Die soziologische Zusammensetzung der Mitglieder weist grundlegende Unterschiede zur PCF auf. Von den etwa 100.000 Mitgliedern 1973 waren 1,4% Bauern, 3,5% Industrielle und Kaufleute, 8,6% Freiberufliche, 18,7% höhere Kader, 24,9% aus den Lehrberufen, 20,3% mittlere Kader, 7,8% untere Angestellte, 3,2% Arbeiter und 7,8% Studenten.[68] Im Unterschied zur PCF also, die einen starken Arbeiteranteil in der Mitgliedschaft ausweist, ist die PS nach der Zusammensetzung

65 Dazu im Detail Ross, a.a.O.
66 Zusammenfassend Ross, a.a.O., S. 536 ff.
67 Le Monde; und Guide du nouvel adhérent, hrsg. von BNA du Parti Socialiste, in: Le Poing et la Rose, Suppl. au No 43, Sept. 1975, S. 63.
68 Roland Cayrol, Les militants du Parti socialiste. Contribution à une sociologie, in: Projet Nr. 88, Sept.—Okt. 1974. Vgl. auch Raymond Ferretti, Les militants de la fédération du Bas-Rhin du PS. Elements pour une sociologie, in: La nouvelle revue socialiste, Nr. 14/15, 1975, S. 8—16; wo Ferretti die Zahlen der Föderation mit den nationalen Zahlen vergleicht, stützt er sich auf Cayrol.

ihrer Mitglieder eher eine Partei des Mittelstandes mit einem starken
Anteil von Intellektuellen, insbesondere aus den Lehrberufen. Eine
Untersuchung der Zusammensetzung der Delegierten des Parteikon-
gresses von Grenoble 1973 zeigt die im Vergleich zur alten SFIO deut-
liche Verjüngung der Partei: 31% der Delegierten waren jünger als
30 Jahre und 27% waren zwischen 30 und 39 Jahre alt.[69] Die geo-
graphischen Schwerpunkte der neuen PS lassen noch diejenigen der
SFIO erkennen: die Föderationen Bouches-du-Rhône unter Gaston
Defferre; die Föderation Nord unter Pierre Mauroy, der im nationalen
Sekretariat neben Mitterrand als wichtigster Parteiführer gilt[70]; die
Föderation Pas-de-Calais.

b. Willensbildung und Tendenzen

Es erübrigt sich hier, die Formalorganisation der PS von ihrer Basiseinheit (Sektion) über die departementale Einheit (Föderation) bis hin zu
den nationalen Organen in ihren „legislativen" und „exekutiven" Auf-
gliederungen auszubreiten. Die PS weist eine für die politischen Partei-
en in den westlichen Demokratien weithin „normale" Organisation
mit allen demokratischen Merkmalen auf. Zwar gibt es kaum sozialwissenschaftliche Untersuchungen über die innerparteiliche Willensbildung in der PS; doch besteht aus der Spiegelung dieser Willensbildung
in der Presse kein Zweifel daran, daß die Partei über ein reges und kon-
fliktreiches inneres Leben verfügt, das infolgedessen im Unterschied
zur PCF auch eine gewisse Transparenz zeigt.

69 Cayrol, ebd. Das Wochenmagazin „Le Point" veröffentlichte am 27.6.1977
   die Ergebnisse einer soziologischen Ifop-Untersuchung über die 687 Delegierten des Parteikongresses von Nantes (Juni 1977) im Vergleich zu den Delegierten des Parteikongresses von Grenoble (1973) und im Vergleich zur Wählerschaft des PS (Le Point, Nr. 249, S. 34 f.). Da die Mitgliederzahl seit 1973
   langsamer anwuchs (1977: 164.000), zeigt sich der Wandel der Altersstruk-
   tur der Kongresse von 1973 bis 1977 hauptsächlich in der zeitlichen Verschiebung. 1977 waren noch 15% der Delegierten jünger als 30 Jahre und
   39% jünger als 40 Jahre. 70% der Delegierten waren Parteifunktionäre. Während 1973 noch 37% der Delegierten aus der alten SFIO hervorgegangen waren, waren es 1977 nur noch 4%. Die soziologische Zusammensetzung des
   Kongresses offenbart eine große Kluft zur Wählerschaft der PS. Nur 5% der
   Delegierten gehörten der Arbeiterschaft an; dagegen sind 36% der PS-Wäh-
   ler Arbeiter. 19% der Delegierten waren höhere Kader und 36% gehörten
   den Lehrberufen an.
70 Jean-François Bizot, Au parti des socialistes. Plongée libre dans le courants
   d'un grand parti, Paris 1975, S. 126.

Der Stellenwert, der an dieser Stelle im Rahmen der Analyse der PCF dem demokratischen Zentralismus zukam, gebührt bei der Analyse der PS der Vielfalt der innerparteilichen Tendenzen. „Die Vitalität der Vorkriegs-SFIO zeigt sich immer dann, wenn verschiedene Tendenzen aufeinanderprallen. Auch die neue sozialistische Partei verdankt ihre Dynamik weitgehend der erbitterten Rivalität ihrer verschiedenen Gesinnungsgruppen, begünstigt noch durch das Prinzip des Proporzes bei innerparteilichen Wahlen."[71]

Das Spektrum der Tendenzen veränderte sich seit dem Kongreß von Epinay 1971, als die Tendenzen noch mit den unterschiedlichen Bauelementen der neuen PS identisch waren.[72] Ein exzellenter Kenner der PS, Jean-François Bizot, zählte 1975 vier große Strömungen innerhalb der PS auf: 1. die loyalen Anhänger Mitterrands, die etwa ein Drittel der Parteimitglieder ausmachen, 2. deren um Mauroy gescharte Verbündete, die ein Viertel der Mitgliedschaft zählen, 3. der marxistisch orientierte CERES (Centre d'Etudes, de Recherches et d'Education Socialistes), der auch mit einem Viertel der Mitglieder rechnen kann und 4. die „autogestionaires", der Gewerkschaft CFDT nahestehende oder aus der PSU hervorgehende, besonders um das Konzept der Selbstverwaltung bemühte Mitglieder, die auf 10–15% der Mitgliedschaft geschätzt werden. Hinzu kommen kleinere Gruppierungen, die sich an bestimmten Persönlichkeiten wie Poperen oder Mollet orientieren oder Gruppierungen, die eher nach der politischen Mitte als zu den Kommunisten hin tendieren.[73]

Es hat sich in der Partei und in der Öffentlichkeit durchgesetzt, die gegenwärtige Fragmentierung der politischen Willensbildung in der PS mit den Begriffen „Mehrheit" unter der Führung Mitterrands und „Minderheit" unter der Ägide des CERES und seines herausragendsten Mitgliedes Jean-Pierre Chevènement zu erfassen. Die „Minderheit" kann auf ca. 25% der Mitglieder bauen.

Der CERES wurde von einigen wenigen Intellektuellen, darunter an erster Stelle dem ENA-Absolventen Chevènement (bis 1971 Generalsekretär des CERES), im Jahre 1966, zu einer Zeit, als die SFIO dahinwelkte und erste linke Einigungsversuche unternommen wurden,

71 André Laurens, Frankreichs neue Sozialisten, in: Dokumente 31, 1975, S. 86.
72 Vincent Wright/Howard Machin, The French Socialist Party in 1973: Performance and Prospects, in: Government and Opposition 9, 1974, S. 123–145, S. 130 f., zählen die Tendenzen auf den Parteikongressen 1971 und 1973 auf.
73 Bizot, a.a.O., S. 15.

ins Leben gerufen. Das Ziel der Gründer war erstens die „ideologische und kämpferische Erneuerung der alten SFIO" und zweitens die „Einigung der Linken über ein gemeinsames Programm".[74] Besonderer Erwähnung bedarf dabei die bis heute vom CERES verfolgte Taktik, ihre Vorstellungen *innerhalb* der SFIO bzw. PS auch aus einer Position der Minderheit heraus zu verfechten und nicht – wie es die Gründer der PSU verwirklicht hatten – als ultima ratio die Spaltung anzuvisieren. Damit wurde die Lehre aus der Erfahrung gezogen, daß die abgespaltenen Sozialisten zwar ihre Ideologie gerettet, aber es nicht geschafft hatten, zu einer „wirklichen Volkspartei" zu werden.[75] Ihren größten innerparteilichen Erfolg hatte der CERES in der Anfangszeit Mitterrands als Führer der PS zu verzeichnen, zu dessen ersten Truppen der CERES gehörte. Der CERES zählte zu den Triebkräften des Parteiprogramms von 1972. Damit freilich war der Höhepunkt seines Einflusses erreicht. Ende 1973 zeichneten sich Konflikte zwischen dem CERES und Mitterrand über die Europapolitik ab. 1974 kristallisierten sich weitere Konflikte über das Parteistatut und das Konzept der „autogestion" heraus, die den CERES in die innerparteiliche minoritäre Opposition führten. Innerhalb des CERES tauchten Spannungen in der Frage auf, ob der CERES seinen innerparteilichen Sonderstatus aufrechterhalten solle. Gilles Martinet etwa, als ehemaliges PSU-Mitglied zur PS gestoßen, löste sich vom CERES. Die Mehrheit des CERES hielt an der Sonderexistenz fest. Auf dem Parteikongreß der PS von Pau im Januar 1975 klärten sich die Verhältnisse noch deutlicher. Der CERES wurde aus dem Nationalsekretariat der PS entfernt, er ging in die Opposition. Nach seinem Selbstverständnis will er in dieser Rolle der „Dynamik sozialdemokratischer Art" bzw. der Gefahr der „sozialdemokratischen Degeneration", der jede Linkspartei ausgesetzt ist und die er in der PS seit den Präsidentschaftswahlen deutlicher lauern sieht[76], zugunsten einer „eigentlich sozialistischen Dynamik" entgegenwirken.

Die Tatsache, daß die innerparteiliche Opposition nicht in der Parteiführung – auch nicht als Minderheit – vertreten ist, trägt mit dazu bei, daß die Parteiführung mit einheitlicherer Stimme zu sprechen vermag, als es die Mehrstimmigkeit der Partei selbst zuließe. Man darf sich

74 Zur Geschichte des CERES: M. Charzat/J.P. Chevènement/G. Toutain, Le C.E.R.E.S. Un combat pour le socialisme, Paris 1975, S. 40 ff.
75 Ebd., S. 38.
76 Ebd., S. 31, S. 203.

freilich nicht täuschen lassen. Auch die Mehrheit kann ihre alte Heterogenität nicht verleugnen. Die meisten Beobachter der PS stimmen
mit dem Urteil überein, daß es in der PS so zugehe, als ob es nicht eine, sondern mehrere sozialistische Parteien gäbe, die von einem Mann,
François Mitterrand, und vom gemeinsamen Streben nach der Macht
zusammengehalten würden.[77] Es ist in der Tat nicht zu übersehen, daß
das, was der CERES als „Sozialdemokratisierung" bezeichnet, die seit
1974 immer deutlichere Orientierung der Parteiführung an wahlstrate-
gischen Gesichtspunkten ist. Die innerparteiliche ideologische Debatte
wird von oben zurückgedrängt, die Wahlen — 1977 die Kommunalwahlen und 1978 die Parlamentswahlen — treten in den Vordergrund.
Programmatisch und organisatorisch öffnet sich eine gewisse Kluft
zwischen der Partei und ihrer Führung: programmatisch, da die Führung sich immer weniger an den zentralen Dokumenten der Parteiideologie orientiert und organisatorisch insofern, als das Geflecht von zahlreichen Kommissionen, Expertengremien und Kolloquien, das sich die
Parteiführung zur Vorbereitung der Regierungsübernahme schuf, den
Anschein erweckt, als ob die Partei selbst, deren Organisation im übrigen noch unterentwickelt ist, der Parteiführung nur als Sprungbrett
dienen solle. Nichts anderes besagt der von der CERES an die Parteiführung adressierte Vorwurf der „präsidentialistischen Haltung" und
des „bürokratischen Zentralismus".[78]

Das Verhalten der Parteiführung ist umso bemerkenswerter, als mit
dem Rückzug des CERES aus der Parteiführung keineswegs ein Rückgang des linken Flügels in der Partei zu verzeichnen war. Im Gegenteil,
der „autogestion"-Parteitag 1975 offenbarte eine gestärkte innerparteiliche Opposition. Die Kluft zwischen dem Verhalten der Parteiführung und einem gewichtigen Teil der Mitgliedschaft spiegelt wohl
letztlich die Kluft zwischen einem Großteil der Parteiaktivisten und
der sozialistischen Wählerschaft wider.[79]

77 So Danièlle Molho in: Le Point, Nr. 223, 27.12.1976, S. 32. Thierry Pfister
verwies schon 1973 auch auf die Voteile dieser Zerrissenheit für Mitterrand
(Le Monde, 15.12.1973, S. 14). Mitterrand führte die PS wie die alte CIR: Es
existiere eine Reihe mehr oder weniger klar abgegrenzter Zirkel, wo jeder
sich artikulieren könne, wo jedoch die Verantwortlichkeiten so vage seien,
daß der erste Sekretär letztlich seine Entscheidungen nach Belieben treffen
könne.
78 Zit. ebd.
79 Auf diese Kluft weist Alain Duhamel (Le Monde, 13.12.1975) in einer Rezension des Buches von Bizot hin.

Eine besondere Problematik einerseits für den innerparteilichen Willensbildungsprozeß und andererseits für das Verhältnis zur PCF ergibt sich für die PS seit 1971 aus ihrem Streben, sich wie die Kommunisten eine Basis auf der Ebene der Betriebe zu schaffen. Die neue PS-Führung wollte Schluß machen mit dem Honoratiorencharakter der alten SFIO, nur eine „Partei der Gewählten"[80] zu sein, und der sozialistischen Partei die Fähigkeit zurückerobern, Massen aktiver Parteimitglieder zu mobilisieren — eine Fähigkeit, ohne die längerfristig eine Zusammenarbeit mit der PCF auf der politischen Ebene gefährlich wäre. Die PS sieht daher in ihrem Statut auch Sektionen auf betrieblicher Ebene vor, wobei es nur eine Sektion pro Unternehmen gibt. Von den etwa 150.000 Mitgliedern der PS im Jahre 1976 gehörten ca. 20.000 betrieblichen Sektionen an, deren Zahl von 51 im Jahre 1971 auf 958 im Dezember 1976 stieg. Die Partei umfaßt insgesamt etwa 4.500 Sektionen. Die betriebliche Sektion wurde von der Parteiführung als eine Form der Basiseinheit erkannt, die sehr geeignet für die Mobilisierung der Mitglieder ist, da diese am Arbeitsplatz besonders „empfindlich für die Wirkungen des kapitalistischen Regimes" seien.

Mag dieser rasante Ausbau des betrieblichen Sektors der Partei aus der Perspektive der Konkurrenz mit der PCF überaus begrüßenswert sein, problematisch ist sie aus der Perspektive der innerparteilichen Auseinandersetzung der Tendenzen. Interessant ist nämlich das Faktum, daß in den meisten betrieblichen Sektionen die linke Opposition in der Partei, der CERES, über die Mehrheit verfügt. Daraus wird nochmals deutlich, daß die „Sozialdemokratisierung" der Parteiführung im Zuge der Wahlkampagne keineswegs den innerparteilichen Zustand widerspiegelt. Die Kluft zwischen Parteiführung und Mitgliedschaft scheint sich zu vergrößern. Es ist daher keineswegs erstaunlich, daß die vom CERES und der Föderation von Paris, in der der CERES sehr stark ist, geforderte Ausbau der betrieblichen Sektionen zur mehrheitlichen Form der Sektionen nicht überall in der Partei auf Zustimmung stößt. So wünscht die Föderation Nord eher eine ausgewogene Proportion der beiden Sektionsarten.

---

80 Joanine Roy, La politique dans l'entreprise, II., L'apprentissage socialiste sur le tas, Le Monde, 2.3.1977. Die folgenden Daten über die betriebliche Verwurzelung der PS sind diesem informativen Bericht entnommen.

c. Massenorganisationen: Die PS und die Gewerkschaften

Neben der betrieblichen Verankerung mußte für die PS das wichtigste Instrument für die Ausstrahlung in die Gesellschaft hinein nach dem Vorbild der PCF der Kontakt zu den bedeutendsten Massenorganisationen, den Gewerkschaften, sein. Erste Bedingung hierfür war die Aktivität der Parteimitglieder in den Gewerkschaften. Art. 12 des Parteistatuts fordert denn auch, daß die Parteimitglieder einer Gewerkschaft oder einer ähnlichen Organisation angehören sollen. Über die Art der Beziehungen zwischen Partei und Gewerkschaften besteht weder in der Partei noch in den Gewerkschaften unter den verschiedenen Strömungen Konsens. Sozialistische Parteimitglieder gehören allen vier großen Gewerkschaften an. Nach einer Analyse von 800 Delegierten, die an einer sozialistischen Konferenz betrieblicher Sektionen im Mai 1976 teilnahmen, verteilen sich die Eintritte von Sozialisten in Gewerkschaften folgendermaßen: 49,5% CFDT, 24,7% CGT, 7,2% FEN und 7% FO.[81] Größeren Einfluß haben die Sozialisten in der CFDT und der Lehrergewerkschaft FEN. Die CGT blieb trotz zahlreicher sozialistischer Mitglieder fest unter kommunistischer Führung. In der FEN (Fédération de l'Education Nationale) haben auch die Kommunisten bestimmte Bereiche in der Hand. Guten Kontakt fand die PS vor allem über das verbindende Konzept der „autogestion" zur CFDT (Confédération Française Démocratique du Travail), der zweitgrößten französischen Gewerkschaft mit etwa 820.000 Mitgliedern, die aus der katholischen Laienbewegung hervorging und seit den Mai-Ereignissen 1968 einen großen Aufschwung erlebte, als sie anarcho-syndikalistische Ideen unter der Führung von Edmond Maire in sich aufnahm. Programmatisch steht die CFDT eher auf Seiten der PSU und des linken PS-Flügels. Eine enge Bindung an eine Partei wie im Falle von CGT und PCF lehnt die CFDT ab. Dies und die anarcho-syndikalistische Ausrichtung der CFDT haben zur Folge, daß die PS nie über die Schlagkraft im betrieblichen Bereich verfügen wird, die die PCF mit der CGT besitzt, solange sie deren Organisation beherrscht.[82]

---

81 Le Monde, 2.3.1977, S. 33.
82 Einen guten Einblick in die Beziehungen der PS zu den Gewerkschaften gibt Bizot, a.a.O., S. 284 ff.

3. Wählerbewegungen

Auf eine auch nur annähernd befriedigende Skizze des Wählerverhaltens der Franzosen und der Wählerbewegung der Linksparteien muß hier verzichtet werden. Ich begnüge mich mit einigen wenigen Bemerkungen, die zum Verständnis der gegenwärtigen Situation der Linksunion notwendig sind.

a. *Die Aktionsgemeinschaft von Kommunisten und Sozialisten hat sich bislang bewährt, wenn man die Wahlergebnisse als Maßstab nimmt.* Sie war offensichtlich ein gutes Instrument, um aus dem Tief herauszukommen, das de Gaulles Regierungssystem der Linken bis 1968 beschert hatte. In den Parlamentswahlen 1968 brachte es die gesamte Linke einschließlich der Radikalsozialisten nur auf 40,4% der Stimmen, 1973 waren es schon 46,6%. Die Partner des Gemeinsamen Programms träumen von den Wähleranteilen, die die Linke insgesamt — wenngleich getrennt marschierend *und* schlagend — in der IV. Republik hatte; waren es doch 1956 55,7% der Stimmen. Innerhalb der Linken zeigte sich ein ähnlicher Trend wie in der Gesamtwählerschaft: eine Konzentration auf zwei Gruppierungen. Die linken Stimmen sammelten sich bei den beiden großen Linksparteien PCF und PS. Die grossen Verlierer waren die Radikalsozialisten.[83]

b. *Von allen politischen Parteien seit 1945 weist die PCF die größte Stabilität ihrer Wählerschaft auf.*[84] Dies gilt sowohl für die globalen Wahlergebnisse wie für die geographische Verteilung der Stimmen wie auch für die individuelle Wahlentscheidung, also den Anteil der Stammwählerschaft. Dieser relativen Stabilität entsprach freilich keine absolute Stabilität. Die enorme Stabilität des kommunistischen Wählerverhaltens in der IV. Republik erlitt im Geburtsjahr der V. Republik 1958 einen eindeutigen Bruch. Ein Drittel der bisherigen kommunistischen Wählerschaft wurde der Partei untreu — ein Ereignis, das nicht auf die Entwicklung des Kommunismus im nationalen oder internationalen Bereich zurückzuführen ist, sondern allein auf die Politik de Gaulles.[85] De Gaulles Algerienpolitik und — wichtiger noch — seine Verfassungspolitik entsprachen den Bedürfnissen zahlreicher kommu-

---

83 Zusammenfassend Goguel/Grösser, a.a.O., Kap. III; Kempf, a.a.O., S. 135 ff.
84 Vgl. vor allem bis 1968 Jean Ranger, L'évolution du vote communiste en France depuis 1945, in: Le communisme en France, in: Cahiers de la fondation nationale des sciences politiques, Bd. 175, Paris 1969, S. 211–253.
85 Vgl. ebd., S. 232 ff.

nistischer Wähler.[86] Bis heute schaffte es die PCF nicht, den 1958 ver-
lustig gegangenen Wähleranteil trotz der Verbesserungen der Wahlergebnisse in der V. Republik zurückzuerobern. Auf der anderen Seite
waren und sind die Bindungen des größten Teils der kommunistischen
Wählerschaft an die Partei von großer Intensität. Das Bewußtsein, einer sozialen Klasse anzugehören, ist bei den kommunistischen Wählern
am größten. Daran hat sich seit den Anfangsjahren der IV. Republik
nichts geändert.[87] Die PCF wird von ihren Stammwählern in erster Linie als Vertreterin der Interessen der Arbeiterklasse gesehen, auch
wenn nur ein Drittel der französischen Arbeiterschaft kommunistisch
wählt. Die einzige tiefe ideologische Überzeugung, die eine große Anzahl kommunistischer Wähler besitzt, ist „die Idee, daß die kommunistische Partei die Partei der Arbeiterklasse ist".[88]

Die sozio-professionelle Zusammensetzung der kommunistischen
Wählerschaft wandelte sich im übrigen mit dem Wandel der Bevölke-
rungsstruktur: Der Anteil der Angestellten und mittleren Kader nahm
zu, der Anteil der Arbeiter und Bauern nahm ab. Auf dem Lande verlor und in den Industriegebieten gewann die Partei Stimmen. Nach
einer Ifop-Umfrage von 1976 besteht die PCF-Wählerschaft etwa zur
Hälfte aus Arbeitern, aus 15% mittleren Kadern und Angestellten, aus
8% höheren Kadern und Freiberuflichen, aus 4% Bauern u.s.w.[88a] Die
kommunistische Wählerschaft weist drei geographische Schwerpunkte
auf: den Norden und die Pariser Region; in Zentralfrankreich die Regionen Auvergne und Limousin; und schließlich in Südfrankreich die
Regionen Languedoc und Provence-Côte d'Azur.[89]

Versucht man, aus diesen Ergebnissen eine Wahltaktik der Partei
abzuleiten, wird man auf drei Orientierungspunkte abheben müssen:
die Stammwählerschaft, die instabile Gruppierung, die 1958 verlorenging,
und schließlich die Wähler der Volksfront. Der Stammwählerschaft muß die Identität der Partei erhalten werden, diesem Ziel dient

86 Vgl. den detaillierten Nachweis ebd., S. 235 ff.
87 Vgl. zu einer Untersuchung des Jahres 1952 Ranger, a.a.O., S. 222 f.; eine
   aktuelle SOFRES-Umfrage findet sich in der Zeitschrift „L'Expansion", Februar 1977: Danach haben 85% der kommunistischen Sympathisanten im
   Vergleich zu 76% der sozialistischen Sympathisanten das Gefühl, einer sozialen Klasse anzugehören.
88 Ranger, a.a.O., S. 222 f., bezieht sich auf Umfrageergebnisse von 1952 und
   1966.
88a Zit. bei Elleinstein, a.a.O., S. 141.
89 Zusammengefaßt bei François Borella, Les partis politiques dans la France
   d'aujourd'hui, Paris 1974², S. 189.

der permanente Konflikt mit der PS. Die übrigen Wähler der PCF muß
das Bekenntnis zu den Institutionen der V. Republik bei der Stange
halten. Die dritte Orientierung schließlich bezieht sich vor allem auf
die sozialistischen Wähler der Mitte: Am demokratischen Bekenntnis
der PCF im Rahmen der Volksfront darf kein Zweifel bestehen. Die
Parteiführung der PCF versucht, allen drei Orientierungen gerecht zu
werden. Dabei geht es nicht ganz ohne Brüche ab.

c. *Eine neue, rasch erstarkende politische Kraft der 70er Jahre
stellt die erneuerte Sozialistische Partei dar, die ihren Zuwachs von
den meisten anderen politischen Gruppierungen von den Kommunisten über das Zentrum bis zu den Gaullisten holt.* Die Sozialisten waren bislang — das gestehen auch die Kommunisten ein[90] — die Hauptnutznießer des Gemeinsamen Programms. Was in den Parlamentswahlen 1973 noch nicht erreicht wurde, die Überflügelung des Stimmenanteils der PCF, ist der PS inzwischen gelungen. Eine im Januar 1977
von der Zeitschrift „Le Point" publizierte Ifop-Umfrage ergab sogar,
daß 32% der Wähler in den Parlamentswahlen 1978 sozialistisch und
19% kommunistisch wählen wollten.[91] Das sozialistische Wählerreservoir wies bislang folgende geographischen Schwerpunkte auf: den
Norden und südlich einer Linie Bordeaux-Mulhouse den Südwesten,
das südliche Rhône-Tal und den Norden des Zentralmassivs.[92] Bemerkenswert in den Wahlen 1973 und allen seitherigen Umfragen ist der
zunehmende Anteil von Arbeitern und der große Anteil praktizierender Katholiken unter den sozialistischen Wählern.[93] Nach einer Umfrage von 1976 zählt die PS wie die PCF ein Drittel der Arbeiterschaft
zu ihren Wählern. Sie machen 29% der sozialistischen Wählerschaft
aus neben 30% mittleren Angestellten und Kadern.[93a]

Aus der Notwendigkeit, ihre Wähler hauptsächlich aus den bürgerlichen Parteien holen zu müssen, um der Linken eine Mehrheit zu verschaffen, ergibt sich für die sozialistische Parteiführung die Taktik, eine linke Machtübernahme als Beginn einer Reformpolitik, aber nicht
als zu großen Bruch erscheinen zu lassen. Auch die PS hat Identitätsprobleme. Die Wahlen 1973 brachten ihr in alten SFIO-Hochburgen
Verluste, wo sozialistische Mittelstandswähler die Union mit der PCF
ablehnten und Parteien der Mitte wählten. Diese traditionelle Wähler-

90 Elleinstein, a.a.O., S. 131.
91 Le Point, Nr. 227, 24.1.1977.
92 Vgl. Borella, a.a.O., S. 171.
93 Wright/Machin, a.a.O., S. 43; Elleinstein, a.a.O., S. 140 f.
93a Zit. bei Elleinstein, a.a.O., S. 140 f.

schaft gilt es zu erhalten bzw. zurückzugewinnen; die Abgrenzung von der PCF dient daher sowohl der Erhaltung traditioneller wie der Gewinnung neuer Wähler.

IV. Das Gemeinsame Programm vom Juni 1972

1. Das Ziel

Schon ein kurzer Blick in das Gemeinsame Programm zeigt die weitgehende Abwesenheit des sozialistisch-marxistischen Fachvokabulars.[94] Selbst der Begriff des Sozialismus taucht kaum auf. Als Zweck des Gemeinsamen Programms wird in der Präambel der Wunsch genannt, „den Ungerechtigkeiten und Ungereimtheiten des gegenwärtigen Regimes ein Ende zu setzen" und „dem Sozialismus den Weg zu öffnen". Im übrigen ist das Programm ein Katalog von Reformen, die es erlauben sollen, „eine echte politische und ökonomische Demokratie einzurichten". Der erste Teil des Programms zählt die Reformmaßnahmen der Sozialpolitik im weitesten Sinne und die Maßnahmen zur Verbesserung der Lebensqualität auf. Der zweite Teil umfaßt die Bereiche der Demokratisierung der Wirtschaft, der Vergesellschaftung und der Planung. Der dritte Teil betrifft die Verfassungspolitik und der vierte und letzte Teil schließlich die Außen- und Sicherheitspolitik einer Linksregierung. In unserem Zusammenhang interessieren vor allem die letzten drei Teile.

2. Wirtschafts- und Sozialverfassung

Leitmotiv ist die Demokratisierung der wirtschaftlichen Entscheidungsprozesse. Die wesentlichen Träger und Organisatoren der wirtschaftlichen Mitbestimmung sollen die Gewerkschaftsorganisationen sein (S. 109). Aber auch den politischen Parteien sollen „Organisations- und Artikulationsrechte" am Arbeitsplatz garantiert werden (S. 110). Besonders intensiv soll die Partizipation der Arbeiter im öffentlichen Sektor sein. Die Unternehmensführungen sollen von den Arbeitern, bestimmten Organisationen wie den Gewerkschaften, öffentlichen Körperschaften etc. und schließlich auch von der Regierung ernannt werden. Auf diese Weise soll Vergesellschaftung (nationalisa-

94 Hier wird die von der PCF veröffentlichte Ausgabe zitiert (Paris 1972).

tion) im Gegensatz zur Verstaatlichung (étatisation) (S. 110) gewährleistet sein. Die Kontrolle durch den Staat, insbesondere die Nationalversammlung, soll a posteriori erfolgen. Sehr präzise sind die vorgeschlagenen Organisationsmodelle nicht. Dies hängt damit zusammen,
daß die Partner des Gemeinsamen Programms hier unterschiedliche
Positionen aufweisen, die das Gemeinsame Programm auch artikuliert:
„Besteht bei den Werktätigen des Unternehmens der Wunsch und erlaubt es die Struktur des Unternehmens, so wird deren Mitwirkung bei
der Leitung und Führung des Unternehmens neue Formen annehmen
— welche die Sozialistische Partei im Rahmen der Selbstverwaltung
und die Kommunistische Partei in der ständigen Weiterentwicklung
der demokratischen Leitung sieht. Diese Formen werden durch Über-
einkommen zwischen der demokratischen Regierung, der Direktion
des betreffenden Unternehmens und den Gewerkschaften festgelegt."
(S. 111).

Das Gemeinsame Programm zählt ein Minimum von wirtschaftlichen Bereichen auf, die nationalisiert werden sollen. Es sind vor allem
jene Finanz- und Industrieunternehmen zu vergesellschaften, die gegenüber den Schlüsselsektoren der Wirtschaft eine strategische Position
einnehmen. Dies betrifft den ganzen „Bank- und Finanzsektor", die
gesamte Grundstoff-, Waffen-, Raumfahrt-, Nuklear- und Pharma-In-
dustrie. Die zu verstaatlichenden Konzerne dieser Industriebereiche
werden namentlich aufgezählt. In weiteren Bereichen, u.a. der Stahlindustrie, soll sich der Staat bis hin zur Mehrheitsbeteiligung engagie-
ren. Im übrigen sollen die Nationalisierungen in dem Maße fortschreiten, wie die Massen dies fordern und die Wirtschaft sich entwickelt.
(S. 114 f.)

Die neben der Demokratisierung und Vergesellschaftung dritte Säu-
le der vom Gemeinsamen Programm angestrebten Wirtschaftsordnung
ist die „demokratische Planung" (planification démocratique). Über
die Notwendigkeit eines „zusammenhängenden Funktionierens der
Volkswirtschaft" und die Forderung nach einer möglichst weiten und
dezentralisierten Partizipation der „Arbeiter und der Bevölkerung"
hinaus wird das Konzept der neuen „planification" wenig greifbar.

3. Verfassungspolitik

Die verfassungspolitischen Änderungsvorschläge des Gemeinsamen
Programms gipfeln nicht in der Forderung nach einer neuen Verfassung. Die unter den Schlagworten der Demokratisierung der Institutio-

nen und der Sicherung und Entwicklung der Freiheitsrechte verstande-
nen Änderungen sollen einerseits nichts anderes als eine Rückkehr zu
den traditionellen Menschen- und Bürgerrechten, erweitert um kollektive Grundrechte, bedeuten; andererseits ist damit eine Verfassungsre-
form gemeint, die im Hinblick auf den politischen Prozeß vor allem
den Abbau der herausragenden Stellung des Staatspräsidenten (Abbau
des „pouvoir personel") und die Reparlamentarisierung des politischen Systems beinhalten soll. Voraussetzung dafür ist die Einführung
eines gerechteren Wahlsystems, des Verhältniswahlrechts, das die für
die Linksparteien ungünstigen Verzerrungen des Wählerwillens aufheben soll. Erst dann sei ein für das parlamentarische System notwendi-
ger echter Parteienpluralismus gegeben. In seiner Bedeutung nicht zu
überschätzen ist die Abschaffung des in Art. 11 der Verfassung vorgesehenen Volksentscheids; dieser wird nur als im Grunde illegitimes Instrument der persönlichen Macht des Präsidenten angesehen, seine Politik gegen das Parlament durchzusetzen.

4. Außen- und Verteidigungspolitik

Die Ausführungen des Gemeinsamen Programms zur Außen- und Sicherheitspolitik sind recht knapp und nicht ohne Ambivalenz. Die
klarste Aussage findet sich über die Verteidigungspolitik. Eine Linksregierung wird auf jegliche strategische Nuklearwaffe verzichten (S. 171)
und die internationalen Verträge zur Weiterverbreitung von Atomwaffen und Verhinderung von Atomversuchen unterzeichnen. Die französische Armee soll reorganisiert und der Wehrdienst auf 6 Monate ver-
kürzt werden. Sicherheitspolitisch wird Frankreich die völlige Unabhängigkeit von jeglichem „politisch-militärischem Block" (S. 175) und
die Errichtung eines „echten Systems kollektiver europäischer Sicherheit" anstreben. Der Atlantikpakt und der Warschauer Pakt sollten
gleichzeitig aufgelöst werden (S. 174). Die Regierung wird „die Schaffung atomwaffenfreier Zonen, das Einfrieren der Rüstung in Mitteleuropa, die kontrollierte und ausgeglichene Truppen- und Rüstungsreduzierung in Europa" begünstigen (S. 175). Daneben steht das Zugeständnis, daß die bestehenden Bündnisverpflichtungen Frankreichs
eingehalten werden sollen (S. 175). Ambivalent verhält sich das Gemeinsame Programm gegenüber der Europäischen Gemeinschaft. Einerseits will eine sich auf das Gemeinsame Programm berufende Regierung am Aufbau der Europäischen Gemeinschaft mitwirken mit dem
Ziel, sie von der „Vorherrschaft des großen Kapitals" zu befreien, ihre

Institutionen zu demokratisieren und die Forderungen der Arbeiter zu
unterstützen (S. 177). Andererseits wird kein Zweifel daran gelassen,
daß Frankreich seine Handlungsfähigkeit für die „Realisierung seines
politischen, ökonomischen und sozialen Programms" behalten will (S.
177).

5. Die demokratischen Spielregeln

Kurios aus der Sicht einer stabilen repräsentativen Demokratie, aber
die Situation der Volksfront kennzeichnend, ist das Bekenntnis des
Gemeinsamen Programms zur Parteienpluralität, zum Oppositions-
recht und zum Mehrheitsprinzip. Wenn den Mehrheitsparteien, sprich:
der Linkskoalition, in den Wahlen zur Nationalversammlung das Vertrauen entzogen würde, so besagt das Gemeinsame Programm, verzichteten sie auf die Macht, um den Kampf um ihre Ziele in der Opposition weiterzuführen (S. 149).

V. Theorie und Programm der PCF

1. Die Entwicklungstheorie

Das Gemeinsame Programm und das Bündnis mit den Sozialisten stellen natürlich für die PCF keinen Selbstzweck dar.[95] Die Parteiideologie, insbesondere wie sie sich in Parteiresolutionen und den Äußerungen von Georges Marchais und anderen Politbüromitgliedern niederschlägt, fügt die Ziele des Gemeinsamen Programms in eine Etappentheorie ein. Danach bildet die erste Etappe der von der PCF anvisierten Entwicklung die „fortgeschrittene Demokratie" (démocratie avan-
cée); sie wird durch die Ziele des Gemeinsamen Programms erreicht.
Die folgende Etappe erst ist dem Aufbau des Sozialismus gewidmet.
  Zum Verständnis des ersten Schritts ist die Kenntnis der PCF-Ana-
lyse der gegenwärtigen politischen und ökonomischen Situation in
Frankreich erforderlich. Die PCF sieht in Frankreich den staatsmono-

---

95 Kein „but en soi", wie es Etienne Fajon formuliert, in: ders. (Hrsg.), L'union
   est un combat. Textes et documents de M. Thorez, W. Rochet et G. Marchais, Paris 1975, S. 18.

politischen Kapitalismus am Werk (CME).[96] Dieser ist durch folgende Merkmale gekennzeichnet: ökonomisch durch einen hohen Monopolisierungsgrad des Kapitals, soziologisch durch die Ausweitung der lohn- und gehaltempfangenden Massen bzw. die Interessenannäherung der „intermediären" und „mittleren Schichten" an die Arbeiterklasse und politisch durch die Herrschaft der Monopolbourgeoisie, einer klaren Minorität, über den Staatsapparat.

Aus der Analyse des CME kann die Politik der Partei gleichsam gefolgert werden. Taktisch muß das Bündnis mit allen antimonopolistischen Schichten einschließlich der Kleinbauern, Handwerker und Einzelhändler in den Mittelpunkt rücken. Als Nahziel bietet sich die auf dem Wege der Vergesellschaftung vorgenommene Umwandlung der am weitesten entwickelten kapitalistischen Produktionsbereiche zur sozialistischen Ausgangsbasis an. Dies wieder bedeutet auch die Befreiung des politischen Systems, die zusammen mit den verfassungspolitischen Reformen die Rettung einer echten parlamentarischen Demokratie verheißt. Mit der aufgezeigten Zielsetzung und Taktik, deren Frucht das Gemeinsame Programm ist, sind Einrichtung und Inhalt dessen umschrieben, was in der Präambel des Statuts der PCF als das „am weitesten fortgeschrittene demokratische Regime, das unter den Bedingungen des kapitalistischen Systems möglich ist", bezeichnet wird. Es ist die erste anzustrebende Etappe im Rahmen einer Entwicklungstheorie, deren höchste Stufe der Kommunismus ist. Zusammenfassend kann man den Versuch, die fortgeschrittene Demokratie zu schaffen, als doppelgesichtig charakterisieren. Gemessen an der marxistischen Geschichtsprojektion ist er einmal nach vorwärts gerichtet, wenn die entwickeltsten Bereiche des Kapitalismus sozialisiert werden sollen; zum anderen ist er nach rückwärts gerichtet, wenn er Ernst machen soll mit einem Idealbild repräsentativer Demokratie, das doch bürgerlicher Herkunft ist.

96 Für die Analyse des staatsmonopolistischen Kapitalismus durch die PCF sei vor allem auf deren Zeitschriften „Economie et politique" und „Cahiers du communisme" hingewiesen. Vgl. auch Claude Quin, Classes sociales et union du peuple de France, Paris 1976 (Quin ist Chefredakteur der Zeitschrift „Economie et politique"). Zur Ideologie der PCF allgemein vgl. die detaillierten Untersuchungen: Jean Touchard, Introduction à l'idéologie du Parti Communiste Français, in: Le communisme en France (1969), S. 83—106; Frédéric Bon, Structure de l'idéologie communiste, ebd., S. 107—140; Nicole Racine, Le Parti communiste Français devant les problèmes idéologiques et culturels, ebd., S. 141—182.

Die Phase der fortgeschrittenen Demokratie durch die Vergesell-schaftung der kapitalistischen Monopole und die Demokratisierung des politischen Systems schafft die Voraussetzungen für den Sozialismus, der die zweite Etappe charakterisiert. Der Sozialismus entbehrt der Konturenschärfe, wie sie die fortgeschrittene Demokratie aufweist. Nach der Definition des Manifests von Champigny (Dez. 1968) ist der Sozialismus „zugleich das Kollektiveigentum an den großen Mitteln der Produktion und des Austausches, die Ausübung der politischen Macht durch die Arbeiterklasse und ihre Verbündeten, die fortschreitende Befriedigung der materiellen und intellektuellen unaufhörlich steigenden Bedürfnisse der Mitglieder der Gesellschaft, die Schaffung der Bedingungen, die für die Entwicklung jeder Person geeignet sind".[97] Marchais bestätigt diese Definition in seinen Ausführungen.[98] Das Statut der Partei charakterisiert die sozialistische Etappe ganz im Sinne von Marx und Lenin mit dem Prinzip „Jeder nach seinen Fähigkeiten, jedem nach seiner Arbeitsleistung" (S. 5). Die Ausbeutung des Menschen durch den Menschen ist abgeschafft. Ökonomisch zeichnet sich die Phase des Sozialismus also durch die Kollektivierung der bedeutenden Produktionsmittel aus. Die Grenzen der Kollektivierung sind verschwommen. Marchais betonte auf dem 22. Parteikongreß (Februar 1976), daß über das Privateigentum an Konsummitteln hinaus auch das kleine Privateigentum in Handwerk, Handel und Industrie und des Familienbetriebs in der Landwirtschaft auch in einem sozialistischen Frankreich gesichert sein sollte.[99] Andere diesbezügliche Darlegungen Marchais' und das allgemeine Ziel des Sozialismus, die Ausbeutung des Menschen über den Menschen aufzuheben, lassen darauf schließen, daß das Privateigentum auf die Familienbetriebe beschränkt sein soll.[100] Der sozialistische Staat wird die genossenschaftliche Organisation dieser Betriebe fördern. Die Führung der Unternehmen und die gesamtstaatliche Planung sollen unter möglichst breiter Partizipation der „travailleurs", d.h. „Arbeiter, Angestellte, In-

---

97 Manifest des Zentralkomitees der Französischen kommunistischen Partei „Für eine fortgeschrittene Demokratie — Für ein sozialistisches Frankreich", Champigny-sur-Marne, 5.–6. Dez. 1968, in: Supplément au bulletin de propagande No. 7, Nov./Dez. 1968, S. 45.

98 Vgl. vor allem Georges Marchais, Le défi démocratique, Paris 1973, S. 172 ff.

99 Georges Marchais, Le Socialisme pour la France, in: 22e Congrès du Parti Communiste Français, 4.–8. Feb. 1976, in: Cahiers du communisme, H. 2–3, 1976, S. 43.

100 Marchais (1973), a.a.O., S. 181 f.

genieure und Kader" stattfinden.[101] Soziologisch ist festzuhalten, daß in der Phase des Sozialismus der grundsätzliche Klassenkonflikt zwar fortdauert, das Bündnis der avantgardistischen Arbeiterklasse mit den antimonopolistischen „couches intermediaires" und „couches moyennes" sich aber noch enger gestaltet.[102] Politisch will der Sozialismus die Demokratie „jusqu'au bout" sein, wie es der 22. Parteitag formuliert.[103] Die politische Macht wird von der Repräsentation des „arbeitenden Volkes" ausgeübt.[104]

Zweifellos sind gerade die Aussagen zur politischen Gestalt des sozialistischen Staates wenig konkret. Auch Marchais' Ausführungen über einen „Sozialismus in den Farben Frankreichs" führen nicht viel weiter. Dort wird auch für ein sozialistisches Frankreich das Mehrparteiensystem und das Recht auf politische Opposition zugestanden. Auf der anderen Seite erstrahlen die aktuellen sozialistischen Staaten „von der Sowjetunion bis zu Kuba"[105] in einem viel helleren Licht als alle westlichen Demokratien. So hob Marchais auf der Pressekonferenz anläßlich des Treffens der kommunistischen Parteiführer Frankreichs, Italiens und Spaniens in Madrid am 2. und 3. März 1977 die positiven Bilanzen der sozialistischen Staaten auf den ökonomischen, sozialen, kulturellen und außenpolitischen Gebieten hervor. Nur auf dem politischen Gebiet gäbe es in den sozialistischen Staaten einiges, das nicht für Frankreich passe, wo die PCF etwa den Parteienpluralismus und die Oppositionsrechte in ihrem „Typ der sozialistischen Demokratie" respektieren werde. Einige Minuten später auf der Pressekonferenz wurde freilich in der Kritik an der „politischen Demokratie" in Frankreich auch die positive Bilanz der sozialistischen Staaten auf diesem Gebiet in den Augen der PCF deutlich. Während in Frankreich die Repräsentanten der Arbeiterklasse von der Führung der politischen Geschäfte völlig ausgeschlossen sind, sind für die PCF in den sozialistischen Staaten zweifellos Repräsentanten der Arbeiterklasse an der Macht.[106] Aus all dem wird deutlich, daß die sozialistischen Staaten weiterhin für die PCF überwiegend Modellcharakter besitzen und die Kritik an der Verletzung der Menschenrechte durchaus peripher

101 Marchais (1976), a.a.O., S. 43.
102 Marchais (1973), a.a.O., S. 175.
103 Cahiers du communisme, H. 2–3, 1976, S. 377.
104 Ebd., S. 376; vgl. auch Marchais, ebd., S. 51.
105 Marchais (1973), S. 174. Zahlreiche weitere Belege ließen sich anführen.
106 Vgl. den Wortlaut der Pressekonferenz in: L'Humanité, 5.3.1977, S. 1 u. 6.

ist.[107] Dieser Eindruck verstärkt sich, wenn man liest, daß Marchais u.a. als Beispiel für die Buntheit des Sozialismus die Verschiedenheit Ungarns und der DDR anführt: „Zum Beispiel existiert in Ungarn nur eine Partei, die Ungarische Sozialistische Arbeiterpartei. In der DDR dagegen existieren fünf verschiedene Parteien und der Präsident der Volkskammer ist ein christlich-demokratischer Abgeordneter".[108] Was soll man von der Zusage eines Mehrparteiensystems halten, wenn die DDR ernsthaft als ein Mehrparteiensystem vorgeführt wird? Wie wird ein „Sozialismus in den Farben Frankreichs" sein, wenn sich seine Farben von der der Sowjetunion unterscheiden wie die von Ungarn und der DDR!

Die höchste Stufe einer kommunistischen Entwicklungstheorie ist bekanntlich nicht der Sozialismus, sondern der Kommunismus. So nennt das Parteistatut nach der Etappe des Sozialismus denn auch eine weitere Etappe, in der allmählich die Bedingungen des Kommunismus geschaffen werden, „wo der Überfluß des sozialen Reichtums und das Niveau des Bewußtseins der Menschen es ermöglichen werden, zur Realisierung des großen Prinzips fortzuschreiten: Jeder nach seinen Fähigkeiten, jedem nach seinen Bedürfnissen" (S. 5 f.).

Auffallend ist nun, daß mit Ausnahme des Statuts die wichtigen Parteidokumente und Reden und Schriften der Parteiführer seit Jahren das Endziel des Kommunismus kaum mehr erwähnen, sondern den Eindruck zu erwecken versuchen, als ob die Partei allein den Sozialismus anstrebe. Die Nahziele der fortgeschrittenen Demokratie und des Sozialismus verdecken in den Verlautbarungen der Partei völlig das Zukunftsziel. Daß dieses freilich in der Parteiideologie fortlebt, zeigt nicht nur das 1972 — im Jahr des Gemeinsamen Programms — revi-

---

107 Auf die Behandlung Solschenizyns durch die Sowjetunion angesprochen, meinte der Chefredakteur von „L'Humanité" René Andrieu: „Aber wir meinen, daß dieser Fehler nichts ist neben dem, was die Sowjetunion nicht nur für Millionen sowjetischer Arbeiter, sondern darüber hinaus für Millionen von Arbeitern anderer Länder leistet"; zit. aus: Les staliniens français, Historia spécial, Nr. 359 bis, 1976, S. 120. Auch Leszek Kolakowski („Das Schisma steht noch aus", in: Der Spiegel, 2.5.1977, S. 166 f.) betont, daß die eurokommunistischen Führer immer noch die Sowjetunion trotz einiger „Irrtümer" und falscher Schritte als eine „höhere" Form der Gesellschaftsorganisation zu betrachten scheinen, verglichen mit westlichen Demokratien. Eine für innerparteiliche Schulungszwecke publizierte Broschüre „Le parti communiste français" (1973) rühmt die vierzehn bestehenden sozialistischen Staaten, die Ausbeutung des Menschen durch den Menschen abgeschafft zu haben (S. 46).

108 Marchais (1973), a.a.O., S. 178.

dierte Parteistatut, sondern auch die Zeitschrift „Cahiers du Communisme", die „politische und theoretische Revue" des Zentralkomitees der PCF. So erinnert das Aprilheft des Jahres 1976 — freilich sehr knapp — daran, daß das Endziel die „klassenlose Gesellschaft ohne Staat" sei. Der Sozialismus sei nur „ein unvollständiger Kommunismus".[109]

2. Marxistisch-leninistische Dogmen

Unmittelbares Handlungsziel einer am Marxismus-Leninismus orientierten und in einem kapitalistischen System agierenden kommunistischen Partei ist die *Revolution*. Die disziplinierte Partei als *Avantgarde* der Arbeiterklasse erobert die Macht. Die *Diktatur des Proletariats* sichert die Macht und erzwingt die Umwandlung des kapitalistischen in das sozialistische und schließlich kommunistische System. So sieht — vereinfacht — die von Lenin klassisch formulierte Marschroute aus.

Die PCF bekennt sich eindeutig zum Marxismus-Leninismus. Die programmatische Präambel der Parteisatzung spricht dies deutlich aus. Die zentralen Stichworte leninistischer Machteroberung und Machtsicherung freilich fehlen bzw. werden gestrichen. Von der Revolution und der Avantgarde ist in der Präambel keine Rede; und das Ziel der Diktatur des Proletariats soll nach dem Beschluß des 22. Parteitages vom Februar 1976 aus der Präambel verschwinden. Was bleibt übrig von der marxistisch-leninistischen Praxis außer einer allgemeinen Entwicklungstheorie, die auf dem Wege der repräsentativen Demokratie praktisch werden soll? Führt die von der PCF beanspruchte zeitgemäße Interpretation des Marxismus-Leninismus zur Aufgabe der Dogmen der marxistisch-leninistischen Taktik und Strategie? Können die Relikte revolutionären Vokabulars in den Äußerungen der französischen Kommunisten als reiner Verbalradikalismus interpretiert werden? Diese Fragen stehen heute im Zentrum des Interesses an der PCF.

Revolution: Die PCF bekennt sich — wie übrigens auch die sozialistische Partei — nach wie vor eindeutig dazu, eine revolutionäre Partei zu sein. Das Adjektiv „revolutionär" beinhaltet jedoch nicht mehr eine Aktion im Sinne eines gewaltsamen Umsturzes durch das von der Partei geführte Proletariat, sondern bezeichnet die Qualität des ange-

---

109 Gilles Masson, L'état du c.m.e. et sa transformation démocratique, S. 40—54, 52 ff. Vgl. auch Etienne Fajon, Stratégie et politique, l'union et la différence, in: Cahiers du communisme, H. 4—9, 1976, S. 6.

strebten Wandels. Revolution ist identisch mit dem qualitativen
Sprung, den die Machtübernahme durch die Linke in Gang setzen soll.
Der Weg selbst soll demokratisch sein: „une voie démocratique, une
voie revolutionaire".[110]

Diktatur des Proletariats: Der Begriff der Diktatur des Proletariats
weist in der Geschichte des Marxismus unterschiedliche Inhalte auf,
die sich zwischen der sehr engen Interpretation Lenins nach der Oktoberrevolution und einer weiteren Interpretation bewegen, die sich
auf die späten Marx und Engels berufen kann. Die Frage nach der Art
der Machtausübung durch das Proletariat und die Partei in der Phase
des Übergangs vom Kapitalismus zum Sozialismus kann vor allem bezüglich der Dauer dieser Herrschaftsform und dem Ausmaß der Gewaltanwendung unterschiedlich beantwortet werden.[111] Ihre „dikta-
torischste" Form hat die Diktatur des Proletariats als Rechtfertigung
der Regime Lenins und Stalins angenommen. Hatte schon vorüberge-
hend (1945–1948) die Errichtung der Volksdemokratien in Ost- und
Südosteuropa zu einer Lockerung des Verständnisses der Diktatur des
Proletariats geführt, so setzte dies nun nach dem Tode Stalins, beginnend vor allem mit dem 20. Parteitag der KPdSU (1956), verstärkt
ein. In einem gewissen Rahmen wurde den einzelnen kommunistischen Parteien der eigene Weg zum Sozialismus, auch der friedliche
parlamentarische Weg, zugestanden. Auf die Sowjetunion selbst bezogen, bestimmte das neue Parteiprogramm der KPdSU von 1961, daß
sich die Diktatur des Proletariats gegenwärtig in einen „Staat des gesamten Volkes" verwandle.[112]

Der Wandel der Sowjetideologie und des von ihr geleiteten internationalen Kommunismus fand auch in der PCF seinen Niederschlag. Ein
Ergebnis war das neue Parteistatut von 1964, das vom 17. Kongreß
der PCF verabschiedet wurde. Darin erscheint die Diktatur des Proletariats als „temporäre Diktatur des Proletariats", die „die größtmögli-
che Demokratie für alle Arbeitenden sicherstellt". Nach der endgülti-

---

110 Ce que veulent les communistes pour la France (Document adopté par le
     XXIIe Congrès), in: Cahiers du communisme, H. 2–3, 1976.
111 Einen guten Überblick über die Geschichte des Begriffs „Diktatur des Pro-
     letariats" gibt Wolfgang Leonhard im Artikel „Diktatur des Proletariats"
     in: Sowjetsystem und demokratische Gesellschaft, Freiburg 1966 ff. Vgl.
     auch Iring Fetscher, Ohne Diktatur des Proletariats. Geschichte des Be-
     griffs, sein Verhältnis zur Demokratie und der Entschluß der KPF, in:
     Heinrich Böll/Günter Grass/Gisela Stern (Hrsg.), L 76, Demokratie und So-
     zialismus, Nr. 1, Frankfurt 1976, S. 115–127.
112 Leonhard, ebd.

gen Niederlage der alten Ausbeuterklassen trete an die Stelle der Diktatur des Proletariats „ein Staat des ganzen Volkes, eine neue Etappe auf dem Weg, der nach und nach von der ‚Herrschaft der Menschen zur Verwaltung der Sachen' führt". Der auf dem 17. Kongreß zum Nachfolger von Thorez als Generalsekretär gewählte Waldeck Rochet erläuterte in seinem Bericht an den Kongreß im Rahmen des zentralen Anliegens, eine Volksfront zustandezubringen, den Begriff der Diktatur des 'Proletariats, wie er in das neue Statut Einlaß fand.[113] Waldeck Rochet hob dabei im Hinblick auf die Möglichkeit einer Zusammenarbeit mit den Sozialisten auf zweierlei ab: 1. Zwar müsse das neue Regime der „sozialistischen Demokratie", in dem das Proletariat im Bündnis mit den übrigen arbeitenden Schichten herrsche, mit Zwang gegen Versuche, den Kapitalismus zu restaurieren, geschützt werden; in Frankreich aber sei es wohl möglich, angesichts seiner demokratischen Traditionen und der zeitgenössischen Bedingungen, „im Falle eines friedlichen Übergangs zum Sozialismus neue Formen der Diktatur des Proletariats ins Auge zu fassen, die weniger gewaltsam und von kürzerer Dauer sind". 2. Die Diktatur des Proletariats sei hundertmal demokratischer als jegliches bürgerliche Regime, weil sie „im Interesse der ungeheuren Masse des Volkes, das alle demokratischen Freiheiten besitzt", ausgeübt werden.[114] In der Folgezeit spielte der Begriff der Diktatur des Proletariats in den Verlautbarungen der Partei eine immer kleinere Rolle. Insbesondere seit den konkreteren Bemühungen um ein Bündnis mit den Sozialisten findet sich der Begriff nicht mehr in den Absichtserklärungen und Programmen der Partei.

Wie lautet nun die Begründung für den Entschluß des 22. Parteitages, den Begriff der Diktatur des Proletariats aus der Parteiideologie zu streichen? Und was hat sich inhaltlich an der Problematik — abgesehen von der Abschaffung des Etiketts „Diktatur des Proletariats" — durch den Beschluß geändert? Bei der Beantwortung der ersten Frage zeigt sich überraschenderweise, daß bei der Begründung der Aussage, daß der Begriff der Diktatur des Proletariats für Frankreich obsolet sei, nicht so sehr die Interpretation des Begriffs seit 1964, sondern eher das leninistische Verständnis zugrundegelegt wird. Marchais legt in seinem Bericht an den 22. Kongreß dar, daß der Begriff nicht mehr der Realität der Politik der PCF entspreche.[115] Der Begriff Diktatur

---

113 Die Rede ist auszugsweise abgedruckt in: Waldeck Rochet, Ecrits politiques 1956–1969, Paris 1976, S. 63–79.

114 Ebd., S. 76 f.

115 Marchais (1976), a.a.O., S. 44 ff.

erinnere an die faschistischen Regime, also an die Negation der Demokratie; der Begriff Proletariat beziehe sich nur auf das Herz der arbeitenden Klasse, nicht auf die Gesamtheit der Arbeitenden, aus der nur
die sozialistische Macht entspringen könne. In keinem Augenblick
könnten in Frankreich die Aktionen „kleiner fest entschlossener
Gruppen" oder „die Waffen der Repression" den politischen Mehrheitswillen des Volkes ersetzen. Nicht zuletzt unter Hinweis auf das
Scheitern der chilenischen Volksfront, die anfänglich nicht über die
Mehrheit im Volke verfügt habe, betont Marchais, daß auf jeder Stufe
des Ringens für den Sozialismus die „politische Mehrheit" mit der
„arithmetischen Mehrheit" zusammenfallen müsse.

Welche Rolle spielt nun die Gewalt als Instrument im Kampf gegen
die „Reaktionäre"? Waldeck Rochet hatte dieses Instrument zwar her-
untergespielt, aber doch nicht darauf verzichtet. Bei Marchais findet
sich eine solche Sprache nicht mehr. Seine Aussagen kleiden sich in
die verfassungsrechtliche Sprache der westlichen Demokratien. Die
reaktionäre Minderheit, der auch in einem sozialistischen Frankreich
die Oppositionsrechte zugestanden würden, würde „politisch und ideologisch" von der arbeitenden Mehrheit bekämpft werden. Die Minder-
heitsrechte der Oppositionsparteien müßten freilich „nach der demokratischen Regel im Rahmen der Legalität" ausgeübt werden. Beste-
chung und Gewalttätigkeit würden nicht geduldet. Bewegungen, die
Waffengewalt benutzten oder dazu aufriefen („also die faschistischen
Bewegungen") würden gesetzlich untersagt.

Die Beurteilung der Zusicherungen von Oppositionsrechten muß
von einer Analyse des Demokratieverständnisses der PCF-Führer abhängen. Soviel kann jedoch zur zweiten Frage nach dem inhaltlichen
Wandel, der sich hinter der Streichung des Begriffs Diktatur des Proletariats verbirgt, gesagt werden: Er ist geringer, als die Begründung auf
dem 22. Parteitag vorgibt. Denn die Interpretation des Begriffs hatte
sich schon Mitte der 60er Jahre weit von dem Inhalt entfernt, der auf
dem 22. Parteitag als überholt für Frankreich aufgezeigt wurde — von
jenem diktatorischen Regime, mit dem die Bolschewiki nach der Oktoberrevolution ihre Herrschaft sicherten und Rußland nach ihren
Vorstellungen organisierten. In der Tat wurde die Entscheidung des
22. Parteikongresses von vielen Mitgliedern der PCF nur als „formelle
Modifizierung" empfunden, die an der grundsätzlichen Position der
Partei nichts ändere. Und der an theoretische Debatten im kommunistischen Bereich gewöhnte sowjetische Dissident Pljuschtsch wundert

sich, daß der Begriff der Diktatur des Proletariats „ohne jegliche theoretische Argumentation" aufgegeben worden sei.[116]

Die Partei als Avantgarde der Arbeiterklasse: Es ist beachtenswert,
wie die Parteiführer immer wieder hervorheben, daß die Arbeiterklasse
die Rolle der Avantgarde in den Auseinandersetzungen spiele und die
Partei die Avantgarde der Arbeiterklasse sei.[117] Die Kommunisten halten damit an ihrem Führungsanspruch gegenüber den Sozialisten fest,
die in ihren Augen eben Reformisten sind, die den Kapitalismus nicht
eigentlich überwinden wollen. Nicht ohne Stolz hebt Marchais in diesem Zusammenhang die allgemein anerkannte Leistungsfähigkeit der
Partei hervor.[118]

In einer abschließenden Betrachtung der Formen, in der die aufgezeigten klassischen Aktionsinstrumente und Aktionsweisen des Marxismus-Leninismus sich in der Ideologie der PCF darbieten, wird man fragen müssen, wer die Adressaten der Argumentationen in der PCF sind.
Im Falle der Zurückweisung der Diktatur des Proletariats sind die
Adressaten zweifellos vornehmlich die Wähler der Volksfront und damit auch die Sozialisten. Der Verzicht auf die Diktatur des Proletariats
soll die Brücke zu den Bündnispartnern und den bislang von der PCF
abgestoßenen Wählern schaffen und erhalten. Die permanente Betonung der Vorhutsrolle scheint demgegenüber eher an die eigenen Mitglieder gerichtet zu sein. Das Beharren auf der Rolle der Avantgarde
dient der Sicherung der Parteiidentität, die durch die Gemeinsamkeit

116 Vgl. Le Monde, 4.2.1976 (zur Diskussion des Parteikongresses) und Le
Monde, 27./28.2.1977 (zu Pljuschtsch). Auch der prominenteste innerparteiliche Kritiker in der PCF an der Aufgabe des Begriffs der Diktatur des
Proletariats, der Philosoph Louis Althusser, kritisiert die ungenügende theoretische Begründung dieser Entscheidung (Le Monde, 25./26.4.1976, S. 7).
Marchais antwortete darauf bezeichnenderweise mit dem Argument, daß
der aufgegebene Begriff ein Konzept sei, das keine großen Volksmassen bewegen könne (ebd.). Vgl. zur Kritik am 22. Kongreß auch das Buch des
Althusser-Schülers Etienne Balibar, Sur la dictature du prolétariat, Paris
1976.

117 U.a. Marchais auf dem 22. Parteikongreß (vgl. Marchais (1976), a.a.O., S.
55 ff.): Zwar betont er, daß die Avantgarde-Rolle nicht dekretiert werden
kann; aber daran, daß die Partei sie wahrnimmt, läßt er keinen Zweifel.
Vgl. auch: Marchais (1973), a.a.O., S. 175; Georges Marchais, La bonne
voie, in: Cahiers du communisme, H. 2, 1977, S. 4—11, S. 10: „Nous avons
coutume de dire que le rôle d'avant-garde ne se décrète pas, mais qu'il se
mérite, qu'il se gagne. Or, comment les communistes pourraient-ils jouer ce
rôle s'ils se contentaient de ressasser des formules toutes faites, ne corres-
pondant pas aux conditions de leur pays et de leur temps?"

118 Vgl. Marchais (1973), a.a.O., S. 177.

mit den Sozialisten und die Aufgabe des Begriffs der Diktatur des Proletariats bedroht wird.

3. Demokratischer Zentralismus und Demokratie

Demokratie ist einer der meistgebrauchten Begriffe in der Sprache der
französischen Kommunisten. Der Begriff bedarf einer genauen Analyse, nicht nur in seiner Anwendung auf den innerparteilichen Willensbildungsprozeß, sondern auch als Strukturprinzip der fortgeschrittenen Demokratie und schließlich in der Verbindung von innerparteilicher und gesamtgesellschaftlicher bzw. gesamtstaatlicher Willensbildung.

Demokratischer Zentralismus: Am Prinzip des demokratischen
Zentralismus mit der Funktion, die „Einheit" und „Aktionswirksam-
keit"[119] der Partei zu erhalten — einschließlich des Fraktionsverbots
—, läßt die PCF auch heute weder in ihrem revidierten Statut noch in
den Äußerungen ihrer Parteiführer rütteln. Auf dem Parteitag 1964 berichtete zwar das damalige Politbüromitglied und Sekretär des Zentralkomitees Marchais anläßlich der Problematik, das Statut zu revidieren,
daß die Partei lange Zeit notgedrungen in ihrem inneren Leben den
Akzent auf den Zentralismus habe legen müssen, und daß es jetzt darauf ankomme, die Demokratie innerparteilich stärker zu akzentuie-
ren.[120] Marchais' diesbezügliche Äußerungen in seinem Buch von
1973[121] stellen die Demokratie als „natürliches Gesetz des Parteilebens" dar; aber daran, daß sie im Dienste der Aktionsfähigkeit der Partei steht, läßt er keinen Zweifel. So stellt er bezüglich der Parteimitglieder fest: „Für sie ist die Diskussion ein Element der Aktion und
zielt darauf ab, sie so wirksam wie möglich zu machen. Umgekehrt be-
wahrheitet sich der Wert der Diskussion in der Aktion". Und weiter:
„Deshalb wenden alle die getroffenen Entscheidungen an, wenn die
Diskussion beendet ist. Eine einige Partei ist eine Garantie der Wirksamkeit in der Führung der Kämpfe, deren Zahl und Komplexität unaufhörlich wachsen." Eine Fraktion dürfe nicht im Wege stehen; „ . . .
es darf in einer kommunistischen Partei keine organisierten Tendenzen geben, weil sie Tendenzen der Negation der Demokratie und des

119 Vgl. das Statut, S. 14.
120 Vgl. dazu Guy Rossi-Landi, Le Parti Communiste Français: Structures,
    composition, moyens d'action, in: Le communisme en France, a.a.O., S.
    183—209, S. 194 f.
121 S. Marchais (1973), a.a.O., S. 200 ff.

revolutionären Geistes sind. Die Organisation der Tendenzen, das ist eine Kristallisation der Positionen, die das Denken erstarren läßt und die freie Konfrontation der Ideen fesselt; das ist das permanente Suchen nach dem Kompromiß im Innern der Partei anstatt der Klarstellung einer wissenschaftlichen Politik; das ist das Suchen nach taktischen Bündnissen, um sich die Kontrolle der Führung zu sichern." Demokratie und Disziplin ergänzten sich gegenseitig im demokratischen Zentralismus.

Wahrscheinlich war es die Hauptsünde des ehemaligen Politbüromitglieds und Chefintellektuellen Roger Garaudy, gegen das Gesetz des demokratischen Zentralismus verstoßen zu haben. Sie wog schwerer als alle anderen „Verfehlungen" und wurde 1970 mit dem Ausschluß aus der Partei bestraft.[121a]

Der kommunistische Parteihistoriker Elleinstein rühmt einerseits die beträchtlichen Anstrengungen der Partei seit 1964, die innerparteiliche Demokratie zu entwickeln, hält andererseits freilich am demokratischen Zentralismus fest. Nirgendwo wird deutlicher als hier, wo die Grenzen des Wandels der PCF gezogen sind. Elleinstein, der in der PCF zu den ersten Kritikern des Stalinismus zählt, holt die Begründung für das Festhalten am demokratischen Zentralismus aus der Rumpelkammer des Leninismus-Stalinismus: Die PCF bewege sich in einer Umwelt, deren dominierende Ideologie immer noch die Bourgeoisie und deren Antikommunismus immer noch ausgeprägt sei. Die Existenz von Fraktionen wäre ein Element der Desintegration. Abschreckendes Beispiel sei die Sozialistische Partei.[122]

Deutlicher noch und wohl auch typischer für die Haltung der PCF-Mitglieder ist eine im Januar-Heft der „Cahiers du communisme" ausgedrückte Meinung: daß eine Wertung der Diskussions- und Entscheidungsprozeduren in der PCF nach den Normen der dominierenden Ideologie der Demokratie notwendigerweise zum Urteil führen müsse, daß die PCF wenig demokratisch strukturiert sei.[123] Mit anderen Worten, hier stoßen offen zwei Demokratiebegriffe zusammen, der kommunistische und der bürgerliche Demokratiebegriff.

Das beste Beispiel für die Funktionsfähigkeit des demokratischen Zentralismus liefert der Prozeß, in dem der Begriff der Diktatur des Proletariats auf dem 22. Kongreß aufgegeben wurde. Versuche von

---

121a Vgl. Laurens/Pfister, a.a.O., S. 186 ff.; Louis Couturier, Les péchés de l'ex-stalinien Garaudy, in: Historia (1976), S. 96—101.
122 Elleinstein, a.a.O., S. 70 f.
123 Molinari, a.a.O., S. 38.

Parteimitgliedern, öffentlich an der Formel der Diktatur des Proletariats festzuhalten, wurden von der Führung hart unterdrückt. Einmütig wurde der Entschließungsvorschlag der Parteiführung von den Föderationen befürwortet. Und kein Delegierter im Zentralkomitee
wandte sich gegen den Vorschlag der Parteiführung.[124] Erwähnenswert ist ferner, daß dem Engagement auf Seiten der Delegierten für die
Aufgabe des Begriffs der Diktatur des Proletariats auf Seiten vieler
Redner das Engagement für den demokratischen Zentralismus als un-
verrückbares Element der innerparteilichen Willensbildung entsprach.

Parteimitglieder in öffentlichen Funktionen: Für die Analyse des
Demokratieverständnisses der PCF von besonderem Interesse müssen
die Nahtstellen zwischen der innerparteilichen Willensbildung und der
Teilnahme der Partei an der gesamtstaatlichen politischen Willensbildung sein. Mehr noch als für die oppositionellen kommunistischen Par-
lamentarier gilt dies für die kommunistischen Gemeindeverwaltungen,
wo Kommunisten im Rahmen des von ihnen radikal kritisierten politischen Systems positive Funktionen ausüben. Das Parteistatut bindet
alle Parteimitglieder, die ein öffentliches Mandat ausüben, an die „Politik der Partei" (Art. 46).

Die kommunistischen Abgeordneten bilden eine Fraktion, die ihre
Führung in Abstimmung mit der jeweiligen Parteiführung, sei es dem
Zentralkomitee auf der höchsten Ebene, sei es mit dem Sektionskomi-
tee oder den Zellen auf der lokalen Ebene, wählt (Art. 47). Durch diese
Bestimmungen ist im Prinzip das imperative Mandat institutionalisiert.
Die Partei übte diese Kontrolle über ihre Abgeordneten und Amtsin-
haber immer aus. Sie richtet sich nach der Gesamtstrategie der Partei.
Die Öffnungsstrategie der letzten Jahre führte im kommunalen Bereich zu einer deutlicheren Rollenverteilung von Parteiorganen und öffentlichen Amtsinhabern. So besteht die Partei seit 1971 darauf, daß
die Parteisektion zwar den politischen und ideologischen Kampf führt,
sich aber im Falle einer kommunistischen Gemeinderatsmehrheit und
eines kommunistischen Bürgermeisters nicht an deren Stelle setzt.[125]
Zur neuen Strategie der Partei gehört vor allem das Bestreben, den von
ihr kontrollierten kommunalen Bereich als ein Schaufenster kommuni-

---

124 Vgl. zum innerparteilichen Willensbildungsprozeß vor dem 22. Parteikon-
    greß vor allem: Le Monde, 23.1.1977, 24.1.1977, 25./26.1.1977, 27.1.
    1977, 4.2.1977, 7.2.1977.
125 Eine gute Analyse der PCF-Politik im kommunalen Bereich gibt Jerome
    Milch, The PCF and Local Government: Continuity and Change, in: Black-
    mer/Tarrow, a.a.O., S. 340–369, insbes. S. 347 ff.

stischer demokratischer Praxis einzurichten, gleichsam einen Vorblick auf die zukünftige Demokratie im kommunistischen Sinne zu geben[126] — soweit dies natürlich für möglich gehalten wird in einem System, das nach kommunistischer Ansicht den Kommunen kaum einen Spielraum eigener politischer Kreativität gibt. Marchais rühmt in seinem Buch von 1973 das vorbildliche demokratische Leben in kommunistisch geführten Kommunen, vor allem im Bereich der Partizipation des Bürgers während der Legislaturperiode dank den direkten Treffen, die zwischen Gewählten und Wählern organisiert würden, den außerhalb der Gemeindeverwaltung eingerichteten Kommissionen, den in den Stadtvierteln eingerichteten Komitees und schließlich den Beziehungen der Gemeindeverwaltung zu den Gewerkschaften und Verbänden jeglicher Art. Abschließend weist Marchais auf das große Vorbild der sozialistischen Staaten im kommunalen Bereich hin.[127] Wichtig für den Zusammenhang unserer Analyse ist die klare Absage Marchais' an Vorstellungen einer Reform im kommunalen Bereich, die die plebiszitäre Komponente etwa in der Form der Direktwahl der Bürgermeister stärken wollen.

Die fortgeschrittene Demokratie: Die Frage stellt sich nun, wie sich die aufgezeigten Vorstellungen der PCF über inner- und außerparteiliche Demokratie mit der Art gesamtstaatlicher Demokratie zusammenfügen, die das Gemeinsame Programm verwirklichen will. An erster Stelle ist hier nochmals das große Mißtrauen der Partei gegenüber allen Formen plebiszitärer Willensbildung hervorzuheben, sei es gegenüber der Direktwahl der politischen Führer, sei es gegenüber dem Volksentscheid. Der immer wieder beschworene Wille des Volkes soll in allen seinen Äußerungen gefiltert — idealiter durch jene Organisation, die sich als Vorhut des Volkswillens versteht, die KP — zum Ausdruck kommen. Dies gilt für Massenbewegungen jeglicher Art. Der Kampf der Massen und die Sammlung des französischen Volkes sind nach den Vorstellungen der PCF organisierter Natur. Alles andere wäre Anarchie — von den Entscheidungen der Betriebe bis hin zu den Willensentscheidungen im Namen des gesamten Volkes. In dieser Vorstellung wurzelte die ablehnende Haltung der PCF gegenüber den von ihr nicht kontrollierten Ereignissen des Mai 1968. Führen und organisieren soll die Partei, die ihrerseits nach dem Prinzip des demokratischen Zentralismus entscheidet. Damit ist letztlich das angestrebt, was die Geschichte des demokratischen Zentralismus dort, wo seine Ver-

126 Milch, a.a.O., S. 352.
127 Marchais (1973), a.a.O., S. 120.

fechter siegreich waren, kennzeichnet: die Übertragung des innerparteilichen Willensbildungsprinzips auf die gesamtstaatliche Willensbildung. Dies ist als zentrales Ergebnis unserer Analyse festzuhalten.

Es fragt sich, ob die Strategie der PCF realistisch ist; mit anderen
Worten, ob die innerparteilichen Voraussetzungen für den demokratischen Zentralismus, vor allem die Disziplin der Mitglieder, der Öffnung der Partei nach außen standhalten. Es ist die immer wieder gestellte Frage nach der möglichen Eigendynamik des von der PCF-Führung in Gang gesetzten Prozesses.[128] Bislang deutet jedoch nichts daraufhin, daß die oben dargestellten Mechanismen des demokratischen
Zentralismus nicht mehr wirksam seien.

4. Die PCF zwischen Moskau und Eurokommunismus

Eine im Januar 1976 durchgeführte Umfrage erbrachte das Ergebnis,
daß immer noch die Mehrheit der Franzosen der Meinung war, daß
die PCF zu sehr den Interessen der Sowjetunion Ausdruck verlieh.[129]
Seit diesem Zeitpunkt etwa sind verstärkte Anstrengungen der PCF-
Führung zu beobachten, sich von der KPdSU zu distanzieren. Dies geschieht vor allem durch die Ablehnung des sowjetischen Weges zum
Sozialismus und durch die Verurteilung der Verletzung von Menschen-
rechten in der Sowjetunion.[130]

Gewiß reichen die Distanzierungsversuche bis in die Mitte der 60er
Jahre zurück.[131] Sie konnten als Folge der von Waldeck Rochet eingeleiteten Entstalinisierung der PCF nicht ausbleiben. Hervorstechendes
Ereignis der ersten Emanzipierungsversuche der PCF war die Reaktion
auf die Invasion der Streitkräfte des Warschauer Paktes in die Tschechoslowakei im August 1968. Das Politbüro der PCF verurteilte die
Invasion, konstatierte freilich allzu schnell — nicht ohne einen gewissen Eindruck der Beflissenheit gegenüber der sowjetischen Bruderpartei in der Öffentlichkeit zu erwecken — die „Normalisierung" der Beziehungen zwischen der UdSSR und der CSSR.[132] Erst in den vergan-

128 Burkhardt, a.a.O., S. 12.
129 Zit. bei Elleinstein, a.a.O., S. 38 f.
130 Eine Analyse der Haltung der PCF-Führung gegenüber der UdSSR findet
     sich in: L'Express, 1.–7. Nov. 1976, S. 34 ff.
131 Dazu im einzelnen Tiersky (1973), a.a.O., S. 240 ff.
132 Aus der Sicht des PCF-Historikers Elleinstein stellt sich die Haltung der
     PCF gegenüber der Invasion doppelseitig dar: Einmal habe man die Inva-
     sion verurteilt, zum anderen aber habe man — unter fester Aufrechterhal-
     tung der Verurteilung der Invasion — gegen den „Antisowjetismus" als In-
     strument der Bourgeoisie kämpfen müssen (a.a.O., S. 32).

genen zwei Jahren scheint die Halbherzigkeit und Unsicherheit, die
das Verhalten der PCF Ende der 60er und noch zu Beginn der 70er
Jahre gegenüber der Sowjetunion prägten, einem größeren Selbstbe-
wußtsein und dem deutlicheren Pochen auf die eigene Position gewi-
chen zu sein, ohne daß freilich darauf verzichtet wurde, der Bewunde-
rung für die Sowjetunion und ihre Geschichte ständig Ausdruck zu
verleihen.[133] Die Kritik der PCF an sowjetischen Arbeitslagern und
der Unterdrückung sowjetischer Intellektueller etwa wird deutlich artikuliert. Die sowjetischen und die moskauhörigen kommunistischen
Parteien reagierten teilweise verbittert, so etwa nach der Teilnahme
prominenter französischer Kommunisten am 21. Oktober 1976 an der
von Nichtkommunisten organisierten Protestkundgebung gegen die
Verhaftung von sechs Intellektuellen in Lateinamerika, zwei in der
Sowjetunion und einer in der Tschechoslowakei. Die sowjetische
Nachrichtenagentur Tass antwortete, daß für die Sowjetunion unverständlich sei, wie Repräsentanten der PCF an einem schmutzigen Unternehmen dieser Art hätten teilnehmen können.[134] Andere Beispiele
ließen sich aufzählen.[135]

Auf den Ebenen der parteioffiziellen Ideologie und der offiziellen
Parteibeziehungen spiegelt sich der Konflikt zwischen der PCF und
der KPdSU ebenso deutlich wider. Die ideologischen Kristallisations-
punkte der jüngsten Auseinandersetzungen sind natürlich die Begriffe
der Diktatur des Proletariats und des proletarischen Internationalismus.

Die Presse des moskauhörigen Kommunismus kritisiert den 22. Parteitag der PCF mehr oder weniger versteckt. „Rude Pravo", das Zen-
tralorgan der tschechoslowakischen KP, warnt vor Rechtsrevisionis-
mus und läßt keinen Zweifel daran, daß die Aufgabe der Diktatur des
Proletariats mit der Aufgabe des wissenschaftlichen Sozialismus identisch sei.[136] „Neues Deutschland" und im Anschluß daran die „Prawda" singen ein Loblied auf die Diktatur des Proletariats, die nach Lenin eine höhere Form der Demokratie sei.[137] Die „Prawda" warnt die

133 Auf diese „zunehmend idiosynkratische französische kommunistische
    Praxis" weist auch Roland Tiersky hin: French Communism in 1976, in:
    Problems of Communism, H. Jan./Feb. 1976, S. 20—47, S. 39.
134 L'Express, a.a.O., S. 34.
135 Vgl. Le Monde, u.a. 25./16.1.1976, 8./9.2.1976, 10.2.1976, 14.2.1976, 27.
    2.1976, 19.3.1976, 2.4.1976, 6.4.1976, 11./12.4.1976, 21.4.1976, 30.4.
    1976, 8.5.1976, 21.5.1976, 4.8.1976, 2./3.1.1977, 27.1.1977.
136 Le Monde, 8./9.2.1976.
137 Le Monde, 10.2.1976.

84   Wolfgang Jäger

westlichen kommunistischen Parteien vor der Sozialdemokratisierung
durch eine zu enge Kooperation mit den sozialistischen Parteien.[138]
   Auf dem 25. Parteitag der KPdSU Ende Februar 1976 wurde deutliche Kritik an jenen kommunistischen Parteien laut, die „den Marxismus-Leninismus in nationalen Scheiben verkauften".[139] Der sich hinter dieser Kritik verbergende Streit geht um die Interpretation des
Dogmas des proletarischen Internationalismus. Vor allem das für die
auswärtige Politik zuständige Mitglied des Politbüros der PCF Jean Kanapa bemüht sich, dieses Dogma zurückzuweisen, soweit es die Einmischung in die Angelegenheiten der Schwesterparteien meint.[140]
Marchais betonte nach seiner Rückkehr von der Konferenz der europäischen kommunistischen Parteien in Ostberlin (23.–24.6.1976), daß
die Konferenz gezeigt habe, daß „jede kommunistische Partei unabhängig und souverän" sei, was „weder die internationale Freundschaft
noch Solidarität" verhindere.[141] Elleinstein rückt anstelle der besonderen Beziehungen zur KPdSU die immer enger sich knüpfenden Beziehungen zur italienischen KP in den Vordergrund.[142] Der Wandel
der offiziellen Parteibeziehungen drückt sich in der Abwesenheit des
französischen Parteiführers Marchais vom 25. Parteitag der KPdSU
aus. Deutlicher noch: Der sowjetische Parteitag fand in der parteioffiziellen Tageszeitung „L'Humanité" keine besondere Beachtung[143] –
ein unerhörtes Ereignis. Um so enger gestalteten sich die Beziehungen
zwischen der französischen und der italienischen Parteiführung.[144]
   Die Frage nach dem Ernst und der Tragweite der öffentlichen Auseinandersetzung zwischen der KPdSU und der PCF, insbesondere die
Frage, ob die offensichtlichen Spannungen nur einem taktischen Kalkül entstammten, ist schwer zu beantworten. Ein prinzipieller Konflikt über die *Taktik* der PCF läßt sich nicht erkennen, obgleich es Anzeichen dafür gibt, daß die Sowjetunion dem italienischen Weg des
historischen Kompromisses den Vorzug vor der Volksfront gibt.[144a]
   Die Programme des „Eurokommunismus" lassen sich zu einem guten Teil als „allgemein-demokratische Programme" verstehen, die die

138 Le Monde, 14.2.1976.
139 Le Monde, 27.2.1976.
140 L'Express, a.a.O., S. 36.
141 Elleinstein, a.a.O., S. 30.
142 Ebd., S. 37.
143 Dies wird von „L'Express" festgestellt, a.a.O., S. 36.
144 Vgl. Elleinstein, a.a.O., S. 37.
144a Le Monde, 25./26.9.1977.

offizielle Sowjetideologie als Taktik im Kampf für den realen Sozialismus zuläßt, ohne daß die strategische Zielsetzung der kommunistischen Parteien beeinträchtigt würde.[145] Moskau beläßt es denn auch im wesentlichen bei Mahnungen, im Bündnis mit den Sozialisten nicht zu weit zu gehen.

Vor einer Überschätzung der PCF-Thesen eines *französischen Weges in den Sozialismus* und eines *Sozialismus in den Farben Frankreichs* im Hinblick auf die Differenzen mit Moskau warnt außerdem die Geschichte des französischen Kommunismus. Thorez hatte diese Thesen zum ersten Male schon am 17. November 1946 in einem Interview mit der „Times" verkündet – als Thorez seine Kandidatur für das Amt des Chefs der französischen Regierung angemeldet hatte: „Die Fortschritte der Demokratie überall auf der Welt . . . erlauben es, für den Marsch in den Sozialismus andere Wege anzuvisieren, als diejenigen, die von den russischen Kommunisten eingeschlagen wurden".[146] Ein Jahr später wurde offenbar, daß die PCF nach wie vor fest in den Bindungen des Stalinismus und ein Instrument der stalinistischen Außenpolitik war.

Ein Schlüssel zum Verständnis des Verhältnisses der PCF zu Moskau dürfte in der Einschätzung der *auswärtigen Politik der Sowjetunion gegenüber der westlichen Welt* liegen. Hier offenbart sich zwischen der französischen und der sowjetischen KP ein Konflikt, der weniger offen als der Konflikt über die Menschenrechte, aber wahrscheinlich intensiver ausgetragen wird. Zwar lassen die französischen Kommunistenführer keinen Zweifel daran, daß die Sowjetunion die Vorkämpferin des Weltfriedens und der Entspannung sei; so rühmt der Experte des Politbüros für die auswärtige Politik Kanapa die sozialistischen Länder Europas, die einzigen zu sein, Abrüstungsvorschläge „entsprechend der pazifistischen Berufung des Sozialismus" vorzulegen. Aber in der Politik der friedlichen Koexistenz zeigt sich ein Interessenkonflikt zwischen der PCF und der Sowjetunion. Marchais sprach dies deutlich auf dem Gipfeltreffen der europäischen kommunistischen Parteien im Juni 1976 aus: „. . . die Entwicklung der friedlichen Koexistenz wirft neue Probleme hinsichtlich der Beziehungen zwischen den Parteien der sozialistischen und den Parteien der kapitalisti-

---

145 Dies zeigt Michail Woslenskij in: Realität oder Illusion? Ein sowjetischer Wissenschaftler zur Zeit-Diskussion „Eurokommunismus", in: Die Zeit Nr. 47, 12.11.1976.
146 Tiersky (1970), a.a.O., S. 124 f.

schen Länder auf. Die einen gehen von der richtigen Idee aus, daß die
Zeit für den Sozialismus arbeite; die anderen setzen alles daran, um
mit dem Monopolkapitalismus sobald wie möglich Schluß zu machen,
weil dies im vitalen Interesse der Arbeiter liegt. Die einen, die im Besitz bedeutender Staatsmittel sind, unterhalten Beziehungen der Kooperation (was ein beträchtlicher Erfolg ist) mit den Regimen, die die
anderen mit allen Kräften bekämpfen. Dies ist normal und es gibt da
keinen Widerspruch. Wir könnten jedoch keinerlei Schritt zulassen,
der im Namen der friedlichen Koexistenz zwischen Staaten die Interessen des Kampfes beeinträchtigen würde, den wir gegen die Macht des
Großkapitals für die Demokratie und den Sozialismus führen. Wir kennen keine höhere Aufgabe als diejenige, die wir in Bezug auf unsere
Arbeiterklasse, auf unser Volk haben".[147]

Unverblümter soll Kanapa diese Problematik in einer nicht veröf-
fentlichten Rede vor dem ZK seiner Partei nach dem 25. Parteitag
der KPdSU (Februar 1976) angesprochen haben: Die sowjetische
Diplomatie stehe fast ausschließlich im Dienste des sowjetischen Staates und vernachlässige die Unterstützung der Bruderparteien, wie
es der proletarische Internationalismus fordere. Ausgeführt wurde diese Kritik öffentlich vom Chef der kommunistischen Revue „La Nouvelle Critique", Francis Cohen.[148] Danach betrachte die sowjetische
Diplomatie jeden Wandel als ein Risiko für ein prekäres Gleichgewicht.
Sie stütze sich auf das Sichere und Solide wie die bestehende Gemeinschaft der sozialistischen Staaten. Der Sieg der Arbeiterbewegungen
in den kapitalistischen Staaten, insbesondere in Westeuropa, sei für die
Sowjetunion ungewiß und dürfe nicht als Ausgangshypothese genommen werden. Im Unterschied dazu gehe die Strategie der PCF vom globalen Charakter der Krise des imperialistischen Systems und des
staatsmonopolistischen Kapitalismus aus. Die PCF betrachte alles, was
das imperialistische System ganz oder teilweise konsolidieren könne,
als gegen die „revolutionäre sozialistische Perspektive" gerichtet.

Mit anderen Worten, die PCF-Führung bezichtigt die sowjetische
Außenpolitik des Konservatismus zugunsten der Erhaltung des status
quo in den kapitalistischen Ländern im Sinne der Staatsräson der Sowjetunion und erinnert an die weltrevolutionäre Aufgabe des Marxis-

147 Zu Kanapas Rede: L'Humanité, 7.2.1977, S. 1 u. 4; zu Marchais: Cahiers
     du communisme, Sept. 1976, S. 145 f. Mit ähnlichen Worten argumentiert
     Marchais in seinem Buch „Parlons franchement", Paris 1977, S. 177 ff.
148 Mai 1976; vgl. zu Kanapa und Cohen, Le Monde, 23.6.1976, S. 6.

mus-Leninismus. Hier dürfte die eigentliche Ursache der Abgrenzung der PCF von Moskau zu finden sein. Die westeuropäische KP erhebt gegenüber Moskau Anspruch auf den Erfolg im eigenen Lande. Die nationale Färbung des Weges in den Sozialismus soll diesen Erfolg ermöglichen.

Die Kritik an der *Verletzung der Menschenrechte* ist aus dieser Sicht als taktisch motiviert zu beurteilen. Die Intensität der Spannungen in dieser Frage sollte daher — wie schon oben angedeutet wurde — nicht überschätzt werden. Die Bemühungen der PCF-Führung sind unverkennbar, die Kritik an der Verletzung der Menschenrechte in den sozialistischen Ländern aufzuwiegen durch die Betonung von deren Vorzügen, so daß ihnen der große Vorsprung vor den kapitalistischen Ländern verbleibt. Es ist schwer, sich des Eindrucks zu erwehren, daß die Kritik an den sozialistischen Ländern nur eine Pflichtübung sei. Dafür spricht auch das Streben, die osteuropäischen Menschenrechtsverletzungen durch Hinweise auf solche Verletzungen im westlichen Bereich — auch in der Bundesrepublik Deutschland[149] — zu relativieren. Dieses Streben verstärkte sich deutlich seit Beginn des Jahres 1977. Dies zeigten u.a. der Disput der PCF-Führung mit den sowjetischen Dissidenten, insbesondere Amalrik, in Frankreich einerseits[150] und die Weigerung von Marchais in Madrid, in die gemeinsame Erklärung der drei kommunistischen Parteiführer die Kritik an der Verletzung der Menschenrechte in den sozialistischen Ländern aufzunehmen, andererseits.[151] Die weitere Entwicklung bleibt abzuwarten. Insbesondere ist zu fragen, wie die Sowjetunion reagieren wird, wenn die Auswirkungen der Kritik an der Verletzung der Menschenrechte im sowjetischen Machtbereich größere Ausmaße annehmen sollten.[152]

Ähnlich vorsichtig wie in der Problematik der Menschenrechte zeigt sich die PCF in der Diskussion des Begriffs *„Eurokommunismus"*. Der Begriff wird zwar akzeptiert, aber so interpretiert, daß niemand vor den Kopf gestoßen wird. Der Begriff „Eurokommunismus" bezieht sich danach auf kommunistische Parteien (in Frankreich, Italien, Spanien, Japan, Großbritannien), die sich in ihren Ländern in „analogen

149 Vgl. z.B. L'Humanité, 3.2.1977, S. 7; Marchais (1976), a.a.O., S. 40.
150 Vgl. dazu Le Monde, 24.2.1977, 25.2.1977, 27./28.2.1977.
151 Le Monde, 5.3.1977.
152 Vgl. auch Heinz Timmermann, Die Konferenz der europäischen Kommunisten in Ost-Berlin, in: Europa-Archiv 31, 1976, S. 599—608.

Situationen" befinden und darauf „konvergierende Antworten" haben: vor allem den demokratischen Weg zur sozialistischen Gesellschaft und eine sozialistische Demokratie, die sich von der „sozialistischen Demokratie, die gegenwärtig in den Ländern existiert, die schon zum Sozialismus übergegangen sind, unterscheidet". Jeder Verdacht, daß es sich dabei um ein „regionales Modell des Sozialismus" oder gar um die „Einrichtung eines neuen internationalen Zentrums" des Kommunismus handeln könnte, wird energisch zurückgewiesen.[153]

Man kann zusammenfassend nur betonen, daß die Kommunistische Partei Frankreichs noch immer ängstlich darauf bedacht zu sein scheint, „ihre Abweichung auf den Hausgebrauch zu beschränken und im übrigen mit Moskau, soweit irgend möglich, auf gutem Fuße zu bleiben".[154]

5. Außen- und Verteidigungspolitik: NATO und EG

a. Die NATO

Eines der interessantesten Dokumente für die Haltung der PCF gegenüber der NATO nach einem Wahlsieg der Linksunion ist die Rede des Generalsekretärs Marchais vom 29. Juni 1972, in der er im Namen des Politbüros dem Zentralkomitee einen Bericht über die Verhandlungen mit den Sozialisten über das Gemeinsame Programm erstattete und um Billigung des Verhandlungsergebnisses ersuchte. Die Rede wurde erst 1975 veröffentlicht.[155]

Der Stellenwert der Rede ergibt sich aus der Gegenüberstellung der „reinen" kommunistischen, der „reinen" sozialistischen und der in den Verhandlungen erzielten Kompromiß-Position. Oberste Richtschnur einer kommunistisch geführten Außenpolitik ist die Unabhängigkeit Frankreichs.[156] Ausschließliches Ziel der Verteidigungspolitik

---

153 Vgl. etwa Yves Moreau in: L'Humanité, 28.2.1977; und Georges Marchais auf einer Pressekonferenz in Paris, L'Humanité, 7.1.1977 und auf der Pressekonferenz in Madrid, L'Humanité, 5.3.1977.
154 Wolfgang Wagner, Kommunisten im westlichen Bündnis? Atlantische Allianz und Europäische Gemeinschaft vor einem neuen Problem, in: Europa-Archiv 31, 1976, S. 315–324, S. 319. Vgl. auch Annie Kriegel, Une nouvelle strategie communiste?, in: Contrepoint 17, 1975, S. 47–67.
155 Etienne Fajon, S. 75–127.
156 Ebd., S. 95.

ist die Sicherung des Territoriums Frankreichs.[157] Der damit geforderte Wandel der französischen Außenpolitik bezieht sich weitgehend auf die Beziehungen zur westlichen Welt, einerseits vor allem zu den USA und zur NATO, andererseits zur Europäischen Gemeinschaft. Sowohl die NATO wie die EG seien Klassenallianzen, die nach ihrem Wesen und nach ihrer Funktion Frankreich unter der Führung der USA an das imperialistische System ketteten.[158]

Die PCF fordere gar nicht — so betonte Marchais —, daß Frankreich sich der Verteidigungsorganisation der sozialistischen Staaten anschließe und dem Warschauer Pakt beitrete. Es gehe um eine in jeder Hinsicht blockfreie französische Außenpolitik der Unabhängigkeit. Demgegenüber fühlt sich die Sozialistische Partei nach dem Bericht Marchais' fest dem atlantischen Bündnis verbunden.[159]

Der Kompromiß zwischen den beiden Verhandlungsdelegationen liegt nach den Aussagen des Generalsekretärs nun darin, daß die PCF die „aktuellen Realitäten" in Rechnung stelle und den Rückzug aus der NATO nicht zur Vorbedingung einer Linksunion erhoben habe. Andererseits werde sich Frankreich nicht in die NATO reintegrieren und behalte sich vor, Nichtangriffspakte nach eigenem Belieben abzuschließen.[160] Das Gemeinsame Programm trage dem Anliegen der PCF Rechnung, Frankreich nach und nach aus dem Atlantikpakt herauszulösen.[161]

Ein auch in diesem Zusammenhang ganz zentrales Problem stellt die französische Nuklearmacht dar. Marchais' Rede vom 29. Juni 1972 liefert für die Haltung der PCF und der Linksunion ebenfalls Aufschlüsse. Die Position der PCF wird eindeutig definiert: Verzicht auf die strategischen und taktischen Atomwaffen einschließlich der Vernichtung der vorhandenen Sprengköpfe.[162] Marchais interpretiert das

157 Vgl. das PCF-Programm „Changer de cap", Paris 1971, S. 231. Die Sozialistische Partei nennt dieses Ziel als eines, das die PCF im Gemeinsamen Programm unterbringen wollte. (Vgl. das Vorwort der sozialistischen Edition des Gemeinsamen Programms, Paris 1973, S. 8).

158 Marchais, in: Fajon, a.a.O., S. 95.

159 Ebd., S. 95.

160 Ebd., S. 97. Letzteres wurde von der Sozialistischen Partei als ein Abweichen der PCF vom Prinzip gewertet, daß die Verteidigungspolitik ausschließlich der Verteidigung des nationalen Territoriums diene — einem Prinzip, das nach sozialistischer Sicht jede Allianz unmöglich mache (Vorwort, S. 8).

161 Ebd., S. 96.

162 Ebd., S. 97. Vgl. dazu auch „Changer de cap", a.a.O., S. 232; Marchais (1973), a.a.O., S. 232 f.

Vorhaben des Gemeinsamen Programms — verglichen mit diesem Ziel — als restriktiv. Die taktischen Atomwaffen seien in den vom Gemeinsamen Programm ausgesprochenen Verzicht nicht einbezogen und — eine überraschende Interpretation für den aufmerksamen Leser des Gemeinsamen Programms —: Das Gemeinsame Programm erwähne nicht die Vernichtung der bestehenden nuklearen Sprengköpfe. Auf beiden Restriktionen der kommunistischen Zielsetzung hätte die Sozialistische Partei hartnäckig bestanden, die die Atomwaffe im Grunde erhalten wolle und darüber hinaus offen die Absicht verfolge, eine europäische Nuklearmacht zu errichten. Die kommunistische Delegation habe ihre Zugeständnisse in der Nuklearfrage allerdings an eine Bedingung geknüpft, die ihr Nachgeben neutralisiere. Durch die Verpflichtung der Linksregierung, eine Militärstrategie gegen *jeden* eventuellen Angreifer zu entwickeln, entschlüpfe die französische Außenpolitik „der globalen Strategie des Imperialismus", dessen Zielscheibe das sozialistische System in der Welt sei.[163]

Die Auseinandersetzung über die französische Nuklearstreitmacht war nach den Aussagen von Marchais wie der Sozialistischen Partei einer der heißen Punkte der Verhandlungen.[164] Marchais berichtete seinem Zentralkomitee, daß — ebenso wie in der Europafrage — ohne die kommunistischen Zugeständnisse eine Übereinkunft unmöglich gewesen wäre. Interessant ist die Tatsache, daß die PCF offensichtlich ihre Zugeständnisse als weitgehender bewertete als dies die Sozialistische Partei für sich tat. Dies geht aus einem Vergleich des Marchais-Berichts und dem Bericht der Sozialistischen Partei im Vorwort zu dem von ihr edierten Gemeinsamen Programm hervor.

Unbeschadet des Kompromisses — meinte der Generalsekretär — gelte es, mit der größten Wachsamkeit „in den angemessenen Formen" das Ziel der Vernichtung der gesamten französischen Nuklearwaffen weiter zu verfolgen.[165]

Der Rückblick auf die Verhandlungen über das Gemeinsame Programm läßt die jüngste Entwicklung in den Haltungen der PCF und der PS zur Nuklearfrage in einem seltsamen Licht erscheinen. Die in der letzten Zeit, vor allem seit 1974 deutlich beobachtbare positivere Einstellung der Sozialistischen Partei gegenüber der Nuklearstreitmacht ist angesichts der skizzierten Vorgeschichte des Gemeinsamen

163 Marchais, in: Fajon, a.a.O., S. 98.
164 Zur Sozialistischen Partei vgl. deren Vorwort zum von ihr edierten Gemeinsamen Programm, S. 8 f.
165 Marchais, in: Fajon, a.a.O., S. 98.

Programms weniger überraschend, als Teile der Öffentlichkeit erkennen ließen. Viel überraschender ist der Wandel der PCF in dieselbe Richtung.[166] Eine solche Entwicklung ist mit der bis in die allerjüngste Zeit von der PCF in allen Publikationsbereichen vorgetragenen sachlichen Argumentation gegen die französische Atomwaffe nicht zu vereinbaren. Als zentrales Argument wurde u.a. die Abhängigkeit der „force de frappe" von der „logistischen Unterstützung" durch die atlantische Militärorganisation vorgebracht (Marchais 1973).[167] Noch im April-Heft 1976 der „Cahiers du communisme" wurde dies ganz klar hervorgehoben.[168]

b. Europa

Die größte außenpolitische Differenz zwischen den Kommunisten und den Sozialisten in den Verhandlungen über das Gemeinsame Programm bezog sich auf die Europäische Gemeinschaft. Die PCF hatte sich in ihrem Programm „Changer de cap" von 1971 gegen jeglichen Versuch gewandt, Frankreichs nationale Unabhängigkeit im „engen Rahmen des kleinen Europa" aufzugeben.[169] Wie die NATO betrachtet die PCF die EG als ein an die USA gekoppeltes imperialistisches System[170], „das Europa der Bankiers und Industriellen".[171] Die nur negative Wertung der EG durch die PCF ist eindeutig. Eine Einigung mit der Sozialistischen Partei, ja das Gemeinsame Programm als solches — wie Marchais betont[172] — konnte auf dieser Basis nicht zustandekommen. Kommunisten und Sozialisten mußten sich entgegengehen.

166 Le Monde berichtete am 18./19.4.1976, 20.4.1976 und 9.11.1976, daß Louis Baillot, Vizepräsident der kommunistischen Fraktion in der Nationalversammlung und Präsident des Verteidigungsausschusses der PCF bestätigt habe, daß die Nuklearverteidigung zukünftig eine Tatsache sei, die schwer zu ignorieren sei. Die Sozialisten selbst gingen schon damals davon aus — wie das Mitglied des „Secrétariat national" der PS Gilles Martinet dem Verfasser in einem Gespräch am 29.10.1976 versicherte — daß alle Partner des Gemeinsamen Programms ein positives Verhältnis zur atomaren „Force de frappe" artikulieren würden.
167 Marchais (1973), a.a.O., S. 232.
168 Gérard Streiff, La France et l'O.T.A.N., Une réinsertion de fait, in: Cahiers du communisme, H. 4, 1976, S. 78 ff., S. 84.
169 Vgl. ebd., S. 223 ff.
170 Marchais, in: Fajon, a.a.O., S. 95.
171 Marchais (1973), a.a.O., S. 234.
172 Marchais, in: Fajon, a.a.O., S. 98.

Generalsekretär Marchais ordnete in seiner Rede vor dem Zentralkomitee, die das Gemeinsame Programm rechtfertigte, das Entgegenkommen der PCF in eine schon auf das Jahr 1967 zu datierende realistische Betrachtungsweise ein. Zwar habe die PCF das Zustandekommen des Gemeinsamen Marktes bekämpft, ziehe diesen jedoch seit
1967 als eine nicht zu übersehende Realität in Betracht.

Eine Analyse der europapolitischen Aussagen des Gemeinsamen
Programms wird allerdings den Kompromiß der beiden Partner nicht
als allzu solide einschätzen. Der sozialistische Partner gesteht, daß es
ihm nicht gelungen sei, das Ziel des Fortschreitens in Richtung auf ein
politisch integriertes Europa in das Gemeinsame Programm aufzunehmen.[173] Und Marchais berichtete seinem Zentralkomitee, daß die Zusage der PCF, eine Linksregierung würde in der EG mitarbeiten, dadurch präzisiert worden sei, daß die Mitarbeit an den Willen gebunden
sei, die EG von der Vorherrschaft des Großkapitals zu befreien, ihre
Institutionen zu demokratisieren und die Politik der EG an den Forderungen und Interessen der Arbeiter auszurichten. Im übrigen bezeichnete er es als Erfolg der PCF, daß die PS auf die Einführung der
Mehrheitsregel als Entscheidungsprinzip im Ministerrat verzichtet habe.[174] Die Sozialistische Partei hält ihrerseits am Ziel der europäischen Integration „im Rahmen ihrer eigenen Aktion" fest, wie sie es
im Vorwort zum Gemeinsamen Programm formuliert.[175]

Das Gemeinsame Programm stellt in der Europapolitik keinen echten Kompromiß dar. Praktisch — im Sinne der Konsequenzen für die
Politik einer Linksregierung — würde sich die Formulierung des Gemeinsamen Programms zugunsten der Prinzipien der PCF auswirken.
Es würde zum Stillstand in der integrativen Entwicklung der EG kommen; die PCF würde einer EG-Politik nur insoweit zustimmen, als
diese sich im Sinne der von der PCF vorgesehenen nationalen Politik
bewegte. Eine weitere Abgabe nationaler Kompetenzen und Souverä-
nitätsrechte an die EG wäre ausgeschlossen.

Bezeichnend war die Position der PCF in der Frage der Direktwahlen zum Europäischen Parlament.[176] Die Direktwahlen wurden abgelehnt, weil sie das Ziel verfolgten, der französischen Nationalversamm-

---

173 Vgl. das Vorwort zum Gemeinsamen Programm, S. 8 f.
174 Marchais, in: Fajon, a.a.O., S. 98 f.
175 Vorwort zum Gemeinsamen Programm, S. 8 f.
176 Eine Zusammenfassung liefert Gérard Streiff, L'affaire du parlement euro-
     péen, in: Cahiers du communisme, H. 10, 1976, S. 90 ff.

lung weitere Kompetenzen zugunsten der EG zu entziehen. Trotzdem werde die PCF, da sie die Direktwahlen ja nicht verhindern könne, daran teilnehmen und Kandidaten aufstellen. Da der Gemeinsame Markt einmal existiere, müsse man in seinem Inneren um seine Transformation ringen.[177]

Oberstes Ziel der französischen Kommunisten ist und bleibt die nationale Unabhängigkeit. Dies heißt nach eigenem Verständnis zuallererst die sukzessive Herauslösung Frankreichs aus den Bindungen an das imperialistische System der kapitalistischen Länder. Nicht nur für die atlantische, auch für die europäische Politik gilt diese Richtschnur.

VI. Theorie und Programm der PS

1. Der demokratische Sozialismus: Das Konzept der „autogestion" in der innerparteilichen Auseinandersetzung

Die Sozialistische Partei Frankreichs ist auf der Suche nach einer eigenen Vision des Sozialismus. Die Selbstreflexionen der Partei, vor allem aber die innerparteilichen Auseinandersetzungen über die Struktur der angestrebten sozialistischen Gesellschaft und den dahin führenden Weg sind noch nicht allzuweit gediehen. Einig ist man sich nur über die allerhöchste Norm, nämlich den Menschen von jeglicher Knechtschaft zu befreien und ihm die „öffentlichen, individuellen und kollektiven Freiheiten" zu erringen.[178]

Die PS sucht ein Konzept des Sozialismus, das die Einseitigkeiten und Auswüchse aller historischen, theoretischen und praktischen Formen des Sozialismus vermeidet: „ein demokratischer Sozialismus, der die Ideologien der Anpassung, der Integration und der Harmonisierung der Klassen zurückweist, die allzuoft mit dieser Bezeichnung verbunden sind; ein Sozialismus der Organisation, der aber den autoritären Zentralismus verwirft, durch den sich die alten Hierarchien zwischen der Spitze und der Basis, den Führern und den Ausführenden, verewigen; ein Sozialismus der Freiheit mit der Berufung zur Selbstverwaltung, der jedoch den Spontaneismus verwirft".[179] Weder die sozialde-

---

177 So Georges Marchais am 4.1.1976 im französischen Rundfunk (Vgl. Le Monde, 6.11.1976).

178 So lautet der Beginn des sozialistischen Parteiprogramms „Changer la vie" (1972), S. 61.

179 Alain Meyer faßt das Ergebnis der theoretischen Arbeit einer sozialistischen Arbeitsgruppe zusammen: Reflexions sur l'originalité du Parti socialiste français, in: La nouvelle revue socialiste, Nr. 12/13 tire à part, S. 21.

mokratische Anpassung an den Kapitalismus, noch der leninistische Zentralismus oder die Anarchie basisdemokratischer Produktionseinheiten werden also angestrebt, sondern eine nichtkapitalistische Ordnung, in der basisdemokratische Selbstverwaltung und gesamtgesellschaftliche Organisation und Planung miteinander harmonieren.

Das Zauberwort für die PS-Vision der sozialistischen Gesellschaft ist „autogestion". Die PS griff damit ein nach den Ereignissen des Mai 1968 in der PSU und der Gewerkschaft CFDT aufgelebtes Konzept auf, das seinerseits feste Wurzeln im revolutionären Syndikalismus oder Anarchosyndikalismus in Frankreich vor dem Ersten Weltkrieg hat.[180] Die wichtigsten programmatischen Stationen der PS auf dem Wege der Präzisierung des „autogestion"-Konzepts sind das 1972 in Suresnes verabschiedete Parteiprogramm „Changer la vie" und die 1975 in Paris beschlossenen „Quinze thèses sur l'autogestion".[181] Die Präsentation der Vorstellungen der Partei über die „autogestion" darf sich freilich nicht ausschließlich auf die *Ergebnisse* der innerparteilichen theoretischen Anstrengungen stützen, da diese keineswegs einen Konsens der Partei widerspiegeln. Die Partei ist über die inhaltliche Ausformung der „autogestion" stark zerstritten. Zahlreiche Formulierungen der programmatischen Aussagen sind daher entweder nur die Meinung der jeweiligen Mehrheitsströmung oder aber sind in ihrer Leerformelhaftigkeit Ausdruck des innerparteilichen Dissenses. Dieser bezieht sich einmal auf unterschiedliche Akzente in den Vorstellungen einer in der ferneren Zukunft zu realisierenden „autogestion", wobei es auf allen Seiten an detaillierten Angaben über die Institutionalisierung mangelt. Um so gravierender sind andererseits die Meinungsverschiedenheiten über die ersten weichenstellenden Maßnahmen einer sozialistischen Linksregierung nach ihrer Machtübernahme. Der Dissens über die ersten Maßnahmen nach der Machtübernahme spiegelt letztlich nur den grundlegenden Dissens über das Konzept der „autogestion" als zukünftigem Modell der sozialistischen Gesellschaft wider.

Man muß in der Frage der „autogestion" zwischen einem radikalen Flügel, geschart um die Gruppe des CERES, und der gegenwärtigen gemäßigten Mehrheit unterscheiden. Nach der Ortsbestimmung von CERES-Theoretikern scheiden sich die beiden Strömungen in der Partei durch „zwei Logiken": „Zwei Logiken stehen sich gegenüber. Die

180 Vgl. dazu Reynaud, Bd. I, a.a.O., S. 63 ff., S. 115 f.
181 Quinze thèses sur l'autogestion, gedruckt als Supplément von Le Poing et la Rose, Nr. 45 vom 15.11.1975.

eine sieht in der autogestion eine Perspektive, die die sozialistische Aktion während der Übergangsperiode dadurch orientieren muß, daß sie die wirkliche Transformation der Produktionsbeziehungen vorbereitet und daß sie die Bewegung der Massen favorisiert. Die andere beschränkt sie in Wirklichkeit ‚auf eine große Idee, jene des 21. Jahrhunderts' und auf einige vorwegbestimmte Experimente, die in eine zentralisierte und parlamentarische Vision des Marsches in den Sozialismus eingeordnet sind".[182]

Konnte der CERES im März 1972 auf dem kleinen Parteitag (Convention) in Suresnes das Parteiprogramm „Changer la vie" zumindest mit der Vision des eigenen „autogestion"-Verständnisses[183], wenn auch nicht mit konkreten institutionellen Vorschlägen in nennenswertem Ausmaße versehen, so kam es im Juni 1975 auf dem kleinen Parteitag in Paris, der dem Thema der „autogestion" gewidmet war, angesichts der gewandelten innerparteilichen Mehrheitsverhältnisse zum großen Konflikt.

Den Delegierten lag zur Beratung und Entscheidung ein von einer Kommission unter der Leitung des nationalen Sekretärs Gilles Martinet ausgearbeiteter und vom Exekutivbüro — einer Art erweitertem Vorstand — der Partei gebilligter Katalog von fünfzehn Thesen zur „autogestion" vor. Der CERES gab sich damit nicht zufrieden und forderte die Aufnahme einer zusätzlichen 16. These. Das Exekutivbüro wies diese zurück, einmal aus einem formalen Grund, da sie von der Kommission nicht beraten worden sei, und zum anderen aus inhaltlichen Gründen, da sie in gewissen Punkten den 15 Thesen zuwiderlaufe.[184] Der Parteitag beschloß auf Antrag der Parteiführung die 15 Thesen und wies den CERES-Antrag zurück, da er sich auf ein anderes als dem Parteitag zur Debatte und Beschlußfassung vorliegendes Thema, nämlich den „Übergang zum Sozialismus", beziehe. Ein kommender Parteitag solle sich mit diesem Gegenstand befassen.[185]

Das Gegenüber der 15 Thesen und des CERES-Antrags gibt den innerparteilichen Konflikt über die kurz- *und* langfristige „autogestion"-Politik wider.[186] Wenn man im Katalog der 15 Thesen von den

182 Charzat u.a., a.a.O., S. 98.
183 Ebd., S. 101.
184 Le Monde, 21.6.1975, S. 12.
185 Le Monde, 24.6.1975, S. 18.
186 Der Zusatzantrag des CERES muß im Gesamtzusammenhang von dessen theoretischen Vorstellung gesehen werden. Eine Zusammenfassung der CERES-Theorie findet sich in dem zitierten Buch von Charzat u.a., a.a.O.

kräftigen Farben sozialistischer Zukunftsvision und Leerformeln wie
der Selbstbestimmung absieht und die feineren Pinselstriche von Vorschlägen konkreter Maßnahmen ins Auge faßt, erkennt man das Bemühen, keinen allzu abrupten Bruch mit der kapitalistischen Gegenwart herbeizuführen und alles zu vermeiden, was in der Vergangenheit
sozialistische Experimente scheitern ließ wie in der Sowjetunion. „Jede Übergangsphase vermischt unvermeidlich das Alte und das
Neue."[187] Für die unmittelbare Phase nach der Regierungsübernahme
ist die Institutionalisierung der „autogestion" in einem tieferen Sinne
(?) nur für einige ausgewählte öffentliche Unternehmen als Experiment vorgesehen.[188] Alles was an der „autogestion"-Vision revolutionär ist, wird aus der „Übergangsphase" ausgeklammert und dem
langen „revolutionären" Prozeß der „autogestion" in der Zukunft,
der hic et nunc *nicht* zur Debatte steht, überwiesen. Am besten wird
dies durch die 10. These „La transformation de l'Etat" exemplifi-
ziert.[189]

Ausgangspunkt der These ist die Feststellung, daß die Ziele des Projekts der „autogestion" nicht realisiert werden könnten, ohne daß
die „Funktion und die Natur" des Staates transformiert würden und
„neue Formen der Macht" auftauchten. Es folgt nun freilich nicht die
Skizze des „neuen" umgewandelten Staates, sondern im wesentlichen
eine Defensivargumentation, die vor zwei „Irrtümern" warnt. Der erste Irrtum bestünde in der Meinung, daß für die Durchführung einer
sozialistischen Politik der Gebrauch des Staatsapparates ausreiche, wie
ihn die herrschenden Klassen aufgebaut hätten. Diese Meinung er-
wachse direkt aus der bourgeoisen Sicht des Staates als Schiedsrich-
ter, der die Klassenkonflikte, die sich außerhalb des Staates abspielten,
reguliere. Viel wichtiger als diese Warnung ist den Vätern der 10. These jedoch zweifellos die Warnung vor dem zweiten Irrtum, d.h. die
Verurteilung jeglicher „spontaneistischer Thesen". Es sei ein Irrtum,
„alles von den autonomen Machtinstrumenten zu erwarten, die die Arbeiterklasse spontan in gewissen Augenblicken ihres Kampfes" schaf-
fe. Gemeint ist damit die Rätebewegung. Der Grundfehler der Anhänger der Rätebewegung bestehe in der Blindheit gegenüber der Tatsache, daß das Rätesystem nur funktionieren könne, wenn die zu kon-
struierende Gesellschaft einmal von „Komplexität und Widersprüchen"

---

187 Quinze thèses . . . , a.a.O., S. 20.
188 Ebd., S. 14. Vgl. dazu auch Gaston Defferre, Si demain la gauche . . . , Paris
    1977, S. 152 ff.
189 Quinze thèses . . . , a.a.O., S. 19–22.

befreit sei und zum anderen keine feindselige äußere Umwelt habe. Da diese Bedingungen nicht erfüllt seien, laufe man mit dem Rätesystem Gefahr, entweder die Diktatur einer einzigen Partei oder aber die Niederlage angesichts einer bourgeoisen Gegenoffensive heraufzubeschwören.

Wie sehen nun die großen Ziele der Sozialistischen Partei aus, die eine grundlegende Umwandlung des Staates bewirken sollen, ohne in die genannten Fehler zu verfallen? Die 10. These zählt sechs Hauptziele auf:

1. die Überwindung der Vorherrschaft des „großen Kapitalismus" durch eine Reihe von Maßnahmen im ökonomischen und sozialen Bereich wie die Sozialisierungen, die Planung und die Ausdehnung der Rechte der Arbeiter;

2. die Reorientierung des Erziehungswesens nach Zielen und Inhalten, um die Arbeiter auf die Ausübung ihrer neuen Rechte vorzubereiten und um letztlich „den Wandel der Mentalitäten" in Gang zu setzen;

3. ein nicht näher erläuterter Wandel der „Bedingungen der Ausübung der Gerichtsbarkeit" und eine neue Definition der Rolle der Polizei;

4. die Umgestaltung des Militärsystems im Hinblick auf eine stärkere Verwurzelung der Armee in der Bevölkerung und Demokratisierung;

5. eine umfassende Verbesserung des Informationssystems zugunsten aller gesellschaftlichen Gruppierungen und Organisationen; und

6. die Reduktion der Kompetenzen der Zentralgewalt, vor allem zugunsten der Gemeinden, Departements und Regionen.

Der Kontrast zwischen der inhaltlich letztlich abwehrenden und zaghaften 10. These und der vom CERES-Flügel beantragten zusätzlichen 16. These „Action gouvernementale et action de masse" offenbart den großen innerparteilichen Konflikt über die „autogestion". Der CERES-Zusatzantrag hebt vor allem auf die „autonome Initiative der Massen" ab.[190] Wenn die Fähigkeit der Massen zur Eigeninitiative der Machtübernahme der Linken nicht eine „unwiderstehliche Kraft" verleihe, würde der Wahlsieg der Linken nur zur „politischen Niederlage" führen. „Contrôler le gouvernement, ce n'est pas prendre le gouvernement." Die Volksmassen müßten von Anfang an mobilisiert werden, um die Probleme zu lösen, die sich aus der Übernahme des Staatsapparates ergäben. „Außerhalb des Rahmens der gegenwärtigen Institutionen und neben den Parteien und Gewerkschaften werden einheitliche

190 Le Monde, 21.6.1975. S. 12.

Massenorganisationen, die aus dem Kampf entstehen (Räte kleiner Betriebe, Fabrikräte, Räte von Wohnvierteln) das Tageslicht erblicken."
Den Zusammenhang zwischen dem Regierungshandeln und der Mas-
senbewegung herzustellen, sei Aufgabe der Linksparteien; diese sollten
dafür ihre soziale Basis ausweiten, auf allen Ebenen den antikapitalistischen Kampf führen und ihre Union zu einer „wahrhaften strategischen Allianz" ausbauen.

   Die Auseinandersetzungen auf dem Parteitag waren hart. Martinet
warnte vor den „spontaneistischen Reden", „die die Kreativität der
Massen preisen, um besser die Ignoranz der wirklichen Probleme zu
verschleiern, die alle Experimente im Sinne der autogestion entstehen
ließen".[191] Der Höhepunkt des Streits war die Auseinandersetzung
zwischen Mitterrand und Chevènement, wobei der Parteichef den Inhalt des CERES-Antrags als „vage Literatur über die Volksbewegung,
ohne jede Strategie, ohne jede präzise Maßnahme" abqualifizierte.[192]

   Die Auseinandersetzung wurde in der Presse fortgesetzt. Insbesondere ein Artikel von Maurice Duverger „Le deuxième pouvoir" spitzte
die Debatte zu.[193] Als „zweite Macht" bezeichnet Duverger im Rück-
griff auf Lenins Begriff der Doppelherrschaft neben der „ersten
Macht" des Staates und der großen Organisationen des politischen
Prozesses die Räte, in denen die Massen spontan initiativ werden sollen. Duverger geht es um den Nachweis, daß alle historischen Erfahrungen zeigen, daß die Rätebewegung zwar die „erste Macht" zu zerstören vermag, aber ihr eigenes Gesellschaftsmodell nicht zu verwirklichen imstande ist. Die durch die Zerstörung der alten Organisationen
entstandene Lücke werde durch die schlagkräftigste bestehende Organisation ausgefüllt wie in der UdSSR durch die revolutionäre Organisation der KPdSU oder wie in Chile durch die reaktionäre Organisation
der Armee. Duverger hebt hervor, daß eine hochindustrialisierte Gesellschaft wie die französische das Räteexperiment noch viel weniger
aushalten könne als Chile.

   Die Reaktion auf Duvergers Artikel war lebhaft.[194] CERES-Theore-
tiker hielten ihm entgegen, daß die Linke die Macht nur mit Hilfe einer „mächtigen Bewegung der Volksmobilisierung" nach einem Wahlsieg halten könne.[195] Auf der anderen Seite wurde von einem Mitglied

191 Le Monde, 22./23.6.1975, S. 6.
192 Le Monde, 24.6.1975, S. 18.
193 Ebd., S. 1 u. 19.
194 Le Monde, 6./7.7.1975, S. 4.
195 So Didier Motchane, ebd.

der PS, das sich der Mehrheit zurechnet, hart entgegnet, daß der Zusatzantrag des CERES „ohne es zu sagen, zur Diktatur des Proletariats" führe.[196] Wie sehen nun die innerparteilichen Kräfteverhältnisse hinsichtlich der „autogestion"-Konzeption aus? Zwar lehnte die Mehrheit des Parteitags den CERES-Zusatzantrag ab, dieser vereinigte aber immerhin mehr als 30% der Stimmen auf sich. Der CERES-Flügel erwies sich damit als stärker als einige Monate zuvor im Februar desselben Jahres auf dem Parteitag in Pau, wo er nur mit 25% der Stimmen rechnen konnte.[197] Thierry Pfister, Journalist von „Le Monde" und einer der besten Kenner der PS, meint jedoch, daß das eigentliche Meinungsspektrum in der Frage der „autogestion" in der Partei schwer einzuschätzen sei, da etwa 40% der Parteiaktivisten sich in der Phase der innerparteilichen Diskussion der 15 Thesen dazu nicht geäußert hätten, nicht zuletzt aus einer gewissen Müdigkeit wegen der ständigen innerparteilichen Auseinandersetzungen zwischen den Strömungen heraus. Von vielen wurde die „autogestion"-Debatte als zu intellektuell und esoterisch empfunden.[198]

Angesichts der aufgezeigten heißen Theorie-Kämpfe ist die Haltung der Parteiführung zu Fragen der sozialistischen Vorstellungen der Wirtschaftsordnung in den letzten Monaten bemerkenswert. Einmal wird die Betonung konjunktureller im Verhältnis zu strukturellen Maßnahmen in der wirtschaftspolitischen Sprache der Parteiführung immer deutlicher.[199] Zum anderen ist die „Sozialdemokratisierung" der Aussagen der PS-Führung zur künftigen Wirtschaftsordnung auffällig. Das große diesbezügliche Ereignis war das Forum der Zeitschrift „L'Expansion", wo Mitterrand und die wirtschaftspolitische Prominenz seiner Partei in einer publikumswirksamen Fernsehsendung am 12. Oktober 1976 ausführlich Journalisten und Unternehmern Fragen zum Thema „Les socialistes face aux responsabilités économiques" beantworteten.[200] „Le Monde" charakterisierte das Ergebnis geradezu als „Kulturrevolution" der Sozialisten.[201] Der Parteiführung der PS ging

196 Jean-François Kesler, ebd.
197 Le Monde, 22./23.6.1975, S. 6.
198 Pfister, ebd.
199 Vgl. die Reaktionen auf den „Plan Barre".
200 Die Diskussion wurde von Jean Boissonnat als Buch veröffentlicht: Les socialistes face aux patrons, Paris 1977. Ein zusammenfassender Bericht findet sich in Le Monde, 14.10.1976, S. 39.
201 Le Monde, 14.10.1976, S. 1.

es vor allem um das Anliegen, den Unternehmern (und wohl auch der Öffentlichkeit) ihre Verbundenheit mit der Marktwirtschaft und der unternehmerischen Verantwortlichkeit zu dokumentieren. „Der Markt bleibt das System der Regulierung" (Rocard). Mitterrand spielt das Ausmaß der Nationalisierungen als geringfügig herunter; zudem handle es sich bei den zu vergesellschaftenden Unternehmen um Monopolunternehmen, die sich nicht in die Marktwirtschaft einfügten. Die „autogestion" wird von Mitterrand dem Konzept der Dezentralisierung einverleibt. Mitterrand, der nie einer der großen Wortführer des „autogestion"-Konzeptes war, bezeichnet sich als Gegner einer „autogestion", die sich nur durch eine Kollektivierung verwirklichen lasse.

Der interessanteste Beitrag zu „autogestion" wurde von Jacques Delors, Sprecher der PS für die internationalen Wirtschaftsbeziehungen, geliefert. Er wies am Beispiel der Mitbestimmung in der Bundesrepublik darauf hin, daß „autogestion" zuallererst die Partizipation der Arbeitervertreter in den Leitungsorganen der Unternehmen bedeute, darüber hinaus auch die Erweiterung der Aufgaben der Betriebsräte und schließlich die Möglichkeit für die Arbeiter und Angestellten, sich frei zu artikulieren, insbesondere über die Arbeitsbedingungen.

Zusammenfassend muß die weite Kluft innerhalb der PS zwischen dem um den CERES sich kristallisierenden Teil und dem von der gegenwärtigen Parteiführung vertretenen Teil hervorgehoben werden. Der Streit um den „richtigen" Inhalt der „autogestion", der sich auch in der Debatte um die zweckmäßige Taktik niederschlägt, mit anderen Worten der Streit darüber, wie der demokratische Sozialismus sich institutionell konkretisieren soll, spaltet die Partei tief. Man darf annehmen, daß angesichts dieser Tatsache die Sozialisten im Falle der Regierungsverantwortung im Konflikt mit den Kommunisten, die das Konzept der „autogestion" rundum ablehnen, keine gute Figur abgäben, wenn die Frage der Realisierung anstünde.

2. Außen- und Verteidigungspolitik

a. Das Parteiprogramm von 1972

Das Programm der Sozialistischen Partei (1972) „Changer la vie" stellt seinen außen- und verteidigungspolitischen Teil unter dem Etikett eines „neuen Internationalismus" vor. Darunter wird allgemein die Auflösung der bipolaren Struktur der Weltpolitik, das Fortschreiten der weltweiten Entspannung und Abrüstung, eine globale Entwicklungsstrategie für die Dritte Welt und schließlich der weltweite Aufbau des Sozialismus verstanden.[202]

Für die Europa- und Sicherheitspolitik Frankreichs bedeutet der neue Internationalismus wie im Programm der PCF vor allem das Zurückdrängen der USA aus Westeuropa, auch wenn dieses Ziel eingebettet ist in die Forderung, das Gewicht beider Großmächte in Europa — also auch der UdSSR in Ostmittel- und Osteuropa zu reduzieren. Sowohl der Atlantikpakt wie die Europäische Gemeinschaft sind nach dem sozialistischen Parteiprogramm zu eng mit dem amerikanischen Kapitalismus und Imperialismus verbunden, ja stehen weithin unter der Dominanz der USA.[203] In dieser negativen Position gegenüber der USA unterscheidet sich die PS kaum von der PCF. Während diese aber den konstruktiven Teil ihrer Außen- und Sicherheitspolitik in einer vagen Programmatik nationaler Unabhängigkeit und internationaler Kooperation darbietet, scheint das sozialistische Programm hier eine deutlichere Alternative aufzuzeigen. Die Sozialistische Partei spricht sich gegen die gaullistische Idee des „Europas der Vaterländer" aus, die nur eine aktualisierte Version des alten „nationalistischen Ideals" sei.[204]

Das von der PS erstrebte Europa schreitet auf dem Wege der ökonomisch-politischen Integration voran. Im Unterschied zur PCF wünschen die Sozialisten den Ausbau der Supranationalität — freilich unter anderem Vorzeichen als in der Vergangenheit. Einerseits soll Europa unabhängiger von den beiden Blöcken — d.h. in erster Linie von den USA — werden; damit verbunden soll sich die europäische Integration andererseits von den sie bislang kennzeichnenden „neokapitalistischen und technokratischen Grundlagen" lösen. Mit anderen Worten: Es geht um den Aufbau eines sozialistischen Europas, das sich von der bipolaren Weltordnung befreit hat und in der Weltpolitik eine eigene Rolle zur Erhaltung des Friedens durch Abrüstung und durch eine engagierte Entwicklungspolitik spielt. Die Emanzipation Europas — sprich der EG — von der NATO ermögliche zudem neutralen Staaten wie Österreich und Schweden den Beitritt zur EG, der seinerseits die sozialistische Position in der EG verstärken würde.[205] Die Rolle Frankreichs beim Aufbau eines sozialistischen Europa wird sehr ernst

---

202 Changer la vie, S. 183 f.
203 Vgl. etwa ebd., S. 185 u. 198.
204 Ebd., S. 184.
205 Ebd., S. 198 f.

genommen — ja bis zur Sendung gesteigert. Der Sozialismus in Frankreich, dessen Aufbau im Sinne des Gemeinsamen Programms von der EG nicht gestört werden darf, soll Europa nicht nur Impulse geben; er soll — wie schon im Programm von 1972 sichtbar wird — der Struktur eines integrierten Europa in vielem geradezu als Modell dienen, beispielsweise auf dem Gebiet der demokratischen Planung und der Demokratisierung der Institutionen überhaupt.[206]

Die programmatischen Aussagen über das Verhältnis eines linksregierten Frankreich zur Dritten Welt sind von großem Moralismus geprägt und entbehren dementsprechend weitgehend der Dimension der Umsetzung in praktische politische Entscheidungen. Das Programm spricht sich für ökonomische Entkolonialisierung, für Beziehungen mit den Entwicklungsländern auf der Ebene der Gleichheit, für den Verzicht auf das Prinzip einer privilegierten französischen Einflußzone, für den Stop von Waffenlieferungen an rassistische und kolonialistische Regime sowie Regierungen, die die Waffen gegen ihre Völker benutzen, und gegen die Aufdrängung des westlichen Zivilisationsmodells aus. Die finanzielle Entwicklungshilfe müsse nach den Vorstellungen der UN erhöht und multilateralisiert werden. Die Empfehlungen der UNCTAD zu den Handels- und Rohstoffbeziehungen zwischen den entwickelten und unterentwickelten Ländern werde eine französische Linksregierung unterstützen. Frankreichs Unabhängigkeit zwischen den Blöcken erlaube ihm, zu China besondere Beziehungen zu entwickeln.[207]

b. Die Entwicklung in der Europapolitik

Die programmatische Entwicklung der Sozialistischen Partei in der Außen- und Sicherheitspolitik weist seit 1972 einerseits einen Trend in Richtung auf mehr Realismus auf und offenbart andererseits die unterschiedlichen Strömungen in der Partei. Die Analyse der außen- und sicherheitspolitischen Positionen der PS in den vergangenen Jahren muß vor allem die Äußerungen Mitterrands in den Vordergrund rücken, der nicht nur die Mehrheitsmeinung seiner Partei vertritt, sondern als Präsidentschaftskandidat 1974 mehr und mehr zum program-

206 Ebd., S. 191.
207 Ebd., S. 193 ff. Vgl. auch Jacques Huntzinger, Berater des Vorstands der Sozialistischen Partei Frankreichs in Verteidigungsfragen, Die außenpolitischen Konzeptionen der Sozialistischen Partei Frankreichs, in: Europa-Archiv 12, 1975, S. 393—404, S. 401 f.

matischen Brennpunkt seiner Partei wurde.[208] Dies gilt schon für den
außerordentlichen Europa-Kongreß der Partei in Bagnolet am 15./16.
Dezember 1973, dessen Resolutionen die Handschrift Mitterrands zeigen. Der Kongreß entschied sich insbesondere für die Mitarbeit der Sozialisten am weiteren Aufbau Europas und gegen die These, daß zuvor
Europa sozialistisch werden müsse.[209] Als oberstes Ziel wird von der
PS-Führung immer wieder die Unabhängigkeit der EG genannt, die
„regionale Halb-Autarkie für Westeuropa", wie es Huntzinger bezeichnet[210], ein „unabhängiges Europa" im Unterschied zum „atlantischen
Europa" in den Worten Mitterrands.[211] Das Ziel der Unabhängigkeit
kann nur durch die sozialistische Reorientierung, die Europa aus dem
kapitalistischen US-dominierten System löst, erreicht werden. Fragt
man nun über die an der aktuellen Europapolitik – etwa am Tindemans-Bericht – vorgebrachte Kritik hinaus nach konkreten sozialistischen Vorstellungen für die Konstruktion des gewünschten Europa,
wird man enttäuscht. Sie reichen nicht über die Vorschläge hinaus, europäische öffentliche Unternehmen als Ausgangspunkt einer gemeinsamen Wirtschaftsplanung aufzubauen, die multinationalen Unternehmen, die die Unabhängigkeit der EG bedrohen, schärfer zu überwa-
chen und schließlich die EG-Interessen gegenüber den USA deutlicher
abzugrenzen.[212] Konkret ist auch die Zustimmung der PS zur Direktwahl des Europäischen Parlaments; die Zustimmung ist freilich an die
Voraussetzung geknüpft, daß das Wahlsystem für die Linke akzepta-
bel sein wird. Von den Direktwahlen wird eine größere Autoriät des
Europäischen Parlaments und eine Neubelebung der Europaidee erwartet.[213] Auch dies gilt für die PS natürlich nur, wenn die Europa-
Idee die Unabhängigkeit Europas impliziert und einer französischen
Linksregierung freie Hand für die Realisierung des Gemeinsamen Programms gelassen wird.

Die Europapolitik der in der PS dominierenden Mehrheit um Mitterrand wird heute eindeutig von einer vorsichtigen pragmatischen
Einstellung bestimmt. Ausdruck dafür ist etwa das Mai-Heft 1976 der

208 Vgl. ebd., Huntzinger basiert seine Darlegungen im wesentlichen auf Aussa-
    gen Mitterrands.
209 Vgl. die ausführlichen Berichte in: Le Monde, 11.12.1973, 15.12.1973, 18.
    12.1973.
210 Huntzinger, a.a.O., S. 397.
211 Mitterrand, in: Le Poing et la Rose Nr. 47, Febr. 1976.
212 Die Forderungen werden aufgezählt von Huntzinger, a.a.O., S. 399.
213 So Mitterrand, in: Le Poing et la Rose Nr. 47, Febr. 1976.

Zeitschrift „faire", in dem führende Sozialisten das Thema „La gauche
face à l'Europe" erörtern: Gilles Martinet (für den Bereich „études"
verantwortliches Mitglied des Sekretariats), Jean-Pierre Cot (Sprecher
der Partei für die Angelegenheiten der EG) und Jacques Delors (Sprecher der Partei für internationale Wirtschaftsbeziehungen). Zwar am
letzten Ziel des sozialistischen Europa festhaltend, plädieren sie doch
für die realistische Mitarbeit in der EG, schon um den konservativen
Kräften das Feld nicht zu überlassen[214] und für die schrittweise Verwirklichung ihrer Konzeptionen.[215] Es gelte, sowohl die Zwänge wie
die Möglichkeiten des bestehenden Europa zur Kenntnis zu nehmen.
Man verspricht sich einiges von den europäischen Direktwahlen vor
allem im Hinblick auf die Gespräche der europäischen Sozialisten über
die Grenzen hinweg. Immer wieder gefordert wird eine radikalere
Form des Sozial- und Wirtschaftsrates der EG, der nach seiner Zusammensetzung und seinen Kompetenzen zu einer Machtbasis der Arbeiterbewegung im Rahmen der EG werden solle.[216] Im übrigen plädiert
etwa Delors für die Pluralität der Wege zu einem sozialistischen Europa.[217]

Sowohl die mangelnde Konkretisierung der sozialistischen Europa-
vorstellungen wie auch die Behutsamkeit, mit der die Anhänger einer
pragmatischen Europapolitik einschließlich der Parteiführung argumentieren, erklären sich aus der Zerrissenheit der PS in der Europafrage. Auf dem Kongreß in Bagnolet zeichneten sich drei Gruppierungen
ab: die um Mollet gescharten Anhänger einer dezidierten Supranationalität, die Anhänger Mitterrands und Mauroys, die eine mittlere Position vertreten und schließlich der CERES, der „den europäischen Integrationsprozeß, so wie er gegenwärtig funktioniert", ablehnt.[218] Die
Position der Partei wird von den ersten beiden Gruppierungen getragen. Hinter der Haltung des CERES verbirgt sich das Postulat einer
deutlicheren Umwandlung der EG in Richtung Sozialismus und Unabhängigkeit einerseits und der Wunsch, die Kluft innerhalb der
Linksunion zwischen PS und PCF nicht allzu groß werden zu lassen,

214 So etwa Jean-Pierre Cot, La fuite en avant institutionelle, in: faire, Mai
    1976, S. 10 f.
215 So Gilles Martinet, Le compromis européen, ebd., S. 28.
216 Vgl. Jacques Delors, Pour une relance socialiste de l'Europe, ebd., S. 40.
217 Vgl. ebd.
218 Le Monde, 22.1.1977, 11.12.1973, 15.12.1973. Huntzinger, a.a.O., S. 396,
    unterscheidet zwischen einem revolutionären Flügel, einem reformistischen
    Flügel und den Anhängern eines mittleren Weges in der Außenpolitik.

andererseits. Wie hart die innerparteilichen Auseinandersetzungen in der Europapolitik sind, beweist der Streit über die Europabeschlüsse in Bagnolet. Mitterrand glaubte die Waagschale zugunsten seines Beschlußantrages während der Vorbereitung des Kongresses (Nov.) nur durch seine Rücktrittsdrohung senken zu können.[219] Auch in der Frage der europäischen Direktwahlen zeichneten sich die innerparteilichen Fronten ab.[220] Es ging dabei in der Argumentation im wesentlichen um das Verhältnis der europäischen Direktwahlen zu den mehrheitlich in der PS abgelehnten, vom belgischen Ministerpräsidenten Tindemans zur Diskussion gestellten Vorschlägen zur Intensivierung des europäischen Integrationsprozesses. Mitterrand löste die Einführung der Direktwahlen vom Tindemans-Bericht und stellte sie als einfache technische Einrichtung im Rahmen der europäischen Institutionen dar und spielte sie damit herunter.[221] Die oppositionelle Strömung in der Partei dagegen wertete die Direktwahlen im Lichte des Tindemans-Berichts und sah ihnen von der Gesamtkonzeption her einen falschen Stellenwert zugemessen.[222]

c. Die Entwicklung in der Verteidigungspolitik

Angesichts der Zerrissenheit der PS in der Europapolitik ist es nicht verwunderlich, daß sich die Partei lauter über die Außen- als die Innenbeziehungen der EG artikuliert, da dort zumindest auf einer allgemeinen Ebene innerparteilicher Konsens vorliegt. In der Ablehnung eines atlantischen Europa und in der Forderung eines unabhängigen Europa ist sich die Partei einig. Diese Konzeption findet fast zwangsläufig ihren vordergründigen Ausdruck in den Gedankengängen um die Sicherheits- und Verteidigungspolitik. Der Diskussionsstand wurde etwa in einer Sitzung des „Comité Directeur" vom November 1976 deutlich, in der die Berichte dreier prominenter Mitglieder der PS zur Verteidigungspolitik, Robert Pontillon, Jean-Pierre Chevènement und Charles Hernu, vorgetragen und beraten wurden.[223]
Im Mittelpunkt der von der Außen-, Verteidigungs- und Europapolitik abgesteckten Problematik steht die französische Nuklearstreit-

---

219 La nouvelle revue socialiste, Nr. 14/15, 1975, S. 61.
220 U.a. Le Monde, 22.1.1976.
221 Vgl. ebd. und Le Monde vom 1./2.2.1976.
222 Vgl. Le Monde, 30.1.1976, S. 7; 3.2.1976, S. 10.
223 Ein ausführlicher Bericht der von Mitterrand geleiteten Sitzung findet sich in Le Monde, 9.11.1976, S. 14.

macht. Keine französische Konzeption nationaler Unabhängigkeit oder europäischer Integration kommt an der Beantwortung der Frage, was mit der nationalen Atombewaffnung geschehen solle, vorbei. Die genannten drei Berichte geben solche Antworten. Sie sind einmütig in der Aussage, daß die französische Atommacht auch für eine Linksregierung eine Realität darstelle. Der Kommentator in „Le Monde" vom 9.11.1976[224] bemerkte dazu, daß immer mehr Sozialisten der Meinung seien, daß eine Linksregierung die Atombewaffnung nicht vernichten solle, die — wie einige Diskussionsteilnehmer in Erinnerung gerufen hätten — schließlich die Entscheidung der Regierung von Mendès-France und der republikanischen Front 1956 mangels einer weltweiten Abrüstung gewesen sei. Die drei Berichterstatter Pontillon, Chevènement und Hernu waren auch einer Meinung darüber, daß die französische Atomstreitmacht ausschließlich unter nationaler Kontrolle verbleiben solle. Diese Einmütigkeit der Berichterstatter weicht freilich einer beträchtlichen Dissonanz, insbesondere zwischen dem Sekretariatsmitglied für internationale Angelegenheiten Pontillon und dem Sprecher des oppositionellen Flügels Chevènement, wenn es um die Beziehungen der Atommacht Frankreich zur NATO und Europa geht. Es handelt sich dabei nicht um präzise formulierte unterschiedliche Konzeptionen; daher sind die „Begleitmusik", die unterschiedlichen evaluativen Akzente, die artikulierten Hoffnungen und Sorgen für die Identifizierung der Dissonanzen wichtig.

Pontillon hob in seinem Bericht zwei Gefahren für Westeuropa und Frankreich hervor. Einmal werde die atlantische Allianz militärisch weniger wirksam, politisch und ökonomisch eher belastend. Zum anderen bleibe die militärische Rüstung ein bedeutendes Element der sowjetischen Macht. Eine solche Entwicklung müsse Frankreich dazu bringen, sich mehr auf sich selbst und seine Nachbarn zu verlassen, um über Aktionsfreiheit zu verfügen. Pontillon wies die unbewaffnete Neutralität ebenso wie die bewaffnete Neutralität, aber auch die „Atlantisierung" Frankreichs zurück. Die Neutralität laufe Gefahr, die Existenz einer Verteidigungsachse zwischen Bonn und Washington zu beschleunigen; die Atlantisierung dagegen sei problematisch, da immer eine Ungewißheit über das amerikanische Engagement bestehen werde. Pontillon plädierte für das Konzept einer „ausgeweiteten nationalen Verteidigung" (une défense nationale élargie). „Das beste System wäre auf die   fortgesetzte Entwicklung einer strategischen Nuklearstreit-

224 Vgl. ebd.

macht, die das Unterseeboot und die Mehrfachsprengköpfe privile-
giert, auf die Existenz taktischer, von Flugzeugen aus eingesetzter Nuklearwaffen und auf die Existenz leichter und beweglicher konventio-
neller Streitkräfte gegründet." Die konventionellen Kräfte müßten der
auswärtigen Intervention und der Tiefenverteidigung fähig sein. Während die Nuklearstreitmacht ausschließlich unter nationaler Kontrolle
verbleibe, kooperiere das konventionelle Element „normalerweise mit
den anderen regionalen Streitkräften, auch wenn es bezüglich einiger
seiner Teile rein nationale Aufträge erfülle". Pontillon fügte hinzu, daß
eine französische Linksregierung voll an den Tagungen des Atlantikra-
tes teilnehmen würde, „um über ihre Positionen zur westlichen Sicherheit zu verhandeln, zu diskutieren und sie zu verteidigen". Er schlug
eine Politik der kleinen Schritte zur Verstärkung der politischen und
ökonomischen Kooperation in Europa vor. Auf nuklearem Gebiet
könne die Zusammenarbeit mit Großbritannien, auf konventionellem
Gebiet die Kooperation mit den anderen europäischen Ländern gefördert werden.

Chevènement[225] dagegen stellte vor allem die Unabhängigkeit der
nationalen Verteidigung heraus. Der Hinweis auf die sowjetische Drohung wurde einerseits als Instrument der Bourgeoisie dargestellt, um
das Volk zu schrecken, andererseits als Instrument Amerikas, um
Europa bei der Stange zu halten. Es sei gegen das nationale Interesse,
sich nicht die anderen Bedrohungen vor Augen zu halten. Daß angesichts der sowjetischen wie der übrigen Bedrohungen die französische
Verteidigung sich eines Tages in eine europäische Perspektive einfüge
lasse, könne nicht ausgeschlossen werden. Gegenwärtig jedoch müsse
die französische Verteidigung unbedingt national bleiben. Allein unter
dieser Bedingung werde Frankreich eine Rolle in Europa spielen können. Frankreich müsse über eine Abschreckungskapazität und eine In-
terventionskapazität nach außen verfügen. Die Abschreckung schließe
das nukleare Element ein.

Charles Hernu, Vorsitzender des Verteidigungsausschusses der PS,
nahm in seinem Bericht eine weithin vermittelnde Position ein. Im
Zentrum seiner Analyse standen die sich aus dem Wandel der Beziehungen der zwei Großmächte und aus der nuklearwaffentechnologi-
schen Entwicklung ergebenden Konsequenzen für die französische
Verteidigungspolitik. Insbesondere die waffentechnologische Entwick-

---

225 Chevènements Beitrag ist jetzt gedruckt in: Jean-Pierre Chevènement, Les
    socialistes, les communistes et les autres, Paris 1977, S. 329—348.

lung blockiere die gegenwärtigen Möglichkeiten der Abrüstung. Die Herstellung immer präziserer und kleinerer taktischer Nuklearwaffen werde dazu führen, daß diese von Politikern und Militärs nach und nach wie die klassische Artillerie auf dem Schlachtfeld betrachtet würden, was die Risiken begrenzter Waffenkonflikte vermehre. Die zwei Supermächte könnten diese nicht ausschließen. Dies vor allem lasse es als unbedingt notwendig erscheinen, daß Frankreich seine Entscheidungsfreiheit auf sozialem, ökonomischem, industriellem und militärischem Gebiet bewahre. „Die Unabhängigkeit, das ist also eine Freiheit für Frankreich, vielleicht morgen für Europa."

Die im Dienste der aufgezeigten verteidigungspolitischen Vorstellungen stehende gewünschte Militärstruktur wurde vom Verteidigungsausschuß der PS in einem Bericht vom 10.10.1974 vorgestellt.[226] Danach soll die Verteidigung Frankreichs auf drei Säulen ruhen: 1. auf der Mobilisierung des gesamten Volkes im Ernstfall als wesentlichstem Element der Tiefenverteidigung (force de mobilisation populaire), 2. auf einer ständig einsatzbereiten schlagkräftigen Streitmacht, die punktuell und schnell einem eingedrungenen Feind entgegengesetzt werden könne und andererseits außerhalb Frankreichs jederzeit zugunsten eines alliierten oder befreundeten Landes intervenieren könne (force d'appui et d'intervention) und 3. schließlich auf der strategischen nuklearen Streitmacht, die im Zusammenspiel mit den übrigen Streitkräften jeden potentiellen Aggressor durch den drohenden Gegenschlag abschrecken solle (force nucléaire stratégique).

d. Hintergründige Zielkonflikte

Nach der knappen Darstellung der parteioffiziellen Position, der innerparteilich konsensuellen Position und der innerparteilich oppositionellen Strömung zur Europa- und Verteidigungspolitik bedarf der Disput innerhalb der PS einer eingehenden Analyse im Hinblick auf die tiefer liegenden Zielkonflikte.

Die innerparteiliche Opposition sieht das Verhältnis Frankreichs zu seiner Umwelt im wesentlichen aus der Perspektive der in ihrer sozialistischen Ideologie wurzelnden moralischen Kategorien. Dies bedeutet einerseits die Abwendung von der negativ beurteilten Umwelt, andererseits das Bemühen, jeglichen Störungsversuch dieser Umwelt auf das eigene Bestreben, Frankreich sozialistisch umzugestalten, durch weit-

226 La nouvelle revue socialiste, Nr. 6, 1974, S. 12.

1141 16 JUN 81 E   022.80 *

AUGUSTINUS-BUCHHANDLUNG

5100 Aachen · Pontstraße 66 · Fernruf 0241/31051

Grabowski

Anzahl	Datum	Preis	DM	Pf.
	Soziolistische und kommunistische Parteien		22	50

Verk.				
50 - 000333				

**BUCHLADEN
PONTSTRASSE**

BUCHLADEN
PONTSTRASSE 39 GmbH
5100 AACHEN
☎ 0241/28008

Erwin Gabowski

Anzahl	Datum	Preis	DM	Pf.
1	*16.6.N*			
	Sozialistische			
	dann. Parteien			
	in Westeuropa		*17.*	*80*

Im Rechnungsbetrag sind ....% Mehrwertsteuer enthalten

Verk.	
	22 - 000876

Bei Irrtum oder Umtausch bitte diese Quittung vorlegen

077A166   ••• 22800

BUCHLADEN
PONTSTRASSE 39 GmbH
5100 AACHEN
☎ 0241/28008

SCHWERPUNKTE:

NATURWISSENSCHAFT

TECHNIK

MEDIZIN

BIOLOGIE

PÄDAGOGIK

PSYCHOLOGIE

SOZIALWISSENSCHAFTEN

POLITIK

gehende Abschirmung von der Umwelt auszuschalten. Nur im Verhältnis zur Dritten Welt läßt sich die der Ideologie implizite Moral unmittelbar in außenpolitische Positionen im Sinne höchster Ziele umsetzen. Im Unterschied dazu dienen die Ziele in der Europa- und Atlantikpolitik eher als Mittel zur Erreichung des Zieles der möglichst ungebrochenen Durchsetzung des Sozialismus in Frankreich. Nur so läßt sich die in der Linken der PS – wie in der PCF – immer deutlicheɪ beobachtbare Einsicht in die Notwendigkeit der unabhängigen französischen Nuklearmacht verstehen. Die Übernahme der gaullistischen „theorie du sanctuaire", d.h. der Theorie, daß Frankreichs Unabhängigkeit auf seiner atomaren Abschreckungskapazität beruhe, verführt – wie der Sozialist Pierre Rosanvallon beobachtet[227] – die militanten Linken allzu leicht, darin das Mittel zu sehen, „mühelos die schwierigen Probleme zu lösen, die sich aus der Beziehung zwischen einem Experiment der sozialistischen Transformation Frankreichs und unserer (Frankreichs, W.J.) Umgebung ergeben". Diese Motivation der neuen Theorie des „sanctuaire socialiste" macht verständlich, daß das zur Zeit de Gaulles und Pompidous von eben dieser Linken immer wieder ins Feld geführte Argument der Abhängigkeit der französischen „force de frappe" vom Nachrichten- und Radarsystem der NATO bislang weitgehend ignoriert wird.

In der Tat, das Argument, daß das Konzept der Rundum-Verteidigung einer auf dem Gebiet des Nachrichtenwesens NATO-abhängigen Nuklearmacht Frankreich widersinnig sei, hat seinen Stellenwert in einer Debatte der nuklearen Strategie. Gegen ein Konzept, in dem die Nuklearmacht zuallererst als Schild gesehen wird, Frankreich vor Kooperation und Integration mit seiner Umwelt zu schützen, ist dieses Argument belanglos. Solange Frankreich Atommacht ist, bleibt seine nationale Unabhängigkeit – nicht im Sinne des Schutzes vor einer potentiellen militärischen Bedrohung, sondern im Sinne der Verhinderung der Integration eines nicht gewollten Europa – erhalten, so lautet die hintergründige These. Denn wer in Frankreich oder im übrigen Europa möchte schon den Deutschen Mitsprache in der Nuklearstreitmacht zugestehen! Eine verteidigungspolitische Diskriminierung der Deutschen ist aber in einem integrierten Europa nicht denkbar. Die Argumentation ist schlüssig. Die für den Aufbau des Sozialismus notwendige Unabhängigkeit Frankreichs ist gesichert. Die Gesamtproblematik der Beziehungen eines im sozialistischen Umwandlungsprozeß sich be-

---

227 Pierre Rosanvallon, Le parapluie ne suffit plus, in: faire, Mai 1976, S. 32.

findlichen Frankreich und anderer europäischer Mittelmeerländer mit
der kapitalistischen Umwelt wurde vom CERES unter dem Stichwort
des „geographischen Kompromisses" erörtert.[227a] Der „geographische
Kompromiß" soll das Verbleiben Frankreichs in der Atlantischen Allianz mit dem Ausbedingen einer Art Neutralität der kapitalistischen
Nachbarn gegenüber dem Weg Frankreichs in den Sozialismus verbinden.

Realistischer als die linke Opposition in der Partei sehen die Sprecher der augenblicklich dominierenden Mehrheit in der PS die Außen-
und Verteidigungspolitik. Das ideologisch-moralisierende Element tritt
in ihrem Denken zugunsten eines pragmatischeren, gegenwartsbezoge-
neren, dimensionenreicheren und damit letztlich verantwortungsbe-
wußteren Akzentes zurück. Eine anspruchsvolle Ausprägung findet
dieses Denken in den Beiträgen des Mai-Heftes 1976 von „faire".[228]
Zwar ist die Einsicht in die Notwendigkeit, Frankreichs atomare Abschreckungskapazität zu erhalten, sicherlich auch hier zu einem guten
Teil in der Absicht verankert, Frankreich einen Aktionsspielraum und
gegenüber seinen kontinentaleuropäischen Partnern eine gewisse Sonderstellung zu bewahren; die Theorie des „sanctuaire" freilich wird als
realitätsfern und nicht haltbar zurückgewiesen. Die komplexere Beurteilung ergibt sich daraus, daß es als sinnlos betrachtet wird, die sozialistische Transformation in einem von seiner Umwelt isolierten Frankreich zu betreiben, daß im Gegenteil es als unumgänglich empfunden
wird, die vor dem Hintergrund einer globalen Analyse gesehenen Konsequenzen dieser Transformation auf die Umwelt und deren Reaktionen zu antizipieren und dementsprechend innen- und außenpolitische
Ziele gemeinsam optimieren zu können, auch wenn an jedem Ziel –
für sich absolut gesehen – Abstriche gemacht werden müssen. Weder
das im Bereich der internationalen Politik anzusiedelnde Ziel der Zu-
rückdrängung des amerikanischen Kapitalismus und Imperialismus aus
Europa noch das innenpolitische Ziel der sozialistischen Transformation sind von Frankreich allein zu erreichen. Beide Ziele können nur
aus der europäischen – auch nicht ausschließlich aus der südeuropäischen – Perspektive anvisiert werden. Frankreichs Unabhängigkeit ist

227a Vgl. dazu vor allem Didier Motchane, Le compromis géographique, in: Le
     Monde, 19.6.1976, S. 12. Siehe auch: Le Monde, 22.6.1976, S. 12; und die
     CERES-Zeitschrift „Repères", Nr. 33.
228 Vgl. oben, Abschnitt b. Erwähnenswert ist auch der Aufsatz von Michel
     Rocard, French Socialism and Europe, in: Foreign Affairs, April 1977, S.
     554–560.

nicht so sehr ein militärisches, sondern zuallererst ein ökonomisches Problem.[229] So gesehen ist nationale Unabhängigkeit für ein autarkes Frankreich unmöglich, da nur die Konstituierung der großen homogenen und industriell hochentwickelten Einheit Europa über die Kapazität verfügen könne, den multinationalen Konzernen eine Strategie des Widerstandes entgegenzusetzen. Dieses Europa müsse den hochentwikkelten sozialdemokratischen „Norden" einbeziehen, da ein sozialistischer „Süden", bestehend aus Frankreich, Portugal, Spanien, Italien und Griechenland, über eine zu schwache ökonomische Struktur verfüge. Militärpolitisch würde die selbstgewählte Isolation Frankreichs gar die Abhängigkeit des übrigen Europa von den USA verstärken, da die Bundesrepublik ihre Achse nach Washington noch ausbauen würde.

Auch in Bezug auf das Ziel der sozialistischen Transformation Frankreichs wird die Argumentation der innerparteilichen Linken zurückgewiesen. Der „nationale Rückzug"[230] bzw. „eine Strategie des Bruchs mit unserer natürlichen ökonomischen Umwelt"[231] hätte nicht die Möglichkeit einer konsequenteren Verwirklichung des Sozialismus in Frankreich zur Folge, sondern im Gegenteil längerfristig das Scheitern des „sozialistischen Experiments"[232]; denn sowohl die Produktion wie der Lebensstandard in Frankreich sänken ab. Die Linke verlöre ihre soziale Basis und damit die politische Macht, es sei denn, sie nehme Zuflucht zur Gewalt, was die PS jedoch ablehne.[233]

Aus diesen Gedankengängen wird gefolgert, daß sich ein sozialistisches Frankreich in bzw. mit – und nicht losgelöst von – der Umwelt aufbauen müsse, „die bestenfalls sozialdemokratisch ist".[234] Dies wiederum heißt, daß ein sozialistisches Frankreich, das sich seiner europäischen Bezüge bewußt ist, auch die Interessen seiner Nachbarländer akzeptiert, auch wenn sie dem sozialistischen ideologischen Impetus zuwiderlaufen. So wird Frankreich zur Kenntnis zu nehmen haben, daß die Bundesrepublik schon wegen Berlin nicht auf den amerikanischen Atomschild verzichten wird. Andererseits wird auch die Bundesrepublik in Erkenntnis der gewandelten weltpolitischen Situation, insbesondere in der Erkenntnis, daß der amerikanische Atomschild zur Sicherung des Gebietes der Bundesrepublik nicht ausreiche,

229 So Jean Rey, a.a.O., S. 44.
230 Martinet, in: ebd., S. 28. 231 Rey, a.a.O., S. 44. 232 Vgl. ebd.
233 Martinet, a.a.O., S. 28; Rey, a.a.O., S. 44; Gérard Fuchs, Interêt stratégique de l'Europe du sud, in: a.a.O., S. 48.
234 Rosanvallon, a.a.O., S. 34.

oder daß die amerikanische Zuverlässigkeit nicht voll gesichert sei,
zum Schluß kommen, daß Europa auf konventionellem Gebiet seine
Sicherheit in größerer Unabhängigkeit von den USA gewährleisten
muß. Frankreich seinerseits darf sich hier nicht der europäischen Zusammenarbeit entziehen.[235]

Die skizzierte Position der Parteiführung ist ein Plädoyer für eine
behutsame und komplexe Außenpolitik eines linksregierten Frankreich.
Sie stellt freilich in ihrer mangelnden Konkretisierung und vor allem in
der ungelösten Spannung zwischen dem unaufhörlich wiederholten
Ziel der nationalen Unabhängigkeit und dem Ziel einer konstruktiven
Europapolitik nur begrenzt ein in die Praxis umsetzbares Konzept dar:
Sie ist eher Ausdruck der innerparteilichen Gegensätze, die bei jedem
neu anstehenden praktischen politischen Problem, wie z.B. den europäischen Direktwahlen, neu ausgetragen werden. Die Position der Parteiführung stellt auch für jene in ihrer Stärke nur schwer zu schätzen-
den „gewissen sozialistischen Kreise", die weiterhin von supranationalen Zielen inspiriert werden[236], das Optimum dar angesichts der starken innerparteilichen Linken und einer europafeindlichen PCF im
Rahmen der Linksunion. Das Argument, daß die gegenwärtige Situation in Europa ohnehin einen schnellen supranationalen Fortschritt
als wenig wahrscheinlich erscheinen lasse[237], mag hier nicht mehr als
ein Stoßseufzer der Resignation sein. Insgesamt wird man die aufgezeigte Argumentation der Mehrheitsposition nicht als ein *offensives*
Denkgebäude zugunsten einer europafreundlichen Frankreichpolitik,
sondern als ein in jeder Hinsicht *defensives* Vorgehen gegen eine starke europafeindliche innerparteiliche Richtung werten müssen. Dahinter steht nicht die Hoffnung auf ein supranationales Europa, sondern
das Bemühen, wenigstens den status quo des europäischen Engagements Frankreichs zu erhalten und damit den Bruch eines von der
Linksunion geführten Frankreich mit seiner bestenfalls sozialdemokratischen Umwelt zu verhindern.

Eines allerdings scheint sicher zu sein. Ein sozialistisch-kommuni-
stisch regiertes Frankreich wird seine Beziehungen zu den südeuropäischen Regierungen ausbauen. Dieses Ziel hat seine natürliche Begrün-

235 Ebd.
236 So nennt eine außenpolitische Expertengruppe der PS in ihrem Bericht, La
    gauche et la politique étrangère, Le Monde, 14.5.1974, S. 6, die innerpar-
    teilichen Supranationalisten.
237 Ebd.; vgl. auch das Vorwort zum sozialistisch edierten Programme com-
    nun, S. 9.

dung in der ähnlichen oder zumindest erwarteten Volksfront-Situation südeuropäischer Regierungen. Militärpolitisch findet die südeuropäische Orientierung ihre Erklärung in einer fast traumatischen Erinnerung an den spanischen Bürgerkrieg — an „die Schande der ‚Nicht-Intervention‘“. Vor allem die Interventionsstreitkraft, die einen wichtigen Bestandteil der französischen Armee bilden soll, scheint mit Blick auf eventuelle von außen beeinflußte bürgerkriegsähnliche Auseinandersetzungen um die Demokratie mit Beteiligung der Linken in südeuropäischen Ländern konzipiert zu sein. So plädiert Martinet für „die Notwendigkeit, eine Interventionsstreitmacht zu entwickeln, die für einen eventuellen Kriegsschauplatz im Mittelmeerraum bestimmt ist. Für eine Periode von einigen Jahren wird man auf die Erneuerung des Kampfcorps im Osten des Landes zugunsten dieser Streitkraft verzichten müssen, deren Existenz eines Tages den Abschluß eines regionalen Sicherheitspaktes favorisieren und für die Sicherheit der demokratischen Regierungen sorgen wird, die in dieser Zone sind oder an die Macht kommen könnten. Die Schande der ‚Nicht-Intervention‘ im spanischen Krieg darf sich nicht wiederholen. Aber damit sie sich nicht wiederholt, braucht man diese schnelle und wirksame Aktionskapazität, die der Volksfrontregierung so schrecklich fehlte. Drei Angriffsdivisionen, die in offensivem Geiste ausgebildet sind und über bedeutende Transportmittel zur See und in der Luft verfügen, werden aufgestellt und ausgerüstet werden müssen“.[238]

Die südeuropäische Dimension soll sich in eine Mittelmeerpolitik einfügen, die zwar die Supermächte nicht aus ihrer Verantwortung entlassen kann, aber doch im Mittelmeerraum die französische Präsenz verstärken soll. Diese wird mit dem „säkularen Einfluß“ Frankreichs in diesem Raum und der strategischen Bedeutung der Region gerechtfertigt.[239]

Ein abschließendes Urteil über die außenpolitische Konzeption der PS hat wenige konkrete Bezugspunkte. Die drei Prinzipien, das Streben der Völker nach mehr Unabhängigkeit und Gerechtigkeit zu fördern, die nationale Unabhängigkeit zu erreichen und Frankreichs Mission, Größe und Prestige im Sinne geistiger Ausstrahlung wiederherzustellen[240], schweben in allzu großer Höhe. Deutlich ist bei vielen die Sehnsucht nach einer erneuerten Sendung Frankreichs, nach „der Vi-

238 Martinet, in: faire, a.a.O., S. 29 f.
239 La gauche et la politique étrangère, Le Monde, 15.5.1974, S. 6.
240 Ebd.

sion einer großen nationalen Konzeption".[241] Wie eine sozialistische
Außenpolitik tatsächlich aussähe, ist schwer vorauszusagen, wenn man
sich das Zeugnis des sozialistischen Insiders Huntzinger vergegenwär-
tigt, daß „sich die interne Willensbildung . . . im Pendelschlag von ‚Revolutionären' und ‚Reformisten' vollzieht".[242] Die Diskussionen innerhalb der Partei liefern bislang keine endgültige Antwort auf Hunt-
zingers Frage, „ob Frankreich in der Lage ist, ‚missionarisch' aufzu-
treten, oder ob es nicht auf das sterile Spiel mit der Schein-Unabhän-
gigkeit verzichten, die Realitäten anerkennen und in seiner eigenen,
westlichen Welt eine konstruktiv-kritische Rolle spielen soll".[243]

VII. Die Lage nach den Kommunalwahlen im März 1977

1. Die Kommunalwahlen

In den Kommunalwahlen am 13. und 20. März 1977 konnten die Partner des Gemeinsamen Programms ihre Bündnispolitik von der Wählerschaft voll bestätigt sehen. Sie erzielten die absolute Mehrheit der abgegebenen Stimmen. Von den 221 Städten, die mehr als 30.000 Ein-
wohner aufweisen, werden heute 159 von den Linksparteien regiert;
vor den jüngsten Kommunalwahlen waren es nur 103 Städte. Bemerkenswert ist, daß die Linke einen tiefen Einbruch in die traditionellen Hochburgen der bürgerlichen Parteien, vor allem im Westen Frankreichs erzielte.[244] Für den Erfolg als Gemeinschaftserlebnis war die
Tatsache wichtig, daß die Stimmen der Linksunion als Einheit zufie-
len, da sie in den allermeisten Städten gemeinsame Listen aufgestellt
hatte.

Für das innerparteiliche Geschehen von PCF und PS und für ihre
gegenseitigen Beziehungen enthielten die Kommunalwahlen aber entweder neues Konfliktpotential oder dienten zumindest als Datum für
den Beginn neuer Auseinandersetzungen.

---

241 Ebd.
242 Huntzinger, a.a.O., S. 396.
243 Ebd., S. 395.
244 Vgl. die Ergebnisse in: Le Monde, 14.3.1977 und 22.3.1977.

2. Innerparteiliche Auseinandersetzungen der PCF

Innerparteiliche Spannungen der PCF werden von den aufmerksamen Beobachtern der politischen Szene eher vermutet als gesehen. Thierry Pfister stellte Ende März 1977 fest, daß Marchais' Politik auf Widerstände bei einem Teil der Intellektuellen und der Zellen stoße. Die sichtbarsten Anzeichen für die Auseinandersetzungen innerhalb der Partei waren seither vor allem die lauten Äußerungen des Philosophen Louis Althusser über den 22. Parteikongreß und Bewegungen an der Basis der Föderation von Paris.

Die intellektuell anspruchsvollste Kritik am gegenwärtigen Kurs der Parteiführung liefert Althusser. Sein Hauptvorwurf beinhaltet, daß der 22. Parteitag das Konzept der Diktatur des Proletariats aus politischen, „aber ohne ernsthafte theoretische Gründe" aufgegeben habe.[245] Ein „wissenschaftliches Konzept" jedoch, das zusammen mit anderen Konzepten ein Ganzes ausmache, könne nicht Gegenstand einer politischen Entscheidung sein. „Man kann die Diktatur des Proletariats ,aufgeben': man findet sie wieder, sobald man vom Staat und vom Sozialismus spricht."[246] Althusser hebt die Problematik der Diktatur des Proletariats im Lichte der marxistisch-leninistischen Entwicklungstheorie hervor. Er kritisiert den 22. Parteitag, den Sozialismus nicht als eine Übergangsperiode zwischen Kapitalismus und Kommunismus, sondern als ein Ziel an sich präsentiert zu haben. Der Sozialismus als Übergangsperiode im Sinne von Marx und Lenin aber sei eins mit der Diktatur des Proletariats, d.h. mit einer neuen Klassenherrschaft, wobei die Arbeiterklasse die dominierende Rolle spiele.[247] Die Kritik der Politik des 22. Kongresses vor dem Hintergrund der marxistisch-leninistischen Entwicklungstheorie spitzt sich in der Frage des Staates zu. Es kann nach Althusser nicht darum gehen, dem Staat das Adjektiv „demokratisch" hinzuzufügen, da jeder Staat nach Marx und Lenin oppressiv sei. Im Sozialismus müsse der Staat bis zu seinem Absterben revolutioniert werden. Der Möglichkeit, dies zu denken, habe sich der 22. Kongreß beraubt.[248] Mit anderen Worten: Althusser weist nach, daß der Marxismus-Leninismus es nicht zulasse, die Substanz der Diktatur des Proletariats aufzugeben. Abschließend beklagt sich der Philosoph über die Form der innerparteilichen Willensbildung

245 Louis Althusser, 22e congrès, Paris 1977, S. 56.
246 Ebd., S. 33.
247 Ebd., S. 48 f.
248 Ebd., S. 56.

nach dem Prinzip des demokratischen Zentralismus. Der 22. Kongreß
spreche die Sprache der Freiheit für die Umwelt, aber bleibe schweig-
sam über das Innenleben der Partei. Es habe keine echte Diskussion
auf dem 22. Kongreß gegeben.[249]

Gerade die Kritik an der Praxis des demokratischen Zentralismus
durch Althusser zeigt, daß die gegenwärtigen Auseinandersetzungen
innerhalb der PCF nicht einfach mit der Dichotomie des Altstalinis-
mus und eines menschlichen Marxismus erfaßt werden können, da das
Prinzip des demokratischen Zentralismus zu den unverrückbarsten
Prinzipien des stalinistisch interpretierten Leninismus gehört.

Auch aus einer anderen Ecke wurde Kritik am demokratischen
Zentralismus laut. Anlaß dafür war ein in der Zeitung „Le Monde"
(9.4.1977) abgedrucktes Schreiben der Altstalinistin und Frau des
ehemaligen Generalsekretärs, Jeannette Thorez-Vermeersch, in dem
sie die vom Parteihistoriker Elleinstein an der Sowjetunion geäußerte
Kritik anprangerte. Als Antwort auf Frau Thorez-Vermeersch erschien
dann in „Le Monde" einige Wochen später (3.5.1977) ein gemeinsames Schreiben von drei Pariser Zellensekretären. Es wird darin hervorgehoben, daß sich in der Partei unterschiedliche Strömungen entgegen-
stünden, und es wird der Furcht Ausdruck gegeben, daß die Sowjetunion (!) sich diese Realität zunutzemachen könnte, um die PCF zu
spalten. Das Wesentliche sei, die Einheit der Partei und damit der Arbeiterklasse zu erhalten, indem die Aufnahmekapazität der Partei für
die Forderungen aus dem Volke erhöht werde und die demokratische
Diskussion jeder innerparteilichen Strömung es erlaube, sich frei in der
Partei zu artikulieren. Dies geht natürlich an die Wurzel des demokratischen Zentralismus und seines Fraktionsverbots. Der Vorstoß der drei
Pariser Zellensekretäre blieb nicht unerwidert. Henri Fiszbin, Erster
Sekretär der Föderation von Paris, kommunistischer Abgeordneter der
Nationalversammlung und Mitglied des Zentralkomitees, rügte die Zellensekretäre in „L'Humanité" (13.5.1977). Ihr Vorgehen sei falsch
und nicht mit dem Prinzip des demokratischen Zentralismus zu vereinbaren. Die Partei sei stärker als jemals zuvor entschlossen, an diesem
Prinzip festzuhalten. Der wichtige Parteifunktionär gibt darüber hinaus zu, daß die Partei augenblicklich gewisse „Wachstumsprobleme"
durch den ungeheuren Zustrom kampfeslustiger, aber unerfahrener
junger Kräfte habe. Er vertraue aber darauf, daß die jungen Aktiven
diese neuen Kräfte verantwortungsvollen Aufgaben zuführten.

249 Ebd., S. 57 ff.

Die Parteiführung nahm die Kritik am 22. Kongreß und an der Praxis der innerparteilichen Willensbildung ernst. In einer innerparteilichen Kampagne geradezu wurde die Entschließung des 22. Kongresses in der Thematik ‚„Die Kommunisten und der Staat" ausgebreitet und erläutert. Die Kampagne stützte sich im wesentlichen auf das Buch von drei Mitgliedern des Zentralkomitees „Les communistes et l'Etat".[250] Eine Auseinandersetzung mit Althussers Thesen wurde daraus freilich nicht. Die Analyse blieb auf den Weg zum Sozialismus beschränkt, abgekoppelt von den weiteren Phasen der marxistisch-leninistischen Entwicklungstheorie. Hand in Hand mit der Kampagne über die Staatsproblematik ging eine Kampagne für das Festhalten am Prinzip des demokratischen Zentralismus. Die Parteiführung ist sich freilich der Kosten des Prinzips des demokratischen Zentralismus im Hinblick auf ihre demokratische Vertrauenswürdigkeit in der nichtkommunistischen Öffentlichkeit bewußt. Davon zeugt das Versprechen, das Organisationsprinzip der Partei nicht auf die politischen und gesellschaftlichen Bereiche insgesamt anwenden zu wollen.[251] Es muß allerdings hinzugefügt werden, daß dies gar nicht möglich ist, wo die Partei in gesellschaftlichen und politischen Bereichen tätig sein wird, da die KP-Vertreter dort ja an die Beschlüsse der Partei gebunden sein werden. Eine Konsequenz des neuen Verhaltens der PCF im Sinne der Werbung um die Mehrheit der Wähler für die Linksunion ist allerdings die Einschränkung der Disziplinierungs- und Sanktionsmittel bei Verstößen gegen den demokratischen Zentralismus. Ausschlüsse und Säuberungen vertragen sich nicht mit der gegenwärtigen Politik der Partei.

3. Innerparteiliche Auseinandersetzungen der PS

In der Sozialistischen Partei erhielt der Konflikt zwischen der Mehrheit und der CERES-Minderheit durch die Vorbereitungen zum Kommunalwahlkampf und den Wahlkampf selbst neue Nahrung. Mitterrand kritisierte z.B. das allzu rasche Nachgeben der CERES-Vertreter gegenüber den Kommunisten bei der Aufstellung der Listen in manchen Städten.[252] Nach dem Wahlkampf blies Mitterrand zum Generalangriff auf das organisierte Fraktionswesen innerhalb der Partei. Im

250 Jean Fabre/Françoise Hincker/Lucien Sève, Les communistes et l'Etat, Paris 1977.
251 Ebd., S. 223 u. 229.
252 Le Monde, 24.3.1977, S. 8.

Zuge der Vorbereitungen des Parteikongresses von Nantes, der vom
17. bis 19. Juni 1977 stattfand, forderte er den CERES auf, „auf seine Methoden autonomer Organisation und Propaganda zu verzichten".[253] Mitterrand versuchte, für den Kongreß von Nantes die Partei
organisatorisch und programmatisch auf einen Nenner zu bringen. Der
Versuch mißlang. Den vorbereitenden Föderationsparteitagen und dem
nationalen Parteitag selbst lagen dann doch zwei Entschließungsanträ-
ge über die generellen politischen Aussagen der Partei vor, der eine aus
der Feder der Parteiführung und der andere aus der Feder des CERES.
Die programmatischen Unterschiede zwischen der Mehrheit und der
Minderheit bezogen sich nach wie vor auf die Europapolitik, den Umfang der Sozialisierung, den Stellenwert des Marktes und der Planung,
das Verständnis der Linksunion und die internen Willensbildungsme-
chanismen der Partei.[254] Der Antrag der Parteiführung vereinigte auf
dem Parteitag etwa 75%, der Antrag der Minderheit etwa 25% der
Stimmen auf sich.[255] Am Kräfteverhältnis von Mehrheit und Minderheit hatte sich kaum etwas geändert. Oblgeich die Minderheit akzep-
tierte, ihre autonome Organisation aufzugeben, blieben die innerparteilichen Spannungen erhalten.[256]

4. Wandlungen in der Europa- und Verteidigungspolitik

Im Unterschied zu den Sozialisten setzten die Kommunisten ihren po-
litisch-programmatischen Aussagen seit den Kommunalwahlen neue
Akzente, einmal in der *Europapolitik* und zum anderen in der *Verteidigungspolitik.*

Waren 1976 für die PCF-Führung Direktwahlen zum europäischen
Parlament noch ein Verbrechen gegen Frankreich[257], so erklärte
Georges Marchais am 17.4.1977 in einem aufsehenerregenden Rund-
funkinterview[258], daß die Partei ihre Position überprüfen könnte,
wenn der Gesetzestext, der der Nationalversammlung vorgelegt würde,
eine für die Europaparlamentarier verpflichtende Klausel enthielte,

253 So Le Monde, 3.5.1977, S. 11.
254 Vgl. dazu im einzelnen die Berichterstattung von „Le Monde" der Monate
     Mai und Juni 1977.
255 Le Monde, 19./20.6.1977, S. 7.
256 Le Monde, 21.6.1977, S. 8.
257 Marchais sprach am 4.11.1977 von „un mauvais coup contre la France"
     (Le Monde, 6.11.1977, S. 9).
258 L'Humanité, 18.4.1977, S. 1 u. 4.

daß die Souveränität Frankreichs nicht aufgegeben würde bzw. daß die Kompetenzen des Europaparlaments nicht über jene hinausgingen, die die Römischen Verträge ihm zubilligten. Der „Positionswechsel" der PCF wirbelte in der Presse viel Staub auf; nicht zuletzt löste er zynische Äußerungen darüber aus, welche abrupten Wechsel von dieser Partei wohl angesichts der bevorstehenden Wahlen noch zu erwarten seien. Der aufmerksame Betrachter wird freilich den Wandel der PCF in der Frage der europäischen Direktwahlen eher für einen geschickten taktischen Schachzug halten, der an der grundsätzlichen Position der Partei nicht allzuviel änderte. Leitstern blieb die nationale Souveränität. Die Partei streifte jedoch den Makel der Obstruktion ab und schlüpfte in die Rolle der verantwortungsvollen Opposition, die im Einklang mit der Verfassungsinterpretation des Verfassungsrates die Souveränität Frankreichs verteidigte und den Gesetzentwurf der Regierung zu verbessern suchte.[259]

Der zweite neue Akzent der Politik der PCF seit den Kommunalwahlen betrifft die Nuklearwaffen Frankreichs. Der schon seit 1976 beobachtbare Wandel der kommunistischen Einstellung zur Atomstreitmacht wurde in der Sitzung des ZK am 11.5.1977 bestätigt. Politbüromitglied Kanapa sprach sich in seinem Bericht, der vom ZK gebilligt wurde, für die Beibehaltung der französischen Nuklearbewaffnung aus.[260] Als Hauptargument wurde die Vernachlässigung der konventionellen Streitkräfte durch die Regierung vorgebracht, die die Sicherheit Frankreichs nicht mehr garantieren könnten. Die französische Nuklearwaffe müsse absolut unabhängig sein. Frankreich habe deshalb ein eigenes Nachrichten- und Radarsystem aufzubauen. Kanapa sprach sich für eine nukleare Strategie der Rundum-Verteidigung („tous azimuts") aus, die sich nicht von vornherein gegen die Sowjetunion und andere sozialistische Staaten richte. Giscard d'Estaing ordne die Verteidigung immer stärker der NATO unter, was letztlich der Bundesrepublik, der Speerspitze des imperialistischen Systems in Europa, den Zugang zur atomaren Bewaffnung eröffnen werde. Dennoch — so betonte Kanapa gegen Ende seines Berichtes — werde Frankreich Mitglied der Atlantischen Allianz bleiben.

Marchais unterstrich in seinem Schlußwort die neue Einstellung der Partei zur Nuklearwaffe und zur Nuklearstrategie.[261] Nirgendwo wird

---

259 Vgl. die Stellungnahme des Politbüros, in: Cahiers du communisme, H. Juli/August 1977, S. 125 f.
260 L'Humanité, 12.5.1977, S. 5 ff.
261 Ebd., S. 5.

die Fragwürdigkeit des kommunistischen Bekenntnisses zur Mitgliedschaft in der NATO deutlicher als an der Stelle, wo er Giscard
d'Estaing vorwirft, für ihn sei die Nuklearwaffe „ein Element der aggressiven Strategie des atlantischen Systems gegen die sozialistischen
Länder".

Die Reden beider Parteiführer warnen eindringlich vor den „Herr-
schaftsambitionen des deutschen Imperialismus" (Marchais), zu dessen
„Trittbrett" (Kanapa) die Politik Giscard d'Estaings Frankreich mache.

Die Hinwendung der PCF zur Nuklearwaffe schlug nun freilich
keine Brücke zu den Partnern des Gemeinsamen Programms, sondern
erweiterte die Kluft in dieser Angelegenheit noch, wie die Debatte
über die Aktualisierung des Gemeinsamen Programms zeigt.

5. Die PCF und Moskau

Das Verhältnis der französischen und der sowjetischen KP wurde seit
den Kommunalwahlen durch kein besonderes Ereignis neu geprägt.[262]
Zum in jüngsten Monaten auffälligsten Angriff Moskaus auf den Eurokommunismus, der in der sowjetischen Wochenzeitschrift „Neue
Zeit" (23.6.1977) vorgetragenen heftigen Kritik am spanischen Kommunistenführer Carrillo[263], äußerte sich die PCF recht zurückhaltend.
In der Tat galten zentrale sowjetische Vorwürfe, etwa auf außenpoliti-
schem Gebiet, auch gar nicht den französischen Kommunisten, da deren Position von der in der „Neuen Zeit" artikulierten sowjetischen ja
nicht so weit entfernt ist, wenn man von der Kritik an den Menschenrechtsverletzungen absieht. Marchais — auf den sowjetischen Artikel
angesprochen — konnte daher auch knapp entgegnen, daß es sich beim
Eurokommunismus nicht um ein neues Zentrum des Kommunismus
handle und daß die PCF ihre Position nicht verändern werde.[264]

262 Einen Überblick über das Verhältnis der Eurokommunisten zu Moskau bis
    Anfang 1977 gibt Heinz Timmermann, Moskau und der europäische Kom-
    munismus nach der Gipfelkonferenz von Ost-Berlin, in: Osteuropa 27,
    April 1977, S. 282—302.
263 Vgl. dazu Auszüge in: Le Monde, 25.6.1977, S. 4 f.
264 L'Humanité, 24.6.1977, S. 1 u. 7.

6. Die Aktualisierung des Gemeinsamen Programms und der „Bruch"
   der Linksunion

Die Beziehungen zwischen Kommunisten und Sozialisten wurden
durch das gute Ergebnis der Kommunalwahlen nicht harmonischer,
sondern strebten einem neuen Tiefpunkt zu. Zentraler Kristallisations-
punkt der Spannungen ist seit den Kommunalwahlen die Debatte über
die Aktualisierung des Gemeinsamen Programms. Während die Kommunisten mit allem Nachdruck eine tiefgreifende Überarbeitung des
Gemeinsamen Programms forderten, erklärten sich die Sozialisten nur
zu einer raschen Anpassung des Programms an neue Daten, aber nicht
zu einer grundsätzlichen Neuorientierung bereit. Mit spektakulären
Schritten wie der Veröffentlichung der von den Kommunisten ge-
schätzten Kosten eines schon akutalisierten Gemeinsamen Programms[265] und einem Terminkalender für seine sukzessive Anwendung nach gewonnenen Wahlen[266] versuchte die PCF-Führung vor den
Verhandlungen schon die Sozialisten zu überrumpeln. Deren Verärge-
rung blieb nicht aus. Nach langem Tauziehen über die Relevanz, Ter-
minierung und Inhalte der Aktualisierung des Gemeinsamen Programms fanden zwischen dem 31.5. und 28.7.1977 15 Sitzungen einer
15 Mitglieder zählenden Arbeitsgruppe der drei Programmpartner
statt. Über ein etwa 50 Seiten langes Papier wurde Einigung erzielt.
    Keinen zumindest für die Auseinandersetzung in der Öffentlichkeit
besonderen Streitanlaß bildete die Problematik der „autogestion", die
im Programm von 1972 ausdrücklich als Konflikt festgehalten worden
war.[267] Die Kommunisten übertünchten den Konflikt, indem sie den
Begriff „autogestion" für ihre eigenen Vorstellungen demokratischer
Selbstverwaltung und Lenkung einfach übernahmen, den eigenen Akzent aber durch die Betonung des nationalen Aspektes betonten:
„l'autogestion nationale d'ensemble".[268] Es handelt sich hier zweifellos um eine nur verbale und nicht sachliche Konsensbildung, wie der
Generalsekretär der dem „autogestion"-Konzept besonders verbundenen Gewerkschaft CFDT Edmond Maire kritisierte.[269] Wie könnte man
auch ein wirkliches „autogestion"-Modell erstreben — so fragte Maire

265 L'Humanité, 10.5.1977, S. 1 u. 4.
266 Vgl. Economie et Politique, Mai 1977.
267 Siehe oben, Abschn. IV.
268 Fabre/Hincker/Sève, a.a.O., S. 167. Vgl. auch die Rezension des Buches
    durch Thierry Pfister in: Le Monde, 31.3.1977, S. 8.
269 Le Monde, 17.8.1977, S. 17.

zynisch — wenn man wie die PCF im Innenleben der Partei für den demokratischen Zentralismus ist, oder wenn man wie die PS nach dem Präsidialsystem funktioniert, oder aber wenn man wie die Linksradikalen sich nur auf die Wahlkämpfe konzentriert und die sozialen Auseinandersetzungen vernachlässigt? Es ist sicher nicht abwegig zu vermuten, daß wesentliche Kräfte auch unter den Sozialisten dazu beitrugen, das neblige „autogestion"-Konzept in einem verbalen Konsens zu begraben.

In vier Fragen konnte die Arbeitsgruppe keine Einigung finden.[270] Während die Sozialisten allgemein eine Reduktion der Hierarchie der Löhne und Gehälter wünschten, schlugen die Kommunisten eine Skala von 1 bis 5 vor, die die Minimal- und Maximalgehälter angibt. Die Sozialisten wollten bei Amtsantritt den gesetzlichen Mindestlohn (SMIC) auf 2200 FF und die Mindestrente auf 1200 FF erhöhen; die Kommunisten wollten eben diese Zahlen zusätzlich um die bis zum Amtsantritt wirksame Inflationsrate aufbessern. Im Unterschied zu den Sozialisten, die die im Gemeinsamen Programm von 1972 vorgesehene Zahl der zu sozialisierenden Unternehmen nicht wesentlich ausweiten wollten, wünschten die Kommunisten zusätzliche Großunternehmen zu sozialisieren. In der Frage des SMIC näherten sich die Sozialisten inzwischen der kommunistischen Forderung.

Großen öffentlichen Staub wirbelte die Auseinandersetzung um die Verteidigungspolitik auf. Obgleich sich seit 1976 die Positionen der Programmpartner in der Frage der Beibehaltung der Nuklearbewaffnung angeglichen hatten und das Gemeinsame Programm in diesem Sinne fortgeschrieben werden könnte, schlugen die Parteiführungen von PS und PCF darüber eine tosende Schlacht in der Öffentlichkeit. Dabei ging es vor allem immer noch um die Frage der Beibehaltung der Nuklearwaffe und um die atomare Strategie. Die Strategie „tous azimuts" hält Mitterrand für unsinnig: er sehe keinen Sinn darin, die Atomgeschosse auf die eigenen Verbündeten zu richten. Den weitesten Pendelschlag der Auseinandersetzungen bewirkte schließlich der Vorschlag Mitterrands, nach einem Wahlsieg der Linken in einem Referendum die Frage der Nuklearenergie einerseits und der Nuklearbewaffnung andererseits entscheiden zu lassen.[271] Der Dissens innerhalb der PS in der Frage der Beibehaltung der Nuklearwaffe ist offensichtlich

270 Eine detaillierte Aufstellung der Divergenzen gibt Le Monde, 11.8.1977, S. 12.
271 Vgl. eine Zusammenfassung der Argumente Mitterrands in: Le Monde, 9.8. 1977, S. 1 u. 5.

doch größer als die Vorstandsberatungen im November 1976 zum
Ausdruck brachten.[272] So sprach sich die der PS nahestehende Gewerkschaft CFDT eindeutig gegen die atomare Streitkraft aus.[273] Hinzu kommt wohl die vor allem im Blick auf die Erfolge der Ökologisten
in den Kommunalwahlen wahltaktische Erwägung, dem Linksbündnis
Gegner der Nuklearenergie und Nuklearbewaffnung als Wähler zu erhalten oder zu gewinnen.

Der verteidigungspolitische Parteitag der PS vom 7./8.1.1978 segne-
te mit einer starken Zweidrittelmehrheit die Position der Parteiführung ab. Er beschloß, zwar längerfristig an der Aufgabe der Nuklearwaffe festzuhalten; solange es jedoch nicht zu einer weltweiten Abrüstung komme, müsse die französische Nuklearwaffe erhalten bleiben. Die letzte Entscheidung darüber komme freilich den Franzosen
selbst zu.[274]

Im Streit über die Aktualisierung des Gemeinsamen Programms
wurden Kommunisten und Sozialisten wieder zu feindlichen Brüdern.
Die heftige Polemik und gegenseitigen Attacken ließen häufig den gemeinsamen Gegner fast in Vergessenheit geraten. Schleuderten die
Kommunisten den Sozialisten den Vorwurf der Sozialdemokratisierung entgegen, so konterten diese mit dem Vorwurf, die Kommunisten fielen in die Verhaltensweisen des Stalinismus zurück. Jeder hielt
dem anderen vor, den Boden des Gemeinsamen Programms verlassen
zu haben.

Zweifellos brachen die Kommunisten diesen heftigen Streit vom
Zaun, der in der Öffentlichkeit allgemein als Bruch der Linksunion gewertet wurde. Ein Bruch der Union war es insofern, als die vom Wahlsystem für den Erfolg der Linken zumindest für den zweiten Wahlgang
unumgänglich geforderte Einigung auf gemeinsame Kandidaten von
der PCF aufs Spiel gesetzt wurde, mit der Begründung, zunächst
müßte eine programmatische Einigung zwischen den Parteien der
Linksunion erzielt werden. Während die Sozialisten keinen Zweifel
daran ließen, daß sie im zweiten Wahlgang prinzipiell die besser plazierten Kandidaten der Linksunion unterstützten, beschlossen die
Kommunisten eine solche Entscheidung vom Ergebnis des ersten
Wahlgangs abhängig zu machen. Marchais visierte in seinem Bericht an
den Parteitag einen kommunistischen Wähleranteil von 25% an. Jeden-

272 Vgl. oben Anm. 223.
273 Le Monde, 17.8.1977, S. 17.
274 Le Monde, 10.1.1978.

falls genügten 21% der Stimmen nicht, um der PCF innerhalb des
Linksbündnisses ein angemessenes Gewicht zu geben.[275]

Der Parteitag gab wohl die zentrale Antwort auf die vielerörterte
Frage nach den Motiven der PCF-Führung für ihre Konfliktstrategie.
Die PCF, die sich im Wahlkampf in diesem Konflikt mit einem ungeheuren Propagandaaufwand als die eigentliche Vertreterin der Arbeiterklasse präsentierte, bestreitet der PS den Anspruch, zur wähler-
stärksten Linkspartei Frankreichs zu werden; zumindest will die PCF
im linken Lager den Sozialisten — auch im Falle der Regierungsübernahme — innerhalb der Regierung ebenbürtig sein. Nicht zuletzt in der
Frage des gesetzlichen Mindestlohnes versuchte sich die PCF als die
bessere Vertreterin der Arbeiterschaft zu profilieren. Der Wahlkampf
der PCF richtete sich nicht nur gegen die Mehrheitsparteien, sondern
ebensosehr gegen die Sozialisten; es war ein Kampf um den Anteil an
den linken Stimmen. Andere Motive mögen für die PCF-Führung ebenfalls eine Rolle gespielt haben: durch eine Profilierung nach links at-
traktiver für die Stimmen der extremen Linken zu werden, durch den
Konflikt nach außen die innere Disziplin zu verbessern und wohl auch
die linke — sozialdemokratische Tendenzen fürchtende — Opposition[275a] in den eigenen Reihen zu beruhigen.

275 L'Humanité, 9.1.1978.
275a Die Linksopposition innerhalb der PCF artikulierte sich in der außerpartei-
     lichen Öffentlichkeit vor allem Ende 1977 in anonymen Artikeln (vgl. Poli-
     tique Hebdo, 19.12.1977 und 9.1.1978), die vorgaben, die Meinung von
     Tausenden von Genossen widerzuspiegeln. Die Linksopposition kann nicht
     einfach mit der altstalinistischen Position identifiziert werden, obgleich sie
     die Kritik der Parteiführung an den Ländern des realen Sozialismus, insbe-
     sondere an der Sowjetunion mißtrauisch beobachtet. Die zentrale Sorge der
     Linksopposition gilt der marxistischen Substanz der Partei. ,,Dieser Prozeß
     der Auflösung der marxistischen Ideologie und Praxis muß um jeden Preis
     angehalten, ja umgekehrt werden" (ein unter dem Pseudonym Max Pierrat
     in Politique Hebdo vom 19.12.1977 von vier Parteigenossen veröffentlich-
     ter Text). Die Linksopposition wendet sich gegen die ,,ultravoluntaristische
     und sektiererisch-opportunistische Linie" des ZK, die aus der PCF die ,,Par-
     tei des Gemeinsamen Programms" gemacht habe. Praktisch will die Links-
     opposition nicht die Linksunion der Parteiführungen, sondern wie zu Be-
     ginn der 30er Jahre die Einheitsfront an der Basis durch die Schaffung von
     Einheitskomitees in Fabriken und Wohnvierteln zur Mobilisierung der Mas-
     sen.

VIII. Ausblick: Der „Wandel" der PCF

Abschließend sollen einige Ergebnisse zum „Wandel" der PCF festgehalten werden.

Demokratie: Die Ausführungen über den demokratischen Zentralismus zeigten, daß die PCF unter Demokratie offensichtlich etwas anderes versteht als die sogenannte „bürgerliche Ideologie". Daran hat sich bis heute nichts geändert; im Gegenteil, auf das Prinzip des *demokratischen Zentralismus* wird auf Seiten der Parteiführung stärker denn je Wert gelegt. Es gibt viele Anzeichen dafür, daß die PCF entgegen ihren Beteuerungen die Strukturen ihres demokratischen Zentralismus auf den gesamtstaatlichen und gesamtgesellschaftlichen Bereich übertragen möchte.

Pluralismus: Das Bekenntnis der PCF zum Pluralismus der Parteien und Ideen ist mit Vorsicht zur Kenntnis zu nehmen. Auch der französische Kommunismus ist nach wie vor eine säkulare Heilslehre. Als *wissenschaftlicher Sozialismus,* wie er sich versteht[276], versieht der französische Kommunismus seine Aussagen mit der Weihe der wissenschaftlichen Wahrheit. Zwischen Wahrheit und Unwahrheit aber kann es niemals einen echten Pluralismus geben. Diese These verdient um so mehr Beachtung, als die PCF auch das politische Instrument des Bewußtseins, im Besitz der Wahrheit zu sein, die *Avantgarde-Rolle der Partei,* so deutlich wie bisher in ihrer Geschichte in den Vordergrund rückt.[277] Es ist überhaupt nicht vorstellbar, wie die Verbindung von wissenschaftlichem Sozialismus, der Avantgarde-Rolle der Partei und von demokratischem Zentralismus zu einer pluralistischen Demokratie führen könnte.[278]

Demokratischer Wechsel: Am Zugeständnis der PCF, daß sie auch nach der Regierungsübernahme eine Wahlentscheidung, die durch das geheime und direkte *Verhältnis*wahlrecht zustandekomme, respektieren werde, ist sicherlich richtig, daß die Partei den Weg der Legalität zur Macht gewählt hat. Aber: Es besteht auch kein Zweifel, daß die PCF davon überzeugt ist, daß sie an der Regierung bleiben werde,

---

276 Vgl. etwa Elleinstein, a.a.O., S. 147; Marchais (1973), a.a.O., S. 149 ff.

277 Vgl. als eines der jüngsten Zeugnisse: André et Francine Demichel, Etat et partis politiques en France, in: Cahiers du communisme, H. 2, 1977, S. 82—95.

278 Vgl. dazu auch: Paul J. Friedrich, Légitimité et représentation, in: Esprit, Febr. 1975, S. 206—217.

wenn alles nur mit „rechten", sprich: demokratischen Dingen zugehe
— demokratisch im Sinne der PCF natürlich. Es ist damit zu rechnen,
daß die Umgestaltung der politischen und ökonomischen Strukturen,
wie sie das Gemeinsame Programm und die kurzfristige Programmatik der PCF vorsehen, die Grundlage für eine fundamentale Ausdehnung des Einflußbereichs der PCF schaffen würde. Der rasante Ausbau
des Anteils der Betriebszellen seit der Existenz der Linksunion ist das
deutlichste Anzeichen für die diesbezügliche Taktik der PCF. Die Sozialisten scheinen dies verstanden zu haben, wie ihre Anstrengungen
beweisen, ebenso rasch die Zahl ihrer betrieblichen Sektionen zu vermehren. Es ist in diesem Zusammenhang bemerkenswert, daß die PCF
alles tut, um der PS auf der betrieblichen Ebene Hindernisse in den
Weg zu legen. Im Unterschied zur politischen Ebene weigert sie sich,
auf der betrieblichen Ebene mit den Sozialisten „gemeinsame Aktionen zu unternehmen".[279]

Die Taktik der PCF scheint darin zu bestehen, Schritt für Schritt,
immer unter vollständiger Kontrolle ihres Apparates, mit der Kraft
ihrer Massenorganisationen Politik und Gesellschaft Frankreichs
durchdringen und umgestalten zu wollen. Ob die seit Bestehen der
Linksunion weitgehend erfolgte Erneuerung der Parteimitgliedschaft
und ein lang dauerndes Rollenspiel im Rahmen der parlamentarischen
Demokratie längerfristig jene Eigendynamik bewirken werden, die die
Partei voll in das parlamentarische System einfügen, bleibt zumindest
zweifelhaft. Der erste Beweis für eine derartige Entwicklung wäre das
Wegspülen des demokratischen Zentralismus, der Eingang demokratischen Rollenspiels in die Partei selbst.

Das Verhältnis zu Moskau: Eine auch nur halbwegs befriedigende
Analyse der Beziehungen der PCF zu Moskau konnte hier nicht geliefert werden.[280] Nur so viel kann festgehalten werden: Die Spannungen zwischen der französischen und der sowjetischen KP sind bislang
nicht gewichtig genug, um von einem Bruch zu sprechen oder auch eine Entwicklung undenkbar erscheinen zu lassen, wie sie 1947 eintrat.
Die französische und die sowjetische KP behandeln sich gegenseitig
trotz aller Auseinandersetzungen in den Bereichen der Ideologie und

---

279 Elleinstein, a.a.O., S. 55.
280 Vgl. von den jüngeren Analysen aus der Perspektive des Eurokommunismus
     insgesamt vor allem: Charles Gati, The ‚Europeanization' of Communism?
     in: Foreign Affairs, April 1977, S. 539—553; s.a. Timmermann (1977),
     a.a.O.

der Freiheitsrechte mit deutlicher Behutsamkeit. Offensichtlich will keine Seite den Bruch herbeiführen.[281]

Es ist sicherlich auch gerechtfertigt, die Entwicklung des Eurokommunismus im allgemeinen und der PCF im besonderen im Lichte älterer Bestrebungen, vor allem in den unmittelbaren Nachkriegsjahren zu sehen, den Kommunismus national zu färben. Man hat zu Recht darauf hingewiesen, daß die eurokommunistischen Positionen verblüffend jenen ähnelten, die nach dem Zweiten Weltkrieg von osteuropäischen Parteiführern vertreten worden seien – kurz vor ihrer Machtübernahme.[282] Auch wenn es richtig ist, daß man sich angesichts der unterschiedlichen historischen Bedingungen (wie etwa der Anwesenheit der Roten Armee in Osteuropa) bei der Bewertung des Eurokommunismus vor zu schnellen Analogien hüten sollte[283], so bleibt doch die Einsicht, daß die gegenwärtige Position der PCF eines eigenständigen demokratischen Weges zum Soizalismus sogar im Rahmen eines stalinistischen Weltkommunismus nichts Neues darstellt. In der Tat, die Nationalisierung des Weges zum Sozialismus ist auch gar nicht das Bemerkenswerteste an der „eurokommunistischen" Position der PCF. Sie hat nur sekundären – instrumentellen – Charakter. Letztlich geht es der PCF-Führung darum, auf dem Wege über den nationalen Erfolg dem globalen Kommunismus neues Leben einzuhauchen. Die Sowjetunion soll dabei nicht zum Feinde werden, sondern als Bundesgenosse gewonnen werden. Aus ihrer eigenen Perspektive sind die französischen Kommunisten insofern radikal und revolutionär, als sie gegenüber dem Konservatismus einer nach dem Prinzip der Staatsräson handelnden, im europäisch-atlantischen Gleichgewicht erstarrten Sowjetunion auf die Geschichtsprojektion des Marxismus-Leninismus verweisen. Die PCF will den Zusammenbruch des Kapitalismus und Imperialismus nicht lethargisch abwarten, sondern dabei kräftig mitwirken.

281 So auch Timmermann (1977), a.a.O., S. 302. Für eine eingehende Beurteilung des Verhältnisses der PCF zu Moskau und der Möglichkeit eines Bruches von seiten der PCF müßten weitere Bereiche als die sichtbare aktuelle Chronik analysiert werden. Auf einen solchen Bereich macht eine materialreiche Untersuchung über die Finanzierung der PCF aufmerksam: Jean Montaldo, Les finances du PCF, Paris 1977. Montaldo vertritt die These, daß sich die PCF angesichts der Verflochtenheit ihres finanziellen Systems mit der Sowjetunion und der daraus folgenden Abhängigkeit gar keinen Bruch mit der KPdSU erlauben könne.
282 Gati, a.a.O., S. 542 f.
283 Ebd., S. 544.

Koppelt man dieses Ziel mit der Analyse der Politik, Struktur und Ideologie der PCF, kann die Meinung nicht völlig zurückgewiesen werden, es sei beim gegenwärtigen Stand der Dinge nicht auszuschließen, daß sich auch die PCF, „erst einmal an der Macht beteiligt, früher oder später anders verhalten" werde, „als es jetzt in ihren Erklärungen vorgezeichnet ist".[284] Demokratietheoretisch gesehen offenbaren nämlich Politik, Struktur und Ideologie der PCF weiterhin jene Merkmale, die den Monismus im Unterschied zum Pluralismus kennzeichnen, insbesondere das Bewußtsein, daß ein einheitlicher Volkswille existiere und daß die kommunistische Partei diesen verkörpere.[285] Die französischen Kommunisten stehen in der jakobinischen Tradition.[286]

Nachtrag: Die Wahlen zur Nationalversammlung vom 12. und 19. März 1978

Der erste Wahlgang der Parlamentswahlen am 12.3.1978 brachte der Opposition einen größeren Stimmenanteil als der Regierungsmehrheit. PS (22,5%), PCF (20,5%), MRG (2,1%) und extreme Linke (3,3%) erzielten zusammen 48,5% der Stimmen gegenüber 46,4% der wesentlichen Parteien der „Majorité". Zählt man noch die Stimmen kleinerer Oppositionsgruppierungen (1,1%) und die Stimmen der Ökologisten (2,1%) hinzu, so erreichte die Opposition die absolute Mehrheit der abgegebenen Stimmen. Die Wahlbeteiligung war mit 82,8% sehr hoch und drückt den hohen Grad der Politisierung dieser Wahlen aus. In 68 der insgesamt 491 Wahlkreisen wurden schon im ersten Wahlgang die Abgeordneten gewählt: 63 Abgeordnete der Mehrheitsparteien und 5 Abgeordnete der Opposition (1 Sozialist und 4 Kommunisten).

Das Wahlergebnis vom 12. März enthielt eine große Überraschung. Entgegen allen Wahlumfragen erreichten die Sozialistische Partei oder selbst PS und MRG zusammen auch nicht annähernd die 30%-Grenze.

284 Wagner, a.a.O., S. 319.
285 Zur Monismus-Theorie allgemein vgl. Dieter Oberndörfer, Volksherrschaft – Zur normativen Prämisse der Demokratie, in: Dieter Oberndörfer/Wolfgang Jäger (Hrsg.), Die neue Elite. Eine Kritik der kritischen Demokratietheorie, Freiburg 1975, S. 11–43.
286 Vgl. dazu auch Tiersky (1973), a.a.o., S. 13.

Die Kommunisten hatten damit auf der einen Seite ihres Zweifronten-
wahlkampfes gesiegt: Sie erzielten zwar nicht einmal die noch im
Januar als ungenügend empfundenen 21% der Stimmen, aber der Ab-
stand zwischen PS und PCF war auf 2% geschrumpft. Die Kommuni-
sten sahen sich innerhalb der Linksunion vom Wähler als ein den
Sozialisten ebenbürtiger und gleichgewichtiger Partner bestätigt. Die
KP-Führung reagierte schnell. Noch am Abend des Wahltages schlug
Marchais den Führern von PS und MRG ein Treffen für den nächsten
Tag vor, um die Absprachen für den zweiten Wahlgang zu treffen.
Am 13. März einigten sich die drei Parteiführer Mitterrand, Marchais
und Fabre denn auch darauf, daß im zweiten Wahlgang am 19. März
jeweils der besser plazierte Kandidat der einzige Kandidat der Linken
sein sollte. Ungeachtet der monatelangen heftigen Auseinandersetzungen beharrten die Kommunisten nicht mehr darauf, die strittigen
Punkte der Aktualisierung des Gemeinsamen Programms noch vor
einer Wahlabsprache zu lösen. Die Fortsetzung der Aktualisierungs-
debatte wurde auf die Zeit nach den Wahlen vertagt.

Der zweite Wahlgang am 19. März in 423 von 491 Wahlkreisen
brachte einen in dieser Klarheit kaum von jemandem erwarteten Sieg
der Regierungsparteien — einen Sieg, der allgemein als der des Staatspräsidenten Giscard d'Estaing gewertet wurde. Zwar klafften die
Ergebnisse der Wähleranteile nur wenig auseinander (Regierungsparteien: 50,7%; Oppositionsparteien: 49,2%); ihre Umsetzung in
Mandate freilich fiel — vom Wahlsystem bedingt — deutlich aus:
201 Sitzen der Opposition stehen 290 Sitze der Regierungsmehrheit
gegenüber. Die Regierungsseite verlor damit nur 10 Mandate, während
die Opposition nur 17 Mandate gegenüber 1973 gewann. Der Manda-
tegewinn der PCF war mit 12 Sitzen größer als der der PS mit 9 Sitzen.
Die MRG verlor 3 Sitze. Die PCF verfügt jetzt über 86, die PS über
103 und die MRG über 10 Sitze in der Nationalversammlung. Hinzu
kommen zwei weitere Oppositionsabgeordnete aus Übersee.

Die Wahlanalyse muß vor allem die große Stabilität der Wählerschaft,
insbesondere seit den Präsidentschaftswahlen von 1974 hervorheben.
Es fand kein Erdrutsch statt. Die meisten Beobachter sind sich freilich
darin einig, daß der monatelange Streit zwischen Sozialisten und
Kommunisten seinen Teil dazu beitrug, die „Majorité" an der Macht
zu halten. Noch in der Wahlnacht warfen die Sozialisten dies denn
auch den Kommunisten vor.

Die Folgen der Niederlage für die zukünftige Politik der Linksparteien sind noch nicht abzusehen. Als erster linker Parteiführer zog

MRG-Chef Fabre Konsequenzen. Schon am Wahlsonntag verkündete er, daß er sich nicht mehr an das Gemeinsame Programm gebunden fühle. Fabres' Entscheidung blieb innerhalb seiner Partei nicht unwiedersprochen. Fabre kündigte seinen Rücktritt an. Seine Partei ist von der Spaltung bedroht.

Auch PS und PCF bewegen sich zwischen den beiden Polen der Attacke nach außen gegen den großen Partner in der Linksunion einerseits und der innerparteilichen Auseinandersetzung andererseits. Geht es in der Attacke nach außen vornehmlich um die Verantwortung für die Niederlage, so stehen in der innerparteilichen Auseinandersetzung die Konsequenzen der Wahlniederlage für die zukünftige Bündnispolitik der Linksparteien zur Debatte. Die Führung der PS wünscht offensichtlich mehrheitlich, die Bewegungsfreiheit der Partei zu erweitern, d.h. sich keine Fesseln von einer programmatischen Absprache mit den Kommnuisten mehr anlegen zu lassen und die Linksunion auf eine simple Wahlabsprache zu reduzieren. Die linke Opposition innerhalb der PS dagegen erneuert ihre Kritik an der verkrusteten Parteiführung, die den Kontakt zur Basis verloren habe, und fordert, die ideologische Substanz der Partei zu erneuern und den Dialog mit den Kommunisten wieder aufzunehmen und intensiver zu führen. In der sozialistischen Partei gewinnt der alte Konflikt zwischen der marxistisch-sozialistischen und der sozialdemokratischen Orientierung neues Leben.

Die Kritik innerhalb der PCF an der Parteiführung ist recht heterogen. Sie äußert sich außerhalb der offiziellen Parteipresse. Lautstark sind vor allem die Stimmen der linken Opposition. Sie fordern die Einheit des Volkes an der Basis, die sich in neuen autonomen Organisationsformen artikulieren soll. Einig ist sich die innerparteiliche Opposition in der Forderung nach der Demokratisierung der innerparteilichen Willensbildung.

Wie auch immer die innerparteilichen Auseinandersetzungen ausgehen, eines ist sicher: Die Konflikt- und Konkurrenzsituation von Kommunisten und Sozialisten wird fortdauern — nicht zuletzt auch durch die nach den Parlamentswahlen verstärkten Versuche des Staatspräsidenten Giscard d'Estaing, die Regierungsmehrheit zu den Sozialisten hin zu öffnen, damit Frankreich von der Mitte her regiert werden könne.

Tableau 1
Répartition socio-professionelle des délégués
(entre parenthèses les % d'élus aux comités fédéraux)

Catégories socio-professionnelles (C.S.P.)	1976 %	1974 %	Diffé- rence
Ouvriers ⎰ Travailleurs salariés	36,3 (39,6)	32,2 (39)	+ 4,1
Employés ⎱ de l'industrie et du	22,5 (19,2)	19,6 (19,4)	+ 2,9
I.T.C. ....⎩ commerce: 67,4%	8,6 (10,7)	9,1 (9,9)	−0,5
Enseignants	15,3 (19,4)	16,3 (19,5)	−1
Paysans	3,3 (4,9)	3,3 (5)	0
Artisans-Commerçants	2,4	2,5	−0,1
Professions libérales	1,5	1,3	+ 0,2
Ménagères	4,0	3,8	+ 0,2
Lycéens-Etudiants	4,5	4,3	+ 0,2
Retraités	1,6	7,6	−6*
Toutes C.S.P. réunies	100	100	0

(Travailleurs salariés 82,7% — Actifs: 89,9%)

*Cette différence négative s'explique en partie par le fait que des retraités ont été recensés selon la catégorie de leur activité antérieure. Cela explique aussi en partie le solde positif des C.S.P. ouvriers et employés.

Tableau 2
Répartition des délégués selon l'âge

Age	Conférences fédérales 1976		Conférences fédérales 1974	
Moins de 20 ans	5,0	41,7 (comités fédéraux: 36,2)	5,2	41,8 (comités fédéraux: 33,8)
21 - 30 ans	36,7		36,6	
31 - 40 ans	27,4		26,8	
41 - 50 ans	16,5		18,1	
Plus de 50 ans	14,4		13,3	
	100		100	

Tableau 4
Répartition des délégués selon le type de leur cellule d'activité

Type de cellule	1976 % de délégués	1974 % de délégués	Répartition des cellules du Parti, fin 1975, en %
Entreprise	25,4	24,7	{Pour les 2
Enseignement	5,8	5,1	34,7 {types confondus
Rurale		16	23,5
Locale		54,2	41,6
Tous types réunis	100	100	Source: Jean Elleinstein, «Le P.C.», page 45

Tableau 3
Sex ratio

Sexe	1976	1974
Femmes	25,6	24,8
Hommes	74,4	75,2

Sozialismus und Kommunismus in Italien

Guiseppe de Rosa

I. Die Entstehung des organisierten Sozialismus und Kommunismus in Italien

1. Die Anfänge des Sozialismus in Italien

Der italienische Sozialismus ist nunmehr fast hundert Jahre alt, denn die Entstehung einer breiten und starken sozialistischen Bewegung liegt in den Jahren 1882 bis 1892.

Sozialistisches Gedankengut hatte schon vor 1848 von dem benachbarten Frankreich her in Italien Eingang gefunden, aber es handelt sich hierbei um den utopischen Sozialismus von Saint-Simon. Zu den Vorläufern des italienischen Sozialismus gehört M.A. Bakunin, ein russischer Emigrant, der 1864 von London, wo er Marx und Engels kennengelernt hatte, nach Italien kam, um hier eine anarchistische revolutionäre Bewegung in Gang zu setzen. Die Anarchisten trugen zur Verbreitung des revolutionären Gedankens bei und bereiteten damit den Boden für die sozialistische Propaganda. Aber alle anarchistischen Versuche, die Massen gegen den Staat aufzuwiegeln, schlugen fehl, weil die Massen für einen Umsturz nicht vorbereitet waren. Aus diesem Grunde gingen einige Anarchisten zur sozialistischen Bewegung über. Der bekannteste von ihnen war A. Costa, der 1879 einen Brief ,,An meine Freunde in der Romagna"[1] schrieb, in dem er erklärte, die *Anarchie* bleibe das Ziel, der *Kollektivismus* aber sei das geeignete Mittel, die Revolution durchzuführen: Er schlug daher eine Neugründung der internationalen sozialistischen Partei vor. Und in der Tat gründete er 1881 die Revolutionäre Sozialistische Partei der Romagna und wurde 1882 zum Abgeordneten gewählt: Er war der erste Sozialist, der in das italienische Parlament einzog. In demselben Jahr (1882) entstand in Mailand der ,,Partito Operaio Italiano" (Italienische Arbeiterpartei) Unter Ablehnung des anarchistischen Revolutionarismus, der sich zum Kampf gegen den bürgerlichen Staat als

---

1 Das Schreiben vom 27. Juni 1879 ist in La Plebe, 3. August 1879, Nr. 30 wiedergegeben. Nachgedruckt bei A. Pozzolini, Le orgini del movimento operaio e contadino in Italia, Bologna 1971, S. 49-54.

unwirksam erwiesen hatte, strebte diese Partei dessen Eroberung durch
eine Reform der Institutionen an. Auf diesen Weg wurde die italienische Arbeiterbewegung durch das Beispiel dessen gewiesen, was in
anderen europäischen Ländern, insbesondere in Deutschland, geschah,
wo die Sozialdemokratie nach dem Vereinigungskongreß von Gotha
(1875) beträchtliche Wahlerfolge gehabt hatte.

2. Gründung des „Partito Socialista Italiano" in Genua

Der Zusammenschluß der verschiedenen sozialistischen Kräfte und
Tendenzen in einer echten sozialistischen politischen Partei erfolgte
auf dem Parteitag von Genua (14./15. August 1892), der eigentlichen
Geburtsstunde des „Partito Socialista Italionao" (PSI). Er sollte diese
Bezeichnung zwar erst ein Jahr später auf dem Parteitag von Reggio
Emilia (8./9. September 1893) übernehmen, jedoch wurden auf dem
Parteitag von Genua das Programm und die Satzung des PSI bereits
verabschiedet.[2]

Der Gründungsprozeß war ein Jahr vorher in Mailand eingeleitet
worden, wo sich die italienische „Arbeiter"partei unter Aufgabe der
ausschließlichen Interessenvertretung der Lohnarbeiter in eine italienische „Arbeitnehmer"partei verwandelt hatte. Entscheidend für die
klare ideologische und programmatische Ausrichtung der Partei und
die Schaffung einer lebensfähigen Organisation war das Wirken von
F. Turati (1857-1932), der infolgedessen als der eigentliche Gründer
des PSI bezeichnet werden kann. Aus einem sozialistisch angehauchten
Demokraten wurde Turati später zu einem gemäßigten Sozialisten;
vom Marxismus hatte er aber eine recht vage Kenntnis, vor allem inte-
pretierte er ihn positivistisch, das heißt als Vulgärmaterialismus, ohne
ihn in seinem wahren Wesen als historischen und dialektischen Materialismus zu verstehen. Dabei hatte der Marxismus in der Ideologie des

---

2 Zur Geschichte des Sozialismus von der Einigung Italiens (1861) bis zur
   Gründung des „Partito Operaio Italiano" (Italienische Arbeiterpartei) (1882)
   vgl. A. Romano Storia del movimento socialista in Italia, Mailand - Rom
   1954-1956 und Bari 1966-1967, 3 Bde. Zum Parteitag von Genua vgl.
   L. Cortesi, La costituzione del partito socialista, Mailand 1962. Zur Geschichte der sozialistischen Partei vom Kongreß von Genua (1892) bis zur
   Auflösung durch den Faschismus (1926) vgl. G. Arfé, Storia dei socialismo
   italiano (1892-1926), Turin 1965. Zum Studium der Kongresse der sozialistischen Partei vom I. (1892) bis zum XVII. (1921), bei dem es zur Bildung
   der kommunistischen Partei kam, vgl. L. Cortesi, Il socialismo italiano tra
   riforma e rivoluzione. Dibattiti congressuali del PSI. 1892-1921, Bari 1969.

PSI ein eher bescheidenes Gewicht; ein größeres Gewicht hatten dagegen der Positivismus, der evolutionistische Szientismus im Zeichen
des Fortschritts (der Sozialismus war die „Sonne der Zukunft"), der
Humanismus und der Antiklerikalismus: „Wir Materialisten, Positi-
visten und Marxisten", rief Turati auf dem Kongreß von Imola (1902)
aus.[3]

Die Entwicklung des italienischen Sozialismus hat sich in drei Etappen
vollzogen.

Die erste brachte die Loslösung von der bürgerlichen, Mazzinischen,
republikanischen und auch radikalen Demokratie und den Zusammenschluß der Arbeiterklasse in einer gesonderten politischen Partei, dem
„Partito Operaio Italiano", was dazu führte, daß „die vage Vorstellung
von Sozialismus nach und nach durch den Begriff des Klassenkampfes
ersetzt wurde".[4]

In der zweiten Etappe vereinigten sich die verschiedenen Gruppen,
die mehr oder weniger stark vom Sozialismus geprägt waren (Partitio
Operaio Italiano, Partito Socialista Rivoluzionario di Romagna); es
kam zur Begegnung von Intellektuellen (Turati, Labriola, Anna Kuli-
schoff) und zum Zusammenschluß der in „Widerstands-" und Gegen-
seitigkeitsvereine, Genossenschaften, Verbände und Bünde organisierten Arbeiter.

Während der dritten Etappe wurde der endgültige Bruch mit der anarchistischen Bewegung und der Übergang von einer reinen „Lohn-
arbeiterperspektive" zu einer umfassenderen Konzeption vollzogen,
d.h. zu einer komplementräen Verbindung zwischen Arbeiterbewegung
und geistiger Führung bei der Durchführung der sozialistischen Politik.
Aber in dieser Zeit wurde vor allem ein klares und unmißverständliches
sozialistisches Programm entworfen, das zur strategischen Grundlage
der Partei wurde. Diese Etappe wurde auf dem Parteitag von Genua
erreicht, auf dem der PSI die Anarchisten und Befürworter der „Lohn-
arbeiterperspektive" ausschloß und sein Parteiprogramm verabschiedete.

In dem Programm wurde anerkannt, daß die Arbeitnehmer ihre Befreiung nur durch die Vergesellschaftung der Produktionsmittel
(Grund und Boden, Bergwerke, Fabriken) und durch eine kollektive
Bewirtschaftung der Produktion erreichen könnten, und die Ansicht
geäußert, daß dieses Ziel nur durch die Aktion des in einer *Klassen-*

3 L. Cortesi, a.a.O., S. 154.
4 Vgl. A. Labriola, Lettere ad Engels, Rom 1949, S. 13.

partei organisierten Proletariats erreicht werden kann. Diese Aktion
sollte in zwei Richtungen erfolgen: Als *Berufskampf* zur unmittelbaren
Verbesserung der Arbeitsbedingungen (Arbeitszeiten, Löhne, Betriebs-
vereinbarungen) von den Arbeitskammern zu führen; als *breiter angelegten Kampf zur Eroberung der öffentlichen Macht* (Staat, Gemeinden,
öffentliche Verwaltungen usw.), um „aus den heutigen Instrumenten
der Ausbeutung und Unterdrückung Instrumente zur ökonomischen
und politischen Enteignung der herrschenden Klasse zu machen".
„Aufgrund dieser Erwägungen", endete das Programm, „beschließen
die italienischen Arbeitnehmer, welche die Befreiung ihrer eigenen
Klasse anstreben, eine *Partei* zu bilden, die auf den oben dargelegten
Grundsätzen beruht".[5]
Die neue Partei wies zwei besondere Merkmale auf: Erstens bestand
sie nicht aus Einzelmitgliedern, sondern aus Vereinigungen; zweitens
konnten ihr nur unselbständige Arbeitnehmer und Lohnempfänger
angehören; nur in Ausnahmefällen konnte sie selbständige Arbeiter
und Vereine aufnehmen, die nicht von Arbeitnehmern geführt wurden,
sofern diese Vereine stets die Interessen der Arbeitnehmer vertraten.
Der in Genua begonnene Aufbau der PSI wurde in den folgenden
Jahren fortgesetzt, wobei der Charakter einer „politischen" Partei mit
einer eigenen politischen Struktur, der man aufgrund einer in sozia-
listischem Sinn erfolgten Reifung des eigenen politischen Bewußtseins
beitritt, betont wurde. Der PSI wollte nämlich eine Klassenpartei sein,
aber nicht die politische Vertretung der gewerkschaftlichen Kräfte wie
die englische *Lobour Party,* die in der gleichen Zeit (1893) entstand.
Der PSI war jedoch nicht eine revolutionäre, sondern eine Reform-
partei des stufenweisen Vorgehens, und er war legalitär, wenn er sich
auch im bourgeoisen Staat nicht wiedererkannte.

3. Die zwei „Seelen" des PSI: Reformismus und Revolutionarismus

Die Geschichte des PSI war von seiner Entstehung an bis zur Auflösung
durch den Faschismus sehr wechsel- und schmerzvoll.
Er hat nennenswerte Wahlerfolge erzielt, so daß er eine große Anzahl
von Abgeordneten ins Parlament bringen konnte, aber politisch war
er nur wenig oder überhaupt nicht erfolgreich, denn es ist ihm weder
gelungen, die Staatsgewalt zu erobern, noch der Bourgeoisie die
ökonomische und politische Macht zu entwinden. In seiner dreißig-

5 L. Cortesf, a.a.O., S. 20-21.

jährigen Geschichte ist der PSI in der Tat nie an der Regierung gewesen, und er stellte für die bürgerlichen Regierungen auch nur eine
schwache und unwirksame Opposition dar. Dies war zum großen Teil
auf die ständige innere Zerrissenheit der PSI zurückzuführen; aber es
lag auch an dem Mangel an einer klaren politischen Linie. Der PSI
schwankte stets zwischen seinen beiden „Seelen" hin und her: zwischen der reformistischen und der revolutionären, ohne daß die Partei
es verstanden hätte, sich deutlich und politisch wirksam für die
Reformen oder die Revolution zu entscheiden.

Diese beiden „Seelen" gab es im PSI immer, und sie haben einander
stets mit großer Schärfe befehdet. Innere Kämpfe beeinträchtigten
die Wirksamkeit der politischen Aktion nach außen und führten
dann zu offenen Spaltungen, aus denen verschiedene sozialistische
Parteien hervorgingen. Zu den Unterscheidungsmerkmalen des Reformismus gehörten die demokratische Legalität, die stufenweise Durchführung der Reformen und die Überzeugung, daß der Sozialismus
erst nach der legalen Eroberung der Staatsgewalt verwirklicht werden
könne. Er hatte seinen ideologischen Nährboden in Vorstellungen, die
in ihrer geschlossensten Form in dem von K. Kautsky verfaßten Erfurter Programm (1891) zum Ausdruck gekommen waren, wonach das
Ende des Kapitalismus einer geschichtlichen Notwendigkeit entsprach,
die im Wesen des kapitalistischen Systems selbst angelegt war, aber
nicht unmittelbar bevorstand und auch nicht durch einen revolutionären Anschlag beschleunigt werden konnte. Der Sozialismus könne
erst dann an die Stelle des Kapitalismus treten, wenn die Voraussetzungen für den Übergang von einem System zum anderen gegeben
sein würden. Für den Sozialismus arbeiten bedeutete daher, die Voraussetzungen für seine Verwirklichung zu schaffen. Dies konnte nur
mit einer legalitären politischen Aktion, aber nicht mit einem Revo-
luzzertum anarchistischer Prägung oder mit einem Korporativismus
der Lohnempfänger oder Gewerkschaftler erreicht werden. Bis 1912
wog im PSI die in der Person Turatis verkörperte reformistische Richtung vor, trotz der Angriffe der Syndikalisten, deren Absicht es war,
die Revolution mit Generalstreiks zu verwirklichen; diese endeten
aber immer in blutigen Zusammenstößen mit den Kräften der öffentlichen Ordnung. Jedoch führten die geringeren Ergebnisse, die der
PSI auf dem Gebiet der Reformen erzielte, und ein plötzlicher Erdrutsch bei den Parlamentswahlen im Jahr 1909 zu einer Niederlage
der reformistischen Tendenz Turatis innerhalb des PSI und zur Übernahme der Führung der Partei durch die revolutionäre Linke. Was die

beiden Richtungen unterschied, war die Frage der Unterstützung,
die der Regierung zu gewähren sei: Die Reformisten schlossen eine
entsprechende Möglichkeit nicht aus, falls sich dies zur Verwirklichung
der Reformen als notwendig erweisen sollte; die Linksrevolutionäre
waren absolut gegen jegliche Unterstützung einer bürgerlichen Regierung. Entscheidend für die Niederlage der Reformisten war aber
der Bruch, der sich innerhalb der reformistischen Tendenz zwischen
der Turati-Gruppe, die dem Marxismus der Zweiten Internationale
treu bleiben wollte, und der Bissolati-Gruppe, die sich den Revisionismus von E. Bernstein zu eigen gemacht hatte, vollzog. Dieser ideologische und politische Bruch führte zur Bildung einer neuen Partei
durch die Bissolati-Gruppe, und zwar der PSRI (Partito Socialista
Riformista Italiano), die keine große Gefolgschaft fand, aber die
politischen und ideologischen Grundlagen für die Entstehung der
Sozialdemokratie von G. Saragat in der Nachkriegszeit schuf.
Somit ging die Führung der Partei an die Linke: Der Hauptvertreter
dieser Richtung war B. Mussolini, der versuchte, den PSI auf den
Weg der demagogischen Subversion zu drängen, wofür er ziemlich
breitgestreute Sympathien und Zustimmung fand, aber auch auf
einen starken Widerstand bei den Reformisten stieß. Bald jedoch
brach Mussolini mit den anderen Linken wegen seiner Haltung zum
Krieg: Während nämlich Parteisekretär C. Lazzari angesichts des sich
auch für Italien abzeichnenden Kriegseintritts das Motto „Weder zu-
stimmen noch sabotieren" geprägt hatte, hatte sich Mussolini vom
Neutralismus zum Interventionismus bekehrt; aus diesem Grunde
wurde er im Oktober 1914 aus der Partei ausgeschlossen.
Die Kriegsjahre (1914-1918) waren für den PSI äußerst schwierig.
Der Wahlspruch „Weder zustimmen noch sabotieren" brachte den
PSI in eine heikle Lage: Einerseits konnte er aus Treue zu seinen
Grundsätzen einen eindeutig kapitalistischen und imperialistischen
Krieg nicht befürworten, andererseits konnte er nicht umhin, sich
mit denen solidarisch zu erklären, die an der Kriegsfront ihr Land
verteidigten. So sah sich der PSI zum Immobilismus und zur Resignation verurteilt. Im internationalen sozialistischen Lager zeichnete
sich bereits der Stern Lenins ab, dem eine Umwandlung des imerpia-
listischen Krieges in einen klassenkämpferischen Bürgerkrieg vorschwebte. Aber die italienischen Sozialisten, obwohl sie sich als
revolutionär bezeichneten, glaubten instinktmäßig oder weil in Italien
die Voraussetzungen dafür fehlten nicht an die Revolution.
Insbesondere fehlte die nach Auffasung Lenins wesentliche Voraus-

setzung dafür: eine revolutionäre Partei. Der PSI konnte sicherlich nicht als eine solche Partei gelten. Im PSI hatte sich jedoch schon eine „revolutionäre Fraktion" gebildet, die unter Führung des neapolitanischen Ingenieurs A. Bordiga und des Sarden A. Gramsci in Turin stand und der die Sympathie der „Federazione Giovanile Socialista" (Verband der Jungsozialisten) galt. Auf diese „Fraktion" übte die in Rußland durch die Oktoberrevolution (1917) eröffnete revolutionäre Perspektive einen starken Einfluß aus. Nach der Niederlage des italienischen Heeres bei Caporetto (1917) glitten die Reformisten noch weiter nach rechts. Sie betonten, daß die Sozialisten die Pflicht hätten, die Invasion der österreichischen Truppen einen bedingungslosen Widerstand entgegenzustellen und machten sich die „14 Punkte" des amerikanischen Präsidenten Wilson zu eigen. Aber dies konnte nur den Auftakt zu einer Spaltung der Partei in drei Gruppen bilden: auf der einen Seite die Revolutionäre, auf der anderen Seite die Reformisten und in der Mitte die Maximalisten, die immer von der Revolution und der Gewaltanwendung zur Eroberung der öffentlichen Macht sprachen, sie aber nie verwirklichten. Zu dieser Spaltung kam es dann auch 1921 mit der Entstehung des „Partito Comunista d'Italia" links vom PSI und 1922 mit der Entstehung des „Partito Socialista Unificato" rechts vom PSI.

Auf jeden Fall wog im PSI sowohl vor 1921, dem Jahr der kommunistischen Abspaltung, als auch nach jenem Zeitpunkt die „maximalistische" Richtung vor, deren bekanntester Vertreter G.M. Serrati war. Dieser Richtung gelang es auf dem Parteitag von Bologna (1919) das alte Genueser Programm, das als durch die Ereignisse überholt galt, durch ein neues Programm zu ersetzen, weil man der Überzeugung war, es habe nunmehr eine revolutionäre Zeit begonnen, die zur gewaltsamen Zerschlagung der bourgeoisen kapitalistischen Herrschaft und zur Erringung der politischen Macht durch das Proletariat führen sollte. Man müsse daher ein Übergangssystem der Diktatur des gesamten Proletariats errichten und den Abschnitt der Verwirklichung des Kommunismus einleiten. Die Maximalisten nahmen sich also vor, in Italien das gleiche zu tun, was Lenin in Rußland getan hatte, und folglich der von Lenin gegründeten Dritten Internationale beizutreten. In Wirklichkeit jedoch äußerte sich die revolutionäre Gesinnung der italienischen Sozialisten eher in Form von Wünschen und Sehnsüchten und entsprang nicht einem festgefügten Willen; sie bestand mehr aus Worten als aus echten revolutionären Taten. Als dann 1920 ein Umsturzversuch unternommen wurde – 500 000 Metallarbeiter besetzten die

Fabriken — weigerte sich der PSI, die alleinige Verantwortung für die
Revolution zu übernehmen. Dieser Fehlschlag hatte einen starken
Einfluß auf die Entstehung der Kommunistischen Partei Italiens. Im
Bewußtsein vieler militanter Sozialisten verstärkte sich die Überzeugung, daß die Revolution eine bestimmte Art der politischen Organisation des Proletariats und ein bestimmtes Treueverhältnis zu einer
internationalen Zentrale erfordere. Der PSI besaß keine für die Durchführung revolutionärer Aufgaben geeignete politische Organisation
und war trotz seiner Zugehörigkeit zur Dritten Internationale geistig
noch eng mit der Zweiten Internationale verbunden.

4. Die Geburt des „Partito Comunista d'Italia" (PCd'I)

Die Kommunistische Partei Italiens entstand im Januar 1921 in Livorno.
Aber schon im Mai 1920 hatte die von Bordiga 'geführte kommunistische Fraktion beschlossen, aus dem PSI auszutreten und eine
Klassenpartei zu gründen, die in vollem Einklang mit den „21 Punkten"
stehen sollte, an die sich die Mitgliedsparteien der Dritten Internationale zu halten hatten. Es handelte sich um Punkte, die nicht nur von
den Reformisten abgelehnt, sondern nicht einmal von den Maximalisten
um Serrati in ihrer Gesamtheit übernommen werden konnten, weil
dies unter anderem den Ausschluß der Reformisten aus dem PSI (dies
war die Hauptforderung Lenins), eine Änderung des Parteinamens sowie den Verlust des unabhängigen Urteils und der Bewegungsfreiheit
des PSI zur Folge gehabt hätte.
Auf dem Parteitag von Livorno (15.-20. Januar 1921) wurden drei
Resolutionsentwürfe eingebracht: einer von den „unitarischen sozialistischen Kommunisten" (Serrati), der 98028 Stimmen erhielt,
einer von den „reinen" Kommunisten (Bordiga), der 58783 Stimmen
erreichte, und einer von den „Konzentrationisten" (Reformisten), für
den 14695 Stimmen abgegeben wurden. Es obsiegte also der Antrag
der maximalistischen Mehrheit, die sich kommunistisch, aber auch
„unitarisch" nannte, wodurch ein Ausschluß der Reformisten aus dem
PSI verhindert werden konnte. Damit wurde die „völlige und spontane"
Zugehörigkeit der Partei zur Dritten Internationale bestätigt, und die
„21 Punkte" wurden angenommen; sie seien jedoch „mit Bezug auf
das Milieu und die geschichtlichen Voraussetzungen des Landes"
auszulegen, und vor allem sei die Bezeichnung „Sozialistische Partei"
beizubehalten.

Als das Abstimmungsergebnis bekannt wurde, erklärte Bordiga, die Mehrheit des Parteitages bewege sich durch ihr Votum für den Antrag der Unitarier nicht mehr auf dem Boden der Kommunistischen Internationale. Er kündigte infolgedessen an, daß die kommunistischen Vertreter den Parteitag verlassen und sich an einem anderen Ort versammeln würden, wo sie den „Partito Comunista d'Italia", Sektion der Dritten Internationale, zu gründen gedächten. Und so wurde am 21. Januar 1921 im Teatro San Marco die Gründungserklärung des „Partito Comunista d'Italia" (PCd'I) verlesen. Die Grundprinzipien waren folgende:

1. Im gegenwärtigen kapitalistischen Gesellschaftssystem entwickelt sich ein ständig wachsender Gegensatz zwischen den Produktivkräften und den Produktionsverhältnissen, was zum Interessengegensatz und zum Klassenkampf zwischen dem Proletariat und der herrschenden Bourgeoisie führt.

2. Die gegenwärtigen Produktionsverhältnisse werden von der Macht des bürgerlichen Staates geschützt und verteidigt, der, auf der Grundlage des repräsentativen Systems der Demokratie ruhend, das Organ zur Verteidigung der Interessen der kapitalistischen Klasse ist.

3. Das Proletariat kann das System der kapitalistischen Produktionsverhältnisse, das zu seiner Ausbeutung führt, ohne eine gewaltsame Zerschlagung der bürgerlichen Macht weder zerbrechen noch verändern.

4. Das für den revolutionären Kampf des Proletariats unverzichtbare Organ ist die politische Klassenpartei. Die Kommunistische Partei, die den fortgeschrittensten und bewußtesten Teil des Proletariats umfaßt, vereint die Anstrengungen der arbeitenden Massen, indem sie diese von den Kämpfen um im Endergebnis nur nebensächliche Gruppeninteressen auf den Kampf für die revolutionäre Emanzipation des Proletariats hinlenkt.

Die Partei hat die Aufgabe, unter den Massen das revolutionäre Bewußtsein zu verbreiten, die materiellen Aktionsmittel zu organisieren und das Proletariat während des Kampfes zu führen.

5. Der Weltkrieg, der durch die inneren unheilbaren Widersprüche im kapitalistischen System verursacht wurde, die den modernen Imperialismus hervorbrachten, hat die zur Auflösung des Kapitalismus führende Krise eingeleitet, wobei der Klassenkampf sich nur in Form eines bewaffneten Konflikts zwischen den arbeitenden Massen und der Macht der bürgerlichen Staaten vollziehen kann.

6. Nach der Zerschlagung der bürgerlichen Macht kann sich das Proletariat als herrschende Klasse nur organisieren, wenn der bürgerliche

Staatsapparat zerstört und die eigene Diktatur errichtet wird, d.h.
wenn die gewählten Vertretungen des Staates sich nur auf die Produk-
tivklassen stützen und der bürgerlichen Klasse jedes politische Recht
aberkannt wird.

7. Die Form der politischen Vertretung im proletarischen Staat ist
das System der Arbeiterräte (Lohnarbeiter und Bauern), das bereits
im Rahmen der russischen Revolution verwirklicht wurde, die der
Beginn der proletarischen Weltrevolution und die erste stabile Errun-
genschaft der proletarischen Diktatur ist.

8. Die notwendige Verteidigung des proletarischen Staats gegen alle
konterrevolutionären Versuche kann nur gewährleistet werden, wenn
der Bourgeoisie und den gegenüber der proletarischen Diktatur feind-
lich eingestellten Parteien jedes Mittel zur politischen Hetze und
Propaganda genommen wird und die inneren und äußeren Angriffe
durch eine bewaffnete Organisation des Proletariats zurückgewiesen
werden.

9. Nur der proletarische Staat kann all die aufeinander folgenden,
für das Eingreifen in die soziale Ökonomie notwendigen Maßnahmen
systematisch durchführen, durch die das kapitalistische System ver-
mittels kollektiver Bewirtschaftung der Produktion und der Verteilung
ersetzt werden kann.

10. Als Ergebnis dieser ökonomischen Umwandlung und der entsprechenden Umwandlung aller Tätigkeiten des sozialen Lebens, wobei die Einteilung der Gesellschaft in Klassen beseitigt wird, wird
auch der politische Staat abgebaut, dessen Apparat sich schrittweise
zu einem Mechanismus für eine rationale Verwaltung der menschlichen Tätigkeiten reduzieren wird.[6]

Die neue Partei unterschied sich demnach durch die Übernahme aller
„21 Punkte" der Dritten Internationale, d.h. des Leninismus, und die
völlige Unterordnung unter die Zentrale der proletarischen Revolution,
nämlich Moskau. Auch der PSI bekannte sich in seiner Mehrheit zum
Kommunismus und zur Dritten Internationale, wollte aber seine Unabhängigkeit gegenüber Moskau wahren, und die „21 Punkte" nicht
starr, sondern unter Berücksichtigung der italienischen Situation aus-
legen. Im Gegensatz zur Meinung der russischen Kommunisten in
Moskau und Bordigas in Italien war diese Lage aber nicht „revolutionär", also nicht reif zur Entfesselung der proletarischen Revolution.

6 Vgl. ebd., S. 955-956. Zur Geschichte der italienischen kommunistischen
   Partei vgl. P. Spriano, Storia del Partito comunista italiano, Turin 1967-1973,
   5 Bde.; G. Galli, Storia del Partito comunista italiano, Mailand 1958.

Es gab jedoch einen noch tiefergreifenden Gegensatz, der auf die unterschiedlichen Kulturkreise zurückzuführen war. Nach Ansicht der im PSI verbliebenen Männer konnte die Revolution erst dann verwirklicht werden, wenn die sachlichen Voraussetzungen für ihren Erfolg gegeben sein würden, anderenfalls würde es nur zur Auslösung der Reaktion kommen. Infolgedessen mußte die Revolution sowohl durch Erziehungsarbeit als auch durch die Entwicklung von Organen zur Ausübung der Macht vorbereitet werden, die an die Stelle der bürgerlichen Institutionen treten sollten. In diesem Punkt standen sie in Einklang mit der Tradition des schrittweisen Vorgehens des PSI.

Nach Meinung der Gründer der Kommunistischen Partei Italiens sollte die Partei dagegen nicht abwarten, bis die Voraussetzungen für die Revolution langsam heranreifen würden, um sich erst dann einzuschalten, wenn diese gegeben wären, sondern sie sollte selbst die Vorbedingungen für die Revolution schaffen. Dabei sollte sie sich nicht dem Lauf der Geschehnisse unterordnen, sondern diesen bestimmen; sich nicht durch die Ereignisse überholen lassen, sondern diese voraussehen und sie auf das Ziel hin lenken. Dies heißt mit anderen Worten, daß die Kommunisten in der neuen Partei voluntaristisch sind und daß sie die Partei, die sie zu gründen gedenken, zu einem Instrument der Revolution machen wollen. Ihre Aufgabe soll also darin bestehen, „unter den Massen das revolutionäre Bewußtsein zu verbreiten, die materiellen Aktionsmittel zu organisieren und das Proletariat während des Kampfes zu führen", wie es in Punkt 4 des Programms der neuen Partei heißt.

Was den PCd'I vom PSI am stärksten unterscheidet, ist das Selbstverständnis der Partei als Antriebskraft des Proletariats, soweit in ihr „der fortgeschrittenste und bewußteste Teil des Proletariats" zusammengeschlossen und sie zu dessen Führung und Leitung fähig ist. Der PSI hielt an der Vorstellung der Partei als politischem Ausdruck der sozialen und ökonomischen Kräfte fest, welche die Protagonisten der proletarischen Revolution bleiben. Während also der PCd'I das Proletariat von oben führt, sammelt und koordiniert der PSI die Kräfte, die von unten aus den proletarischen Massen kommen, und weist ihnen einen politischen Weg. Ist der PCd'I eine Kaderpartei, die fähig ist, die Massen zu führen und infolgedessen zwangsläufig aus wenigen Elementen besteht, so bleibt der PSI eine Massenpartei, die auf eine Steigerung der Zahl ihrer Mitglieder, Wähler und Sympathisanten als unerläßlicher Voraussetzung für den revolutionären Sprung ausgerichtet ist. Beruht der PCd'I auf der Grundlage einer strengen

Disziplin und Homogenität sowie einer völligen organisatorischen Zentralisierung (demokratischer Zentralismus), so bleibt der PSI für verschiedene Strömungen offen.

II. Faschismus und Nachkriegszeit

1. Der PSI unter dem Faschismus

Die Spaltung von Livorno führte zu einer Schwächung des italienischen Sozialismus gerade in dem Augenblick, in dem die faschistische Flut heranrollte und die „Stoßtrupps" Mussolinis die Arbeiterorganisation ins Visier nahmen, indem sie Feuer an die Arbeitskammern legten, die sozialistischen Zeitungen und Genossenschaften vernichteten, militante Sozialisten ermordeten. „Unsere gesamte alte Bewegung wird durch eine Gewaltentfesselung, die in keinem anderen Land ihresgleichen hat, zerschlagen. Wir erleben angstvolle Tage, und gegen eine derart schamlose Anmaßung kann man nichts machen; denn leider hatten zwar alle von Revolution gesprochen, aber niemand hatte sie vorbereitet. Jetzt sind wir die Opfer jener revolutionären Wortschwärmerei, die in den vergangenen Monaten alle in beträchtlichem Maße getäuscht hat", schrieb Serrati am 28. Januar 1921 an J. Mesnil.

Nach der Spaltung wurde das Dasein des PSI durch die Auseinandersetzungen zwischen seinen verschiedenen Flügeln und seinen Kampf gegen den Faschismus sehr bewegt. Im Oktober 1922 wurden die Turati-Reformisten aus dem PSI ausgeschlossen; sie gründeten daraufhin mit einer kleinen Gruppe von Maximalisten den „Partito Socialista Unitario". 1923 wurde sogar Serrati aus der Partei ausgeschlossen, der gemäß der neuen Direktive der Dritten Internationale versucht hatte, den PSI mit den Kommunisten zu verschmelzen. Unter den entschiedensten Gegnern der Fusion mit den Kommunisten befand sich P. Nenni, der damalige Direktor de „Avanti!", der später eine so wichtige Rolle im Leben des PSI spielen sollte. Er kam aus der Republikanischen Partei, war ein Befürworter des italienischen Kriegseintritts gewesen und hatte Mussolini und dem Faschismus sehr nahegestanden, sich jedoch 1919, als der Faschismus sein wahres Gesicht zu zeigen begann, von ihnen getrennt. Seiner Auffassung nach sollte der PSI gegenüber der Kommunistischen Internationale seine Autonomie wahren, um seine Aufgaben in einer so bewegten Lage wie der Italiens erfüllen zu können. Der PSI sollte wohl an der Seite der Internationale als der einzigen organisierten Kraft gegen den Imperialismus kämpfen, jedoch unter der Bedingung, ihr nicht anzugehören.

1924 erlitt der Sozialismus einen harten Schlag. Am 10. Juni wurde der Abgeordnete Giacomo Matteotti, der Sekretär des „Partito Socialista Unitario", von faschistischen Häschern ermordet. Aus Protest gegen dieses Verbrechen zogen sich die Sozialisten auf den Aventin zurück und lieferten damit den Beweis, daß sie nicht fähig waren, sich dem Faschismus ernsthaft zu widersetzen. Kurz danach löste dieser die beiden sozialistischen Parteien, ebenso wie alle anderen nichtfaschistischen Parteien auf.

In den Jahren des Faschismus hielten nur kleine Gruppen von Sozialisten in der Heimat und im Ausland die Fackel des Sozialismus hoch. In Paris entstand 1927 die „antifaschistische Konzentration", während sich 1934 um R. Morandi ein neues „sozialistisches Zentrum" bildete. Das schwierigste Problem in jenen Jahren war das Verhältnis zu den Kommunisten. Die Dritte Internationale widerrief ihre 1921/1922 verfolgte Taktik der „Einheitsfront" und führte einen harten Kampf gegen die sozialistischen und sozialdemokratischen Parteien, denen sie eine Unterstützung der Sache des Faschismus vorwarf. Es wurde für notwendig gehalten, die fortschreitende Faschistisierung der des „Sozialfaschismus" bezichtigten Sozialdemokraten zu entlarven. Erst die neue von der Dritten Internationale nach dem Aufstieg des Nationasozialismus in Deutschland angenommene und auf Einheitlichkeit bedachte Haltung ermöglichte am 17. August 1934 den Abschluß einer Vereinbarung über die Aktionseinheit zwischen den italienischen Kommunisten und Sozialisten. Diese Vereinbarung wurde 1937 erneuert und 1941 und 1946 bestätigt, nachdem sie von den Sozialisten wegen des Paktes von 1939 zwischen dem national-sozialistischen Deutschland und Sowjetrußland aufgekündigt worden war. Aber gerade diese Aktionseinheit zwischen Sozialisten und Kommunisten, der sich die innerhalb des PSI ziemlich starke sozialdemokratische Komponente widersetzte, sollte 1947 zu einer neuen Spaltung der Sozialisten führen. Einerseits entstand der PSIUP („Partito Socialista Italiano di Unità Proletaria" — so hieß der PSI in der Nachkriegszeit), unter der Führung von Nenni, andererseits der von G. Saragat geleitete PSLI (Partito Socialista dei Lavoratori Italiani"). Somit hatte sich der italienische Sozialismus in drei Zweige geteilt, die jedoch in neuer Form das Doppelgesicht der sozialistischen Bewegung Italiens wider-

spiegelten, die von der Sozialdemokratie Saragats vertretene „reformistische und legalitäre" Auffassung und die „revolutionäre und
klassenbezogene" Überzeugung des maximalistischen und auf Fusion
bedachten Sozialismus von Nenni.

2. Bordiga, Gramsci, Togliatti

War in den Jahren nach der Spaltung von Livorno und dem Aufstieg
des Faschismus das Leben für den PSI schwierig, so galt dies für den
PCd'I nicht minder. Dies war auf den Kampf zwischen den beiden
Richtungen zurückzuführen, aus denen der PCd'I hervorgegangen ist,
– der von Bordiga und der von Gramsci-Terracini –, die sich durch
ihren kulturellen Hintergrund und ihre Strategie ziemlich stark voneinander unterschieden. Bordiga war ein starrer Doktrinär, der keineswegs zu taktischen Kompromissen mit anderen politischen Gruppierungen neigte und sich insbesondere den Direktiven aus Moskau nur
widerwillig beugte. Gramsci war politisch klüger, flexibler, nachgie-
biger und aufgeschlossener für taktische Absprachen mit anderen
politischen Kräften.
In der ersten Zeit behielt die Richtung Bordigas im PCd'I die Oberhand, was zu einem scharfen Gegensatz zwischen dem PCd'I und der
Moskauer Dritten Internationale führte. Als man feststellte, daß die
Partei ohne die Unterstützung Moskaus nicht leben konnte, wurde die
Richtung Gramscis vorgezogen; Bordiga wurde zunächst in den Hintergrund gedrängt und später sogar aus der Partei ausgeschlossen. Das
Vorwiegen der Gramsci-Richtung hatte eine totale Bolschewisierung
des PCd'I zur Folge, was bedeutete, daß die italienischen Kommunisten auf jegliche Urteils- und Aktionsfreiheit gegenüber der Dritten
Internationale verzichteten und alle diejenigen aus der Partei verstoßen
wurden, die sich in irgendeiner Weise gegen die Politik Stalins auf-
lehnten.
Aber Gramsci war nur kurze Zeit an der Spitze der Partei: Am 8. November 1926 wurde er von den Faschisten festgenommen und zu 20
Jahren Kerkerhaft verurteilt, die er nur teilweise verbüßte, denn er
starb am 27. April 1937. Im Kerker schrieb er von 1929 bis 1936 viele
Notizen nieder, die dann unter dem Titel *Quaderni dal carcere* (Hefte
aus dem Kerker) veröffentlicht wurden. Diese Notizen zeugen von
scharfsinnigem und tiefem Denken und stellen eine wichtige Etappe
in der Entwicklung der marxistischen Philosophie dar. Gramsci ent-

wickelt den Leninismus nicht im Sinne einer Verneinung oder Über-
windung weiter, sondern im Sinne einer Ergänzung der Leninschen
Theorie von der Diktatur des Proletariats mit seinem Begriff von der
Vorherrschaft des Proletariats. In einem politisch und ökonomisch
hochentwickelten Land, meint Gramsci, kann das Proletariat seine
Diktatur nicht mit bloßer Gewalt aufzwingen, sondern es muß ein
Konsensus erreicht werden. Dies bedeutet, daß das Proletariat vor dem
Ausbruch der Revolution, die es zur Diktatur führen wird, die Zustimmung des Kräfteblocks erhalten muß, der dem neuen Staat zur Entstehung verhelfen soll. Diese Zustimmung kann es aber nur erlangen,
wenn es zu einer hegemonialen Kraft in der Gesellschaft wird, also
nur wenn es eine politische, kulturelle und moralische Überlegenheit über alle anderen Kräfte gewinnt. Das bedeutet, daß das Proletariat in dem Maße „herrschend" sein (also die Diktatur ausüben)
kann, wie es „führend" ist (also durch seine politische, kulturelle
und moralische Überlegenheit den „Konsens" der anderen Kräfte
erhält). Die *Vorherrschaft* ist demnach für Gramsci „Herrschaft plus
Führung", d.h. gewaltsame und zwingende Diktatur gegenüber den
Klassengegnern plus „Konsensus" der verbündeten gesellschaftlichen
Kräfte. Die Vorherrschaft erhält das Proletariat aber durch den
Marxismus, der allerdings als „Philosophie der Praxis" und „abso-
luter Historismus" zu verstehen ist. Das Proletariat kann jedoch die
politische und kulturelle Hegemonie nicht allein erringen; es braucht
dazu die Hilfe der „Intellektuellen", die aber mit dem Proletariat
„organisch" verbunden, d.h. zutiefst mit ihm solidarisch sein müssen.[7]
Diese Überlegungen Gramscis sind wichtig zum Verständnis einiger
besonderer Merkmale des italienischen Kommunismus, wenn es auch
übertrieben wäre zu behaupten, es gebe eine Übereinstimmung zwischen dem Denken Gramscis und der ideologischen Aufbereitung,

7   Von den „Quaderni dal carcere" gibt es heute eine kritische Ausgabe in 4
Bänden, hrsg. von V. Gerratana, Turin 1975. Über Gramsci gibt es eine ziem-
lich umfassende Bilbliographie. Hier einige Werke: G. Fiori,„Vita di Antonio
Gramsci, Bari 1966; G. Nardone, Il pensiero di Gramsci, Bari 1971; H. Portelli,
Gramsci e il blocco storico, Bari 1973; versch. Autoren, Studi gramsciani,
Rom 1958; versch. Autoren, Gramsci e la cultura contemporanea, Rom 1970.
Zu den ·Vorstellungen Gramscis über die katholische Religion — die er für
eine unkritische und mythologische Weltanschauung hielt, welche durch die
von dem Proletariat vorangetriebene „geistige und moralische Reform" über-
wunden werden würde — vgl. H. Portelli, Gramsci e la questione religiosa,
Mailand 1976; und die anthologische Sammlung A. Gramsci, Il Vaticano e
l'Italia, hrsg. von E. Fubini, Rom 1974.

die den italienischen Kommunismus in den letzten Jahren — mit
welchen Einschränkungen und Widersprüchen werden wir noch
sehen — zu etwas Neuem im Spektrum des weltweiten Kommunismus
gemacht hat. Einen wesentlich größeren Einfluß auf die Entwicklung
des italienischen Kommunismus hatte P. Togliatti,[8] der von 1926
bis 1964 Parteisekretär war. Tatsächlich beginnt gerade unter Togliatti im Jahre 1944 ein neuer Zeitabschnitt für die kommunistische
Partei Italiens.

In den ersten Jahren des Zweiten Weltkriegs konnten die italienischen Kommunisten nur sehr wenig tun: Viele von ihnen befanden
sich in Haft oder im Ausland. Aber vom Winter 1942/43 an, als der
Kriegsverlauf sich zugunsten der Aliierten wendete und in Italien
der Widerstand gegen den Faschismus wegen der ernsten wirtschaftlichen Schwierigkeiten zunahm, begannen die Kommunisten, ihre
Präsenz immer stärker zu betonen, und es gelang ihnen, breit ange-
legte Streiks unter den Turiner und Mailänder Arbeitern zu organisieren. Nach dem Sturz des Faschismus (25. Juli 1943) begannen
sie zusammen mit anderen antifaschistischen Gruppen (Sozialisten,
Katholiken, Aktionisten) den bewaffneten Kampf gegen die Deutschen und die Faschisten. Dieser unter der Bezeichnung „Resistenza"
bekannte Kampf verhalf den Kommunisten zu großem Ansehen im
Land. Aber es ging ihnen nicht nur darum, Italien von den deutschen
Invasoren und deren faschistischen Verbündeten zu befreien, sondern
sie strebten auch nach einer politischen und gesellschaftlichen „neuen
Ordnung", welche die Monarchie und die Regierung Marschall Bado-
glios ablösen und sich auf die Massenorganisationen stützen sollte, die
den Partisanenkrieg geführt hatten. Es sollte also eine Volksdemokratie mit einer Volksregierung als Ausdruck der *Hegemonie des Proletariats* errichtet werden.

Aber am 14. März 1944 wurde bekannt, daß die UdSSR im Februar
beschlossen hatte, die diplomatischen Beziehungen zur Regierung

---

8 P. Togliatti übte zweifellos durch seine politische Führung und seine Schriften den stärksten Einfluß auf das Leben und die politische Linie des PCI aus.
   Er hatte eine sehr reiche und vielschichtige Persönlichkeit: In ihm verbanden
   sich große politische Geschicklichkeit mit einer starken auf Fakten und Erfahrungen bezogenen Denkfähigkeit. Er war ein überzeugter Marxist, jedoch
   mit aufklärerischen Zügen. Er war Stalinist und hielt es für ein Glück, „unter
   der unmittelbaren Führung Stalins" gestanden zu haben, wie er am 26. März
   1953 sagte. Togliatti hat sehr viel geschrieben: E. Ragionieri bereitet zur Zeit
   eine Ausgabe seiner Werke in 6 Bänden vor. Über das Leben Togliattis vgl.
   G. Bocca, P. Togliatti, Bari 1974.

Badoglio wiederaufzunehmen. Dies war ein harter Schlag für die italienischen Kommunisten. Durch die auf den eigenen Vorteil bedachte sowjetische Politik wurden sie gezwungen, auf die „Revolution" zu verzichten, für die, nach dem Erfolg des Generalstreiks vom 1. März 1944 zu urteilen, die Stunde nunmehr gekommen zu sein schien. Doch war die Aufnahme der diplomatischen Beziehungen auch das Vorspiel zur sogenannten „Wende von Salerno".

3. Togliatti und die „neue Partei". Kommunisten und Katholiken

Man kann sich schwer vorstellen, daß Togliatti, als er am 27. März 1944 in Salerno an Land ging, sich mit der Moskauer Führung nicht über die in Italien zu befolgende politische Linie einig gewesen sei. Die UdSSR beabsichtigte, in Italien ihren Einfluß geltend zu machen, ohne mit den Alliierten (England und den Vereinigten Staaten) zu brechen, deren Mitwirkung für die Überwindung des Nationalsozialismus noch erforderlich war. Der UdSSR ging es darum, von jeglichem Revolutionsversuch Abstand zu nehmen und eine Übereinkunft mit Badoglio und der Monarchie sowie eine nationale Vereinigung aller antifaschistischen Kräfte herbeizuführen. Gerade diese Politik zwang Togliatti der Partei auf, was die Kommunisten in Erstaunen und Überraschung versetzte und ihren Widerstand hervorrief; denn sie träumten von der Revolution, während sie gegen Nazis und Faschisten kämpften. Aber für den Sekretär des PCI („Partito Comunista Italiano" — so wurde der PCd'I künftig genannt) handelte es sich nicht nur um eine politische Linie, die durch die Interessenlage der sowjetischen Außenpolitik bestimmt war. Togliatti war auch davon überzeugt, daß angesichts der neuen Situation, in der der PCI seine Tätigkeit entfalten mußte, die Gründung einer „neuen" Partei erforderlich sei (s.a. Anm. 8). In seiner Rede am 11. April 1944 vor den Kadern der kommunistischen Organisation von Neapel sagte Togliatti, die italiensiche Arbeiterpartei habe angesichts der Katastrophe, in die der Faschismus das Land geführt habe, die Aufgabe, den Weg zur Rettung konkret aufzuzeigen und die Belange der ganzen Nation zu vertreten. Daher solle sie sich nicht mit den Ereignissen in Rußland befassen, sondern ihren Anspruch auf Beteiligung am Wiederaufbau des Landes anmelden. „Als kommunistische Partei, als Partei der Arbeiterklasse melden wir nachdrücklich unseren Anspruch auf Beteiligung am Aufbau dieses neuen Italien an in dem Bewußtsein,

daß Italien nicht wieder aufgebaut werden könnte, falls wir dieses
Recht nicht forderten und heute und in Zukunft nicht in der Lage
wären, diese Aufgabe zu erfüllen. Es ergäben sich dann düstere Aussichten für unser Land. In dem überaus harten Kampf, den wir geführt
haben, um uns heute von der ausländischen Invasion zu befreien und
den Wiederaufbau so bald wie möglich zu beginnen und beschleunigt
durchzuführen, rufen wir im Rahmen der demokratischen antifaschistischen und nationalen Kräfte alle rechtschaffenen Italiener auf, sich
zu vereinigen . . . Unsere Politik ist also eine nationale Politik und eine
Politik der Einheit."[9]
Mit diesen Worten wurden die beiden wesentlichen Merkmale der
„neuen" Partei angedeutet: Es sollte eine *nationale* Partei sein
(„die Fahne der nationalen Interessen, die durch den Faschismus
in den Schmutz gezogen und verraten wurde, heben wir auf und
machen sie uns zu eigen"), welche das Werk des „Risorgimento"
weiterführen und zum Abschluß bringen sollte, sowie eine Partei
der Einheit mit den *Sozialisten* und den *Katholiken*. „Unsere Politik
muß es uns ermöglichen, immer Seite an Seite mit den sozialistischen
Freunden und Brüdern zu schreiten, mit denen wir einen Aktions-
einheitspakt geschlossen haben, der auch für die Zukunft die Möglichkeit der Schaffung einer Einheitspartei der Arbeiterklasse vorsieht. . . . Wir dürfen und wollen auch nicht gegen die katholischen
Bauernmassen arbeiten, mit denen wir heute und morgen die Grundlage für eine Verständigung und gemeinsame Aktion finden müssen. . . .
Unsere Politik muß so gestaltet werden, daß sie es uns ermöglicht, in
einem einzigen Block alle antifaschistischen und demokratischen
Kräfte, alle echt nationalen Kräfte zusammenzuschließen".
Der PCI sollte nicht nur eine Partei der nationalen Einheit, sondern
auch eine *Massenpartei* sein. „Wir können nicht länger ein kleiner,
begrenzter Verein zur Vorbereitung der allgemeinen Vorstellungen des
Kommunismus und des Marxismus bleiben. Wir müssen eine große
Massenpartei werden, die von der Arbeiterklasse ihre entscheidenden
Kräfte erhält und die besten Elemente der intellektuellen Avantgarde
sowie der Bauernklassen heranzieht und daher all die Kräfte und
Fähigkeiten in sich vereinigt, die erforderlich sind, um die große Masse
der Lohnempfänger und Arbeitnehmer in den Kampf zur Befreiung
und zum Wiederaufbau Italiens zu führen".[10]

9 P. Togliatti, La politica di unità nazionale dei comunisti, 11. April 1944, in:
   La via italiana al socialismo, Rom 1964, S. 42.
10 Ebd.

Der PCI sollte sich zum Ziel setzen, „in Italien ein demokratisches und fortschrittliches System zu schaffen". „Wenn morgen eine nationale verfassunggebende Versammlung einberufen wird, werden wir dem Volk vorschlagen, Italien zu einer demokratischen Republik zu machen mit einer Verfassung, die allen Italienern sämtliche Freiheiten zusichert. Freiheit der Presse, der Vereinigung und der Versammlung, Freiheit der Religion und der Glaubensausübung und die Freiheit des kleineren und mittleren Eigentums, sich zu entfalten, ohne von den habgierigen und egoistischen Gruppen der Plutokratie, d.h. vom monopolistischen Großkapital erdrückt zu werden. Dies bedeutet keineswegs, daß wir ein System vorschlagen, welches sich auf die Existenz und die Herrschaft einer einzigen Partei stützt. Mit einem Wort, in einem demokratischen und fortschrittlichen Italien muß und wird es verschiedene Parteien geben, die den verschiedenartigen geistigen Strömungen und Interessen der italienischen Bevölkerung entsprechen.[11] Nur die Faschisten werden aus dem neuen demokratischen System ausgschlossen.

Aber war eine so verstandene „neue" kommunistische Partei nicht die Verneinung der proletarischen „Revolution"? War sie nicht die Verneinung des sowjetischen Modells?

Tatsächlich war sich Togliatti bei seiner Rückkehr nach Italien im klaren darüber, daß eine Erringung der Macht auf revolutionärem Weg unmöglich sei. Er wußte nicht nur, daß die alliierten Streitkräfte in Italien standen, sondern auch, daß Italien bei der Teilung der Welt in „Einflußsphären" der „westlichen Welt" zugeordnet worden war. Die Alliierten würden sich daher einer „Revolution" widersetzen, die Italien der Einflußsphäre der UdSSR zuführen würde. Etwas derartiges ereignete sich gerade damals in Griechenland, wo die Engländer den kommunistischen Aufstand unterdrückten, der infolgedessen scheiterte. Er wußte auch, daß die Italiener nach ihren üblen Erfahrungen mit dem faschistischen Regime keine Neigung zu einer „Revolution" und einer Diktatur nach sowjetischem Muster hatten. Man mußte damals nicht nur den Gedaken verwerfen, sondern sogar verhindern, daß die von den Partisanen vorangetriebene antifaschistische Revolution sich in eine sozialistische Revolution umwandelte. Vielmehr galt es, die Perspektive einer demokratischen parlamentarischen Republik im Auge zu behalten. Togliatti sah also deutlich, daß die Macht auf demokratischem Weg unter Nutzung aller Institutionen des demokratischen

11 Wortlaut veröffentlicht in P. Spriano, a.a.O., Bd V, S. 389.

Systems, an erster Stelle des Parlaments, erobert werden müsse. Aus diesem Grund wurde die „bürgerliche" Demokratie von kommunistischer Seite zunächst hingenommen, um später, wenn die Macht einmal mit einem System der „progressiven" Demokratie erlangt sein würde, überwunden zu werden. Weiterhin begriff Togliatti, daß der PCI die Macht in Italien nicht allein erobern könne, sondern sich mit anderen „Volks"kräften, d.h. mit den von der Democrazia Cristiana (DC) vertretenen Katholiken und dem aus der Fusion des PSI mit dem MUP („Movimento di Unità Proletaria") hervorgegangenen PSIUP („Partitio Socialista Italiano di Unità Proletaria") verbünden müsse. Dadurch erklärt sich die Politik des PCI von 1944 bis 1947.

Zunächst einmal „streckte" Togliatti den Katholiken „die Hand entgegen". Am 9. Juli sagte er in einer Rede im Teatro Brancaccio in Rom: „Wir, die mit der sozialistischen Partei verbündete kommunistische Partei, sind bereit, mit der christlich-demokratischen Partei eine gemeinsame Aktion zu vereinbaren, die den Kampf der großen kommunistischen und sozialistischen sowie der großen katholischen Massen für ein gemeinsames Programm der wirtschaftlichen, politischen und sozialen Erneuerung vorsieht". Dann fügte er hinzu: „Wir, die kommunistische Partei, haben erklärt — und ich wiederhole diese Erklärung heute in Rom, der Hauptstadt der Katholischen Welt —, daß wir den katholischen Glauben, den überlieferten Glauben der Mehrheit des italienischen Volkes respektieren, und wir bitten die Vertreter und Seelsorger dieses Glaubens, ihrerseits unseren Glauben, unsere Symbole, unsere Fahne zu respektieren."[12]

Die Katholiken nahmen das Angebot Togliattis, das sie als „Taktik" und als Falle zur Annäherung der katholischen Massen an den PCI betrachteten nicht an. Der Führer des PCI hielt sein Angebot an die Katholiken jedoch aufrecht. Er sagte auf einer Rede vor dem V. Parteitag des PCI (29. Dezember 1945): „Wir fordern und wünschen, daß in der italienischen Verfassung die Freiheit des Gewissens, des Glaubens, des Kultes, der Glaubensverbreitung und der religiösen Vereinigung verankert wird. Wir betrachten die Freiheiten als demokratische Grundfreiheiten." Und anschließend: „Für uns ist die Lösung der Römischen Frage endgültig; dadurch wurde ein Problem für immer abgeschlossen und geregelt." In Übereinstimmung mit dieser Erklärung stimmte der PCI am 25. März 1947 für den Artikel 7 der Verfassung, in dem anerkannt wurde, daß die Beziehungen zwischen dem italie-

12 Wortlaut veröffentlicht in P. Spriano, a.a.O., Bd. V, S. 389.

nischen Staat und der Katholischen Kirche „durch die Lateranverträge geregelt sind". Togliatti wollte eine Spaltung „aus religiösen Gründen" innerhalb der Arbeiterklasse vermeiden.[13]

Auch nach dem Bruch zwischen DC und PCI – am 13. März trat die Regierung De Gasperi, der Kommunisten und Sozialisten angehört hatten, zurück, und am 31. Mai bildete De Gasperi eine „zentristische" Regierung unter Ausschluß von PCI und PSI – und nach der Exkommunizierung der Kommunisten (1. Juli 1949) setzte Togliatti gegenüber den Katholiken seine Politik der „ausgestreckten Hand" fort, selbst wenn er die Kirche und die DC äußerst heftig angriff und in der Partei eine Haßkampagne gegen die Kirche und zugunsten der marxistisch-leninistischen Erziehung der kommunistischen Kinder und Jugendlichen schürte. Am 12. April 1954 schlug er eine Vereinbarung zwischen den katholischen Massen – jedoch unter Ausschluß ihrer „Führungskräfte" – und den kommunistischen Massen vor, um „die Menschheit und die Kultur vor der Zerstörung zu retten".

Schließlich sagte Togliatti ein Jahr vor seinem Tod in einer Rede in Bergamo am 20. März 1963: „Wir haben uns immer den Versuchen widersetzt, eine Annäherung zwischen Kommunisten und Katholiken auf der Grundlage irgendeines Kompromisses zwischen den beiden Weltanschauungen anzustreben. Einen derartigen Kompromiß gibt es nicht. Man muß dagegen die kommunistische und die katholische Welt als eine Gesamtheit realer Kräfte – Staaten, Regierungen, Organisationen, Einzelgewissen, verschiedenartige Bewegungen – betrachten und untersuchen, ob und wie es angesichts der Revolutionen der Gegenwart und der Aussichten für die Zukunft möglich ist, zu einem gegenseitigen Verständnis, einer gegenseitigen Anerkennung der Werte und folglich zu einer Verständigung und auch zu einer Vereinbarung über die Verwirklichung von Zielen zu gelangen, die gemeinsam angestrebt werden, weil sie für die ganze Menschheit notwendig, ja sogar unverzichtbar sind."[14]

Bei dieser Aufforderung an die Katholiken, sich mit den Kommunisten zu verbinden, berief sich Togliatti auf die Tatsache, daß die katholische Welt nicht gleichgültig sein könne gegenüber den neuen Dimensionen,

13 S. P. Togliatti, Sui rapporti tra lo Stato e la Chiesa, in: Discorsi alla Costi-
tuente, Rom 1958, S. 57.
14 P. Togliatti, Il destino dell'uomo, in: Rinascita XX, Nr. 13, 30. März 1963,
S. 17.

die die Welt in bezug auf das Verhältnis zwischen den Staaten, die
Führung der wirtschaftlichen Tätigkeiten, die Entstehung und Gewinnung neuer Formen des demokratischen Lebens, die Aussicht eines
Voranschreitens in Richtung auf eine Gesellschaft und eine Menschheit annehme, die eine neue, auf dem Ende jeglicher Ausbeutung,
auf der Arbeit, der sozialen Gleichheit, der vielfältigen freien Entfaltung der menschlichen Person beruhende Einheit erzielt habe. „Es
ist nicht wahr", fügte er hinzu, „daß ein religiöses Gewissen dem Verständnis für diese Aufgaben und diese Perspektive sowie der Zustimmung dazu entgegensteht. Ganz im Gegenteil, wir haben erklärt und
erklären weiterhin, daß *das Streben nach einer sozialistischen Gesellschaft bei Menschen, die einen religiösen Glauben besitzen, nicht nur
Raum greifen, sondern angesichts der dramatsichen Probleme der gegenwärtigen Welt in dem religiösen Gewissen selbst einen Ansporn
finden kann.* Daher unser Appell an die gegenseitige Einsicht und Verständigungsbereitschaft."[15] Die Worte in Kursivschrift erinnerten an
eine These, für die Togliatti auf dem X. Parteitag des PCI (2. - 8. Dezember 1962) gegen die Überzeugung vieler Kommunisten Zustimmung
fand, und in welcher der PCI in Widerspruch zur gesamten sozialistischen und kommunistischen Tradition die Religion aufwertete. Es
hieß darin: „Es geht heute nicht nur darum, die Schranken und den
Sektierergeist zu überwinden, die sich einer Zusammenarbeit zwischen
sozialistischen und katholischen Kräften zur Erreichung kurzfristiger
ökonomischer und politischer Ergebnisse entgegenstellen. Man muß
verstehen, daß das Streben nach einer sozialistischen Gesellschaft bei
Menschen, die einen religiösen Glauben besitzen, nicht nur Platz
greifen, sondern im religiösen Gewissen angesichts der dramatischen
Probleme der heutigen Welt sogar einen Ansporn finden kann."[16] Wie
viel bei dieser Aufwertung der Religion Taktik war, ist schwer zu sagen.
Sicherlich war sie von Nutzen, um die Katholiken den Kommunisten
entgegenzuführen. Auf jeden Fall blieb sie eine „Konstante" des PCI
bis heute. Obwohl der PCI erklärt, sein ideologischer Nährboden sei
der Marxismus-Leninismus, und infolgedessen müßten die kämpfenden
und die übrigen Parteimitglieder in der marxistisch-leninistischen (und

15 P. Togliatti, Il destino dell'uomo, in: Rinascita XX, Nr. 13, 30. März 1963,
   S. 17.
16 Tesi del X Congresso, Rom 1963, Kap. 1,8.

folglich materialistischen und atheistischen) Weltanschauung geschult werden und die Probleme nach der Lehre von Marx und Lenin (Artikel 5 der Satzung) untersuchen und lösen, verkündet er seit 1945, „in den PCI könnten die Staatsbürger eintreten, die – unabhängig von ihrer Rasse, ihrem religiösen Glauben und ihren philosophischen Überzeugungen – das politische Programm der Partei annehmen und sich verpflichten, es zu verwirklichen" (Artikel 2 der Satzung). Es können dem PCI also auch Katholiken beitreten, ohne ihrem eigenen Glauben deswegen abschwören zu müssen (ein Widerspruch in sich; denn man kann sich in Anbetracht der tiefgreifenden Unvereinbarkeit zwischen Christentum und leninistischem Marxismus nicht vorstellen, wie man einerseits den eigenen Glauben wahren und andererseits die Kenntis des Marxismus-Lenismus vertiefen und die Probleme nach den Ansichten von Marx und Lenin lösen kann). Wenn der PCI auch eine *politische* Partei ist und sein möchte, so ist er *nicht nur* eine politische Partei, sondern auch eine *ideologische* Partei, d.h. Träger einer für einen Christen nicht akzeptablen Vorstellung von der Welt, vom Menschen und der Gesellschaft, nach der eine neue Gesellschaft aufgebaut werden soll.

Hatte die Politik der den Katholiken „entgegengestreckten Hand" auch wenig Erfolg, so war der der Politik der Einheit mit den Sozialisten um so größer. Das Ziel, das sich Togliatti gesetzt hatte, konnte zwar nicht erreicht werden: die Fusion zwischen den Sozialisten und den Kommunisten, aus der „die Einheitspartei der Arbeiterklasse und der italienischen Arbeitnehmer" hervorgehen sollte. Zweifellos jedoch war die vereinbarte Aktionseinheit zwischen Sozialisten und Kommunisten mehr als zehn Jahre lang derart eng, daß man in Italien vom „Sozialkommunismus" sprach. Erst nach 1956 lockerte sich die Einheit allmählich, bis 1963 die „Mitte Links"-Regierung („Centro sinistra") gebildet wurde, d.h. eine Regierung, an der sich die Sozialisten zusammen mit der DC beteiligten, die jedoch von den Kommunisten entschieden abgelehnt wurde.

Die Aktionseinheit funktionierte besonders gut bei den Parlamentswahlen vom 18. April 1948, anläßlich derer sich PCI und PSI im „Fronte Democratico Popolare" (Demokratische Volksfront) zusammengeschlossen hatten. Zwar erlitten sie im Wahlkampf eine harte Niederlage, doch gelang es ihnen bei den Parlamentswahlen von 1953, die Verabschiedung des von der DC eingebrachten Mehrheitsgesetzes (das sie „Legge Truffa" – „Betrugs-Gesetz" – genannt hatten) zu verhindern.

*III. Entstehung der Sozialdemokratie – die Sozialisten und die „Links-
alternative"*

Nicht alle Sozialisten waren mit der Aktionseinheit mit den Kommunisten einverstanden. Als daher am 27. Oktober 1946 eine neue Absprache mit dem PCI getroffen wurde, spitzte sich die Krise innerhalb
des PSI derart zu, daß am 11. Januar 1947 der von G. Saragat
geleitete „reformistische" Flügel die Partei verließ und eine neue politische Gruppierung mit der Bezeichnung „Partito Socialista dei Lavoratori Italiani" (PSLI)[17] bildete. Die neue Partei war ausgesprochen
antikommunistisch. Innenpolitisch war sie für eine Zusammenarbeit
mit der DC, um eine Reformpolitik zu verwirklichen; außenpolitisch
erklärte sie sich für das Verbleiben Italiens im westlichen demokratischen Lager. Sie arbeitete also mit der DC zusammen, zunächst in
den sogenannten „Zentrumsregierungen" (Christdemokraten, Liberale,
Republikaner und Sozialdemokraten) und später, von 1963 an, in den
Regierungen der „Linken Mitte" (Christdemokraten, Sozialisten, Republikaner und Sozialdemokraten). Am 18. März 1949 gab der PSLI
zusammen mit der DC und den anderen demokratischen Parteien

---

17 Was die beiden Parteien voneinander unterschied, war zum einen die Interpretation des Marxismus und zum anderen die Haltung gegenüber dem
   Kommunismus und der UdSSR. Saragat übernahm die von der II. Internationale und den italienischen „Reformisten" (Turati, Treves) angenommene
   Interpretation des Marxismus und bekannte sich zu einem reformistischen
   und demokratischen Sozialismus; Nenni, Morandi, Basso dagegen griffen die
   von der III. Internationale Lenins und in Italien von den „Maximalisten"
   verkündete Auslegung des Marxismus auf. Während Saragat daher mit Sympathie auf die sozialistischen Parteien der westlichen Länder blickte und dem
   Totalitarismus der Sowjetunion sehr kritisch gegenüberstand, waren die
   Sozialisten im PSI der Ansicht, daß die europäischen Sozialdemokraten den
   Sozialismus verraten, der sowjetische Kommunismus ihn dagegen verwirklicht habe. Hierdurch erklärt sich die bis 1956 anhaltende Begeisterung der
   Sozialisten für die Oktoberrevolution und für Stalin; und ebenso ihre Vereinbarung über die Aktionseinheit mit den Kommunisten, von denen die
   Sozialisten nur dadurch getrennt waren, daß sie gegenüber der Politik der
   Sowjetunion die eigene Selbständigkeit bewahren wollten, obwohl sie sie
   unterstützten. Infolgedessen war der Sozialismus des PSI eine Art „autonomer Kommunismus", der immer zwischen den „Reformen" des demokratischen Sozialismus und der „Revolution" des Kommunismus hin- und her-
   schwankte, ohne sich für das eine oder das andere entscheiden zu können,
   ja vielleicht beides gleichzeitig anstrebend. In den letzten Jahren ist innerhalb des PSI eine deutlich radikale Tendenz zutage getreten und der Antiklerikalismus, eine „Konstante" des italienischen Sozialismus während seiner
   ganzen Geschihte, ist wiederaufgelebt. In jüngster Zeit jedoch hat sich auch
   für diese Partei, angesichts der Präsenz von beachtlichen katholischen Kern-
   gruppen, die „katholische Frage" gestellt.

seine Zustimmung zum Eintritt Italiens in den Atlantikpakt (NATO), während Sozialisten und Kommunisten dagegen stimmten. Die neue Partei wurde von der Sozialistischen Internationale, die 1948 den PSI wegen seiner Zusammenarbeit mit den Kommunisten ausgeschlossen hatte, anerkannt. 1952 gab sich der PSLI, der sich 1951 mit dem „Partito Socialista Unitario" (PSU) zusammengeschlossen hatte, die Bezeichnung „Partito Socialista Democratico Italiano" (PSDI), die er heute noch trägt.

Aber das Schicksal des italienischen Sozialismus in all seinen Ausdrucksformen war gekennzeichnet durch sein ständiges Schwanken zwischen den beiden großen Gegenpolen der politischen Szenerie Italiens, nämlich der DC auf der einen Seite und dem PCI auf der anderen. 1956 gebot die Krise, in die der Zentrismus nach dem Ausscheiden von De Gasperi (1954) geraten war, eine erneute Vereinigung zwischen Sozialdemokraten und Sozialisten. Im August 1956 trafen Nenni und Saragat zur Erörterung dieser Frage in Pralognan zusammen. Die Sozialisten empfanden ihre Einheit mit den Kommunisten als immer stärkere Belastung, da dieses Zusammengehen nur den letzteren, nicht aber ihnen selbst Vorteile brachte. Der öffentlichen Meinung galt der PSI nur als „Anhängsel" des PCI. Die schärfsten Gegensätze entstanden jedoch zwischen dem PSI und dem PCI, als Chruschtschow die Verbrechen Stalins enthüllte. Während Togliatti das Verhalten Stalins zwar nicht zu rechtfertigen, seine Härte jedoch durch die Behauptung abzuschwächen suchte, Stalin habe sicherlich Fehler und Verstöße gegen die Legalität begangen, aber auch große Verdienste erworben, äußerten sich die Sozialisten sehr kritisch zur Politik der UdSSR. Sie wurden durch die sowjetische Intervention in Ungarn (November 1956) in ihrem negativen Urteil bestätigt.

Infolgedessen kam es im PSI zur Ablösung vom PCI und zur Annäherung an die Katholiken. Auf dem Parteitag von Venedig (Februar 1957) griff der PSI, wenn auch mit großer Vorsicht, erneut das Thema der Zusammenarbeit mit der DC auf, um sich aus dem „Ghetto der Isolierung" zu befreien. Doch herrschte innerhalb der Partei keine Einmütigkeit. Erst als 1963 die autonomistische Strömung Nennis die Oberhand gewann, wurde eine Zusammenarbeit mit der DC in der Regierung der „Linken Mitte" möglich, und erst 1966 konnte die Einigung zwischen PSI und PSDI auf der Grundlage einer von der sozialistischen „verfassunggebenden Versammlung" ratifizierten „Einigungscharta" herbeigeführt werden. Doch die Hoffnung, der Zusammenschluß der beiden Parteien werde all jene Kräfte anziehen, die sich in irgendeiner Weise auf den Sozialismus beriefen, um eine „Sozialistische Alternative" zur DC zu bilden und die Sonderstellung des PCI im linken Lager abzubauen, erfüllte sich nicht. Bei den Wahlen am 19. Mai 1968 gewannen die vereinigten PSI und PSDI unter der Führung der Abgeordneten De Martini und Tanassi nicht nur keine Stimmen hinzu, sondern sie erlitten im Vergleich zu den vorherigen Wahlen sogar Verluste. Dadurch geriet der Zusammenschluß in eine Krise. Die Sozialisten prangerten die gemäßigte Haltung und den Reformgeist des PSDI als Ursache der Wahlniederlage an. Wiederum kam es zu einem heftigen Zusammenprall zwischen den beiden „Seelen" des italienischen Sozialismus, auf den eine neue Spaltung folgte. Am 5. Juli 1969 zogen die Sozialdemokraten aus der Einheitspartei aus und gründeten den PSU.

Bei den Sozialisten nahm die Enttäuschung über die Ergebnisse der Regierung der „Linken Mitte" zu und ihre Überzeugung wuchs, sie könnten nicht mit der DC zusammenarbeiten, weil diese Partei aufgrund ihrer gemäßigten Einstellung und ihrer Machtstrukturen eine Umwandlung Italiens im sozialistischen Sinn unmöglich machte. In Wirklichkeit hofften die Sozialisten durch ihre Beteiligung an Regierungen der „Linken Mitte", im Leben des Landes einen größeren Einfluß zu gewinnen, als es ihrer eigentlichen Stärke entsprach, in der Überzeugung, die Schwäche der DC werde sich zu ihren Gunsten auswirken. Sie hatten jedoch festgesellt, daß die DC viel stärker war als sie geglaubt hatten. So erwachte ihr Wunsch, sich nach links in Richtung auf die Kommunisten hin zu bewegen, in der Hoffnung, zusammen mit den Kommunisten und anderen Linkskräften (auch innerhalb der DC), die „sozialistische Alternative" zu bilden, um sich an die Stelle der DC zu setzen und diese in die Opposition zu drängen. Es entstand so innerhalb des PSI die Theorie der „weiter vorgeschobenen Gleichgewichte" („equilibri più avanzati"), das heißt der Trennung von der DC und der Annäherung an die Kommunisten. Letztere aber waren keineswegs überzeugt, daß es möglich sei, der DC eine „sozialistische Alternative" entgegenzustellen, und strebten daher den „historischen Kompromiß" an. Jedenfalls schritten die Sozialisten auf ihrem eigenen Weg voran und lehnten eine Beteiligung an Regierungen mit der DC ab. Dadurch wurde das Land unregierbar. Die Weigerung des PSI, mit der DC zusammen jedoch ohne die Kommunisten zu regieren, führte zweimal (1972 und 1976) zur vorzeitigen Parlamentsauflösung. Wenn es auch heute nicht möglich ist, in Italien eine Regierung zu bilden (die derzeitige Regierung Andreotti ist eine nur

von der DC unterstütze Minderheitsregierung, die sich dank des
„Nicht-Mißtrauens" der PCI, PSI, PRI und PSDI am Leben hält), so
liegt der Hauptgrund darin, daß die Sozialisten sich nicht an einer
Regierung mit der DC beteiligen wollen, wenn an dieser Regierung
nicht auch die Kommunisten in irgendeiner Weise beteiligt werden.
Diese Bedingung aber kann die DC nicht akzeptieren.

Damit bestätigt sich wieder einmal der innere Widerspruch, der seit
jeher Leben und Politik des italienischen Sozialismus gekennzeichnet
hat. Einerseits gelingt es ihm nicht, an die Regierung zu kommen, sei
es, weil er ewig mit einer zu keinem Ergebnis führenden Demagogie
behaftet ist, sei es, weil er zu schwach ist, seine eigene Politik durchzusetzen und infolgedessen Kompromisse mit anderen, nichtsozialisti-
schen Parteien eingehen muß. Aber dies entfremdet ihm die Basis und
kostet ihn Sympathien (daher die Stimmenverluste nach jeder Regierungsbeteiligung und folglich die Notwendigkeit, in die Opposition
zu gehen). Andererseits gelingt es ihm nicht, eine Partei der Opposition
zu sein, weil in der Opposition der PCI, der anderen Parteien keinen
Raum läßt und dazu neigt, sie zu unterdrücken, die Vorherrschaft
besitzt. Es gelingt dem PSI mit anderen Worten nicht, im politischen
Leben Italiens in der Regierung oder in der Opposition das Gewicht
zu erlangen, das er wünscht. Hierdurch erklärt sich sein Gefühl der
Frustration und auch seine Furcht, zwischen den beiden Kolossen
der italienischen Politik, der DC und dem PCI, aufgerieben zu werden.
Diese Frustration und Furcht machen den PSI zu einer ständig unzufriedenen und unsicheren Partei. Dementsprechend ist er auch politisch
unzuverlässig und darüber hinaus unfähig, eine ernstgemeinte, nicht
nur momentanen Anwandlungen entspringende Politik zu betreiben.

IV. Der „italienische Weg zum Sozialismus"

1. Schritte zur Eigenständigkeit des PCI

Schon in früheren Jahren hatte Togliatti von „neuen" Straßen gesprochen, die zum Sozialismus führen, von „anderen Straßen als denen,
die von der Arbeiterklasse und den Arbeitnehmern der Sowjetunion
beschritten worden waren" (10. Januar 1947). 1956 aber entwarf er
den „italienischen Weg zum Sozialismus". In einer Rede vor dem
XX. Kongreß der KPdSU erklärte er: „Der Weg, den ihr (die Sowjets)
eingeschlagen habt, um an die Macht zu gelangen und eine soziali-

stische Gesellschaft aufzubauen, ist nicht in all seinen Aspekten
verbindlich für die anderen Länder; denn ein solcher Weg kann und
soll in jedem Land seine besonderen Merkmale haben. Unsere Aufgabe ist es, einen italienischen Weg zu entwerfen. Er muß die historische Entwicklung des Landes, seine gesellschaftliche Struktur,
die Ausrichtung und die Zielsetzungen der großen Arbeitermassen
und ihrer Organisationen berücksichtigen. Er muß es uns ermöglichen, in den unserem Land eigenen Formen des Bündnis zwischen
Arbeiterklasse, Bauern und Mittelschichten zu verwirklichen und die
große Mehrheit des Volkes für die Sache der sozialistischen Umgestaltung der Gesellschaft zu gewinnen. Wir sind uns gleichzeitig darüber
im klaren, daß dieser Wandel nicht ohne einen ständigen, hartnäckigen
und auch scharfen Kampf gegen die reaktionären Kräfte erfolgen kann.
. . . Aber wir wollen, daß dieser Kampf auf dem Boden der Demokratie
ausgefochten wird. . . . Denn wir sind nicht Anhänger der Gewalt um
der Gewalt willen."[18]

In seinem Bericht vom 24. Juni 1956 an das Zentralkomitee des PCI
erläuterte Togliatti deutlich, was er unter dem Begriff „italienischer
Weg zum Sozialismus" verstand. Ausgehend von der Verschieden-
artigkeit und Komplexität der geschichtlichen Situation der Länder,
in denen die kommunistischen Parteien ihre Tätigkeit entfalten,
stellte er den Grundsatz des „Polyzentrismus" heraus, aufgrund dessen „sich aus der Erfahrung beim Aufbau einer sozialistischen Gesellschaft in der Sowjetunion keine Richtlinien zur Lösung all der Fragen
ableiten lassen, vor denen heute wir selbst und die Kommunisten anderer Länder stehen." Es gibt also nicht nur ein einziges Führungszentrum für die sozialistische Weltrevolution wie zur Zeit Lenins
und Stalins, sondern ein „polyzentrisches System", so daß jede
kommunistische Partei völlig autonom ist, wenn sie sich auch auf dem
Boden des proletarischen Internationalismus bewegt.

Togliatti erklärte im Anschluß daran, es gelte die Position von Marx
und Lenin zu korrigieren, wonach mit dem Apparat des bürgerlichen
Staates keine sozialistische Gesellschaft aufgebaut werden könne und
dieser Apparat folglich zerstört und durch den proletarischen Staat,
d.h. durch die Diktatur des Proletariats ersetzt werden müsse. „Wenn
wir sagen", bemerkt er, „man könne zum Sozialismus nicht nur auf

---

18 P. Togliatti, La via italiana al socialismo, in: Problemi del movimento operaio
   internazionale (1956-1961), Rom 1962, S. 121-169.

demokratischer Grundlage, sondern auch unter Nutzung der parlamentarischen Formen voranschreiten, so ist es offensichtlich, daß wir diese Position einer Korrektur unterziehen."
Außerdem stellte Togliatti fest, die Erklärungen Lenins über die Formen der Machtausübung im System der Diktatur des Proletariats hätten unter anderen Voraussetzungen keine Gültigkeit mehr. Man könne also in einer sozialistischen Gesellschaft an eine Vielfalt von Parteien denken, denn man brauche nicht zwangsläufig und unter jedweden Umständen in der ganzen Welt das gleiche zu tun wie in Rußland.
„Was in der Sowjetunion geschehen ist, ist nicht ein Muster für das, was in anderen Ländern in deren jeweiliger Situation geschehen kann und muß. Wir nehmen ohne weiteres hin, daß es in einer Gesellschaft, in der der Sozialismus aufgebaut wird, verschiedene Parteien geben kann, von denen einige sich an diesem Aufbau beteiligen."
Togliatti bekräftigte die „nationale" Aufgabe der italienischen Arbeiterklasse und deren Zustimmung zur demokratischen und republikanischen Staatsverfassung und den darin verankerten Grundsätzen. Er wies darauf hin, daß die Verfassung im Falle ihrer Anwendung zu „einer Demokratie neuen Typs" führen würde, die sich „von den kapitalistischen Demokratien herkömmlicher Art" unterscheide. Daher werde der PCI um die Entwicklung zum Sozialismus hin „über die Verwirklichung von in der Verfassung vorgesehen Strukturreformen" kämpfen. „Aber", so fügte er hinzu, „man kann nicht einfach ‚den italienischen Weg zum Sozialismus' mit dem parlamentarischen Weg" gleichsetzen. „Die Nutzung des Parlaments ist eine der Möglichkeiten für eine konsequente demokratische Aktion zur Verwirklichung tiefgreifender Strukturreformen."[18a]
Bei diesen Erklärungen war Togliatti davon überzeugt, daß sie nicht einen Verzicht auf die Grundsätze des Marxismus und Leninismus, sondern nur eine Anpassung an die gewandelten geschichtlichen Verhältnisse darstellten. „Unsere Grundsätze", sagte er am 15. September 1956 in Livorno, „sind keine Dogmen. Wir werden nie einen Katechismus unserer Ideologie und unserer Politik verfassen, und wer einen Katechismus sucht, möge nicht zu uns kommen. Unsere Grundsätze sind eine Methode, derer wir uns bedienen, um zu prüfen, wie sich die tatsächlichen Kräfte und die Klassenkräfte entwickeln und bewegen, um die sich daraus ergebenden Gegensätzlichkeiten zu verstehen und

---

18a P. Togliatti, La via italiana al socialismo, in: Problemi del movimento operaio internazionale (1956-1961), Rom 1962, S. 121-169.

aus all diesem die Lösung für die vor uns liegenden Probleme abzuleiten."[19]

Es war jedoch klar, daß der von ihm aufgezeigte „italienische Weg zum
Sozialismus" eine Überwindung des Stalinismus, d.h. der Grundsätze
von der Führung durch den Staat, der Führung durch die Partei bedeutete. „Es gibt weder einen Führungsstaat noch eine Führungspartei.
Uns leiten unsere Grundsätze, die Interessen der Arbeiterklasse und
des italienischen Volkes. . . . Unter dieser Führung werden wir unseren
ureigenen Weg einschlagen", sagte Togliatti in seinem Bericht vor dem
VIII. Parteitag des PCI (8. Dezember 1956).[20] Es ging Togliatti aber
offensichtlich nicht darum, auf den Leninismus und insbesondere auf
die leninistische Staatsdoktrin zu verzichten. „Es bleibt für uns eine
unumstößliche Tatsache, daß man über die Demokratie nicht sprechen
und diskutieren kann, ohne in erster Linie an das Klassengefüge des
Staates und den Klassenkampf zu denken, der sowohl im Staat als
auch in der Gesellschaft geführt wird. Die leninistische Lehre vom
Staat ist die Voraussetzung unseres ganzen Suchens nach Wegen, die
zum Sozialismus führen.[21]

Wenn er von „Demokratie" sprach, verstand Togliatti diese nicht im
Sinne der „bürgerlichen" Demokratie, die für ihn keine Demokratie,
sondern eher das Gegenteil war. In seinen Augen war die Demokratie
nichts anderes als der Sozialismus, d.h. der Aufbau einer Gesellschaft ohne kapitalistische Ausbeutung. Der Kampf um die Demokratie war für ihn gleichbedeutend mit dem Kampf um den Sozialismus
und umgekehrt. „Der Aufstieg der arbeitenden Klasse zur Macht ist
der Beginn der Verwirklichung eines echten demokratischen Systems
im ökonomischen und politischen Bereich, in der ganzen zivilen Gesellschaft." Folglich ist die Diktatur der Arbeiterklasse „grundsätzlich
eine Ausweitung der Demokratie. Sie bedeutet den Aufstieg einer
neuen führenden Klasse, der mit den breiten arbeitenden Massen vereinten Arbeiterklasse, zur Führung der Gesellschaft mit der Aufgabe,
die Nutzung des sozialen Reichtums im Interesse aller und nicht nur
einer Kaste von Privilegierten zu gestalten, also der Ausbeutung des
Menschen ein Ende zu setzen und allen ein würdiges Leben sowie die
notwendige Entfaltung ihrer Persönlichkeit zuzusichern. Dieser Auf-

19 Ders., Per un Congresso di rafforzamento e di rinnovamento, in: Problemi
  . . ., a.a.O., S. 188-189.
20 In Problemi . . ., a.a.O., S. 236.
21 Ders., La decisione del XX Congresso e il PSI, in: Rinascita, Oktober 1958
  (in: Problemi . . ., a.a.O., S. 278).

stieg einer neuen Klasse zur Macht ist seinem Wesen nach der Beginn einer echten demokratischen Erneuerung der Gesellschaft."[22] „Wir gehen immer davon aus", fügte Togliatti einige Jahre später hinzu, „daß der Sozialismus das System ist, in dem den Arbeitnehmern die größte Freiheit eingeräumt wird, und sie nehmen tatsächlich in organisierter Form an der Ausrichtung des gesamten sozialen Lebens teil."[23] Ein ernstes Problem war für ihn daher die Tatsache, daß in der UdSSR und in den sozialistischen Ländern „das von Stalin errichtete System der Einschränkung und Unterdrückung der demokratischen und persönlichen Freiheiten" noch nicht überwunden war und daß man dort „nur langsam und widerwillig zu den leninistischen Normen zurückkehrte, die innerhalb und außerhalb der Partei eine umfassende Freiheit der Meinungsäußerung und der Diskussion auf kulturellem, künstlerischem und politischem Gebiet gewährleisteten."[24] Nach dem Tod Togliattis während eines Aufenthalts in der UdSSR am 21. August 1964 erfolgte eine weitere Ausarbeitung des „italienischen Wegs zum Sozialismus". Hinsichtlich der Beziehung zu den Katholiken griff der neue Sekretär des PCI, Longo, den von Togliatti in seiner „Denkschrift" niedergelegten Gedanken über die Notwendigkeit wieder auf, „auf die alten, der heutigen Wirklichkeit nicht mehr entsprechenden Formeln zu verzichten" und „die alte atheistische Propaganda, die zu nichts führt, beiseite zu lassen".[25] Er erklärte, der PCI „betrachte den alten Antiklerikalismus als überholt", da der Kampf des PCI „demokratisch in einer freien ideologischen Auseinandersetzung in den politischen Aktionen zu führen sei, ohne daß man sich irgendwelcher philosophischer, politischer und religiöser Vorstellungen als Druckmittel bediene, die in einer Gesellschaft, wie sie den Kommunisten vorschwebt, vorhanden seien, zum Ausdruck gebracht und verteidigt werden können." Insbesondere bekräftigte er, daß der PCI es nicht für richtig halte, „die Religion nur als Instrument zu betrachten, dessen sich die konservativen Klassen bedienen". Deshalb rief er „zur Verständigung und Zusammenarbeit aller Arbeiter-, Volks- und demokratischen Kräfte" auf, und folglich zwischen Katholiken und Kommunisten, ohne jedoch für eine

---

22 Vgl. ders., A proposito di socialismo e democrazia, in: Rinascita, April 1961 (in: La via italiana al socialismo, Rom 1964, S. 210-211).
23 Ders., Memoriale di Yalta, in: Rinascita Nr. 35, 3. September 1964.
24 Vgl. ebd.
25 Vgl. ebd.

derartige Zusammenarbeit „eine ideologische, politische und organisatorische Identifizierung" mit dem PCI zu verlangen.[26]

Das Zentralkomitee des PCI erklärte seinerseits, daß „es eine der Hauptaufgaben unserer Partei ist und bleibt, den Dialog mit der katholischen Bewegung voranzutreiben, um Nichtverstehen und Vorurteile abzubauen, um den strategischen und nicht nur taktischen Wert unserer Politik darzulegen und um die Katholiken aufzufordern, sich von der Unterordnung unter die konservativen Interessen zu befreien und ihren Beitrag zur Erneuerung der italienischen Gesellschaft zu leisten".[27]

Aber nicht nur die Frage der Begegnung mit den Katholiken sollte in neuem Licht betrachtet werden. Das Zentralkomitee des PCI griff den Gedanken Gramscis von dem „neuen historischen Block" wieder auf, ging jedoch insofern darüber hinaus als es ihn nicht, wie es Gramsci vorschwebte, als ein Bündnis zwischen den Arbeitern und den armen Bauern verstand, sondern umfassender „als soziale Basis unter Einbeziehung aller gesellschaftlich produktiven und nicht parasitären Schichten, die von den Entwicklungstendenzen der kapitalistischen Gesellschaft in ihrer monopolistischen Phase bedroht und betroffen werden. Als politische Basis sollte der „neue historische Block" der Beteiligung einer Vielfalt von Parteien und Kräften offenstehen, die selbst bei unterschiedlichen ideologischen Voraussetzungen sich doch in bezug auf ein Programm zu Erneuerung der „ökonomischen, gesellschaftlichen und politischen Strukturen einig sind". „Hierdurch", so das Zentralkomitee, „ergibt sich der Grundsatz der Parteienvielfalt (pluripartitismo) und einer demokratischen Dialektik unter den Parteien nicht nur in der Phase des Kampfes gegen das Monopolkapital, sondern auch als Element der politischen Struktur einer sozialistischen Gesellschaft in Italien".[28]

Die vollständige Darlegung des „italienischen Wegs zum Sozialismus" findet sich jedoch in dem Dokument *Problemi del movimento operaio e socialista italiano* (Probleme der italienischen Arbeiter- und Sozialisten-Bewegung), das am 12. Juni 1965 in der Zeitschrift „Rinascita" veröffentlicht und vom Zentralkomitee des PCI gebilligt wurde. Der Ausgangspunkt des Entwurfs für den italienischen Weg zum Sozialismus ist — wie es dort hieß — „die Suche nach einem Weg zum Sozia-

26 L. Longo im italienischen Fernsehen (10. September 1964).
27 S. L'Unità, 2. September 1964, S. 3-4.
28 Ebd.

lismus hin, der den Verhältnissen in unserem Land — und, allgemeiner, den jeweiligen Voraussetzungen in den Ländern mit einem fortgeschrittenen Kapitalismus entsprechen".

Es gibt zwei Modelle für eine sozialistische Strukturierung der Gesellschaft: das sozialdemokratische und das leninistische der Oktoberrevolution. Aber keines von beiden läßt sich auf die italienische Gesellschaft anwenden. Nicht nur hatte die Sozialdemokratie „vor 1917 nicht einmal den Versuch unternommen, eine zum Sozialismus hinführende, an die Verhältnisse in den hochentwickelten kapitalistischen Ländern angepaßte Strategie zu entwickeln", sondern sie hatte durch ihre Parteinahme für den imperialistischen Krieg und ihre Frontstellung gegen die Oktoberrevolution „ganz offen ihren Verzicht auf den Sozialismus" zum Ausdruck gebracht. Dies erklärt das „Scheitern der Sozialdemokratie in Europa ebenso wie in Italien, wo sich in der Regierung der linken Mitte „die ganze Ohnmacht der reformistischen Politik offenbarte, die darauf verzichtet, sich an der Quelle des Kumulierungsprozesses einzuschalten und folglich in die Produktionsverhältnisse einzugreifen, und es nicht versteht, die notwendigen punktuellen Errungenschaften in den allgemeinen Rahmen einer Umgestaltung der Gesellschaft einzuordnen. Die Sozialdemokratie steht wie der katholische „interclassismo" — das Nebeneinander unterschiedlicher Kräfte — vor dem Dilemma, „die Grenzen des Reformismus zu überschreiten oder sich voll in eine neokapitalistische Politik zu integrieren".

In bezug auf das in der UdSSR angewandte leninistische Modell herrschte zeitweilig „die Tendenz, den universalen und entscheidenden Wert der Oktoberrevolution in ein Modell umzuformen, das in jeder Situation Gültigkeit haben sollte". Aber bereits auf dem VII. Kongreß der Internationale wurde der Weg für die „Trennung von einem allgemeingültigen einzigen revolutionären *Modell*" freigegeben. Die Oktoberrevolution hatte ja in einem wirtschaftlich und sozial rückständigen Land stattgefunden; sie konnte also nicht als Vorbild für die Revolution in einem kapitalistischen hochentwickelten Land wie Italien dienen. Hieraus ergab sich die Notwendigkeit eines „italienischen Wegs zum Sozialismus", der sich einerseits „dem Versuch einer Sozialdemokratisierung und Integrierung eines Teils der Arbeiterbewegung in das gegenwärtige System und in die Politik des Imperialismus" entgegenstellte und andererseits, ohne das leninistische Modell zu kopieren, zu „einer Wiederaufnahme der Schlacht um den Sozialismus im europäischen Westen und, allgemeiner gesagt, in den

Hochburgen des Kapitalismus" führen sollte. Diese Notwendigkeit
ergibt sich zwangsläufig „aus einer nichtdogmatischen Auffassung
des Marxismus".

Aber für die sozialistische Umgestaltung der Gesellschaft zu kämpfen
„bedeutet nicht, sich darauf zu beschränken, allgemein den abstrakten
Wert der Vergesellschaftung der Produktionsmittel als Instrument zur
Zerstörung der Macht der Monopole hervorzuheben. Der Kampf besteht vielmehr darin, unter den heutigen konkreten Voraussetzungen
der Herrschaft der kapitalistischen Gruppen in unserem Land und
ihres Machtsystems, die Einheit der Arbeiterklassse, eine führende
nationale Rolle für sie, ein ihr eigenes Bündnissystem zu verwirklichen.
Der Kampf besteht auch darin, für die Vergesellschaftung der Produktionsmittel und die Erringung und Ausübung der Macht, entsprechend den in unserem Land historisch gewachsenen Bedürfnissen
der gesellschaftlichen und politischen Emanzipation der arbeitenden
Klassen einen Weg zu bahnen."

Mit anderen Worten wird der Kampf um den Sozialismus in einem
kapitalistischen Land nicht geführt, indem man versucht, die Produktionsmittel durch einen revolutionären Anschlag zu vergesellschaften,
der die Arbeiterklasse an die Macht bringt. In einem kapitalistischen
Land muß man den Weg in umgekehrter Richtung zurücklegen, den
Lenin in Rußland eingeschlagen hatte. In Rußland folgte die Vergesellschaftung der Produktionsmittel der Eroberung der politischen
Macht durch die kommunistische Partei. In Italien dagegen „kann
die Umgestaltung der Produktionsstrukturen und der politischen Ordnung nicht bis zu dem Zeitpunkt hinausgeschoben werden, in dem die
Arbeiterklasse in Regierung und Staat zur Führungsmacht geworden
ist". Es genügt nämlich nicht, die politische Macht zu erringen, um das
Großkapital auszuschalten; denn unter den Gegebenheiten eines
forgeschrittenen Kapitalismus „übt das Großkapital seine politische
Herrschaft nicht nur durch die Kontrolle des staatlichen Zwangs-
apparats", sondern auch auf anderem Wege aus. Daher muß man „an
den Angelpunkten, beginnend mit den Produktionsstätten, gegen das
ganze komplexe System, auf dem in unserem Land und in anderen
hochkapitalistischen Ländern die Herrschaft der Bourgeoisie beruht,
angehen und es zerbrechen"; aber dies kann nicht mit einem einzigen
Schlag, mit einer revolutionären Geste geschehen, sondern nur durch
„Teileroberungen, die geeignet sind, die Kampffront vorzuverlegen",
durch „Zwischenziele" als „erste Elemente der gesellschaftlichen
und politischen Umgestaltung, die wir verwirklichen wollen", also

durch „Teilreformen", die jedoch nicht „als Folge separater Maßnahmen", sondern nur im Zusammenhang mit dem Endziel der Revolution im Sinne einer sozialistischen Umgestaltung der Gesellschaft
zu verstehen sind.

Es handelte sich also um eine Eroberung der zivilen Gesellschaft als
Weg zur Erringung der politischen Macht. Dies war gleichbedeutend
mit einem „demokratischen" Weg zur Macht. Doch in dem Dokument
hieß es ferner, auch in der sozialistischen Gesellschaft müsse es „eine
politische Willensbildung und eine entsprechende Auseinandersetzung,
eine freie Bildung von Mehrheiten und die Möglichkeit für Minderheiten geben, zu Mehrheiten zu werden: Wir kämpfen für eine Perspektive, die es der Arbeiterklasse und ihren Verbündeten ermöglicht,
die Macht auf diesem demokratischen Weg zu erobern und auszuüben,
der eine Vielfalt von politischen Kräften zuläßt und vorsieht, der
eine freie Auseinandersetzung zwischen den Ideen und politischen
Kräften verwirklicht, wobei die demokratischen Institutionen und das
Parlament gestärkt und erneuert werden."

Nach diesem Dokument aus dem Jahr 1965 umfaßte der „italienische
Weg zum Sozialismus" die folgenden Punkte: 1) Bestätigung des
„Polyzentrismus" und Ablehnung der UdSSR als „Führungs"-Staat
sowie der KPdSU als „Führungs"-Partei; 2) Nichtanwendbarkeit des
leninistischen Modells auf die italienische Lage und Kritik des Stalinismus sowie der von Stalin in den Leninismus eingeführten „Dege-
nerationserscheinungen": Monolithismus, Unterordnung der Kultur
unter das System, gewaltsame Glaubensverfolgung, Reduzierung der
Rolle der Gewerkschaft zu der eines „Antriebsriemens" für die Richtlinien der Partei; 3) Ablehnung der revolutionären Gewalt bei der
Eroberung und Ausübung der Macht und folglich auch Ablehnung der
Diktatur des Proletariats als Form der Machtausübung, dagegen
Akzeptierung der demokratischen Methode bei der Machtausübung
mit der Möglichkeit eines Pluralismus von politischen Kräften und
ihres Wechsels an der Macht, wobei Minderheiten zu Mehrheiten werden können; 4) Freiheit der Kulturellen Forschungsarbeit; 5) Glaubensfreiheit.

Zu diesem letzteren Punkt sagte der Sekretär des PCI L. Longo auf
dem XI..Parteitag des PCI (25.-31. Januar 1966): „Wir bekräftigen,
daß wir für die völlige Achtung der Glaubensfreiheit, der Gewissens-
freiheit, bei Gläubigen und Nichtgläubigen, bei Christen und Nicht-
christen sind ... Es ist klar, daß wir für einen tatsächlich und absolut
laizistischen Staat sind. Wie wir gegen den konfessionellen Staat sind,

sind wir auch gegen den Staatsatheismus, d.h. wir sind dagegen, daß
der Staat einer Weltanschauung oder einer Philisophie oder einem
religiösen Glauben oder einer kulturellen und künstlerischen Strömung
irgendein Vorrecht zu Lasten anderer einräumt."[29]
Die letzte Darlegung des „italienischen Wegs zum Sozialismus" (besser
sollte es heißen: des „europäischen Wegs zum Sozialismus", woraus
sich das Wort „Eurokommunismus" als Bezeichnung der neuen Strategie der kommunistischen Parteien Europas ableiten läßt) ist in zwei
gemeinsamen Erklärungen enthalten, die der PCI am 11. Juli 1975
zusammen mit der Kommunistischen Partei Spaniens und am 15.
November 1975 zusammen mit der Kommunistischen Partei Frankreichs abgegeben hat. „Die Perspektive einer neuen sozialistischen
Partei", hieß es in der ersten Erklärung, „geht von der Überzeugung
aus, daß der Sozialismus sich in unseren Ländern nur über die Entwicklung und volle Wirksamkeit der Demokratie durchsetzen kann.
Grundlage hierzu ist die Bekräftigung des Wertes der persönlichen
und kollektiven Freiheiten und ihrer Gewährleistung, der Grundsätze vom laizistischen Charakter des Staates, seiner demokratischen
Gliederung, dem Pluralismus der Parteien in einer freien Dialektik,
der Autonomie der Gewerkschaftsbewegung, der Freiheit des Glaubens, der Meinungsäußerung, der Kultur, der Kunst und der Wissenschaften. Auf wirtschaftlichem Gebiet soll eine sozialistische Lösung
durch eine Politik der demokratischen Programmierung eine hohe
Produktionsentwicklung gewährleisten, die sich auf die Koexistenz
verschiedener Formen öffentlicher und privater Initiative und Be-
triebsführung stützt."[30]
Noch deutlicher ist die gemeinsame Erklärung des PCI und des KPF:
„Die italienischen und französischen Kommunisten sind der Ansicht,
daß der Weg zum Sozialismus und der Aufbau der sozialistischen Gesellschaft, die sie ihren Ländern als Perspektive anbieten, im Rahmen
einer fortlaufenden Demokratisierung des wirtschaftlichen, sozialen
und politischen Lebens verwirklicht werden müssen. Der Sozialismus
wird eine höhere Phase der Demokratie und Freiheit sein — die in
denkbar vollkommener Weise erfüllte Demokratie. In diesem Sinne
müssen alle Freiheiten garantiert und weiterentwickelt werden, ob
sie nun Ergebnis der großen bürgerlich-demokratischen Revolutionen
sind oder der großen Volkskämpfe unseres Jahrhunderts, bei denen

29 L'Unità, 26. Januar 1966.
30 Almanacco PCI '76, Rom, S. 314-315.

die Arbeiterklasse an der Spitze stand. Das gilt für die Freiheit des
Denkens und der Meinungsäußerung, die Presse-, Versammlungs-,
Organisations- und Demonstationsfreiheit, die Freizügigkeit der
Menschen im In- und Ausland, die Unverletzlichkeit des Privatlebens,
die Freiheit des Glaubens, die vollständige Freiheit, Gruppen zu
bilden und jegliche philosophische, kulturelle und künstlerische Ansicht zum Ausdruck zu bringen.

Die französischen und italienischen Kommunisten befürworten den
Pluralismus der politischen Parteien, das Recht auf Existenz und
Tätigkeit von Oppositionsparteien, die freie Bildung und die Möglichkeit des demokratischen Wechsels von Mehrheiten und Minderheiten,
den laizistischen Charakter und das demokratische Funktionieren des
Staates sowie die Unabhängigkeit der Justiz. Sie sprechen sich in
gleicher Weise für die freie Betätigung und die Autonomie der Gewerkschaften aus; wesentliche Bedeutung messen sie der Entwicklung der
Demokratie in den Betrieben bei, und zwar dergestalt, daß die Arbeiter wirksam an deren Leitung teilnehmen können und über weit-
reichende Entscheidungsmacht verfügen.

Eine sozialistische Umgestaltung setzt die öffentliche Kontrolle über
die wichtigsten Produktions- und Tauschmittel, ihre allmähliche Vergesellschaftung sowie eine demokratische Wirtschaftsprogrammierung
auf nationaler Ebene voraus. Das kleinere und mittlere Eigentum in
Landwirtschaft und Handwerk, die kleinen und mittleren Unternehmen in Industrie und Handel können und müssen eine spezifische
und positive Rolle beim Aufbau des Sozialismus spielen. Diese Umgestaltung kann nur das Ergebnis großer Kämpfe sowie machtvoller
und weitreichender Massenbewegungen sein, die um die Arbeiterklasse die Mehrheit des Volkes vereinen. Sie erfordert die Existenz,
die Garantie und die Weiterentwicklung demokratischer Institutionen,
die die Volkssouveränität vollständig verkörpern, sowie die freie Ausübung der allgemeinen, direkten Verhältniswahl. Dies ist der Rahmen,
in dem nach Auffassung beider Parteien — die das Urteil der allgemeinen Wahlen immer anerkannt haben und dies auch immer tun werden — die arbeitenden Klassen die Leitung des Staates übernehmen
werden.

Die italienische kommunistische Partei und die französische kommunistische Partei messen all diesen Voraussetzungen des demokratischen
Lebens einen grundsätzlichen Wert bei. Ihre Position ist nicht taktischer Natur, sondern ergibt sich aus ihrer Analyse der objektiven und
spezifischen historischen Bedingungen ihrer Länder sowie aus ihren

Überlegungen hinsichtlich der Gesamtheit der internationalen Erfahrungen.

Beide Parteien sind der Ansicht, daß in den Beziehungen zwischen allen Staaten — die im Rahmen einer neuen internationalen Arbeitsteilung von einer immer engeren Zusammenarbeit geprägt sein sollten — das Recht eines jeden Volkes gewährleistet sein muß, über sein eigenes politisches und soziales System souverän zu entscheiden. Sie unterstreichen daher die Notwendigkeit, gegen den Anspruch des amerikanischen Imperialismus zu kämpfen, sich in das Leben der Völker einzumischen. Sie sprechen sich gegen jede fremde Einmischung aus.

Beide Parteien sind der Auffassung, daß der Erfolg im Kampf gegen den Hauptfeind der Arbeiterklasse und der Volksmassen — den Monopolkapitalismus — nur gesichert werden kann, wenn es zu einem freien Einvernehmen zwischen verschiedenen sozialen und politischen Kräften kommt und unter ihnen die vereinte Arbeiterklasse eine Führungsfähigkeit zu erwerben in der Lage ist. Diese breiten Bündnisse sind sowohl in der gegenwärtigen Phase als auch beim Aufbau des Sozialismus notwendig.

Die Entwicklung einer festen und dauerhaften Zusammenarbeit zwischen Kommunisten und Sozialisten bildet die Grundlage für dieses breite Bündnis. Darüber hinaus kann man feststellen, daß heute breiten katholischen Schichten immer deutlicher der Widerspruch zwischen der Wirklichkeit des Imperialismus und Kapitalismus und ihrem tiefen Streben nach Brüderlichkeit unter den Menschen, nach sozialer Gerechtigkeit, nach Bekräftigung der höchsten moralischen Werte und nach der vollen Entfaltung der Persönlichkeit bewußt wird. Dies schafft immer bessere Möglichkeiten für eine Begegnung zwischen den Kommunisten, der gesamten Arbeiterbewegung und den christlich eingestellten Volkskräften. Letztere können und müssen eine wichtige Rolle beim Aufbau einer neuen Gesellschaft spielen."[3][1]

Der „italienische Weg zum Sozialismus" stellt also „eine neue Etappe der demokratischen und antifaschistischen Revolution dar, die durch die schrittweise, auf demokratischem Wege erfolgende Einführung von Elementen des Sozialismus in das gesellschaftliche, staatliche, politische und sittliche Leben gekennzeichnet ist" (Berlinguer, 11. Juli 1975).

---

31 Almanacco PCI '76, Rom, S. 314-315.

2. Der „historische Kompromiß"

Ein wesentlicher Punkt des vom PCI entworfenen „italienischen Wegs zum Sozialismus" ist das Bündnis zwischen Sozialisten und Katholiken. Die italienischen Kommunisten sind davon überzeugt, daß es in Italien nicht möglich ist, den Sozialismus ohne die Mitwirkung der drei großen „Volks"-Kräfte (Kommunisten, Sozialisten und Katholiken) zu verwirklichen. Zu dieser Überzeugung kamen sie, als sie begriffen, daß es nicht möglich sein würde, in Italien eine Revolution durchzuführen, und daß sie infolgedessen auf demokratischem Weg, also mit dem Konsensus des größten Teils der italienischen Bevölkerung und der sie vertretenden politischen Kräfte, zum Sozialismus gelangen müßten. Wir haben bereits gesehen, daß Gramsci und Togliatti an einen „historischen Block" zwischen Kommunisten, Sozialisten und Katholiken gedacht hatten. Der Gedanke wurde von Longo und zuletzt von Berlinguer wiederaufgenommen.

1966 regte Longo „den Zusammenschluß der sozialistischen Kräfte (d.h. der Kommunisten und der nicht sozialdemokratischen Sozialisten) in einer einzigen klassenbezogenen und revolutionären Arbeiterpartei" an. Dann schlug er den Katholiken vor, mit der „Partei der Arbeiterklasse" zusammenzuarbeiten, „um gemeinsam eine neue, von Krieg, Ausbeutung und Armut befreite Gesellschaft aufzubauen".[32]

Berlinguer sprach auf dem Parteitag von Bologna (1969) von der Errichtung eines „neuen historischen Blocks" zwischen Kommunisten, Sozialisten und Katholiken und bekräftigte die gleiche Konzeption auf dem Mailänder Parteitag (1972). Ein Jahr später, im Oktober 1973, schlug er jedoch nicht mehr einen „historischen Block", sondern einen „historischen Kompromiß" zwischen Kommunisten, Sozialisten und Katholiken vor. Warum diese neue Bezeichnung? Berlinguer hatte den Gedanken an einen „Block" aufgegeben, weil er an die Politik der „Volksfronten" erinnerte, wo der Einfluß der kommunistischen Partei gegenüber dem der verbündeten Parteien vorherrschend war. Das Wort „Kompromiß" sollte dagegen andeuten, daß es sich um eine Verständigung zwischen gleichgestellten Parteien handele, bei der jede Zugeständnisse machen oder in dem einen oder anderen Punkt nachgeben müsse, um das gemeinsame Ziel zu erreichen. Aber es handelt sich um einen „historischen" Kompromiß, also nicht um eine taktische und

---

32 S. L'Unità, 26. Januar 1966.

kurzfristige Begegnung sondern um ein strategisches Bündnis, das, langfristig angelegt, über die Machteroberung hinaus andauern sollte. Ferner sollte der „Kompromiß" nicht zwischen dem PCI und einzelnen Gruppen von Katholiken, sondern zwischen dem PCI und der DC als der Partei, die die Katholiken politisch vertritt, geschlossen werden. Dadurch brachte Berlinguer die bisher vom PCI verfolgte Strategie um einen Schritt voran, nämlich dem PCI immer größere Gruppen von Katholiken zuzuführen durch den Versuch, sie von der DC loszulösen. Berlinguer lehnte sicherlich die Katholiken, die dem PCI beitreten wollten, nicht ab, (1976 soll er einigen bekannten Katholiken angeboten haben, sich als „Unabhängige" auf den kommunistischen Listen wählen zu lassen!), aber der Kern des von ihm vorgeschlagenen „historischen Kompromisses" war die Begegnung und die Zusammenarbeit zwischen PCI und DC (nicht nur eines Teils, sondern der *gesamten* DC).
Berlinguer fühlte sich zu dem Vorschlag über den „historischen Kompromiß" nach den Ereignissen in Chile veranlaßt, wo Präsident Allende gescheitert war, weil die *Unidad Popular* (d.h. die Koalition zwischen Sozialisten, Kommunisten und Linkskatholiken) nicht von der DC des E. Frei unterstützt worden war. Das „faschistische" Pinochet-Regime hatte sich aufgrund der Spaltung zwischen Sozialisten und Kommunisten einerseits und Katholiken andererseits durchgesetzt. Konnte dasselbe nicht auch in Italien geschehen? Um die faschistische Gefahr endgültig zu bannen, sah Berlinguer daher keine andere Alternative als den „historischen Kompromiß".
Die Sozialisten schlugen die „sozialistische Alternative" vor, d.h. eine Linksregierung, die die DC in die Opposition drängen sollte. Berlinguer wies diese Lösung aber zurück, weil es seiner Auffassung nach nicht denkbar war, daß es den Linkskräften in Italien zumindest kurzfristig gelingen könnte, die Mehrheit der Stimmen zu erringen, und selbst wenn sie diese erreicht hätten, wäre es nicht möglich gewesen, das Land mit einer sehr knappen Mehrheit zu regieren. Vor allem aber konnten die großen Reformen nicht durchgeführt werden, die erforderlich gewesen wären, um den Weg für den Sozialismus in Italien gegen die Katholiken und die Mittelschichten zu ebnen, d.h. gegen jene, die von der DC politisch vertreten werden. Mit anderen Worten, der Weg des Übergangs zum Sozialismus ging in Italien zwangsläufig über die DC. War diese dagegen, so ließe sich der Sozialismus in Italien nicht verwirklichen.[33]

33 E. Berlinguer, Alleanze sociali e schieramenti politici, in: Rinascita, 12.
   Oktober 1973.

In den Jahren nach 1973 gelang es Berlinguer, die zahlreichen Widerstände gegen seinen Vorschlag in der Partei zu überwinden und den „historischen Kompromiß" zur derzeitigen politischen Linie des PCI zu machen.

3. Der PCI in seinen Beziehungen zur UdSSR und den sozialistischen Ländern

Das Verhalten des PCI gegenüber der UdSSR hat seit 1956 eine bemerkenswerte Entwicklung erfahren. Bis dahin war der PCI der Sowjetunion und ihrer Politik außerordentlich ergeben, er hatte nie versucht, sich kritisch über das „Vaterland des Sozialismus" zu äußern. Nach dem Ende des Stalinismus begann der PCI gegenüber der UdSSR eine unabhängigere Haltung einzunehmen, wobei er auf der Autonomie der einzelnen kommunistischen Parteien beharrte. So konnte Togliatti 1964 erklären, daß „die Autonomie der Parteien, die wir mit Entschlossenheit befürworten, nicht nur eine innere Notwendigkeit unserer Bewegung ist, sondern auch eine wesentliche Voraussetzung für unsere Entwicklung unter den gegenwärtigen Umständen. Wir wären also gegen jeden Vorschlag zur Neugründung einer zentralisierten internationalen Organisation. Wir halten zäh an der Einheit unserer Bewegung und der Internationalen Arbeiterbewegung fest, aber diese Einheit muß sich in der Vielfalt der konkreten politischen Standpunkte verwirklichen, die der Situation und der Entwicklungsstufe eines jeden Landes entsprechen."[34]

„Einheit in der Vielfalt" sollte in den folgenden Jahren die Richtlinie des PCI für seine Beziehungen zur UdSSR und den übrigen Ländern des kommunistischen Blocks sein. Der PCI sollte also keine Kritik an den anderen kommunistischen Parteien — in erster Linie der sowjetischen — üben, verlangte aber auch, daß diese — vor allem die KPdSU — das nicht kritisieren sollten, was er zur Verwirklichung des Sozialismus in Italien für notwendig hielt. In Wirklichkeit sah sich der PCI jedoch gezwungen, Kritik an der UdSSR und den anderen sozialistischen Ländern zu üben, und andererseits kritisierte die UdSSR den „italienischen Weg zum Sozialismus" heftig.

34 S. Togliatti, Memoriale di Yalta, a.a.O.

Als die UdSSR im August 1968 in die Tschechoslowakei einfiel, brachte der PCI seinen totalen „Dissens" zum Ausdruck und lehnte den von Breschnew verkündeten Grundsatz der „Souveränität" sowie die Einmischung der UdSSR in die „nationalen Wege zum Sozialsimus" ab. Das Experiment Dubczeks bezeichnete er wegen des demokratischen Charakters des tschechoslowakischen „neuen Kurses" als positiv.

Die Bedeutung dieses „Dissenses" erläuterte Longo auf dem Parteitag von Bologna: „Unser Dissens entspricht allen Grundpositionen unserer Partei. Diese mißt der vollen Achtung der Autonomie und Souveränität einer jeden kommunistischen Partei und jedes sozialistischen Staates, der Ablehnung aller Theorien von einem Führungsstaat oder einer Führungspartei und folglich der Ablehnung jeder Theoretisierung einer politischen und Kampfeinheit, die nicht jeweils in all ihren Aspekten aus freier Diskussion und freier Zustimmung ohne Einmischung und Pression hervorgeht, einen grundsätzlichen Wert bei. Wir lehnen den Gedanken einer politischen oder organisatorischen Einheit, die alles auf einen gemeinsamen Nenner bringen soll, ab, weil dies nicht den derzeitigen Bedürfnissen des Kampfes der Arbeiterbewegung und der sozialistischen Welt entspricht. Die Arbeiter- und die kommunistische Bewegung dürfen das nationale Moment nicht in den Hintergrund drängen, sondern im Gegenteil, sie müssen es anerkennen und zur Geltung bringen, weil eine umfassendere internationale Zusammenarbeit und eine fortgeschrittenere Arbeitsteilung auch unter den sozialistischen Ländern nur erreicht werden können, wenn die Eigenart eines jeden Volkes und Landes strikt respektiert wird."[35]

In Wirklichkeit ging der PCI jedoch nicht über eine rein verbale Bekundung seines „Dissenses" hinaus und nahm anschließend die „Normalisierung" hin, die der Tschechoslowakei von der Sowjetunion durch Hussak aufgezwungen wurde. Auch später verfehlte der PCI nicht, sich besonders über die in der Sowjetunion gegen die Dissidenten angewandten Polizeimethoden mißbilligend zu äußern. Doch bedeutete auch dieser wiederum rein verbale Dissens für den PCI nicht den Bruch mit der UdSSR. Unter Bezugnahme auf die gegenüber dem PCI geübte Kritik, dieser habe nicht alle Folgen aus seinem „Dissens" gegenüber den tschechoslowakischen Ereignissen zu ziehen gewußt, erklärte Berlinguer am 15. Februar 1969 in Bologna:

35 L'Unità, 9. Februar 1969.

„Wer uns gegenüber eine derartige Kritik übt, verlangt von uns die
Aufgabe unseres Internationalismus, den Bruch mit der Sowjetunion,
den sozialistischen Ländern, der weltweiten kommunistischen und
Arbeiterbewegung. Wer dies von uns erwartet, ist bisher immer enttäuscht worden und wird auch in Zukunft enttäuscht werden. Die
gesamte Erfahrung der Arbeiterbewegung beweist, daß die Aufgabe
des Internationalismus, der Antisowjetismus, eine Arbeiterpartei
unvermeidlich zu einer Kapitulation sozialdemokratischer Art, zum
Verlust einer revolutionären Perspektive führen."[36]
Während der PCI daher einerseits für sich eine volle Autonomie des
Urteils über die Politik der UdSSR und ebenso das Recht in Anspruch
nahm, auf „die Widersprüche hinzuweisen, die sich aus der Art ergeben, wie die sozialistische Gesellschaft in nur einem Land historisch
aufgebaut wurde, Widersprüche, die sich heute aus der Problematik
des Systems ergeben, das eine teilweise Einschränkung der Freiheit
und der Demokratie bewirkt, und dies in einem Land, das doch in
vielen Aspekten das fortschrittlichste der Welt ist", bekräftigte er
andererseits seinen proletarischen Internationalismus und den vollen
Wert der Oktoberrevolution und lehnte den „Antisowjetismus in allen
seinen Erscheinungsformen" (Berlinguer) ab. Daher wies der PCI die
Kritik der Chinesen an der Sowjetunion zurück.
Von 1969 bis heute hat sich die Parteilinie in diesem Punkt nicht
geändert. Erst 1975, angesichts der harten Kritik der *Prawda* am
„italienischen Weg zum Sozialismus", hat sich der PCI stärker von
der Sowjetunion und den übrigen sozialistischen Ländern Osteuropas
distanziert und sich mehr den kommunistischen Parteien der westlichen Welt angenähert: Er begründete den „Eurokommunismus",
der von der UdSSR infolge der Gefahren, die er für ihr Imperium
darstellt, sicherlich nicht gerne gesehen wird. Zweifellos könnte das
Beispiel des nationalen Weges zum Sozialismus der westlichen kommunistischen Parteien für die kommunistischen Parteien des Ostens,
auf deren Ländern das politische und ökonomische Joch der UdSSR
schwer lastet, eine Versuchung darstellen.
Diese „größere Distanz" fand einen zweifachen Ausdruck, nämlich in
der Bekräftigung der Autonomie des PCI und der Rechtfertigung der
Tatsache, daß zur Verwirklichung des Sozialismus ein „anderer Weg"
als der sowjetische gewählt wurde, und in dem Bewußtsein „der
Grenzen sowie der zu Kritik Anlaß gebenden und negativen Aspekte",

36 L'Unità, 16. Februar 1969.

die sich bei Erfahrungen der UdSSR und der sozialistischen Länder
des Ostens abzeichnen, „insbesondere hinsichtlich ihrer politischen
Ordnungen, soweit sie eine Reihe von Freiheiten einschränken".
„Wir sehen, daß dies im Widerspruch steht zu unserer Auffassung
vom Sozialismus als Möglichkeit zur vollen Entfaltung aller Freiheiten
des Menschen; jedenfalls sind wir der Ansicht, daß diese Erfahrungen
in den Ländern des kapitalistischen Westens, d.h. wirtschaftlich und
industriell hochentwickelten Ländern mit tief verwurzelten demokratischen Traditionen nicht anwendbar, nicht durchführbar sind."[37]
Nichtsdestoweniger ist jedoch auch für den PCI die UdSSR das Land,
in dem „zum ersten Mal die Fessel der über der ganzen Welt liegenden
kapitalistischen und imperialistischen Herrschaft gesprengt wurde",
das Land, in dem große gesellschaftliche und menschliche Errungenschaften erzielt wurden; und vor allem ist sie das Land, in dem „eine
konsequente beharrliche Friedenspolitik" vorangetrieben wird.[38]
Daher „ist es absurd zu verlangen, daß ein Kommunist Freundschaft
und Solidarität zu Ländern aufgeben soll, die den größten Beitrag
zur Niederlage des Faschismus und des Nationasozialismus geleitet
haben, die gegen den Imperialismus kämpfen, die Protagonisten im
Kampf um die Wahrung des Friedens in der Welt" sind.[39]
So nimmt der PCI also gegenüber der UdSSR eine Haltung ein, die
gleichzeitig von Kritik und Solidarität gekennzeichnet ist.
Was die anderen beiden sozialistischen Parteien betrifft, so hat der
PSDI gegenüber der Sowjetunion immer eine sehr kritische Haltung
eingenommen und sich politisch auf die Seite der Vereinigten Staaten
gestellt. Der PSI dagegen trennte sich 1956 von der UdSSR, nachdem
er sehr lange eng mit ihr verbunden gewesen war – Nenni erhielt sogar den Stalinpreis – und äußerte in zunehmendem Maße Kritik an
dem sowjetischen Experiment, wahrte jedoch gleichzeitig die Distanz
gegenüber der Politik der Vereinigten Staaten und der kapitalistischen
Länder Europas. Gegenwärtig überwiegt im PSI das Streben nach
einer „Begegnung" mit den sozialistischen und sozialdemokratischen
Parteien (SPD, Labour Party, französische und skandinavische Sozialisten), um eine Art von „Eurosozialismus" und „Dialog" zunächst
mit den Parteien des „Eurokommunismus" (insbesondere mit dem
PCI) und später mit den kommunistischen Parteien des Ostens zu

37 E. Berlinguer, La politica internazionale dei Comunisti italiani, Rom 1976,
   S. 144.
38 Vgl. ebd.
39 Vgl. ebd., S. 94.

entwickeln. „Die Aussicht auf eine Stärkung der sozialistischen Einheit in Europa schließt einen Dialog mit allen denkbaren Gesprächspartnern in Osteuropa und mit den Kommunisten nicht aus. Ganz im Gegenteil, im Geiste der Entspannung und der Zusammenarbeit ... haben wir kürzlich die Gelegenheit zur Wiederaufnahme freundschaftlicher Beziehungen zum gegenseitigen Kennenlernen und zur Kooperation auf der Grundlage einer völligen, gegenseitigen Autonomie des Urteils mit kommunistischen Parteien Osteuropas und der Sowjetunion wahrgenommen.[40]

4. PCI, EG und NATO

Während der PCI die EG und die NATO zu Anfang heftig bekämpft hatte, ging er dazu über, sie mit mehr oder weniger Überzeugung zu akzeptieren. Zunächst wurden die EG und insbesondere die NATO nur in ihrer antisowjetischen Perspektive, als Instrument zur Stärkung des Kapitalismus (EG) und der militärischen Aggression gegen die sozialistischen Länder (NATO) gesehen. Im Zuge der Entspannung zwischen den Vereinigten Staaten und der Sowjetunion trat eine, wenn auch äußerst langsame, Wandlung ein. 1969 forderte der PCI den Austritt Italiens aus der NATO sowie eine neutrale Haltung, da die NATO die Unabhängigkeit und Souveränität des Landes beeinträchtige. Gleichzeitig forderte die Partei die Überwindung der Blockpolitik sowie die gleichzeitige Auflösung der NATO und des Warschauer Paktes. Dabei hielt sie sich getreu an die Forderung Kossygins in einer Rede vor dem englischen Parlament am 9. Februar 1969: „Wir sind für die Auflösung beider Blöcke (NATO und Warschauer Pakt) oder, als erstem Schritt, für den Abbau ihrer militärischen Organisationen." Zu dieser Forderung sah sich der PCI veranlaßt, weil die Zugehörigkeit Italiens zur NATO „seine Freiheit, weiter vorgeschobene Gleichgewichte auf dem Wege zur sozialistischen Erneuerung der italienischen Gesellschaft anzustreben", bedrohe (Longo), d.h. ein Hindernis für die kommunistische Machteroberung in Italien sei.

1972 warf Berlinguer den Vereinigten Staaten vor, sie zwängen Italien „eine begrenzte Souveränität" auf, und er verlangte die „Befreiung Europas von der amerikanischen Hegemonie" sowie eine „allmähliche

---

40 S. B. Craxi, Relazione al Comitato Centrale del PSI, Rom, 15. November 1976.

Überwindung der einander gegenüberstehenden Blöcke bis zu ihrem Abbau". 1975 änderten sich die Dinge. Berlinguer erklärte, der einzige Weg zur Vermeidung einer Kriegstragödie sei die Schaffung eines weltweiten Systems der Kooperation, zu dem nicht nur die UdSSR und China, sondern auch die Vereinigten Staaten und Europa einen Beitrag leisten sollten, wobei letzteres „seine eigenständige Initiative behaupten" und sich nicht gegen die Vereinigten Staaten und die Sowjetunion stellen, sondern vielmehr den sowjetisch-amerikanischen Dialog fördern sollte. In bezug auf Italien sagte Berlinguer unter Umkehrung des bis dahin vertretenen Standpunktes: „... es entspricht nicht den Interessen und den tieferen Zielsetzungen der arbeitenden Massen und der gesamten Nation, gegenüber der Sowjetunion oder den Vereinigten Staaten eine feindliche Haltung einzunehmen. Auch aus diesem Grund haben wir erklärt, daß wir die Frage des Austritts Italiens aus dem Atlantik-Pakt nicht stellen, weil diese Möglichkeit ebenso wie jeder andere einseitige Austritt aus dem einen oder anderen Block, in einer Lage wie der Europas nicht nur nicht zu bewerkstelligen ist, sondern auch den internationlen Entspannungsprozeß, welcher den Interessen aller Völker dient und sich konkret als der einzige Weg für eine allmähliche Überwindung der Blöcke darstellt, behindern oder sogar umkehren würde."[41]

Einige Monate später bekräftigte Berlinguer diese Gedanken dem „Time-Magazine" in einem Interview (25. Juni 1975): „Im Bereich der internationalen Beziehungen schlagen wir nicht den Rückzug Italiens aus den internationlen Organisationen, denen es angehört, vor, und wir würden ihn auch nicht vorschlagen, wenn wir an der Regierung wären. Ich spreche insbesondere von der EG und der NATO. Hiermit vertrete ich keine taktische Position. Zu diesem Schluß sind wir aufgrund einer sorgfältigen Analyse der internationalen Lage und der Interessen Italiens gelangt. Gegenwärtig ist in der Welt ein Entspannungsprozeß im Gange. Die USA und die Sowjetunion fördern die Entspannung in erster Linie, jedoch beteiligen sich auch andere Länder. Ein einseitiger Rückzug Italiens aus der NATO würde den gesamten Entspannungsprozeß stören, der sich auch auf das strategische Gleichgewicht zwischen den Kräften der NATO und denen des Warschauer Paktes stützt. Ein Element des Ungleichgewichts in diesen Prozeß einzuführen, verstieße gegen die Interessen des Friedens, gegen unsere eigenen Interessen und die anderer Länder."

41 E. Berlinguer auf dem XIV. Kongreß des PCI (18. März 1975).

Heute stellt der PCI daher die Bündnisse Italiens nicht in Frage und erklärt, daß er auch im Falle einer Regierungsbeteiligung den Austritt
Italiens aus der NATO nicht verlangen würde: „Italien", sagte Berlinguer am 13. Mai 1976 vor dem Zentralkomitee des PCI, „muß seinen
Beitrag zum Aufbau jener neuen Weltwirtschaftsordnung, die wir
brauchen, leisten. Dies — wir wiederholen es — kann und muß unser
Land, ohne die heute bestehenden Bündnisse in Frage zu stellen und
im Rahmen seiner Entscheidung für Europa tun. Diesen Standpunkt,
wonach Italien auch im Falle unserer Beteiligung an einer Regierungskoalition im Atlantikpakt und in der NATO bleiben würde, führt zu
Fragestellungen und Erörterungen. Und doch glauben wir, daß ein
anderer Standpunkt nicht nur willkürlich und unfruchtbar wäre, sondern andersartige, ebenso schwierige Fragen aufwerfen würde, sei es,
weil einseitige Austritte aus den beiden Blöcken, die im Interesse
aller Völker liegenden Entspannungsbestrebungen stören und umkehren würden, sei es, weil es zu einem Bruch zwischen den demokratischen Parteien Italiens kommen würde. Beide Folgen wären
verhängnisvoll für die Zukunft des Landes und für unsere Bemü-
hung um den Aufbau einer sozialistischen Gesellschaft, die anders ist
als die heute bestehende."[42]
Was Europa betrifft, so geht dessen „Entdeckung" durch die Kommunisten auf das Jahr 1972 zurück. Nachdem der PCI in der Vergangenheit die europäische Einheit als politisches „Anhängsel" der Vereinigten Staaten und des amerikanischen Imperialismus heftig kritisiert
hatte, entdeckte er in jüngster Zeit, daß sich dem Sozialismus hier ein
weites Aktionsfeld eröffnen könnte. Daher hat die Partei die EG
akzeptiert und akzeptiert sie weiterhin, jedoch mit der Absicht, sie
tiefgreifend zu verändern. Die Erklärungen Amendolas vor dem Mailänder Parteitag (1972) stellen noch heute die politische Richtlinie
des PCI dar:
„Wir sind in der Gemeinschaft und bleiben darin, beabsichtigen jedoch,
sie so zu verändern, daß sie den Entwicklungs- und Friedensbedürf-
nissen unseres Kontinents entspricht; dies geschieht durch eine Veränderung der bestehenden Verträge in demokratischem Sinn, durch eine
Ausweitung der demokratischen Rechte und Kontrollbefugnisse ihrer
Institutionen, durch Präsenz und Mitwirkung der Kräfte des Volkes,
der Gewerkschaften, der Jugend, der Gebietskörperschaften, der politischen Kräfte der Linken.

42 E. Berlinguer, La politica internazionale . . ., a.a.O., S. 118.

Dies stellt die Kräfte der europäischen Linken vor präzise Aufgaben:
Sie dürfen nicht weiterhin isoliert und verzettelt innerhalb enger
territorialer Grenzen ihre Schlachten schlagen, die doch der gemeinsame Kampf aller sind und sich gegen gemeinsame Feinde richten: die
multinationalen Gesellschaften, das monopolistische Großkapital, das
derzeitige, vom Dollar beherrschte Währungssystem, das Direktorium.
Die drei großen demokratischen Strömungen des europäischen Westens – die kommunistische, die sozialistische und die christliche –
können und müssen im Kampf um die demokratische Umgestaltung
der Gemeinschaft eine gemeinsame Plattform der Begegnung finden.
Zu einer vollen Verwirklichung der demokratischen Umgestaltung
der Gemeinschaft ist jedoch eine enge Koordinierung der Aktion
der kommunistischen Parteien erforderlich: Nach der Abwertung
des Dollars hatte dagegen keine entsprechende Zusammenkunft
stattgefunden. Die Arbeiterklasse der kapitalistischen Länder kann
einen wichtigen Beitrag im Kampf um den Frieden und den Sozialismus in der Welt leisten. Die europäische Arbeiterklasse ist nicht integriert: Ihre Kämpfe zeigen es. Mit dem Aufstieg und dem Voranschreiten der europäischen Arbeiterklasse werden die zerbrechlichen
Konstruktionen derer zusammenfallen, die die europäische Einheit
auf die Monopole und die alten nationalen Egoismen gründen möch-
ten."
Es geht dem PCI also darum, zusammen mit den anderen kommunistischen Parteien Europas und auch den sozialistischen Parteien einheitliche Initiativen zu entwickeln und insbesondere im Europäischen
Parlament „auf die Demokratisierung der Ausrichtung und der Funk-
tionsweise der EG zum Zweck des schrittweisen Aufbaus eines demokratischen, friedlichen und unabhängigen Europas" hinzuwirken.[43]

5. Der Sozialismus im heutigen Italien

Wenn wir nach diesem breitangelegten historischen Überblick über die
im vergangenen Jahrhundert in Italien vom Sozialismus geprägten
Parteien prüfen, wie sich die „sozialistische" Realität im heutigen
Italien darbietet, stellen wir zunächst einmal die große Vielfalt kleinerer
und größerer Parteien fest; aber – das wichtigste vielleicht – ist die

43 Vgl. Dichiarazione comune del Partito comunista francese e del Partito
   comunista italiano, in: Almanacco PCI '76, Rom, S. 319.

Faszination, die der marxistische Sozialimus heute auf die Italiener, insbesondere auf die Katholiken ausübt. Nicht nur haben viele Katholiken individuell „ihre Entscheidung für den Sozialismus" (scelta socialista) getroffen, indem sie Linksparteien beigetreten sind und sich darin aktiv betätigen, sondern die Entscheidung für den „Sozialismus" haben auch viele katholische Organisationen wie die „Associazioni Cristiane dei Lavoratori Italiani" (Italienische Christliche Arbeiterverbände – ACLI), einige Sektionen der katholisch ausgerichteten Gewerkschaft (CISL), die katholischen Akademiker (FUCI), die katholischen Pfadfinder (AGESCI) getroffen. Die kirchliche Hierarchie hat sich mit Nachdruck gegen diese Entscheidung gestellt und in dem einen oder anderen Fall die kirchlichen Betreuer abgezogen, wie bei den ACLI. Man beachte jedoch, daß der „Sozialismus", auf den sich diese Vereinigungen beziehen, allgemein gesprochen nicht der von den marxistisch geprägten sozialistischen und kommunistischen Parteien verwirklichte Sozialismus ist, sondern ein Sozialismus „mit menschlichem Antlitz", der „erst noch erfunden werden muß". Daher ist für viele Katholiken heute die „Entscheidung für den Sozialismus" eine Entscheidung „gegen" den Kapitalismus und „zugunsten" der untergeordneten Klassen und folglich eine „antikapitalistische und klassenbezogene", jedoch nicht eine spezifisch „marxistische" Entscheidung. Für eine „marxistische Entscheidung" und für den Beitritt zu den marxistischen Linksparteien (PCI, PSI, DP) sind die „katholischen Dissidenten" (cattolici del dissense), d.h. jene breite Gruppe von Katholiken, die sich in der „institutionellen" Kirche nicht repräsentiert sehen und ihr gegenüber sehr kritisch eingestellt sind. Sie bezeichnen sich nicht nur als „Christen für den Sozialismus", sondern einige von ihnen nennen sich auch „marxistische Christen" (d.h. Christen, die nicht nur die marxistische Analyse der Gesellschaft und den Klassenkampf, sondern auch den historischen Materialismus und die marxistische Kritik an Religion und Kirche akzeptieren). In Italien gibt es heute vier Parteien, die sich auf den Sozialismus berufen: Die Sozialdemokratische Partei (PSDI), die Sozialistische Partei (PSI), die Kommunistische Partei (PCI) und die Proletarische Demokratie (DP). Diese letztere Partei wurde erst vor kurzem gebildet. Sie entstand aus der Fusion des *Manifesto* (einer Gruppe von Kommunisten, die aus dem PCI ausgestoßen wurde) und dem Partito Democratico di Unità Proletaria (PDUP) und erhielt bei den letzten Wahlen 1,5% der Stimmen und 6 Abgeordnetensitze. Gegenüber dem PCI, dem sie „Revisionismus" und Verzicht auf Revolution und Sozialis-

mus vorwirft, da er sich in das kapitalistische System eingegliedert
habe, ist diese Partei sehr kritisch eingestellt. Noch weiter links als die
DP stehen andere linksextreme Gruppen wie *Lotta continua* (Ständi-
ger Kampf) und *Avanguardia operaia* (Arbeiteravantgarde), die zur Gewaltanwendung neigen. Schließlich gibt es terroristische Gruppen, wie
die *Brigate rosse* (Rote Brigaden), die *Nuclei armati proletari* (Bewaffnete Proletarische Kerntruppe) und andere weniger bekannte Gruppen,
die sich des Mordes schuldig gemacht und Anschläge auf staatliche
Einrichtungen (Gerichte, Polizei, Politiker) begangen haben.
Der PSDI scheint eine aussterbende Partei zu sein. Bei den Parlamentswahlen von 1976 erhielt sie 3,4% der Stimmen, wobei sie im Vergleich
zu 1972 2,2% der Stimmen und 14 Sitze eingebüßt hat. Ihre Wähler-
basis besteht aus den Mittelschichten. Zur Zeit befindet sie sich in
einer ernsten ideologischen, politischen und organisatorischen Krise.
Sie versucht, diese Krise zu überwinden, indem sie eine Aktionseinheit und vielleicht eine Fusion mit dem PSI im „sozialistischen Lager"
plant und Sympathie für den PCI bekundet; aber dadurch verleugnet
sie ihre Tradition und ihre Daseinsberechtigung und verurteilt sich
zum Abgang von der politischen Bühne.
Der PSI ist die drittgrößte Partei auf dem politischen Schauplatz
Italiens. Seine Stärke hat im Vergleich zu früher sehr nachgelassen.
1946 erzielte die Partei zusammen mit den Sozialdemokraten 20,7%
der Stimmen; 30 Jahre später, 1976, erreichte sie ohne die Sozialdemokraten 9,8%. Ihr politisches Gewicht ist jedoch groß, denn von
ihr hängt jeweils das gesamte politische Leben Italiens ab, da die Bildung einer Regierungsmehrheit (unter Ausschluß des PCI) ohne die
Sozialisten nicht möglich ist. Der Einfluß des PCI auf Arbeiter und
Intellektuelle ist beträchtlich. Aber die Politik des PSI war und ist
konfus und unsicher; denn die Partei ist in viele Richtungen gespalten, die nicht fähig sind, sich auf eine ernstzunehmende klar umris-
sene und von Entscheidungen geprägte politische Linie zu einigen.
Daher ist ihr Erscheinungsbild in Italien, vom politischen Standpunkt
aus betrachtet, recht negativ. Hinzuzufügen ist noch, daß der PSI
sich in letzter Zeit zum Vorkämpfer der sogenannten „Bürgerrechte"
(diritti civili), d.h. der Ehescheidung sowie der „freien und kosten-
losen" Abtreibung und zum Befürworter einer totalen sittlichen
Permissivität gemacht hat. Nach dem Experiment mit dem „Centro
sinistra", von dem der PSI enttäuscht ist, — die Schuld trägt seiner
Meinung nach die DC —, verfolgt er als politische Linie die Suche nach
einer „sozialistischen Alternative", während er kurzfristig eine Regie-

rung fordert, in welcher der PCI in irgendeiner Weise vertreten ist. Er lehnt also sowohl eine Rückkehr in eine Regierung der „linken Mitte" als auch eine aus DC und PSI gebildete Regierung ab. Diese Politik des PSI führt einerseits zu der unstabilen politischen Lage in Italien (das eine stabile und starke Regierung brauchen würde), andererseits nützt sie dem PCI in hohem Maße, der so behaupten kann, „ohne die Kommunisten an der Regierung könne man in Italien nichts tun".

Der PCI stellt in Italien eine enorme politische Kraft dar. Nicht nur erhielt er bei den Parlamentswahlen vom Jahre 1976 34,4% der Stimmen (d.h. 12 620 509 Stimmen) mit einem Zuwachs von 5,4% im Vergleich zu den Wahlen von 1972, sondern es gelang ihm auch, in zahlreichen Regionen (Piemont, Ligurien, Emilia-Romagna, Toskana, Umbrien, Latium), in vielen Provinzen und in fast allen italienischen Großstädten (Turin, Mailand, Venedig, Genua, Bologna, Florenz, Rom, Neapel) die Mehrheit zu erringen, so daß heute ein großer Teil Italiens entweder von Kommunisten allein oder von Kommunisten gemeinsam mit den Sozialisten verwaltet wird. Was die Zentralregierung betrifft, so ist das Gewicht des PCI ebenfalls beträchtlich. Die Partei gehört nicht zur Regierungsmehrheit, befindet sich aber auch nicht in der Opposition. Die Regierung Andreotti stützt sich bekanntlich auf das „Nicht-Mißtrauen" des PCI. Dies bedeutet, daß man heute in Italien nicht regieren kann, ohne die Vorschläge des PCI zu berücksichtigen und ohne die Partei vor wichtigen politischen Entscheidungen zu konsultieren. Bisher ist es der DC noch gelungen, den PCI durch die Politik des „confronto" (d.h. der sachlichen Auseinandersetzung) aus der Regierung herauszuhalten; es ist jedoch nicht abzusehen, wie lange dies möglich sein wird. Andererseits ist nicht an Parlamentsneuwahlen zu denken zu dem Zweck, die Schwierigkeiten der politischen Lage auszuräumen, weil die Wähler nach zweimaliger vorzeitiger Auflösung der Kammer nur ungern einen neuen Gang zur Urne antreten würden und weil vorauszusehen ist, daß der PCI aus Neuwahlen noch stärker hervorgehen würde. Von 1946 bis heute hat der PCI nämlich bei jeder Wahl einen Stimmenzuwachs verzeichnet. Trotz aller Schwierigkeiten, die die Partei zu überwinden hatte, stieg die Stimmenzahl von 18,9% im Jahr 1946 auf 34,4% im Jahr 1976.

Aber die Stärke des PCI liegt nicht nur auf politischem Gebiet wie bei der DC, die 1976 38,7% (d.h. 14 211 005 Stimmen) erhalten hat, sondern auch im kulturellen und organisatorischen Bereich. In Italien hat das marxistisch orientierte Kulturleben beträchtliches Gewicht,

und im Bereich der kulturellen Produktion und Organisation ist der
PCI vorherrschend. Die Partei ist an Universitäten, wissenschaftlichen
Forschungszentren, Schulen aller Art stark vertreten; viele der in
Italien bekanntesten Schriftsteller und Filmproduzenten sind einge-
tragene Mitglieder des PCI oder sympathisieren mit ihm. Rundfunk
und Fernsehen halten den Kommunisten ihre Tore weit offen; große
Verlagshäuser wie Einaudi (Turin), Feltrinelli (Mailand), Laterza
(Bari), Editori Riuniti (Rom) sind kommunistisch. Außerdem gibt
der PCI in Rom zwei Tageszeitungen heraus („L'Unità", die Zeitung
Italiens mit der drittgrößten Auflagenzahl, nach „Il Corriere della
Sera" und „La Stampa", sowie die parakommunistische Zeitung
„Paese Sera") und eine weitere Zeitung in Palermo („L'Ora"), die
hochangesehene kulturelle Wochenzeitschrift „Rinascita" (ca. 40 000
Exemplare im Jahr 1974), viele bedeutende Zeitschriften wie die vom
Instituto Gramsci veröffentlichte „Critica marxista", „Politica ed
economia", „Rivista della Scuola", „Rivista Trimestrale" und schließlich etwa 300 Lokalblätter mit einer jährlichen Auflagenstärke von
11,5 Millionen.
Gemäß der Direktive Gramscis, wonach eine kommunistische Partei
die politische Hegemonie nur ausüben kann, wenn sie zuvor die kulturelle Hegemonie gewonnen .hat, hat der PCI eine sorgfältige und
intensive Kulturpolitik betrieben. Aber die Stärke des PCI liegt nicht
nur auf politischem und kulturellem Gebiet; sie liegt vor allem auch
im Organisatorischen. Der PCI zählt heute 1 814 000 Mitglieder,
und die „Federazione Giovanile Comunista" (Jungkommunisten)
142 000. 1976 hatte die Partei 174 000 Neuzugänge. Es gibt 11 709
Parteisektionen und 115 Bezirksverbände (davon 6 im Ausland).
Was die soziale Zusammensetzung betrifft, so waren 1973 41,05%
der Mitglieder Arbeiter, 13,26% Tagelöhner und Bauern, 8,2% Handwerker und Kaufleute, 4,22% Angestellte und Techniker, 1,43%
Freiberufler und Intellektuelle, 12,28% Hausfrauen und 16,74%
Rentner. 1976 sank der Anteil der Arbeiter auf 38,86%, während die
Zahl der Mitglieder aus dem mittleren und Kleinbürgertum angestiegen
ist, nachdem der PCI sich als Partei dargestellt hat, die beabsichtigt,
die großen Monopole, jedoch nicht das mittlere und Kleinbürgertum
der Angestellten und Gewerbetreibenden zu bekämpfen.
Der PCI kümmert sich in besonderer Weise um die Ausbildung seiner
Führungskräfte in den Parteischulen (die wichtigste ist das Instituto
di Studi Comunisti „P. Togliatti" alle Frattocchie, Rom) mit Kursen
und Seminaren auf nationaler Ebene und in den Provinzen (vom 1.

Januar 1972 bis zum 31. Oktober 1974 wurden 4937 derartige Kurse mit insgesamt ca. 130000 Teilnehmern abgehalten), mit der Veröffentlichung von Broschüren, die den in den Schulen behandelten Lehrstoff enthalten.[44]

Der PCI ist daher in allen Schichten der italienischen Gesellschaft breit vertreten und tief verwurzelt, nicht nur in der Arbeiterschicht — die „Confederazione Generale Italiana dei Lavoratori" (CGIL) besteht zu 80% aus Mitgliedern des PCI und weist in ihrer Führungsspitze parteitreue Persönlichkeiten auf — sondern auch unter den Angestellten und im Kulturleben. Wie die DC ist der PCI heute eine „interklassistische", im italienischen Leben tiefverankerte Partei.

Wie erklärt sich diese starke Verbreitung des Kommunismus in Italien? Viele Faktoren haben dazu beigetragen, vor allem geschichtliche Faktoren. Betrachtet man, in welchen Regionen der Kommunismus am stärksten ist, so stellt man fest, daß es die Gebiete sind, in denen vor dem Faschismus der Sozialismus am stärksten verwurzelt war. Der Sozialismus hat dem Kommunismus also durch die Verbreitung des sozialistischen Gedankenguts unter den Arbeitern und Bauern und durch seinen Antiklerikalismus den Boden bereitet. Diese vom Sozialismus verbreitete antiklerikale Einstellung erklärt, warum die Kommunisten zwischen 1944 und 1946 vor allem in der Emilia-Romagna ungefähr 100 Geistliche getötet haben — der letzte war Don U. Pessina, der am 18. Juni 1946 in San Martino di Correggio (Reggio Emilia) getötet wurde — und eine heftige Kampagne gegen die Kirche führten. Die sozialistische Tradition spielte also bei der Durchsetzung des Kommunimus in Italien eine bedeutende Rolle.

Aber warum haben sich in der Nachkriegszeit Einzelpersonen und Familien sozialistischer Tradition nicht den sozialistischen Parteien, sondern dem PCI zugewendet? Der Grund hierfür ist wahrscheinlich der, daß der PCI es verstanden hat, auf die Massen mit sozialistischer Tradition eine Faszination auszuüben, die den sozialistischen Parteien, vielleicht in Ermangelung einer klaren politischen Linie, nicht zu Gebote stand. Die Erklärung mag aber vor allem sein, daß der PCI mit seiner machtvollen, stark zentralisierten und zugleich verzweigten Organisation, mit seiner Politik, alle, selbst die übertriebensten und widersprüchlichsten Forderungen sämtlicher Schichten — auch derer,

44 Vgl. Dati sull'organizzazione del partito, a cura della Derezione del PCI, Rom, Februar 1975.

die im Gegensatz zueinander standen – zu unterstützen und mit seinem bereitwilligen und raschen Einsatz sich als der beste und zuverlässigste Anwalt der untergeordneten Klassen und ihrer Interessen darzustellen wußte.

Diese Politik des PCI wurde durch zwei Faktoren begünstigt: Einmal dadurch, daß der PCI, weil er immer eine Oppositionspartei gewesen war und folglich keine Regierungsverantwortung getragen hatte, sich alle Anträge und Vorschläge für wirtschaftliche und soziale Verbesserungen zugunsten der verschiedenen Schichten des italienischen Volkes zu eigen machen konnte, selbst wenn diese Anträge und Vorschläge, obwohl an sich gerechtfertigt, wegen finanzieller Schwierigkeiten auch beim besten Willen der Regierung in der Praxis nicht durchführbar waren. Zum anderen wurde die Politik des PCI durch den Umstand begünstigt, daß die DC und die von ihr zusammen mit anderen kleineren Parteien gebildeten Regierungen Fehler gemacht oder zu langsam und zu unsicher an die notwendigen Reformen herangegangen waren. Dies veranlaßte den PCI zu scharfer Kritik an der DC und ihren Regierungen, die er als korrupt und unfähig bezeichnete. Der Erfolg des PCI in Italien beruht also sowohl auf seinen eigenen politischen Fähigkeiten als auch auf den Fehlern und Mängeln seiner Gegner.

Sicherlich spielten bei dem Anwachsen des PCI auch wirtschaftliche Faktoren eine Rolle, jedoch nicht in dem Maße, wie allgemein angenommen wird. Nicht die Ärmsten sind in Italien Kommunisten. So sind der Süden – der ärmer ist als der Norden – und Mittelitalien weniger kommunistisch als Nord- und Mittelitalien. Die Bauern, die weniger bemittelt sind als die übrigen Gesellschaftsschichten, sind weniger kommunistisch als Arbeiter und Angestellte. Der ökonomische Faktor an sich hat für die Verbreitung des Kommunismus nur dann Bedeutung, wenn er von der Propaganda ausgeschlachtet wird. So werden die Bauern, die zur Industrie überwechseln, nicht Kommunisten, weil sie wirtschaftlich schlechter gestellt sind, sondern weil sie sofort von der intensiven und geschickten kommunistischen Propaganda gewonnen werden, die jedes Mißbehagen ausnutzt. Aus dem gleichen Grund werden die Auswanderer, die vom Süden in die Fabriken Norditaliens ziehen oder an der Peripherie der Großstädte leben, Kommunisten. In Rom zum Beispiel gewannen die Kommunisten die Mehrheit, weil die Vorstadtgebiete, in die die Auswanderer aus dem Süden zogen, um in der Stadt ihr Glück zu machen, von der kommunistischen Propaganda intensiv bearbeitet worden waren.

Zum Ansehen des PCI trug schließlich in starkem Maße die Tatsache bei, daß viele Vertreter des Kulturlebens sich dem Kommunismus angeschlossen haben. Meist geschah dies aus Opportunismus, da es sich häufig um Menschen aus der Schule des Idealismus und Croce-Anhänger oder um Sympathisanten des faschistischen Regimes handelte, die zum Kommunismus übergingen, weil der PCI ihnen mit seiner starken kulturellen Organisation wirtschaftliche Vorteile und Ehrungen zugesichert hat. Aber viele kamen auch aus Überzeugung, weil sie im Marxismus und im kommunsitischen politischen Kämpfertum einen Lebenssinn gefunden hatten.

So trugen zum Erfolg des Kommunismus in Italien — der den PCI zur stärksten und mächtigsten kommunistischen Partei in der kapitalistischen Welt und fast zum Bannerträger der kommunistischen Parteien, die sich nicht an das sowjetische oder chinesische Modell anlehnen wollen, gemacht hatte — geschichtliche, politische, ökonomische und kulturelle Faktoren bei, die sicher charakteristisch für Italien sind, den PCI aber auch zu einem „Modell" für ander Länder gemacht haben. Tatsächlich sieht man bereits heute im PCI den Träger eines „neuen" und „andersartigen" Kommunismus. Somit entsteht das, was man als „die italienische kommunistische Frage" bezeichnen könnte.

6. „Die italienische kommunistische Frage"

Hierbei handelt es sich darum, daß die italienische Kommunistische Partei einerseits erklärt, sie sei eine „kommunistische" Partei und wolle es bleiben — so in jüngster Zeit auch Berlinguer[45] — und folglich

---

45 In einem Gespräch am 19. September 1976 in Neapel sagte Berlinguer, der PCI habe von 1944 bis heute „bestimmte Schablonen der Vergangenheit überwunden", er sei aber, „obwohl er sich ständig erneuere, eine kommunistische Partei geblieben, bleibe es und werde es immer bleiben". Auf die anschließende Frage, „was es bedeutet habe und bedeute, eine kommunistische Partei zu sein und zu bleiben", antwortete ·Berlinguer: „Es bedeutet vor allem, daß man unter keinerlei Umständen (selbst wenn man Realismus und Anpassungsfähigkeit an den Tag legen muß), auch nur für einen einzigen Augenblick die Ziele aus den Augen verlieren darf, um deretwillen wir gegründet wurden und für die wir kämpfen, das heißt die Befreiung der Arbeiter, der gesamten Gesellschaft, den Aufbau einer Gesellschaft, die auf der ganzen Linie besser ist als die bürgerliche. Dies nennen wir Treue zu unseren Grundsätzen" (L'Unità, 20. September 1976). Man versteht also, warum die

wolle sie nicht zu einer „sozialdemokratischen" Partei werden. Anderseits spricht sie von „Demokratie", vom „Pluralismus" der Parteien und der politischen Kräfte, von einer Zusammenarbeit mit anderen nicht-sozialistischen Parteien, von einem Wechsel zur Regierung und folglich von der Möglichkeit des PCI, nicht nur Partei der Regierungsmehrheit zu werden, sondern auch von der Mehrheit wieder in die Minderheit hinüberzuwechseln, von der politischen und der Glaubensfreiheit, von der Beibehaltung des kleinen und mittleren Privateigentums an den Produktionsmitteln.

Nun stellt sich die Frage, ob beide Behauptungen miteinander vereinbar sind. Das heißt sind Demokratie und Kommunismus, wirtschaftlicher, politischer und kultureller „Pluralismus" und „Hegemonie" der Arbeiterklasse miteinander vereinbar? Die italienischen Kommunisten bejahen es. „Die Aktualität der sozialistischen Frage", sagte Berlinguer in seinem Grußwort an den XXV. Kongreß der KPdSU (27. Februar 1976), „zwingt uns, mit völliger Klarheit zu sagen, welchen Sozialismus wir als den für die italienische Gesellschaft notwendigen und einzig möglichen halten. Wir kämpfen für eine sozialistische Gesellschaft, die den Höhepunkt in der Entwicklung aller individuellen und kollektiven Errungenschaften, der religiösen Freiheit und der Freiheit der Kultur, der Künste und der Wissenschaften darstellt. Wir glauben, daß man in Italien nicht nur zum Sozialismus hin voranschreiten kann und muß, sondern unter Mitwirkung der politischen Kräfte, der Organisationen und der verschiedenen Parteien die sozialistische Gesellschaft auch aufbauen kann und muß, und daß die Arbeiterklasse ihre geschichtliche Aufgabe in einem pluralistischen und demokratischen System wahrnehmen kann und muß."[46]

---

italienischen Kommunisten absolut nicht als „Sozialdemokraten" bezeichnet werden oder mit diesen verwechselt werden wollen, auch wenn die von ihnen vorgeschlagenen Reformen denen der Sozialdemokraten sehr ähnlich sind. Nach Auffassung des PCI will die Sozialdemokratie das kapitalistische System berichtigen, aber nicht zerstören: Deshalb sind die Sozialdemokraten in das kapitalistische System eingebettet und stellen nur eine Variante dieses Systems dar. Die italienischen Kommunisten dagegen streben die Überwindung des kapitalistischen Systems an. Selbst wenn sie also in den „Mitteln" mit den Sozialdemokraten übereinstimmen, unterscheiden sie sich doch in den zu erreichenden „Zielen" zutiefst von ihnen.

46 E. Berlinguer, La politica internazionale . . ., a.a.O., S. 115.

Die italienischen Kommunisten begründen die Versöhnung zwischen
Demokratie und Kommunismus, zwischen Pluralismus und Hegemonie
mit einem besonderen Verständnis der „Demokratie" und des „Kommunismus". Wenn sie von „Demokratie" sprechen, so verstehen sie
diesen Begriff nicht in dem Sinne, den er in den vom Liberalismus
geprägten politischen Lehrmeinungen angenommen hat: Für die
Kommunisten hat die „liberale" und „bürgerliche" Demokratie nur
einen „formalen", nicht „substantiellen" Charakter, weil sie auf der
Ökonomie des ungleichen Austausches und der Spaltung der Gesamtgesellschaft in einander gegenüberstehende Klassen beruht, wobei die
stärkeren Klassen die Herrschaft ausüben und den schwächeren Klassen ihren Willen aufzwingen. Das monopolkapitalistische System ist
für sie also nur dem äußeren Anschein nach ein demokratisches
System, insofern als es formal die bürgerlichen Freiheiten gewährleistet; in Wirklichkeit ist es ein System der — wenn auch legalisierten —
Gewalt und Unterdrückung. Es ist eine „von oben organisierte Gewalt,
die sich des Rechts als Waffe bedient". Es geht den italienischen
Kommunisten nicht darum, die „liberale" und „bürgerliche" Demokratie, an der sie einige positive Züge anerkennen, völlig zu verleugnen,
sondern darum, sie zu vervollständigen und zu vervollkommnen. Wenn
sie auch das Institut der Repräsentation und Delegation, wie es im
Parlament verankert ist (daher stammt der Ausdruck „parlamentarische Demokratie") beibehalten wollen, streben sie doch danach, die
möglichen Abweichungen von diesem Institut und die Repräsentation
durch Formen der „unmittelbaren", „Massen"-Demokratie auszugleichen, mit denen die Kontrolle des Staates und des gewählten Parlaments durch die politisch organisierten Massen zum Ausdruck gebracht
werden. Wenn die italienischen Kommunisten also von „Demokratie"
sprechen, verstehen sie darunter die „organisierte, gemischte Massendemokratie", durch die einerseits die vom Parlament ausgeübte
Kontrolle des Staates über die Anarchie der Interessen der bürgerlichen Gesellschaft und andererseits die Kontrolle der Massen über den
Staat und das Parlament vorgenommen werden. Diese „Demokratie"
ist für die Kommunisten eine „höhere" Demokratie als die „liberale"
Demokratie, weil sie die Volkssouveränität voll zum Ausdruck bringt.
Es ist jedoch klar, daß diese Form der „organisierten, gemischten
Massendemokratie" einen tiefgreifenden sozialen Wandel voraussetzt.
Der Kapitalismus könnte sie nicht ertragen. Daher erfordert diese
Demokratie einen Übergang, eine „Überleitung" zu einem anderen
System der sozio-ökonomischen Beziehungen, das heißt, den Über-

gang zum Sozialismus. Daher liegt für die italienischen Kommunisten der Gegensatz nicht zwischen Demokratie und Sozialismus oder Kommunismus, sondern zwischen Demokratie und Kapitalismus.

Wendet man hier ein, nach der marxistischen Lehre gehöre zur Überleitungsphase zum Sozialismus die Diktatur des Proletariats, d.h. die Verneinung der Demokratie, so entgegnen die italienischen Kommunisten, man müsse bei dem Begriff der Diktatur des Proletariats zwischen dem „soziologischen" und dem „juristisch-politischen" Aspekt unterscheiden. Unter Klassendiktatur ist nach Marx und Engels nicht eine besondere Regierungsform und noch viel weniger die despotische und terroristische Form einer bestimmten politischen Organisation zu verstehen, wie dies in der UdSSR unter Lenin und vor allem unter Stalin der Fall war. Engels erklärt in der Kritik zum Erfurter Programm (1891), daß „unsere Partei und die arbeitende Klasse nur im Rahmen einer demokratischen Republik an die Macht gelangen können. Und diese ist meistens die spezifische Form der Diktatur des Proletariats". Dieser Ausdruck, der später in einen juristisch-politischen Begriff umgewandelt wurde, weist auf ein besonderes sozio-ökonomisches Gefüge hin. Er drückt eine neue Art der Beziehungen zwischen den gesellschaftlichen Klassen aus, was den Prozeß der sozialen Gleichstellung der Menschen oder der Vergesellschaftung der Produktionsverhältnisse zur Überwindung der Spaltung zwischen der zivilen und der politischen Gesellschaft betrifft. Daher muß nach Ansicht der italienischen Kommunisten die Diktatur des Proletariats oder besser die Hegemonie der arbeitenden Klasse in einem bürokratischen und pluralistischen Gesamtzusammenhang ausgeübt werden. Es gibt also keinen Gegensatz zwischen „Demokratie" und „Klassendiktatur", zwischen „Pluralismus" und „Hegemonie".

Dies führt natürlich zu einer kritischen Betrachtung der geschichtlichen Errungenschaften des Sozialismus — in erster Linie des sowjetischen Experiments — und jener Gesamtheit von Grundsätzen, die in der kommunsitischen Bewegung lange Zeit als ein unantastbares Lehrsystem, als getreuer Ausdruck der kommunistischen Orthodoxie betrachtet wurde. Die italienischen Kommunisten haben mit anderen Worten nicht die Absicht, sich von Marx, jedoch von der marxistischen „Orthodoxie" zu entfernen, die insbesondere bei dem sowjetischen Experiment eine Verbindung zwischen dem Sozialismus und einer Einschränkung der Demokratie insofern herstellt, als sich die Überleitung zum Kommunismus nicht verwirklichen läßt, ohne die bürgerlichen Freiheiten beschränken, ja sogar aufheben zu müssen. Für die italienischen Kommunisten ist dies ein „bürokratisierter" Kommunismus. Man muß dagegen an einen „andersartigen" Kommunismus denken, bei dem die demokratischen Freiheiten nicht nur gewährleistet, sondern auch in das sozialistische System „miteinbezogen" und strukturell mit diesem verbunden werden. Noch besser gesagt: Es geht darum, nicht *neben* der Entwicklung des Sozialismus eine Sphäre individueller Rechte mit dem Risiko zu gewährleisten, daß die „Bedürfnisse" des Sozialismus zu einer Verletzung dieser Rechte führen könnten, sondern *innerhalb* des Entwicklungsprozesses des Sozialismus die demokratischen Elemente und die Elemente der Mitbestimmung sowie die Rechte der Person auszuweiten, und zwar als konstitutiver Bestandteil der Gesellschaft als Ganzem. Aber ist dieser Kommunismus, der nicht auf dem durch die politische und bürokratische Macht ausgeübten Zwang beruht, sondern auf der Ausweitung der Demokratie und der aktiven Beteiligung der Masse am öffentlichen Leben, überhaupt möglich? Ja, antworten die italienischen Kommunisten, unter der Voraussetzung, daß es zu einem moralischen Wandel des Menschen und zur Veränderung der Grundsätze kommt, die die gesellschaftlichen Beziehungen regeln. Unter der Voraussetzung also, daß die Triebfeder des privaten Interesses ersetzt wird durch die Triebfeder des allgemeinen Interesses, nicht durch die abstrakte Verkündigung oder Einführung einer neuen Ethik oder „zivilen Religion", sondern durch einen echten Wandel, durch eine Revolution der Gesellschaft.[47]

47 Über das Verhältnis zwischen der Demokratie und dem Sozialismus und die Möglichkeiten für einen demokratischen und pluralistischen Kommunismus fanden 1975 und 1976 in Italien viele Diskussionen zwischen Sozialisten, Kommunisten und Wissenschaftlern anderer Richtungen statt. Im folgenden werden einige der bedeutsamsten Artikel aufgeführt: N. Bobbio, Esiste una dottrina marxista dello Stato? in: Mondo operaio, August-September 1975, Nr. 8-9; Quali alternative alla democrazia rappresentativa? in: Mondo operaio, Oktober 1975, Nr. 10; U. Cerroni, Esiste una scienza politica marxista? in: Rinascita, 21. November 1975, Nr. 46; B. Boffa, Le dure repliche della storia, in: Rinascita, 5. Dezember 1975, Nr. 48; V. Gerratana, Quando la democrazia è sovversiva, in: Rinascita, 2. Januar 1976, Nr. 1; A. Ochetto, Sul concetto di democrazia mista, in: Rinascita, 9. Januar 1976, Nr. 2; P. Ingrao, Democrazia borghese o stalinismo? No: democrazia di massa, in: Rinascita, 6. Februar 1976, Nr. 6; A. Natta, Il senso della libertà e il gusto della democrazia, in: Rinascita, 20. Februar 1976, Nr. 8; N. Adornato, Pluralismo e antigoverno, in: Nuova generazione, 8. Februar 1976, Nr. 2; L. Colletti, Chi ha paura di bagnarsi non scenda in acqua, in: Nuova generazione, 8. Februar 1976, Nr. 2; L. Gruppi, Qualche risposta alla „Pravda" e anche ai socialisti, in: Rinascita, 17. Oktober 1975, Nr. 41; ders., Marxismo e scelta della politica, in: Nuova generazione, 22. Februar

Dies ist der „andersartige" Sozialismus oder Kommunismus, den der
PCI vorschlägt. Was soll man davon halten? Wir sagen zunächst, daß
es nicht in erster Linie darum geht, ob die italienischen Kommunisten
„aufrichtig" sind. Mancher fragt sich nämlich, ob die italienischen
Kommunisten aufrichtig an die Möglichkeit eines „andersartigen",
demokratischen und pluralistischen Kommunismus glauben. Man
fürchtet, es handle sich um eine propagandistische „Taktik", die zur
Erringung der Macht angewandt wird (da in der westlichen Welt das
sowjetische kommunistische Modell von der großen Mehrheit der
Bevölkerung abgelehnt wird), jedoch fallengelassen würde, sobald die
Macht erobert ist. Es ist nicht möglich, eine Antwort auf die Frage zu
geben, ob die italienischen Kommunisten aufrichtig sind oder nicht,
da dies eine Sache der inneren Einstellung ist. Sicher ist jedoch, daß
sie den Gedanken ablehnen, es handele sich um eine „Taktik"; aber
es bleibt ihnen auch nichts anderes übrig. Man muß sich zwei Ge-
sichtspunkte vor Augen halten. Der erstere spricht für die „Aufrichtigkeit" des PCI. Es ist die Tatsache, daß man im PCI seit vielen
Jahren und mit einer eindrucksvollen gedanklichen Kontinuität von
einem andersartigen Kommunismus spricht; nun ist es schwer vorstellbar, daß jemand lange Zeit von etwas spricht, ohne in einem
gewissen Maße von dessen Wahrheit überzeugt zu sein oder sich davon
überzeugen zu lassen. Der zweite Gesichtspunkt läßt jedoch Zweifel
an der Aufrichtigkeit der Kommunisten aufkommen. Es ist die Tatsache, daß viele PCI-Leute, die heute einen demokratischen und
pluralistischen Kommunismus fordern, früher ganz offen Stalinisten
und Verfechter des sowjetischen Kommunismus gewesen sind.
Auf jeden Fall ist das Hauptproblem nicht die Frage der Aufrichtigkeit der italienischen Kommunisten; die Problematik liegt eher darin,
ob ein Kommunismus möglich ist, der gleichzeitig „Kommunismus"
sein und bleiben sowie „demokratisch" und „pluralistisch" sein will.

1976, Nr. 3; R. Guiducci, La città dei cittadini e la società dei socialisti, in:
Mondo operaio, Dezember 1975, Nr. 12; D. Settembrini, Socialismo marxista
e socialismo liberale, in: Mondo operaio, Dezember 1975, Nr. 12; F. Diaz,
Teoria dello Stato e volontà politica, in: Mondo operaio, Januar 1976,
Nr. 1; G. Vacca, Discorrendo di socialismo e democrazia in: Mondo operaio,
Januar-Februar 1976, Nr. 1 und 2; ders., La libertà nella lotta per il socia-
lismo, Pluralismo ed egemonia, in: Democrazia e diritto, XVI (1976), Nr. 2;
A. Bolaffi, Democrazia e socialismo, in: Democrazia e diritto, XVI (1976),
Nr. 2; V. Fagone, Il dibattito su democrazia e socialismo, in: La Civiltà
Cattolica, 17. April 1976.

Ein derartiger Kommunismus wäre nämlich etwas völlig Neues. In der sechzigjährigen Geschichte des Kommunismus gab es keinen einzigen Fall, in dem die Errichtung eines kommunsitischen Regimes nicht zur Zerstörung der demokratischen Institutionen und zur Verneinung aller bürgerlichen Freiheiten geführt hat. Und doch gab es in der Geschichte verschiedene Arten von Kommunismus, vom russischen hin zum jugoslawischen, vom kubanischen zum chinesischen. Der Kommunismus hat sich also in verschiedenen Ländern zu verschiedenen Zeiten, unter unterschiedlichen historischen, politischen und ökonomischen Voraussetzungen etabliert; und doch hat er in allen Fällen die Demokratie zerstört und die Freiheit unterdrückt. Auch die kommunistischen Regime, die in jüngster Zeit entstanden sind – in Vietnam, in Mozambique, in Angola – lehnen Demokratie und Freiheit ab. Wenn nun ein geschichtliches Ereignis sich zu verschiedener Zeit und an verschiedenen Orten in der gleichen Weise vollzieht, so kann seine Beständigkeit nur aus inneren Gründen erklärt werden. Wenn man also im Lauf der Geschichte feststellt, daß der Kommunismus die Demokratie immer verneint, bedeutet dies, daß der Gegensatz zwischen Kommunismus und Demokratie nicht etwas Zufälliges, sondern etwas Wesentliches, Strukturelles ist und in der Natur des Kommunismus selbst liegt, der nicht demokratisch sein kann, ohne gleichzeitig aufzuhören, Kommunismus zu sein. Daher kann die Möglichkeit eines „demokratischen Kommunismus" nicht von dem guten Willen der Kommunisten abhängen. Ein System, das seiner Natur nach undemokratisch, ja sogar antidemokratisch ist, kann nicht demokratisch werden, nur weil man dies so will. Es ist stärker als jeder gute Wille und alle guten Absichten. Wir können daher ohne weiteres annehmen, daß die italienischen Kommunisten wirklich und aufrichtig einen demokratischen und pluralistischen Kommunismus wollen. Dies ändert jedoch nichts daran, daß wir daran zweifeln müssen, daß dies möglich ist, gerade weil der gute Wille nicht ausreicht, um den inneren und strukturellen Gegensatz zwischen Kommunismus und Demokratie, zwischen Kommunismus und Pluralismus zu beseitigen.[48]
Der Zweifel über die Möglichkeit eines demokratischen und plurali-

---

48 Was den „Pluralismus" betrifft, ist darauf hinzuweisen, daß dieser Begriff dem Marxschen und Leninschen Denken völlig fremd ist. Man kann ihn also nicht in die marxistisch-leninistische Tradition einfügen, ohne die gesamte Lehre zu vergessen und ohne eine radikale Änderung des Kommunismus zu bewirken, der sich in etwas anderes verwandeln würde.

stischen Kommunismus wird noch durch zwei Tatsachen verstärkt.
Einmal dadurch, daß der PCI in seiner inneren Struktur noch fest im
leninistischen Grundsatz des „demokratischen Zentralismus" verankert ist, und zum anderen durch die Tatsache, daß die Kommunisten
dort, wo sie in der Mehrheit sind und also allein oder zusammen mit
den Sozialisten regieren können, recht wenig „demokratisch" und
„pluralistisch" sind. Sie neigen dazu, jeden Leerraum auszufüllen, eine
fast absolute kulturelle und politische Vorherrschaft auszuüben und
den anderen keinen Raum zu lassen, das politische und gesellschaftliche Leben so umfassend und bis in die feinsten Verästelungen hinein zu beherrschen, daß Menschen, die kein Parteibuch besitzen und
die Weisungen der Kommunisten nicht befolgen, von den Arbeits-
plätzen und Schaltstellen zur Beeinflussung des gesellschaftlichen
Lebens verdrängt werden.
Es ist daher sehr schwer, an die Möglichkeit eines „andersartigen"
Kommunismus in Italien zu glauben. Es bleiben grundlegende Widersprüche, die keineswegs gelöst sind und auch bei denen Zweifel und
Fragen aufwerfen, die der Auffassung sind, daß der „italienische
Weg zum Sozialismus" ein neues Faktum von beträchtlicher Bedeutung und großem Wert in der Geschichte des Kommunismus ist.
Diese Zweifel und Fragen verstärken sich noch, wenn man von der
innenpolitischen Lage Italiens zu einer Betrachtung der internationalen Lage übergeht. Der PCI bleibt nämlich dem proletarischen Internationalismus treu, und trotz seiner Distanzierung von der UdSSR
könnte er nicht umhin, sich für die UdSSR zu entscheiden, falls er
gezwungen wäre, sich zwischen der westlichen Welt und der Sowjetunion zu entscheiden. Jedenfalls könnte er die Sowjetunion nicht verleugnen oder sich gegen sie stellen.
So stellt sich die „italienische kommunistische Frage" nicht nur den
italienischen demokratischen Parteien und in erster Linie der DC,
sondern auch den Ländern Westeuropas und den Vereinigten Staaten.
Und es ist eine „Frage" von größter Tragweite, wobei man einerseits
nicht glauben sollte, am italienischen Kommunismus habe sich nichts
geändert, und sich andererseits nicht dem naiven Optimismus hin-
geben darf, daß die „Neuerungen" des italienischen Kommunismus
jeden Zweifel über den demokratischen Charakter des PCI und die
Irreversibilität seiner Positionen zerstreuen können. Zweifel und ernste
Vorbehalte sind weiterhin berechtigt. Wird die Zukunft sie bestätigen
oder ausräumen? Diese Frage kann man heute nicht mit Sicherheit
beantworten.

Spaniens Linke — zurück aus dem Untergrund

Fritz René Allemann

I. Historischer Überblick

1. Von den Ursprüngen zur kommunistischen Sezession

Der spanische Sozialismus marxistischer Prägung ist erst mit beträchtlicher Verspätung aus dem Schatten des älteren und lange Zeit mächtigeren Anarchismus herausgetreten. Es wirkt symbolisch für diesen Zusammenhang, daß die spanische Sektion der Internationalen Arbeiter-Assoziation (der „Ersten Internationale") von einem persönlichen Abgesandten Bakunins ins Leben gerufen wurde. Dementsprechend lehnte die Federación Regional de Espana von Anfang an jede politische, vollends parteipolitische Betätigung ab. Sie sah das einzige brauchbare Instrument der sozialen Revolution in der „föderativen Konstitution von Berufsverbänden".[1] Dieser Linie blieben auch ihre Nachfolge-Organisationen treu bis hin zu der 1910 begründeten *Confederación Nacional del Trabajo* (CNT), in der die extrem-anarchistischen Strömungen zusehends gegenüber den syndikalistischen die Oberhand gewannen.

Erst 1879, zehn Jahre nach der ersten anarchistischen Organisation, trat die Sozialistische Arbeiterpartei (*Partido Socialista Obrero Espanol* — PSOE) ins Leben, eine Schöpfung des autodidaktischen Setzers und Marx-Verehrers Pablo Iglesias.[2] Gegenüber der älteren anarchistischen Konkurrenz hatte sie lange einen schweren Stand: Als sie 9 Jahre nach ihrer Gründung ihren ersten Parteitag abhielt, vertraten ganze 18 Delegierte insgesamt 20 Ortsgruppen. Auch die sozialistische Gewerkschaftsorganisation *Union General de Trabajadores* (UGT), ebenfalls von Iglesias geleitet, wuchs nur langsam über sehr bescheidene Ursprünge hinaus. Bis über die Jahrhundertwende hinweg blieb sie

1 Zit. in Miguel Artola, Partidos y Programas Politicos 1808—1936, Bd. I, S. 311, Madrid 1974.
2 Von den 23 Teilnehmern an der Gründungsversammlung des PSOE waren insgesamt 16 Typographen, also Berufskollegen von Iglesias. Nicht nur nach ihrem Programm, sondern auch nach ihrer sozialen Zusammensetzung trug die Partei bis tief ins 20. Jahrhundert hinein einen ausgesprochen „proletarischen" Charakter, der auch in dem starken Mißtrauen gegen ihre intellektuellen Mitglieder oder Sympathisierenden zutagetrat.

auf Madrid, die schwerindustrielle Zone um Bilbao und das asturische Minenbecken beschränkt. Erst später dehnte sie sich in den großagrarischen Westen und Süden des Landes aus; in den größten Teilen Andalusiens wie in Katalonien und im Gebiet von Valencia blieb auch dann die anarchistische Hegemonie unerschüttert.

Im Gegensatz zu den Anarchisten erstrebte die junge Partei ausdrücklich die „Eroberung der politischen Macht" durch die Arbeiterklasse[3] und trat dann auch für das (1890 erreichte) allgemeine Wahlrecht ein. Andererseits grenzte sie sich schroff von den bürgerlichen Parteien der republikanischen Linien ab; von ihrem Klassenstandpunkt aus hielt sie ein Zusammengehen mit Organisationen des „Klassenfeindes" für ausgeschlossen. Erst als 1909 der Protest gegen die militärische Intervention Spaniens in Marokko zur „blutigen Woche" von Barcelona geführt hatte, gab die Führung diese Intransigenz auf und schloß ein Wahlbündnis mit den ebenfalls antikolonialistischen Republikanern ab. Obwohl diese sogenannte *conjunción* schon 1910 für Iglesias, später auch für andere Prominente der Partei den Weg ins Parlament ebnete und auch bei Gemeindewahlen einen breiten Durchbruch ermöglichte, blieben die Widerstände gegen eine als „widernatürlich" empfundene Allianz stark; bald nach dem Ende des 1. Weltkriegs wurde die *conjunción* daher wieder aufgekündigt. Das Hin und Her zwischen pragmatischen Kompromissen und dem Radikalismus einer fast ängstlich gehüteten Orthodoxie blieb denn auch für den PSOE-Sozialismus weiterhin charakteristisch.

Bezeichnend dafür war die Auseinandersetzung um den Beitritt zur Kommunistischen Internationale Lenins. Enttäuscht über das Versagen der Sozialistischen („Zweiten") Internationale, der die Spanier seit ihrer Gründung (1889) angehört hatten, begeistert über die Russische Revolution und noch unter dem Eindruck eigener (erfolgloser) revolutionärer Bewegungen im gleichen Jahr 1917 stehend, drängten viele Parteimitglieder auf Anschluß an die Komintern. Dieser Strömung paßte sich zeitweise auch die Führung an, in der zu dieser Zeit Julian Besteiro[4] anstelle des erkrankten Iglesias das Feuer der Ortho-

3 Das knapp gehaltene Programm von 1880 und das erweiterte „Manifest" von 1888, das die wesentlichen Punkte dieses ersten Dokuments aufgreift, sind jetzt wieder abgedruckt bei Artola, a.a.O., Bd. II, S. 262 f. und 264 ff.
4 Besteiro, Ordinarius für Logik an der Universität Madrid, war einer der ersten Intellektuellen von nationalem Ansehen, die in der Sozialistischen Arbeiterpartei dauernd Fuß fassen konnten; er galt lange als der unmittelbare geistige Erbe von Iglesias, dem er nach dessen Tod (1925) im Vorsitz des PSOE wie der UGT nachfolgte.

doxie hütete. Besteiro bekannte sich 1919 selber zur „Diktatur des Proletariats". Als er jedoch trotzdem einen Aufschub der Entscheidung erwirkte, brach die Mehrheit der Sozialistischen Jugend mit der Mutterpartei und konstituierte sich als *Partido Comunista Espanol* (PCE) mit dem Ziel, „ein Sowjetregime auf den Ruinen des parlamentarischen Regimes und der bürgerlichen Demokratie" zu errichten. Jedes Minimalprogramm lehnten diese Frühkommunisten ab: Sie wollten die proletarische Diktatur und sonst gar nicht.[5]

Erst auf dem dritten außerordentlichen PSOE-Kongreß (April 1921) fiel schließlich mit klarer aber nicht überwältigender Mehrheit doch der Entscheid gegen den Anschluß an die Komintern. Deren „21 Bedingungen", die die absolute Unterordnung der nationalen Sektionen unter die Exekutive einer straff zentralisierten Weltpartei und die radikale Säuberung von allen „reformistischen" und „zentristischen" Elementen forderten, schienen den meisten Delegierten unannehmbar. Die Trennung von der ganzen bisherigen Führungsgarnitur hätte der traditionellen Vorstellung innerparteilicher Solidarität über alle Meinungsverschiedenheiten hinweg zu sehr widersprochen.

Die unterlegenen Anhänger der Dritten Internationale (*„Terceristas"*) gaben sich mit dieser Niederlage allerdings nicht zufrieden. Sie traten aber auch nicht der bereits bestehenden KP bei, sondern schlossen sich als *Partido Comunista Obrero Espanol* zusammen. Erst ein Jahr später, im Mai 1922, konnten Emissäre der Komintern schließlich eine Fusion der beiden bitter verfeindeten Fraktionen erreichen; die neue Formation übernahm das Sigel PCE, nannte sich aber von nun an *Partido Comunista de Espana*.

Der Kommunistischen Internationale hatte sich 1919 auch die CNT „provisorisch" angeschlossen, allerdings ohne Verzicht auf die „libertären" Prinzipien Bakunins. Die Russen akzeptierten das zunächst zweifellos nur, weil sie sich von den Kontakten mit der stärksten Gewerkschaftsorganisation Spaniens eine Chance versprachen, den besten Teil der revolutionären Kader Spaniens dem anarchistischen Einfluß zu entziehen. Mit dem Übertritt der pro-kommunistischen CNT-Minorität zur vereinigten KP erreichten sie dieses Ziel in der Tat. Die prominentesten Chefs dieses ex-anarchistischen Zuzugs sagten allerdings schon gegen Ende der zwanziger oder Anfang der dreißiger Jahre dem Stalinismus die Gefolgschaft auf. Dauerhaften Gewinn für die Kom-

5 Text des Manifestes jetzt wieder abgedruckt bei Artola, a.a.O., Bd. II, S. 282.

munisten brachten spätere Übertritte aus der CNT: Dem Kreis sevilla-
nischer Neophyten entstammte u.a. der künftige Generalsekretär des
PCE, José Diaz.

Allerdings blieb der Kommunismus lange eine sektiererische Rand-
erscheinung. Erbitterte Fraktionskämpfe kosteten die Partei viele ihrer Anhänger. Die 1923 errichtete Diktatur des Generals Primo de Ri-
vera nahm ihr vollends für einige Zeit jede Bedeutung. Beim Sturz der
Monarchie (1931) soll sie nach einigen Angaben nur ein paar hundert
Mitglieder gezählt haben. Jedenfalls waren es kaum mehr als 1.000.

2. Triumph und Selbstzerstörung der Sozialisten

Geschwächt war aber auch der PSOE. Ein großer Teil seiner Gefolgschaft zog sich in die Passivität zurück. Den Staatsstreich Primos nahm
die Führung ohne Versuch eines Widerstandes hin. Ja sie fand sich später sogar zur zeitweiligen Kollaboration mit der Diktatur bereit: Mit
ihrer Zustimmung trat UGT-Generalsekretär Largo Caballero in den
Staatsrat des Diktators ein. Kritik an dieser Haltung übte bemerkenswerterweise gerade der rechte Parteiflügel: Nichtmarxistische Sozialdemokraten wie Indalecio Prieto wollten den Kampf gegen das autoritäre System an der Seite der bürgerlichen Demokraten führen.

Erst nach dem Rücktritt des Diktators näherte sich der PSOE diesen Kreisen zögernd an. Gegen den Widerstand Besteiros entschied
sich eine knappe Mehrheit der Exekutive für die Erneuerung der alten
Allianz mit den Republikanern. Besteiro wehrte sich dagegen wie später, nach der Abdankung von Alfons XIII., gegen den Eintritt von drei
sozialistischen Ministern (Prieto, Caballero, Fernando de los Rios) in
die Provisorische Regierung und in die späteren Kabinette der Zweiten
Republik. Er wollte die Sozialisten vor dem Verschleiß in einer bürgerlich dominierten Koalition bewahren und an der völligen Unabhängigkeit der proletarischen Klassenpartei festhalten. Als er sich nicht
durchsetzen konnte, legte er das Parteipräsidium nieder.

Ein Come-back war ihm auch dann nicht beschieden, als nach zwei
Jahren das Bündnis mit der bürgerlichen Linken und der Mitte tatsächlich auseinanderbrach und die Cortes-Wahlen von 1933 einen kräftigen
Rechtsruck zeitigten. Denn nun vollzogen gerade die namhaftesten der
bisherigen „Partizipationisten" — Prieto und vor allem Caballero — eine Schwenkung um 180 Grad: Zum Erschrecken Besteiros schlug die
Parteimehrheit jäh den Kurs auf die gewaltsame revolutionäre Machteroberung ein.

Enttäuschung über die Ergebnisse des republikanischen Reformexperiments, die jetzt erst über Spanien mit voller Wucht einbrechende Wirtschaftskrise, der Machtantritt Hitlers in Deutschland überzeugten viele Sozialisten davon, daß jetzt nur noch die Wahl zwischen proletarischer Revolution und Faschismus offenbleibe. Mit dem Faschismus wurde kurzschlüssig auch der ·politische Katholizismus identifiziert: Der Eintritt der klerikalen, aber nur zum kleineren Teil wirklich autoritär ausgerichteten Rechtspartei CEDA unter Gil Robles in die Regierung erschien daher geradezu als Auftakt zu einem „faschistischen Staatsstreich"; so beteiligte sich selbst ein so maßvoller und sonst durchaus realistisch denkender Politiker wie Prieto an der Vorbereitung eines bewaffneten Aufstands — nicht aus revolutionärem Heilsglauben, sondern aus einem Defensiv-Reflex, den er später selber als irrig erkannte. Vollends der neuformierte radikale PSOE-Flügel unter Largo Caballero, der sich jetzt als „spanischer Lenin" feiern ließ, rückte näher und näher an kommunistische Positionen heran.[6] Solche Losungen zündeten auch in der Arbeiterschaft: Die asturische Oktober-Erhebung von 1934 gegen die Beteiligung der „faschistischen" CEDA am Kabinett nahm, unabhängig vom Willen der Führer, sogleich Züge einer sozialen Revolution an.

Erst die Niederlage dieses Unternehmens leitete jedoch die wirkliche Scheidung der Geister ein. Die Sozialistische Jugend, auf Caballero eingeschworen und von dem jungen Santiago Carrillo geführt, drängte nun in aller Form auf die „Bolschewisierung" der Partei. Prieto andererseits, zu seiner früheren gemäßigten Haltung zurückgekehrt, wirkte unermüdlich für eine erneute Zusammenarbeit mit den Demokraten. Mit der Bildung der Volksfront war dieses Ziel — allerdings unter Einschluß der KP — erreicht; die Losung der Generalamnestie verschaffte dem *Frente Popular* im Februar 1956 bei den Neuwahlen ein nume-

6 In seiner berühmt gewordenen Rede zum Abschluß der sozialistischen Sommerschule 1933, die das Signal für die große Schwenkung abgab, äußerte Caballero zwar gewisse Bedenken gegen die „Außenpolitik der russischen Revolutionäre" (ohne sie zu spezifizieren), hielt aber ihr Vorgehen im Innern Rußlands für durchaus angebracht. Die Rede ist auf Grund des Berichts in El Socialista" vom 13. Aug. 1933 vollständig wiedergegeben in: Eduardo Somin Colomer, Historia del Partido Comunista de Espana, Madrid 1965, Bd. 1, S. 574 ff. Und im Wahlkampf erklärte Caballero ausdrücklich: „Wenn uns die Legalität nichts nützt, wenn sie unsern Vormarsch behindert, dann werden wir die bürgerliche Demokratie beiseiteschieben und zur revolutionären Machteroberung schreiten." (Colomer, a.a.O., S. 593).

risch knappes, durch die Mehrheitswahl aber vergrößertes Übergewicht.

Caballero und die Jungsozialisten hatten an der Volksfront zunächst wenig Geschmack gewonnen: Sie stellten dieser Parole die der
„proletarischen Einheitsfront" gegenüber, aus der auch „Reformisten"
wie Besteiro ausgeschlossen bleiben sollten. Diese selbst reagierten entsprechend hart, etwa mit einer als „Anti-Caballero" betitelten Kampf-
broschüre von Gabriel Mario Coca.[7] Wenn dieser die Kommunisten neben den sozialistischen Hitzköpfen geradezu als einen „Ausbund von
Mäßigung" bezeichnete, so traf er damit eine der erstaunlichsten Veränderungen auf der linken Szene. Während die aufgeregten „Bolschewi-
sierer" eben erst die Lehren Lenins entdeckten, vollzog die Kommunistische Partei ihre große Wende zur Strategie des breiten Kompromisses.

3. PCE – vom Außenseitertum zur Hegemonie

Noch in den Anfängen der Republik war die KP Spaniens ein bloßer
Außenseiter auf der politischen Szene gewesen. In ihrer Hochburg Ka-
talonien hatte sie mit der Abspaltung des *Bloc Obrer i Camperol* unter
Maurín jeden Einfluß verloren — was sie nicht hinderte, nach dem
Sturz der Monarchie sogleich zum bewaffneten Kampf gegen die
„bourgeoise" Republik und zur Bildung von Sowjets aufzurufen.
Auch als an die Stelle des Generalsekretäs Bullejos der Ex-Anarchist
José Diaz trat, änderte sich an der „ultralinken" Praxis wenig: Weiterhin galten die Sozialisten („Sozialfaschisten") auch in Spanien wie international als „Hauptgefahr", die durch eine chimärische „Einheitsfront von unten" unter Ausschluß der „verräterischen Führer" bekämpft werden müsse.

Im Grunde änderte sich diese Einstellung erst, als der 7. Weltkongreß der Komintern die Theorie des „Sozialfaschismus" stillschwei-
gend fallenließ und stattdessen die Bildung einer „antifaschistischen
Volksfront" nicht nur mit den Sozialisten, sondern auch mit den
„fortschrittlich-demokratischen" Kräften des Bürgertums empfahl.
Nun orientierte sich auch die spanische Partei so eifrig um, daß sie in
den Verhandlungen über die Bildung der Volksfront (Ende 1935/An-
fang 1936) zum besten Verbündeten Prietos wurde und sich den radi-

7 Neu aufgelegt Madrid 1976.

kaleren Wünschen der Caballero-Fraktion entgegenstellte, um möglichst breite Teile des Bürgertums für diese Allianz zu gewinnen.

Gleichzeitig warb sie aber auch um die Gefolgschaft Caballeros — und zwar mit einem Vorschlag, der eine. radikale Revision leninistischer Dogmen einschloß: dem Vorschlag eines organisatorischen Zusammenschlusses von PSOE und PCE. Mit dem Gedanken dieser Fusion nahmen die spanischen Kommunisten jenes Manöver vorweg, das dann nach dem Zweiten Weltkrieg in Osteuropa auf ungleich folgenreichere Weise durchexerziert werden sollte: Unter dem Vorwand, die „Einheit der Arbeiterklasse" wiederherzustellen, sollte den Sozialisten ihre organisatorische Selbständigkeit verleidet werden — mit dem Ziel, sie in eine (selbstverständlich kommunistisch geführte) „Partei neuen Typs" einzuschmelzen.

In Spanien wurde dieses Ziel nur teilweise erreicht. Immerhin beschloß im April 1936 die von Santiago Carrillo geführte Sozialistische Jugend die Vereinigung mit der Nachwuchsorganisation des PCE; praktisch kam das einem schlichten Anschluß der Jungsozialisten an die zahlenmäßig viel kleinere, aber straffer organisierte und ideologisch standfestere *Juventud Comunista* gleich. Den gleichen Effekt hatte in Katalonien, wenige Tage nach dem Ausbruch des Bürgerkriegs, die Bildung des *Partido Socialista Unificado de Cataluna* (PSUC), dem sich außer dem regionalen PSOE-Verband auch andere sozialistische Gruppen anschlossen: Erstaunlich schnell verwandelte sich diese Sammelpartei in eine KP makellos orthodoxen, d.h. stalinistischen Stils.

Im übrigen Spanien kam es nicht so weit. Die Caballero-Anhänger hatten zwar weder an der ideologischen Orientierung des Stalinismus noch am „demokratischen Zentralismus" viel auszusetzen, wehrten sich aber dagegen, die KP-Führer als gleichberechtigt anzuerkennen oder sich ihnen gar unterzuordnen. Mit dem Ausbruch des Bürgerkriegs trat die Frage der organisatorischen Einheit ohnedies in den Hintergrund. Während in der republikanischen Regierung zunächst noch die Politiker der gemäßigten Mitte dominierten, schuf sich die gesamte Linke in den spontan entstandenen Komitees der Arbeitermilizen und ähnlichen Ausschüssen Organe einer „Doppelherrschaft", die schließlich nur durch die Berufung Caballeros an die Spitze des Kabinetts einigermaßen erträglich gestaltet werden konnte. Die Kommunisten wie Prieto waren mit dem PSOE-Chef darin einig, daß ein erfolgreicher militärischer Widerstand die Straffung der gouvernementalen Autorität erfordere.

Schon damals allerdings gingen die Vorstellungen der KP und des neuen Regierungschefs einigermaßen auseinander. Caballero wollte die traditionelle Bürokratie und das ganze ministerielle Arbeitssystem „wegfegen". Die Kommunisten aber wiesen nun, im Einklang mit Prieto, jeden Gedanken an eine „proletarische Revolution" weit von sich. Just in dem Augenblick, da räteähnliche Organe allenthalben in der republikanischen Zone die tatsächliche Macht ausübten, wollte die Parteiführung von ihrer früheren Losung der „spanischen Sowjetrepublik" nichts mehr wissen, da die „historischen Bedingungen" dafür keineswegs gegeben seien. Caballero, die Anarchisten und die Linkskommunisten Maurins und Nins, die sich 1935 im *Partido Obrero de Unificación Marxista* (POUM) vereinigt hatten, beharrten demgegenüber auf dem unlösbaren Zusammenhang von Krieg und Revolution.

Allerdings mußten auch sie sich letztlich mit der Stärkung des Staatsapparates auf Kosten der Quasi-Sowjets abfinden. Daß die KP ganz besonders hartnäckig und unermüdlich auf eine solche Lösung drängte, jeden Bruch des Bündnisses mit dem „fortschrittlichen Bürgertum" bekämpfte und die „republikanische Legalität" gegenüber den „unkontrollierten bewaffneten Gruppen" verteidigte, verschaffte ihr während des Bürgerkriegs massenhaften Zulauf, besonders aus mittelständischen Schichten und aus den Reihen der republikanischen Berufsmilitärs, denen auch die tadellose Disziplin und überlegene Kampfkraft der kommunistischen Milizeinheiten − wie des berühmten, von Enrique Lister kommandierten „5. Regiments" − großen Eindruck machte.

Die brüske Wendung des PCE war in erster Linie durch das Interesse der UdSSR diktiert, die ihre damalige Politik der Anlehnung an die westlichen Demokratien gegen die faschistischen Mächte nicht durch unzeitige revolutionäre Experimente in Spanien stören lassen wollte. Auch die Regierung Caballero mußte sich angesichts ihrer zunehmenden Abhängigkeit von sowjetischem Kriegsmaterial und sowjetischen Technikern dieser Linie fügen. All das führte dazu, daß die Kommunisten weniger als ein Jahr nach Ausbruch des Bürgerkriegs immer mehr die Rolle der politischen Führungsmacht spielen und der Reihe nach an die Ausschaltung aller mißliebigen Kräfte gehen konnten. Als sich Caballero nach blutigen Unruhen in Barcelona der sowjetischen Forderung nach einem Verbot des angeblich „trotzkistischen" POUM widersetzte[7a], beschwor er selber seinen Sturz herauf. Auch der von Prie-

---

7a Der POUM konnte freilich insofern nur mit Vorbehalt als „trotzkistisch" bezeichnet werden, da Trotzki selber die Vereinigung seiner spanischen Anhän-

to-Anhängern beherrschte PSOE-Vorstand stellte sich an die Seite der KP und zwang den Ministerpräsidenten nicht nur zur Demission, sondern auch in die totale politische Isolierung hinein.

Als Verkörperung der kuriosen Allianz von Kommunisten und rechten Sozialdemokraten erschien der neue Premier Juan Negrin — ursprünglich ein Prieto-Mann, der aber zusehends weiter unter kommunistischen Einfluß geriet. Nun wurde der POUM wie gewünscht verboten, seine Führung verhaftet, sein bedeutendster Kopf Andrés Nin· an einen kommunistischen (oder sowjetischen) Geheimdienst ausgeliefert und dort ermordet, schließlich auch der Einfluß der Anarchisten rigoros beschnitten. Eine straffe Zensur unterdrückte — im Namen der „Demokratie" — bald jede noch so vorsichtige Kritik an den sowjetischen Protektoren. Zu spät erkannte der allzu gewandte Prieto, was er angerichtet hatte: Als er sich dem Herrschaftsanspruch des PCE zu widersetzen begann, ließ Negrin seinen politischen Lehrmeister kurzerhand unter dem Vorwurf des „Defaitismus" fallen.

Tatsächlich hatte Prieto auf einen Verhandlungsfrieden hingearbeitet, weil er die militärische Lage als aussichtslos betrachtete. Während die KP aber unter allen Umständen den Widerstand bis zum bitteren Ende fortsetzen wollte, drängten nach dem Verlust Kataloniens auch die meisten bisher pro-kommunistischen Berufsmilitärs auf ein rasches Ende der Feindseligkeiten. Schließlich kam es in Madrid zu einem Putsch der Friedenswilligen unter der Leitung des zuvor von Negrin abgesetzten Obersten Cassadó. Dessen Junta, hinter die sich sowohl die Anhänger Besteiros als auch die Prietos und Caballeros stellten, blieb allerdings nichts anderes mehr übrig als die bedingungslose Kapitulation, nachdem sie sich in einer Woche blutiger Kämpfe schließlich durchgesetzt hatte.

In dieser letzten verworrenen Bürgerkriegs-Episode, bei der die Verlierer am Ende noch die Waffen gegeneinander kehrten, entlud sich die tiefe Verbitterung all jener Gruppen, die von den Kommunisten mit sowjetischer Nachhilfe an die Wand gedrückt und dem Terror der stalinistischen „Parallel-Polizeien" ausgeliefert worden waren. Aber die verspätete Einheitsfront der langjährigen Antagonisten im PSOE-Lager bezeugte nur noch ihre Ohnmacht gegenüber der doppelten Bedrohung.

ger um Nin mit dem Arbeiter- und Bauernblock Maurins strikt mißbilligt und seine Beziehungen zur Nin-Fraktion abgebrochen hatte; wohl aber kann man im POUM mit gutem Grund eine der frühesten (und bedeutendsten) Manifestationen einer typisch „izquierdistischen" Reaktion auf die Volksfront-Schwenkung der KP sehen.

Fast drei Jahre hindurch hatte Spanien als Versuchsfeld einer neuen Technik kommunistischer Machteroberung gedient, die sich nicht mehr auf die revolutionäre Macht proletarischer Massen, sondern auch die allmähliche Infiltration eines „bürgerlichen Staatsapparats" stützte. Viele der hier in Ansätzen erprobten Methoden wurden dann nach dem 2. Weltkrieg in den sowjetisch besetzten Ländern Osteuropas fortentwickelt und perfektioniert: die (notfalls zwangsweise) Vereinigung der Sozialisten mit der KP, die Abwürgung der Kritik unter dem Vorwand „antifaschistischer Blockpolitik", die später berüchtigte „Salami-Taktik" zur schrittweisen Ausschaltung widerstrebender Kräfte und das später zu hoher Virtuosität gediehene Verfahren der „Säuberung" ursprünglich verbündeter, aber nicht bedingungsloser ergebener Block-Parteien durch zuverlässige Helfer in deren eigenen Reihen. Männer wie der sozialistische Außenminister Alvarez del Vayo, ursprünglich ein intellektueller Caballero-Apologet, oder der Prieto-Vertraute Negrin haben im PSOE das gleiche Geschäft besorgt wie später etwa ein Grotewohl bei den ostdeutschen Sozialdemokraten. Wenn in Spanien die „Kriegsnotwendigkeiten" zur Begründung eines solchen Vorgehens dienten, so konnte die Sowjetunion in den „Volksdemokratien" auf die physische Präsenz ihrer Truppen als Druckmittel zurückgreifen.

Die Erinnerungen an diese Jahre bestimmten noch jahrzehntelang die Atmosphäre innerhalb der späteren Opposition gegen das siegreiche Franco-Regime. Nach der Niederlage löste sich die Zwangs-Einheit im republikanischen Lager völlig auf. Der sowjetisch-deutsche Pakt von 1939 vollendete für einige Zeit die Isolierung des PCE auch von jenen sozialisitschen Gruppen, die ihm zeitweise am nächsten gestanden hatten.[8] Auch aus der republikanischen Exilregierung wurden die Kommunisten 1947 von dem damaligen „Minsterpräsidenten" Rodolfo Llopis ausgeschaltet: Llopis, früher Caballero-Anhänger, entwickelte sich zu einem der rabiatesten Antikommunisten auf der Exil-Linken.

8 Der brillante linkssozialistische Ideologe und Ex-Diplomat Luis Araquistain beispielsweise setzte in der Emigration den PCE kurzerhand mit den faschistischen Parteien gleich und verlangte, in einer wiedererrichteten spanischen Demokratie müsse diese Partei, solange sie im Dienste einer ausländischen Macht stehe, „außerhalb des Gesetzes gestellt" werden. S. dazu Marta Bizcarrondo, Araquistain y la Crisis Socialista en la II Republica, Madrid 1975, S. 427 f.

Der Fehlschlag der Hoffnungen auf einen raschen Sturz Francos nach der Niederlage der Achsenmächte vertiefte die Konflikte innerhalb der Emigration. Vergeblich hatten KP und Anarchisten versucht, den Guerilla-Kampf in Spanien neu anzufachen. Die Einsicht in die mangelnde Bereitschaft der spanischen Bevölkerung, eine Wiederaufnahme des Bürgerkriegs zu unterstützen, zwang die PCE-Führung 1949, den Abbruch des bewaffneten Kampfes anzuordnen – „zu spät", wie Carrillo Jahrzehnte später meinte.[9] Hinderlich für den Kontakt zwischen der emigrierten Parteiführung und den Genossen in der Heimat wirkte es sich auch aus, daß die Spitzenorgane aus Frankreich nach Prag und Bukarest verlagert werden mußten. Noch viel schwerer wurden die Anarchisten durch die Konsolidierung des Franco-Regimes getroffen: In einen „reformistischen" und einen hart doktrinären („antipolitischen") Flügel gespalten, sanken sie bald in eine fast totale Obskurität zurück.

Der PSOE-Spitze andererseits gelang zwar eine gewisse Konsolidierung ihrer Organisation unter den Emigranten. Aber nach schweren Verlusten sah sie sich gezwungen, auf die Wirkung nach Spanien hinein für lange Zeit praktisch zu verzichten. Ihr Abkommen mit den Republikanern und den liberalen Monarchisten unter dem früher bei den Linken so verhaßten Gil Robles blieb bloße Episode: Erst Jahrzehnte später, nach dem Tode Francos, sollte der Gedanke an eine „demokratische Restauration" der Monarchie seine Frucht tragen.

4. Die Rückkehr des PCE

Bei den Kommunisten setzte sich erst seit der Mitte der fünfziger Jahre eine neue, mit harter Selbstkritik am früheren „Sektierertum" verbundene „Massenlinie" durch. Nun sollten alle legalen Möglichkeiten der Aktivität im Landesinnern (etwa bei der Wahl von Betriebs- und Gewerkschafts-Vertrauensleuten) wahrgenommen werden. Der frühere Antiklerikalismus machte einer positiveren Würdigung der Kirche

9 So in der zweifellos aufschlußreichsten und zugleich ausführlichsten Selbstdarstellung des PCE-Generalsekretärs, seinem großangelegten Interview mit den Franzosen Régis Debray und Max Gallo: Vgl. Santiago Carrillo, Demain l'Espagne, Paris 1974, hier zit. nach der portugiesischen Ausgabe: Amanha, a Espanha, Lissabon 1975, S. 97. Es sei, heißt es dort, „zweifellos ein Fehler gewesen, den Guerillakampf allzusehr zu verlängern". Das Buch wird künftig zitiert als „Amanha".

Platz[10], 1956 wurde die „Politik der nationalen Versöhnung" proklamiert; Carillo definierte sie später als „Mittel zur Überwindung der sterilen Schemata aus der Kriegszeit", die einer breiten Volkseinheit im Wege gestanden hätten.[11] Mehr und mehr sprach die Partei nun von einem „friedlichen" oder gar „parlamentarischen" Weg zum Sozialismus[12], hofierte das Klein- und Mittelbürgertum und ließ später sogar die Repräsentanten des „modernen", „dynamischen" Großkapitals (im Gegensatz zu „feudalen" Latifundisten und „monopolistischen", von Staatshilfe abhängigen Wirtschaftsgruppen) als mögliche Partner eines propagierten „Paktes für die Freiheit" zu.

Auf kürzere Frist allerdings stand nun im Vordergrund der kommunistischen Bemühungen die allmähliche Steigerung und zugleich Politisierung der langsam wieder einsetzenden Arbeitskämpfe. „Nationale Kampftage" wurden mit dem Ziel veranstaltet, das Regime schließlich durch einen nationalen Generalstreik aus den Angeln zu heben. Aber die „Kampftage" erbrachten trotz intensiver organisatorischer Vorbereitung ständig abnehmende Erträge, und politische Massenstreiks blieben so gut wie völlig aus.

Ein entscheidender Durchbruch zu größerer Breitenwirkung gelang den Kommunisten erst in den frühen sechziger Jahren mit Hilfe der damals entstehenden *Comisiones Obreras* (CCOO). Diese „Arbeiter-

---

10 Dolores Ibarruri, damals Nachfolgerin von José Diaz als Generalsekretärin des PCE und bis heute Präsidentin der Partei, stellte auf dem ZK-Plenum von 1956 bereits fest, der spanische Katholizismus habe aufgehört, „ein homogenes Ganzes im Dienste der reaktionären und feudalen Kräfte zu sein", und trat dafür, ein, auch Priester als Parteimitglieder aufzunehmen (heute sollen dem PCE nach Pressemeldungen etwa 40 Priester als Mitglieder angehören, einer davon als Mitglied des Zentralkomitees). S. Guy Hermet, Los comunistas en Espana, Paris 1972, S. 58 f. Später ging Carrillo noch weit über diese Formulierungen der *Pasionaria* hinaus, so etwa wenn er der spanischen Kirche *in globo* bescheinigte, sie sei „aus politischer und sozialer Sicht wohl die am weitesten entwickelte in Europa" (s. Carrillo, Amanha, a.a.O., S. 164) und die „echte Selbstkritik im Angesicht des spanischen Volkes", zu der sich die Mehrheit des spanischen Episkopats aufgerafft habe, als ein „sehr gutes Signal" bezeichnet.

11 *Marco Calamai*, Storia del Movimento Operaio Spagnolo dal 1960 als 1975, Bari 1975, zit. S. 60 f. diese Äußerung Carrillos aus dem theoretischen Organ des PCE: Nuestra Bandera Nr. 65, 1970.

12 Der im kommunistischen Sprachgebrauch höchst ungewöhnliche Verweis auf einen „parlamentarischen Weg" findet sich beispielsweise in der vom PCE herausgegebenen Schrift: Le bilan de vingt ans de dictature fasciste, les tâches immédiates de l'opposition et l'avenir de la démocratie espagnole, Limoges 1959, S. 61.

kommissionen" waren zunächst spontan als Organe der Belegschaften zur Führung von Arbeitskämpfen ins Leben gerufen worden; und die KP hatte an solchen Initiativen anfangs keinen nennenswerten Anteil genommen.[13]

Sobald sie aber die Chancen des neuen Instruments erkannt hatte, machte sie sich energisch daran, die Führung der Kommissionen in die eigenen Hände zu nehmen, und liquidierte entschlossen die eben erst im Entstehen begriffenen eigenen Untergrund-Gewerkschaften zugunsten einer Integration in die CCO.

Diese Umorientierung empfahl sich schon deswegen, weil die Kommissionen vom Staat und von der Syndikatsbürokratie ursprünglich im Zeichen der gerade anlaufenden „Liberalisierung" des Franco-Regimes toleriert, teilweise sogar akzeptiert wurden.[14] Dank der intensiven Arbeit geschulter und meist getarnter Kader konnten die ursprünglich *ad hoc* zustandegekommenen und überparteilich gemeinten Organisationen denn auch bald in permanente, straff von einer überwiegend kommunistischen Spitze gelenkte Formen übergeführt werden — was schon deshalb leicht fiel, weil die KP als einzige der illegalen Widerstandskräfte im ganzen Lande mittlerweile wieder über einen disziplinierten Apparat und über genügend Finanzen verfügte. So zogen sich die übrigen Gruppen größtenteils wieder zurück — die Sozialisten in ihre eigene Untergrund-UGT, die zeitweise aktiven linkskatholischen Elemente in ihre neue, zunehmend sozialistisch orientierte, aber von jeder Parteibindung freie USO (*Unión Sindical Obrera*), die vom Internationalen Bund Freier Gewerkschaften neben der UGT als weiteres spanisches Mitglied akzeptiert wurde.

Keine dieser Organisationen erlangte jedoch die gleiche Bedeutung wie die Arbeiterkommissionen. Als die Regierung diese zu verfolgen begann, war deren Gefüge mittlerweile schon so solide verfestigt, daß die *Comisiones* die weitaus stärkste und aktionsfähigste Kraft der ge-

---

13 Das läßt sich auch aus der Formulierung des kommunistischen italienischen Journalisten Calamai in seiner Anm. 11 zit. „Storia" erschließen, die KP sei sich erst nach dem asturischen Bergarbeiterstreik von 1962, in dem die Kommissionen eine wichtige Rolle spielten, „plötzlich" über das enorme politische Potential dieser Organisationsform klargeworden (a.a.O., S. 115).

14 So konnte die Kommission der Madrider Metallarbeiter nach den Aussagen ihres Führers Marcelino Camacho lange Zeit ihre Sitzungen im „Sozialen Zentrum Manuel Mateo" — einem Lokal der offiziellen („vertikalen") Staatsgewerkschaften — abhalten. S. Sergio Vilar, Protagonistas de la Espana Democrática. La oposición a la dictadura 1939—1969, Paris 1969, S. 91.

samten Opposition darstellten. Daß sie von der Justiz nun (mit gutem Grund) als „kommunistisch" eingestuft wurden, hatte zur Folge, daß die KP nun mehr und mehr als *die* Sachwalterin der Arbeiterinteressen erschien und der Druck von oben letztlich der kommunistischen Infiltration in die Hände arbeitete. Zwar bekannten sich die PCE-Betriebsfunktionäre auch weiterhin zur „Überparteilichkeit" dieser „Einheits"-Organe. Faktisch aber hatten sie deren Apparat fest in der Hand. Das zeigte sich nach dem Tode Francos, als die bekanntesten Führer der CCOO allesamt in die Spitzengremien der Kommunistischen Partei — Zentralkomitee und Exekutive — einrückten.

5. Spaltungen

Widerstände gegen die kommunistische Führerrolle kamen hauptsächlich von links. Oppositionelle Elemente innerhalb der Partei und außenstehende „revolutionäre" Kräfte wandten sich zunehmend gegen die als „opportunistisch" oder gar als „sozialdemokratisch" denunzierte Politik Carrillos, der im Januar 1960 auf dem 6. PCE-Kongreß in Prag auch offiziell in die vorher schon faktisch von ihm wahrgenommene Funktion des Generalsekretärs aufgerückt war. Radikale Gruppen und Grüppchen rekrutierten sich vor allem aus der kommunistischen Studentenschaft, die gegen die Parolen des „friedlichen Weges" und der „nationalen Versöhnung" aufbegehrte, aber auch aus radikalisierten Linkskatholiken. Katholischen Jugend- und Arbeiterverbänden entstammten beispielsweise die Gründer der sog. „Volksbefreiungsfront" (*Frente de Liberación Popular* — FLP), die zeitweise zum wichtigsten KP-Rivalen in den Betrieben wurde, und die ebenfalls von katholischen Aktivisten 1960 ins Leben gerufene *Acción Sindical de Trabajadores* schwenkte schließlich ganz ins maoistische Fahrwasser ab: Als *Organización Revolucionaria de Trabajadores* (ORT) gehört sie heute zu den stärksten Formationen der spanischen „Ultralinken".

Alle diese Gruppen, auch die aus dem PCE hervorgehenden, zeichneten und zeichnen sich durch ihre eigentümliche organisatorische Unstabilität aus. Schon deshalb erübrigt es sich, hier ihrer labyrinthischen Geschichte mit der steten Folge von Absplitterungen, kurzfristigen Fusionen und neuem Zerfall nachzugehen. Die proteische Wandlungsfähigkeit dieses *Izquierdismo* in seinen maoistischen, trotzkistischen, rätekommunistischen, revolutionär-separatistischen und anarchistischen Spielarten darf allerdings nicht dazu verführen, die Bedeutung dieser extremen Linken *als Strömung* zu unterschätzen, die insgesamt einen durchaus beachtlichen Teil der Opposition ergriffen und mit sich fortgeschwemmt hat.

Vor allem muß man sich vor Augen führen, daß die Ablösung dissidenter Fraktionen vom PCE, auch wenn sie oft unter „maoistischen" Parolen erfolgte, in Wirklichkeit meist einfach einer Reaktion auf den „Revisionismus" der Führung entsprang. Nur wenige dieser Schismatiker wie etwa das 1968 entstandene, noch heute aktive *Movimiento Comunista (Marxista-Leninista)*, aber auch die ORT konnten dank intensivem Engagement in den *Comisiones Obreras* in die proletarische KP-Basis eindringen; die meisten blieben auf vorwiegend intellektuelle Zirkel beschränkt.

Im übrigen hat die kommunistische Führung unter Carrillo eine Polemik mit den Abtrünnigen nach Möglichkeit vermieden und ist vollends einer systematischen Ketzerjagd nach dem Muster anderer Parteien immer aus dem Wege gegangen. So hat Carrillo beispielsweise seine persönlichen Beziehungen zu Fernando Claudin — seinem früheren dritten Mann in der Exekutive — nie abgebrochen, als dieser 1964 wegen seiner „Abweichungen" zuerst aus den Führungsgremien und dann auch aus der Partei ausgeschlossen wurde.

Claudins Position hatte allerdings mit der linksradikalen Kritik wenig gemein. Wohl ging auch er davon aus, die künftige spanische Revolution werde sozialistischen und nicht „bürgerlich-demokratischen" Charakter tragen. Zugleich warnte er aber vor Spekulationen auf einen unmittelbar bevorstehenden Zusammenbruch der Diktatur und zog sich damit den Vorwurf des „Rechtsopportunismus" zu. Eben deshalb verzichtete er wohl nach dem vollzogenen Bruch darauf, eine eigene Konkurrenz-Organisation aufzuziehen, und zog sich auf die Rolle eines bloßen Beobachters zurück.[15]

II. Die politisch-programmatische Entwicklung der Kommunistischen Partei

1. Rebellion gegen Moskau

In einer Hinsicht setzten sich Claudins Ansichten in der Partei nach ein paar Jahren doch durch. 1956 hatte er wenigstens in den internen

---

15 Für eine ausführliche historische Darstellung des internationalen Kommunismus aus Claudins Sicht vgl. Fernando Claudin, La crisis del movimiento comunista, Paris 1970.

Diskussionen den ungarischen Aufstand gegen die Mehrheit des ZK
verteidigt, die das Eingreifen der Roten Armee gegen eine „reaktionäre Erhebung" vorbehaltlos guthieß. Die Ereignisse von 1968 in der
CSSR jedoch brachten auch Carrillo und dessen Freunde zu einer kri-
tischeren Einschätzung der sowjetischen Politik und führten schließlich einen offenen Konflikt mit dem Kreml herauf.

Die Parteiführung, mit den Prager Verhältnissen ziemlich vertraut,
hatte des Experiment Dubcek von Anfang an mit Sympathie verfolgt:
Der tschechische „Sozialismus mit menschlichem Gesicht" bot ihr eine Chance, die Glaubwürdigkeit ihrer früher bekundeten Absage an totalitäre Zielsetzungen durch Berufung auf das Prager Beipsiel zu erhärten. Carrillo glaubte auch nicht, daß in Prag „eine wirkliche Gefahr für
die Existenz des sozialistischen Regimes" bestehe.[16] Als der Ostblock
seine Aggression just mit einer solchen Gefahr begründete, sprach Carrillo, der damals gerade in Moskau weilte, zusammen mit der orthodoxen Parteivorsitzenden Dolores Ibarruri (,,La Pasionaria") sofort im
Kreml vor, um gegen den Eingriff zu protestieren. Suslow soll den Protest mit der verletzenden Bemerkung zurückgewiesen haben, die spanische KP sei „schließlich doch nichts als eine kleine Partei".[17]

Diese Reaktion hat den Konflikt zweifellos verschärft. Noch sprach
das spanische Exekutivkomitee am 28. August 1968 zwar recht behut-
sam davon, das tschechische Problem müsse von der KPC „unter der
Führung des Genossen Dubcek" und „mit Hilfe der sozialistischen
Staaten" gelöst werden. Wesentlich härter äußerte sich bereits das Parteiorgan „Mundo Obrero" in seiner nächsten Nummr vom 15. September: Daß „eine andere sozialistische Macht, wer sie auch sei", jemals
einem kommunistisch geführten Spanien „eine Politik diktieren oder
gar militärisch auf unseren Gebieten intervenieren könnte", wäre „unvorstellbar und unannehmbar" und würde mit „Widerstand in ener-
gischster Form" beantwortet. Carrillo selber versicherte später, er habe unmittelbar nach seiner Rückkehr aus Moskau erklärt, er würde in
einem solchen Fall nicht zögern, „unsere Armee zur Verteidigung zu
mobilisieren".[18]

Das kam einer Unabhängigkeitserklärung gleich. Fünf Mitglieder
des Zentralkomitees — darunter der Organisationssekretär Eduardo

16 So Carrillo in: L'Humanité, 31. Juli 1968, zit. v. Hermet, a.a.O., S. 75.
17 Dies berichtet jedenfalls K.S. Karol in: Le Monde, 23. Okt. 1970.
18 Vgl. Carrillo, Amanha, S. 142.

Garcia, der die Verantwortung für die Kontakte mit dem illegalen In-
landsapparat trug — stimmten sogar gegen die vorsichtigen Formulierungen der ursprünglichen Resolution. Andere schlossen sich den Op-
ponenten nachträglich an. Zu ihnen gehörte der bekannteste aus der
KP hervorgegangene militärische Führer im Bürgerkrieg: Enrique
Lister. Nach Garcia und dem ZK-Mitglied Augustin Gomez wurde
auch er zuerst aus dem Führungsgremium und dann aus der Partei selber eliminiert, als er eine orthodoxe Fraktion gegen den Carrillo-Kurs
um sich zu sammeln suchte.

Das war die bedrohlichste aller Dissidenzen. Lister zog — zweifellos mit Unterstützung Moskaus — sogleich eine rivalisierende, pro-sow-
jetische Parteiführung auf, die sich als die einzige authentische Reprä-
sensation der KP ausgab und einen eigenen „Mundo Obrero" veröffentlichte, der dem offiziellen Parteiorgan äußerlich in allen Einzelheiten glich. Das Manöver zeitigte bei Parteimitgliedern und Sympathisanten zunächst auch einige Erfolge. Aber auf die Dauer kamen zweifel-
hafte Methoden dieser Art gegen den gut eingespielten Apparat des
Carrillo-ZKs nicht auf. Listers Substitutionsversuch scheiterte, und die
Gruppe, die er schließlich unter dem alten Namen Partido Comunista
Obrero ins Leben rief, sank schnell zu einer unbedeutenden Sekte ab;
damit hatte sie auch ihr Interesse für den Kreml eingebüßt.[19] Als
wichtigeres Sammelbecken für die Unzufriedenen erwies sich der Partido Comunista de Espana (internacional); der aus ihm 1975 hervorgegangene Partido del Trabajo wuchs schnell zur stärksten der „ultralinken" Organisationen an, die schon im Sommer 1976 rund 10.000 „militante" Anhänger gezählt haben soll.

Anders als manche anderen westeuropäischen kommunistischen
Parteien hat der PCE seine Kritk auch nach der erzwungenen „Normalisierung" in der CSSR ohne Abschwächung fortgeführt. Neue Meinungsverschiedenheiten mit der KPdSU kamen hinzu, als die spanische
Partei, obwohl keineswegs mit dem Maoismus identifiziert, sich um
ein korrektes Verhältnis zur chinesischen Partei bemühte und andererseits direkte Beziehungen zwischen den Ostblock-Staaten und dem
Franco-Regime öffentlich verurteilte. Als „unbegreiflich" und „schäd-
lich" bezeichnete sie beispielsweise den Entschluß der DDR zur Auf-

19 Selbst unter den spanischen Emigranten in der Sowjetunion konnte Lister
   keinen wirklichen Boden gewinnen; die meisten von ihnen hielten wohl vor
   allem deshalb zu Carrillo, weil sich auch die unter ihnen hoch angesehene Pasionaria mit der offiziellen Parteiführung identifizierte.

nahme diplomatischer Beziehungen mit Madrid, und sie wies nachdrücklich auf den Unterschied hin, der offenbar zwischen den nationalen Interessen sozialistischer Staaten und dem Interesse des internationalen Proletariats bestehe.

Gerade diese Stellungnahme hat die massivste Attacke eines sowjetischen Parteiorgans provoziert, die bis dahin je gegen eine nicht formell exkommunizierte ausländische KP gerichtet wurde. Formell richtete sich der Angriff der Funktionärszeitschrift „Partijnaia Schisn" vom Februar 1974 zwar nicht gegen den PCE insgesamt, sondern gegen den Bericht, den Manuel Azcárate, Parteisekretär und Mitglied des Exekutivkomitess, im September 1973 vor dem ZK-Plenum erstattet hatte. Da aber das Zentralkomitee diesen Bericht ausdrücklich gebilligt hatte, traf die Anklage unverkennbar die gesamte Parteiführung. Da wurden dem prominenten spanischen Genossen gröbliche Verzerrungen der sowjetischen Außenpolitik, „Invektiven gegen das sozialistische Sowjetsystem", „Lügen über das Fehlen der Demokratie in der UdSSR" vorgeworfen. Die „europäische Alternative", die er gegenüber den Befürwortern einer „atlantischen" Orientierung entwickelt hatte, rieche nach Nationalismus, bekam er aus Moskau zu hören. Und sein Verlangen, ein demokratisches und sozialistisches Europa dürfe nicht „der Hegemonie irgendeiner Großmacht unterworfen sein", wurde als Beweis dafür zitiert, daß er künftige sozialistische Regierungen in Westeuropa von allen Bindungen an die bestehende „sozialistische Gemeinschaft" fernhalten wolle. Mehr noch: Seine Darlegungen, so hieß es in dieser Philippika, enthielten „nicht eine Unze von proletarischem Internationalismus, nicht einen Tropfen . . . Solidarität".

Carrillo sah in dem hämischen Ton des Moskauer Organs die beste Rechtfertigung für Azcárates Kritik am Verhalten der Sowjets. So ließ er den Text der „Partijnaia Schisn" zusammen mit dem bis dahin nicht publizierten Bericht wörtlich veröffentlichen[20], um damit die offensichtlichen Entstellungen, die sich das Sprachrohr des Kremls zuschulden kommen ließ, niedriger zu hängen.

Keine Seite wollte allerdings die Kontroverse auf die Spitze treiben. Im Oktober 1974 fuhren Carrillo und Azcárate nach Moskau und unterzeichneten dort nach zähen Gesprächen mit einer sowjetischen Delegation gemeinsam mit der Pasionaria ein sichtlich sehr sorgfältig ge-

20 Vgl. Sobre la política internacional del partido, in: Nuestra Bandera, Nr. 72,
   4. Quartal 1973.

drechseltes Kompromißdokument.[21] Die Spanier anerkannten die
sowjetische Politik „friedlicher Koexistenz" darin als „wichtigen Beitrag zur Entwicklung des weltrevolutionären Prozesses", erreichten
andererseits ein formelles Abrücken der Sowjets von der Lister-Gruppe
durch die gemeinsame Verurteilung aller „spalterischen Aktivitäten".
Das Communiqué bekräftigte den Grundsatz der „Nichteinmischung
in innere Angelegenheiten der Bruderparteien" und die Feststellung,
die kommunistische Weltbewegung kenne „kein Führungszentrum",
sondern nur eine „freiwillige Koordination" auch bei „Meinungsverschiedenheiten in einzelnen Fragen". Unter dieser Voraussetzung erklärten sich die Spanier zur Teilnahme an den Vorbereitungen für eine
gesamteuropäische KP-Konferenz bereit — jener Konferenz, die dann
nach mehrmaliger Vertagung 1976 schließlich in Ostberlin zusammen-
trat.

Dieser Kompromiß kam weder einer Kapitulation noch einem eindeutigen Sieg Carrillos gleich, sondern lief einfach auf einen Versuch
hinaus, den drohenden Bruch durch rhetorische Floskeln zu verklei-
stern. Die Differenzen dauerten denn auch weiter an. Neue Gegensätze
ergaben sich vor allem aus der grundverschiedenen Beurteilung der
portugiesischen Situation. Während Moskau sich ganz mit der Strategie der Lissaboner Kommunisten und ihres Führers Alvaro Cunhal
identifizierte, blieb Carrillo dem ersten legalen Parteitag der „Bruderpartei" im Nachbarland demonstrativ fern und nahm stattdessen wenige Wochen später am Kongreß der portugiesischen Sozialisten teil. In
seinen Augen war die Politik Cunhals schieres Abenteurertum. Und im
Sommer 1976 versicherte Azcárate ausländischen Journalisten sogar
ausdrücklich, zwischen den portugiesischen und den spanischen Kommunisten bestünden „kaum Gemeinsamkeiten".[22]

Im übrigen hat Carrillo etwas mehr als ein Jahr später sogar noch
härtere Formulierungen als je zuvor gebraucht, wenn er den Versuch
zur Schaffung einer „globalen Strategie" des Weltkommunismus ab-
lehnte, weil das „in Wirklichkeit nicht einer anderen kommunistischen
Partei, sondern einem anderen Staat die Möglichkeit geben würde, sich
in unsere Angelegenheiten einzumischen". Mit den „Staatsparteien des
Ostens seien wohl Beziehungen der Zusammenarbeit möglich; die „Pri-

---

21 Im folgenden zit. nach der von Radio Free Europe, München, herausgegebenen Dokumentation (RFE Research Nr. 2130, 25. Okt. 1974).
22 Lt. Bericht von Walter Haubrich in: Frankfurter Allgemeine Zeitung, 26. Juli
   1976.

orität" müsse jedoch der „Koordination unserer Aktion mit der Arbeiterbewegung Westeuropas" zukommen. Mehr noch: Carrillo bezeichnete den „alten Internationalismus" als ein bloßes „historisches Über-
bleibsel", das „zum Verschwinden bestimmt" sei.[23] Obwohl diese Äußerungen in einem Interview mit einer „bürgerlichen" Zeitung gefallen
sind, müssen sie von der KPdSU zweifellos als ein Bruch des in Moskau
vereinbarten Waffenstillstandes empfunden worden sein. Unmittelbar
nach Francos Tod hielt es der Kreml allerdings offenbar für geboten,
seiner Mißbilligung keinen öffentlichen Ausdruck zu verleihen.

Auf einen Bereich der PCE-Politik haben sich die sowjetischen Bedenken nie erstreckt: auf die Tendenz zu einem breiten Bündnis. So
mißmutig ideologische Ketzereien und vollends solche der internationalen Politik in Moskau registriert werden mochten, so wenig dachten
die Russen daran, den *taktischen* Spielraum der spanischen Genossen
zu beschneiden. So finden sich denn in ihren Verlautbarungen kaum
kritische Bemerkungen zu den Parolen der „nationalen Versöhnung",
und die angestrebte Allianz „aller demokratischen Kräfte" unter Einbeziehung selbst konservativer Elemente ist demgemäß in dem Moskauer Communiqué von 1974 ausdrücklich gutgeheißen worden. Man
muß sich in diesem Zusammenhang vor Augen halten, daß ideologischer Dogmatismus ein hohes Maß taktischer Beweglichkeit keineswegs ausschließt (wie das portugiesische Beispiel zeigt). Andererseits
glauben die Hüter der Orthodoxie desto nachdrücklicher auf der Un-
antastbarkeit gewisser iedologischer Kernsätze bestehen zu müssen, je
weiter der politische Manövrierraum gesteckt wird, den sie den Bruderparteien einräumen.

2. Sozialistischer Pluralismus?

Zum mindesten die kurzfristigen Perspektiven des im September 1973
verabschiedeten PCE-Programmentwurfs[24] entsprechen denn auch
durchaus diesen Anforderungen, wenn sie von zwei Phasen der Revolution gegen den „staatsmonopolitischen Kapitalismus" des Franco-

23 S. das Interview Carrillos mit „La Stampa", zit. in: Le Monde, 17. Dez. 1975.
24 Zit. nach der Wiedergabe in RFE Research Nr. 2013 und 2019, 6. und 8.
   März 1974. Der Entwurf wurde als Diskussionsbasis verabschiedet und gutgeheißen auf dem gleichen ZK-Plenum im September 1973, auf dem der von
   den Sowjets so angegriffene Bericht Azcárates erstattet wurde. Text des endgültigen „Programm-Manifests" jetzt dt. in dem Band „Eurokommunismus
   im Widerspruch", hrsg. v. Manfred Steinkühler, Köln 1977.

Regimes ausgehen und eine „demokratische" Phase (die „demokratische Macht aller anti-monopolitischen Kräfte") von der späteren sozialistischen unterscheiden. Eine wesentlich andere These hat auch die KP Portugals nicht vertreten. Auch der Nachdruck, den das Dokument auf die Garantie bürgerlicher und kultureller Freiheit legt, ist im Kampf gegen ein „faschistisches" Regime gewiß nicht außergewöhnlich. Erst beim Blick auf die spätere „sozialistische" Phase fallen einige häretische Thesen ins Auge. Das gilt etwa für die Ausführlichkeit, mit der das Programm einen sonst gern im vagen gelassenen Punkt wie die Kompensation für zu enteignende Produktionsmittel behandelt. Das Argument, es sei zwar unter dem Gesichtspunkt der Gleichheit nicht unbedingt gerecht, wohl aber für die Arbeiterklasse „bequemer und billiger", für eine gewisse Zeit Entschädigungen an expropriierte Kapitalisten auszurichten als durch Intransigenz eine Desorganisation der Erzeugung zu riskieren, bezieht sich dabei zwar nur auf „private Besitzer, die schwer zu ersetzen sind". Interessanter ist in diesem Zusammenhang die Warnung vor den verhängnisvollen Konsequenzen, die „der Mangel an Verständnis für die wirtschaftliche Rolle" des kleinen und mittleren Bürgertums nach sich ziehen könne: die Gefahr nämlich, daß die mögliche Entfremdung dieser Gesellschaftsschicht vom Sozialismus ein Linksregime dazu veranlassen könnte, „striktere Zwangsmaßnahmen anzuwenden, demokratische Rechte zu reduzieren und bürokratische Organe zu entwickeln, um die negativen Resultate einer solchen Situation auszugleichen". Der Hinweis auf daraus möglicherweise resultierende „Verzerrungen im sozialistischen System" erhält sein besonderes Gewicht dadurch, daß dieser gleiche Ausdruck „Verzerrungen" auch für das Ergebnis der „Fehler jeder Art" angewandt wird, die von bisher erfolgreichen Revolutionen begangen worden seien: Solche Irrtümer seien nicht nur unter dem „enormen Druck des Imperialismus" entstanden oder aus der „objektiven Rückständigkeit" des Ausgangspunktes zu erklären; sie ließen sich vielmehr auch auf „subjektive, ideologische und institutionelle Faktoren" zurückführen — so etwa auf die „Tendenz zur Verschmelzung von Partei und Staat, zum Autoritarismus und zur Lösung der Probleme von oben her" auf Kosten der Demokratie.

Schon das kommt einer recht offenen Kritik am sowjetischen Sozialismusmodell gleich. Es wird noch durch den Vorwurf des „Dogmatismus", ja sogar „anti-marxistischer Beschränktheit" gegenüber jenen Leuten unterstrichen, die nur die Methoden bisheriger sozialistischer Revolutionen als „einzig echte Formen des sozialistischen Aufbaus" anerkennen wollten. Die KP Spaniens, heißt es dazu, sei zwar bereit, von anderen kommunistischen Parteien „kritisch zu lernen"; sie fühle sich aber an deren besondere Erfahrungen und an „irgendwelche spezifischen Züge anderer Revolutionen nicht gebunden".

Zum mindesten in einer Hinsicht arbeitet sie die Eigentümlichkeiten ihres eigenen politischen Projekts etwas konkreter heraus: Der Sozialismus sollte danach — auf weite Sicht — das Werk „einer politischen Formation sein, die alle sozialistischen Richtungen zusammenfassen müßte . . ., ohne daß sie deswegen irgendeine ihrer ideologischen Charakteristiken preiszugeben und auf ihre eigene politische Physiognomie, ihre Unabhängigkeit und ihr spezifisches Tätigkeitsfeld zu verzichten hätten". Es handle sich bei diesem Vorschlag, wird eigens hinzugefügt, nicht einfach um eine „Allianz *ad hoc*", sondern um die Schaffung eines *stabilen* und *permanenten* politischen Gebildes[25], das eine „operative Garantie für den demokratischen und Mehrparteien-Charakter der sozialistischen Gesellschaft" bieten würde.

Solche Sätze enthalten, unausgesprochen oder nur gerade angedeutet, eine klare Distanzierung vom sowjetischen (wie vom chinesischen und kubanischen) Modell. Aber die Umrisse des hypothetischen Zukunftsgebildes, das an die Stelle des Einparteienstaates treten soll, bleiben doch recht verschwommen. Das gilt auch für die Erläuterungen Carrillos in seinem großangelegten Buch-Interview mit Gallo und Debray.[26] Daß die „Machtergreifung" nicht die Form eines neuen „Sturms auf den Winterpalast" anzunehmen brauche und auch nicht von der KP allein, sondern von der „Gesamtheit der Kräfte" getragen werden könne, die sich auf ein „gemeinsames Projekt des Marsches zur sozialistischen Gesellschaft" verständigt hätten, und daß sie „demokratisch, das heißt mit Unterstützung der Volksmehrheit" vor sich gehen müsse („einer so großen Mehrheit wie möglich") — das sind reichlich unbestimmte Formeln. Früher oder später, meint Carrillo, werde ein „Bruch" unvermeidlich sein, ja die qualitative Transformation der Gesellschaft werde sich „in einer ganzen Folge von Brüchen" vollziehen. Aber dieses System der Brüche werde eben nicht zwangsläufig dasselbe sein, „wenn die sozialistische Macht von mehr als einer Partei ausgeübt wird". Ja der PCE-Chef kann sich sogar ein sozialistisches System vorstellen, das „gemeinsam oder sogar alternativ von Kommunisten, Sozialisten und sozialistisch orientierten Christen regiert wird".

25 Hervorhebungen vom Verfasser.
26 *Carrillo, Amanha*, a.a.O., S. 196 ff.

Aus Äußerungen an anderer Stelle geht hervor, daß mit diesem sozialistischen Parteienpluralismus augenscheinlich etwas anderes gemeint sein soll als die formale Fortexistenz satellitisierter Schein-Par-
teien.[27] In einem solchen System, heißt es dort, werde es „keine ein-
zelne führende Partei" geben, „die sich der Staatsverwaltung substitu-
iert". Die Kommunisten müßten zwar die „Avantgarde" darstellen,
aber „ebenso notwendig wird die Funktion anderer Parteien sein, die
ihre Lösungen für die Probleme gleichberechtigt mit der Kommunistischen Partei beitragen und deren Führungsmonopol überflüssig machen". Andererseits spricht er aber davon, die von ihm vorgesehene
Formation dürfe keine bloße Wahlallianz sein, sondern „eine an weiten Perspektiven ausgerichtete Gruppierung mit gemeinsamer Leitung
in bezug auf eine ganze Reihe grundlegender Zielsetzungen, sogar dazu fähig, in gewissem Maße eine gemeinsame Disziplin zu schaffen",
ohne doch eine „Superpartei" zu werden — wie das ja auch die chile-
nische *Unidad Popular* nicht geworden sei und nicht habe werden wollen.

Ein solcher Pluralismus stehe nicht im Widerspruch zum Begriff der
„Diktatur des Proletariats": Im industrialisierten Europa sei ja auch
die „Diktatur der Bourgeoisie" gelegentlich als „demokratisches und
konstitutionelles Regime mit gewissem Respekt für die Rechte des
einzelnen" aufgetreten. Entscheidend für die proletarische Diktatur sei
die Überführung der wichtigsten Produktionsmittel in den Besitz der
Gesamtgesellschaft und eine staatliche Ordnung, die den sozialistischen Charakter dieser Gesellschaft sichere. Diese Voraussetzungen
können laut Carrillo auch in einem pluralistischen System geschaffen
werden, das die Persönlichkeitsrechte so gut wie (oder besser als) die
bürgerliche Gesellschaft garantiere und durch eine Mehrzahl von pro-
sozialistischen Kräften darüber hinaus das „Spiel einer gegenseitigen
Kritik" ermöglichen würde.

Ein solches Modell entfernt sich nicht nur weit von stalinistischen
Vorstellungen. Es widerspricht auch den Lehren Lenins. Dabei bleiben in dem Konzept allerdings manche Zweideutigkeiten und Unklar-
heiten übrig. So läßt es z.B. völlig offen, wie weit in der anvisierten
„sozialistischen Demokratie" überhaupt ein Raum für nicht-sozialisti-
sche Parteien und Gruppen vorhanden sein soll. Aus dem Zusammenhang ergibt sich jedenfalls der Eindruck, der vielzitierte Pluralismus
mit seiner „gegenseitigen Kritik" werde nur Formationen zugebilligt,

27 Vgl. ebd., S. 205 f.

die sich von vornherein auf den Boden des Sozialismus stellten. Wenn die staatliche Organisation wirklich den „sozialistischen Charakter" der Gesellschaft sichern soll, dann erscheint die Demokratie doch nur dann als akzetabel, wenn sie diese Aufgabe erfüllen kann.

Bezeichnend ist auch Carrillos Haltung gegenüber den Sozialdemokraten. Er nimmt zwar an, sie könnten — sogar im gesamteuropäischen Maßstab — schließlich für ein dauerndes Zusammenwirken gewonnen werden.[28] Aber er läßt offen, was geschehen würde, wenn solche Parteien dem „gemeinsamen Projekt" oder doch der „gemeinsamen Disziplin" widerstehen sollten.

Ähnlich ungelöst — und doch wohl kaum unbemerkt — bleibt auch der Widerspruch zwischen dem vagen Hinweis auf eine mögliche gouvernementale Alternative, d.h. auf die Ablösung einer sozialistischen Regierungspartei durch eine andere, ebenfalls sozialistische einerseits und dem Konzept eines permanenten Bündnisses der verschiedenen sozialistischen Kräfte samt der „gemeinsamen Disziplin". Und nur an einer einzigen Stelle in „Demain l'Espagne" — zweifellos der interessantesten und detailliertesten Darstellung der „pluralistischen" Utopie — findet sich eine Andeutung, daß die demokratische Ablösung einer Linksregierung durch andere als linke Kräfte überhaupt in den Bereich der Überlegungen einbezogen wird. Wieder dient das Debakel des chilenischen Experiments als Beispiel:

„Wenn man die Absicht hat, ein sozialistisches Experiment auf demokratischem Wege durchzuführen, und die Unterstützung der Volksmehrheit nicht besitzt, dann muß man es verstehen, sich rechtzeitig aus der Regierung zurückzuziehen, bevor die Spannungen bis zum Bürgerkrieg entarten, und die Entscheidung dem allgemeinen Wahlrecht überlassen ... Will man aber an der Macht bleiben, dann muß man alle nötigen Maßnahmen für den Kampf im geeigneten Moment treffen, wenn der Gegner die Legalität verläßt und zur Gewalt greift."[29]

Ganz augenscheinlich hält Carrillo beide Wege für durchaus gleichermaßen gangbar (und gleich legitim). Welchen man einschlägt, ist letztlich nur eine Frage des jeweiligen Kräfteverhältnisses. Nirgends werden so deutlich wie hier die Grenzen der „eurokommunistischen" Bekenntnisse zur Demokratie markiert. Die empfohlene Rücksichtnahme auf den Mehrheitswillen läßt sich sicher nicht als bloßer taktischer

---

28 Ebd., S. 196: „Es gibt zwar keine Rechtfertigung für die These, die sozialdemokratischen Parteien hätten sich in Revolutionäre verwandelt — aber es gibt bei ihnen Möglichkeiten der Entwicklung zu konsequenteren sozialistischen Positionen."

29 Ebd., S. 187.

Trick abtun: die Parole hat durchaus *strategischen* Charakter. Aber eine Strategie ist mittel- und langfristig stets revidierbar und darf auf keinen Fall mit einem festen politischen *Prinzip* verwechselt werden.

3. Demokratische Bündnispolitik

Bei alledem handelt es sich natürlich um ferne Perspektiven, die freilich sehr bedeutsam sind, die aber in den letzten Jahren, im Hinblick auf das erwartete Ableben Francos und die damit verbundene Krise seines Regimes, doch eher von aktuelleren Überlegungen in den Hintergrund gedrängt wurden. Wichtiger als die Form einer sozialistischen Zukunft erschienen in den siebziger Jahren selbstverständlich die Mittel zur Wiederherstellung von Verhältnissen in Spanien, die der KP eine mehr oder weniger freie Möglichkeit der Betätigung eröffnen könnten. Im Hinblick auf dieses Problem spricht der Programmentwurf von einer „Konvergenz der verschiedenen Kräfte, die an der Beendigung der Diktatur interessiert sind, auf sehr breiter Basis"; es gehe nun nicht darum, das künftige politische Regime oder die erhofften sozialen Transformationen zu präzisieren, sondern die Lösung dieser Fragen „in einem demokratischen Rahmen" möglich zu machen. Ein „Pakt für die Freiheit" müsse nur vier Punkte unbedingt enthalten: die Bildung einer breiten Koalitionsregierung, eine Totalamnestie für politische Gefangene, die Wiederherstellung politischer Rechte ohne Diskriminierung und die Ausschreibung freier Wahlen für eine Verfassunggebende Versammlung.

Eben diese Forderungen, um einiges präzisiert und um ein paar weitere Postulate ergänzt (so die Trennung von Kirche und Staat, die Anerkennung der politischen Persönlichkeit der Regionen, die Integration Spaniens in die Europäische Gemeinschaft), tauchten denn auch im Programm der *Junta Democrática* wieder auf, die unter sehr aktiver Beteiligung des PCE 1974 gegründet und am 30. Juni des gleichen Jahres der Öffentlichkeit als Sammelbecken aller oppositionellen Kräfte vorgestellt wurde. Allerdings blieb die Junta weit hinter dem Ziel zurück, die ganze Opposition zusammenzufassen. Weder der PSOE noch die maßgebenden christlich-demokratischen Gruppierungen konnten sich zum Beitritt entschließen. Mehr als vier Monate nach dem Tode Francos gelang schließlich wohl die Fusion der Junta mit der mittlerweile um den sozialistisch-christdemokratischen Kern gruppierten „Plattform der demokratischen Konvergenz". Aber auch der nun begründeten *Coordinación Democrática* bleiben die christlich-demokratischen Organisationen fern. Erst im Oktober 1976 kam doch noch eine feste Verbindung zwischen der Linken und den meisten bis dahin außenstehenden Zentrums- und gemäßigten Rechtsgruppen in der *Plataforma de Organismos Democráticos* (POD) zustande — nun allerdings unter sehr veränderten Voraussetzungen.

Die Kommunisten hatten zwar schon lange auch der Rechten, ja selbst bisherigen Würdenträgern des Franco-Regimes einen Platz in der angestrebten „provisorischen Regierung der nationalen Versöhnung" vorbehalten. In zweierlei Hinsicht aber lehnten sie jeden Kompromiß ab. Da die Monarchie von Juan Carlos „ganz einfach die Fortsetzung des Franquismus ohne Franco" sei, komme sie als Partner nicht in Betracht[30], und ohne radikalen „Bruch" mit der Legalität des Regimes könne es keine Demokratisierung geben, auch keine schrittweise: Der vom Caudillo eingesetzte Monarch, so versicherte der PCE-Chef noch wenige Wochen vor Francos Tod, müsse zwangsläufig, wenn er sich durchsetzen wolle, „die terroristische Politik verfolgen, die Franco verfolgt hat".[31]

Das hatte zwar nichts mit einem starren Anti-Monarchismus zu tun. Immer wieder versicherte die KP, sie würde sich ohne weiteres einem freien Volksentscheid zugunsten der Monarchie beugen. Aber auch in einem solchen Fall, so stellte Carrillo in einem Interview mit „Time" klar, käme als König einzig Don Juan, Graf von Barcelona, und unter keinen Umständen Juan Carlos in Frage.[32]

Ausdruck für die Konzeption des totalen Bruchs mit dem Regime — der *ruptura* — war die stets wiederholte Forderung nach einer möglichst umfassenden „provisorischen" Regierung aller freiheitswilligen Kräfte. Früher als manche der theoretisch weiter rechtsstehenden Parteien fand sich der PCE jedoch bereit, diese Formel abzumildern, zuerst durch das schmückende Beiwort „friedlich" („*ruptura pacifica*"), dann, vom Frühjahr 1976 an, durch den neuen Begriff des „ausgehandelten Bruchs" („*ruptura pactada*"), in dem bereits die Vorstellung einer Verhandlung zwischen der Opposition und Francos Erben statt nur mit einzelnen Kräften des Regimes anklang.[33] Unmittelbar vor

---

30 So Carrillo in seiner Pariser Pressekonferenz v. 22. Juli 1974, zit. nach: Le Monde, 24. Juli 1974.
31 S. den Bericht über seine Pressekonferenz vom 24. Okt. 1975 in: Le Monde, 26./27. Okt. 1975.
32 Lt. Le Monde, 28. Okt. 1975.
33 Von Carrillo ist diese Formel anscheinend erstmals in einem Interview mit dem „Corriere della Sera", 5. März 1976 öffentlich verwandt worden.

der Ablösung des Kabinetts Arias Navarro durch das neue unter Adolfo Suárez nannte Carrillo als erwünschten nächsten Schritt schließlich nur noch die Bildung einer „gesprächsbereiteren" Regierung, die sich auf einen Pakt mit der Opposition einlassen würde[34] — womit die Koalitionsregierung als *conditio sine qua non* still in der Versenkung verschwunden war.

Gewiß fand das Projekt der Verfassungsreformen von Suárez bei der PCE zunächst keine freundliche Aufnahme: Es erschien trotz der Zubilligung konstituierender Gewalt an die künftigen Cortes doch als genau jene „oktroyierte Verfassung", die die Partei von jeher als inakzeptabel bezeichnet hatte.[35] Aber auch von dieser Position rückte man allmählich weiter ab. Als Carrillo, der sich nach eigener Aussage seit Februar 1976 bis auf einige Auslandsreisen ständig in Madrid aufgehalten hatte, dort im Dezember 1976 seine sensationelle illegale Pressekonferenz gab, ließ er durchblicken, er sei zu einem Gespräch mit König Juan Carlos, ja sogar auf dessen Wunsch zur Beteiligung an einer „Regierung des nationalen Konsensus" bereit. Die vorerst letzte Phase im Prozeß der Annäherung und Anpassung schließlich bezeichneten die positiven Äußerungen des Generalsekretärs über die zuvor so kritisch beurteilte Regierung Suárez, nachdem Carrillo zusammen mit weiteren Mitgliedern der Parteispitze kurz vor Weihnachten verhaftet, aber auf Grund eines Rekurses noch vor Neujahr wieder freigelassen worden war. Mit der Revision des noch zur Zeit der Regierung Arias verabschiedeten Gesetzes über „politische Vereinigungen" wurde schließlich das Hindernis für einen formellen Antrag des PCE (wie fast aller anderen Oppositionsparteien) auf Legalisierung beseitigt — auch wenn die Administration die neue Prozedur ausnützte, um die Entscheidung über diesen Antrag dem Obersten Gericht zuzuschieben, das sich nun (März 1977) schlüssig werden muß, ob die Antragsteller etwa „totalitäre Ziele" verfolgen oder einer „internationalen Disziplin" unterstehen.

34 So im Gespräch mit sieben Sonderkorrespondenten der spanischen Presse, die zur gesamteuropäischen kommunistischen Konferenz nach Ostberlin gekommen waren; zit. nach: El Pais, 1. Juli 1976.
35 Am Jahresfest des Pariser KP-Organs „L'Humanité" verglich Carrillo diesen „sehr geschickten Versuch" mit den Reformen des Ministerpräsidenten General Berenguer nach dem Sturz der Diktatur Primo de Riveras: „Dieses Manöver des Jahres 1930 führte zur Zweiten Republik. Wenn zwischen der Opposition und der Regierung nicht über alles verhandelt wird, kann das nach meiner Meinung ein großes Risiko für die Monarchie darstellen." (El Pais, 14. Sept. 1976).

Im gerafften Rückblick wird deutlich, wie weit die Entwicklung in verhältnismäßig kurzer Zeit gegangen ist: Die Reform der staatlichen Ordnung im Rahmen der bestehenden Legalität, einst als unmöglich betrachtet oder als Fortsetzung des Franco-Regimes mit anderen Mitteln zurückgewiesen, wird mittlerweile von den Kommunisten mindestens fürs erste als Tatsache akzeptiert, ebenso wie die Monarchie von Juan Carlos. Trotz der entschiedenen Kritik an manchen Aspekten der Suárez-Reform und trotz der (im Einklang mit der übrigen Opposition ausgegebenen) Stimmenthaltungs-Parole beim Referendum über diese Reform haben die Sprecher des PCE übrigens nie einen Zweifel daran gelassen, daß sie sich unter allen Umständen an den Cortes-Wahlen beteiligen würden, Wahlboykott also überhaupt nicht als mögliches Druckmittel ins Auge faßten.

In einem Diskussionsbeitrag zur Wahlstrategie hat der führende Wirtschaftsexperte der Partei, ZK-Mitglied Prof. Ramon Tamames, darüber hinaus für die Bildung einer „großen demokratischen Koalition" aus Kommunisten, Sozialisten, Sozialdemokraten und Christlichen Demokraten geworben; nur ein solcher Block könne einen Sieg der Rechten und damit eine „konstitutionalistische Farce" verhindern.[36] Dazu sei eine Vereinbarung der genannten Gruppen über die Grundzüge der künftigen Verfassung ebenso nötig wie ein gemeinsames Programm zur Überwindung der Wirtschaftskrise und die Präsentation gemeinsamer Kandidatenlisten — mit der Maßgabe, daß nach einer gewissen Zeit (etwa einem Jahr), die zur Verwirklichung der gemeinsamen Absichten in den Cortes nötig sei, Neuwahlen auf Grund neuer Kriterien auszuschreiben wären.

An die Realisierung einer solchen Initiative war allerdings schon im Dezember 1976, als der Professor damit herausrückte, kaum zu denken. Weder die Sozialisten noch die Sozialdemokraten oder die Christlichen Demokraten waren und sind zur Bildung einer gemeinsamen Wahlfront mit dem PCE bereit. Im Grunde zeigt der Vorstoß von Tamames aber auch — obwohl das nicht ausdrücklich gesagt wird — daß die Kommunisten den Gedanken an eine mögliche Regierungsbeteiligung nicht zugleich mit dem Programmpunkt „provisorische Regierung" fallengelassen haben, sondern die ursprünglich als Wahlvoraussetzung betrachtete breite Koalition nun einfach auf die Nachwahlperiode projizieren. Strategisches Hauptziel bleibt für den Augenblick jedenfalls, eine Isolierung der KP von der gemäßigten Linken und der

36 S. El Pais, 10. Dez. 1976.

Mitte um jeden Preis zu vermeiden und in den Augen einer immer noch skeptischen Öffentlichkeit die Respektabilität der Partei darzutun. Dem dient es auch, wenn Carrillo das Verlangen nach Zulassung der KP nicht nur damit begründet, eine Demokratie ohne legale Kommunisten sei keine Demokratie, sondern auch das Argument anführt, die Legalisierung seiner Partei liege im Interesse der „politischen Stabilität", während ein kommunistischer Untergrund in einer Zeit ernster politischer Krise „augenscheinlich . . . ein Faktor politischer und sozialer Unstabilität" wäre.[37] Der Drohung mit solchen „Konsequenzen" im Falle der Nichtzulassung steht das kaum verhüllte Angebot des Wohlverhaltens in der Legalität gegenüber:

> „Die Partei ist bereit, einen wirtschaftlich-sozialen nationalen Pakt zu schließen, der einerseits in unserm Lande ein System authentischer Freiheiten etabliert und andererseits ein Programm ökonomischer Maßnahmen für die nächsten drei bis vier Jahre aufstellt, die uns erlauben, die Probleme der Wirtschaftskrise anzupacken und zu lösen.

In den gleichen Zusammenhang gehört auch das schon geraume Zeit betriebene Werben nicht so sehr um die Gunst als um die innenpolitische Neutralität der Streitkräfte, die heftige Zurückweisung der „Gerüchte" etwa, nach denen das Militär gegen die Legalisierung des PCE ein Veto eingelegt oder überhaupt interveniert habe: Die traditionellen anti-militaristischen Slogans sind aus dem Vokabular der Partei so gut wie völig verschwunden.

Nicht unerwähnt bleiben dürfen schließlich auch die Veränderungen in der organisatorischen Struktur des PCE. Carrillo hatte schon vor Jahren auch in dieser Hinsicht eine „Demokratisierung" wenigstens insofern in Aussicht gestellt, als nach dem Ende der Illegalität die geheime Wahl aller Funktionäre und Parteigremien eingeführt werden sollte.[38] Wie weit das inzwischen in dem Zustand der Halblegalität geschehen ist, läßt sich von außen nicht beurteilen. Bemerkenswert ist aber auf jeden Fall, daß das bisherige, aus der stalinistischen Ära der „Bolschewisierung" stammende Organisationsprinzip der Zellen zugunsten größerer – lokaler wie betrieblicher – Einheiten („*agrupaciones*") fallengelassen worden ist. Nach wie vor unangetastet bleibt jedoch das leninistische Prinzip des „demokratischen Zentralismus" mit seiner strikten Forderung, daß im Falle innerparteilicher Meinungsverschiedenheiten die Minderheit sich der Mehrheit nicht nur zu fügen, sondern auch deren Beschlüsse nach außen hin diszipliniert zu

37 S. El Pais, 12. Dez. 1976., u. Le Monde, 12./13. Dez. 1976.
38 Vgl. Carrillo, Amanha, S. 120.

vertreten habe (wobei in der Praxis dafür gesorgt ist, daß die „Mehrheit" eben auch auf die von der Führung festgelegten Richtlinien verpflichtet bleibt). Daß ein Recht zur *organisierten* Vertretung verschiedener Tendenzen („Fraktionen") innerhalb der Partei auf jeden Fall ausgeschlossen bleiben müsse, hat Carrillo schon früher angekündigt. Tatsache scheint aber zu sein, daß die innerparteiliche Diskussion schon seit Jahren um einiges freier geführt wird, als das in den meisten anderen kommunistischen Parteien geduldet wird. Ein klares Bild vom inneren Zustand der Partei zu gewinnen, die sich seit dem Eintreten in einen Zustand der Halb-Legalität oder doch der Teil-Tolerierung in einem rapiden Wandel von der Kaderorganisation zur Massenpartei befindet, ist allerdings für den Außenstehenden nach wir vor fast unmöglich.

4. Die internationale Politik des PCE

Veränderungen haben sich zweifellos auch in der Haltung zu internationalen Problemen ergeben. Bei den Stellungnahmen zu diesem Problemkreis wird man allerdings berücksichtigen müssen, daß sie schwerlich als fixierte Marschroute angesehen werden können. Da niemand von den Wahlen eine Mehrheit der „marxisistischen" Linken geschweige denn der Kommunisten erwartet und auch ihre Regierungsbeteiligung auf absehbare Zeit denkbar unwahrscheinlich anmutet, kann es sich für die Partei zunächst nur darum handeln, einen Minimalbereich für ihre künftige Aktivität auf diesem Felde abzustecken und vor allem Parolen zu vermeiden, die mögliche Verbündete oder Weggenossen kopfscheu machen müßten.

Nichtsdestoweniger ergeben die bisher vorliegenden Äußerungen zu außenpolitischen Fragen ein einigermaßen geschlossenes Gesamtbild. Das gilt besonders für die Einstellung gegenüber der Sowjetunion einerseits, der (west-)europäischen Einheit und der NATO andererseits.

Carrillo wie andere führende Funktionäre kommen immer wieder darauf zurück, daß unter den gegenwärtigen Verhältnissen die Haltung gegenüber der UdSSR nicht als „Prüfstein des proletarischen Internationalismus" angesehen werden dürfe und daß dieser schon gar nicht mehr an der „bedingungslosen Übereinstimmung mit der sowjetischen Kommunistischen Partei" zu messen sei.[39] Das wird vor allem damit begründet, die Sowjetunion sei jetzt nicht mehr isoliert und von außen

39 Vgl. ebd., a.a.O., S. 146.

gefährdet wie in der Zeit, da sie der erste und einzige „sozialistische Staat" gewesen sei. Immerhin hat Carrillo gegenüber Debray und Gallo noch nachdrücklich betont, er würde sich im Ernstfall mit den Sowjets wie mit den Volksdemokratien solidarisch fühlen:

„Wenn es einen Krieg gegen die sozialistischen Länder geben sollte, so wäre damit allen fortschrittlichen Kräften eine gemeinsame Aufgabe gestellt, unabhängig von den Kritiken, die gegen dieses oder jenes System vorzubringen wären. Was mich betrifft, so würde ich mich immer ohne Zögern für den Sozialismus schlagen. *Das würde genügen, alles zu rechtfertigen.* Aber glücklicherweise ist eine solche Eventualität heute nur noch eine Vision der Phantasie, weil die sozialistischen Länder sehr mächtig geworden sind."[40]

Dieser aufschlußreiche Absatz markiert unmißverständlich die Grenzen der vielen Unabhängigkeitserklärungen an die sowjetische Adresse: Der PCE behält sich nicht nur ideologische Kritik an Moskau vor, sondern auch die Ablehnung bestimmter außenpolitischer Aktionen — wie etwa im Fall der ČSSR —; eine solche Distanzierung darf aber die letztendliche Übereinstimmung dann nicht gefährden, wo es um die Interessen eines „Sozialismus" geht, mit dem eben auch die kritisierten Staaten und ihre Ordnungen vorbehaltlos identifiziert werden. Eben darin liegt auch der Unterschied zur Position der Chinesen und ihrer diversen iberischen Gefolgschaften, die den sowjetischen „Großmachtchauvinismus" auf die gleiche Stufe stellen wie den „Imperialismus" der USA, wenn sie nicht gar in Moskau den „Hauptfeind" sehen.

Insofern sich das Solidaritätsbekenntnis allerdings auf eine Bedrohung des „sozialistischen Lagers" schlechthin bezieht, spart es die Eventualität eines bewaffneten Konflikts zwischen der UdSSR und China völlig aus. Für einen solchen Fall würde wohl eine Politik der Neutralität für die spanische Partei wie für die „eurokommunistischen" Gruppen überhaupt als zulässig, ja geboten betrachtet.[41] Das kann man auch einer Bemerkung Carrillos über die Grenzzwischenfälle zwischen den beiden sozialistischen Weltmächten entnehmen:

40 Ebd., S. 148. Hervorhebung vom Verfasser.
41 Im Zusammenhang mit dieser Haltung muß nicht nur die Pflege der zwischenparteilichen Beziehungen zwischen PCE und KP Chinas gesehen werden, die mit Hilfe anderer asiatischer Parteien und der Rumänen angeknüpft und durch eine China-Reise Carrillos samt einer starken spanischen Delegation 1971 vertieft wurden. Ins gleiche Kapitel gehört auch die auffällige Zurückhaltung, die die offizielle KP Spaniens — im Gegensatz etwa zu der portugiesischen Partei — gegenüber den „maoistischen" Gruppen und Bewegungen in Spanien selber wahrt, obwohl sie von diesen unter ständigem Beschuß genommen wird. Vgl. dazu Carrillo, a.a.O., S. 127 bis 134.

„Sollte es zu einem militärischen Zusammenstoß zwischen der Sowjetunion und China kommen, dann würde dies das Ende des internationalen Kommunismus nach sich ziehen; dann könnte man auch nicht mehr von einer revolutionären Weltbewegung sprechen, und das wäre das Ende von allem, was unsern Kampf beflügelt hat."[42]

Für den Kreml ist das natürlich eine Erz-Ketzerei. Carrillo aber hat sie nie zurückgenommen — so wie er sich auch auf den internationalen kommunistischen Konferenzen, wenn sie gegen seinen Wunsch zustandekamen, beharrlich jeder Verurteilung der chinesischen Genossen widersetzt hat, ohne sich doch mit deren Auffassungen zu solidarisieren. Die Annahme, er würde jederzeit sowjetischem Druck nachgeben, ist jedenfalls durch nichts begründet: So fragwürdig seine „demokratischen" Bekenntnisse scheinen mögen, so abwegig mutet es an, seine Abneigung gegen Moskauer Einmischungen als bloßen taktischen Schachzug zu betrachten — oder gar als ein heimlich mit den Russen abgestimmtes Manöver.

Immerhin handelt es sich bei diesen Fragen noch um Zukunftshypothesen. Eine betonte und konsequent durchgehaltene Abweichung von der sowjetischen Linie aber zeichnet sich schon recht früh in den Stellungnahmen zum Komplex der Europapolitik ab. Schon in einer Entschließung des 6. PCE-Kongresses, der 1972 heimlich in Frankreich abgehalten wurde, spricht sich die spanische Partei für den Abschluß eines Assoziationsabkommens mit dem Gemeinsamen Markt aus. Eine solche Vereinbarung, heißt es dort,

„würde eine fortschreitende Verstärkung der Zusammenarbeit Spaniens mit den europäischen Ländern in dem Maße erleichtern, in dem die wirtschaftlichen Strukturen unseres Landes erneuert und in die Lage versetzt würden, die Konkurrenz anderer Mitglieder der Gemeinschaft zu bestehen."[43]

Diese Erklärung wird mit dem Hinweis gerechtfertigt, der Gemeinsame Markt sei trotz seiner Schwächen „heute eine Realität", mit der auch Spanien rechnen müsse, und es sei Sache der Arbeiter und der „anti-monopolistischen Kräfte", dieser Tatsache „realistisch" ins Auge zu sehen. Allerdings wurde damals eine „sofortige Integration" noch abgelehnt: Verhandlungen mit der EG seien eine künftige Aufgabe einer vom Volk getragenen Regierung, und dann müsse auch darauf hin-

42 Ebd., S. 130.
43 Lt. Le Monde, 2. Nov. 1972; und RFE Research 1580, 25. Okt. 1972.

gearbeitet werden, „das Europa der Monopole in ein sozialistisches Europa zu verwandeln".[44]

Wesentlich abgewandelt wurden diese Formeln schon in jenem Azcárate-Bericht vor dem ZK-Plenum, der zum Anlaß für den massiven sowjetischen Angriff genommen wurde. Das Mitglied des Parteisekretärs ging nämlich bei dieser Gelegenheit davon aus, der „Widerspruch" vieler Europäer gegen die Beherrschung eines „wirtschaftlich viel stärkeren Europas" durch die USA werde sich notwendigerweise verstärken und damit Chancen für weitere Allianzen unter den europäischen Linkskräften eröffnen. Es sei in einer solchen Situation Sache der Kommunisten, gemeinsam mit „Sozialisten, Gewerkschaftern, fortschrittlichen christlichen Kräften" eine „wahrhaft europäische Alternative" gegenüber den Bestrebungen auszuarbeiten, dieses Europa intensiver an die atlantische Allianz zu binden:

> „Wir wollen ein Europa, das nicht der Hegemonie irgendeiner Großmacht unterworfen ist, das nicht die atlantische Bürde tragen muß, aber gute Beziehungen mit den Vereinigten Staaten wie mit der UdSSR und China und anderen Ländern unterhält . . ., ein Europa, dessen Nationen Herren ihres eigenen Schicksals wären, frei, das Joch der Monopole . . . abzuschütteln und den Sozialismus so aufzubauen, wie sie das wünschen."[45]

Den hier gebrauchten Ausdruck „Alternative" hat im Januar 1974 auch die Brüsseler Konferenz der westeuropäischen Kommunistischen Parteien (in einer freilich viel unbestimmteren und für die orthodoxen Delegationen gerade noch akzeptablen Weise) aufgegriffen: Ihre Resolution sprach von der „Alternative eines Europas der Arbeiter, das Westeuropa auf den Weg der Sicherheit und Zusammenarbeit festlegen kann". Vielleicht hat das trotz der unverkennbaren Abschwächung dazu beigetragen, daß die *„Partijnaia Schisn"* in ihrer Polemik gegen Azcárate dem spanischen Genossen vorwarf, er verfolge eine „nationalistische" Politik, indem er seine Alternative allen anderen KPs der europäischen kapitalistischen Länder „aufzuzwingen" suche. Das Moskauer „Versöhnungs"-Communiqué geht bemerkenswerterweise auf diesen strittigen Punkt mit keinem Wort ein, klammert vielmehr die

---

44 Der Korrespondent des italienischen KP-Organs „L'Unità" hob am 17. Okt. 1972 die „völlige Übereinstimmung" dieser Positionen mit denen der italienischen Partei hervor, während die KP Frankreichs damals wie später eine Linie der offenen Feindseligkeit gegenüber der EG verfolgte und Marchais noch am Madrider Dreier-Treffen vom 2./3. März 1977 die abweichende Haltung seiner Partei in dieser Frage von derjenigen der beiden anderen „eurokommunistischen" Partner ausdrücklich verdeutlichte.

45 Zit. nach Wiedergabe in RFE Research 1580, 25. Okt. 1972.

europapolitischen, Differenzen völlig aus. Daraus läßt sich wohl schließen, daß in dieser Frage nicht einmal eine rein rhetorische Formel des
Einverständnisses zu erzielen war.

Jedenfalls ging die KP Spaniens auf der einmal eingeschlagenen
Bahn konsequent weiter. Das von ihr so augenscheinlich beeinflußte
Programm der *Junta Democrática* spricht bezeichnenderweise nicht
mehr von einer „Assoziation" mit der EG, sondern von einer wünschbaren „Integration" in die Gemeinschaft — was sicher nicht der Fall
gewesen wäre, wenn Carrillo gegen eine so weitgehende Fixierung Ein-
spruch erhoben hätte. Tatsächlich übernahm er sie nun selber in seinen
Sprachgebrauch und scheute sich nicht mehr, für den „Beitritt" eines
demokratisierten Spaniens zum Neuner-Europa zu werben. Dazu paßt
es auch, daß er wie andere KP-Führer immer häufiger auf den (relativ)
„fortgeschrittenen" Charakter der spanischen Wirtschaft und Gesellschaft besteht und betont, anders als in den dreißiger Jahren sei Spanien heute nicht mehr „unterentwickelt", sondern es komme dem Niveau anderer westeuropäischer Nationen zum mindesten nahe.

Eine Folgerung aus dieser Feststellung ist die Notwendigkeit einer
„gemeinsamen Strategie" für die Linke (und insbesondere die Kommunisten) Westeuropas. Wenn die Länder dieser Region oder doch
mehrere von ihnen gleichzeitig und parallel eine sozialistische Entwicklung einschlagen würden, meint Carrillo z.B., dann könnte die Gefahr eines Zusammenstoßes zwischen „reaktionären" und „demokra-
tisch-sozialistischen Kräften" entscheidend reduziert und eine „Rückkehr zum Kapitalismus" damit verunmöglicht werden.[46] Die Einbeziehung Spaniens in die EG, ja selbst die Entwicklung „supranationa-
ler" Institutionen in Europa, der etwa die französische Bruderpartei
radikal ablehnend gegenübersteht, könnte unter solchem Aspekt aus
spanischer Sicht geradezu als Chance erscheinen.

In wachsendem Maße führen kommunistische Sprecher aber auch
Erwägungen des internationalen Kräfteverhältnisses zur Rechtfertigung ihrer „europäischen" Linie an. Am eindeutigsten hat das Carrillo
selber in einem Interview mit dem Madrider Korrespondenten der
Nachrichtenagentur UPI, Peter Uebersax, Anfang 1977 getan:[47]

„Wir sind für ein stets stärkeres Europa, das von der Sowjetunion wie von
den Vereinigten Staaten unabhängig sein sollte: ein Europa, das zur Überwindung der Polarisierung beitragen und eine multipolare Welt schaffen kann."

46 Vgl. Carrillo, Amanha, a.a.O., S. 196.
47 In: International Herald Tribune, 8./9. Jan. 1977.

Wenn hier die USA und die UdSSR auf eine Stufe gestellt werden, so mag das gewiß damit zusammenhängen, daß das Interview eindeutig zur Verbreitung in der westlichen Welt bestimmt war. Aber die These von der Äquidistanz zu den beiden Weltmächten[48] kehrt so oft wieder, daß sie durchaus als eine Konstante im gegenwärtigen Weltbild des PCE-Führers angesehen werden darf — wobei man sich freilich immer daran erinnern sollte, daß sich auch ein „Eurokommunist" wie Carrillo nach eigener Aussage ja letztlich doch zur Solidarität mit der „sozialistischen" Macht gegen die „imperialistische" verpflichtet fühlt.[49]

Gespräche des PCE-Chefs mit westlichen Journalisten sind auch deshalb mit einigem Vorbehalt zu würdigen, weil es Carrillo dabei darum zu tun ist, Widerstände bei den westlichen Regierungen gegen die Legalisierung seiner Partei und vollends gegen deren mögliche spätere Regierungsbeteiligung auszuräumen. Dabei können natürlich auch Formulierungen unterlaufen, die Mißverständnissen Vorschub leisten. Ein klassisches Beispiel dafür liefert der Bericht von Cyrus L. Sulzberger über seine ausführliche Unterhaltung mit dem Generalsekretär vom August 1976.[50] Laut Sulzberger hat sich Carrillo nicht nur „ganz und gar" („entirely") für die Zulassung eines demokratischen Spaniens zum europäischen Gemeinsamen Markt ausgesprochen („Wir gehören zu Europa, und damit meine ich Westeuropa"). Weit größeres Aufsehen hat das Zitat erweckt, laut dem Carrillo einem Gesuch Spaniens um Mitgliedschaft im Atlantikpakt unter der einen Bedingung zustimmen würde, „daß die NATO nicht versucht, ein Veto gegen eine kommunistische Regierungsbeteiligung einzulegen oder anderweitig in innere Angelegenheiten einzugreifen". In diesem „politischen Sinn", aber „nicht als westliche Verteidigungsorganisation" müsse die NATO allerdings einen Wandel durchmachen, soll der Interviewte hinzugefügt haben.

Diese Passagen sind von Carrilo wie von der KP Spaniens energisch dementiert worden. Wahrscheinlich ist dem erfahrenen Interviewer in der Tat eine gewisse eigenwillige Akzentverschiebung unterlaufen. In

48 Vgl. ebd. Carrillo gebraucht selber den Ausdruck, seine Partei betrachte die Politik der Sowjetunion „aus der gleichen kritischen Distanz wie die irgendeines anderen Landes", und auch in weiteren öffentlichen Stellungnahmen nennt er die USA und die UdSSR immer wieder im gleichen Atemzug und belegt beide mit ähnlichen Ausdrücken.
49 Vgl. oben S. 33.
50 S. International Herald Tribune, 7./8. Aug. 1976.

allen anderen Äußerungen Carrillos wie der übrigen kommunistischen
Wortführer zum Thema NATO werden nämlich zwei Dinge sorgsam
unterschieden: Daß die Partei einerseits „gegen einen Beitritt zur NA-
TO" sei, wohl aber jede demokratische „Mehrheitsentscheidung" über
diesen Punkt akzeptieren würde, hat Carrillo in dem oben erwähnten
UPI-Interview klargestellt.[51] Noch genauer legte er die Position des
PCE in der Pressekonferenz vom 10 Dezember 1976 dar:

> „Die Entscheidung (über einen Beitritt zum Atlantikpakt) müßte von einem
> demokratischen Parlament getroffen und sogar einer Volksabstimmung unter-
> worfen werden. Was uns betrifft, so sind wir für Bündnisfreiheit, gegen den Bei-
> tritt zur NATO und gleichermaßen gegen den Beitritt zum Warschauer Pakt —
> für den unwahrscheinlichen Fall, daß sich diese Frage stellen würde."[52]

Die Vermutung liegt nahe, Carrillo werde sich in der Sache ähnlich,
nur vielleicht etwas weniger deutlich gegenüber Sulzberger ausgedrückt
haben, der dann die durchaus hypothetische Anerkennung eines möglichen Mehrheitsbeschlusses zugunsten der NATO in ein „Einverständ-
nis" umgemünzt habe. Tatsache ist aber, daß sich in der Haltung des
PCE zum westlichen Verteidigungsbündnis insgesamt positivere Nuancen finden als in den entsprechenden Aussagen der französischen oder
gar der portugiesischen Partei — obwohl ja auch die letztere keineswegs das Verlangen nach sofortiger Aufkündigung der portugiesischen
Mitgliedschaft erhebt.

Bezeichnend dafür ist vor allem die Einstellung zu den US-Stützpunkten auf spanischem Boden. In diesem Punkte stimmt der Bericht
Sulzbergers wesentlich mit dem fünf Monate späteren von Uebersax
überein. Bei Sulzberger heißt es:

> „Bis zu einem internationalen Übereinkommen über die Beendigung aller
> ausländischen Stützpunkte in Europa unterstützt („endorses") Carrillo die Fort-
> dauer der US-Basen in Spanien und der zweiseitigen Allianz, soweit sich
> Washington nicht in die Innenpolitik einmischt. Erst wenn die Russen ihre Ein-
> richtungen beispielsweise aus der Tschechoslowakei abgezogen haben, sollten
> die Vereinigten Staaten die ihren aus Spanien fortverlegen."

Der entsprechende Passus bei Uebersax lautet:

> „Er (Carrillo) sagte, daß die zwei Supermächte ihre ausländischen Basen ver-
> schrotten sollten. Solange es aber kein diesbezügliches Einverehmen gibt, ,wer-
> den wir die Existenz von US-Stützpunkten in Spanien akzeptieren, weil wir glau-
> ben, daß das gegenwärtige militärische Kräftegleichgewicht nicht gestört („up-
> set") werden sollte'."

51 S. Anm. 49.
52 Le Monde, 12./13. Dez. 1976.

Diese Stellungnahme berührt sich sehr nahe mit entsprechenden Formulierungen der spanischen PSOE-Sozialisten — ja man kann sogar die Frage aufwerfen, ob die kommunistische Haltung in der Stützpunkt-Frage nicht eher noch um einige Grade konzilianter sei als die der Sozialistischen Arbeiterpartei, gleichgültig ob es sich im einen wie im anderen Fall um mehr taktische Formulierungen handeln mag oder um mehr.

III. Entwicklung und Lage der Sozialisten

1. Zersplitterung bei den Sozialisten

Während die Geschichte der Kommunistischen Partei in der Franco-Ära trotz der schweren Schläge, die sie nach dem verlorenen Bürgerkrieg einstecken mußte, und trotz der mannigfachen taktischen und strategischen Wendungen der Parteiführung eine bemerkenswerte Kontinuität aufweist, kann man das von den Resten des PSOE wie überhaupt vom demokratischen Sozialismus Spaniens schwerlich sagen. Selbst in einer partei-offiziösen Darstellung heißt es ausdrücklich, die sozialistische Arbeiterpartei sei aus dem Bürgerkrieg „völlig zertrümmert" hervorgegangen:

„Von der organisatorischen Struktur der Partei blieb nur sehr wenig übrig. Mehr noch: sehr wenige Militante überlebten im Landesinnern. Die Gründe dafür sind leicht verständlich: Der PSOE hatte sich an den Kampf unter legalen Bedingungen bereits gewöhnt, und er würde nie die Bildung einer para-legalen Organisation akzeptiert haben, die imstande gewesen wäre, den Kampf unter so kritischen Bedingungen wie denen der Nachkriegszeit fortzusetzen. Alle seine Aktivisten standen im vollen Licht der Öffentlichkeit: Die Unterdrückung war leicht und beinahe endgültig."[53]

Dieser Diagnose ist im Grunde recht wenig hinzuzufügen. Tatsächlich ist der PSOE nach 1939 in Spanien selber kaum mehr in größerem Stil in Erscheinung getreten. Einzig in seiner alten baskischen Hochburg, in weit geringerem Maße auch in dem ebenfalls traditionell sozialistisch eingestellten Asturien war die Partei zusammen mit den im Untergrund fortexistierenden und mit der Zeit wieder halbwegs gefestigten Resten der UGT zu einer illegalen Arbeit eher bescheidenen Aus-

---

53 Francisco Bustelo, Gregorio Peces-Barba, Viriaco de Vicente u. Virgilio Zapatero, PSOE. Partido Socialista Obrero Espanol, Bd. 1 der Sammlung von Selbstdarstellungen spanischer Parteien und Gewerkschaftsorganisationen, Serie Politica, Barcelona 1976.

maßes imstande und auch an der Organisation erster Streikbewegungen zusammen mit anderen Gruppen wie den baskischen Nationalisten einigermaßen beteiligt. In Asturien hielten sich sogar bis 1948 kleine, noch aus der Zeit des Bürgerkriegs stammende Guerillagruppen, deren ursprünglich enger Kontakt mit den republikanisch gesonnenen oder links eingestellten Teilen der Bevölkerung aber nach Ende des 2. Weltkriegs zusehends schwieriger wurde und die daher schließlich ins Ausland zurückgezogen werden mußten.

Im Grunde handelte es sich auch beim zivilen Widerstand, soweit er von alten sozialistischen Kadern getragen wurde, um bloße Rückzugsgefechte. Während die KP in den fünfziger Jahren ihre ebenfalls schwer dezimierten Reihen nach und nach wieder aufzufüllen und neue, jüngere Elemente aus der Arbeiterschaft wie aus der Intelligenz zu sich heranzuziehen verstand, sank die sozialistische Aktivität nach dem Abebben der Nachkriegshoffnungen auf einen Sturz der Diktatur deutlich weiter ab, da für die zahlreichen verhafteten Mitglieder und Führer der illegalen Organisation lange keine neuen Kräfte nachwuchsen. „Es gelang dem PSOE nicht, sich an den Kampf im Untergrund zu gewöhnen", stellt die oben zitierte Schrift melancholisch fest.[54] Das Mißverhältnis zwischen der Zahl der Aktivisten, die in die Hände der Polizei fielen, und den geringfügigen Ergebnissen ihrer Tätigkeit veranlaßte schließlich die in Toulouse sitzende Parteiführung unter dem Generalsekretär Rodolfo Llopis zum Entschluß eines allgemeinen Rückzugs auf die Arbeit in der Emigration. Praktisch lief das auf eine Stillegung der illegalen Organisation hinaus, deren exponierteste und daher meistgefährdete Chefs den Rat erhielten, Spanien den Rücken zu kehren und die Reihen der Exilpartei zu verstärken. Dahinter stand offenbar auch die (durchaus realistische) Überzeugung, daß in absehbarer Zeit mit einem Sturz des Franco-Regimes ohnedies nicht mehr zu rechnen sei, nachdem dieses seine Nachkriegskrise unerschüttert überstanden hatte und aus seiner zeitweiligen internationalen Isolierung herausgekommen war.

Ganz unbestritten blieb diese Rückzugsstrategie allerdings nicht. Ein Teil der Mitglieder, die in der Heimat ausgeharrt hatten, hielten die Resignation der Exil-Führer für verhängnisvoll und wollten sich nicht damit abfinden, nur noch in kleinen Freundeskreisen Traditionspflege zu betreiben, während gleichzeitig die Kommunisten des PCE und Gruppierungen wie die sogenannten „Felipes" — die neomarxistischen Linkskatholiken der „Nationalen Befreiungsfront" FLP — die allmählich wiedererwachende Kampfbereitschaft der spanischen Arbeiter mobilisierten und monopolisierten. Die nach und nach gegen Ende der fünfziger Jahre einsetzende Liberalisierung, die bei all ihrer Halbherzigkeit und dem steten Wechsel zwischen Lockerung und Anziehen der Zügel doch da und dort neue Chancen für eine mindestens halb-legale oder doch halb-tolerierte oppositionelle Tätigkeit eröffnete, gab solchen Widerständen gegen die von oben verordnete Resignation zusehends mehr Auftrieb und führte andererseits den alten sozialistischen Veteranen mehr und mehr auch Gruppen junger Interessenten und potentieller Mitstreiter zu, die sich mit der bloßen Passivität oder mit einer rein theoretischen „Bildungsarbeit" in strikt abgeschotteten Zirkeln nicht zufriedengeben wollten, sondern zu aktiverem Einsatz drängten.

Nur ein (zunächst wohl kleinerer) Teil dieser jungen, von der Ideenwelt des demokratischen Sozialismus angezogenen Generation fand Anschluß an die noch übriggebliebenen PSOE-Zellen. Vor allem der neu gegen die Diktatur aufbegehrenden jungen Intelligenz in der Studentenschaft und in den freien Berufen, soweit sie nicht von radikaleren Strömungen berührt wurde, kamen die Parteispitzen um Llopis vielfach als „verbraucht" oder doch jedenfalls der spanischen Realität entfremdet vor[55] und sie suchten im Lande selbst nach anderer Inspiration. Aus solchen vorwiegend akademischen Gruppen, die sich zuerst in Salamanca und später in Madrid um den bedeutenden Staatsrechtslehrer Prof. Enrique Tierno Galvan sammelten und bald Gesinnungsverwandte in anderen Teilen Spaniens anzogen, entwickelte sich schrittweise eine eigenständige Organisation und konstituierte sich 1967 angesichts der Unmöglichkeit einer Verständigung mit Llopis und seinen Getreuen schließlich als *Partido Socialista en el Interior* (PSI). Schon 1965 war Tierno zusammen mit seinem Freund und Kollegen Lopez Aranguren wegen seiner öffentlichen Unterstützung für die oppositionelle Studentenbewegung gemaßregelt worden; das gab ihm die Möglichkeit, sich der neuen Formation hauptberuflich zu widmen, unter-

---

55 Typisch dafür ist ein Interview mit Raúl Morodo, dem Stellvertreter von Tierno Galvan, in Sergio Vilars Band, a.a.O., S. 138. Auf Grund seiner Auslandsreisen, sagt Morodo dort, habe er sich „davon überzeugen können, daß die Emigration, soweit sie nicht überholt *(„desfasado")* ist, doch jedenfalls mit einer anderen Mentalität lebt" — einer anderen, heißt das, gegenüber den Kräften des Widerstandes im Innern Spaniens.

stützt von seinem früheren Studenten und Assistenten Raúl Morodo. Die beiden stehen jetzt noch an der Spitze der inzwischen aus dem PSI entstandenen „Sozialistischen Volkspartei" *(Partido Socialiste Popular*, PSP).

Obwohl sich die neugegründete Partei in ihrem ersten Manifest 1968 ausdrücklich zur „sozialistischen Einheit" bekannte, ja diese Einheit als „fundamental" bezeichnete, „um die Aufsplitterung der Arbeiterklasse zu vermeiden", hat sich das damit begründete Schisma bisher nicht mehr rückgängig machen lassen.[56] Die fortdauernde Spaltung des demokratischen Sozialismus mag nicht in erster Linie mit sachlichen Differenzen zwischen den beiden wichtigsten Gruppierungen zusammenhängen — so wichtig es etwa geworden ist, daß der PSI (und später der PSP als dessen neue Gestalt) von Anfang an eine enge Zusammenarbeit mit den Arbeiterkommissionen suchte, von denen sich die PSOE-Leute sehr bald distanzierten, und daß das neue Gebilde zudem an der Seite der Kommunisten seinen Platz in der „Demokratischen Junta" einnahm, der sich die Sozialistische Arbeiterpartei konsequent fernhielt. Mindestens so wesentlich für die Unvereinbarkeit der beiden Organisationen waren wohl persönliche Gründe: Das außerordentliche Prestige, das Tierno als einer der wortgewaltigsten und weit über die Reihen seiner Gefolgschaft hinaus angesehensten Sprecher der Opposition besaß, machte es ihm schwer, sich den Koryphäen des PSOE unterzuordnen, die keine vergleichbare Ausstrahlungskraft besaßen; andererseits aber waren die Hüter der Tradition begreiflicherweise auch nicht bereit, die Führung ihrer Partei einem von außen hinzustoßenden Neuling anzuvertrauen.

Indirekt freilich hat die Sammlung neuer sozialistischer Generationen um Tierno Galvan auch einen wichtigen Effekt auf die PSOE-Reihen ausgeübt: Die jungen Kräfte, die der alten Organisation im Laufe der sechziger Jahre auch in der Heimat zuwuchsen, erkannten besser als die emigrierten Chefs die Gefahr, daß sie bei all dem überkommenen Prestige, das sich an die Initialen PSOE heftete, mehr und mehr an den Rand der politischen Entwicklung gedrängt werden könnte. Darum verlangten sie immer nachdrücklicher, an den leitenden Funktionen beteiligt zu werden und damit die Strategie wie die Taktik ihrer Partei mehr als bisher nach den innerspanischen Bedürfnissen ausrichten zu können. Ein erster Durchbruch gelang ihnen 1970, als der 11.

56 Vgl. Francisco Bobillo, PSP. Partido Socialista Popular, Politica, Bd. 6, a.a. O., S. 18.

Parteitag der Sozialistischen Arbeiterpartei eine neue Exekutivkommission aus 9 Vertretern der Heimatorganisationen und nur 7 Emigranten einsetzte. Nichtsdestoweniger verschärften sich die Gegensätze zwischen „Inländern" und Exilpolitikern so sehr weiter, daß Llopis und seine Freunde schließlich dem nächsten Kongreß von 1972 überhaupt fernblieben, seine Entschließungen von vornherein nicht anerkannten und sich eine eigene, im Gegensatz zum „erneuerten" Sektor als „historisch" bezeichnete Organisation aufbauten. Nachdem Bemühungen um eine Wiedervereinigung der verfeindeten Flügel erfolglos geblieben waren, setzte die auf die Inlandsverbände gestützte Mehrheitsgruppe auf dem 13. Parteitag in Suresnes eine Führung ein, die sich bis auf eine Ausnahme ausschließlich aus Parteigenossen innerhalb Spaniens zusammensetzte und an deren Spitze als neuer Generalsekretär der kaum mehr als dreißigjährige Rechtsanwalt Felipe Gonzalez aus Sevilla — zunächst noch unter dem Decknamen „Isidoro" — trat.

Auch die damit endgültig perfekte Scheidung der *Revovados*[57] von den *Históricos* bezeichnete noch nicht das Ende der Zersplitterung im sozialistischen Lager. Zwar war damit, daß der PSOE seine Hauptbasis wieder nach Spanien hineinverlagerte, einer der wichtigen Gründe für die Absonderung des PSI dahingefallen. Trotzdem gelang es nicht, die Anhänger von Tierno mit denen von Gonzalez zusammenzuführen. Ungelöst blieb auch das Problem der zahlreichen regionalen sozialistischen Gruppen, die unabhängig von der traditionellen Sozialistischen Arbeiterpartei wie von den „Inlandssozialisten" um Tierno Galvan entstanden waren. Die Gruppen diverser Herkunft und von sehr unterschiedlichem Gewicht hatten sich vor allem in den Landesteilen gebildet, in denen es starke autonomistische Traditionen und Bewegungen gab: in Katalonien, im Baskenland, in Galicien, aber auch in der Levante wie in Andalusien und sogar in Madrid. In Katalonien insbesondere hatte der PSOE auch in der Vergangenheit nie eine große Anhängerschaft besessen, und seine ziemlich bedeutungslose Organisation war ihm durch die Vereinigung mit den Kommunisten und einigen regionalen Formationen zum PSUC vollends entglitten. In diesem bedeutenden, überwiegend regimefeindlich eingestellten Industriegebiet war der

---

57 Da sich die „erneuerte" Partei als die eigentliche und einzige Verkörperung der bald hundertjährigen PSOE-Tradition versteht, reagiert sie immer äußerst ungehalten, wenn die Presse sie im Unterschied zu den *Históricos* als PSOE (renovado) oder einfach PSOE (r) bezeichnet: Sie legt Wert darauf, daß die Initialen PSOE auf sie ohne jeden als „diskriminierend" und „irreführend" angesehenen Zusatz angewandt werden.

236 Fritz René Allemann

politische Raum zwischen PSUC-Kommunisten und linksbürgerlichen
Autonomisten durch das 1945 begründete, später wieder zerfallende
Moviment Socialista de Catalunya und seine Nachfolge-Organisationen
so ausgefüllt, daß für Filialen gesamtspanischer Parteien kaum mehr
viel Platz übrigzubleiben schien.

In anderen Landesteilen sah die Situation für die Sozialistische Arbeiterpartei durchwegs günstiger aus. Aber auch dort gab es mancherorts ernsthafte regionale Kräfte. Zwei Tagungen — in Paris unter den
Auspizien der Internationale, in der Bundesrepublik auf Einladung der
SPD — brachten nur eine ephemere Einigung unter dem gemeinsamen
Dach einer ,,Iberischen Sozialistischen Konferenz" zustande. Aber
nach dem PSOE-Parteitag in Suresnes verlor die große Traditionspartei
ihr Interesse an dieser Zusammenarbeit zusehends wieder und war nicht
länger bereit, ihre eigenen Kräfte den verbündeten Gruppen in den
,,peripheren Nationalitäten" zuzuführen.[58] Die einzige Ausnahme
wurde für Katalonien gemacht;[59] im Baskenland, in Galicien und vollends in Andalusien aber bestand der PSOE auf seinem Erstgeburts-
recht. Vollends fanden seine Führer das Begehren der kleinen Splittergruppen unannehmbar, innerhalb der Dachorganisation jeder ange-
schlossenen Organisation eine Stimme zuzubilligen und auf dieser Basis Mehrheitsentscheidungen zuzulassen. So kam es zum Bruch: Im
März 1976 schlossen sich die regionalen Formationen ihrerseits zu einem weiteren sozialistischen Zentrum zusammen: der *Federación de
Partidos Socialistas* (FPS).

So standen sich Anfang 1977 nicht weniger als vier selbständige sozialistische Parteien oder Parteienbündnisse gegenüber: die ,,Histori-
schen" unter dem Namen *PSOE (Sector histórico)*, die ,,eigentliche"
(,,renovierte") Sozialistische Arbeiterpartei unter der Führung von
Gonzalez, Tiernos PSP und schließlich die FSP. Dazu kam noch ein
Gewimmel kleinerer regionaler oder lokaler Organisationen außerhalb
der größeren Zusammenschlüsse und eine Mehrzahl ,,sozialdemokrati-
scher" Formationen, die vielleicht besser als linksliberal eingestuft
würden. Übertritte von einem Lager ins andere finden zwar häufig
statt; so haben mehrere örtliche und selbst provinzielle Organisationen
den ,,Historischen" den Rücken gekehrt, um sich den Gonzalez-Sozia-

58 Enrique Barón, FPS. Federación de Partidos Socialistas, Politica Bd. 4,
a.a.O., S. 14.
59 So noch Luis Yanez, Sekretär des PSOE für internationale Beziehungen, in
einem Gespräch mit dem Verfasser im Nov. 1976.

listen ,anzuschließen. Die Aussicht auf eine organisatorische Verschmelzung, ja selbst auf gemeinsame Wahllisten verminderte sich aber
zusehends, nachdem Gonzales darauf bestand, alle Kandidaten müßten
unter dem Namen PSOE in die Kampagne ziehen.

Für solche Intransigenz gibt es gewiß gute Gründe. Sie wird u.a. mit
Meinungsumfragen gerechtfertigt, nach denen die Initialen PSOE unter zahllosen verwirrenden Sigeln der neuen Parteien bei weitem die
bekanntesten seien und angeblich von rund neun Zehnteln der Spanier identifiziert werden könnten. Außerdem hatte die ,,renovierte''
Organisation schon vor ihrer formellen Legalisierung alle Konkurrenten an Mitgliederzahl wie an organisatorischer Dichte überholt. Im
Herbst 1976 erfaßte die (unvollständige) Zentralkartei schon mehr als
20.000 Mitgliedernamen; im Februar 1977 wurde bereits die glaubhaf-
te Zahl von 50.000 genannt. Das bleibt zwar hinter den mehr als
100.000 PCE-Mitgliedern zurück. Aber keine der anderen demokratischen sozialistischen Parteien kann sich auf ähnliche Ziffern berufen.

Große Bedeutung kam auch dem Beschluß der Sozialistischen Internationale zu, den PSOE als einzige spanische Sektion anzuerkennen. Zwar lassen die Statuten der Internationale durchaus die Aufnahme mehrerer Parteien aus einem Lande zu; so gehören der Organisation beispielsweise die italienischen Soizalisten wie die Sozialdemokraten Italiens an. Aber gerade nach den vielfach unerfreulichen italienischen Erfahrungen ist die Internationale auf der Iberischen Halbinsel
ähnlichen Arrangements ausgewichen: Wie sie in Portugal dem ,,sozial-
demokratischen'' PPD die kalte Schulter zeigte, so wollte sie in Spanien weder den Anspruch der ,,Historischen'' anerkennen noch Platz
für den Beitritt des PSP schaffen. Wahrscheinlich hoffte man, ein solcher Druck werde die Außenseiter zur Vereinigung mit der Mutterpartei PSOE ermuntern.

In der spanischen Öffentlichkeit hat diese Haltung zweifellos beträchtlichen Eindruck gemacht. In ihren Augen sind nun einmal Demokratisierung und Europäisierung zwei Seiten einer Medaille: Nur
die Demokratie ermöglicht den internationalen und speziell europäischen Rückhalt, und dieser wird wiederum als Garantie für die Solidi-
tät künftiger demokratischer Strukturen empfunden. Aus eben diesem
Grund haben sich alle Parteien und Parteienbündnisse, die das konnten, um die Demonstration ideologischer und organisatorischer Verbindungen über die Pyrenäen hinweg bemüht. Selbst die neo-franquistische und betont nationalistische *Alianza Popular* legte auf ihrem
Gründungskongreß Wert darauf, ausländische Gäste (z.B. britische

Konservative und bayerische CSU-Politiker) zu begrüßen, und Carrillo
bemühte sich intensiv um das „eurokommunistische" Gipfeltreffen
mit Marchais und Berlinguer, das dann am 2./3. März 1977 zustande-
kam. Die Anwesenheit von Persönlichkeiten wie Willy Brandt, Mitterrand, Nenni und Olof Palme am ersten legalen PSOE-Parteitag seit
dem Bürgerkrieg (Dezember 1976) erschien vollends als Bürgschaft für
Rang und Prestige dieser Partei über die Grenzen Spaniens hinaus.

2. Zwischen Radikalismus und Opportunismus

Es fällt nicht leicht, den politischen Standort der spanischen Sozialisten exakt zu definieren. Da die ideologische Spannweite bei allen Mitgliedern dieser vielfältigen politischen Familie ungleich größer ist als
bei den Kommunisten, bleiben die programmatischen Grundzüge entsprechend unbestimmter. So legen die PSOE-Führer großen Wert auf
die Feststellung, in den Reihen ihrer Partei sei Platz nicht nur für
Marxisten verschiedener Couleur, sondern auch für nichtmarxistische
Sozialdemokraten. Das relativiert notwendigerweise die Bedeutung
von Programmen und Grundsatz-Erklärungen: Sie erscheinen weniger
als Richtschnur politischen Handelns, sondern eher als Resultanten
der jeweiligen innerparteilichen Kräftekonstellation zwischen weit auseinanderstrebenden Flügeln. Aus ihrer Frühgeschichte ist den spanischen Sozialisten jeder Couleur überdies eine unverkennbare Neigung
zu radikal klingenden Formulierungen geblieben, mit denen eine an-
passungsfähige, ja opportunistische Tagespraxis Hand in Hand gehen
kann. Die langen Jahrzehnte der Illegalität haben diesen charakteristischen Zug anscheinend noch vertieft – in Spanien nicht anders als in
Portugal, dessen SP sich nach dem Zusammenbruch des salazaristi-
schen Regimes gerne als äußerste Linke der Internationale gab, aber in
ihrer Auseinandersetzung mit den Kommunisten bald auf eine durchaus „reformistisch"-demoktratische Haltung zurückfiel.

Ein charakteristisches Beispiel dafür (und zugleich für die starke
Bindung an die entsprechenden Traditionen der vor-franquistischen
Ära) bietet schon die politische Entschließung des PSOE-Kongresses
von Suresnes, der 1974 den großen Wendepunkt in der Parteigeschich-
te und den Ausgangspunkt für den Wiederaufbau der Organisation um
den gegenwärtigen Führungskern bezeichnet.[60] Im ersten Satz dieses

---

60 Diese Entschließungen sind vollständig zit. in Bustelo, a.a.O. u.a., S. 49 ff.
   Hier finden sich auch alle weiteren Zitate aus den Resolutionen.

Textes wird als „Aspiration" der Partei in einer Formel, die fast wörtlich auf das Iglesias-Programm von 1888 zurückgreift, „die Eroberung
der politischen und wirtschaftlichen Macht durch die Arbeiterklasse
und die radikale Umwandlung der kapitalistischen Gesellschaft in eine
sozialistische Gesellschaft" bezeichnet. „Eroberung der politischen
und wirtschaftlichen Macht durch die Arbeiterklasse" — das kann,
wörtlich verstanden, im Grunde nur eine Umschreibung des Begriffs
„Diktatur des Protelariats" bedeuten. Aber diese naheliegende Interpretation wird sogleich zurückgenommen durch den Nachsatz, der auf
der „immer dringenderen Notwendigkeit" besteht, „in Spanien ein demokratisches Regime als Mittel zur Erreichung dieser Ziele zu errichten". Und noch bezeichnender scheint es, daß in dem Aktionsprogramm, das diese Resolution für den geforderten „demokratischen
Bruch" mit dem Diktatursystem entwickelt, keine anderen Forderungen als solche „formal-demokratischer" Natur enthalten sind: Amne-
stie, Auflösung aller „repressiven Institutionen", Freiheit für Parteien
und Gewerkschaften, Versammlungs- und Redefreiheit, Streik- und
Demonstrationsrecht, dazu die Ausschreibung freier Wahlen in spätestens einem Jahr und die „Anerkennung des Rechts auf Selbstbestimmung für alle iberischen Nationalitäten". Alle im eigentlichen Sinne
sozialistischen, auf die Transformation des ökonomischen und sozialen Systems bezüglichen Postulate bleiben hier nicht zufällig ausge-
spart: Sie sollen offenbar erst bei der Ausarbeitung der künftigen Verfassung zur Sprache gebracht werden.

Im Grunde deckt sich diese Liste der Tagesaufgaben durchaus mit
den entsprechenden Forderungen, die von den Kommunisten bzw.
von der *Junta Democrática* schon kurz vorher aufgestellt worden waren; im Hinblick auf die „Nationalitäten" geht sie sogar mit der Parole
des „Selbstbestimmungsrechtes" noch um einiges über die vorsichtige-
ren Formulierungen des PCE bzw. der Junta hinaus. Das wird in einer
eigenen Resolution über „Nationalitäten und Regionen" noch unterstrichen, in der es heißt, die „endgültige Lösung" dieses Problems müsse „unausweichlich" *(indefectiblemente)* von der „vollen Anerkennung des Rechtes auf Selbstbestimmung" ausgehen, „das in sich die
Befugnis jeder Nationalität enthält, frei die Beziehungen zu bestimmen, die sie mit den anderen Völkern unterhalten will, welche dem
spanischen Staat angehören" — was praktisch der Legitimierung eines
möglichen Wunsches nach Lostrennung von diesem Staat, d.h. einer
separatistischen Lösung gleichzukommen scheint. Allerdings macht
die Partei zugleich klar, daß sie eine solche Separation keineswegs an-

strebt, wenn sie feststellt, daß die praktische Ausübung des Selbstbe-
stimmungsrechts für den PSOE nur „im Zusammenhang des Klassenkampfes" betrachtet werden könne, und wenn sie als ihr eigenes Ziel
„die Bildung einer Bundesrepublik der Nationalitäten im spanischen
Staatsverband" bezeichnet.

Die Stellungnahme verdient nicht allein deshalb Beachtung, weil
das Problem der Nationalitäten tatsächlich eine ganz zentrale politische Frage bei der Demokratisierung Spaniens darstellt. Es kommt ihr
auch deshalb besonderes Gewicht zu, weil sie einen deutlichen Wandel
oder doch eine Akzentverschiebung in der herkömmlichen Haltung
des PSOE bezeichnet. In dem Programm von 1888 war von den nicht-
kastilianischen Volksgruppen überhaupt noch keine Rede gewesen; ein
späteres Programmdokument vom November 1918 hatte zwar bereits
eine „republikanische Konföderation der iberischen Nationalitäten"
anvisiert, aber deren Anerkennung davon abhängig gemacht, daß sie
„zweifellos eine genügende Entwicklung an den Tag legten" und daß
ihre Freiheit keinen Rückschritt in den bereits verwirklichten individuellen Rechten bezeichne.[61] Das sehr ausgeprägte Mißtrauen, daß die
Erteilung autonomer Rechte an die Nationalitäten möglicherweise
auch für reaktionäre Zwecke ausgenützt werden könne, hat auch die
Politik des PSOE in den Jahren der Republik noch mitbestimmt: Während die sozialistischen Abgeordneten für ein weites Entgegenkommen
an die katalanischen Autonomiewünsche eintraten, hielten sie sich bei
der Erfüllung der entsprechenden baskischen und galicischen Forderungen deutlich zurück, da sie in beiden Regionen den „klerikalen"
Einfluß fürchteten; Galicien erhielt sein Statut überhaupt nie, das Baskenland erst einige Monate nach Ausbruch des Bürgerkriegs zur Beloh-
nung dafür, daß sich seine tonangebende (katholische) Nationalistische
Partei auf die Seite der republikanischen Regierung geschlagen hatte.
Manchen entschiedenen Verfechtern regionaler Selbstverwaltung oder
gar separatistischer Tendenzen erschien die Sozialistische Arbeiterpartei denn auch bis zum Untergang der Republik als Hort einer zwar versteckten aber deswegen umso gefährlicheren zentralistischen Mentalität. Insofern wurde mit dem ausdrücklichen und diesmal vorbehaltlo-
sen Bekenntnis zum Selbstbestimmungsrecht einerseits, zum Bundes-
staat andererseits, dem auch der Madrider Parteitag von 1976 völlig
beipflichtete, in der Tat eine Neuorientierung eingeleitet. In einer et-

---

61 Artola, a.a.O., Bd. II, S. 277 f.

was vageren Weise anerkannte die Entschließung übrigens auch das Recht „anderer", d.h. nicht als eigene Nationalitäten anzusehender Regionen (wie etwa Andalusien, Aragon oder die Kanarischen Inseln, ohne daß freilich eine davon ausdrücklich genannt worden wäre), sich „angesichts ihrer besonderen Charakteristiken Organe und Institutionen zu geben, die ihren Eigentümlichkeiten angemessen sind." Und es entsprach letztlich nur diesem neugewonnenen föderalistischen Impetus, wenn die Partei ihrerseits auch ihre früher recht zentralistische Organisationsstruktur durch eine stärkere Autonomie für ihre Provinz-Föderationen deutlich auflockerte.

Wesentlich unbestimmter und unverkennbar von taktischen Gesichtspunkten geprägt mutet die Stellungnahme zu einem anderen zentralen Problem der Staatsform an: zur Frage von Monarchie oder Republik. Zwar wurde in Suresnes als Ziel, wie schon aus dem obigen Zitat hervorgeht, die Bundes*republik („república federativa")* anvisiert, was auf eine eindeutige Absage an die Monarchie schließen ließe. Es fällt aber auf, wie diese republikanische Tendenz jedenfalls in den Verlautbarungen der PSOE-Führung in dem Maße deutlich zurücktritt, in dem sich der Partei praktische Möglichkeiten nicht nur der Betätigung, sondern sogar einer gewissen Zusammenarbeit mit der Regierung des Königs Juan Carlos eröffnet haben. Das ging aus der peinlich berührten Reaktion des Parteitagspräsidiums in Madrid hervor, als Delegierte am Schlußtag dieses Kongresses die republikanische Flagge entfalteten und in Sprechchören versicherten, Spanien werde „morgen republikanisch sein" („*Espana, manana, será republicana")*. Natürlich hatte die abwiegelnde Haltung gegenüber solchen Verhaltensweisen und Losungen primär taktische Gründe: Man wollte im Vorfeld der Demokratisierung und noch vor der offiziellen Legalisierung der eigenen Partei Herausforderungen gegenüber der Krone vermeiden, deren Träger schließlich nicht nur die Macht innehatte, sondern auch entgegen allen Prophezeiungen als faktischer Initiant der politischen Reform in Erscheinung getreten war. Aber der Eindruck drängt sich doch auf (und wird durch persönliche Gespräche mit maßgebenden Funktionären bestätigt), daß zum mindesten die PSOE-Spitze auch auf weitere Sicht einem *modus vivendi* mit der Monarchie nicht unbedingt abgeneigt wäre. Dies schon deshalb nicht, weil sie mit der Möglichkeit rechnet, daß selbst im Falle einer Volksabstimmung über die Staatsform dank der mittlerweile durch Juan Carlos erworbenen Popularität eine Mehrheit zugunsten des Königstums zustandekommen könnte, und sich im Hinblick auf eine solche Eventualität nicht selber durch unzeitige Bekundungen eines wirklichkeitsfernen republikanischen Dogmatismus die Hände binden möchte.

Bezeichnend für diese Haltung scheint eine Formulierung von Enrique Múgica Herzog, der den PSOE in der Verhandlungskommission der Opposition gegenüber der Regierung vertrat und im Parteisekretariat für die Beziehungen zu anderen Gruppen zuständig ist:

"Man wird die Regierung darauf aufmerksam machen müssen, daß die herrschenden Kräfte, als der Großvater des derzeitigen Monarchen[62] regierte, die Linke und die Nationalitäten nicht ins spanische politische Panorama einbeziehen wollten oder konnten. Die Konsequenzen, die das hatte, sind allgemein bekannt."[63]

Das heißt wohl, daß die Parteiführung ganz gewiß den Konflikt mit der Krone nicht suche, sondern ihn eher vermeiden möchte und eine Integration der Linken wie der nicht-kastilischen Volksgruppen in eine föderative und progressive Monarchie nicht von vornherein ausschließe.

Dabei stößt sie freilich, wie auf anderen Gebieten auch, bei einem starken Teil der Mitgliederbasis und des unteren Funktionärskörpers auf Widerspruch. Die Exekutive stützt sich seit Suresnes wesentlich auf ein Bündnis der vorwiegend "pragmatisch" ausgerichteten nordspanischen Sektionen mit dem "zentristischen", rhetorisch gern radikal auftretenden, aber um realistische Einschätzung der Situation bemühten andalusischen Freundeskreis um den Generalsekretär Gonzalez (die gelegentlich spöttisch sogenannte "Achse Sevilla-San Sebastián"). Diese Konstellation hat sich auch auf dem Madrider Parteitag durchgesetzt. Aber es ist doch unverkennbar, daß der linke Flügel in der Spätphase des Franco-Regimes und vor allem seit dem Tod des Caudillos und dem allmählichen Umbau der früheren Kader-Zirkel zur Massenpartei deutlich an Terrain gewonnen hat – dies nicht unbedingt nach außen hin, in Richtung auf die potentiellen Wähler, wohl aber unter den aktiven Elementen der Mitgliedschaft. Wenn Gonzalez nach dem Kongreß von Madrid den *Izquierdismo* in seiner Partei als ein bloßes "Randphänomen" bezeichnet hat[64], so simplifiziert ein solches Urteil die Dinge doch allzusehr. Die meisten Delegierten an dieser ersten quasi legalen, in aller Öffentlichkeit abgehaltenen Heerschau des

62 D.h. Alfons XIII.
63 Oscar Leblanc, La ,Socialdemocracia' y el PSOE, in: El Pais, 4. März 1977.
64 So lt. Le Monde, 10. Dez. 1976.

PSOE — die der Partei zu 80% erst seit weniger als einem Jahr angehörten — waren zwar durchaus bereit, der bewährten Spitzenequipe
zu vertrauen und ihr auf jeden Fall bei Persönlichkeitsentscheidungen,
meist auch in Sachfragen zu folgen.[65] Aber der Mangel an politischer
Erfahrung macht diese vielfach jungen Elemente doch für radikale Parolen recht zugänglich, und um diesen Trend aufzufangen, glauben
ihm auch die besonneren Kräfte des Parteizentrums manchmal Zugeständnisse machen zu müssen.

Daß die sozialistische Linke dabei meist eine weit extremere Haltung einnimmt als die Kommunisten, ergibt sich von selbst aus dem
beflissenen Bemühen des PCE um ein Air wohlstudierter Mäßigung
und staatsmännischen Verantwortungsbewußtseins. Schon in Suresnes
gab es einen Teil der Delegierten — knapp ein Fünftel —, der von einem Primat der „formal-demokratischen" Forderungen nichts wissen
wollte und die Ansicht vertrat, eine Demokratisierung Spaniens sei
nicht nur unwahrscheinlich, sondern würde auch auf ein bloßes „Aus-
wechseln der Fassade" hinauslaufen. Auf dem Madrider Kongreß wurde dementsprechend sogar das Verlangen nach einem ausdrücklichen
Bekenntnis zur Diktatur des Proletariats laut. Nach Aussagen von Beteiligten musterten die untereinander allerdings uneinigen Fraktionen
dieser Linken dort immerhin bereits ein Viertel bis zu einem Drittel
der Delegierten und machten damit gewiß mehr als einen „marginal-
len" Anteil aus. Stimmungen, die auffällig an die Zeit des „Caballer-
ismus" erinnern, scheinen sich seither eher noch weiter ausgebreitet zu
haben; jedenfalls sprechen auch Presseorgane, die dem PSOE durchaus
freundlich gegenüberstehen, Anfang März immer häufiger von „Radi-
kalisierungstendenzen" in dessen Reihen. Die Ungeduld mit dem als
schleppend empfundenen Tempo der Fortentwicklung zur Demokratie, auch ein wachsendes Mißtrauen in die heute niedriger als früher
eingeschätzten Wahlchancen der eigenen Partei mögen dabei eine beträchtliche Rolle spielen.

Selbst die vorwiegend taktisch-opportunistisch denkenden Köpfe
der Sozialisten können es sich gelegentlich nicht versagen, die Kommunisten da und dort, in dieser oder jener Frage „links überholen" zu
wollen. Wenn etwa in der „internationalen Entschließung" von Su-

---

65 Auch das erstere gilt freilich nur in gewissen Grenzen: Es ist der Gonzalez-
   Gruppe trotz allen Bemühungen nicht gelungen, einen der Anwärter auf einen Vorstandssitz aus dem Kreis der zum „renovierten" PSOE übergetrete-
   nen „Historischen" wählen zu lassen.

resnes unvermutet der Begriff des „proletarischen Internationalismus"
auftaucht, „der den Kampf der Welt-Arbeiterklasse bestimmen muß",
dann ist das wohl mehr als eine zufällige Engleisung — auch wenn diese Formel ganz sicher in dem Zusammenhang, in dem sie verwendet
wird, etwas ganz anderes bedeutet als das, was im sowjetisch-kommu-
nistischen Sprachgebrauch darunter verstanden wird (nämlich die
ideologische Hegemonie der KPdSU). Zum mindesten kann sie eine
Tendenz verraten, aus propagandistischen Gründen wohlklingende und
emotional geladene Slogans auch auf die Gefahr von Mißverständnissen hin zu appropriieren, nachdem diese vertrauten Parolen von ihren
ursprünglichen Verfechtern derzeit fallengelassen werden.

Nichtsdestoweniger scheint ein Rückfall auf die Positionen eines ro-
mantischen Revolutionarismus im Caballero-Stil schwerlich zu be-
fürchten zu sein — am allerwenigsten dann, wenn den Sozialisten tatsächlich die Möglichkeit aktiver politischer Mitarbeit am Aufbau einer
neuen spanischen Demokratie erschlossen wird.

3. Außenpolitische Fragezeichen

Am unklarsten sind bisher die Äußerungen der spanischen Sozialisten
zu internationalen Problemen ausgefallen. Das hängt wohl damit zusammen, daß die Verantwortlichen auf diesem Felde ganz besonders
zwischen widerstreitenden Motiven hin- und hergerissen werden. Aus
Gesprächen, die der Verfasser mit einigen von ihnen führen konnte,
hat er durchaus den Eindruck gewonnen, daß sie sich um eine kühl-
realistische Einschätzung der Situation bemühten. Andererseits macht
sich gerade in der Außenpolitik der Druck ideologisch und emotional
bestimmter Parteikader stark fühlbar. Dazu kommt die Nachwirkung
anti-westlicher und insbesondere anti-amerikanischer Ressentiments
aus der Zeit der Diktatur. Im Gegensatz zur KP, die sich auf die Disziplin ihrer Aktivisten verlassen kann, sehen sich die Sozialisten in solchen Fragen vollends einerseits zu taktischer Rücksichtnahme auf
Reaktionen ihrer Anhänger gezwungen, andererseits dazu verlockt,
sich gegenüber Carrillos allzu unbedenklicher Flexibilität als die wahren und echten Hüter des marxistischen Erbes und der linken Traditionen überhaupt aufzuspielen.

Daraus ergibt sich die eigentümliche Situation, daß die demokratischen Sozialisten in mancher Beziehung eine negativere Haltung gegenüber den westlichen Zusammenschlüssen wie insbesondere gegen-

über den USA beziehen, als das der PCE tut. Das geht schon aus der bereits zitierten Entschließung des Parteitags von Suresnes zu internationalen Fragen hervor. Es war unter den Aspekten von 1974 zweifellos verständlich, daß der PSOE „seine Opposition gegen die Einbeziehung Spaniens in die EG" ankündigte, „solange das herrschende politische System in Kraft bleibt", und das damit begründete, daß „die besagte Integration eine Stärkung des Regimes bedeuten würde, statt die Anerkennung der formalen Freiheiten in unserem Lande zu erzwingen." In der Sache unterscheidet sich das wenig von dem, was andere Gruppen der demokratischen Opposition zu jenem Zeitpunkt vertraten und was auch die Kommunisten zu dem Thema „Europa" während der Lebens- und Regierungszeit Francos zu sagen hatten. Aber bezeichnend für eine besondere Zurückhaltung der Sozialistischen Arbeiterpartei war schon der (im Zusammenhang des Textes eigentlich deplacierte) Ausdruck „formale Freiheiten".[66] Noch deutlicher werden die Vorbehalte gegenüber den effektiv bestehenden europäischen Institutionen in den folgenden Sätzen, in denen die Partei zwar der „Konstruktion eines vereinigten Europas" ihre „Unterstützung" zusagt, aber gleichzeitig die Vorstellung zurückweist,

„daß diese Einheit auf politische und wirtschaftliche Einrichtungen im Dienste des internationalen Kapitalismus begründet werden könnte. Sie (die Partei) erklärt ihren Willen, an der Demokratisierung der europäischen Institutionen teilzunehmen, die diese von der Herrschaft des Kapitals befreit und sie auf die legitimen Interessen der Arbeiter hin orientiert."

Dementsprechend wird auch „jedem Imperialismus, jeder Hegemonialmacht und jeder Aufteilung der Welt in Einflußzonen sowie der Existenz militärischer Blöcke" in diesem Dokument eine sehr allgemein gehaltene, auf jeden Versuch der Differenzierung verzichtende Absage erteilt. Generell heißt es dort, die Blöcke dienten „nur der Erhaltung des *status quo* zum Schaden der unterdrückten Völker".

---

66 Die vier Verfasser von PSOE (s. Bustelo u.a., a.a.O.), zu denen bekannte Vorkämpfer der Partei zählen, fühlen sich allerdings verpflichtet, diesen einschränkenden Ausdruck zu relativieren und eine Lanze auch für „formale" Rechte zu brechen: „Der Kampf für mehr oder weniger ‚formale' Freiheiten", so betonen sie (a.a.O., S. 64), „ist nicht ein bloß formales, taktisches oder zeitgebundenes Problem". Trotzdem fällt auf, daß die spanischen Kommunisten seit Jahren eine Kennzeichnung der Grundfreiheiten und Menschenrechte als rein „formal" sorgsam vermeiden, während die demokratischen Sozialisten offenbar keine Hemmungen verspüren, sich solcher abwertenden Kennzeichnungen zu bedienen.

Dergleichen Formulierungen mögen aus der Sicht einer illegalen
Partei in einem Lande, das unter der Diktatur durch ein zweiseitiges
Militärbündnis mit der westlichen Vormacht verbunden war, zum mindesten verständlich anmuten. Die langjährigen militärischen Bindungen zwischen dem Franco-Regime und den USA haben zweifellos viel
zur Ausbildung anti-amerikanischer Affekte bei der demokratischen
Linken Spaniens beigetragen. Aber auch die Entschließungen des Madrider PSOE-Kongresses vom Dezember 1976, die ja schon unter den
Bedingungen einer de-facto-Legalität zustandekamen, sind auf einen
ähnlichen Ton gestimmt: Da ist schon in der Präambel davon die Rede, die heutige internationale Situation sei charakterisiert „durch die
Existenz von Ausbeuterstaaten und ausgebeuteten Völkern wie durch
die Konfrontation zwischen politisch-militärischen Blöcken — was sich
in der Aufspaltung der Arbeiterklasse im Weltmaßstab ausdrückt, die
ihre totale Befreiung von wirtschaftlicher, gesellschaftlicher und politischer Ausbeutung verzögert". Und im Anschluß an diese summarische
Feststellung erklärt sich die Partei „alarmiert durch die wachsende
Macht der Multinationalen" — nämlich der multinationalen Konzerne.
Schon dieser letzte Punkt weist darauf hin, daß die scheinbare Denun-
ziation *aller* Blöcke eine besondere Abneigung gegenüber den westlichen Zusammenschlüssen verbirgt. Das zeigt sich auch weiterhin beim
Aufruf an die „internationale Einheit der Arbeiterklasse" gegen die
„ständige Aggression des Kapitalismus" und nicht zuletzt bei der ent-
schiedenen Verurteilung der Stützpunktverträge mit den Vereinigten
Staaten.

Das ist eine wesentlich härtere und aggressivere Sprache, als sie in
den Verlautbarungen des PCE und seiner wichtigsten Sprecher an-
klingt. Nirgends wird dieser Gegensatz so deutlich wie in der Stellungnahme zu der Stützpunktfrage. Nicht nur in den angenommenen Entschließungen des Parteitags, sondern bereits in dem vorher vom Partei-
vorstand unterbreiteten Entwurf heißt es, die „Liquidation der ausländischen Militärbasen" werde die „vorrangige Aufgabe" einer demokratischen Regierung sein müssen.[67] Während Carrillo in seinen verschiedenen Erklärungen zu diesem Punkt zwar den Abbau amerikanischer

---

67 Photokopien der vom Vorstand vorgelegten Texte, soweit sie sich auf Fragen
   der internationalen Politik und der Verteidigung beziehen, sind dem Verfasser aus dem Material für die innerparteiliche Diskussion freundlicherweise zur
   Verfügung gestellt worden; leider war es nicht möglich, auch Einblick in die
   in mancher Hinsicht aufschlußreicheren Anträge der einzelnen Provinz-Föderationen und lokalen Sektionen zu diesen Themen zu erhalten.

Verteidigungseinrichtungen ebenfalls als Postulat aufstellt, aber die Verwirklichung dieser Forderung mit ständig wachsender Entschiedenheit von Gegenleistungen der Sowjetunion und insbesondere von dem Rückzug der sowjetischen Truppen aus der Tschechoslowakei abhängig macht, ist bei den Sozialisten von solchen Vorbedingungen keine Rede, ja die Regelung dieser Frage wird als „objectivo prioritario" sogar an die Spitze aller konkreten Forderungen gestellt. Dem entspricht es, wenn in dem gleichen Dokument anschließend — nach dem Verlangen einer „definitiven Entkolonisierung Gibraltars" — von der Notwendigkeit gesprochen wird, „die Beziehungen zu den USA radikal neu zur Erörterung zu stellen (replantear)".

„Eine aufrichtige Freundschaft und Zusammenarbeit auf der Basis der Gleichberechtigung hat nichts zu tun mit dem Fortbestehen nuklearer Basen, die unser Volk unannehmbaren Risiken aussetzen, ohne gleichzeitig unsere Verteidigung gegenüber irgendeinem äußeren Angriff zu gewährleisten."

Der proklamierten „Unabhängigkeit" von militärischen Blöcken, sei es des Westens oder des Ostens („NATO oder Warschauer Pakt"), entspricht die Empfehlung, in zunehmendem Maße eine „Politik der aktiven Neutralität gemeinsam mit den anderen neutralistischen und bündnisfreien Staaten zu verfolgen", entspricht auch der starke Akzent, der in Teil D des Entwurfs auf die „Solidarität und Zusammenarbeit mit der Dritten Welt" gelegt wird: Hier vertritt der Text nicht nur eine „echte Politik der Zusammenarbeit und der kulturellen, technischen und finanziellen Hilfe für die Entwicklungsländer, die darum kämpfen, aus der Situation der Abhängigkeit vom Neokolonialismus herauszukommen" — wobei als konkrete Anregung ein „sobald wie möglich" zu errichtendes „System verallgemeinerter Präferenzen für die industriellen Erzeugnisse der Entwicklungsländer" in Aussicht genommen wird. Die Identifikation mit der Dritten Welt geht weiter:

„Um der Politik der Solidarität und Zusammenarbeit mit der Dritten Welt ihre volle Ausdehnung zu verleihen, wäre die Aufnahme einer ständigen Beziehung mit der Bewegung der bündnisfreien Länder angebracht."

Angesichts dieser betont „tercermundistischen" Orientierung mutet das Gewicht, das auf die Teilnahme Spaniens „am Aufbau Europas" gelegt wird, einigermaßen verwunderlich an. Nun heißt es zwar in dem betreffenden Abschnitt C des zitierten Dokuments, Spanien sei „Teil von Europa", und es ergebe sich daher als „politischer und wirtschaftlicher Zwang" (imperativo), daß sich „ein demokratisches Spanien nicht aus der Konstruktion einer europäischen Einheit heraushalten kann, die überholte Nationalismen überwindet". Aber sogleich wird hinzugefügt, daß damit ein „Rahmen für die Entwicklung des Sozialismus unabhängig von den Imperialismen und in Zusammenarbeit mit der Dritten Welt" mit dem Ziel eines „demokratischen, sozialistischen und nicht-imperialistischen Europas" geschafffen werden sollte.

Es lohnt sich, den Absatz wörtlich zu zitieren, der die grundsätzliche Orientierung eines künftigen demokratischen Spaniens im Bereich der Europapolitik umreißt:

> „Der einfache präferentielle Handelsvertrag muß so früh wie möglich durch eine Integration mit dem Ziel abgelöst werden, daß Spanien alle Vorteile der Vollmitglieder genießen kann. Das stellt kein Hindernis dafür dar, in der erforderlichen Verhandlung besondere Anpassungsbedingungen für unsere Wirtschaft angesichts ihres verhältnismäßig niedrigeren Entwicklungsgrades zu verlangen. Innerhalb der Gemeinschaft müssen alle Initiativen gefördert werden, die auf deren Demokratisierung und Sozialisierung ausgehen, damit aus dem bloßen Gemeinsamen Markt ein echtes Europa der Arbeiter wird. In diesen Zusammenhang gehören Maßnahmen hinein wie die allgemeine und direkte Wahl des Europäischen Parlaments, die Stärkung anderer grundlegender gemeinschaftlicher Institutionen, die demokratische Planung, die Regionalpolitik und die Förderung und Garantie der Rechte der emigrierten Arbeitskräfte."

Vor allem durch die Stellungnahme im Hinblick auf die Direktwahlen zum Europaparlament stellen diese Formulierungen zweifellos ein klares Bekenntnis zur europäischen Integration — wenn auch mit sozialistischer Zielsetzung — dar. Aber sogleich wird die zunächst anvisierte Einheit des Kontinents (oder praktisch seines westlichen, nicht-kommunistischen Teils) wieder durch einen Zusatz relativiert, der den Platz Spaniens innerhalb der Europäischen Gemeinschaft genauer zu bestimmen sucht und eine besonders enge Beziehung nicht nur zu den südeuropäischen Teilnehmerstaaten der EG, sondern darüber hinaus zu allen Staaten des Mittelmeerraums postuliert:

> „Innerhalb des Kontinents gehört Spanien in jenes Südeuropa hinein, das voraussichtlich auch weiterhin der Schauplatz der entscheidenden Kämpfe zwischen den reaktionären und den fortschrittlichen Kräften sein wird. Daraus ergibt sich die unausweichliche Notwendigkeit, die Zusammenarbeit und die gegenseitige Hilfe unter den fortschrittlichen Kräften Südeuropas zu verstärken, beginnend mit unseren Nachbarn und Brüdern in Portugal. Die Uferstaaten des Mittelmeeres müssen sich zusammenschließen, um ihre Zusammenarbeit auf verschiedenen Feldern (wirtschaftlich, kulturell, ökologisch) zu entwickeln und zu vermeiden, daß die Zone auch in Zukunft ein Platz der Konfrontation zwischen den Supermächten bleibt."

Damit deckt es sich, wenn es als eine Aufgabe Spaniens bezeichnet wird, „die Öffnung Europas gegenüber dem Rest der Welt" voranzutreiben — wobei neben den ibero-amerikanischen Ländern auch ganz besonders auf die arabischen angespielt wird, von Israel aber bezeichnenderweise mit keinem Wort die Rede ist. Und der Text endet mit einem neuen Hinweis darauf, daß nach Meinung der Partei „ein sozialistisches Europa, das seiner internationalen Verantwortung bewußt ist und klar das Ziel der Hilfe für alle fortschrittlichen Völker verfolgt", mit einer Politik der aktiven Neutralität „das falsche Dilemma UdSSR-USA überwinden" werde; damit könne es zweifellos „zu der notwendigen Überwindung der kapitalistischen Welt im globalen Maßstab" beitragen, ja zum Kernstück einer neuen, auf „Verwaltung der Sachen" und nicht mehr auf „Beherrschung und Ausbeutung von Menschen durch andere Menschen" begründeten Weltordnung werden.

Hält man diese diversen Absätze ein und desselben Dokuments nebeneinander, so kann man sich des Eindrucks nicht erwehren, daß hier der Versuch unternommen werde, die Bekenntnisse zur europäischen Integration, ja sogar zu einem Maß an Supranationalität durch Solidaritätsbekundungen für die Entwicklungsländer und ihren „Anti-Imperialismus" wie durch mediterrane Anlehnungsbemühungen auszubalancieren. Gewiß läßt sich argumentieren — wie das von Sprechern des PSOE in Gesprächen mit dem Verfasser geschehen ist —, daß diese verschiedenen Aspekte nicht notwendigerweise in Widerspruch zueinander stünden. Aber zum mindesten weicht der Text — wenn man von der unumwundenen Formulierung in der Stützpunkt-Frage absieht — einer klaren Festlegung von Prioritäten aus. Das hat zweifellos auch, vielleicht sogar in erster Linie mit innerparteilich-taktischen Erwägungen zu tun: mit der Tendenz, jenem Teil der Gefolgschaft entgegenzukommen, der Europa nur als kapitalistisches Groß-Kartelll und Anhängsel der amerikanischen Hegemonialmacht begreift.

Noch deutlicher läßt sich diese Haltung in gewissen Stellungnahmen des *Partido Socialista Popular* erkennen. Zwar hatte Tierno Galvan lange vor der Parteigründung, Ende der fünfziger Jahre, seine Anhänger zunächst in einer „Vereinigung für die funktionale Einheit Europas" zu sammeln gesucht, und noch 1968 war im ersten Manifest des *Partido Socialista en el Interior*, aus dem später der PSP hervorgehen sollte, die Integration Spaniens in Europa als „*objetivo inmediato*" — als Nahziel also — anvisiert worden. Aber schon hier wurde von einem „sozialistischen und demokratischen Europa" gesprochen, in das es Spanien einzugliedern gelte.[68] Da das damalige Europa der Sechs ganz gewiß nicht als sozialistisch bezeichnet werden konnte und dieses Epitheton sicher auch nicht auf die gegenwärtige Neuner-Gemeinschaft angewandt werden kann, mußte es als zweideutig, wenn

68 *Bobillo*, a.a.O., S. 19.

nicht als gewollt mißverständlich empfunden werden, den Zusammenschluß in einem solchen Rahmen als „Nahziel" und Gegenwartsaufga-
be zu bezeichnen. Kein Wunder daher, wenn in der gleichen parteiof-
fiziösen Schrift, die das Manifest von 1968 in ihrem historischen Teil
abdruckt, später ein durchaus negatives Urteil über dieses reale Europa
gefällt wird:

> „Das Europa, das sich abzeichnet, ist ein Europa der Arbeitgeber *(una Euro-
> pa patronal)*, und das Gewicht, das den marxistischen Parteien bei seinem Auf-
> bau zukommt, ist sehr beschränkt. Die internationalen sozialistischen Formatio-
> nen, sowohl die politischen wie die gewerkschaftlichen, kranken am Konserva-
> tismus, und das Mißverständnis, das bei ihnen — im Verhältnis der angelsächsi-
> schen und nordischen Sozialdemokratie zum mediterranen Sozialismus — be-
> steht, erleichtert einen Wechsel des Vorzeichens in der europäischen Einheit
> nicht."[69]

Die Sozialisten, die in der Einigung der europäischen Länder in sich
schon etwas Positives und Wohltätiges zu erkennen glaubten, so heißt
es weiter, seien sich nicht darüber klar geworden, „daß ein geeintes kapitalistisches Europa vielleicht keine günstigen Auswirkungen auf die
Entwicklung und das Wachstum sozialistischer Ideen zeitigen" werde:

> „Es hat keinerlei Sinn, nationale Institutionen und Kompetenzen, die demo-
> kratisch kontrollierbar sind, anderen, supranationalen unterzuordnen, die mögli-
> cherweise dazu geschaffen worden sind, um den Fortschritt zum Sozialismus zu
> verunmöglichen . . . Es gilt, in jedem Land die Autonomie zur Vornahme soziali-
> stischer Transformationen zu bewahren, aber das richtige wäre, ein anderes Mo-
> dell des europäischen Aufbaus zu entwickeln."[70]

Daß diese betont schroffen Formulierungen nicht als bloße Privat-
meinung eines Autors angesehen werden dürfen, sondern quasi parteioffiziellen Charakter besitzen, geht schon daraus hervor, daß der PSP-
Vorsitzende Tierno Galvan der Schrift seines Freundes und langjährigen Mitstreiters Bobillo ein Vorwort vorausgeschickt hat, in dem er
dem Verfasser des Büchleins die größte Sorgfalt und Exaktheit bei der
Darstellung der Geschichte und der Ideen seiner Partei bescheinigt.[71]
Im Vergleich zu den oben zitierten Dokumenten des PSOE wird man
der darin bezogenen Position sicherlich den Vorzug der Klarheit und
Eindeutigkeit zubilligen müssen. Im Gegensatz zur Innenpolitik, wo
sich der PSP vielfach einer ähnlich gemessen-zurückhaltenden Sprache
bedient wie die Partei Carrillos, nimmt er damit auf dem internationalen Felde entschieden einen Platz weit zur Linken des PCE in An-

69 Ebd., S. 94 f.
70 Ebd., S. 95 f.
71 Vgl. ebd., S. 9.

spruch. Ähnliche Tendenzen zeichnen sich auch bei der *Federación de Partidos Socialistas* (oder doch bei mancher ihrer regionalen Gliedparteien) ab, obwohl sie zu den außenpolitischen Fragen nicht enfernt gleich deutliche und verbindliche Äußerungen getan hat. Aufschlußreich ist immerhin, daß PSP und FSP gemeinsam Ende November 1976 in Barcelona eine „Konferenz Sozialistischer Parteien des Mittelmeergebiets" veranstalteten, an der neben einigen wenigen südeuropäischen Gruppierungen wie der maltesischen Arbeiterpartei und den französischen Linkssozialisten vom PSU hauptsächlich arabische Staats- und Monopolparteien etwa aus Syrien, dem Irak, Algerien und Lybien sowie die palästinensische Befreiungsorganisation PLO vertreten waren. Die buntscheckige Teilnehmerliste entsprang wohl vor allem dem Bedürfnis der Veranstalter, dem erwarteten Aufmarsch europäischer sozialistischer Koryphäen am damals gerade bevorstehenden PSOE-Parteitag in Madrid ein propagandistisches Gegengewicht gegenüberzustellen und zu zeigen, daß auch die von der Internationale zurückgewiesenen Formationen über mächtigen ausländischen Rückhalt verfügten. Nennenswerten politischen Ertrag hat das Treffen nicht erbracht und wohl auch nicht erbringen können. Trotzdem läßt es Schlüsse auf die Orientierung (oder Desorientierung) der beiden Formationen am Rande des PSOE zu: Im Zusammenhang der Thesen Bobillos erscheint die beflissene Anlehnung an diktatorisch regierende Linksregimes aus dem Süden oder dem Osten des Mittelmeeres sicher als kohärent, aber die demokratischen Grundsätze, auf die sich PSP wie FSP berufen, vermögen solche Freundschaften schwerlich zu beglaubigen. Dies selbst dann nicht, wenn man in Rechnung stellt, daß das ganze Unternehmen vorwiegend eine Art Trotzreaktion auf die Ablehnung der beiden spanischen Organisationen durch die Sozialistische Internationale darstellte.

Wenden wir nach dieser Abschweifung zu den Randgruppen den Blick aufs neue zum PSOE zurück und suchen wir einen genaueren Aufschluß über die *verteidigungspolitischen* Positionen dieser Partei, so stoßen wir auch in diesem Bereich auf eigentümliche Widersprüche zwischen verschiedenen gleichermaßen als verbindlich anzusehenden Aussagen. Die wortreiche Einleitung zum Abschnitt „Verteidigung" der internen Materialien für den Madrider Kongreß[72] geht davon aus, daß die traditionelle „antimilitaristisch und pazifistisch eingefärbte Ideologie" des spanischen wie des internationalen Sozialismus ange-

72 S. Anm. 67.

sichts der tiefgreifenden Veränderungen in der weltweiten Machtstruktur der Modifikation bedürfe und daß daher eine neu zu formulierende sozialistische Theorie der spanischen Landesverteidigung nötig sei:

> „Es wird keine Möglichkeit zur Konsolidierung eines sozialistischen und freien Spaniens geben, wenn dieses nicht in der Lage ist, sich mit Gewalt der Einmischungen oder der Pressionen gewisser Mächte zu erwehren."

Insofern müsse „die Unabhängigkeit unserer Verteidigung als vorrangiges Ziel betrachtet" werden. Da sich die Verfasser dieses Textes aber augenscheinlich Rechenschaft darüber ablegen, daß ein Alleingang unter den heutigen Bedingungen eine „schwierige und nicht leicht zu treffende Option" darstelle, spricht sich das Dokument für eine „Bündnispolitik" aus, „die darauf ausgehen muß, die politischen und militärischen Beziehungen zu jenen Ländern enger zu gestalten, die sich in einer vergleichbaren politischen Situation befinden".

Daß der Atlantikpakt dieser Umschreibung einer wünschbaren, ja als unerläßlich erkannten Bündnispolitik nicht entspricht, geht schon aus dem Gesamtzusammenhang der sozialistischen Thesen hervor. Wie in ihrem außenpolitischen Teil, so machen sie auch im verteidigungspolitischen keinen Hehl aus der Ablehnung der Verteidigungsabkommen mit den USA, durch die Spanien faktisch „ins Dispositiv der NATO integriert" und zugleich für den Kriegsfall in die Lage des bloßen „Komparsen" versetzt werde. Die Partei verlangt daher die Eröffnung einer „nationalen Debatte über die geltenden Militärbündnisse", die das Franco-Regime ohne Konsultationen des spanischen Volkes eingegangen sei und die dieses Volk vor vollendete, für die Sozialisten inakzeptable Tatsachen gestellt hätten. Gewiß könne eine solche auf den Kriegsfall eingestellte Struktur (*„estructura belica"*) nicht von einem Tag auf den andern (*„repentinamente"*) demontiert werden, schon weil das unter anderem einer Begünstigung des gegnerischen Blockes (d.h. des Warschauer Paktes) gleichkäme. Angesichts dessen und „in der Linie der striktesten Neutralität" schlägt der PSOE einen „Stufenplan" mit folgenden Schritten vor:

> "1. Abstimmung unserer Verteidigung mit jener der europäischen Länder, gleichzeitig mit dem Wiedergewinn der Souveränität über den Platz Gibraltar und mit der Aufhebung der amerikanischen Stützpunkte in Spanien.
> 2. Fortschreitende Schaffung einer tatsächlichen dritten militärischen Kraft aus Ländern, die auf dem Wege sind, einen demokratischen Sozialismus aufzubauen."

Auch hier wieder zeichnet sich jene so typische Tendenz zum Ausweichen vor den Realitäten in vage Wunschgebilde ab, die schon im außenpolitischen Teil der Kongreßmaterialien aufgefallen ist. Man faßt für die erste dieser beiden Etappen eine Abstimmung der Verteidigungspolitik mit den (west-)europäischen Ländern ins Auge, ohne die Tatsache in Rechnung zu stellen, daß für die meisten dieser Länder ein Verzicht auf den Rückhalt der NATO schlechterdings nicht in Frage kommt — während man gleichzeitig im eigenen Lande den Amerikanern als der militärischen Vormacht dieser NATO die Türe weisen will. Und im Hinblick auf die vorgesehene zweite Stufe wird unversehens wieder eine ideologische Kategorie als Bestimmungsmerkmal der künftigen militärischen „dritten Kraft" eingeführt, da sie auf Länder beschränkt bleiben soll, die den Weg zum „demokraitschen Sozialismus" eingeschlagen haben — wobei es völlig offenbleibt, was eine solche Voraussetzung in der Praxis bedeutet und ob die angestrebten militärischen Vereinbarungen womöglich in dem Moment wieder zur Disposition gestellt werden müssen, wenn ein Partner sich etwa durch einen demokratischen Regierungswechsel vom „Weg zum Soizalismus" wieder abkehrt.

Wesentlich andere Töne klangen demgegenüber in einer Pressekonferenz an, an der zwei maßgebende Persönlichkeiten des PSOE, der Parteisekretär Luis Yanez und Luis Solana, Leiter der Militärkommission der Partei, am 10. November 1976 über die vorangegangene Sicherheitskonferenz der Sozialistischen Internationale in Amsterdam berichteten und die Gelegenheit benützten, vor der Öffentlichkeit das Militärprogramm ihrer Partei zu erläutern. Es fiel auf, wie sehr sich insbesondere Solana bei diesem Anlaß um eine sorgfältige Differenzierung bemühte: Differenzierung einerseits zwischen Ost und West, andererseits zwischen langfristiger Zielsetzung und aktuellen Erfordernissen. So machten die Sprecher klar, daß die „eigene Verteidigung" zwar das „authentische Ziel des Sozialismus in Freiheit" sei; solange dieses Ziel aber nicht erreicht sei, wurde es als „besser" bezeichnet, „von den Vereinigten Staaten abzuhängen, wie das beim europäischen Sozialismus tatsächlich der Fall ist, als von der Sowjetunion".[73] Auch die Ablehnung eines spanischen NATO-Beitritts rückte in ein anderes Licht als das eines ideologischen oder emotionalen Anti-Amerikanismus: Man müsse, so hieß es nun, die Position Spaniens in ihrem engen Zusammenhang mit der des bündnisfreien Jugoslawiens sehen und „vermeiden, daß eines dieser beiden Länder das europäische Gleichgewicht zugunsten der NATO oder des Warschauer Paktes umstürze".

73 Lt. Bericht in der Madrider Tageszeitung Ya, 11. Nov. 1976. L. Solana hat gegenüber dem Autor ausdrücklich die Korrektheit dieses Berichts bestätigt.

Auch im Hinblick auf die Stützpunktfrage wurde nun von einem „stufenweisen" Abbau der amerikanischen Basen gesprochen.[74] Am bemerkenswertesten aber war, daß sich die spanischen Sozialisten ausdrücklich für eine „europäische Atombombe" aussprachen, aber gleichzeitig klarmachten, daß sie von einer nuklearen Bewaffnung nationaler Streitkräfte (spanischer wie französischer oder britischer) nichts hielten.

Natürlich ist die europärische Atombombe nicht eine Sache von heute und morgen und über den Realitätsgehalt einer solchen Vision läßt sich durchaus streiten. Eines aber ist schwerlich zu bestreiten: daß die hier entwickelten Perspektiven auf jeden Fall weniger utopisch und dafür in sich logischer anmuten als die diffusen Formulierungen in dem für den Parteitag bestimmten Dokument — einfach deshalb, weil den Thesen, die auf der Pressekonferenz vorgetragen wurden, nicht primär ideologisch definierte Überlegungen zugrundelagen, sondern weil sie aus der (richtigen oder falschen) Analyse tatsächlicher Verhältnisse entwickelt wurden. Manches spricht dafür, daß die Entwicklung mindestens innerhalb der Parteispitze, wie das auch in Portugal der Fall war, eher in die damit bezeichnete Richtung als auf den Gleisen rein theoretischer (und zudem in sich widerspruchsvoller) Postulate erfolgen dürfte — jedenfalls dann, wenn Spanien den heute vorgezeichneten demokratischen Weg auch nur mit einiger Konsequenz weitergehen wird.

Nachtrag

Auf dem Weg zur neuen Demokratie

Seit diese Studie im März 1977 abgeschlossen worden ist, haben sich in Spanien neue und wichtige Entwicklungen nicht zuletzt auf dem Felde der politischen Linken vollzogen. Insbesondere die Wahlen vom 15. Juni zu dem neuen Zwei-Kammer-Parlament haben nicht nur den Übergang zur neuen, nach-franquistischen Demokratie ermöglicht, sondern auch Einblick in die bis dahin notwendigerweise undeutlich gebliebenen Kräfteverhältnisse innerhalb des „marxistischen" Lagers gestattet.

---

74 Auch zu diesem im Bericht von El Pais, 11. Nov. 1976, enthaltenen Punkt liegt dem Verfasser eine ausdrückliche Bestätigung Solanas vor, daß seine Darlegungen richtig wiedergegeben worden seien.

Das bedeutsamste Ereignis auf dieser Seite des politischen Spektrums war zweifellos die schließlich vollzogene Legalisierung der Kommunistischen Partei. Nachdem sich das Oberste Gericht geweigert hatte, die (nach seiner Ansicht rein politische) Entscheidung über diese Frage zu fällen, blieb der Regierung Suárez schließlich nichts anderes übrig, als den umstrittenen Akt am 10. April selber zu vollziehen — auch wenn sie dadurch ein sehr vernehmliches Murren in den Spitzen der Streitkräfte provozierte. Ein Festhalten am Verbot des PCE hätte zweifellos die Durchführung der Cortes-Wahlen überhaupt gefährdet: Nicht nur die gesamte Linke, sondern auch ein beträchtlicher Teil der Mittelparteien hielten eine weitere Ausschaltung der KP für einen so verhängnisvollen Fehler, daß sie für einen solchen Fall bereit gewesen wären, ihre Bereitschaft zur Wahlbeteiligung aufs neue zu erwägen. Dergleichen wollte die Mehrheit des Kabinetts auf keinen Fall riskieren — umso weniger, als Suárez selber und mit ihm zweifellos auch König Juan Carlos ein Festhalten an Parteienverboten augenscheinlich überhaupt nicht für ein geeignetes Mittel hielten, den konstituierenden Prozeß der demokratischen Monarchie gegen extremistische Störungen abzusichern.

Tatsächlich hat sich der Ministerpräsident mehrmals für die Zulassung *aller* Parteien ohne Ausnahme ausgesprochen. Angesichts der Widerstände, die das Entgegenkommen gegenüber dem PCE hervorrief, hielt er es allerdings für angezeigt, die formelle Anerkennung linksextremistischer Gruppen sowie die der dynastiefeindlichen Carlisten und republikanischer Parteien fürs erste noch zurückzustellen. Dank einer liberalen Interpretation des Wahlgesetzes durch die Exekutive konnten allerdings die „Ultralinken" maoistischer und trotzkistischer Couleur, wenngleich nicht unter ihrem eigenen Namen, trotzdem Kandidaturen für die Cortes aufstellen. Daß sich nicht einmal ideologisch so eng verwandte Formationen wie die maoistische ORT und der gleichfalls auf der „chinesischen" Linie liegende *Partido del Trabajo* auf gemeinsame Listen einigen konnten, verurteilte sie allerdings von vornherein zur Bedeutungslosigkeit, und angesichts ihres schlechten Abschneidens an den Urnen erhob sich nach den Wahlen kein ernsthafter Widerspruch mehr gegen ihre Legalisierung.

Die offizielle KP ihrerseits demonstrierte schnell ihre Bereitschaft, das Entgegenkommen der Regierung zu honorieren. Wenige Tage nach der Wiedererlangung ihrer Legalität faßte das Plenum ihres Zentralkomitees zwei aufsehenerregende Beschlüsse: Das Führungsgremium stellte die Anerkennung der Monarchie als „verfassungsmäßiges de-

mokratisches Regime" in Ausssicht, „wenn die Monarchie weiterhin
entschieden die Wiederherstellung der Demokratie betreibt". Und
gleichsam um diesen Schritt über die republikanische Tradition hinaus auch nach außen hin unmißverständlich zu bekunden, forderte
das ZK (mit 169 Stimmen bei 11 Enthaltungen) die Gliederungen der
Partei auf, künftig an Veranstaltungen neben der roten Parteifahne
auch die rot-gold-rote Staatsflagge aufzuziehen — als „repräsentativ
für den Staat, der uns anerkennt".[75] Die demonstrative Absage an
das Symbol der Republik (die Farben rot-gold-violett) hat zweifellos
vor allem in der älteren Generation der Parteimitglieder böses Blut gemacht. Sie zeigt aber, bis zu welchen Konsequenzen die PCE-Spitze in
ihrem Bemühen ging, sich nicht nur als „zivilisierte" und demokratische, sondern recht eigentlich als potentiell staatstragende Kraft zu
präsentieren.[76]

Nicht entfernt so viel Aufsehen wie diese Anpassungsübungen erweckte zunächst die Publikation einer neuen Schrift Carrillos, die der
Öffentlichkeit Ende April vorgestellt wurde. Dabei handelt es sich bei
dem Buch mit dem Titel „‚Eurokommunismus' und Staat"[77] zweifellos um eine der bedeutsamsten theoretischen Auseinandersetzungen
eines kommunistischen Parteiführers mit grundsätzlichen und strategischen Fragen des „Marxismus-Leninismus" und zugleich mit der
sowjetischen Orthodoxie. Während der Monate nach der heimlichen
Rückkehr des Verfassers in die Heimat (und also im spanischen Untergrund) geschrieben, kommt es einer ausdrücklichen Abkehr nicht nur
von der Moskauer Interpretation Lenins, sondern von dessen programmatischen Thesen in „Staat und Revolution" gleich, die schon im Vorwort als „überholt" und „in den entwickelten kapitalistischen Ländern Westeuropas unanwendbar" bezeichnet werden.[78] Nicht mehr

75 So Carrillo auf der anschließenden Pressekonferenz, lt. El Pais, 16. April
   1977.
76 Die Neue Zürcher Zeitung (Fernausgabe mit Datum 28—4—77) berichtete
   über die Eröffnung des KP-Wahlkampfs in Valladolid u.a., der kommunistische Ordnungsdienst habe „jedes Mal" scharf durchgegriffen, sobald Teilneh-
   mer an der Kundgebung die republikanische Flagge zeigten: „Die uner-
   wünschten Embleme wurden herabgerissen und ihre Träger verprügelt".
77 *Carrillo*, ‚Eurocomunismo' y Estado. Editorial Critica, Barcelona. Bezeichnenderweise benützt Carrillo den Ausdruck „Eurokommunismus" in dieser
   Arbeit durchweg, indem er ihn zwischen Anführungszeichen setzt; in neueren
   Äußerungen dagegen verzichtet er auf die damit markierte terminologische
   Distanzierung.
78 Vgl. a.a.O., S. 12.

die früher postulierte „Zerschlagung" des bürgerlichen Staates wird
nun ins Auge gefaßt, sondern die „Transformation des Staatsapparates auf demokratischem Wege". Und eine Schlüsselrolle kommt in diesem Prozeß der Aufgabe zu, die „ideologischen Apparate" von Staat
und Gesellschaft — von den Massenmedien bis hin zu den Kirchen — .
„wenn nicht völlig, so doch teilweise" umzufunktionieren und „gegen
die Macht des monopolkapitalistischen Staates zu benützen".[79]

Es würde zu weit führen, hier den Gedankengang Carrillos auch nur
in seinen großen Zügen nachzuzeichnen.[80] Er stellt jedenfalls den ersten gründlichen Versuch dar, den bisher vorwiegend pragmatisch und
mit rein tagespolitischen Motiven entwickelten Ideen des „Eurokommunismus" eine solide theoretische Basis zu zimmern und auch die
Vorstellungen von einer demokratisch-sozialistisch organisierten Übergangs-Gesellschaft einigermaßen zu konkretisieren. Dabei wird u.a.
nicht nur die Absage an das Monopol einer Staatspartei mit Avantgarde-Anspruch und an die Kontrolle des Staatsapparates durch den
Apparat einer solchen Partei weit klarer als zuvor herausgearbeitet,
sondern erstmals in aller Form gesagt, daß die „sozialistische Demokratie" auf der Basis einer gemischten Wirtschaftsform auch eines politischen Regimes bedürfe, „in dem sich die Eigentümer (von Produktionsmitteln. Der Verfasser.) nicht nur wirtschaftlich, sondern auch in
einer Partei oder in Parteien zur politischen Vertretung ihrer Interessen organisieren können".[81] Hier wird eine bis dahin sorgsam aufrechterhaltene Dunkelzone wenigstens verbal aufgehellt. Die Einsicht,
daß die Demokratie nicht nur ein nützliches *Instrument* für die Arbeiterklasse abgebe, sondern einen lange von den Kommunisten (und
auch von Carrillo selber) unterschätzten Wert an sich darstelle, wird in
einem eigenen Abschnitt begründet[82] und führt auch zu einer Neubewertung des allgemeinen Wahlrechts: Es werde den sozialistischen
Kräften im heutigen Europa nicht nur die Eroberung der Macht ermöglichen, sondern ihnen auch gestatten, „ihre Hegemonie in der Gesellschaft zu behaupten, wenn sie fähig sind, sich im Vertrauen des

79 Vgl. a.a.O., S. 36.
80 Für eine ausführliche Darstellung und Kritik der Schrift sei auf die Rezension
des Verfassers verwiesen, die in den „Schweizerischen Monatsheften" vom
Okt. 1977 erscheint.
81 *Carrillo*, a.a.O., S. 103.
82 Der Abschnitt (a.a.O., S. 110—116) trägt den bezeichnenden Titel „*Una valorisación más fundamental de la democracia*".

Volkes durch die periodische Konsultation der Wählerschaft zu behaupten".[83]

Die wichtigste aller Zweideutigkeiten der „eurokommunistischen" Position ist damit freilich nicht aus dem Wege geräumt. Die soeben zitierte Stelle ist bezeichnenderweise die einzige, die wenigstens indirekt überhaupt die Möglichkeit in Betracht zieht, daß der „historische Block von Arbeit und Kultur" — wie Carrillo die von ihm angestrebte Konföderation der sozialistischen und progressiven Kräfte definiert — unter Umständen das „Vertrauen des Volkes" verlieren und bei Neuwahlen durch bürgerliche Parteien aus der einmal gewonnenen Macht verdrängt werden könnte. Die beharrliche Weigerung, einer solchen Eventualität von vornherein offen ins Gesicht zu sehen, muß selbstverständlich die ohnedies vorhandenen Zweifel an der Glaubwürdigkeit der Hinwendung zur Demokratie erst recht nähren. Nicht zuletzt um diese Glaubwürdigkeit trotzdem nachdrücklicher zu erhärten, holt der Autor im letzten Kapitel „Über die Diktatur des Proletariats" zu der härtesten und fulminantesten Kritik am gegenwärtigen sowjetischen System aus, die jemals von einem maßgebenden Führer einer offiziellen westeuropäischen KP formuliert worden ist.[84] Er stellt nicht nur fest, daß die UdSSR und die übrigen Ostblock-Staaten in keiner Weise den Vorstellungen Lenins entsprächen (und schon zu Lebzeiten Lenins nicht entsprochen hätten); er weist nicht nur darauf hin, daß die in der Form des Einparteienstaates realisierte Diktatur des Proletariats „schwere bürokratische Deformationen und sogar sehr schwere Degenerationsprozesse" durchgemacht habe. Er stellt auch die Frage, ob die Strukturen dieses Staates nicht bereits „zu einem Hindernis für den Übergang zum entwickelten Sozialismus . . ., zu einer Bremse für eine echte Arbeiterdemokratie und darüber hinaus selbst zu einer Bremse für die materielle Fortentwicklung des Landes geworden" seien.

Zur ideologischen Abgrenzung gesellt sich die außenpolitische an der sowjetischen „Machtpolitik"[85] und an den hegemonialen Tendenzen Moskaus bis hin zu der (im Druck hervorgehobenen) Schlußfolgerung:

---

83 Vgl. a.a.O., S. 122.
84 Das Kapitel ist überschrieben „*Sobre la dictadura del proletariado*", a.a.O., S. 179–218; die folgenden Zitate s. S. 197 ff.
85 Vgl. a.a.O., S. 212.

„Die Rolle der Kommunisten im Westen besteht nicht darin, den Militär-
block des Ostens zu stärken, sondern die politisch-soziale Veränderung in ihrem
eigenen Land durchzuführen . . . Die sozialistische Revolution im kapitalistischen Westen erfordert die Niederlage und die politisch-soziale Verdrängung der
dortigen Ausbeuterklassen, aber nicht die nationale Niederlage dieser Länder zugunsten ausländischer Mächte."[86]

Das alles ist zwar nicht grundsätzlich neu, sondern schon in früheren Stellungnahmen Carrillos angelegt. Aber die ungewöhnliche Deut-
lichkeit und Härte mancher Formulierungen mußte zweifellos einen
Gegenschlag provozieren. Carrillo, der sich in den Gepflogenheiten des
Ostblocks gut auskennt, dürfte daher am wenigsten überrascht gewesen sein, als die sowjetische Zeitschrift für internationale Fragen „Nowoje Wremja" sehr kurz nach den Wahlen sein Buch zum Gegenstand
einer Polemik machte und dabei noch einen ungleich ruppigeren Ton
anschlug, als er seinerzeit vom Moskauer Funktionärsorgan gegenüber
Azcárate angeschlagen worden war.[87] Nicht zuletzt die rüde und bewußt verletzende Form dieser Antwort erleichterte es dem Generalsekretär, im erweiterten Plenum des Zentralkomitees seiner Partei eine
entsprechend eindeutige Solidarisierung zu erreichen. Die Resolution
zu diesem Konflikt, am 25. Juni bei einer einzigen Gegenstimme angenommen, wurde von einem Ausschuß des ZK erarbeitet, der auch die
als pro-sowjetisch geltende Parteipräsidentin Dolores Ibarruri ange-
hörte, und machte klar, daß die Partei in der Attacke der „Nowoje
Wremja" einen Angriff „auf den PCE in seiner Gesamtheit" sehe.[88]
Wie einst im Falle Azcárate, so wurde auch jetzt wieder beschlossen,
die sowjetische Schmähschrift wörtlich in der Parteipresse zu veröffentlichen — in der Annahme, die darin enthaltenen Entstellungen und
Ausfälle würden auf spanische Leser nur einen ganz und gar negativen
Eindruck machen können.

Tatsächlich hat die damit eröffnete Kampagne aus dem Osten, in
der sich vor allem die tschechoslowakischen Organe durch Maßlosig-
keit hervortaten, die Stellung des Angegriffenen in seiner eigenen Partei und erst recht in nicht-kommunistischen Kreisen Spaniens nur stärken können. Während mancherorts Parteimitglieder in internen Diskussionen zunächst Bedenken gegen einige Thesen des KP-Chefs äußer-

---

86 A.a.O., S. 214.
87 Deutsch vollständig wiedergegeben in: Frankfurter Allgemeine Zeitung, 29
   Juni 1977.
88 Vgl. den Wortlaut des entsprechenden Communiqués dt. in: Frankfurter Allgemeine Zeitung, 27. Juni 1977.

ten, die nach ihrer Meinung zu weit gingen oder gar nur dem „Klas-
senfeind" nützen konnten[89], löste die Reaktion Moskaus selbst bei ihnen einen Solidaritäts-Effekt aus. Und über die Wirkung der ganzen
Kontroverse auf die breitere spanische Öffentlichkeit äußerte Carrillo
selber gleich nach der Veröffentlichung der „Nowoje Wremja" die
Meinung, wenn die Attacke zehn Tage früher gekommen wäre, „dann
hätten wir bei den Wahlen viel mehr Stimmen erhalten".[90] Auch unabhängige Beobachter halten diese Einschätzung nicht für falsch.

Anders als viele seiner Genossen hatte Carrillo selber dem Urnen-
gang ohne allzu große Erwartungen entgegengesehen. Während sich die
meisten Kommunisten recht enttäuscht darüber zeigten, daß die Wähler die „führende Rolle" ihrer Partei in der Illegalität nicht besser ho-
noriert hätten, legte der Parteiführer selber in der Wahlnacht eine
durchaus spontan wirkende Befriedigung an den Tag.[91] Bedenkt man,
daß der PCE erst zwei Monate vor den Wahlen die Chance freier und
öffentlicher Betätigung erhalten hat, so können die 9,24%, die er
schließlich auf seinen Listen vereinen konnte[92], in der Tat durchaus als
Erfolg verzeichnet werden — dies besonders deshalb, weil die KP —
wenn auch in weitem Abstand hinter der Regierungskoalition UCD
(Union del Centro Democrático) mit 34,7 und den PSOE-Sozialisten
mit 29,2% — doch immerhin die drittgrößte Stimmenzahl erreicht und
damit sogar die zeitweise favorisierte neo-franquistische Alianza Popu-

---

89 Solche Bedenken scheinen vor allem in der katalanischen KP-Sektion, d.h. im
   PSUC verhältnismäßig häufig geäußert worden zu sein; dort soll sich gegenwärtig (August 1977) ein recht harter Machtkampf zwischen der eher prosowjetischen „historischen" Fraktion und einer betont eurokommunistischen Gruppe abspielen, die bemerkenswerterweise hauptsächlich von früheren Linksoppositionellen der Gruppe Bandera Roja angeführt wird.
90 S. das Interview von Carrillo mit: Le Monde, 28.6.77.
91 Der Verfasser hat die spontane Reaktion Carrillos in der Wahlnacht aus der
   Nähe studieren können; die strahlende Miene, die der kommunistische Parteiführer bei dieser Gelegenheit aufgesetzt hatte, wirkte in keiner Weise ge-
   künstelt.
92 Die hier angeführten Ziffern sind noch nicht endgültig, sondern beruhen auf
   einer Zusammenstellung in: El Pais, 17. Juli 77, die auf der Auszählung von
   insgesamt 97,4% der Resultate beruhte. Daß mehr als einen Monat nach dem
   Wahltag noch nicht einmal ein vorläufiges amtliches Endergebnis vorlag, geht
   auf die katastrophale Desorganisation bei der Feststellung und Übermittlung
   der Resultate zurück. In der Provinz Madrid beispielsweise konnten zahlreiche
   „verlorengegangene" Ergebnisse nur dank der Hilfe des PCE rekonstruiert
   werden, der in sämtliche Stimmlokale seine Vertrauensleute entsandt hatte
   und dank ihnen über komplettere Ziffern verfügte als die amtlichen Stellen.

lar überflügelt hat. Die von Carrillo vor dem ZK entwickelte Interpretation, nach der seine Partei ihre Wählerreserven noch keineswegs erschöpft habe[93], wirkt insofern durchaus überzeugend, als ein gewisser Prozentsatz der PSOE-Wähler wahrscheinlich in der Tat ein potentielles Rekrutierungsfeld für die Kommunisten abgeben dürfte — sei es, daß diese Wähler „nützlich stimmen" und für die voraussichtlich stärkste Linkspartei votieren wollten oder daß sie noch unter dem Einfluß der antikommunistischen Parolen aus der Franco-Zeit standen oder auch nur vermeiden wollten, daß ein allzu gutes kommunistisches Abschneiden den rabiat anti-kommunistischen Militärs Anlaß für einen gewaltsamen Eingriff bieten könnte.

Insgesamt allerdings waren für den unbestreitbaren und schließlich (trotz der vorherigen Meinungsumfragen) doch als überraschend empfundenen PSOE-Erfolg wahrscheinlich andere Motive maßgebend. Die Sozialisten verdankten es wohl insgesamt weniger den Stimmen ängstlicher kommunistischer Sympathisanten als denen linksbürgerlicher oder doch äußerstenfalls sozialdemokratisch eingestellter Wähler, wenn sie sich schließlich darauf berufen konnten, sie seien ohne Zweifel als stärkste individuelle Kraft der spanischen Politik aus der ersten freien Meinungsäußerung des Volkes hervorgegangen (zwar haben sie nach der oben zitierten letzten Zusammenstellung nur 5,24 Mill. Stimmen gegenüber 6,24 Mill. für die UCD erhalten; da diese Formation aber nicht als eine einheitliche Partei auftrat, sondern als eine in letzter Stunde unter dem Druck der Administration zustandegekommene Sammlungsbewegung konservativer, liberaler, christlich-demokratischer und sozialdemokratischer Gruppen fungierte und im Augenblick noch mit dem Zusammenschluß zu einer einheitlichen Organisation beschäftigt ist, kann sie schwerlich mit dem PSOE auf eine Stufe gestellt werden). Dafür spricht nicht zuletzt die beflissene Zurückhaltung, die sich die Sozialisten im Wahlkampf auferlegten: An die radikalen Töne ihrer früheren Entschließungen und noch die des letzten Parteitags erinnerte in ihrem höchst gemäßigten Wahlprogramm wenig mehr. Nicht zuletzt darauf dürfte es zurückzuführen sein, daß die diversen, teils mit den „Historischen" gemeinsam marschierenden, teils unter anderen ' Etiketten auftretenden sozialdemokratischen Gruppierungen am Ende völlig leer ausgingen und insgesamt nicht einen einzigen Kandidaten in die Cortes zu entsenden vermochten: Von

93 Vgl. dazu Wahlbilanz der spanischen Kommunisten, in: Neue Zürcher Zeitung, Fernausgabe v. 2. Juli 1977.

den Repräsentanten dieser Strömung haben nur jene politisches Gewicht erlangt, die sich entweder der Zentrums-Koalition unter dem Protektorat des Ministerpräsidenten Suárez anschlossen oder auf zentristisch-autonomistischen Sammellisten wie denen des *Pacte Democratic per Catalunya* kandidierten.

Hätten sich die demokratischen Sozialisten verschiedener Couleur zum gemeinsamen Auftreten entschlossen, so wäre dieser Erfolg wohl noch um einiges deutlicher ausgefallen. Alle derartigen Versuche waren aber — mit einer einzigen Ausnahme — an der intransigenten Forderung des Gonzales-Vorstands gescheitert, die Einheitslisten müßten unter dem Etikett PSOE eingereicht werden. Die Ausnahme wurde bezeichnenderweise in Katalonien gemacht, wo der PSOE mit einer der beiden autochthonen sozialistischen Gruppen (dem früheren *Congrès*, an dessen Spitze der Links-Autonomist Joan Reventós steht) unter der Listenbezeichnung *Socialistas de Catalunya* zusammenspannte. Für dieses Entgegenkommen gab es einen guten Grund: die notorische Schwäche der Soizalistischen Arbeiterpartei in den katalanischen Provinzen, wo sie angeblich bei Beginn des Wahlkampfes nicht mehr als etwa 300 Mitglieder — gegenüber Tausenden ihres Alliierten — gezählt haben soll. Eben deshalb fand sie sich auch bereit, den Reventós-Anhängern die meisten der aussichtsreichsten Listenplätze einzuräumen. Das Ergebnis rechtfertigte diese Zugeständnisse in geradezu frappierender Weise: Mit weitem Vorsprung vor den zweitplacierten PSUC-Kommunisten ging die so zustandegekommene Gemeinschaftskandidatur als eindeutiger Sieger durchs Ziel — und dies in einer Region, wo der klassische Sozialismus selbst innerhalb der Linken von jeher nur die zweite Geige gespielt hatte.

Da die Gruppe um Reventós von allen in der *Federación de Partidos Socialistas* zusammengeschlossenen regionalen Linksparteien von vornherein die aussichtsreichste Startposition innehatte, kam ihre Einigung mit Gonzalez einem schweren Schlag für die FPS gleich. Auch das Wahlbündnis, das der Rest dieser Kombination mit den Volkssozialisten Tierno Galvans einging, konnte unter diesen Umständen nicht mehr viel retten: Die gemeinsamen Listen der beiden Partner unter dem Namen *Unidad Socialista* konnten zwar immerhin mehr als 800.000 Wähler (nahezu 4,5%) mobilisieren, aber die meisten dieser Stimmen gingen angesichts einer die kleinen Parteien notorisch benachteiligenden Wahlgesetzgebung verloren, und insgesamt brachten sie im Kongreß (dem Unterhaus des Zwei-Kammer-Parlaments) nicht mehr als 6 Sitze ein. Zählt man allerdings die Stimmen von PSOE und

Unidad zusammen und rechnet man noch die jener kleineren sozialistischen Splitter hinzu, die da und dort selbständig auftraten, so kommt
die Zahl der (nichtkommunistischen) sozialistischen Wähler annähernd
jener der Zentrumsunion gleich — und ohne den peniblen Eindruck,
den die Uneinigkeit des spanischen Sozialismus hinterließ, hätte wohl
eine gute Chance bestanden, den von Suárez angeführten Regierungs-
block auf den zweiten Rang zu verweisen. Ähnlich negativen Effekt
hatte zweifellos die noch größere Zersplitterung auf dem äußersten
linken Rand des politischen Spektrums: Die insgesamt vier verschiedenen Listen der sogenannten Ultralinken brachten zusammen nicht einmal 2,5% der Wähler auf die Beine — was zweifellos nicht dem ganzen
Einflußbereich dieser radikalen Strömungen entspricht.

Bei alledem darf man nicht außer acht lassen, daß die marxistische
Linke insgesamt, vom PCE über die Kommunisten bis zu den extremi-
stischen Außenseitern, am 15. Juni ihr weitaus bestes Ergebnis in der
ganzen spanischen Geschichte eines Jahrhunderts verzeichnen konnte.
Wann immer ihre Parteien früher einzeln auftraten, blieb nicht nur
die Zahl der kommunistischen Stimmen völlig belanglos und auf jeden
Fall weit hinter der diesmal fast erreichten Schwelle von 10% zurück.
Auch die PSOE-Sozialisten sind in der Vergangenheit nie so nahe an
die 30% herangekommen wie diesmal. Insgesamt sind auf „marxistische" Listen — also unter Ausklammerung der selbststilisierten „Sozialdemokraten" — mehr als 45% entfallen. Die Volksfront hat 1936
zwar sogar — nach keineswegs unbestrittenen Zahlen — 47% erreicht;
aber dieser geschlossen auftretenden Koalition gehörten damals ja
auch mehrere bürgerlich-republikanische Parteien von beträchtlichem
Einfluß an.[94] Gerade dieser Vergleich zwischen 1936 und 1977 legt
die Folgerung nahe, daß das Franco-Regime in den nahezu vier Jahrzehnten seines Bestehens nicht nur bei seinem Bestreben zur totalen
Ausschaltung und Ausrottung des „Marxismus" versagt, sondern in
Wirklichkeit diesen Gegner gegenüber früher nur gestärkt hat.

Von einer Wiederholung des Volksfront-Experiments ist heute allerdings keine Rede. Carrillos Vorstellungen von einem weitgespann-
ten Bündnis aller „sozialistischen und progressiven" Kräfte stoßen
derzeit noch auf weniger Gegenliebe bei der PSOE-Führung als zuvor,
weil sich die Gonzalez-Sozialisten bereits stark genug fühlen, auf eige-

94 Die hier genannten Prozentsätze sind errechnet auf Grund der von Hugh
   Thomas in: The Spanish Civil War, London 1961, S. 94 angeführten Stim-
   menzahlen. Amtliche Endergebnisse sind auch damals nie publiziert worden.

ne Faust eine Alternative zu der jetzigen Suárez-Regierung darzustellen. Eben deshalb hat die PSOE-Spitze aber auch klargemacht, daß
sie gegenüber dem Zentrums-Kabinett keine andere Haltung für denkbar hält als die einer zwar „konstruktiv" gemeinten, aber nichtsdestoweniger eindeutigen Opposition; kommunistische Ratschläge, die Sozialisten sollten der Regierung beitreten oder auch Anregungen zur
Bildung einer „nationalen Konzentrationsregierung" von ganz rechts
bis zu den Kommunisten sind bei Gonzalez und seinen Freunden bisher nicht nur auf Desinteresse, sondern auf glatte Ablehnung gestoßen.

Alles spricht für die Annahme, daß der PSOE auch bei den für Dezember 1977 vorgesehenen, aber möglicherweise erst im kommenden
Jahr stattfindenden Kommunalwahlen, auf deren Vorbereitung sich
die Linke gegenwärtig konzentriert, selbständig ins Feld zu gehen ge-
denkt. Selbst die Möglichkeiten einer Fusion zwischen Sozialistischer
Arbeiterpartei und PSP werden heute womöglich noch skeptischer beurteilt als vor den Juni-Wahlen: Die Führung um Gonzalez sieht um so
weniger Grund zu größerer Verständigungsbereitschaft gegenüber der
weit kleineren Konkurrenz, da sie angesichts ihrer überragenden Stellung im linken Lager mit einem fortschreitenden Abbröckelungspro-
zeß im Lager Tierno Galvans rechnet und davon ausgeht, daß den
PSP-Leuten schließlich gar nichts anderes übrigbleiben werde als die
Wahl zwischen totaler Isolierung und bedingungslosem Anschluß an
den PSOE. Erst recht sieht dessen Spitze keine Notwendigkeit eines
Bündnisses mit der KP, das diese nur weiter aufwerten könnte.

Auch an der gewerkschaftlichen Front ist ein Ende der organisatorischen Zersplitterung nicht in Sicht. Zwar ist es in diesem Sektor zu
hoffnungsvollen, wenn auch bisher informellen Kontakten über eine
mögliche Fusion von UGT und USO gekommen: Nachdem der sozialistisch geführte Gewerkschaftsbund mit seiner Rekrutierungskam-
pagne angeblich die Arbeiterkommissionen überholt hat und heute bereits mehr als eine halbe Million Mitglieder zählt, würde ein derartiger
Zusammenschluß mit den schwächeren, qualitativ aber vorzüglichen
USO-Kadern ihm einen Vorsprung sichern.

Die Hauptschwierigkeit der Vereinigung scheint darin zu liegen,
daß die USO auf einer strikten Trennung zwischen Gewerkschaft und
Partei besteht und durchsetzen will, daß Spitzenfunktionen in dem
künftigen Verband als unvereinbar mit Parteifunktionen erklärt werden sollen. Einen ähnlichen Zusammenschluß mit den *Comisiones
Obreras* faßt die UGT für absehbare Zeit überhaupt nicht ins Auge,

nachdem diese Organisation durch die Absplitterung ihrer linksextremen Elemente noch mehr unter die kommunistische Fuchtel gekommen ist als zuvor.

Die fortdauernden Reibungen schließen allerdings ein Maß linker Zusammenarbeit etwa bei der Ausarbeitung der neuen spanischen Verfassung nicht aus: Die von PSOE und PCE vorgelegten konstitutionellen Entwürfe sind auf weite Strecken hin durchaus ähnlich gehalten (u.a. auch darin, daß sie in fast grotesk anmutender Weise einer Festlegung in der Frage der Monarchie aus dem Wege gehen, obwohl sie sonst übereinstimmend auf möglichst deutlicher und ausführlicher Fixierung der künftigen Staatsordnung bestehen). Praktisch allerdings scheint es durchaus nicht ausgeschlossen, daß zum mindesten über die Hauptlinien des nächsten Grundgesetzes ein Konsensus auch mit der Regierung gefunden werden kann. Die weit schwierigeren und potentiell konfliktreicheren Auseinandersetzungen dürften sich vielmehr in den nächsten Monaten und Jahren auf dem ökonomisch-sozialen Gebiet abspielen; die Bemühungen von Suárez um den Abschluß eines „Sozialpaktes" zum gemeinsamen Kampf gegen Wirtschaftskrise und Inflation sind bisher weder bei der parlamentarischen Opposition noch gar bei den Gewerkschaften auf viel Gegenliebe gestoßen, und das deutliche Anschwellen der Streikbewegung deutet eher auf eine unverkennbar verschärfte Kampfstimmung innerhalb der Arbeiterschaft hin.

Andererseits aber spricht so gut wie gar nichts dafür, daß ein ähnlicher frontaler Zusammenstoß wie 1936 bevorstehe. Selbst ein (von vielen Beobachtern für wahrscheinlich gehaltener) eindeutiger Sieg der Linken bei den Gemeindewahlen würde diesmal schwerlich, wie das 1931 der Fall war, eine Staatskrise auslösen oder gar die Fortdauer der Monarchie in Frage stellen können, es sei denn, der König und sein Premier sollten bis dahin verhängnisvolle (und nach den bisherigen Erfahrungen kaum zu erwartende) Fehler begehen. Mindestens bis zu dem Augenblick, da die neue Verfassung verabschiedet wird, ist zwar mit zahlreichen Konflikten, aber nicht mit einem harten Zusammenstoß und nicht einmal mit einer unheilvollen Polarisierung zu rechnen. Über diesen Punkt hinaus freilich muß jede Prognose als völlig spekulativ erscheinen.

Sozialismus und Kommunismus in Griechenland —
Innenpolitisches Kräftefeld und außenpolitische Optionen

Klaus Hornung

I. Die sozio-politischen Veraussetzungen des griechischen Parteiensystems

Im Falle Griechenlands wird die Erkenntnis der vergleichenden Regierungslehre in besonderer Weise bestätigt, daß Struktur und Funktion, Ideologie und Programmatik der politischen Parteien nur im Rahmen des gesamten politischen Systems und der politischen Kultur, denen sie zugehören, zureichend untersucht und verstanden werden können. Bei allen engen Verbindungen Griechenlands zu Westeuropa seit den Tagen der Französischen Revolution und des griechischen Unabhängigkeitskampfes, die sich nicht zuletzt in der neugriechischen Verfassungsgeschichte widerspiegeln, und bei allem betont westeuropäischen Selbstverständnis der griechischen Führungsschicht, kann man die sozio-kulturellen Strukturbesonderheiten dieses Landes nicht übersehen, ohne deren Kenntnis auch die heutigen tiefgreifenden gesellschaftlichen, kulturellen und politischen Wandlungen in Griechenland unverständlich bleiben müssen.[1]

Griechenland stellt ein frühes und charakteristisches Beispiel jener heute weltweit ablaufenden „Modernisierungs"-Prozesse dar, wo aus dem Eindringen „westlicher" Ideen in traditionelle sozio-ökonomische und politische Strukturen fundamentale Konflikte entstehen. Die vierhundertjährige türkische Fremdherrschaft hatte die Entfaltung der „normalen", d.h. westeuropäischen Entwicklungsstadien vom Feudalismus über den Absolutismus-Merkantilismus zum bürgerlichen Industrialismus verhindert. Das griechische Bürgertum hat aber auch seinerseits die Aufgaben der Entwicklung und Modernisierung nicht zureichend bewältigt: „Merkantil und spekulierend, ohne die strengen Attitüden der westlichen Bourgeoisie, brachte es eher Zwischen-

---

1 Günther Doeker (Hrsg.), Vergleichende Analyse politischer Systeme — Comparative Politics, Sozialwissenschaft in Theorie und Praxis, Bd. 14, hrsg. von Waldemar Besson und Gerd-Klaus Kaltenbrunner, Freiburg 1971; Manfred Mols, Parteien und Entwicklung in der Dritten Welt, in: Wolfgang Jäger (Hrsg.): Partei und System. Eine kritische Einführung in die Parteienforschung, Stuttgart 1973, S. 210 ff.

händler — bürgerliche ‚Compradores' — hervor als jene von Schumpeter
beschriebenen erfinderungsreichen Unternehmer."[2] Die ökonomisch
einflußreiche Schicht der Griechen lebte auch nach der Unabhängigkeit mehrheitlich im Ausland. Der griechische Kapitalismus blieb
weitgehend mit vorindustriellen und kommerziellen, „parakapitalisti-
schen" Funktionen belastet und bewegte sich bis in die Gegenwart
vorwiegend in der Zirkulationssphäre des Handels, der Banken, des
Transportwesens (Seeschiffahrt) u.ä. Heute noch gibt es statistisch
nachweisbare charakteristische Beispiele für die Abneigung gegen
großunternehmerisches Risiko in industriellen Investitionen und für
die Neigung zu vielfach unproktivem Sparkapital.[3] Als sich nach 1950
in Griechenland ein erster nachhaltiger industrieller Wachstumsschub,
nicht zuletzt unter dem Einfluß der amerikanischen Schutzmacht,
vollzog und in den Kerngebieten eine Konsumgesellschaft „westlichen"
Gepräges entstand, wurde erneut deutlich, wie die ökonomischen Gewinne verschwendet wurden, z.B. durch vorrangige Anlage in einem
hypertrophen Wohnungsbau in den neuen Ballungszentren, und dadurch der Kapital-Akkumulations-Effekt zugunsten einer ausgewoge-
nen Industrialisierung verhindert wurde.[4]

Die Folge war Stagnation und Unterentwicklung in den landwirt-
schaftlichen und unzureichende Entwicklung in den industriellen
Strukturen des Landes. Noch heute sind ca. 40 Prozent der aktiven
Bevölkerung in der Landwirtschaft tätig, die jedoch nur noch 1/5 des
Innenprodukts, bei absinkender Zuwachsrate der Agrarproduktion,
erzeugt. Zwar hat sich das Brutto-Sozialprodukt zwischen 1965 und

2 Nikolaus Wenturis, Die soziopolitischen und ökonomischen Strukturen Griechenlands im Hinblick auf seine Integration in die EG. Eine Modellskizze
   von Kern-Peripherie-Relationen, Frankfurt, Bern, Las Vegas 1977, S. 22.
3 Vgl. die Tabellen 14 und 14a bei Wenturis, a.a.O., S. 60 f.
4 Ebd. S. 80 ff.; vgl. Keith R. Legg, Politics in Modern Greece, Stanford University Press, Stanford, California 1969, S. 31.; Legg spricht von einer halb-
   entwickelten, Übergangs- oder „prismatischen" Gesellschaft; vgl. ferner Karl
   Heinz Pfeffer und Irma Schaafhausen, Griechenland — Grenzen wirtschaftlicher Hilfe für den Entwicklungserfolg, Schriften des Hamburgischen Welt-
   wirtschafts-Archivs, Bd. 9, Hamburg 1959, S. 55 ff. Die beiden Verfasser
   sprechen von der „Gleichzeitigkeit" dreier gesellschaftlicher Entwicklungs-
   stufen: Eine noch weitgehend unterentwickelte agrarische Wirtschaftsstruk-
   tur mit ländlichen Standards, eine bürgerliche „Salongesellschaft" westeuropäischen Zuschnitts und eine „amerikanisch" wirkende „Erfolgsklassenge-
   sellschaft mit einem robusten, „individualistischen" Ellbogengebrauch und
   unreflektierter Bewertung des Reichtums stehen danach neben- und greifen
   ineinander.

1972 verdoppelt; das hat jedoch nicht verhindert, daß die industriellen Strukturen immer noch vorwiegend von Klein- und Familienbetrieben geprägt werden, die mit veralteten Maschinen und entsprechend hohen Kosten produzieren, „unwillig und unfähig, langfristige Kosten aufzunehmen, gebunden an einen lokalen Kundenkreis und geschützt vor ausländischer Konkurrenz . . .".[5] Immer noch ist die Dominanz traditioneller Verarbeitungsindustrie, z.B. im Nahrungsmittel- oder Textilbereich, festzustellen, auch wenn die Verschiebung in Richtung auf moderne und dynamische Industriezweige im Gange ist.

Es kann nicht verwundern, daß inmitten dieser sozio-ökonomischen Strukturen auch die sozio-politischen Institutionen weitgehend fehlen, die für die Entstehung einer Industriegesellschaft ebenso notwendig sind wie für die Bewältigung ihrer Probleme. Während der türkischen Fremdherrschaft hatte sich eine griechische Gesellschaft herausgebildet, deren „demokratische" Selbstverwaltungsstruktur heute nicht selten idealisiert werden mag, die jedenfalls aus den „indirekten" türkischen Herrschaftsmethoden (z.B. dem System des Steuereinzugs) entstand und die Griechen vor politischer Existenzlosigkeit bewahrte.[6] In dieser „Klientelgesellschaft" standen in den Dorf-Städten der Ebenen und in den Hafenstädten der Inseln Grundbesitzer, Schiffseigner oder Kaufleute als Notabeln, Archonten, Älteste, Demogeronten der Selbstverwaltung der griechischen Gemeinden vor. Ihre „demokratische" Wahl beruhte mehr auf dem faktischen Recht des Einflusses, des Ansehens, des Besitzes; gegenüber den türkischen Oberherrn befanden sich alle Christen grundsätzlich in gleicher Rechtlosigkeit. Im Unabhängigkeitskampf verbanden sich mit diesen Notabeln der Ebenen und Inseln die „Waffenführer" („Kozabasides") an der Spitze der Partisanen („Klephten") in den Bergen und schließlich die einflußreichen Griechen, insbesondere Kaufleute und Intellektuelle, aus der griechischen Oikoumene und der Emigration, jene „Fanarioten" (nach dem griechischem Wohnbezirk „Fanar" in Konstantinopel) und

5 Vgl. Wenturis, a.a.O., S. 59 ff.
6 Ebd., S. 25 f: „Kennzeichnend für die sozialpolitische Struktur der griechischen Gesellschaft jener Zeit war, daß sie keinen Adelsstand im westeuropäischen Sinne . . . kannte. So konnte sich kein Klassenbewußtsein, keine heftigen sozialen Gegensätze entwickeln . . ."; sehr ähnlich auch Pfeffer-Schaafhausen, a.a.O., welche die weitgehend „offenen" gesellschaftlichen Strukturen betonen, wurzelnd in der noch engen Verbindung des einzelnen zur Sippe, die die städtischen und die ländlichen Teile, die Auf- und Abgestiegenen gleichermaßen umfaßt und als elementare Solidargemeinschaft eine „Pfründenhaltung" entwickelt, die dem Außenstehenden als „Nepotismus" und „Günstlingswirtschaft" erscheint.

Emigranten, die nicht nur im Osmanenreich, sondern auch in Odessa, Alexandria, Petersburg, Wien oder Paris einflußreiche Stellungen innegehabt hatten. Dieses primäre Klientelsystem hat sich in den Wandlungen der eineinhalb Jahrhunderte seit dem Unabhängigkeitskampf natürlich verändert; die „Archonten" von damals sind durch Honoratioren neuer Art abgelöst worden. Daß aber angesehene Grundbesitzer und Kaufleute, Anwälte, Journalisten, Professoren, Ärzte eine Gefolgschaft aus ihrer näheren Heimat um sich sammeln und mit ihr Stellung in der Innenpolitik beziehen, ist grundlegend geblieben. Bis heute wird das griechische Parteiensystem von einem klientellen und personalistischen Grundmuster bestimmt, von der Neigung der Bevölkerung, sich lokalen und regionalen „Chefs" anzuvertrauen, anstatt sich für anonyme Programme, Ideologen und Parteilisten zu entscheiden, von der Hinneigung zu Personen, von deren Macht und Einfluß man Hilfe in allen Lebenslagen erwartet und die man dafür mit Vertrauen und Gefolgschaft belohnt.[7]

Im Mittelpunkt des griechischen Parteilebens steht so bis heute die Persönlichkeit des Parteiführers mit charismatischer Anziehungskraft. Zwischen ihm sowie den Abgeordneten einerseits und den Wählern andererseits bilden die Vertrauensleute in der Provinz die Verbindungsglieder. Mittel der Bindung an die Parteien ist das „Rusfeti", „die Erfüllung der Wählerwünsche auf rechtmäßigem oder unrechtmäßigem Wege".[8] Eine charakteristische Ausprägung erhielt dieser politische Personalismus durch das System der Taufpatenschaften der Abgeordneten für möglichst viele Kinder ihres Wahlkreises zwecks Vermehrung des persönlichen Anhangs durch die Eltern der getauften Kinder und später durch diese selbst.[9] Für diese „prinzipielle Orientierung an Personen" stellen die Parteien „nur die städtische Verlängerung des Klientel" dar, eine „formelle Vereinigung von regionalen Interes-

7 Pfeffer-Schaafhausen, a.a.O., S. 92 ff.; Legg, a.a.O., S. 31 ff.; vgl. auch Gregor Manousakis, Hellas — wohin? Das Verhältnis von Militär und Politik in Griechenland seit 1900, Bad Godesberg 1967, bes. S. 180 ff.; Klaus Hornung, Politische Herrschaft und sozialer Wandel in Griechenland, in: Lothar Bossle — Klaus Hornung — Georg Mergl, Blick vom Olymp — Griechenland heute, Stuttgart 1973, S. 67 ff.; Hariton Korisis, Die politischen Parteien Griechenlands. Ein neuer Staat auf dem Weg zur Demokratie 1821-1910, Hersbruck-Nürnberg 1966, S. 102 ff.
8 S. Korisis, a.a.O., S. 103 f.
9 Vgl. Manousakis, a.a.O., S. 189; nach Angaben der Athener Tageszeitung „Katherimini" vom 20.1.1967 belasteten die Telefongebühren der griechischen Abgeordneten 1966 mit 72 Millionen Drachmen (etwa 9,5 Mill. Mark). den Staatshaushalt.

sengruppierungen, die in dieser Form erst durch die Existenz des Parlaments erzwungen wurden".[10] Die griechischen Parteien sind so, aus dem Klientelsystem erwachsen, bis heute Parlaments- und Honoratiorenparteien geblieben, in etwa vergleichbar dem west- und mitteleuropäischen Typus des 19. Jahrhunderts. Jedenfalls gilt dies für die „bürgerlichen" Parteien, aber auch für beträchtliche Teile der linken Seite des politischen Spektrums, wohl mit der Ausnahme der nach Moskau orientierten Kommunisten, die auch nach Griechenland die Prinzipien des marxistisch-leninistischen „demokratischen Zentralismus" importierten. Die Programme und Statuten der anderen Parteien stehen weitgehend auf dem Papier; ihre „moderne" bürokratische Organisation ist kaum entwickelt. Sie werden von ihren „Chefs" meist recht autoritär geführt — übrigens auch auf der Linken, wie in unseren Tagen der Führungsstil von Andreas Papandreou gegenüber seiner Partei zeigt. Nikolaus Wenturis spricht von „Parteien von Honoratioren mit charismatischer Autorität, wenig organisiert, ohne klare Ideologie und ohne Programm, Klientelpolitik, ungewöhnlichen Vergünstigungen für Abgeordnete, Nepotismus, Korruption der Behörden durch Abgeordnete und umgekehrt . . .".[11] Die Mehrheit der Abgeordneten ist mit der Erfüllung der klientellen und lokalen Aufgaben, der Wünsche und Belange ihrer Wähler vollauf beschäftigt und an der Willensbildung der Parteiführung nicht beteiligt. Die gesamtgesellschaftlichen politischen Ziele und Entscheidungen werden in der Regel außerhalb des Parlaments und der rudimentären Parteiorganisation formuliert und durchgesetzt.[12] Dies hat seine Ursache nicht zuletzt darin, daß die Klientelgesellschaft bis heute als eine Art erweiterter Sippensolidarität und -loyalität verstanden werden muß, die eine gesamtgesellschaftliche und gesamtstaatliche bürgerlich-politische Mitverantwortung verhindert, deren Interessenartikulation personalistisch und parochial fragmentiert erscheint und die deshalb auch nicht gestattete, daß sich die Parteien zu gesamtgesellschaftlichen Artikulationsorganen, zu „Transmissionsriemen" von den Teilen zum Ganzen und umgekehrt entwickelten. In einer solchen Gesellschaft mußten sie nach „modernen", d.h. nach Maßstäben des

10 Pavlos Bokojannis, Militärherrschaft in Griechenland. Eine Analyse des Parakapitalismus und Spätfaschismus, Stuttgart 1973, S. 55 ff.
11 Wenturis, a.a.O., S. 39.
*. Vgl. Jean Meynaud; Les Forces Politiques en Grèce, Montreal 1965, bes. S. 308 ff.; Legg, a.a.O., S. 125 ff.; Wenturis a.a.O., bes. S. 37 ff.

entwickelten parlamentarischen Parteienstaates etwa westeuropäischen
Musters, rudimentär bleiben.[13] Diese für das Verständnis der sozio-
politischen Entwicklung Griechenlands wichtigen Strukturmuster
haben gewiß wesentlich zu den das politische System bis heute kennzeichnenden Disfunktionalitäten beigetragen. Da die politischen
Parteien kaum an den gesamtgesellschaftlichen Entscheidungen
beteiligt sind, werden die politischen Funktionen weitgehend durch
außerparlamentarische Gruppen erfüllt. Nicht zufällig haben in der
neugriechischen Geschichte daher immer wieder plebiszitäre Reform-
bewegungen und andere außerparlamentarische Faktoren — nicht
zuletzt in Gestalt intervenierender Militärdiktaturen — den parlamentarischen Prozeß unterbrochen und dies vor allem dann, wenn Neu-
festsetzungen des gesamten politischen Kurses unausweichlich wurden.
Keith R. Legg, dem wir die erste umfassende sozialwissenschaftliche
Analyse des griechischen politischen Systems verdanken, hat in diesem
Sinne die für Griechenland typische Ergänzungsfunktion außerparla-
mentarischer Sektoren angesichts einer fortdauernden Disfunktiona-
lität des parlamentarisch-politischen Sektors hervorgehoben.[14] Er
bezeichnet das griechische Parteien- und Parlamentssystem, wie es
zumindest bis 1967 bestand, als den am wenigsten modernen Sektor
der griechischen Gesellschaft, der zwar eine enorme Beharrungskraft
bewies, aber auch stets erneut den sozialen Wandel des Landes blockiert
habe. Legg erwähnt die beiden für die „Mobilisierung" der griechischen Gesellschaft in diesem Jahrhundert besonders herausragenden
Ereignisse: die kleinasiatische Katastrophe von 1922, als die griechischen Flüchtlingsmassen die überkommene Klientelgesellschaft
zu sprengen drohten und sich aus ihnen zum ersten Mal ein Reservoir
des Kommunismus bildete, und sodann das Jahrzehnt des Krieges
und Bürgerkrieges 1940-1949, das Griechenland erneut vor enorme
Herausforderungen stellte. Beide Male handelte es sich um die Artiku-
lation von Problemen und Krisen, die von dem traditional fragmen-
tierten und politisch rudimentär entwickelten sozio-politischen
System und seinen Exponenten nicht erreicht und gelöst werden
konnten. Nicht zufällig waren es dann jene außerparlamentarischen
Sektoren des Systems — das professionalisierte Militär und die organisierte Linke —, die sich beide durch ideologische Kohärenz, un-
persönliche bürokratische Organisation und hierarchische Autorität

---

13 Hierzu bes. Legg, a.a.O., S. 37 f.
14 Vgl. Legg. a.a.O., S. 184 ff.

auszeichnen und dem traditionellen Patronagesystem opponieren, das sich zwischen ihnen gleichsam in prekärer Balance befindet. Diese Kritik an der „Funktionsunfähigkeit" und „Inadäquatheit"[15] des sozio-politischen Systems Griechenlands darf aber auch nicht übersehen lassen, wie sehr hier immer noch ein Fundus lebendiger Kräfte gesellschaftlicher Solidarität und personaler Zuwendung vorhanden ist, der nicht bedenkenlos im Namen sogenannten Fortschritts den anonymen Superstrukturen des modern technokratischen Staates geopfert werden sollte. Auch der ausländische Beobachter kann jedenfalls an dem moralischen und intellektuellen Teilrecht der beharrenden und tratidionellen Kräfte nicht vorbeisehen und dies umso mehr, als heute die Grenzen des Fortschritts und des Wachstums an den post-industriellen Gesellschaften selbst immer deutlicher demonstriert werden. Gerade von hier aus könnten den Griechen Fingerzeige gegeben werden, in welcher Richtung die ihnen gestellte Aufgabe der schöpferischen Verbindung von Fortschritt und Bewahrung gelöst werden sollte. Die hier notwendigen Grundentscheidungen, die heute in Griechenland auf der Tagesordnung stehen und die nur die Griechen selbst treffen können, liegen letztlich auch allen außenpolitischen Problemen und Aufgaben zugrunde, vor die sich heute die griechische Politik gestellt sieht.

II. Die Entwicklung der politischen Parteien in Griechenland bis zur Zeit nach dem Zweiten Weltkrieg

Zum Verständnis der gegenwärtigen innen- und außenpolitischen Lage Griechenlands erscheint ein knapper Überblick über die wichtigsten Entwicklungsetappen des griechischen Parteiensystems notwendig, wobei der im ersten Kapitel skizzierte Hintergrund der griechischen Klientel-Gesellschaft stets im Auge behalten werden muß.

Formal wird man von einer Dreiteilung des griechischen Parteien-Spektrums in konservativ-monarchistische Rechte, national-liberale „bürgerliche" Mitte und sozialistisch-marxistische Linke ausgehen können. Die erstere stützte sich vor allem auf das wohlhabende

---

15 Vgl. bes. Meynaud, a.a.O., S. 24 ff. und Bakojannis, a.a.O., S. 24. Diese Kritik ist allerdings nicht auf die Linke und Marxisten beschränkt, sondern wird von vielen in Westeuropa gebildeten Griechen geteilt. Sie steht dabei oft in einem paradoxen Gegensatz zu dem Bemühen derselben Autoren, die Gleichartigkeit oder zumindest Ähnlichkeit der griechischen und der west-mitteleuropäischen sozio-ökonomischen Strukturen hervorzuheben.

städtische und grundbesitzende Bürgertum und daneben auf die
ärmere bäuerliche Wählerschaft des Festlandes mit Hochburgen
auf der Peloponnes, in Attika, Thessalien, Epirus und teilweise in
Mazedonien und Thrazien. Vor und nach dem Ersten Weltkrieg
sammelte sie sich in der royalistsichen Volkspartei („Populisten"),
sodann in den Sammlungsbewegungen von Marschall Papagos und
Konstantin Karamanlis. Die Liberalen besaßen ihre soziale Basis im
Handelsbürgertum der Häfen und Inseln mit Schwerpunkten auf
Kreta und der Dodekanes, auch unter den Bauern der reicheren
landwirtschaftlichen Gebiete sowie im Kleinbürgertum und lange
Zeit unter der sich langsam entwickelnden Arbeiterschaft, nicht
zuletzt auch unter der städtischen und großstädtischen Intelligenz,
bei Professoren, Rechtsanwälten, Ärzten. Der bedeutendste grie-
chische Staatsmann der ersten Hälfte dieses Jahrshunderts, Eleftherios
Venizelos, sammelte zuerst diese national-liberale Mitte, die dann in
den 60er Jahren in der Zentrums-Union Georg Papandreous ihre
Fortsetzung fand. Sie entsprach zwar mehr als die Populisten einer
„Volkspartei", aber auch sie wurde von dem Patronagesystems der
klientellen Strukturen ohne innerparteiliche Demokratie geprägt.
In der Entwicklung der Arbeiterbewegung spiegelte sich schließlich
die nur zögernd entstehende Industriegesellschaft wider. Erst 1918
wurde unter dem Einfluß der russischen Oktoberrevolution die
„Sozialistische Arbeiterpartei Griechenlands" sowie der „Allgemeine
Gewerkschaftsbund der griechischen Arbeiter" gegründet. 1920
entschied sich die Mehrheit der Partei für den Anschluß an die III.
Internationale und die Umbenennung in „Kommunistische Partei
Griechenlands", während — ähnlich wie in Italien — die Sozialdemokraten der 2. Internationle in eine Minderheitsposition gerieten und
sich nicht zu einer „dritten Kraft" neben Konservativen und Liberalen
entwickeln konnten. Die grundsätzliche Schwäche sowohl der Sozialisten wie der Kommunisten in der rudimentären „bürgerlichen" und
späteren „Erfolgsklassen-Gesellschaft" Griechenlands ohne verfestigte
Klassengrenzen ist bis in die 60er Jahre kennzeichnend.[16]

16 Vgl. die Gesamtdarstellungen von Korisis, Meynaud, Wenturis, Basil, Mathio-
pouluos; Die Geschichte der sozialen Frage und des Sozialismus in Griechenland 1821-1961, Hannover 1961; vgl. ferner: Spyridon Markezinis; Politische Geschichte Neugriechenlands, 4 Bde., Athen 1964-1968 (gr.); Vassilis
Filias, Gesellschaft und Herrschaft in Griechenland, Athen 1974 (gr.); G.
Katsoulis, Die Herrschaftseliten in der neugriechischen Gesellschaft, Athen
1975 (gr.); D. Tsaousis, Morphologie der neugriechischen Gesellschaft,
Athen 1971 (gr.); und N. Svoronos, Histoire de la Grèce Moderne, Paris 1972.

1. Konservative und Liberale

Abgrenzungen zwischen Liberalen und Konservativen lassen sich, wie rudimentär auch immer, bis in die Zeit des Befreiungskampfes gegen die Türken und der Gründung des neugriechischen Staates zurückverfolgen.[17] Die politischen Führer gedachten den jungen Staat nach westeuropäischen Vorbildern zu organisieren; die einflußreichen Militärführer wollten stärker an autochthone Traditionen anknüpfen. Meinungsunterschiede hinsichtlich einer mehr zentralistischen (bei den Liberalen), oder mehr föderalen (bei den Konservativen) Staatsordnung kamen ebenso hinzu wie Gegensätze in der außenpolitischen Orientierung: Die liberalen Politiker optierten für Paris oder London, die konservativen Militärs eher für Petersburg oder Wien. Man wird zwar die Anfänge des griechischen Parteiensystems nicht auf diese „Auslandsparteien" reduzieren dürfen,[18] die Durchdringung des jungen Staates mit ausländischen Einflüssen — der Begriff der „ausländischen Faktoren" spielt in der griechischen Politik seitdem eine zentrale Rolle — tritt jedenfalls von Anfang an hervor, und ein umso empfindlichereres Nationalgefühl war ihre natürliche Folge.

Nationalgriechische Reaktion auf fremden Einfluß, verbunden mit der Ablehnung absolutistischer Regierungspraxis finden wir schon in der Zeit des Wittelsbachers Otto I. In der Regierungszeit des ersten Königs aus der Dynastie Schleswig-Holstein - Sonderburg-Glücksburg, Georg I., entwickelte sich bereits ein lebhaftes parlamentarisches Kräftespiel zwischen der Partei von Charilaos Trikoupis (1832 - 1896) als der Vertretung einer wachsenden liberalen und intellektuellen Bourgeoisie und der sog. „Nationalpartei" unter Führung von Theodor Delijannis. Noch waren die Parteien an die Person ihres Chefs gebunden, häufiger Parteiwechsel von Abgeordneten und eine atemberaubend große Zahl von Regierungswechseln waren die Folge. Die Liberalen unter Trikoupis erstrebten zwar den inneren Ausbau des Staates nach westeuropäischem Muster und ein echtes parlamentarisches System; angesichts der strukturellen Schwäche der Parteien und damit des Parlaments gehörten die Interventionen der Krone in den politischen Prozeß, insbesondere ihre Privilegien der Parlamentsauflösung und der Ernennung des Ministerpräsidenten, jedoch zur Verfassungswirklichkeit.[19] Zersplitterte Parlamente, instabile Regierungen und monar-

17 Korisis, S. 28 ff.
18 S. ebd., S. 27 ff., S 33 ff.
19 S. ebd., S. 154 ff.

chische Interventionen bildeten die Glieder einer Kette, die ihren Anfang in der klientellen Verformung der Parteien hatte.

Eine schwere militärische Niederlage gegenüber der Türkei 1897 führte
zu einer Erneuerungsbewegung, zu deren Sprechern sich liberale
Politiker, Studenten und Militärs mit ihrer Kritik am „parlamentarischen Feudalismus" machten.[20] Eine Militärrevolution im Jahre 1909,
bekannt als die „Revolution von Goudi", bahnte dem kretischen
Liberalen Eleftheros Venizelos den Weg zur Regierung, an den sich die
verbreiteten Reformhoffnungen knüpften. Die Wahlen zum Parlament
im Dezember 1910 brachten zwei Drittel parlamentarischer Neulinge
in die Volksvertretung und mit diesem politischen Generationswechsel
einen ersten Durchbruch des liberalen Bürgertums.

Dieser Reformansatz ist durch den Ersten Weltkrieg und durch die
anschließende kleinasiatische Katastrophe in tragischer Weise unterbrochen worden. Die Frage der Bündnisorientierung im Weltkrieg
(westliche Alliierte oder Mittelmächte) führte zu einer tiefgreifenden
Spaltung in liberale „Venizelisten" und Konservative, die sich um
Krone und Armee scharten. Als Venizelos 1916 in Saloniki eine Gegen-
regierung gegen den König in Athen bildete und auf der Seite der
Westmächte in den Krieg eintrat, gefährdete der Gegensatz zwischen
liberalen Interventionisten und konservativen Neutralisten die staatliche Einheit, beschuldigten sich beide Seiten der „antinationalen
Haltung".[21]

Die militärische Katastrophe in Kleinasien im September 1922 machte
nahezu eineinhalb Millionen der dort seit Jahrtausenden eingesesse-
nen Griechen zu Flüchtlingen. Mit ihnen und weiteren Zehntausenden
von Griechen aus Rußland kamen neue gesellschaftliche Kräfte in
das ausgeblutete Mutterland, die nicht in der einheimischen Klientelgesellschaft verwurzelt waren und in der kommenden Zeit ein Fer-
ment politischer Unruhe bildeten.

Die republikanischen Strömungen unter den Liberalen wurden nun
stärker und machten Krone und Konservative für die Katasrophe verantwortlich.[22] Ein Militärputsch liberaler und republikanischer
Offiziere führte zum Sturz der Monarchie und zur 2. Republik neu-
griechischer Zählung, die im April 1924 bei einer Volksabstimmung
von einer Zweidrittelmehrheit bestätigt wurde. Sie blieb jedoch ein

20 S. ebd., S. 177 ff.; Manousakis, S. 27 ff.; und Hornung, S. 77 ff.
21 Vgl. Manousakis, S. 119 ff.; Hornung, S. 81 ff.
22 Vgl. Manousakis, S. 123 ff.; Hornung, S. 82 ff.

schwaches Gebilde, gleichermaßen auf die Generale angewiesen wie von deren Streitigkeiten kompromittiert. 1928 gewann Venizelos für seine liberale Partei noch einmal 233 von 250 Sitzen der Vouli. Die Weltwirtschaftskrise unterbrach bald darauf auch in Griechenland eine hoffnungsvolle Entwicklung. Bei den Wahlen im September 1932 gewannen die Liberalen und die monarchistische Volkspartei der „Populisten" unter Konstantin Tsaldaris einen Gleichstand mit je etwa einem Drittel der Stimmen. Der starke Mann der Republik, General Kondylis, wandte sich der Volkspartei zu und rief den König zurück, der durch ein neues Plebiszit am 3. November 1935 mit einer Mehrheit von 97,5 Prozent bestätigt wurde. Wieder hatte sich eine jener für die griechische Politik so charakteristischen raschen Wendungen vollzogen.[23]

Noch ergaben die Mehrheitsverhältnisse im Parlament ein Übergewicht der Liberalen und der Linken, was eine Volksfront-Regierung ermöglicht hätte. Wohl auch unter dem Eindruck der Entwicklung in Europa entschied sich der König am 4. August 1936 für die autoritäre Dikt - tur des Generals Metaxas. Jedoch erst unter dem Druck des Angriffs von Mussolini auf Griechenland im Oktober 1940 fanden sich erstmals wieder Liberale und Konservative, Republikaner und Monarchisten in nationaler Einmütigkeit zusammen.

Für die Dauer des Krieges und während des Exils der Regierung in Ägypten wurde von den politischen Kräften in der umstrittenen Frage der Staatsform ein Burgfrieden geschlossen. Als Reaktion auf die Metaxas-Diktatur waren die republikanischen Kräfte im Vormarsch, während die alte Schutzmacht Großbritannien und insbesondere Winston Churchill den König unterstützte. Erstmals entfaltete sich nun im Widerstand gegen die deutsche Besatzung eine starke sozialistisch-kommunistische Linke, die zunehmend zu einem dritten Faktor der griechischen Politik neben Konservativen und Liberalen wurde. Sie begann den Widerstand im Mutterland ebenso zu beherrschen wie sie sich bei Meutereien griechischer Truppenteile in Ägypten zu Wort meldete.[24]

Die griechische Linke unter kommunistischer Führung scheiterte zwar mit ihrem Versuch, nach dem Rückzug der Deutschen im Dezember

23 Zur Metaxas-Diktatur s.u.a. Manousakis, S. 144 ff.; Heinz Richter, Griechenland zwischen Revolution und Konterrevolution (1936-1946), Frankfurt 1973, S. 54 ff.; Hornung, S. 85 ff.
24 S. die materialreiche, in ihren Schlußfolgerungen jedoch oft vorurteilsvolle Darstellung von Richter, S. 117 ff., S. 175 ff.; s. auch Hornung S. 88 ff.

1944 vollends die Macht mit bewaffneter Gewalt an sich zu reißen. Der Bürgerkrieg zwischen 1946 und 1949 wurde von der konservativ-liberalen Mehrheit für sich entschieden, die sich mit amerikanischer Militärhilfe schließlich gegen die zunehmend isolierten Kommunisten durchsetzte. Bei den ersten Wahlen nach dem Bürgerkrieg im März 1950 errang die „Vereinigte Demokratische Linke" (EDA) als Nachfolgeorganisation der seit 1947 verbotenen Kommunistischen Partei immerhin 9,7 Prozent der Stimmen.[25] Seit 1952 regierte die konservative „Hellenische Sammlung" des Marschalls Papagos, des Siegers im Bürgerkrieg, die nach dessen Tod 1955 von der „Nationalradikalen Union" (ERE) unter Führung von Konstantin Karamanlis fortgesetzt wurde, die bis 1963 an der Regierung blieb. Die liberale Mitte war in der ersten Nachkriegszeit zersplittert und wurde erst wieder von Georg Papandreou 1961 zur Sammlungspartei der Zentrums-Union (EK) zusammengeschlossen. Sie löste 1963 bis 1965 die Konservativen an der Regierung ab.

Karamanlis versuchte seit 1955 seine Nationalradikale Union nicht als Erbin der alten Vokspartei zu präsentieren und zog auch Politiker aus dem liberalen Lager heran. Die Partei vereinigte gleichwohl das Gros der antikommunistischen Rechten und der Kräfte des gesellschaftlich-politischen status quo. Die Zentrums-Union G. Papandreous sammelte seit 1961 politische Gruppierungen von den traditionellen National-liberalen bis zu den Sozialdemokraten, blieb jedoch eine locker gefügte Union mit personalistischer Struktur. Als sie 1963 an die Regierung kam, war sie durch ihre inneren Gegensätze in der Realisierung einer gemeinsamen Politik weitgehend gelähmt. Insbesondere Andreas Papandreou, der Sohn des Parteiführers, drängte am linken Flügel der Zentrums-Union auf eine Reorganisation nach westeuropäischen Maßstäben und auf die Mobilisierung der Basis, der Jugend und auch der Frauen, notfalls gegen die überkommenen Klientel-Strukturen in Partei und Parlament. Dies und seine Bereitschaft, gegebenenfalls auch mit der EDA und den Kommunisten zusammenzuarbeiten, um die Mehrheitsverhältnisse zu ändern, mußte ihn in Konflikt mit der parlamentarischen Oligarchie bringen.[26] Unter diesen Umständen bedurfte es schließlich keiner besonderen machiavellistischen Künste der

25 Die Ergebnisse der griechischen Nachkriegswahlen seit dem 31. März 1946 bei Meynaud, a.a.O., im Statistischen Anhang sowie S. 75 ff.
26 Andreas Papandreou, Die griechische Tragödie — Von der Demokratie zur Militärdiktatur, Wien — München — Zürich 1971 (amerikanische Original-ausgabe: Democracy at Gunpoint 1970), S. 153 ff.; Hornung, S. 102 ff.

Krone, um die Zentrums-Union auseinanderzudividieren und ihre Regierung zu stürzen, wie es 1965 geschah. Das Programm der Zentrums-Union griff zweifellos objektive Notwendigkeiten ·der Reform und der Modernisieruhg des Landes auf: die volle Verwirklichung einer parlamentarischen Demokratie, nicht zuletzt durch eine Entpolitisierung der Armee und der Polizei, die lange Jahre wichtige Instrumente des „Nebenstaates" der Rechten und der Krone gewesen waren; Verbesserungen und Dezentralisierung der Verwaltung; grundlegende Reformen im Erziehungswesen bis hin zur Verbesserung der materiellen Lage der Lehrer; Schulgeldfreiheit und Einführung moderner Lehrpläne und anderes. In der Wirtschaftspolitik war an eine Verstärkung planwirtschaftlicher Elemente und eine gerechtere Verteilung des Nationaleinkommens gedacht. Eine durchgreifende Steuerreform sollte die Einnahmesituation des Staates verbessern, das Krankenhauswesen sollte ebenso gefördert werden wie der Wohnungsbau; nicht zuletzt wollte man den Übeln einer oft krassen Bau- und Bodenspekulation zu Leibe gehen.[27]

Dieses Reformprogramm ging jedoch der Linken in der Partei wie bei der EDA nicht weit genug. Und obwohl in der Außenpolitik die Regierung Papandreou den auf eine Neutralitätspolitik gerichteten Tendenzen der Linken durch die Verringerung der Militärausgaben und eine betonte Vertretung der „nationalen Interessen" gegenüber den USA und der NATO entgegenzukommen versuchte, wurden die linken Töne gegen die „Kolonisierungspolitik" der „imperialistischen Monopole" immer lauter, gerade auch bei der Gruppe um A. Papandreou.

So stand Griechenland 1965/67 wieder einmal an einem Wendepunkt. Das Reformprogramm der Regierung Papandreou scheiterte sowohl am Widerstand der oligarchischen Kräfte im bürgerlichen Lager wie an der Radikalisierung der Linken, wo A. Papandreou sich nach seinem eigenen Eingeständnis auf eine bewaffnete Auseinandersetzung vorbereitete. Neue Ausbrüche politischer Leidenschaften wie am 20. August 1965 erinnerten das Bürgertum, das mit einer Reformpolitik durchaus einverstanden gewesen wäre, wieder an die Schrecken des Bürgerkrieges. Zwischen der Unfähigkeit der Parlamentsoligarchie zur Reform und der „Mobokratie" der Straße schien es keinen Ausweg mehr zu geben.[28] Die militärische Intervention am 21. April 1967 versuchte

27 S. Papandreou, S. 133 ff.; Meynaud, a.a.O., S. 272 ff.
28 Vgl. Manousakis, a.a.O., S. 183 ff.; Papandreou, a.a.O., S. 164 ff.; Bakojannis, a.a.O., S. 88 ff.

den Knoten mit dem Schwert zu durchschlagen. Konstantin Karamanlis, seit 1963 in Paris im Exil, zog im November 1967 die Bilanz aus
diesem „Bankrott der Demokratie": „Niemand ist in der Lage, ein
gesundes Regime zu stürzen. Die lange Erfahrung unserer politischen
Philosophen hat uns gelehrt, daß eine Tyrannei unvermeidlich ist, wo
Korruption besteht. Man kann sogar sagen, daß die Demokratie in
Griechenland durch ein freies Regime ermordet wurde. Die Obristen
haben ihr nur den Gnadenstoß versetzt."[29]

2. Der Sozialismus und Kommunismus in Griechenland

Der organisierte Sozialismus in Griechenland hat — nicht zuletzt als
Folge eines verzögerten Industrialisierungsprozesses — sehr viel später
die politische Bühne betreten als in vergleichbaren Ländern. In Italien
und Spanien waren sozialistische Parteien schon vor der Jahrhundertwende entstanden, selbst in den slawischen Nachbarländern auf dem
Balkan noch vor dem Ersten Weltkrieg. Griechenland dagegen wurde
bis zur Kleinasien-Katastrophe 1922 noch von der bürgerlichen
Nationalidee der Vereinigung aller Griechen (der sog. „Großen Idee",
Megali Idea) beherrscht. Zwar gab es schon seit den 80er Jahren des
vorigen Jahrhunderts erste gewerkschaftliche und genossenschaftliche
Zusammenschlüsse sowie anarchistische und sozialistische Strömungen
unter Professoren und Studenten vor allem bürgerlicher, ja sogar
aristokratischer Herkunft. Aber auch andere Gruppierungen bürgerlicher Intellektueller wie eine „Unabhängige Partei der Soziologen",
die von den Ideen des deutschen Kathedersozialismus beeinflußt war,
gewannen keine Bedeutung. Vereinzelte sozialistische Abgeordnete
auf dem linken Flügel der liberalen und republikanischen Parteien
wurden vor dem Ersten Weltkrieg immer wieder vom breiten Strom
des venizelistischen Nationalliberalismus absorbiert.[30]
Erst im November 1918 wurde unter dem Einfluß der bolschewi-
stischen Revolution in Rußland die „Sozialistische Arbeiterpartei
Griechenlands" (SKE) sowie der „Allgemeine Gewerkschaftsbund
griechischer Arbeiter" gegründet. Schon auf ihrem 2. Kongreß 1920
fügte die Partei ihrem Namen die Bezeichnung „kommunistisch"

29 Karamanlis' Interview für Le Monde und Times vom 29. November 1967
   im Wortlaut bei Papandreou, a.a.O., S. 262 ff.
30 Vgl. Mathiopoulos, a.a.O., S. 52 ff.

hinzu, zunächst noch in Klammer, sodann ohne Klammer und unter Streichung von „sozialistisch" und trat der III. Internationale bei. Entschiedener als bei den übrigen Parteispaltungen in der europäischen Arbeiterbewegung um 1920 wandte sich in Griechenland der politisch aktive Teil der revolutionären Linie zu. Die sozialdemokratisch-reformistische Arbeiterbewegung gewann keine wesentliche Bedeutung.[31]

Freilich stellte auch die Kommunistische Partei um 1920 mit etwa 1000 Mitgliedern und 500 Angehörigen ihres Jugendverbandes nur eine politische Sekte dar mit einer Führungsgruppe noch überwiegend kleinbürgerlicher Prägung. Erst die Kleinasien-Katastrophe und der anschließende Zustrom von Flüchtlingen führten der Partei neue Anhänger zu. Die 20er Jahre – auf dem 3. Parteitag 1924 hatte die Partei die offizielle Bezeichnung Griechische Kommunistische Partei (KKE) beschlossen – sind von Richtungskämpfen und dem Prozeß der Bolschewisierung der Partei gekennzeichnet.

Der spätere Generalsekretär der Partei, der aus Nikomedia in Kleinasien stammende Nikos Zachariades, übernahm als der griechische Thälmann die Aufgabe, die griechische KP dem Willen der Komintern und der Sowjetunion zu unterwerfen und sie in eine marxistisch-leninistische Kaderpartei umzuformen. Schon Ende der 20er Jahre konnte sie als eine der zuverlässigsten Kominternparteien gelten. Sozialdemokratische Abspaltungen, besonders aus der anfänglichen Führungsgruppe, glitten in die Bedeutungslosigkeit ab. Trotz eines gewissen Zulaufs zu den Kommunisten, insbesondere aus den kleinasiatischen Flüchtlingen, brachten die Wahlen von 1926 der Partei nur 10 Parlamentssitze. Noch 1930 soll die Partei nur etwa 1500 Mitglieder gehabt haben, insbesondere im Ballungsraum Athen, aber auch in Nordgriechenland unter den armen thrazischen und mazedonischen Tabakbauern und unter den Kleinasiatischen Vertriebenen.[32]

Trotz der einsetzenden Weltwirtschafskrise wurde der Einfluß der Kommunisten seit 1930 eher geringer, selbst bei den Gewerkschaften. Dazu trug insbesondere die Haltung der griechischen Kommunisten in der sog. mazedonischen Frage bei, in der sie im Kielwasser der Komintern für ein unabhängiges, zumindest jedoch autonomes Mazedonien eintraten und der Idee einer kommunistisch beherrschten künftigen

---

31 S. ebd., S. 63 ff.
32 Vgl. George Kousoulas, Revolution and Defeat, The Story of the Greek Communist Party, London (Oxford University Press) 1965, S . 1 ff., S. 12 ff., S. 22 ff., Mathiopoulos, a.a.O., S. 91 ff.

Balkan-Konföderation huldigten. Die griechischen Kommunisten gerieten durch diese von Stalin befohlene Haltung in wachsende Isolierung und konnten als nationale Verräter gebrandmarkt werden. Erst 1932 schwenkte die Komintern von diesem unpopulären Kurs auf die neue Linie der „Einheitsfront" und der „bürgerlich-demokratischen Revolution" um.[33] Die griechische Partei befleißigte sich nun einer erfolgreichen Doppelstrategie von Legalität und Illegalität. Im Rahmen einer volksfrontartigen Gruppierung, der „Vereinigten Front", einer Vorgängerin der späteren EDA, wuchsen die Wählerstimmen von 58 000 (1932) auf fast 100 000 (1935). Gleichzeitig wurde die subversive Arbeit in den Städten und in der Armee verstärkt. Wichtige Kominternführer wie Manuilski, Kuusinen, Lunatscharski waren häufig Gäste in Athen und predigten dort die Strategie der Offensive unter dem Vorwand der Defensive.[34]

Als bei Wahlen im Juni 1935 ein Patt zwischen den Liberalen und der Volkspartei zustande kam, rückte die Volksfront in die Rolle eines Züngleins an der Waage. Die Kommunisten setzten sich für die Einheitsfront mit den liberalen und republikanischen Kräften gegen die drohende monarchische Restauration und gegen den „Monarcho-Faschismus" ein, ohne ihr Endziel der griechischen Sowjetrepublik als der „einzig wahren Republik" zu verbergen. Ihr Einfluß auf die Massen nahm zu und ihre Unterwanderung der Armee durch die „Antimilitärische Organisation" (AO) machte Fortschritte. Die Haltung der Armee verhinderte die Mitte-Links-Koalition. Straßenunruhen, die Drohung eines Generalstreiks und wohl auch der psychologische Eindruck des gerade ausbrechenden Bürgerkriegs in Spanien ließen das Land in den Schutz der Diktatur des Generals Metaxas flüchten, dessen Berufung durch den König am 4. August 1936 auf keinen Widerstand stieß.[35]

Der Metaxas-Diktatur gelang eine weitgehende Zerschlagung der Kommunistischen Partei und auch ihrer Untergrundorganisation. Der Kriegsausbruch und der Hitler-Stalin-Pakt erschütterte die ideologische und taktische Position der verbliebenen Kader. Die Komintern forderte 1939 noch die Zusammenarbeit der griechischen Kommunisten mit ihrem Verfolger Metaxas im Zeichen der Antifaschistischen Einheitsfront, interpretierte jedoch bald darauf den Angriff Mussolinis auf

33 Kousoulas, a.a.O., S. 54 ff.; Mathiopoulos, a.a.O., S. 104 ff.
34 Kousoulas, a.a.O., S. 90 ff.
35 Ebd., sowie S. 106 ff.

Griechenland im Oktober 1940 und selbst den Einmarsch der Deutschen im April 1941 als antiimperialistische Akte gegen den Hauptfeind England. Ebenso bedenkenlos schaltete sie dann nach dem 22. Juni 1941 auf den Widerstand zur Verteidigung der Sowjetunion als des Vaterlandes aller Werktätigen um. Dieser Zickzack-Kurs der Kommunisten konnte nur den tiefsitzenden Verdacht ihrer nationalen Unzuverlässigkeit bei der Mehrheit ihrer Landsleute festigen. Die kommunistischen Rest-Kader hatten um diese Zeit keine politische Bedeutung mehr.[36]

Nach dem griechischen Zusammenbruch sollte sich das bald ändern. Manche Kommunisten entkamen aus ihren Verbannungsorten, andere wurden von den Deutschen freigelassen. Unter Führung von Georgios Siantos (Zachariades war aus griechischer Haft in das KZ Dachau gebracht worden) begannen sie mit dem organisatorischen Wiederaufbau der Partei sowie — nach einigem Zögern — mit der Politik des nationalen Widerstands gegen die Okkupanten und der Einheitsfront. Bereits am 27. September 1941 schlossen sich die Kommunisten mit sozialistischen Gruppen sowie der linksgerichteten Bauernpartei zur „Nationalen Befreiungsfront" (EAM) zusammen, die seit Beginn des Jahres 1942 auch an die Aufstellung bewaffneter Guerilla-Kräfte unter der Bezeichnung einer „Nationalen Volksbefreiungsarmee" (ELAS) ging.[37]

In der EAM/ELAS wurden die Kommunisten bald zur stärksten Kraft, auch wenn sie mit der Einheitsfront-Taktik ihre Identität meist geschickt verbergen konnten. Die Vertreibung der Besatzungsmächte sollte aus kommunistischer Sicht nur die Initialzündung für einen revolutionären Prozeß darstellen, der zum schließlichen Sieg des Sozialismus-Kommunismus führen mußte, der nationale Widerstand gegen den äußeren Feind nur das Mittel zum Zweck der späteren kommunistischen Machteroberung sein.

Die italienische Kapitulation im Herbst 1943 brachte der ELAS nicht nur umfangreiche Waffenbestände ein, sondern sah sie auch bereits im Besitz großer Teile der griechischen Berge, besonders im Pindos, in Zentralmazedonien, dem westlichen Thessalien und an der Grenze zu Albanien und Jugoslawien. In den „befreiten Gebieten" wurden die

36 Ebd., S. 140 ff.
37 Zum Gesamtzusammenhang EAM/ELAS vor allem: Heinz Richter, a.a.O., bes. S. 148 ff., S. 248 ff.; Kousoulas, a.a.O., S. 145 ff.; Hugh Seton-Watson, Die Osteuropäische Revolution, München 1956, S. 121 ff.; Hornung, a.a.O., S. 88 ff.

Ansätze einer neuen politischen Ordnung entwickelt. Als Modell
einer künftigen „Volksdemokratie" wurden hier vielfach die Kinder in
der sogenannten „Junge-Adler"-Organisation („Aitopoula") zusammengefaßt, die Älteren in der „Nationalen Panhellenischen Organisation" (EPON), der Söhne und Töchter aller sozialen Schichten, nicht
zuletzt studentische Mitglieder angehörten, davon etwa 40 Prozent
Frauen, und die gegen Ende etwa 350 000 Mitglieder gezählt haben
soll. Die Organisation der „Nationalen Solidarität" (EN) sollte als
Wohlfahrtseinrichtung die Härten des Bürgerkrieges mildern, elternlos
gewordene Kinder betreuen und den Müttern ermöglichen, sich aktiv
im Widerstand zu betätigen. Die „befreiten Gebiete" waren mit ihren
Dorf-, Distrikts- und Provinz-Komitees straff organisiert. Die bewaffneten Einheiten der ELAS wurden nach dem Troika-Prinzip des sowjetischen Kommisarsystems gegliedert. Hier wurde der für ideologische
Erziehung, Propaganda und das Verhältnis der Partisanen zur Zivil-
bevölkerung zuständige „Kapetanios", der politische Kommissar,
meist von den Kommunisten gestellt, die dadurch die politische
Kontrolle des Widerstandes weitgehend in der Hand hatten.[38] Nach
dem Bericht des britischen Verbindungsoffiziers bei der ELAS,
Brigadier Myers, waren zwar 90 Prozent der EAM-Anhänger Nicht-
Kommunisten, dagegen wurden 90 Prozent ihrer Führung von den
Kommunisten gestellt.[39]

Als im März 1944 nach dem Vorbild der jugoslawischen Kommunisten
ein „Politisches Komitee der Nationalen Befreiung" (PEEA) gegründet
wurde, war dies ein Schritt der EAM auf dem Weg zu einer Gegen-
regierung gegen die legale Exil-Regierung in Kairo. Entsprechend der
demokratisch-antifaschistischen Volksfront-Strategie bildeten „fort-
schrittliche Republikaner" wie der bekannte Verfassungsrechtler
Professor Alexander Svolos, der Sozialist Dimitrios Stratis und der
republikanische General Evripides Bakirdzis die Aushängeschilder.
Die griechischen Exil-Streitkräfte im Nahen Osten wurden von der
EAM planmäßig infiltriert, eine Entwicklung, die im Frühjahr 1944
in Meutereien bei der griechischen Armee und Flotte ihren Höhepunkt
erreichte. Die kommunistisch gesteuerte Soldatenrats-Bewegung
konnte zwar von regierungstreuen Einheiten und mit britischer Hilfe

---

38 Vgl. Richter, a.a.O., S. 249.
39 Zitiert bei Richter, a.a.O., S. 162; vgl. die Berichte der beiden Chefs der
   britischen Verbindungsmission bei der ELAS: Edmund Myers, The Greek
   Entanglement, London 1955, und Christopher Woodhouse, The Apple of
   Discord, London 1948.

niedergeschlagen werden, sie erreichte jedoch ihr politisches Ziel: die
Bildung einer „Regierung der Nationalen Einheit" unter Georg Papandreou im Sommer 1944 aus gleichberechtigten Vertretern der Exil-
regierung und der PEEA. Die EAM beanspruchte darin Schlüssel-
positionen wie das Innen-, Erziehungs-, Landwirtschafts- und Arbeits-
ministerium sowie den Staatssekretär im Verteidigungsministerium:
Das Grundmuster der Machtergreifung mittels Einheitsfront-Strategie
war deutlich genug.[40]
Was veranlaßte die Kommunisten, nicht sogleich nach dem Abzug der
Deutschen und noch *vor* der Rückkehr der Exilregierung am 18.
Oktober 1944 nach der Macht zu greifen? Die Parteiführung unter
Siantos soll über die sowjetische Militärmission in dieser Zeit Weisungen erhalten haben, sich zurückzuhalten, da Stalin an den Vereinbarungen mit England festzuhalten gedachte, wonach Griechenland im
britischen Einflußbereich bleiben sollte. Ende November drängten
dann aber andere Kräfte in der kommunistischen Führung doch
noch auf eine gewaltsame Lösung, solange die bewaffneten Kräfte der
Regierung noch schwach waren. In den Dezember-Januar-Tagen
1944/45 konnte nur durch das Eingreifen starker britischer Truppen-
einheiten in offenen militärischen Kampfhandlungen in Athen die
kommunistische Macheroberung verhindert werden.[41]
Der politische Einfluß der Kommunisten bei Kriegsende war durch das
militärische Debakel noch nicht entscheidend geschwächt. Da die
Frage der Monarchie auf der Tagesordnung stand, mochten die liberal-
republikanischen Nachkriegsregierungen in den Kommunisten Bundes-
genossen zur Verhinderung der monarchischen Restauration sehen.
Die Bürgerkriegsereignisse des Winters 1944/45 ließen jedoch die
antifaschistische Grundstimmung der Kriegsjahre gegenüber einer
antikommunistischen Haltung in der Mehrheit der Bevölkerung zu-
rücktreten. Die konservative Volkspartei errang so bei den ersten
Nachkriegswahlen mit 191 von 317 Mandaten einen unerwartet großen
Erfolg gegenüber nur 98 Sitzen der Liberalen und Republikaner. Das
Plebiszit über die Rückkehr des Königs am 1. September 1946 erbrachte sogar 69 Prozent der Stimmen für die Monarchie und nur
10,3 Prozent für die Republik; 20,5 Prozent stimmten gegen den
König, aber auch nicht für die Republik.[42]

40 Richter, a.a.O., bes. S. 416 ff.
41 Kousoulas, a.a.O., S. 197 ff.; Richter, a.a.O., S. 495 ff.; Seton-Watson,
    a.a.O., S. 297 ff.
42 Meynaud, a.a.O.

Eine Fortsetzung der Volksfront-Politik war unter diesen Umständen ohne Aussicht. Zachariades, der nun wieder die Partei führte, sprach offen von einer „Umgruppierung der volksdemokratischen Kräfte im Blick auf die neue, unvermeidliche und entscheidende Konfrontation" und ging bereits im Oktober 1946 wieder in den Untergrund. Partner aus den EAM-Tagen wie der Sozialist Tsirimokos distanzierten sich von den Kommunisten, die nun erneut den Bürgerkrieg entfachten, z.T. mit den 1945 versteckten Waffen. Sie konnten sich zwar noch einmal zweieinhalb Jahre in den Bergen behaupten; ihre Situation war jedoch jetzt weitaus schlechter als im Herbst 1944. Die antikommunistische Mehrheit bot der neuen Herausforderung durch konservativ-liberale Koalitionsregierungen die Stirn. Am 27. Dezember 1947 wurde die Kommunistische Partei gesetzlich verboten. Auch die Bildung einer sogenannten „Vorläufigen Demokratischen Regierung", für die nicht einmal ein fester Regierungssitz gefunden werden konnte, brachte keine Wendung mehr. Nicht einmal die kommunistischen Nachbarn im Norden erkannten sie an und Stalin distanzierte sich mehr und mehr. Die Hilfe der Vereinigten Staaten, die mit der Truman-Erklärung vom März 1947 an die Stelle der bisherigen britischen Schutzmacht traten, trug ebenso zur Niederlage der Kommunisten bei wie die Ende 1948 von Tito verfügte Schließung der Grenze, wodurch die seitherige Unterstützung beendet wurde.

Wenden wir uns nun kurz den sozialistischen und sozialdemokratischen Kräften in Griechenland zu. Ihre seit 1918 zu konstatierende Schwäche dauerte auch während des Zweiten Weltkrieges und in der Nachkriegszeit fort. Sie hatten zum Teil mit den Kommunisten in der EAM zusammengearbeitet, konnten deren Wendung zum bewaffneten Kampf im November/Dezember 1944 jedoch nicht verhindern, was die Kräfteverhältnisse innerhalb der EAM deutlich zeigte. Nach Ansicht eines so kompetenten Beobachters wie Basil Mathiopoulos hatte es „sehr nachteilige Folgen für die Nachkriegsentwicklung des demokratischen Sozialismus in Griechenland, daß es dessen Führer versäumten, sich an diesem Scheidepunkt von der Marschroute der Kommunisten zu distanzieren, die das Land in das Lager der Volksdemokratien führen sollte".[43] Die Distanzierung erst nach den Winterereignissen vermochte diesen Fehler offensichtlich nicht mehr zu korrigieren.

Im April 1945 wurde die Sozialistische Partei (ELD) wieder begründet. Ihr Chef, Professor Svolos, war der Präsident des „Komitees der

43 Mathiopoulos, a.a.O., S. 146 ff.

Nationalen Befreiung" der EAM gewesen. Der angesehene Dichter Nikos Kazantzakis vertrat sie kurze Zeit in den ersten Nachkriegsregierungen. Die programmatische Basis der Partei blieb der „wissenschaftliche Sozialismus" und die These von der Arbeiterklasse als der Avantgarde des Volkes. Die erstrebte „Volksrepublik" sollte auf einer sozialistischen Wirtschaftsordnung beruhen, in der die Schlüsselindustrien verstaatlicht werden, das Privateigentum kleiner und mittlerer Unternehmen aber fortbestehen sollte. Dieses Programm war nicht geeignet, der Partei Einfluß über die zahlenmäßig schwache Arbeiterschaft hinaus zu verschaffen. Während für die Kommunisten das klassisch marxistische Vokabular über das kleinbürgerlich-reformistische Gepräge nicht hinwegtäuschen konnte, unterschieden sich die Sozialisten für das Bürger- und Bauerntum nicht deutlich genug von den Kommunisten, woran auch ein recht nationalistisches Programm in der Außenpolitik – Anschluß von Zypern und Nordepirus und Sicherung der Nordgrenzen gegen die „slawischen Nachbarn" – nichts ändern konnte. Während der Jahre der „zweiten Runde" des Bürgerkriegs zwischen 1946 und 1949 distanzierten sich die Sozialisten zwar von den Kommunisten, versuchten jedoch eine Politik der gleichen Distanz gegenüber dem „kommunistischen Extremismus" und den „Unterdrückungsmaßnahmen der Rechten" sowie der „radikalkonservativen Militärführung" – unter den Bedingungen des Bürgerkriegs sicher keine zugkräftige Parole, die nur in eine „splendid isolation" führen konnte.[44] Mitte der 50er Jahre sind denn auch die sozialistischen und sozialdemokratischen Gruppen fast aus dem politischen Leben verschwunden. Nach 1961 finden wir sozialistische Politiker wie Elias Tsirimokos beim linken Flügel der Zentrums-Union. Andere Einzelgänger wie der Publizist Byron Stamatopoulos gehören später sogar zum sozialreformerischen Teil des Militärregimes von 1967.

Die kommunistischen Kader um Zachariades setzten nach 1949 den Kampf aus dem Exil hinter dem Eisernen Vorhang fort. Man kehrte wieder zu der Mitte der 30er Jahre so erfolgreichen Volksfront-Strategie des „antiimperialistischen", nicht unmittelbar „sozialistischen" Kampfes und der Unterwanderung der Massenorganisationen, besonders der Gewerkschaften, zurück. Die Mitglieder und Anhänger der Partei, so lauteten nun die Anweisungen der Exilführung, sollten für die Zeit des Verbots ihre Mitgliedschaft nicht zu erkennen geben und allzu offene Agitation vermeiden, die Auffassungen der Partei

44 Ebd., S. 146 ff.

jedoch als ihre persönliche Meinung vertreten und im übrigen die illegale Untergrundorganisation „wie einen Augapfel" hüten.[45]
Bis zum Tode Stalins gelang es Zachariades, seine innerparteilichen Gegner dadurch in Schach zu halten, daß er sie mit dem Vorwurf des Titoismus belegte und damit die Frage nach der Verantwortung für die Niederlage im Bürgerkrieg unterdrückte. Nach dem XX. Parteitag der KPdSU fiel jedoch die Zachariades-Gruppe dem Verdikt des „Personenkults" zum Opfer und wurde nicht nur aus der Führung, sondern auch aus der Partei ausgeschlossen. Das neue Politbüro verurteilte nun sowohl die „Kapitulationspolitik" des Herbstes 1944, als man sich den sicheren Sieg habe entgehen lassen, wie auch die Wiederaufnahme des bewaffneten Kampfes 1946 ohne vorherige zureichende Überzeugung der Massen.
Die Partei blieb nach dem Ende des Bürgerkriegs zwar verboten, konnte jedoch unter anderem Namen als „Demokratische Front" bereits an der ersten Nachbürgerkriegs-Wahl am 5. März 1950 teilnehmen und mit 9,7 Prozent der Stimmen 18 von 250 Mandaten gewinnen. Ihre Fortsetzung wurde die 1951 gegründete „Vereinigte Demokratische Linke" (EDA), deren Namen bereits die beabsichtige Volksfront-Strategie signalisierte. Diese neu-alte Strategie brachte bereits bei den Wahlen von 1956 einen beachtlichen Erfolg. Ein Mitte-Links-Wahlbündnis unter dem Etikett „Demokratische Union" gewann 48,15 Prozent der Stimmen und 132 Sitze gegenüber 47,38 Prozent der Stimmen und 165 Sitzen der regierenden ERE. Zwar brach das Bündnis nach der Wahl rasch wieder auseinander. Die Linke war jedoch erstmals seit dem Bürgerkrieg wieder politisch hoffähig geworden. Bei der nächsten Wahl im Jahre 1958 gewann die EDA allein 24,5 Prozent der Stimmen und wurde damit stärkste Oppositonspartei vor der zersplitterten liberalen Mitte.
Gewiß war die EDA nicht einfach identisch mit der kommunistischen Partei Griechenlands, deren eigene Untergrundorganisation fortbestand. Es ist jedoch eine Verschleierung der wahren Verhältnisse, wenn Jean Meynaud sie als eine „Formation der militanten Linken", aber demokratischer Prägung, ohne ideologische Einheit und mit einem angeblich mit den Kommunisten nur „konvergenten" Programm bezeichnet.[46] Tatsächlich paßte die EDA in den 50er und 60er Jahren als legaler Arm der KKE bestens in deren Doppelstrategie hinein, und

45 Kousoulas, a.a.O.
46 Meynaud, a.a.O.

es entsprach ihrer „antifaschistisch-demokratischen" Taktik, wenn sie eine historische Figur des griechischen Sozialismus wie Joannis Passalidis an ihre nominelle Spitze stellte. Ihre Organisationsstruktur wurde, wie bei den Kommunisten, von den Prinzipien des „demoktratischen Zentralismus" bestimmt mit Zellen in den Betrieben und Wohnbezirken, einem Exekutivkomitee an der Spitze und Front-Organisationen für Gewerkschaften, Jugend, Frauen, Mittelstand, Intellektuelle und Kulturarbeit. Hier war sie ihren bürgerlichen Konkurrenten ebenso überlegen wie mit ihrem ausgebauten Kommunikationsapparat, der zwei Tageszeitungen, eine theoretisch-ideologische Monatszeitschrift, zweiwöchentliche Publikationen in englischer und französischer Sprache sowie Buch-Veröffentlichungen marxistischer Klassiker umfaßte. Die Kosten dieser umfangreichen Organisation waren beträchtlich und wurden zu nicht unerheblichen Teilen aus östlichen Quellen gedeckt.

Das Programm der EDA von 1965 war eine Kopie der damals von Chruschtschow eingeleiteten Koexistenz- und Entspannungspolitik. Der Kampf gegen die „Ausbeutung durch die Monopole", gegen den „Brückenkopf der Amerikaner" in Griechenland und gegen die NATO entsprach den sowjetischen Interessen und Leitlinien. Ob es sich um die Forderung der „breiten Demokratisierung" aller politischen, ökonomischen und gesellschaftlichen Bereiche und der Wiederzulassung der KKE handelte, um außerparlamentarische Aktionen und politische Streiks oder um den Kampf gegen EWG-Assoziierung und „deutschen Militarismus", um das Eintreten für atomwaffenfreie Zonen auf dem Balkan und im Mittelmeer, um Zypern usf. [47] — stets befand sich die EDA in nahtloser Übereinstimmung mit den Moskauer und Bukarester Regieanweisungen.

Als es ab 1961 Georg Papandreou gelang, die zersplitterte Mitte wieder zusammenzufassen und zu einer ernsthaften Konkurrenz für die seit langem regierende Rechte zu machen, verstärkte die EDA ihr Werben um eine breite Volksfront, das insbesondere bei den linken Kräften der Zentrums-Union um Andreas Papandreou zunehmend auf Resonanz stieß. Seiner Intiative entsprang auch eine wachsende Zusammenarbeit besonders der beiden Jugendorganisationen der Zentrums-Union und der EDA, der sog. Lambrakis-Jugend. Papandreou berichtet selbst über die Organisation „außerparteilicher militanter demokratischer Organisationen", besonders unter der Jugend,

47 Meynaud, a.a.O.

unter Gewerkschaftlern und Studenten, die sich in „Nachbarschafts-
zellen" organisieren und auch einem möglichen Militärputsch Paroli
bieten sollten.[48] Schwere Ausschreitungen dieser militanten außerparlamentarischen Gruppen insbesondere in der Nacht des 20. August
1965 in Athen weckten bei vielen wieder die Furcht vor einer „vierten
Runde" des Bürgerkriegs.[49] Auch wenn die Politiker im Frühjahr
1967 bereits an einer möglichen neuen konservativ-liberalen Kombination G. Papandreou - P. Kannelopulos arbeiten mochten, um die ge-
spannte Lage zu bereinigen, so trug doch die Furcht vor einer neuen
kommunistischen Aktion mit Hilfe anderer militanter Links-Gruppen
nicht wenig zu einer psychologischen Atmosphäre bei, die dem
Militärputsch vom 21. August 1967 günstig war, jedenfalls dazu
führte, daß ihm kein nennenswerter Widerstand entgegengesetzt
wurde.

III. Griechische Außenpolitik nach dem Zweiten Weltkrieg

Wer die heutige griechische Außenpolitik und die außenpolitischen
Positionen der griechischen Parteien verstehen will, muß sich gewisse
Konstanten vergegenwärtigen. Griechenland ist ein kleines Land ohne
ausreichende Rohstoffvorkommen. Infolge seiner langen Küstenlinien
ist es überaus verwundbar. Der griechische Raum behielt bis heute eine
wichtige strategische Position zwischen Ost und West, Europa und
dem Vorderen Orient. Ob im griechisch-römischen Altertum, im
byzantinischen Mittelalter, in der Zeit der osmanischen Expansion
und dann des Gegensatzes zwischen England und Rußland und schließlich im globalen Ost-West-Konflikt unserer Tage: die Kraftlinien der
internationalen Konflikte verliefen stets mitten durch dieses Gebiet.
Auch die Geschichte des neugriechischen Staates seit 1830 wird von
einer Serie ausländischer Interventionen markiert. Schon die Durchsetzung der Unabhängigkeit wäre ohne die Schutz- und Garantie-
mächte Großbritannien, Rußland und Frankreich kaum möglich gewesen. Die ausländischen Einflüsse verbanden sich mit den Kräften

---

48 Vgl. A. Papandreou, a.a.O., S. 190; Papandreou bestreitet in seinem Bericht
   zwar die Absicht einer Volksfront mit der EDA. Er wird jedoch von den Tatsachen dementiert: In der politischen Praxis und auf der Straße war sie schon
   längst Realität.
49 Ebd., S. 194; G. Manousakis, a.a.O., S. 183 ff., S. 189 ff.; Hornung, a.a.O.,
   S. 113 ff.

und Konflikten der griechischen Innenpolitik, und umgekehrt verlängerten sich die inneren Gegensätze stets in den internationalen Raum hinein. Die wechselseitige Beschuldigung der Parteien, sie seien vom Ausland abhängig und unterwürfig gegenüber den Fremden, ist ein durchgehendes Motiv der griechischen Geschichte. An der Enttäuschung über Fremde und Freunde entzündete sich aber auch immer wieder der Widerstand gegen „Einmischungen" und ein hochgespanntes Nationalgefühl. Griechenland stellt seit 1830 ein typisches Beispiel für ein von zahlreichen äußeren Einflüssen „penetriertes" politisches System dar.[50]

Ein rundes Jahrhundert spielte Großbritannien die Rolle der Schutzmacht Griechenlands. Kulturell-ideologische Gemeinsamkeiten der an der westeuropäischen liberalen Demokratie orientierten griechischen Bildungsschicht verbanden sich dabei mit politisch-strategischen Gegebenheiten. Im Zweiten Weltkrieg wurde diese britische Schutzmachtfunktion noch einmal belebt. Ohne die Protektion der griechischen Regierung im Nahost-Exil 1941/44 und ohne die, schließlich auch militärische, Intervention der Briten im Winter 1944/45 wäre Griechenland in den sowjetischen Machtbereich einbezogen worden. Als den Engländern nach dem Krieg diese Bürde zu schwer wurde, traten die Amerikaner in die Lücke. Die Truman-Doktrin vom März 1947 dokumentierte die neue bipolare Weltkonstellation, in die Griechenland von Anfang an einbezogen war. Die Militär-und Wirtschaftshilfe der Vereinigten Staaten entschied schießlich den fast dreijährigen Bürgerkrieg, bestätigte noch einmal die Abgrenzung der Einflußsphären und untermauerte die Hegemonie der USA auch in diesem Raum.

Der Beitritt Griechenlands zur NATO am 18. Februar 1952 war die logische Folge der bereits seit 1947 bestehenden engen zweiseitigen Beziehungen des Landes mit den Vereinigten Staaten. Die Griechen hätten es lieber gesehen, wenn sie der nordatlantischen Allianz schon als Gründungsmitglied im Jahr 1949 hätten beitreten können. Damals erhoben jedoch Großbritannien und die skandinavischen Staaten Einwände, weil sie Verwicklungen aus dem Bürgerkrieg fürchteten. Sein Ende und die Verschärfung der Ost-West-Spannungen seit dem Beginn des Koreakrieges machten diese Einwände hinfällig. Heute

---

50 Vgl. Theodore A. Couloumbis, Greek Political Reaction to American and NATO Influence, New Haven and London (Yale Universitiy Press) 1966, S. 9 ff.

verdient die Zustimmung einer breiten Mehrheit nicht nur in der
politischen Welt, sondern auch in der Bevölkerung hervorgehoben zu
werden: 'Allgemein wurde der Beitritt als die logische Konsequenz
des Sieges über die Kommunisten im Bürgerkrieg empfunden. Es muß
auch betont werden, daß es eine Regierung der liberalen bürgerlichen
Mitte (General Plastiras – Sophoklis Venizelos) war, die den Beitritt
beantragte und vollzog, der im Parlament mit Jubel, von der damaligen konservativen Opposition geradezu enthusiastisch begrüßt wurde.
Nur ein kleiner Teil der Rechten in der geschrumpften alten Popu-
listenpartei unter Konstantin Tsaldaris und natürlich die in der EDA
vereinigte Linke kritisierten den Beitritt schon damals mit den Argu-
menten der Beeinträchtigung der Souveränität und der Opferung
nationaler Interessen, die seitdem immer wiederkehren sollten. In der
Woge allgemeiner Zustimmung fand diese Opposition damals keine
Resonanz. In der weiteren Entwicklung gewann sie jedoch an Gewicht,
nicht zuletzt dadurch, daß die Linke mehr und mehr nationalistische
Argumente sich zu eigen machte.[51]
Für die konservativen Regierungen Papagos und Karamanlis in dem
Jahrzehnt zwischen 1952 und 1963 wurde das Bündnis mit den Vereinigten Staaten und die NATO-Mitgliedschaft zur Achse ihrer Außen-
und Sicherheitspolitik. Es entsprach nach ihrer Auffassung den traditionellen kulturellen und ideologischen Gemeinsamkeiten mit
dem Westen ebenso wie es allein in der Lage war, zureichenden
Schutz gegen die kommunistische Bedrohung zu gewähren. Die
bürgerlich-liberalen Mittelparteien betonten zwar ihr Verdienst,
die NATO-Mitgliedschaft vollzogen zu haben wie auch die traditionellen westlichen Bindungen Griechenlands. Sie meinten jedoch,
die nationalen Interessen stärker hervorheben zu müssen als die
konservative Regierung. Während die liberale wie die pro-kommu-
nistische Opposition die Notwendigkeit nationalstaatlicher Souveränität betonten, kritisierte das Regierungslager einen engstirni-
gen Nationalismus als Requisit des 19. Jahrhunderts und sprach
es sich für moderne, den Bedingungen des 20. Jahrhunderts entsprechende supranationale Lösungen in der Außen- und Sicherheitspolitik aus.
Die desintegrativen Faktoren des Bündnisses wurden im Lauf der
Zeit stärker spürbar. Die lange Regierungsdauer der Konservativen

---

51 Ebd., S. 45 ff.

unter Karamanlis und die Aussichtslosigkeit der liberal-bürgerlichen Opposition auf Regierungsübernahme haben gewiß dazu beigetragen, das NATO-Bündnis zu einem innenpolitischen Zankapfel werden zu lassen und dadurch zu schwächen. Innenpolitik und außen- so wie sicherheitspolitische Orientierung gerieten umso mehr in eine problematische Verknüpfung als auch die Art und Weise, in der die USA ihren hegemonialen Einfluß ausübten, nicht selten griechischen Stolz zu verletzen geeignet war. Die Militär- und Wirtschaftshilfe der USA brachte eine große Zahl amerikanischer Berater, Dienststellen und Kommissionen ins Land, die manchen Griechen das Gefühl vermitteln mochten, nicht mehr Herren im eigenen Haus zu sein. Insbesondere die Linke fand hier früh Munition für ihre prinzipielle Ablehnung des NATO-Bündnisses: Während die Dritte Welt sich überall aus ihren kolonialen Abhängigkeiten befreite, so argumentierte sie, habe sich Griechenland im Interesse der einheimischen Oligarchie den monopolkapitalistischen und imperialistischen Interessen unterworfen. Es sei, wie ein verbreiteter Propagandaslogan lautete, in einen nur wenig verhüllten „subkolonialen" Status abgesunken, auf dem Weg zu einer lateinamerikanischen „Bananenrepublik".[52]

Tatsächlich war der Mangel an Eignung als hegemonialer Macht, an geschichtlicher Erfahrung und psychologischem Fingerspitzengefühl in der Politik der Vereinigten Staaten auch Griechenland gegenüber nicht zu leugnen. Die Tatsache, daß z.B. der amerikanische Botschafter in Athen, John E. Peurifoy, vorher in gleicher Eigenschaft in Guatemala und danach in Thailand gewesen war, zeigte nicht gerade politisches Fingerspitzengefühl in Washington. Als er sich 1952 öffentlich zu der Auseinandersetzung um ein neues Wahlrecht äußerte und damit den Eindruck erweckte, die Vereinigten Staaten wünschten die Ablösung der seitherigen liberalen durch eine konservative Regierung, entfachte dies einen Sturm öffentlicher Entrüstung. Die Liberalen und die Linke kritisierten diese Einmischung, und ein Minister der amtierenden Zentrums-Regierung trat aus Protest gegen

---

52 Ebd., S. 49 ff., S. 57 ff. Es ist aufschlußreich, daß gerade die EDA immer wieder die Erinnerung an verletzten griechischen Stolz beschwor; so wies z.B. einer ihrer Parlamentssprecher, Joannis Passalidis, auf die Opferung der griechischen Kleinasien-Politik auf dem Altar der westlichen Nahost-Öl-Interessen in den Jahren 1922/23 hin. Später wurde A. Papandreou der wohl schärfste Kritiker der amerikanischen Hegemonialpolitik: vgl. Papandreou, a.a.O., S. 91 ff., S. 140 ff.

die „Demütigung" zurück. Die liberale Presse verbat sich die Rolle des
Botschafters als Vormund und Regulator der griechischen Politik; die
Linke sprach von einem schwerwiegenden Glied in einer Kette amerikanischer Einmischung. Der Führer der Rechten, Marschalll Papagos,
nannte dagegen das Interesse der Vereinigten Staaten an einem größt-
möglichen Grad innerer Stabilität in Griechenland angesichts immen-
ser Wirtschaftshilfe verständlich, und auch der Ministerpräsident,
General Plastiras, interpretierte die Intervention des Botschafters
als Parteinahme für ein dauerhaftes Zweiparteiensystem nach angel-
sächsischem Muster. Das konnte jedoch nicht hindern, daß die USA
und das NATO-Bündnis zum ersten Mal in die Schußlinie öffentlicher Auseinandersetzung und Kritik geraten waren.[53]
Ein Jahr später, im Oktober 1953, führte der Abschluß eines Regie-
rungsabkommens über die Errichtung amerikanischer Stützpunkte
in Griechenland zu neuem innenpolitischem Streit. Die liberalen
Führer wie G. Papandreou und S. Venizelos sprachen sich zwar nicht
grundsätzlich dagegen aus und sie stimmten auch schließlich im Parlament zu. Umso schärfer kritisierten sie jedoch das politische Vorgehen
der Regierung, die vorher die Opposition nicht konsultiert hatte.
Weiter links stehende Politiker sprachen im Hinblick auf den vereinbarten exterritorialen Status des amerikanischen Militärpersonals von
einer Beeinträchtigung der nationalen Würde und Souveränität und
dem Ende einer unabhängigen Außenpolitik. Sie empfahlen den Weg
Dänemarks und Norwegens, die der Stationierung ausländischer
NATO-Truppen in Friedenszeiten nicht zugestimmt hatten. Drei
kleinere Parteien der linken Mitte stimmten denn auch mit der EDA
gegen den Stationierungsvertrag, der in seinen Grundzügen bis zum
Ende der Militärherrschaft in Kraft war und erst von der Regierung
Karamanlis im Sommer 1974 gekündigt und durch ein neues Abkommen ersetzt wurde. Das Regierungslager nannte die getroffenen
Abmachungen das kleinere Übel gegenüber kommunistischer Beherrschung. Auch nur der Ansatz zu einer neutralen Haltung zwischen Ost
und West, wie sie die EDA vertrat, erschien hier als der Beginn einer
schiefen Ebene, die in das östliche Lager führen mußte.
Zur schwersten Belastung der griechischen NATO-Mitgliedschaft
sollte jedoch das Zypernproblem führen. Es kann hier nicht in seiner
überaus differenzierten Problematik dargestellt werden. Mit ihm wird

---

53 Couloumbis, a.a.O., S. 51 ff.; vgl. auch G. Manousakis, Griechenland, USA
   und die NATO, in: Sicherheitspolitik heute, Zeitschrift für alle Fragen der
   Verteidigung 4/1974, S. 586 ff.

die „Gleichzeitigkeit des Ungleichzeitigen", wie sie für die innere griechische Entwicklung so charakteristisch ist, auch im außenpolitischen Bezugsfeld deutlich. Zum einen stellt die Zypernfrage einen Ausläufer der nationalen Sammlungsidee der Megali Idea aus der ersten Hälfte des Jahrhunderts dar, zum anderen eine Hypothek aus der Epoche der britischen Vorherrschaft im Ostmittelmeer, indem es die Griechen an ihre Abhängigkeit von den hegemonialen Schutzmächten erinnert. Die Rücksichtnahme auf Großbritannien hatte die Zypernfrage für die griechische Politik bis in die Zeit nach dem Zweiten Weltkrieg tabuisiert. Die griechische Zypernpolitik begann daher erst eigentlich im Jahr 1954, als durch den Wechsel der Schutzmacht die alten Rücksichten zu entfallen schienen. In diesem Jahr entschloß sich die Regierung Papagos, Zypern vor die Vollversammlung der Vereinten Nationen zu bringen, und die Enttäuschung war groß, als die griechische Initiative keine Unterstützung von den USA erhielt, dagegen aber — neben dem blockfreien Ägypten — ausgerechnet die Ostblockstaaten unter Führung der Sowjetunion in einem geschickten Schachzug die griechische Partei ergriffen.[54]

Von diesem Ausgangspunkt aus ist es verständlicher, warum das Zypernproblem für die griechische Öffentlichkeit mehr und mehr zu einem Spaltpilz des NATO-Bündnisses wurde. Als sich der Zypernkonflikt im September 1955 durch türkische Ausschreitungen gegen die griechischen Minderheiten in Istanbul und Izmir erstmals zu einer griechisch-türkischen Konfrontation ausweitete, wandte sich der griechische Zorn auch gegen die USA, von denen man sich in einer gerechten nationalen Sache — der Befreiung der Landsleute auf Zypern aus kolonialer Abhängigkeit — im Stich gelassen fühlte und denen man einseitige Parteinahme für die Türkei vorwarf.[55] Jetzt wurde selbst in konservativen Zeitungen zum ersten Mal die Forderung erhoben, aus dem Bündnis auszutreten.

Im Wahlkampf von 1956, der weitgehend vom Zypernproblem bestimmt wurde, wurden vor allem im Zentrum die Stimmen lauter, die eine Besinnung auf die näherliegenden „geo-politischen" Interessen Griechenlands forderten: Da auf die USA „kein Verlaß" sei, sollte das Land näher an seine Nachbarn auf dem Balkan und im

54 Vgl. Couloumbis, a.a.O., S. 69 ff., S. 77 ff.
55 Eine nützliche Einführung in die Zypernproblematik für den deutschen Leser bietet die Dissertation von Nikolaus Wenturis, Der Integrationsprozeß im politischen System der Republik Zypern. Die Wirkung der exogenen und endogenen desintegrierenden Faktoren im politischen System, Göppingen 1970; hier auch weiterführende Literatur; vgl. auch Couloumbis S. 93 ff.

Nahen Osten heranrücken. Auch auf der äußersten Rechten sprach
man sich nun für Disengagement vom Westen und Entspannung
gegenüber den Kommunisten in der Innen- wie in der Außenpolitik
aus. Insbesondere die EDA aber wurde — im Zeichen der vom XX.
Parteitag der KPdSU ausgehenden Parolen von der „Friedlichen
Koexistenz" — nicht müde, Zypern als den Prüfstein für die „wahren
Freunde" Griechenlands darzustellen und die Regierung ob ihrer
„Intransigenz" im Stil des Kalten Krieges und ihres „sklavischen
Gehorsams" gegenüber den Vereinigten Staaten anzuklagen. Die
Linke warf nun immer entschiedener den Köder der „Blockfrei-
heit" oder doch wenigstens einer nur passiven NATO-Rolle nach dem
Muster Norwegens oder Islands in die Diskussion. Wenn das Bündnis
diese erste Zypernkrise noch einmal überstand, so nicht zuletzt deshalb, weil die Mittelparteien keine wirkliche außenpolitische Alternative anzubieten hatten. Immerhin wurde nun erstmals in aller
Öffentlichkeit über außenpolitische Ersatzlösungen nachgedacht.
So blies dem Regierungslager in der Bündnisfrage 1956 der Wind
bereits spürbar ins Gesicht. Das Entspannungsklima, das die sowjetische Führung seit der Genfer Gipfelkonferenz im Mai 1955 und
durch den XX. Parteitag im Februar 1956 hervorgerufen hatte,
wirkte sich auch in Griechenland aus. Karamanlis und die ERE konnten nur vor einer nationalistischen Übersteigerung des Zypernkonflikts
warnen und darauf hinweisen, daß eine für die griechischen Interessen
günstige Lösung durch den Verbleib in der NATO eher möglich war
als durch den Rückzug aus dem Bündnis, der nur die türkische Position stärken konnte. Karamanlis hatte sogar den Mut, nach dem ersten
Abklingen der Krise die griechischen Offiziere in das NATO-Haupt-
quartier nach Izmir zurückkehren zu lassen, eine Entscheidung, die
in der Öffentlichkeit scharf kritisiert wurde. Als die Krise durch die
Verbannung des Erzbischofs Makarios auf die Seychellen durch die
Engländer eine erneute Verschärfung erfuhr, berief die Regierung
den griechischen Botschafter in London ab und beschloß die Abschaffung des Englischunterrichts an den griechischen Schulen.
Ein bekannter griechischer Publizist aus dem liberalen Lager, Chri-
stos Lambrakis, faßte das Problem in dem Satz zusammen, die kommunistische Zypernpropaganda finde „psychologisch fruchtbaren Boden
fast im ganzen griechischen Volk unabhängig von den ideologischen
und parteipolitischen Positionen".[56]

---

56 Couloumbis, a.a.O., S. 116.

Das war kaum eine Übertreibung und zeigte den Ernst der Lage, den die NATO-Verbündeten Griechenlands jedoch immer noch ignorierten. Auch die folgenden Wahlen im Jahr 1958 standen im Zeichen einer anti-amerikanischen und neutralistischen Stimmungslage, zu der nicht nur das fortschwelende Zypernproblem, sondern auch die Diskussion über die Errichtung von Abschußbasen für Mittelstreckenraketen mit Kernwaffensprengköpfen beitrug. Die griechische Linke hatte es leicht, die geplanten Basen als „Magneten" für östliche Kernwaffenangriffe darzustellen und für die sowjetische Idee der Friedens- und kernwaffenfreien Zonen auf dem Balkan und im ganzen Mittelmeer zu werben. Die liberale Mitte war sich mit der EDA in der Verdammung der „masochistischen Unterwerfung" der Regierung unter die amerikanische Schutzmacht einig. Zwischen der Mitte und der Linken gab es sowohl in der Zypernfrage wie bei der Ablehnung der Kernwaffenbasen beträchtliche Berührungspunkte, auch wenn die erstere die Zugehörigkeit zur freien Welt nicht aufgeben wollte. Sie wollte die atlantische Allianz aber auch nicht mehr als „fatalische Bindung" verstanden wissen, sondern nur noch insoweit akzeptieren, wie sie griechischen Interessen entsprach. Das ließ Interpretationen und Lockerungen weiten Spielraum.

Das Regierungslager focht bei dieser Wahl, die der EDA denn auch ihren Nachkriegshöchststand von einem runden Viertel der Stimmen und damit die Position der stärksten Oppositionspartei verschaffte, in der Defensive. Auch Karamanlis warnte die Verbündeten jetzt energisch vor weiteren Belastungen der Allianz in der Zypernfrage, und er betonte die Absicht seiner Regierung, die freundschaftlichen Beziehungen nicht nur mit Jugoslawien und den arabischen Staaten, sondern auch mit der Sowjetunion und dem kommunistischen Osteuropa insgesamt zu verstärken. Erneut wurden die griechischen Offiziere aus Izmir abgezogen. Der damalige Außen- und heutige Verteidigungsminister Evangelos Averoff nannte die Zusammenarbeit in der NATO unter der Hypothek der ungelösten Zypernfrage bereits „nahezu untragbar". Die Interessen der Zyprioten sollten nach seiner Ansicht jedenfalls nicht länger der alliierten Solidarität geopfert werden.[57] Gewiß war in solchen Äußerungen und Handlungen der Regierung auch der Versuch zu erkennen, angesichts einer über die NATO und die USA aufgebrachten öffentlichen Mei-

57 Ebd., S. 128.

nung Ballast abzuwerfen. Und die beschworene Kriegsgefahr zwischen
Griechenland und der Türkei mußte zum Teil auf das Konto des Wahl-
kampfes gebucht werden. Daß insgesamt die politisch-psychologische
Erosion der NATO-Treue in der griechischen Öffentlichkeit durch die
Zypernbelastung, eine geschickte Propaganda der pro-kommunistischen
Linken wie durch Desinteresse und Ungeschicklichkeiten der Allianz
schon weit fortgeschritten war, war nicht mehr zu übersehen.
Dies bewog den engagierten damaligen Generalsekretär der NATO,
Paul-Henri Spaak, die Initiative zu ergreifen, um durch eine Vermitt-
lung des Bündnisses den Weg zu einer zweiseitigen Lösung des Zypern-
problems zu bahnen. So gelang es schließlich, durch direkte Gespräche
zwischen dem griechischen und dem türkischen Ministerpräsidenten
in Zürich bereits im Februar 1959 einen Kompromiß zu finden.
Zypern wurde ein selbständiger Staat, der der türkischen Minderheit
Schutz und Vetorechte in der gemeinsamen Gesetzgebung und Regierung einräumte. Die militärischen Basen der Engländer wurden bestätigt, der neue Staat insgesamt jedoch in eine neutrale Position
gebracht. Auf den ersten Blick schien ein für alle Beteiligten akzep-
tabler Kompromiß erreicht worden zu sein, keine Seite hatte ihr
Ziel – Anschluß an Griechenland bzw. politische Teilung – durchsetzen können. Auch die Kontrahenten und nicht einmal die Zyprer
selbst dürften damals vorausgesehen zu haben, daß die vereinbarte
Verfassung der neuen Inselrepublik nicht zu realisieren war. Die
griechische Opposition beschuldigte Karamanlis freilich vehement
des Verrats an der Enosis. Die Zyperngriechen fragten sich, weshalb
sie, wenn sie schon nicht die Vereinigung mit dem Mutterland erreichen konnten, eigentlich ihren neuen Staat der völligen Lähmung
durch das Veto der türkischen Minderheit aussetzen sollten, und sie
unterstützten deshalb weitgehend die Fortsetzung des Untergrund-
kampfes der EOKA, dieses Mal gegen die türkische Volksgruppe auf
der Insel. Die Vereinigten Staaten ihrerseits konnten über die zunehmend neutralistische Politik des Präsidenten Makarios nicht erfreut
sein, der sich Rückhalt an der Sowjetunion wie bei der starken zypriotischen KP verschaffte. Neue Konflikte waren hier geradezu vorprogrammiert.[58]

---

58 Vgl. ebd., S. 130 ff; über die griechische Zypernpolitik seit 1954 und das
   Zürich-London-Abkommen vom Februar 1959 ausführlich Wenturis, a.a.O.,
   S. 3 ff, S. 42 ff.; ebenso Manousakis, a.a.O., S. 591 ff.

Daß nach den Abkommen von Zürich und London für einige Jahre eine Beruhigung in der Zypernfrage und im griechisch-türkischen Verhältnis eintrat, hatte seine Ursache vor allem in den inneren Schwierigkeiten der Türkei zu Anfang der 60er Jahre (Militärputsch des General Gürsel im Mai 1960, Prozeß und Hinrichtung der führenden Mitglieder der Regierung Menderes). Die für Griechenland günstige Situation konnte Karamanlis nutzen, um den Vertrag über die Assoziation Griechenlands an die EWG unter Dach zu bringen (1961). Sie stellte in der Sicht des griechischen Regierungschefs den Beginn gewisser Lockerungen der Beziehungen zur atlantischen Hegemonialmacht dar, deren direkte Finanz- und Wirtschaftshilfe 1962 auslief, so daß die griechische Politik schon aus diesem Grunde nach neuen Lösungen Ausschau halten mußte — eine Linie, an die Karamanlis nach seiner Rückkehr in die Regierungsverantwortung im Sommer 1974 anknüpfen konnte. In der Frage der in der griechischen Innenpolitik seit längerem kontroversen Militärausgaben war die konservative Regierung schon weiter gegangen, als sie aus Gründen der außenpolitischen Diskretion öffentlich zu erkennen geben konnte: Seit dem Ende des Bürgerkriegs war hier bereits eine Reduzierung um nahezu die Hälfte erfolgt. Faktisch bestand also doch mehr Übereinstimmung zwischen der Regierung und wenigstens der bürgerlichen Opposition als in der Erregung von Wahlkämpfen zu erkennen war. Gleiches galt für die von Karamanlis eingeleiteten Verbesserung der Beziehungen zur Sowjetunion und zu den nördlichen Nachbarn. Auch wenn man sich durch die kommunistischen Offerten nicht aus der Allianz herauslocken ließ — Außenminister Averoff nannte die Parolen von den „Friedenszonen" um diese Zeit recht deutlich ein Mittel der psychologischen Kriegsführung der Kommunisten —, so verfehlte die allgemeine sogenannte Entspannung in der Ära Chruschtschow-Kennedy ihre Wirkungen auch auf die griechische Öffentlichkeit nicht. Während die Mitte noch an der Allianz festhielt, jedoch auf die polyzentrischen Entwicklungen in der Weltpolitik nicht unbeträchtliche Hoffnungen setzte, bejubelte die EDA die angeblich durch Kuba erwiesene Aufrichtigkeit sowjetischer „Friedenspolitik". Ihre erneute völlige Übereinstimmung mit Moskau zeigte sich sowohl in der anhaltenden Forderung, die „ausländischen Stützpunkte" in Griechenland zu beseitigen, wie durch die lebhafte Unterstützung der weltweiten kommunistischen Propagandakampagnen gegen eine angeblich wiederauflebende neofaschistische Gefahr in der Bundesrepublik.[59]

59 Couloumbis, a.a.O., S. 148 ff.

Als die Zentrums-Union schließlich im Februar 1964 an die Regierung kam, erwiesen sich die außen- und sicherheitspolitischen Gemeinsamkeiten der beiden nicht-kommunistischen Parteien tatsächlich als größer als es in langen Jahren der liberalen Opposition oft den Anschein gehabt hatte. „Alliierter, aber nicht Satellit" lautete die Formel Georg Papandreous für seine neue Politik, von der auch der vorherige Außenminister Averoff meinte, sie sei im wesentlichen doch die Fortsetzung der bisherigen. Die Zentrums-Union beabsichtigte allerdings, künftig den Militärausgaben im Staatshaushalt den zweiten Platz nach den dringenden Ausgaben für die Wirtschafts- und Sozialpolitik zuzuweisen, eine Zielsetzung, die mehr bei den Militärs als in der ERE Unwillen erregte.[60]

Das Zypernproblem sorgte auch jetzt wieder dafür, die Bündnispolitik Griechenlands nicht zur Ruhe kommen zu lassen. Im Dezember 1963 forderte Präsident Makarios eine Revision der zypriotischen Verfassung. Der Zeitpunkt seines Vorstoßes mochte ihm günstig erscheinen: Griechenland war durch Wahlen und den Regierungswechsel behindert, die Türkei noch mit ihren inneren Schwierigkeiten beschäftigt. Die griechischen Februarwahlen 1964 standen jedoch ganz im Zeichen der Zypernfrage. Die immer wiederholte Versicherung der Zentrums-Union, eine für Griechenland bessere Lösung herbeiführen zu wollen, hat nicht unwesentlich zu ihrem Erfolg beigetragen. Im Sommer 1964 bestand wieder die unmittelbare Gefahr eines Krieges zwischen Griechenland und der Türkei, nicht zuletzt infolge des Einsatzes von 20 000 griechischen Soldaten, die, als „Freiwillige" und Zivilisten getarnt, auf die Insel gebracht worden waren. Die Türken antworteten mit einem mehrtägigen Luftbombardement griechischer Dörfer auf der Insel. Die Vereinigten Staaten versuchten durch einen Plan zu vermitteln, der nach dem ehemaligen Außenminister Acheson genannt wurde und praktisch die Teilung der Insel, die sog. „doppelte Enosis", vorsah. Eben dieses Konzept wurde von der griechischen Linken leidenschaftlich als die „Lösung der Amerikaner" und der NATO angeprangert. Sie nützte auch diese Krise wieder, um gegen das angebliche „Vasallenverhältnis" zu Amerika und gegen die NATO zu trom-

60 Vgl. ebd., S. 166 ff.; G. Papandreou, unerschöpflich in der Prägung massenwirksamer Slogans, nannte die Griechen auch „Alliierte des Westens, Freunde des Ostens" und betonte, Griechenland gehöre zwar zum Westen, daraus resultierten aber nicht nur Verpflichtungen, sondern auch Rechte (vgl. ebd., S. 138).

meln und die Chancen für eine Verbreiterung der anti-imperialistischen Einheitsfront zu verstärken.

Der linke Flügel der Zentrums-Union um Andreas Papandreou bemühte sich, in der Zypernfrage die EDA noch zu übertreffen: Für beide wurde Zypern mehr und mehr zum Mittel zum Zweck einer gegen die USA und die NATO gerichteten Volksfront-Politik. Mit der Ablehnung des amerikanischen Teilungsplanes, der jedoch nur ein Fünftel der Inselfläche und eine Militärbasis für die Türken vorgesehen hatte, versuchte die griechische Linke, jetzt um die Gruppierung Andreas Papandreous verstärkt, sich zum Anwalt des nationalen Interesses an der ungeteilten Enosis aufzuwerfen.[61] Tatsächlich torpedierte sie den Plan aber vor allem deshalb, weil er zur Einbeziehung Zyperns in die NATO geführt hätte. Nationale Lippenbekenntnisse wurden zur Fassade für einen ideologisch fixierten Anti-Amerikanismus. Damit trägt deshalb gerade auch die griechische Linke Verantwortung an der Verschleppung der Zypernfrage und für die schließliche türkische Intervention des Sommers 1974, welche die griechische und griechisch-zypriotische Position gegenüber der möglichen Lösung ein Jahrzehnt zuvor dramatisch verschlechterte. Die Linke ist sich freilich bewußt, daß die ungelöste Zypern-Frage ein unbezahlbares Instrument zur ständigen Störung und Lähmung der Beziehungen Griechenlands nicht nur zu den Vereinigten Staaten, sondern zum Westen insgesamt darstellt.

Was Kenner der Situation seit langem befürchtet hatten, trat im Sommer 1974 ein: Das schwelende Zypernproblem wurde zum explodierenden Pulverfaß, das die schon lange geschwächte Südostflanke der NATO zum Einsturz brachte. Die Krise riß die Militärdiktatur mit sich, führte zum Austritt Griechenlands aus der Militärorganisation der Allianz und zu wichtigen Neuorientierungen der griechischen Außenpolitik. Der Militärregierung unter Papadopoulos war es gelungen, die Zypernfrage den Bündnisinteressen und einem erträglichen Verhältnis zum Allianzpartner Türkei unterzuordnen. Athen hatte seit 1967 zumindest eine Vertagung der Enosis-Politik praktiziert und befand sich dabei durchaus in Übereinstimmung mit Präsident Makarios, der immer entschiedener eine Politik der Selbständigkeit der Inselrepublik und der Lösung ihrer Probleme allein zwischen den beiden Volks-

---

61 Über die Zypernpolitik der Zentrums-Regierung 1964 und die Verschärfung der antiamerikanischen Stimmung berichtet ausführlich A. Papandreou, a.a.O., S. 140 ff.; hier auch Einzelheiten des Acheson-Planes; vgl. auch Manousakis, a.a.O., S. 604 ff., und Wenturis, a.a.O., S. 54 ff.

gruppen verfolgte.[62] Aber auch Papadopoulus' autoritäre Zypenpolitik konnte sich auf die Dauer nicht gegen den Widerstand sowohl
der politischen Resistancegruppen wie in den Reihen des Militärs
selbst durchsetzen.

Sie wurde zu einem der Gründe für seinen Sturz durch die Offiziersgruppe um den Chef der Militärpolizei, Brigadegeneral Joannidis, am
25. November 1973, die sofort wieder eine militante Zypernpolitik
aufnahm. Die Untergrundtätigkeit der sogenannten „EOKA 2" wurde
auch nach dem Tod ihres legendären Führers, General Grivas, am 27.
Januar 1974 verstärkt fortgesetzt. Der Terror kehrte auf die Insel
zurück, dieses Mal von den radikalen Verfechtern der Enosis gegen
Makarios und die Politik der zypriotischen Selbständigkeit gerichtet.
Das Verbot der EOKA durch die Regierung blieb praktisch wirkungslos, da die Befreiungsorganisation von der von griechischen Offizieren
kommandierten Nationalgarde, also der offiziellen Armee Zyperns,
vielfach unterstützt wurde. Präsident Makarios forderte in einem
scharfen ultimativen Schreiben an den griechischen Militärpräsidenten
General Ghizikis am 1. Juli die Abberufung der rund 650 griechischen
Offiziere, die aufgrund des Zürich-London-Abkommens von 1959 auf
Zypern stationiert waren, nachdem die Nationalgarde zu einer „Brutstätte der Illegalität und einem Zentrum der Verschwörung gegen den
Staat" geworden sei. An ihre Stelle sollten nur noch 100 griechische
Offiziere treten als Ausbilder und Militärberater für die von der zypriotischen Regierung beschlossene Reorganisation der Nationalgarde.[63]

Die Antwort war der Sturz der Regierung Makarios am 15. Juli durch
die Nationalgarde, also einen zypriotischen Militärputsch unter Führung griechischer Offiziere. Einzelheiten und Hintergründe dieser Vorgänge, die, für die Initiatoren offensichtlich unerwartet, am 20. Juli
zur Invasion türkischer Truppen auf Zypern und damit an den Rand
eines griechisch-türkischen bewaffneten Konflikts führten, können
hier nicht dargestellt werden. In der griechischen Öffentlichkeit sprach
man bald von einem Komplott der Joannidis-Gruppe mit dem CIA,
um durch handstreichartige Ausschaltung des neutralistischen Makarios
doch noch jenes Teilungskonzept durchzusetzen, das schon dem
Acheson-Plan von 1964 zugrundegelegen hatte.[64]

---

62 Georg Mergl, Die Außenpolitik Griechenlands seit dem 21. April 1967, in:
   H. Gstrein (Hrsg.), Zum Beispiel Griechenland, München 1969, bes. S. 110 ff.
63 AdG 1974, S. 18 481 ff.
64 Aus Privatinterviews des Autors.

Bereits am 22. Juli gelang es den intensiven Bemühungen der Vereinigten Staaten und Großbritanniens, durch einen Waffenstillstand auf Zypern einen Krieg zwischen den beiden NATO-Partnern zu verhindern. Unter dem Druck der Kriegsgefahr gaben die Militärs am 24. Juli die Regierungsgewalt an zivile Politiker unter dem aus dem Pariser Exil zurückgerufenen Konstantin Karamanlis zurück. Damit hatten sich in den Streitkräften gegen die „harte Linie" jene Kräfte durchgesetzt, die schon seit längerem das Ende der Militärherrschaft durch eine „Lösung Karamanlis" angesteuert hatten.[65] Das Militärregime, das im April 1967 mit der erklärten Absicht angetreten war, ein Abgleiten Griechenlands in die Volksfront und den Neutralismus zu verhindern, hatte jene „Einheitsfront" gegen die Vereinigten Staaten und die NATO herbeigeführt, von der die Linke lange Zeit nur zu träumen gewagt hatte.

IV. Das Parteienspektrum seit 1974: „Neue Demokratie" und „Vereinigung des Demokratischen Zentrums"

Das parteipolitische Spektrum, das sich nach dem Sturz der Militärdiktatur in Griechenland etablierte, zeigte auf der einen Seite eine erstaunliche Regenerationsfähigkeit des traditionellen Kosmos Politikos: Nicht nur auf der Rechten und in der Mitte, sondern auch auf der Linken trat überwiegend wieder dasselbe Führungspersonal hervor, das 1967 von der politischen Bühne verdrängt worden war. Andererseits konnte man nicht einfach dort anknüpfen, wo die politischen Uhren am 21. April 1967 stehen geblieben waren. In der neuen parteipolitischen Landschaft schlugen sich unvermeidlich die Gemeinsamkeiten des Widerstandes sowohl „bürgerlicher" wie marxistischer Kräfte gegen die Militärherrschaft nieder, eine „antifaschistische" und antiamerikanische Grundstimmung, die die Achse der griechischen Politik insgesamt nach links verschob und dies ungeachtet des starken Wahlerfolgs der Partei des Ministerpräsidenten Karamanlis am 17. November 1974. Nach einem Menschenalter des Verbots kehrten die Kommunisten wieder in die politische Legalität zurück. Auf der Linken etablierten sich moderne Programm- und Massenparteien im Gegen-

---

65 Marios Nikolanikos, Widerstand und Opposition in Griechenland — Vom Militärputsch 1967 zur neuen Demokratie, Darmstadt und Neuwied 1974, S. 313 ff.

satz zum traditionellen Typus personalistischer Honoratiorenparteien.
Ministerpräsident Karamanlis, von dem man sagt, daß er sich in den elf
Jahren seines Pariser Exils vom autoritären zum liberalen Konservativen gewandelt habe, sieht die Notwendigkeiten einer Modernisierung
der politischen Strukturen seines Landes insgesamt.
Die Politik der liberal-konservativen Reform versucht, die traditionell
starken großen Kapitalisten zu domestizieren als eine der Voraussetzungen für die Angleichung der griechischen sozio-politischen Strukturen
an die westeuropäischen Verhältnisse. Die Entschärfung des Sprachen-
streits zwischen der gelehrten Kunstsprache des Katharevoussa und
dem gesprochenen Demotiki sowie eine liberale Kirchenpolitik werden
ebenfalls auf die Erfolgsbilanz der Regierung Karamanlis gebucht.[66]
Mit dem Verblassen der Aura des „Retters" vor den „Panzern"
wächst freilich auch die Kritik bei Gegnern und Anhängern — zumal
in einem Land mit derart „quecksilbrigen" sozio-politischen Mentalitäten: Während die linke Opposition fast zwanghaft schon wieder
überall eine diktatorische Wirklichkeit hinter parlamentarischer Fassade wachsen sieht und das grundsätzliche Festhalten der Regierung —
bei aller Distanzierung von den USA und der NATO — an den westlichen Bindungen immer schärfer kritisiert, ging Karamanlis auch
manchen in der eigenen Partei zu weit nach links, erscheint nicht
wenigen Kritikern etwa die Hochschulpolitik (angesichts eines massiven marxistischen Einflusses in der Studentenschaft) oder auch die
öffentliche Personalpolitik zu liberal, die Außenpolitik zu wenig
atlantisch.[67]
Nach der Vorstellung von Karamanlis sollte die „Neue Demokratie"
(ND) ein Sammelbecken für „erfahrene, gesunde und neue fort-
schrittliche politische Kräfte"[68] bilden, eine „Volkspartei" nahezu
westeuropäischen Zuschnitts, die nichts mehr mit den „populistischen" und konservativen Sammlungsbewegungen der Vergangenheit
zu tun und ihren traditionell rechtskonservativen bis faschistischen
Flügel abgestoßen hat, dagegen die gemäßigte demokratische Rechte
an sich binden will. Die Partei hat mit diesem Image bei den Wahlen
am 17. November 1974 einen Zustrom auch junger und traditionell
nicht rechter Wähler verzeichnet und ihren Wahlkampf nicht selten

66 Privatinterviews.
67 Privatinterviews; vgl. auch Andreas Kohlschütter, Halb Preuße, halb Levantiner (Karamanlis), in: Die Zeit Nr. 34, 13. August 1974, S. 2.
68 Archiv der Gegenwart (AdG) 1974, S. 18 851 ff. und S. 18 853 ff.

mit antifaschistischen Losungen oder Liedern von Theodorakis geführt.[69] Karamanlis protegiert deutlich politische Nachwuchs-kräfte technokratischen und sozialreformerischen Zuschnitts, die jedoch bislang gegen den Widerstand der Altpolitiker noch nicht in Spitzenstellungen einrücken konnten.[70] Immer noch wird die Partei in traditioneller Weise vom „charismatischen" Parteiführer und einem kleinen Kreis von „Geronten" und Thronprätendenten (wie Verteidigungsminister Evangelos Averoff, Wirtschaftsminister Pana-ghiotis Papaligouras öder Georgios Rallis, der derzeit auch das wich-tige Erziehungs- und Hochschulressort mitverwaltet) dominiert. Ihre mangelnde innere Homogenität und die Spannungen zwischen Alt- und Jungpolitikern, Royalisten und Republikanern (die ersteren werden in der Parlamentsfraktion immerhin auf eine Gruppe von 30 bis 40 Abgeordneten geschätzt), Konservativen und Republika-nern, Unternehmerflügel und sozialem Lager können wohl auch nur durch die unbezweifelte Autorität des Partei- und Regierungschefs ausgeglichen werden,[71] die geradezu an Konrad Adenauer erinnert, auch in der Vorliebe für den „Primat der Außenpolitik", obwohl sich Karamanlis der gesellschaftlichen Voraussetzungen einer trag-fähigen Außenpolitik gerade in der gegenwärtigen prekären Übergangs-situation seines Landes durchaus bewußt ist.

Das innenpolitische Programm der ND[72] folgt den Prinzipien konser-vativ-liberaler Reform und versucht wirtschaftliche Stabilität mit der Erhöhung des Lebensstandards für alle Schichten auf der Grundlage der sozialen Marktwirtschaft und bei erweiterten Kontrollbefugnissen des Staates zu verbinden. Steuerreform zugunsten der bislang benach-teiligten Schichten, Bekämpfung der Monopole, Lenkung der indu-striellen Investitionen und Rationalisierung der staatlichen Behörden sind Programmpunkte, die man vor 1967 eher bei der Zentrums-Union gelesen hatte. Entsprechend dem Fortschreiten seiner industriellen

---

69 Vgl. Andreas Christinidis, Die politische Konstellation nach den Wahlen in Griechenland, Frankfurter Hefte 1974, S. 857 ff.
70 Bei der Regierungsumbildung im September 1976 drang Karamanlis mit seiner Absicht nicht durch, die „Geronten" durch jüngere Kräfte auszu-wechseln. Diese mußten sich mit einer Anzahl von Staatssekretärsposten begnügen. Wenn nicht alles täuscht, wird Karamanlis nach den nächsten Wahlen bei der Kabinettsbildung auf diese Absichten zurückkommen. (Privatinterviews).
71 Privatinterviews.
72 Vgl. AdG 1974, S. 19 112; vgl. auch Richard Clogg, Griechenlands Aus-sichten nach den Wahlen, Europa-Archiv 1975, S. 7 ff.

Entwicklung und der Entstehung immer breiterer „konsumgesell-schaftlicher" Sektoren führt die gegenwärtige Regierung das Land auf den Weg zum aufgeklärten Wohlfahrtsstaat westlichen Musters. Heute kontrolliert der Staat nach teilweise spektakulären Eingriffen rund 60% der Mineralölindustrie (Großraffinerien), 39% des Schiffsbaus, knapp die Hälfte der chemischen Industrie, nahezu die gesamte Düngemittelindustrie, .70% der Versicherungen. Die großen Reeder, die mehrheitlich eng und lukrativ mit der Militärjunta zusammenge-arbeitet hatten, sind ihrer Steuerprivilegien entkleidet worden. Die dem Reeder Aristoteles Onassis gehörenden Olympic Airways wurden ebenso verstaatlicht wie einige der mächtigsten Privatbanken.[73] Solcher „Sozialismus von oben" entspricht nicht zuletzt den Pro-grammsätzen der neuen griechischen Verfassung vom 11. Juni 1975, die betont, daß die privatwirtschaftliche Initiative nicht zu Lasten der' Freiheit, der Menschenwürde und der Volkswirtschaft gehen dürfte und daß der Staat „zur Befestigung des sozialen Friedens und zum Schutz der allgemeinen Interessen ... die wirtschaftliche Tätigkeit des Landes" programmieren und kontrollieren solle.[74]
Deutlich trägt diese Verfassung die Handschrift des Premierministers. Ihre liberal-reformerischen Elemente kommen auch in dem ausführ-lichen Teil II über die Grund- und gesellschaftlichen Rechte zum Aus-druck, die das Fazit aus den sieben Diktaturjahren zu ziehen versu-chen und – ähnlich wie im Grundgesetz der Bundesrepublik Deutsch-land – den staatlichen Organisationsbestimmungen in Teil III vor-angestellt sind. Hier sind dann auch vor allem die autoritativ-stabi-lisierenden Prinzipien festgehalten, wie die Bestimmungen über den Präsidenten der Republik, der von der Abgeordnetenkammer auf fünf Jahre gewählt und als „Regulierer der Staatsordnung" (Art. 30) bezeichnet wird, was an die Verfassung der V. Französischen Repu-blik erinnert. Er führt den Vorsitz im „Rat der Republik", der re-publikanischen Version des früheren Kronrates, der sich aus den ehemaligen Präsidenten und Ministerpräsidenten sowie dem Parla-mentspräsidenten zusammensetzt und den der Staatspräsident „in allen ernsten nationalen Umständen" nach eigenem Ermessen ein-berufen kann. Seine Stellung ist auch dadurch stärker als etwa die des Bundespräsidenten, daß er *einmal* .eine Kammersession aussetzen

---

73 Privatinterviews; vgl. auch Der Spiegel Nr. 52/1976, S. 10 ff.
74 Die neue griechische Verfassung vom 11. Juni 1975 ist abgedruckt im AdG
   1976, S. 19 967 ff.

und sein Veto gegen Kammerbeschlüsse einlegen kann. Im Notstand kann er auf Vorschlag des Ministerpräsidenten Akte gesetzgebenden Inhalts erlassen, denen das Parlament später zustimmen muß. Er kann auch ferner durch Verordnung Plebiszite „über kritische nationale Fragen" anordnen, Botschaften an die Nation richten und ist Oberbefehlshaber über die Streitkräfte. In all dem kommt das Verständnis der neuen Ordnung als einer „parlamentarischen Präsidialrepublik" zum Ausdruck, welche eine Synthese demokratisch-parlamentarischer und autoritativ-stabilisierender Elemente einschließlich dirigistisch-planwirtschaftlicher Eingriffe des Staates in die Wirtschafts- und Sozialordnung versucht. Ob dieser Syntheseversuch die von ihm erwarteten stabilisierenden demokratisch-modernisierenden und sozialstaatlichen Ergebnisse zeitigen wird, hängt von vielen Faktoren der „Verfassungswirklichkeit" ab und kann heute noch nicht abschließend beurteilt werden.

In der „Zentrums-Union — Neue Kräfte", inzwischen in „Vereinigung des Demokratischen Zentrums" (EDIK) umbenannt, sammelten sich seit dem Sommer 1974 unter Führung von Georg Mavros, ehemaliger Minister im Kabinett Georg Papandreou und Außenminister in der Übergangsregierung von 1974, sowohl traditionell bürgerlich-liberale Kräfte der Mitte wie jüngere sozialdemokratische Politiker aus der Resistance und aus der Emigration wie die Professoren Tsatsos, Mangakis, Pezmazoglou u.a. Die Partei hat zwar ihren rechts-bürgerlichen Flügel, der 1965 gegen Georg Papandreou aufbegehrt hatte, ebenso verloren wie ihren ehemaligen linken Flügel um das „enfant terrible" Andreas Papandreou, der sich nun in der „Panhellenischen Sozialistischen Bewegung" (PASOK) sammelt, so daß der Neuanfang aussichtsreich erscheinen mochte. Aber schon bei den Wahlen von 1974 verlor die Partei sowohl an die „Neue Demokratie" wie an die PASOK.[75] Seitdem muß sie sich einerseits als regierungsfähiger Stabilitätsfaktor darstellen, auf der anderen Seite muß sie versuchen, mit dem Radikalismus, etwa der PASOK, zu konkurrieren. Da sich dieses objektive politische und programmatische Problem natürlich auch personell artikuliert, droht die Partei allmählich zerrieben zu werden. Im Verlauf des Jahres 1976 trennten sich die sozialdemokratischen „neuen Kräfte" (Tsatsos, Mangakis, Minis, Protopapas) von der Partei mit der Begründung, sie sei auf dem Wege der „Rückkehr zu ideologischen Schemata, die das politische Geschehen in

75 AdG 1974, S. 19 111; vgl. auch R. Clogg, a.a.O.; und A. Christinidis, a.a.O.

Griechenland vor der Diktatur beherrschten", und der Parteivor-
sitzende Mavros habe sie den „alten Cliquen" ausgeliefert.[76] Aber
auch danach artikulieren sich immer wieder Kräfte links von der
Parteiführung um Mavros, so um den Parteisekretär Mylonas oder
um den Abgeordneten Kannelopoulos, so daß der Zeitpunkt abzusehen sein könnte, an dem sich der altliberale Rest der ND zuwenden
müßte.[77] Entgegen der Tradition der griechischen Parteiengeschichte,
die eher durch Vielfalt und Zersplitterung gekennzeichnet wird,
ist heute im Blick auf die nächsten Wahlen eine Polarisierung in
zwei große politische Lager — die liberal-konservative Regierungspartei einerseits und linke volksfrontartige Sammlungsbewegungen
andererseits — nicht mehr zu übersehen.

V. Die kommunistischen und sozialistischen Parteien nach 1974 und ihre außenpolitischen Optionen

Der Wiederbeginnn des griechischen politischen Lebens im Sommer
1974 wird nicht nur durch die fast reibungslos erscheinende Rückkehr
zum parteienstaatlich-parlamentarischen Regierungssystem und die
dominierende Rolle des „Retters" Karamanlis geprägt, sondern auch
durch den Wiedereintritt einer marxistisch-revolutionären Linken in
die politische Arena. Die Legalisierung der Kommunisten nach einem
Menschenalter ihres Verbots unmittelbar bei Amtsantritt der zivilen
Übergangsregierung stellt zweifellos eine wichtige Zäsur der griechischen Zeitgeschichte dar. Sie wurde möglich durch jenen Konsens
anti-diktatorischer Grundstimmung unmittelbar nach dem Sturz der
Militärherrschaft, aber auch durch das Kalkül der „bürgerlichen"
Kräfte, daß eine legalisierte KP besser unter Kontrolle gehalten
werden könne als eine im Untergrund wirkende und daß die Auseinandersetzung mit dem Kommunismus künftig vor allem auf politischem und sozialem Gebiet stattfinden müsse. Hinzu tritt die Erfah-
rung˙ mit der traditionellen Zersplitterung des marxistisch-sozialistischen Lagers in Griechenland, die bis heute das „personalistische"
Muster der griechischen politischen Sozialisation auf ihre Weise
reproduziert. Allerdings sind heute auch die lebhaften Versuche auf
der Linken nicht mehr zu übersehen, im Blick auf die nächsten Wahlen

---

76 Die Welt Nr. 225, 27. September 1976, S. 7; Privatinterviews.
77 Vgl. ebd.

die Zersplitterung zu überwinden und eine breite „progressive"
Sammlungsbewegung des Volksfronttypus zustandezubringen, über
die am Schluß dieses Kapitels berichtet werden wird.[78]
Die griechischen Kommunisten sind seit dem 12. Plenum des Zentral-
komitees der Partei im Februar 1968 in Bukarest gespalten in die
Moskau-orientierte „KP-Ausland" und die „national"- bzw. „euro-
kommunistische" KP-Inland. Die Wurzeln dieser Spaltung sind bis
auf die Zeit nach dem XX. Parteitag der KPdSU im Februar 1956 und
den Sturz des mächtigen Generalsekretärs der Exilpartei, Nikos
Zachariades, zurückzuverfolgen[79] und sie sind in den natürlichen
Spannungen zwischen einer im Exil lebenden Parteiführung und der
Basis in der Heimat und im Untergrund zu suchen: „Die Durchsetzung einer dogmatischen Führung sowohl in der KKE wie auch in der
EDA hatte als Ergebnis ihre Entfremdung von der Basis und der
griechischen Realität. Diese Entfremdung äußerte sich darüber hinaus in den Beziehungen zu den KP's der anderen Länder. Die Tradi-
tionalisten gingen in ihren Überlegungen von dem Prinzip der ‚Interessen der internationalen Arbeiterbewegung' aus, was letzten
Endes eine Unterwerfung der Führung der KKE unter das Diktat
der sowjetischen KP bedeutete. Eine andere Gruppe . . . bezog Stellung für einen ‚griechischen Weg' zum Sozialismus im Rahmen der
allgemeinen Tendenzen innerhalb der internationalen kommunistischen Bewegung, für eine auf die jeweils spezifische Lage in den
verschiedenen Ländern gerichtete unabhängige Politik."[80] Die Situation im Untergrund während der Militärherrschaft brachte diese schon
lange schwelenden Gegensätze schließlich zum offenen Ausbruch:
„Der Widerstand konnte nicht nach Direktiven organisiert werden, die
von einer im Ausland sitzenden Führung angegeben wurden."[81] Aus
der zunächst rein organisatorisch-technischen Trennung von Exil-ZK
und Inlandsbüro entwickelte sich schließlich die organisatorische und
mehr und mehr auch ideologische Spaltung in zwei selbständige
Parteien.
Schon während der Jahre der Diktatur wurden die strategischen und
taktischen Differenzen deutlich. Die Moskau-orientierte Partei ver-
focht die klassische Einheitsfront-Strategie, d.h. die Zusammenarbeit

78 Siehe unten S. 328.
79 P. Dimitriou, Die Spaltung der Kommunistischen Partei Griechenlands,
   Athen 1975 (gr.); sowie Marios Nikolinakos, a.a.O.
80 Ebd. S. 35.
81 Ebd.

mit allen „anti-diktatorischen Kräften", die auch Massendemonstrationen und Streiks einschloß, jedoch auf den bewaffneten Kampf
verzichtete, der leicht zu „Abenteuern" führen konnte: Die alten
Erfahrungen schreckten gerade hier.[82] Programmatisch sprach man
sich zwischen 1967 und 1974 für eine „erneuerte und modernisierte
Demokratie" aus, was nicht über ein bürgerliches Reformprogramm
hinauszugehen schien und der KP-Ausland bei der marxistischen
Linken nicht selten den Vorwurf des „Sozialdemokratismus" einbrachte. Hierbei wird von den Kritikern jedoch die klassische leninistische Zwei-Phasen-Strategie verkannt, die stets von einer ersten
Etappe „demokratisch-antimonopolistischer" Umgestaltung ausge-
gangen ist und erst danach die proletarische Diktatur anvisiert, d.h.
das ungeteilte Machtmonopol der Kommunisten. Diese Strategie
entspricht im übrigen auch der Koexistenz-Strategie des Moskauer
Zentrums, die ja nichts anderes als die Anwendung der zwei Etappen
auf die internationale Arena darstellt. Daher tritt die KP-Ausland in
der derzeitigen ersten Phase programmatisch für die Befreiung Griechenlands von der Abhängigkeit vom ausländischen, d.h. westlichen
Kapital ein, was die Aufkündigung aller Verträge mit den „fremden
Monopolen", die Lösung der NATO-Bindungen und die Entfernung
aller fremden militärischen Stützpunkte vom griechischen Boden
einschließt.

Im Gegensatz zur KP Moskauer Richtung beruft sich die KP-Inland
zunächst einmal auf ihren aktiven Widerstand gegen die Militärherrschaft und ihre Fähigkeit, die stark politisierten Teile der Jugend
und der Studentenschaft anzusprechen. Während der Generalsekretär der KP-Ausland, Florakis, noch politischer Komissar in der ELAS
gewesen war und lange Jahre im Exil in Moskau und Frankreich ver-
brachte, war der Generalsekretär der KP-Inland, Drakopoulos, einer
der Führer der Studentenorganisation „Rhigas Ferraios", die sich
eines entschiedenen Widerstandes gegen die Militärdiktatur rühmt.[83]
Im stark emotionalisierten Mythos dieser Gruppe wurde eine besonders die studentische Jugend mobilisierende Synthese national-pa-
triotischer und marxistisch-revolutionärer Motive entwickelt, die
heute in der KP-Inland und besonders in ihrer Jugendorganisation

---

82 Ebd., S. 35 ff.; Privatinterviews.
83 Zur Organisation „Rhigas Ferraios" vgl. Nicole Dreyfus, Der Prozeß Rhigas
   Ferraios, in: Jean-Paul Sartre, Griechenland — Der Weg in den Faschismus.
   Dokumentation zur politischen Situation, Frankfurt 1970, S. 203 ff.

fortgeführt wird. Trotz der derzeit betont legalistischen Haltung der KP-Inland wird man diese Widerstands- und Untergrunderfahrungen in der Zeit der Militärherrschaft nicht übersehen dürfen, die zur Verfügung stehen — besonders in den Führungskadern —, wenn sich (nach marxistischer Analyse und Terminologie) „die Klassenkämpfe wieder verschärfen" und die heute respektierten Grenzen zwischen „Massenwiderstand" und „bewaffnetem Kampf" wieder fließend werden sollten.

Derzeit knüpft die KP-Inland zunächst einmal an die alte EDA-Linie des „demokratischen, patriotischen, antidiktatorischen Kampfes" sowie der Sammlung aller „antimonopolistischen Kräfte" aus Arbeitern, Bauern, Mittelschichten, Jugend, Intellektuellen sowie der „nationalen Bourgeoisie" an.[84] Man will Nutzen ziehen aus der Modernisierung der gesellschaftlichen und politischen Strukturen im Zeichen des Reformprogramms der Regierung Karamanlis und stellt daher verfrühte maximalistische Forderungen diszipliniert zurück. Nicht zuletzt geht es der KP-Inland — und hier ist die Parallele mit den italienischen oder spanischen „Eurokommunisten" nicht zu übersehen — um die Gewinnung der stärker werdenden Mittelschichten in einer expandierenden Dienstleistungsgesellschaft. Zwar beklagen die marxistischen Kritiker auch der KP- Inland deren „Revisionismus", „Sozialdemokratismus" und die Preisgabe eines revolutionären Selbstverständnisses. Aber auch sie können. nicht daran vorbeigehen, daß in den gesellschaftlichen Strukturen des heutigen Griechenland „Barrikaden-Revolutionen" anachronistisch geworden sind und es erfolgversprechender erscheint, den politischen „Überbau" zunächst einmal sich selbst zu überlassen und sich mit kulturrevolutionärer Zielsetzung den gesellschaftlichen Veränderungen in den Schulen, in den Medien, in Literatur und Kultur, nicht zuletzt dem Kampf um den intellektuellen Nachwuchs zuzuwenden, kurzum dem „Schlachtfeld des Bewußtseins". Eben hier, in der Entwicklung einer neuen „Gegengesellschaft", eines sozialistischen „pays réel" unterhalb des traditionellen — auch parteienstaatlich-parlamentarischen — „pays légal" erinnern die Aktivitäten der griechischen Inlands-KP heute stark an entsprechende Bestrebungen und Taktiken der italienischen und spanischen KP.

Außenpolitisch dokumentiert sich dieser „Berlinguer-Kurs" der KP-Inland vor allem in der prinzipiellen Zustimmung zur griechischen Mitgliedschaft in der Europäischen Gemeinschaft. Der KP-Ausland

---

84 Nikolinakos, a.a.O., S. 40 ff.; Privatinterviews.

wird in diesem Zusammenhang ihre kritiklose Unterordnung unter die
außenpolitischen Interessen der Sowjetunion vorgeworfen und ihre unkritische Identifizierung dieser Interessen mit denen der „kleinen
Nationen", die man hier nicht geneigt ist zu teilen.[85]
Schon heute kann gesagt werden, daß die Konstellation der letzten
Wahlen von 1974, bei denen die beiden kommunistischen Parteien
mit der EDA (Vereinigten Demokratischen Linken) das Wahlbündnis
der „Vereinigten Linken" eingingen, überholt ist. Heute stehen sich in
vielen wichtigen Fragen die nach Moskau orientierte KP und die
PASOK Andreas Papandreous näher als die erstere und die KP-Inland,
während die EDA, die schon während der Zeit des Verbots der kommunistischen Partei (1949-1974) „in getarnter Stellvertretung" deren
Interessen wahrgenommen hatte, heute der Inlands-KP nähersteht.[86]
Mit einem eigenen Organisationsrahmen versucht die EDA unter ihren
langjährigen Führern Ilias Illiou und Manlios Glezos ihre traditionellen
Sympathisanten im „progressiven" Bürgertum zu binden und sich
dementsprechend als links-bürgerliche Gruppierung zu profilieren,
deren Unterordnung unter die KP-Inland jedoch unzweifelhaft ist, wie
auch die außenpolitischen Optionen identisch sind.[87]
Die Auffassungen über die politische Stärke der beiden kommunistischen Parteien gehen auseinander. Zumindest zahlenmäßig ist die KP-
Ausland ihrer „eurokommunistischen" Konkurrenz überlegen. Verhältnismäßig verläßliche Berichte[88] nennen 60 000 Vollmitglieder und

85 Vgl. Joannis Loulis, Die Oppositionsparteien und die Krise in der Ägäis
(hektographiert), in: Epikentra — Monatliche Publikation des Zentrums für
Politische Bildung und Forschung. Athen, Oktober 1976; Privatinterviews;
die KP-Inland hat übrigens in gleicher Weise wie die italienische und die
spanische KP gegen die Invasion der Sowjetunion in der CSSR Stellung genommen (s. Nikolinakos, a.a.O., S. 42).
86 Guntram von Schenck; Neuformierung der griechischen Parteien, in: Das
Parlament Nr. 45, 6.11.1976, S. 3.
87 Ebd.
88 Vgl. Nikolaos Devletoglou, Ergänzung des ottomanischen Imperialismus —
Der Rote Anschlag auf den griechischen Raum, in: Estia, 8.11.1976; der
Verfasser kann Vertrauenswürdigkeit beanspruchen, da er während der
Diktatur im Exil in London war. Der Professor für Finanzwissenschaft der
vor einiger Zeit sein Lehramt an der Athener Universität niedergelegt mit
der Begründung, die derzeitige Situation an den griechischen Universitäten
lasse keine freie Forschung und Lehre zu. Der Verfasser wollte mit dem
Artikel, der in Griechenland Aufsehen erregte, vor einer einseitigen Fixierung der griechischen Öffentlichkeit auf den Konflikt mit der Türkei warnen,
in dessen Schatten die kommunistische Gefahr in Vergessenheit geraten
könnte. Der Artikel ist auch im „Economist", London, erschienen. Die hier
angegebenen Zahlen werden von Kennern der Situation als im ganzen ver-
läßlich erachtet (Privatinterviews).

35 000 Probemitglieder (Kandidaten) der KKE-Ausland, denen nur 15 000 Vollmitglieder und 12 000 Kandidaten der KKE-Inland gegenüberstehen sollen. Bei den Jugendorganisationen der beiden Parteien soll das Verhältnis rund 116 000 zu 34 000 Vollmitgliedern betragen, bei den Gewerkschaften 105 000 zu knapp 10 000. Diesen Mitgliederzahlen entsprechen die finanziellen Mittel. Während der Jahresetat der Moskau-orientierten Partei auf immerhin rund 60 Millionen DM geschätzt wird, soll derjenige der KP-Inland nicht viel mehr als den zehnten Teil dieser Summe ausmachen.[89] Mehr als die Hälfte der Jahressumme der KP-Ausland kommt nach griechischen Schätzungen aus dem Ostblock; aber auch die KP-Inland soll von Rumänien und — mit kleineren Summen — von Jugoslawien unterstützt werden. Wie immer man diese Zahlen bewerten mag, sie machen jedenfalls deutlich, daß Apparat und Organisation der Auslands-KP beträchtlich stärker sind als die der Inland-KP. Demgegenüber soll deren nichtorganisierter Anhang unter den Wählern stärker und im Wachsen begriffen sein. Neue Daten werden erst die nächsten Wahlen erbringen können. Insbesondere in der KP-Ausland ist indessen die dem griechischen Temperament so widersprechende straffe Organisation des marxistisch-leninistischen „demokratischen Zentralismus" konsequent verwirklicht.

Auch der „Panhellenischen Sozialistischen Bewegung" (PASOK), die aus den Wahlen vom 17. November 1974 als stärkste sozialistische Oppositionspartei mit 13,58 Prozent der Stimmen und 12 Parlamentssitzen hervorgegangen ist, wird ein für griechische Verhältnisse hoher Organisationsgrad nachgesagt, der bis in die Wohnviertel der Städte und die kleinsten Dörfer wirksam sein soll.[90] Jedoch ist die ideologische Homogenität der PASOK beträchtlich geringer als die der beiden kommunistischen Parteien. Hier versuchen einige „progressive" alte Notabeln noch aus der Zeit Georg Papandreous sowie Angehörige der hauptstädtischen linken Schickeria mit Widerstandsgruppen, Marxisten und Trotzkisten zusammenzuwirken. Der Gründer und Chef der PASOK, Andreas Papandreou, hat diese heterogenen Kräfte bis jetzt im ganzen zusammenzuhalten vermocht, nicht ohne erstaunlich autoritäre Praktiken, die ganz dem personalistisch-paternalistischen Führungsstil griechischer Tradition entsprechen, den dieser Politiker zusammen mit einem klangvollen Namen und beachtlichem demago-

89 Vgl. ebd.
90 Guntram v. Schenck, a.a.O.

gischem Talent von seinem Vater geerbt hat.[91] A. Papandreou ist seit
über einem Jahrzehnt der wohl umstrittenste griechische Politiker.
Von seinen Freunden wird er als die stärkste politische Persönlichkeit
neben Karamanlis gefeiert, von seinen Gegnern, auch auf der Linken,
als utopischer und undisziplinierter Geist verurteilt. Im Kindesalter
wurde er Zeuge der Kleinasien-Katastrophe. Als Jugendlicher las er
nach eigenen Angaben marxistische Klassiker und Trotzki.[92] 1940
ging er in die Vereinigten Staaten, wo er Nationalökonomie in Havard
studierte, 1943 doktorierte, Kriegsdienst in der Marine leistete und
nach dem Krieg Professor in Berkeley wurde. Mit Guggenheim- und
Fulbrigt-Stipendien wohlversehen, kehrte er 1959 nach Griechenland
zurück, um Forschungsarbeiten über die griechische Wirtschaftsstruk-
tur zu beginnen. Der damalige Ministerpräsident Karamanlis lud ihn
zum Bleiben und zur Mitarbeit an einem neu errichteten Institut für
Wirtschaftsforschung ein. Bald trat jedoch das politische Engagement
an die Stelle der Wissenschaft. A. Papandreou wurde in der ersten
Regierung seines Vaters zeitweilig Stellvertretender Minister für Wirt-
schaftliche Koordination. Nicht nur seine wirtschaftspolitischen
Vorstellungen im Sinne der amerikanischen liberal-progressiven
Schule, sondern auch seine außenpolitischen Optionen mußten ihn
notwendig mit dem griechischen Establishment in Konflikt bringen.[93]
Unter dem Eindruck einer kurzzeitigen Verhaftung durch das Militärregime und der anschließenden Emigration in Schweden und in
Kanada traten die Einflüsse der Neuen Linken Westeuropas und der
USA immer mehr hervor, aber auch eigene Bekenntnisse zu einem
„undogmatischen Marxismus", ja Anarchismus.[94]
Die im Februar 1968 von A. Papandreou in Stockholm ins Leben
gerufene „Panhellenische Freiheitsbewegung" (PAK) entwickelte
zunächst ein sozial-demokratisches Reformprogramm für die Zeit nach
dem Abtreten der Junta.[95] Wie schon vor 1967 radikalisierten sich jedoch bald A. Papandreous Auffassungen. Am 2. Exilparteitag der
Zentrums-Union im November 1971 nahm er schon nicht mehr teil

---

91 A. Papandreou selbst hat in seinem Buch „Die griechische Tragödie" im Vor
   wort wie an anderen Stellen z.T. recht plastische autobiographische Hinweise
   gegeben (vgl. S. 11 ff.; S. 110 ff. u.a.).
92 Vgl. ebd.
93 A. Papandreou, a.a.O., S. 110 ff.
94 Nikolinakos, a.a.O., S. 54.
95 Über die PAK siehe die Dokumente bei Helen Vlachos (Hrsg.), Griechenland
   —Dokumentation einer Diktatur, Wien und München 1972, S. 34 ff.; sowie
   Nikolinakos, a.a.O., S. 50 ff.

Die Wende vom linken Flügel der Zentrums-Union zu einer eigenständigen politischen Gruppierung wurde endgültig vollzogen. 1972
nannte das Zentralkomitee der PAK als Ziel ein „sozialistisches,
demokratisches und neutrales Griechenland", gleichermaßen abge-
grenzt von der westeuropäischen Sozialdemokratie, die nun eine Form
des Kapitalismus genannt wurde, wie vom „paternalistischen" Sozialismus sowjetischer Prägung. Die PAK entwickelte ein „sozialistisches"
Programm der aktiven Beteiligung der Werktätigen an der Verwaltung
der „sozialisierten" — nicht „verstaatlichten" — Betriebe, eines
dezentralen Rätesystems, bei dem auch der Blick zur jugolawischen
sogenannten Arbeiterselbstverwaltung eine Rolle spielte, sowie der
Ersetzung der Armee durch eine Art Volksmiliz. Die Proklamation
eines „dynamischen Widerstandes" gegen die Militärherrschaft, der
nach A. Papandreous Vorstellungen den — auch bewaffneten —
Klassenkampf der Arbeiter, Bauern und Kleinunternehmer auslösen
und ein Bündnis mit den Befreiungsbewegungen der Dritten Welt
schließen sollte, ließen — auch nach Ansicht vieler seiner marxistischen
Freunde — den „sympathischen Romantiker" zunehmend den Kontakt mit der Wirklichkeit verlieren. Hatte schon vor 1967 seine radika-
listische „Wortrevolution" wesentlich zu der Atmosphäre beigetragen,
die zum Militärputsch führte, so hatte A. Papandreou nun „nach
einer Irrfahrt auf seinen alten Weg zurückgefunden, der durch den
Abstand zur Realität gekennzeichnet und somit apolitisch ist".[96]
Diese Entwicklung hat dazu geführt, daß A. Papandreou und die
PASOK heute beträchtlich links von der KP-Inland anzusiedeln sind
und mit der Moskau-orientierten KP den linken Flügel des politischen
Spektrums besetzen. Dies gilt nicht zuletzt für die Außenpolitik, in
der A. Papandreou heute eng mit der KP-Ausland zusammenarbei-
tet, was ihn andererseits nicht hindert, immer wieder auch seiner
Dritten-Welt-Romantik nachzugehen. Die Konstante seines politischen Credo ist zunächst einmal ein leidenschaftlicher Anti-Amerikanismus, der sich schon vor 1967 im Zusammenhang mit dem
Zypernproblem herausbildete. Schon damals richteten sich seine
Attacken gegen den amerikanischen Hegemonialismus und die angeb-
lichen Versuche der USA, Griechenland wie eine „Bananenrepublik"
zu behandeln.[97] Schon damals tauchte bei ihm der Gedanke auf,
Griechenland gehöre eigentlich zur Dritten Welt. Die NATO war

96 Nikolinakos, a.a.O., S. 55.
97 A. Papandreou, a.a.O., S. 91 ff.

in seiner Sicht ein Organ der Besetzung Griechenlands und insbesondere das Militärregime nichts anderes als der verlängerte Arm des
Pentagon und ein Expansionsfeld des amerikanischen und des grie-
chisch-amerikanischen Kapitals. Nach Auffassung schon der PAK und
dann der PASOK war Griechenland dem gleichen Schicksal der
„Pentagonisierung" unterworfen wie Portugal, Spanien oder die
Türkei, weshalb sich die Länder des europäischen Mittelmeeres und
Nordafrikas zur gemeinsamen Befreiung von den imperialitisch-
neokolonialen Interessen zusammenschließen sollten. Wie allgemein im
griechischen Widerstand wurde auch von der PAK die Besetzung der
CSSR durch die Sowjetunion und die Staaten des Warschauer Pakts
im August 1968 als ein schwerer Rückschlag empfunden. Die Parallelen schienen perfekt: Wie die Tchechoslowakei „Moskaus Griechenland" so war Griechenland in dieser Sicht die „Tchechoslowakei
Washingtons".[98]
Heute fordert das Programm der PASOK die Vergesellschaftung der
Produktionsmittel, des gesamten Kreditwesens und des Export- und
Importhandels, die „Selbstverwaltung" auf allen Ebenen des Staats-
apparats sowie eine „regional dezentralisierte soziale Planung". In
der Außenpolitik verficht die Partei die Herauslösung aus allen
militärischen und politischen Bündnissen und stattdessen eine „aktive
Neutralität". Damit sind die Vorstellungen Papandreous hinsichtlich
Blockfreiheit und Anschluß an die geo-politisch naheliegende Dritte
Welt Bestandteil des Parteiprogramms geworden. Nach einigem
Schwanken ist heute die Haltung der PASOK auch gegenüber der
EG entschieden ablehnend. Noch im Exil hatte Papandreou den Rück-
tritt Griechenland sogar aus dem Assoziationsvertrag gefordert. Nach
1974 sprach die PASOK zeitweilig von der Notwendigkeit harter
Neuverhandlungen über die Assoziation, die sicherstellen sollten, daß
Griechenland daraus mehr Vorteile als Nachteile gewinne. Über die
Assoziation wollte man jedoch nicht hinausgehen. In einer von Papandreou ausgelösten Grundsatzdebatte über den griechischen Beitritt
zur EG im Januar 1977 zeigte sich jedoch die völlige Isolierung der
16 Abgeordneten der Panhellenischen Sozialistischen Bewegung und
der Moskau-KP. Für Papandreou und die PASOK stellt die Europäische Gemeinschaft nur noch eine andere Fassade der „NATO" dar,

98 Vgl. ebd., S. 327 ff.; Vlachos, a.a.O., S. 81 ff., S. 96 ff.; Nikolinakos, a.a.O.,
   S. 52.

eine „Gemeinschaft multinationaler Bestien von übergroßen Dimensionen unter amerikanisch-deutschem Direktorat".[99]
In Andreas Papandreou und manchen seiner politischen Freunde, die, wie er selbst, aus der alten Oberschicht stammen, verkörpern sich politische Ideologien und Emotionen, wie sie für ein bestimmtes Stratum der heutigen intellektuellen Szene in Griechenland kennzeichnend sind, insbesondere die Mischung eines leidenschaftlichen Nationalgefühls mit marxistisch-revolutionären Vorstellungen, wie sie bei der griechischen Linken schon seit den 20er und 30er Jahren zu finden war und durch das Erlebnis der Militärdiktatur erneut aktiviert wurde. Der Austritt aus der Militärorganisation der NATO, die Abschaffung der Monarchie, die Wiederzulassung der Kommunisten durch Karamanlis sind für A. Papandreou nur „spektakuläre Aktionen", mit denen „das Volk gefüttert" wurde. Die anti-amerikanischen Obsessionen A. Papandreous lassen heute selbst die westeuropäischen Sozialisten und die SPD als Agenturen der amerikanischen Imperialinteressen erscheinen. Nach seinen eigenen Angaben hat die PAK zu Anfang der 70er Jahre von der SPD drei Jahre lang ein monatliches „Almosen" von 4 000 Mark erhalten, dagegen sehr viel mehr von den schwedischen und italienischen Sozialisten. Die PAK habe der SPD jedoch „niemals erlaubt, uns ihren Standpunkt, etwa in der Frage der NATO-Mitgliedschaft Griechenlands, aufzuzwingen, auch nicht die Lösung Karamanlis, wie sie die deutschen Sozialdemokraten gefördert haben".[100] Heute wie gestern setzt A.Papandreou im übrigen auf den „unvermeidlichen" Krieg mit der Türkei wegen Zypern und der Ägäis. Die Vereinigten Staaten benutzen nach seiner Ansicht den türkischen Chauvinismus als Instrument ihrer eigenen Hegemonialpolitik im Mittelmeer und im Nahen Osten. Er ist jedoch Sozialwissenschaftler genug, um nicht von einem griechisch-türkischen Krieg einen völligen Umsturz der internationalen wie der innergesellschaftlichen Verhältnisse in diesem Raum zu erhoffen. Nicht zufällig beabsichtigte er durch seine intransigente Haltung im Ägäis-Konflikt im Sommer 1976 auch Teile des Offizierskorps auf seine Seite zu

99 Panhellenische Sozialistische Bewegung, Griechenland und der Gemeinsame Markt, Athen 1976 (gr.); Nikolinakos, a.a.O., S. 54 f.; Die Griechen drängen in die Gemeinschaft, Frankfurter Allgemeine Zeitung Nr. 16, 20.1.1977, S. 6.
100 Spiegelgespräch mit dem griechischen Oppositionsführer Andreas Papandreou über die Deutschen und Südeuropa, in: Der Spiegel Nr. 37, 6.9.1976, S. 130 ff.

ziehen, die innenpolitisch einem antiparlamentarischen „Ghaddafi-Sozialismus" und außenpolitisch einem blockfreien Neutralismus huldigen. Hier versucht A. Papandreou erneut ein sprengkräftiges Gemisch aus nationalistischen und sozialrevolutionären Emtionen und Ideologiepartikeln.[101] Die ersten freien Parlamentswahlen nach der Diktaturzeit im November 1974 ergaben drei Viertel der Stimmen für die Neue Demokratie und die Zentrums-Union-Neue-Kräfte, ein rundes Viertel (ca. 1,1 Millionen) für die PASOK und die Vereinigte Linke, was etwa der Stärke der EDA bei den Wahlen von 1958 entsprach. Man sollte bei der Betrachtung des politischen Spektrums in Griechenland aber auch außerparlamentarische Kräfte und Gruppierungen einbeziehen, die bei den Wahlen von 1974 noch nicht in Erscheinung traten. Zu ihnen gehört heute zum Beispiel die „Sozialistische Bewegung", die aus der Widerstandsorganisation „Demokratische Verteidigung" (DA) erwachsen ist.[102] Diese verstand sich als eine militante sozialistische Bewegung, die „den Sturz der Militärdiktatur mit allen Mitteln" anstrebte und für die „Befreiung des Landes von jeder Abhängigkeit, insbesondere vom amerikanischen Imperialismus, der die internen reaktionären Kräfte stützt", kämpfte. Sie proklamierte als ihr Ziel die „volksdemokratische Änderung" und ein „demokratisches Griechenland" in einem „vereinten sozialistischen Europa". Die führende Figur der „Sozialistischen Bewegung" ist heute Vassilis Filias, der seine Organisation bereits im September 1974 gründete, mit ihr an den nächsten Parlamentswahlen teilnehmen will und im übrigen ein energischer Verfechter des Zusammenschlusses der Linken ist. An der PASOK lehnt er freilich ihre personalistische, ganz auf A. Papandreou zugeschnittene Führungstruktur ab, an der KP-Inland ihre legalistische Taktik, die schon einmal durch die Zusammenarbeit mit dem „Kapitalistenknecht" Georg Papandreou Ende 1944 ihren sicheren Sieg verschenkt habe. Auch die „Sozialistische Bewegung" lehnt die Bindungen Griechenlands an die USA wie an Westeuropa ab und

101 Joannis Loulis, Versenkt Ihr Sismik? in: Epikentra, September 1976 (hektographiert); von Schenck, a.a.O., S. 3; Johannes Gaitanides, Konsolidierung der Demokratie, in: Das Parlament Nr. 45, 6.11.1976, S. 1; Privatinterviews.
102 Vgl. von Schenck, in: Das Parlament Nr. 45, 6.11.1976, S. 1; Privatinterviews; Die·sozialistische Bewegung. Beschlüsse des 1. Panhellenischen Kongresses 13./14. Dezember 1975, Athen 1975 (gr.); Vassilis Filias, Politische Essays, Athen 1975 (gr.); Georg Katsoulis, Das Establishment, Athen 1975 (gr.); Privatinterviews; Nikolinakos, a.a.O., S. 56 f.

kritisiert die heutige weltwirtschaftliche Arbeitsteilung im Interesse
der Monopole. Auch hier verbindet sich nationalistischer Purismus
und entsprechendes Autarkiestreben mit einem antikapitalistischen
und antiwestlichen Affekt, aus dem heraus man sich der Dritten Welt
zuwendet. Die ideologische Verwandschaft mit der PASOK, dementsprechend auch die Konkurrenz zu dieser, sind unverkennbar.
Jedoch entbehrt die Gruppierung von Filias der Massenbasis. Mit
ihrer Militanz bemüht sie sich aber mit einigem Erfolg um Studenten
und junge Arbeiter, unter denen sie kaderartige Zellenorganisationen
aufzubauen versucht.

Auch in Griechenland fehlen schließlich nicht die „maoistischen"
Gruppierungen. Bereits 1964 trennte sich von der Kommunistischen
Partei Griechenlands eine Gruppe, die sich „Marxisten-Leninisten"
nannte und deren „Klassenanalyse" der griechischen Gesellschaft
zu einer reichlich mechanischen Übertragung des chinesischen Modells
gedieh.[103] Danach sollen auch in Griechenland die Bauern die wichtigste soziale Kraft der Revolution bilden, ohne welche die Arbeiter
nicht siegen können. Umso inkonsequenter war deshalb der Gedanke
der „Maoisten" während der Diktatur, zum Stadtguerilla überzugehen.
Hier berührten sie sich mit Gruppen, die sich „Antistasi" („Widerstand") nannten und ebenfalls für den bewaffneten Kampf in den
Städten wie in den Bergen eintraten, für eine „Proletarische Revolution", aus deren Sicht insbesondere die KP und die EDA sich des
Verrats und des Opportunismus schuldig gemacht hatten.

Wieder andere Gruppen wie die „Unabhängige Linke" wurden von der
Neuen Linken in Westeuropa beeinflußt, nicht zuletzt über die zahlreichen griechischen Studenten in den westeuropäischen Ländern.[104]
Hier ist man dann auf der Suche nach einem neuen revolutionären
Potential und findet es vor allem bei den Wissenschaftlern und Studenten, d.h. bei sich selbst. Auch dieser Aktionismus verliert dann
nicht selten den Kontakt mit der Realität, sei es, daß man sich der
revolutionären Praxis der Dritten Welt anschließen möchte, sei es,
daß man vage Zielbilder von einer „revolutionären Demokratie des
bewaffneten Volkes" oder von der „unmittelbaren Beteiligung der
Werktätigen an der Verwaltung der gemeinsamen Angelegenheiten"
entwickelte. Alle diese Gruppen stimmen jedoch in ihrem Plädoyer

103 Nikolinakos, a.a.O., S. 61 ff.
104 Privatinterviews.

für einen „dritten", marxistisch-revolutionären Weg gegen die Mili-
tärblöcke der Supermächte weitgehend überein.

Der Eindruck der Zersplitterung, vielfältiger Fluktuation von Personen und Gruppen, von Konkurrenzkämpfen vor allem rhetorisch
begabter, oft noch jugendlicher „Chefs" sollte jedoch nicht die ernsthaften Anstrengungen übersehen lassen, die vor allem seit 1976
unternommen werden, um im Hinblick auf die nächsten Parlamentswahlen, voraussichtlich im November 1978, eine einheitliche Front
der „progressiven" Linken gegenüber der derzeitigen erdrückenden
Regierungsmehrheit aufzubauen.[105] Als einer der ersten äußerte im
Januar 1976 Prof. Dimitros Tsatsos, zu dieser Zeit noch Abgeordneter
des „Vereinigten Zentrums" (EDIK), die Überzeugung, daß die
Opposition nur durch die Schaffung einer „großen Allianz" die Aussicht haben könne, die Regierungsmehrheit zu gewinnen. Ähnlich
ließen sich bald darauf auch seine Parteifreunde, die Professoren
Pezmazoglou und Mangakis vernehmen. Pezmazoglou wollte die Frage
der Oppositionsallianz allerdings nicht ohne oder gar gegen den Parteivorsitzenden Mavros erörtern, und selbst der Parteisekretär der
EDIK, Mylonas, ebenfalls eher ein Vertreter der Parteilinken, nannte
den Gedanken noch „verfrüht". Tsatsos hatte an eine Allianz der
„antidogmatischen Linken", also aus EDIK, EDA, KP-Inland und
PASOK unter Ausschluß der KP-Ausland gedacht. Andreas Papandreou
attackierte wenig später bei einem Vortrag im Athener Hilton-Hotel
aber gerade die sozialdemokratischen Neuen Kräfte, nicht zuletzt
wegen ihrer Kontakte zur SPD, die nach seinem neuesten Erkenntnis-
stand die besondere Interessenagentur der USA in Westeuropa darstellen. Statt dessen forderte der PASOK-Vorsitzende die linke Allianz
auf der Plattform des Programms seiner eigenen Partei und unter
Einschluß der KP-Ausland.

In einer nächsten Runde formulierte sodann die KP-Inland in der
Jahresmitte 1976 eine Plattform für die Zusammenarbeit der Linken,
die innenpolitisch eine verstärkte „Entjuntafizierung", mehr politische Freiheiten, eine soziale Politik (was immer dies bedeuten mochte)
und ein Bekenntnis zur nationalen Einheit gegenüber der türkischen
Aggression enthielt, außenpolitisch am Austritt aus der *militärischen*
(nicht der *politischen)* Organisation der NATO festhalten wollte und

---

105 Zum folgenden insbes. Joannis Loulis, Versuche der Herstellung einer
Volksfront in der griechischen Opposition, in: Epikentra, Dezember 1976
(hektographiert).

die Vertagung der Verhandlungen über die US-Basen in Griechenland sowie eine stärkere Orientierung in Richtung auf die Dritte Welt und die „sozialistischen Länder" empfahl.

Am 9. November 1976 richtete wiederum Andreas Papandreou einen Brief an alle Parlamentsfraktionen, auch die „Neue Demokratie", in dem er eine „demokratische Union" aller Oppositionsparteien und eine „nationale Union" in der Außenpolitik, hier unter Beteiligung der Regierungspartei, vorschlug. Papandreou wollte damit die Isolierung korrigieren, in die er durch seinen Hilton-Vortrag im Frühjahr geraten war. Die Reaktionen beider kommunistischer Parteien wie der EDA auf diesen Vorschlag Papandreous waren im November/ Dezember 1976 recht positiv. Es kam auch zu Gesprächen zwischen A. Papandreou und Mavros, wobei letzterer mehr und mehr unter den Druck seiner eigenen Parteilinken gerät, die auch nach dem Auszug der Sozialdemokraten noch stark ist. Mangakis, Tsatsos und andere haben sich inzwischen in der „Initiativbewegung für Demokratie und Sozialismus" zusammengeschlossen und sind zur Zusammenarbeit insbesondere mit der KP-Inland und der EDA bereit. Am wahrscheinlichsten ist zum gegenwärtigen Zeitpunkt (Januar 1977) die „Demokratische Allianz" der genannten, nach westeuropäischen Begriffen eher linkssozialistischen „Initiativbewegung" mit KP-Inland und EDA, zu der weitere Kräfte aus der EDIK, ja selbst aus der PASOK stoßen könnten. Das Zentrum würde damit auf seinen bürgerlich-liberalen Traditionsbestand reduziert, der leicht den Weg zur „Neuen Demokratie" finden könnte. Die verbleibende PASOK würde mit der Auslands-KP links von der Demokratischen Allianz verharren. Wie schon erwähnt, sind jedenfalls die PASOK und die KP-Ausland zum Jahresbeginn 1977 infolge ihrer unnachgiebigen Haltung in der Frage des EG-Beitritts erneut in die Isolierung geraten.[106]

Keine Untersuchung des heutigen politischen Spektrums Griechenlands kann von dem überragenden Einfluß absehen, den die Parteien der Linken heute vor allem unter den Studenten, im akademischen Nachwuchs, jedenfalls seinen hochpolitisierten Teilen, ausüben. Wie die Wahlen zu den Studentenvertretungen ausweisen, wird man hier geradezu von einer Monopolstellung der marxistischen und sozialistischen Kräfte sprechen können.[107] Eben hier wird mit Vorrang jener kulturrevolutionäre Kampf um das „Bewußtsein" des Nach-

---

106 Privatinterviews.
107 Privatinterviews; vgl. auch Anm. 143.

wuchses geführt, der zur Etablierung eines marxistischen „pays réel" führen soll. Diese Auseinandersetzung findet auch in Griechenland unter dem Eindruck des wachsenden Mißverhältnisses zwischen den Studentenzahlen und dem Bedarf des Beschäftigungssystems statt, also unter der Drohung eines sich ausbreitenden akademischen Proletariats. Der kulturrevolutionäre Kampf zwischen „Reaktion" und „Fortschritt" artikuliert sich auch hier nicht zuletzt als ein Krieg zwischen den Generationen, der oft mitten durch die Familien geht. Die Studenten genießen aus der Zeit des Widerstands gegen die Militärherrschaft immer noch ein hohes politisches Prestige, und ihre Rolle als opinion leaders ist daher nicht zu unterschätzen. Zumindest ihre hochpolitisierten Teile stellen einen meinungsbildenden Faktor par exellence dar.[108]

Hand in Hand mit der politischen Organisation des akademischen Nachwuchses geht heute seine massive und stetige marxistische Indoktrination durch Bücher, Broschüren und Presse. Die beiden kommunistischen Parteien verfügen aufgrund ihrer erheblichen Mittel über zahlreiche Presseorgane, so die Moskau-KP über die Tageszeitung „Rizopastis", die Inland-KP über die Tageszeitung „Avgi", die theoretisch-ideologische Monatszeitschrift „Komthep" und die Studentenzeitung „Demokratischer Kampf". Auch die der Linie der PASOK nahestehende neugegründete Tageszeitung „Elefterotipia" („Das freie Wort") ist unter Studenten mit ihrer entschiedenen Gegnerschaft gegen die USA, die NATO und Westeuropa einflußreich. Nicht selten stimmen aber auch traditionell bürgerlich-liberale und journalistisch hochstehende Blätter wie „Vima" in linke Bewertungen und anitamerikanische Kampagnen ein. Ohne diese meinungsbildende Presselandschaft, in der konservative Organe wie „Estia" und das Blatt der Rechtsopposition, „Elefteros Kosmos" quantitativ kaum ins Gewicht fallen, sind auch die periodischen Pressefeldzüge gegen die „faschistische", „amerikahörige" und „neo-imperialistische" Bundesrepublik Deutschland nicht zu verstehen, in denen alte Erinnerungen und Ressentiments in den Dienst kommunistischer Propaganda gestellt werden.[109]

---

108 Privatinterviews.
109 Über die Kampagne gegen die Bundesrepublik in weiten Teilen der griechischen Presse im Zusammenhang mit dem Fall Pohle braucht hier nichts mehr wiederholt zu werden. Sie wäre jedenfalls ohne den weit verbreiteten marxistischen Einfluß nicht denkbar gewesen.

Man wird diese von den marxisitischen Kräften vorgetragene kultur-revolutionäre Offensive schon deshalb nicht unterschätzen dürfen, weil sie ein geistiges und moralisches Vakuum auszufüllen bean-sprucht, das durch den enormen sozialen Wandel von einer traditio-nalistischen Gesellschaft zur Industrie- und Konsumgesellschaft westeuropäisch-atlantischen Typs aufgerissen wurde. Die Distanzie-rung gerade auch von Teilen des intellektuellen Nachwuchses von den USA und Westeuropa ist als Symptom tiefliegender sozialer und nor-mativer Ursachen zu begreifen.

VI. Die Außenpolitik der Regierung Karamanlis

Die außenpolitischen Konsequenzen des Zusammenbruchs der Mili-tärherrschaft im Juli 1974 waren ebenso einschneidend wie die innen-politischen. Das Nordatlantische Bündnis und die Vereinigten Staaten befanden sich auf dem tiefsten Punkt ihres Prestiges seit 1952. Die be-kannten Parolen der EDA wie der gesamten Linken, das Militärregime sei nichts anderes gewesen als eine Form der Besetzung Griechenlands durch die USA und das Gegenstück zur Besetzung der CSSR am 21. August 1968 durch „die andere Supermacht", fanden nun weite Ver-breitung. Die populäre Rede vom amerikanischen Botschafter als dem wahren „Premierminister Griechenlands" machte die Runde. Auch Politiker und Publizisten der bürgerlichen Mitte und der Rechten, da-runter etwa die einflußreiche Zeitungsverlegerin Helen Vlachos, charakterisierten die Militärjunta als „geboren vom Pentagon und dem CIA, großgezogen von der NATO" und bestritten, daß 1967 eine kom-munistische Gefahr bestanden habe.[110] Konstantin Karamanlis hatte schon im Pariser Exil im April 1973 Kritik an der amerikanischen Politik und am Einfluß des „ausländischen Monopolkapitals" in Grie-chenland geübt und damit zu erkennen gegeben, daß er sich mit der in Griechenland herrschenden Stimmung identifizierte.[111] Am 14. Au-

---

110 H. Vlachos (Hrsg.), Griechenland. Diese Dokumentation bringt Texte aus dem gesamten Spektrum des Kosmos Politikos, von den Vertretern der EDA und ihrer Widerstandsorganisation PAM sowie der Panhellenischen Freiheitsbewegung (PAK) A. Papandreous bis zum konservativen Lager (Helen Vlachos, General Vidalis u.a.). Menelaos Loundemis, ein in Buka-rest im Exil lebender Politiker der EDA richtete einen offenen Brief „an seine Exzellenz Herrn Tasca, Premierminister von Griechenland" (ebd. S. 224 ff).
111 Nikolinakos, a.a.O., S. 251.

gust 1974, kaum drei Wochen nach der Regierungsübernahme, verkündete Karamanlis den Austritt seines Landes aus der Militärorganisation der NATO: „Die Organisation des atlantischen Bündnisses hat
sich als unfähig erwiesen, die barbarische türkische Invasion (auf Zypern; K.H.) zu vereiteln und die Gefahr der Konfrontation zwischen
zweien seiner Mitglieder zu vermeiden."[112] Der Führer der Zentrums-
Union und Außenminister der Übergangsregierung, Georg Mavros,
verlieh der Meinung der Mehrheit seiner Landsleute im Sommer 1974
Ausdruck mit der Frage: „Welchen Nutzen kann ein Bündnis gegen
eine Aggression von außen haben, wenn es nicht einmal Schutz bietet
gegen eine Aggression von innen?"[113] Unter dem Druck der öffentlichen Meinung und der schockierenden Erkenntnis, daß Griechenland
in eine totale militärische und logistische Abhängigkeit von den USA
geraten war,[114] begann die Regierung Karamanlis mit einer Überprüfung der bisherigen Außen- und Sicherheitspolitik Griechenlands.
Insbesondere mit der Hinwendung zu Westeuropa und zur Europäischen Gemeinschaft sowie mit der erneuten Intensivierung des Kontaktes zu den „geopolitischen" Nachbarn auf dem Balkan konnte
Karamanlis dabei an Ansätze wieder anknüpfen, die er selbst schon
vor 1963 entwickelt hatte und die selbst vom Militärregime — entgegen der verbreiteten Meinung, es habe sich willenlos den USA
ausgeliefert — nie außer acht gelassen worden waren.[115]
Parallel zum innenpolitischen Wiederaufbau eröffnete die Regierung
Karamanlis unmittelbar nach der Regelung der dringendsten Fragen
des Zypernkonflikts den Fahrplan ihrer neuen Außenpolitik mit den
Besuchen von Außenminister Mavros in Paris, Bonn und Brüssel. Sie
sollten den neuen Schwerpunkt der außenpolitischen Bemühungen
Athens deutlich machen: über die Wiederbelebung des Assoziierungsvertrages von 1961 zur frühest möglichen Vollmitgliedschaft Griechen-

112 AdG 1974, S. 18 931; vgl. Manousakis, a.a.O., S. 586.
113 Blätter für deutsche und internationale Politik 1974, S. 889.
114 Manousakis, a.a.O., S. 612, der hier darauf hinweist, daß die griechischen
    Streitkräfte im Konfliktfalle nach zwei bis drei Tagen aus Mangel an Munition und Treibstoff liegengeblieben wären.
115 Das Militärregime hatte 1971 formell den bis dahin bestehenden Kriegszustand mit Bulgarien aufgehoben und diplomatische Beziehungen mit
    Sofia aufgenommen. Der Besuch des bulgarischen Außenministers in Athen
    1970 war der erste Besuch eines ausländischen Kabinettsmitgliedes bei der
    Militärregierung überhaupt gewesen. Ihm folgte 1971 ein Besuch des rumänischen Außenministers. Auch mit Albanien wurden die Handelsbeziehungen wieder aufgenommen (s. AdG 1970, S. 15 233, S. 15 456, S. 15 587;
    AdG 1971, S. 16 242, S. 16 339); vgl. Mergl, a.a.O., S. 104 ff.

lands in der Europäischen Gemeinschaft zu gelangen. Der Stellenwert dieser Politik für die Festigung der demokratischen Ordnung der 3. Griechischen Republik wurde denn auch von den angesprochenen Regierungen nicht verkannt. Bereits am 27. September 1974 beschloß die Beratende Versammlung die Wiederaufnahme Griechenlands in den Europarat. Der französische Premierminister Chirac war als erster westeuropäischer Regierungschef bereits im Dezember 1974 in Athen; ihm folgte der französische Außenminister im Februar und Staatspräsident Giscard-d'Estaing im September 1975, wobei Frankreich eine militärische Sicherheitsgarantie für Griechenland abgab und griechische Rüstungskäufe in Frankreich vereinbart wurden. Besuche von Ministerpräsident Karamanlis in Paris (April 1975), Bonn (Mai 1975) und London (Oktober 1975) unterstrichen die neue Priorität der griechischen Westeuropapolitik. Bundeskanzler Schmidt weilte zur Jahreswende 1975/76 in Athen. Bereits im September 1974 hatte Bonn eine Kapitalhilfe in Höhe von 180 Millionen Mark bis 1976 zugesagt.[116]

Parallel zu seiner EG-Politik begann Karamanlis mit der Verwirklichung der angekündigten Zusammenarbeit mit den Nachbarn auf dem Balkan. Aus griechischer Sicht stellt sie nach den Erfahrungen des Jahres 1974 vor allem eine notwendige Entlastung und mögliche Unterstützung des Landes in seinem Konflikt mit der Türkei dar. Die Gleichzeitigkeit dieser griechischen Initiativen mit den KSZE-Verhandlungen und der Konferenz •in Helsinki kam Athen dabei nicht unwesentlich zustatten. Seine Vorschläge stießen bei den Regierungen der kommunistischen Partnerländer auf recht offene Türen.

Bereits im Januar 1975 reiste Außenminister Bitsios nach Bulgarien, mit dem neue Transit-, Rechtshilfe- und Zollabkommen vorbereitet sowie regelmäßige Außenminister-Konsultationen und Regierungskommissionen vereinbart wurden. Der Besuch des griechischen Ministerpräsidenten in Sofia im Juli des gleichen Jahres war der erste seit dem 2. Weltkrieg. Wenn jetzt von „freundschaftlichen Gefühlen der beiden Völker" und vom „Geist guter Nachbarschaft" gesprochen wurde, so bedeutete das für den Kenner der jahrzehntelangen Erbfeindschaft zwischen den Griechen und ihren „slawischen" Nachbarn im Norden schon ein neues Datum, bei dem nicht zuletzt der grie-

---

116 AdG 1974, S. 18 982, S. 18 922 f., S. 19 034 f., S. 19 100; AdG 1975, S. 19 390, S. 19 452, S. 19 936; Europa-Archiv 1975, Z (Zeittafel), S. 172. Die deutsche Kapitalhilfe ist inzwischen in 3 Tranchen ausbezahlt worden.

chisch-türkische Konflikt Pate gestanden hatte, ganz abgesehen von dem innenpolitischen Aspekt, daß hier eine bürgerliche Regierung der Linken zeigte, daß sie zu Ausgleich und Verständigung mit einem kommunistischen Nachbarstaat in der Lage war.[117]

Noch vor Sofia hatte Karamanlis bereits im Mai und Juni 1975 Bukarest und Belgrad besucht. Die griechisch-rumänischen Beziehungen waren in der Vergangenheit stets eng gewesen, sowohl aufgrund der gemeinsamen orthodoxen Tradition wie im Hinblick auf die lange gemeinsame Gegnerschaft der beiden nicht-slawischen Balkanstaaten zu ihren slawischen Nachbarn. Nun kam als neues Motiv die Sonderposition Rumäniens als kleines Land innerhalb eines hegemonialen Bündnisses hinzu, um ihm Modellcharakter auch für Griechenlands Verhältnis zur atlantischen Allianz zu verleihen. Die Betonung der Gemeinsamkeit der beiden Kulturen verbindet sich mit derjenigen der nationalen Ubabhängigkeit, souveränen Gleichberechtigung, territorialen Integrität und Nichteinmischung als gemeinsamer Politik. Unter Bezugnahme auf die KSZE wurde im März 1976 bei Ceaucescus Gegenbesuch in Athen auch ausdrücklich die Notwendigkeit effektiver Maßnahmen im Bereich des militärischen Disengagements hervorgehoben. Athen und Bukarest sind heute geneigt, „gemeinsame Interessen in der Balkan-Region" so weit als möglich zu konkretisieren. *Ein* solcher Konkretisierungsversuch reicht bis zur Lieferung von 2000 rumänischen Jeeps an Griechenland zur Hälfte des Preises eines entsprechenden Angebots der Vereinigten Staaten und zur Vereinbarung langfristiger Lieferung von Ersatzteilen zu Beginn des Jahres 1976. Dieser erste Fall einer Lieferung militärischen Materials eines Warschau-Pakt-Staates an ein Mitglied der NATO, der nicht ohne Zustimmung Moskaus stattgefunden haben kann, mag sich aus Athener Sicht als eine Art Denkzettel und Dokumentation neugewonnenen Selbstbewußtseins gegenüber der ungeliebten westlichen Hegemonialmacht darstellen.[118]

Auch gegenüber Jugoslawien hat die griechische Regierung eine Verbesserung der Beziehungen eingeleitet, wobei auch hier wirtschaftlich-technische Vereinbarungen (über Straßenbau, Eisenbahnlinien, Pipelines von Saloniki aus und den Ausbau des Ägäis-Donau-Wasserweges über den Axios-Wardar) im Dienst politischer Überlegungen stehen. Karamanlis und Tito stimmten beim Besuch des griechischen

117 AdG 1975, S. 19 176 f., S. 19 560.
118 AdG 1975, S. 19 287; S. 20 070; S. 20 213.

Ministerpräsidenten in Belgrad in der Kennzeichnung des Balkans
als „Insel des Friedens", im Lob der Entspannungspolitik und der
Verwirklichung der Schlußakte von Helsinki ebenso überein wie in
der Forderung, die Zypernfrage auf der Grundlage der Respektierung
der Souveränität und Blockfreiheit der Inselrepublik sowie des Abzugs
der „ausländischen", d.h. der türkischen Truppen zu lösen. Tito hat
bei seinem Gegenbesuch in Athen im Mai 1976 sogar von „militärischer Koordination" zwischen beiden Ländern gesprochen. Ähnliche Absichten zeigte ein demonstrativer Besuch des griechischen
Verteidigungsministers Averoff in Jugoslawien im September 1976.
Er blieb nicht ohne Kritik bei der politischen Rechten in Athen
und in Teilen der Presse. Immerhin demonstriert diese Politik griechi-
scherseits nicht nur, daß man gegebenenfalls im Konflikt mit der
Türkei nicht allein stehe, sondern daß man auch in Zukunft an der
Integrität eines blockfreien Jugoslawiens interessiert ist.[119]
Die vorläufig letzte Etappe der neuen griechischen Balkanpolitik
bildete die Konferenz der Balkanstaaten Bulgarien, Jugoslawien,
Rumänien, Türkei und Griechenland, zu der der griechische Ministerpräsident am 20. August 1975 eingeladen hatte und die vom 26. Januar bis 5. Februar 1976 in Athen stattfand. Albanien hatte die Einladung mit der Begründung abgelehnt, es ziehe bilaterale Kontakte
vor. Nach einigem Zögern sagte die Türkei ihre Teilnahme zu, nachdem sie die Versicherung erhalten hatte, daß die Konferenz sich nur
mit technisch-wirtschaftlichen Fragen befassen und politische Probleme ausklammern würde. Das Gemeinsame Kommuniqué dieser
Konferenz auf Sachverständigenebene nahm ausdrücklich Bezug auf
die Prinzipien und Bestimmungen der Schlußakte von Helsinki. Die
Delegationen prüften Gedanken, Vorschläge und Empfehlungen
über Zusammenarbeit auf den Gebieten der Landwirtschaft, des
Handelns, des Energie-, Transport- und Fernmeldewesens sowie
der Umweltprobleme.[120]
Ihre Abrundung erfährt diese neue griechische Politik gegenüber
den „geo-politischen" Nachbarn schließlich durch verbesserte Kontakte auch zu den arabischen Staaten. Bereits im Januar 1976 be-

---

119 AdG 1975, S. 19 549; AdG 1976, S. 20 210; Frankfurter Allgemeine Zei-
    tung Nr. 205, 14.9.1976.
120 AdG. 1975, S. 19 673: Gemeinsames Kommuniqué über die Konferenz
    der Balkanstaaten über wirtschaftliche und technische Zusammenarbeit in
    Athen vom 26. Januar bis 5. Februar 1976, in: Europa-Archiv 1976,
    S. 341 f.

suchte Karamanlis im Rahmen seiner ausgedehnten Reisediplomatie Kairo. Hier konnte er der ägyptischen Seite die griechische Unterstützung in der Frage des Abzugs Israels vom ägyptischen Territorium sowie die Anerkennung der „legitimen Rechte des palästinensischen Volkes" auf seine nationale Wiederherstellung bieten, unbeschadet des Vorbehalts der Integrität und Sicherheit Israels.[121] Athen will heute keineswegs mehr gemeinsam mit Israel als westliche „Speerspitze" im Vorderen Orient betrachtet werden, sondern betont stattdessen seine geo-politische Brückenfunktion als Mittelmeermacht. Durch seinen Konflikt mit der Türkei bedarf es mehr denn je arabischen Verständnisses, um das sich auch der Rivale bemüht. Nicht zuletzt bedürfen beträchtliche wirtschaftliche Interessen Griechenland in den arabischen Ländern bis hin zu den ölproduzierenden Golfstaaten einer politischen Absicherung. Die ägyptisch-amerikanische Annäherung seit 1974 hat den Griechen aber auch gezeigt, daß die Amerikaner in diesem Raum nicht nur auf sie angewiesen sind. Die weltpolitischen Interdependenzen im Ost-Mittelmeer-Raum sind immer enger geworden, und das Verhältnis Griechenland zum Westen wird mehr denn je von guten westlich-arabischen Beziehungen abhängen.

Die Struktur der neuen griechischen Außenpolitik in ihrer Betonung des „nationalen Interesses" und neugewonnener Bewegungsfreiheit gegenüber der NATO wäre freilich unvollständig skizziert, würde man in ihr nicht auch die Elemente der „Rückversicherung" gegenüber der westlichen Führungsmacht im Auge behalten. So sehr Karamanlis in seinen Pariser Exiljahren von der Unabhängigkeitspolitik General de Gaulles beeindruckt worden sein mag: Der Realist Karamanlis hat darüber nicht die Größenordnung seines Landes vergessen. An dieser Einsicht finden seine Konzessionen gegenüber der Stimmung im Lande ihre deutlichen Grenzen. Das neue Verteidigungsabkommen mit den Vereinigten Staaten als Ersatz für den „ungleichen" Vertrag von 1953 ist auf vier Jahre befristet und reduziert die Basen der USA in Griechenland auf vier von beiden Seiten als wesentlich angesehene Einrichtungen: die Radarbasis von Nea Makri in Attika, die Sudabucht auf Kreta für die 6. US-Flotte sowie den dortigen Flughafen, eine Luftüberwachungsbasis bei Heraklion, ebenfalls auf Kreta und das US-Element des Athener Flughafens Hellenikon, das vor allem dem Nachschub dient. Die bisherige umstrittene Exterritorialität der amerikanischen Basen wurde beendet. Sie wurden

121 AdG 1976, S. 19 995.

unter griechisches Kommando gestellt und mit 50 Prozent griechischem Militärpersonal ausgestattet. Es wurde auch festgelegt, daß die Basen nur zu Zwecken verwendet werden, die von griechischer Seite gebilligt werden und mit der griechischen Souveränität vereinbar sind. Die Nachrichteninformationen, die über die Basen, besonders Nea Makri, beschafft werden, sollen künftig beiden Seiten zur Verfügung stehen. Griechenland erhält von den USA eine Militärhilfe in Höhe von 700 Millionen Dollar für die Zeit der vierjährigen Verttragsdauer.[122]

In einer wichtigen Regierungserklärung nach der Unterzeichnung des Abkommens hat der griechische Ministerpräsident alle Vorstellungen von Bündnisfreiheit als „unvorstellbar" zurückgewiesen: Sie würde Griechenland ohne Schutz lassen und nicht zuletzt das Gewicht der dem Westen weiter verbundenen Türkei verstärken. Sie würde aber auch das Tor zu Europa und zur EG schließen. Der „organische Beitritt" zu einem sich politisch einigenden Europa und die Etablierung einer „Sonderbeziehung" Griechenlands zur NATO, „um die Sicherheit unseres Landes zu stärken", bezeichnete Karamanlis als die beiden wichtigsten Ziele seiner Westpolitik. Für letztere verwies er dabei ausdrücklich auf die Beispiele Frankreichs, der Niederlande und Rumäniens, die alle gleichfalls innerhalb der Bündnisse eine „unabhängige Politik" zur Wahrung ihrer eigenen Interessen verfolgten. In derselben Regierungserklärung machte der Regierungschef schließlich den Vorschlag eines Nichtangriffspakts mit der

122 AdG 1976, S. 20144; die beiden Abkommen waren Ende Januar 1977 vom US-Kongreß noch nicht ratifiziert, was der parlamentarischen Opposition in Athen Gelegenheit zu fortgesetzter Diskussion gegeben hat. Sie sollten nach dem Präsidentenwechsel an erster Stelle der außenpolitischen Prioritätenliste stehen. — Der Raketenschießplatz der NATO auf der Insel Kreta nordostwärts Chania (NAMFI — NATO Missile Firing Installation) ist vom Austritt Griechenlands aus der Militärorganisation nicht betroffen worden. Abgesehen von einer 14-tägigen Schließung im Juli 1976 ist der Übungsbetrieb deutscher, amerikanischer und holländischer Flugabwehrraketen-Batterien (Mike Herkules und HAWK) ständig weitergelaufen. Der Schießplatz steht unter dem Befehl eines griechischen Generals, der letztlich bestimmt, ob und wann geschossen wird. Der Platz wird von den griechischen Streitkräften verwaltet, die auch die See- und Luftraumüberwachung mit Radar für das gesamte Zielgebiet unter sich haben. Kleine Verbindungskommados aller beteiligten NATO-Armeen halten sich ständig in NAMFI auf. Die Bundesrepublik hat über einen NATO-Fonds den größten Teil der Kosten für NAMFI aufgebracht (Privatinterviews). Im Herbst 1976 hat die Bundesluftwaffe zusätzlich einen Übungsschießplatz für die Flak-Zwillingskanone (20 mm) auf Kreta in Betrieb genommen (vgl. in: Europäische Wehrkunde 1976, S. 473).

Türkei, um den auf Kosten des Wohlstandes der beiden Völker gehenden Rüstungswettlauf zu beenden.[123]

Das Konzept der griechischen Außenpolitik unter Karamanlis seit 1974 erweist sich so als in sich schlüssig: In einem kunstvollen System von Gewichten und Gegengewichten sollen die alten, aus griechischer Sicht weithin ineffektiv gewordenen NATO-Bindungen durch neue zweiseitige Abkommen ersetzt werden, einerseits mit Westeuropa, andererseits mit den USA. Sie werden ergänzt durch verbesserte Beziehungen und durch „Kooperation" mit den balkanischen und arabischen Nachbarn. Der Schlußstein des Gebäudes bildet die Lösung des Ägäis- und Zypernkonflikts mit der Türkei. Vieles an dieser kühlen Interessen- und Balance-Politik erinnert an Bismarck.Aber dieser scheiterte an den irrationalen Kräften und Emotionen in der Tiefe der Gesellschaft und der nationalen Gegensätze. Ist vielleicht auch Karamanlis Außenpolitik zu sehr „Nur-Außenpolitik", um nicht einem ähnlichen Schicksal zu erliegen? Ihre Achillesferse ist zweifellos in den gesellschaftlichen und ideologischen Bewegungen der beteiligten, Völker, insbesondere der Türken und der Griechen selbst, zu suchen.

Der EG-Beitritt ist für die Regierung Karamanlis zweifellos ein Eckstein ihrer gesamten bisherigen Außenpolitik. Ihr Drängen auf einen baldigen erfolgreichen Abschluß der Beitrittsverhandlungen, zumindest auf einen entscheidenden Durchbruch noch vor den nächsten Wahlen ist nur in diesem politischen Gesamtzusammenhang zu verstehen. Als die griechische Regierung am 12. Juni 1975 ihren Antrag auf Vollmitgliedschaft in der Europäischen Gemeinschaft stellte, ließ insbesondere der dynamische griechische Wirtschaftsminister Panayiotis Papaligouras keinen Zweifel an der politischen Dringlichkeit des griechischen Wunsches. Er teilt mit Karamanlis die Auffassung, daß die neue griechische Demokratie nicht zuletzt durch die Verankerung in der Europäischen Gemeinschaft langfristig stabilisiert werden soll. Die Stellungnahme der EG-Kommission vom 29. Januar 1976 zum griechischen Aufnahmeantrag war deshalb für Athen enttäuschend.[124] In ihrer üblichen, reichlich technokratischen Sprache wies die Kommission auf die immer noch verhältnismäßig schwach entwickelte griechische Industrie hin, die einen „Transfer

---

123 AdG 1976, S. 20 144.
124 Vgl. Stellungnahme der EG-Kommission vom 29. Januar 1976 zum Beitrittsantrag Griechenlands vom 12. Juni 1975, in: Europa-Archiv 1976, S. 161 ff.

von Ressourcen" für „erhebliche Strukturanpassung" notwendig mache. Sie betonte ferner die Schwierigkeiten bei der notwendigen Harmonisierung der Agrarstruktur und Agrarpolitik und sie machte auf die defizitäre griechische Handels- und Zahlungsbilanz, die hohe griechische Inflationsrate seit 1973 und die gravierenden Regionalprobleme durch die einseitige Wachstumskonzentration in den bekannten griechischen Ballungsgebieten aufmerksam. Die Kosten für die Hilfen an Griechenland aus den Sonderfonds (Agrar-, Sozial- und Regionalfond) würden nach Ansicht der Kommission der Gemeinschaft weitere Lasten aufbürden. Mnisterpräsident Karamanlis reagierte auf die Brüsseler Stellungnahme heftig, indem er sofort alle Botschafter der neun EG-Staaten zu sich zitierte. Tatsächlich verwarfen die EG-Außenminister die auf Hinausschieben der Verhandlungen gerichtete Empfehlung und beschlossen die Eröffnung der Verhandlungen — die im Oktober 1976 voll begonnen haben — unter dem durchaus richtigen Aspekt, daß es sich hier nicht vor allem um ein finanzielles, sondern um ein politisches Problem handele.

Die ökonomischen Argumente der griechischen Seite klingen vielfach plausibel.[125] Sie machen darauf aufmerksam, daß durch die Assoziierung seit 1962 der Anpassungsprozeß vor allem im Bereich des Handels schon weit gediehen sei. So wurden bis heute die griechischen Einfuhrzölle für zwei Drittel der gewerblichen Importe aus der EG abgeschafft und für das restliche Drittel um 50 Prozent gesenkt. Griechenland hat heute nach griechischer Auffassung vielfach geringere Wirtschaftsprobleme als manche EG-Staaten. Die Jahresdurchschnittszuwachsrate des Bruttosozialprodukts von 1962 bis 1975 betrug in Griechenland 6,8 Prozent, dagegen nur 3,8 Prozent für die neun EG-Länder. Im gleichen Zeitraum betrug die agrarische Wachstumsrate 4,7 Prozent gegenüber nur 2 Prozent für die sechs anfänglichen EG-Staaten. In der Industrieproduktion betrug die Jahresdurchschnittszuwachsrate in diesem Zeitraum in Hellas sogar 9,4 Prozent gegenüber 4,2 Prozent für die Sechs und 3,8 Prozent für die Neun. Der Anteil der gewerblichen Produktion am griechischen Gesamtexport stieg von 11,1 Prozent 1962 auf 49,9 Prozent 1975. Die griechischen Unterhändler in Luxemburg weisen heute auch darauf hin, daß die Inflation in Griechenland seit 1974 weitgehend gebändigt und das

125 Vgl. z.B. Joannis Pezmazoglou, Der bevorstehende Beitritt Griechenlands zur Europäischen Gemeinschaft, in: Europa-Archiv 1976, S. 215 ff.; Xenophon Zolotas, Gouverneur der Bank von Griechenland, Zum EG-Beitritt bereit, Das Parlament Nr. 45, 6.11.1976, S. 8 f.

Handelsbilanzdefizit gestoppt werden konnte. Die noch unterentwickelten Regionen können nach griechischer Ansicht ebensowenig
ein Hindernisgrund für den Beitritt sein wie die unterentwickelten
Regionen Italiens, Großbritanniens oder Irlands. Die zu erwartende
Belastung etwa des EG-Regionalfonds in Höhe von ca. 300 Millionen
Dollar jährlich macht nach griechischer Berechnung weniger als 5
Prozent des Haushalts der Gemeinschaft im Jahr 1976 aus. Nicht
zuletzt werden von griechischer Seite die gemeinsamen Vorteile des
Beitritts herausgestellt: die gemeinsame Ausbeute wichtiger Mineralien
und des Ägäis-Öls, die Nützlichkeit der großen griechischen Seehandelsflotte und die in Westeuropa vielfach zu wenig bekannten starken
Positionen der griechischen Wirtschaft sowohl auf dem arabischen wie
auf dem schwarzafrikanischen Markt. Insbesondere gegenüber den
ölproduzierenden arabischen Staaten wird von einer griechischen
„Brückenfunktion" gesprochen.
Die politischen Argumente für den Beitritt Griechenlands zur EG hat
Professor Joannis Pesmazoglou, Finanzminister in der Übergangsregierung 1974, griechischer Chefunterhändler bei den Assoziierungsverhandlungen 1961 und heute Abgeordneter des Vereinigten Demokratischen Zentrums vor kurzem so zusammengefaßt: „Die griechische
Beitrittsinitiative ist Ausdruck des Glaubens an die Notwendigkeit
eines europäischen Gemeinwesens, das den besonderen Charakter und
die legitimen Bestrebungen der europäischen Völker schützen
könnte. . . . In Griechenland ist die Ansicht weit verbreitet, daß die
Europäische Gemeinschaft, vor allem wenn Fortschritte auf dem
Wege zur Politischen Union gemacht werden, zu einer stärkeren und
hochentwickelten demokratischen Gesellschaft neuen Typs führen
und für Frieden, Gerechtigkeit und Fortschritt in Europa und der ganzen Welt wirken würde."[126] Unter diesen Gesichtspunkten erscheint
vielen Griechen die Behandlung des Beitrittsgesuchs ihres Landes im
Vergleich zu den früheren Aufnahmeanträgen Großbritanniens, Dänemarks und Irlands diskriminierend und von einer mittelmeerfremden
und rein nordwesteuropäischen Optik Brüssels bestimmt.[127] Unzweifelhaft stellt der griechische Beitrittsantrag die Europäische
Gemeinschaft vor das Problem, ob sie künftig überhaupt eine konsistente Mittelmeerpolitik treiben will. Natürlich mußte die EG-Kom-

---

126 J. Pezmazoglou, a.a.O.
127 Vgl. Carl A. Ehrhardt, Die EG und der Mittelmeerraum, in: Außenpolitik
   2/1976, S. 219 ff.

mission — wie in ihrer Stellungnahme geschehen — auch den Zusammenhang zwischen dem griechischen Beitritt und dem derzeitigen
griechisch-türkischen Konflikt prüfen: „Bisher war das Gleichgewicht
in den Beziehungen der Gemeinschaft zu Griechenland und der Türkei
durch den identischen Status beider Länder als Assoziierte gewahrt,
denen beiden die Möglichkeit einer Vollmitgliedschaft als Endziel,
wenn auch nach unterschiedlichen Zeitplänen, offen stand."[128]
Eine gerechte und dauerhafte Lösung der zwischen den beiden Ländern bestehenden Konflikte ist daher gewiß ein essentielles Element
einer sich entwickelnden Mittelmeerpolitik der EG. Darüber hinaus ist
heute nicht mehr nur der Zusammenhang des griechischen Beitritts
zur Gemeinschaft mit dem späteren türkischen, sondern auch mit
dem Spaniens und Portugals zu sehen. Es ist zu prüfen, welche Auswirkungen die erneute Erweiterung der EG auf deren Organe und Verfahren haben, aber auch, welche Wirkungen von einer künftigen Mittel-
meergruppierung innerhalb der Gemeinschaft mit ähnlichen Struktur-
interessen auf die Gemeinschaft ausgehen werden. Wird nicht eben
dann doch eine bloße große Freihandelszone das Ergebnis sein und
weniger eine handlungsfähige Politische Union?[129] So hätte etwa
de Gaulle vor eineinhalb Jahrzehnten auch hier gefragt und so fragen
heute auch viele EG-Außenminister. Gerade deshalb aber war deren
Entscheidung für den Primat der Politik im Zusammenhang mit dem
griechischen Beitrittt durchaus richtig. Die Zukunft des Mittelmeers
ist für die Sicherheit wie für die Versorgung Europas von vitaler
Bedeutung. Die europäische politische Union kann heute weniger
denn je auf West- und Nordwesteuropa beschränkt bleiben. Neue
weltpolitische Daten sind aufgetreten, die etwa 1962 noch nicht zu
sehen waren und die daher neue Prioritäten erfordern. Heute ist das
Mittelmeer strategisch-politisch wieder der „weiche Unterleib Europas" (wie es Winston Churchill während des Zweiten Weltkriegs
schon einmal genannt hatte). Sein Abdriften zur sowjetischen oder zur
arabischen Welt zu verhindern, ist eine Aufgabe von höchster politischer Priorität für alle Europäer. Ein solches Abdriften würde domino-
steinartig auch zur Abwendung der arabischen Welt und Schwarzafrikas
von Europa führen und damit eine Kettenreaktion der Verschiebung
des weltpolitischen Gleichgewichts von dramatischen Ausmaßen

128 Stellungnahme der EG-Kommission . . ., a.a.O.
129 Vgl. William Wallace, Europäische Gemeinschaft, größer, aber schwächer?
    in: Europa-Archiv 1976, S. 181 ff.

herbeiführen. Nur eine politische Union Europas von Gibraltar bis
zum Nordkap und von Ost-Anatolien bis Irland und Schottland vermag die notwendige weltpolitische Subjekt- und Gleichgewichts-
rolle zu spielen. Damit ist die politische Weitsicht und Kraft der
Eliten in allen europäischen Ländern in unerhörter Weise gefordert.
Sie müssen − natürlich nicht *ohne* sondern *mit* der Überzeugung der
Völker, aber gewiß gegen oft schwerwiegende ökonomische und struk-
turelle Teilinteressen − diese wahren Prioritäten Europas in einer
gefahrvollen Welt erkennen und durchsetzen. Gelingt dieser große
Wurf nicht, dann wird sich auch an Europa das historische Gesetz
bestätigen, daß Stagnation stets schon Rückschritt bedeutet. Schon ist
die Korrosion an den stärker werdenden regionalistischen Kräften
erkennbar, die sich gelegentlich nicht scheuen, mit den Kräften des
revolutionären Marxismus zusammenzuarbeiten und dadurch die
Europäer veranlassen, oft mehr als gut ist, sich nur noch mit ihren
inneren Querelen zu befassen.
Ein wichtiger Teil dieser politischen Entscheidungsschlacht für Europa
wird heute in den griechischen Beitrittsverhandlungen und in Griechenland selbst ausgetragen. Angesichts der erkennbaren Schwierigkeiten
bei den Verhandlungen sind auch in Griechenland die Beitrittsgegner
auf Kollisionskurs gegangen, und die Bundesgenossenschaft erinnert
in vielem an die Situation z.B. während des Kampfes um den britischen Beitritt: Die Kleinbauernverbände und Genossenschaften, die
durch den Beitritt bislang reichlich fließende Subventionen zu verlieren fürchten, stehen da in einer Front mit manchen großen alten
Industriefamilien, die um ihre patriarchalischen Herrschaftsmethoden
und zahlreiche überkommene protektionistische Vorteile bangen.
Hier gedeiht dann der Boden für extrem nationalistische Agitation
ebenso wie für sozialrevolutionäre Ideologen.[130] Zweifellos hat der
zu Jahresbeginn 1977 zurückgetretene griechische EG-Chefunter-
händler Nikos Kyriasidis recht, wenn er auf die Voraussetzung ein-
schneidender „struktureller Änderungen" in der Landwirtschaft und
in der Industrie, aber auch in der griechischen Verwaltung hinweist,
ohne welche das Land unter den „immensen europäischen Anforderungen" zusammenbrechen müsse.[131] Gerade diese Notwendigkeit
ist heute aber von der Regierung erkannt, deren gegenwärtige Indu-

---

130 Privatinterviews; Evangelos Antonaros, Athen im Zweifel, Die Welt Nr. 17,
     21.1.1977, S. 13.
131 Vgl. ebd.

striepolitik vor allem auf den neuen europäischen Horizont ausgerichtet ist und ·hierbei auf Widerstand im konservativen Wirtschafts-
establishment stößt. Griechenland hat heute auch hier nur die Wahl
zwischen einer aufgeklärt-konservativen Reformpolitik von oben
oder einer ungewissen nationalistischen und sozialrevolutionären
Zukunft ohne Europa. Der europäische Beobachter kann daher den
hohen Rang der hier allen Beteiligten gestellten Aufgabe nicht besser
zusammenfassen als mit den Worten, die kürzlich der Gouverneur
der Bank von Griechenland, Xenon Zolotas, in einem leidenschaftlichen Plädoyer für den Beitritt seines Landes zur Europäischen Gemeinschaft gefunden hat:
„Es darf nicht vergessen werden, daß Griechenland als freie parlamentarische Demokratie nach westlichem Muster in Süsosteuropa
besonders kulturell, ideologisch, traditionell, humanistisch und
religiös mit den anderen europäischen Nationen verbunden ist. Es
ist darum ein Stützpunkt der Demokratie, der Freiheit, des Friedens
und der griechisch-westlichen Zivilisation in diesem Gebiet. Darum
liegt es im sozialen, politischen und wirtschaftlichen Interesse der
Gemeinschaft, diesen Stützpunkt zu unterstützen und zu stärken."[132]

VII. Ausblick: Perspektiven der griechischen Politik

Zum Jahresbeginn 1978 stehen zwei Probleme im Mittelpunkt der
griechischen Politik: Der Beitritt des Landes zur Europäischen Gemeinschaft und die Lösung, zumindest eine entscheidende Klärung
des griechisch-türkischen Konflikts in seinen beiden Dimensionen
der ägäischen und der zypriotischen Frage. Innen- wie außenpolitisch
wird Karamanlis und seine Regierung an der Bewältigung dieser beiden
Aufgaben gemessen werden. Erst mit ihrer Lösung ist die dringlichste
Herkules-Arbeit für ihn beendet. Beide stehen in einem engen Zusammenhang und zugleich mit einer Vielzahl weiterer „kommunizieren-
den Röhren" in Verbindung. Eine Verschärfung des griechisch-türkischen Konflikts würde den EG-Beitritt Griechenlands unzweifelhaft
erschweren, seine Schlichtung einen Neuanfang in diesem Raum —
gerade auch in den Beziehungen beider Länder zu Westeuropa — ermöglichen. Davon wird also die gesamte Bündnisorientierung und das
weltpolitische Kräfteverhältnis in der Ost-Mittelmeer- und Nahost-

Region berührt. In beiden Ländern liegt freilich eine Unmenge innen-
und sozialpolitischen Zündstoffs bereit, an den die Gegner dieser
Politik jederzeit die Lunte legen können. In beiden Ländern stehen
Wahlen ins Haus, die geeignet sind, die Emotionen erneut anzuheizen
und möglicherweise nicht mehr umkehrbare Entscheidungen zu
erzwingen: In der Türkei wird bereits im Mai 1977 gewählt, in Griechenland spätestens im November 1978. Die türkische Regierung
steht unter dem wachsenden Druck einer tief krisenhaften sozio-
ökonomischen Strukturenentwicklung, die sich heute noch in verstärkten Reislamisierungstendenzen ausdrückt und ihre Ventile in
der derzeitigen aggressiven türkischen Ägäis-Politik sucht, die sich
morgen schon aber auch in national- und sozialrevolutionärer Mischung explosionsartig Luft schaffen könnte. In Ankara drohen nicht
nur die Regierung, sondern auch die rechte wie die linke, geschweige
die linksextreme Opposition mit einer prinzipiellen Neuorientierung
in Richtung auf die Dritte und die arabische Welt. Die Sowjetunion
steht mit Lockungen wie mit dem Angebot eines Nichtangriffspaktes
und Wirtschaftshilfe in Milliardenhöhe bereit, um die Türkei aus dem
westlichen Verbund-System herauszubrechen.[133]

Auch in Athen wartet die Opposition nur darauf, der Regierung zu
große Nachgiebigkeit und „nationalen Verrat" sowohl gegenüber den
Türken wie gegenüber der EG vorwerfen und sie damit zunehmend
unter Druck setzen zu können. Zwar ist die parlamentarische Oppo-
sition in der Frage des EG-Beitritts gespalten. Aber weder beim
Demokratischen Zentrum noch gar bei der Inland-KP und bei der
EDA ist die Zustimmung zum Beitritt bedingungslos. Leicht ist der
Verdacht zu nähren, die Regierung opfere Westeuropa und den
„Multis" zuviel, und die Inland-KP denkt schon an ihr eigenes sozia-
listisch-eurokommunistisches Europa von morgen.[134]

Auf Zypern haben Karamanlis und der gesamte Westen durch die
Wahlen vom 5. September 1976 einen ernsten Rückschlag erlitten.
Der Erfolg der dortigen Volksfrontparteien, die dabei rund zwei
Drittel der Stimmen, durch ein paradoxes Wahlgesetz jedoch alle Sitze

---

133 Vgl. hierzu die aktuelle Presseberichterstattung (Frankfurter Allgemeine
Zeitung Nr. 231, 14.10.1976, S. 1 und 3; Nr. 233, 16.10.1976, S. 2; Nr.
240, 25.10.1976, S. 3; Nr. 251, 6.11.1976, S. 1; Nr. 1, 3.1.1977, S. 1; Die
Welt Nr. 251, 18.10.1976, S. 11; Das Parlament Nr. 50, 11.12.1976; u.a.).
134 S. Joannis Loulis, Die Oppositionsparteien . . ., a.a.O.; Dimitris Katsoudas,
Die Verneiner der EG, in: Epikentra, November 1976; Frankfurter Allgemeine Zeitung Nr. 16, 20.1.1977, S. 6.

gewannen, und die Niederlage des westlich-orientierten Glafkos Klerides hat die politische Landschaft drastisch verändert.[135] Karamanlis ist dennoch entschlossen, das zyprische Pulverfaß durch eine konstruktive Dauerlösung zu entschärfen und er hat dazu ein realistisches Konzept vorgelegt.[136] Viele Griechen sind mit ihm der Meinung, daß dieser Störfaktor endlich beseitigt werden muß, der „seit zwanzig Jahren unsere Atmosphäre hier im Lande verpestet und uns zu riskanten außenpolitischen Manövern drängt".[137] Die Mehrheitsverhältnisse auf Zypern und die außenpolitische Orientierung der Inselrepublik gegen den Westen und hin zur Dritten Welt und zur Sowjetunion sind für die griechische marxistische Linke heute geradezu das Modell der gesamtgriechischen Zukunft. Hier bleibt also vorerst ein jederzeit aktivierbares Störpotential gegen die Politik von Karamanlis.

Natürlich wissen heute Athen wie Ankara, daß das Ägäis-Problem und das Ägäis-Öl auf die Dauer wichtiger sind als Zypern. Eben deshalb hat Karamanlis hier den Hebel zur Verständigung angesetzt. Er bewegt sich dabei auf dünnem Eis, außen- wie innenpolitisch. Sein vorsichtig tastendes Vorgehen hat jedoch zum Jahresende 1976 erste Erfolge gezeigt. Als Ergebnis zweiseitiger Sachverständigengespräche in Bern ist Ende November 1976 eine Zwölf-Punkte-Vereinbarung über die Hoheitsrechte in der Ägäis zustandegekommen, in der beide Seiten einander versichern, sich „jeder Initiative und aller Handlungen" zu enthalten, welche die Bemühungen um eine Überbrückung der Gegensätze gefährden könnten. Noch sind diese Erfolge atmosphärischer und prozeduraler Art. Man will jedoch in der Frage der Abgrenzung des Festlandssockels durch eine gemischte Kommission prüfen lassen, wie andere Staaten ähnliche Fragen — z.B. in der Nordsee — ohne Krieg und Kriegsdrohung lösten. Bei parallelen Gesprächen in Paris über die Luftraumprobleme in der Ägäis ist zwar die angestrebte Wie-

135 Frankfurter Allgemeine Zeitung Nr. 201, 9.9.1976, S. 3.
136 Karamanlis scheint heute bereit, eine föderative Inselrepublik zu akzeptieren, allerdings nicht entlang der von der türkischen Intervention gezogenen Demarkationslinie, sondern entsprechend dem beiderseitigen Bevölkerungsanteil. Mit dem status quo, der der griechischen Mehrheit nur knapp 60 Prozent des zyprischen Bodens zuweist und dazu die ärmeren Gebiete, kann sich keine Athener Regierung abfinden. Auch ist eine Regelung des griechischen Flüchtlingsproblems auf der Insel eine der Voraussetzungen zur Lösung des Konflikts (vgl. Klaus Liebe, Zypern-Problem und Ägäis-Konflikt, in: Das Parlament Nr. 45, 6.11.1976, S. 4).
137 Klaus Liebe, ebd.

dereröffnung der Luftverbindungen noch nicht zustandegekommen, jedoch, wurde von den beiden militärischen Verhandlungsdelegationen beschlossen, die fortdauernden Risiken bei Militärflügen durch die Wiederaufnahme eines regelmäßigen Telefonkontakts zwischen den Luftflottenkommandos in Larissa und Eskishehir zu mindern. Auch das ist nur ein Anfang; ein erster Verständigungserfolg ist es gleichwohl. Die richtige Richtung ist eingeschlagen.[138]

Wie schnell die griechische Innenpolitik jederzeit in rauhere Gewässer geraten kann, haben die Unruhen in Athen im November 1976 gezeigt, die von der militanten Linken bewußt als Machtprobe mit der Regierung auf der Straße provoziert wurden. Erneut wurde der Jahrestag des Studentenaufstandes vom 17. November 1973 am Athener Polytechnikum der Linken zum willkommenen Anlaß, die Stärke der eigenen Schlachtordnung zu überprüfen. Nachdem die gleiche Massendemonstration ein Jahr zuvor zu schweren Ausschreitungen insbesondere gegen die amerikanische Botschaft geführt hatte, versuchte die Regierung den Marsch zum Verfassungsplatz durch Einwirken auf die studentischen Führer zu verhindern. Die gesamte parlamentarische Opposition stellte sich jedoch hinter die Akteure, und so wurde die Massendemonstration 1976, an der sich nach Augenzeugen zwischen 500 000 und einer Million Menschen beteiligten, in kommunistischer Sicht zum ,,Meilenstein im Kampf gegen den amerikanischen Imperialismus", zu einer Manifestation nicht nur gegen die USA, sondern auch gegen die europäischen Bündnispartner und für ,,ein freies, demokratisches und unabhängiges Griechenland", eine ideologische Formel, deren anti-westlicher Gehalt nicht wiederholt zu werden braucht.[139]

Die Absicht, die vor allem die Moskau-KP und die PASOK mit solchen Demonstrationen verfolgen, ist deutlich: Es soll damit nicht nur Druck von der Straße und von der Basis her auf die Politiker und Gruppen der gesamten Linken ausgeübt werden, einer möglichst breiten Einheitsfront zuzustimmen. Darüber hinaus geht vom Mythos des 17. November immer noch eine nicht unbeträchtliche solidarisierende Wirkung aus, welche die marxistische Linke in den Dienst ihrer Volksfrontpolitik stellen kann. Dieser solidarisierende Effekt reicht bis zum Zentrum und bis hinein in die Reihen der Neuen Demokratie.

---

138 Frankfurter Allgemeine Zeitung, Nr. 218, 3.11.1976, S. 1; Frankfurter Allgemeine Zeitung Nr. 264, 23.11.1976, S. 4.
139 Frankfurter Allgemeine Zeitung Nr. 259, 16.11.1976, S. 2.

Hier kristallisiert sich heute in Griechenland eine Art Resistance-
Mythos — ähnlich wie etwa in Italien —, der die marxistische Linke in
den „Verfassungsbogen" einzuschließen, die Rechte dagegen auszuschließen geeignet ist. Wo die Grenzen hierbei gezogen werden, ist
dann jeweils eine Frage der realen Machtverhältnisse.[140]
Im Herbst 1976 ist es erstmals zu einer Neuformierung der seit 1974
weitgehend heimatlosen politischen Rechten gekommen. Der 69jährige
General a.D. Georgios Kourouklis rief eine „Nationale Volkspartei"
ins Leben, die sich die Rückkehr des Königs und die Wiederherstellung
der Monarchie auf legalem Wege, d.h. durch die in Griechenland in
solchen Fällen traditionelle Volksabstimmung zum Ziel gesetzt hat.
Dieser erste Vorstoß royalistischer Kräfte unter Führung pensionierter
Generale und Professoren ist freilich als nicht sehr aussichtsreich einzuschätzen.[141] Zum einen stellt er eine recht heterogene Gruppierung
von Royalisten und Juntaanhängern dar, was der Partei die Bezeichnung „Junta-Royalisten" eingetragen hat. Zum anderen trägt er allzu
sehr den Stempel hochkonservativer Kräfte in der Tradition der alten
Volkspartei. Ob eine anspruchsvollere politische Neugründung auf der
Rechten unter einem bekannten Politiker mehr Erfolg haben und
eventuell noch vor den nächsten Wahlen auftreten wird, bleibt abzuwarten. Sie könnte dann allerdings den immer noch vorhandenen
konservativ-royalistischen Flügel der Regierungspartei, der auf 40 bis
60 Parlamentsabgeordnete geschätzt wird, an sich zu ziehen ver-

---

140 Ein Symptom dieser Lage war z.B. die Absicht des früheren ERE-Minister-
präsidenten (bis zum 21. April 1967) Pannayiotis Kannelopoulos, die Fest-
rede bei der alljährlichen Gedenkfeier der EAM im Herbst 1976 zu halten,
um damit die Überwindung alter Gegensätze zu unterstreichen. Kannelopoulos konnte von der Regierung nur mit Mühe von seinem Vorhaben
abgebracht werden. (Privatinterviews). Auch in der jüngeren Generation
der „Neuen Demokratie" sind Bestrebungen zur Neueinschätzung der Rolle
der EAM/ELAS während des Krieges im Gange, vor allem hinsichtlich des
Grades ihres effektiven militärischen Widerstandes gegen die Besatzungs-
macht, die im konservativen Lager des Landes häufig bestritten worden ist.
Unbestritten bleibt freilich, daß EAM/ELAS während des Krieges die
kommunistische Machtergreifung zum Hauptziel hatten (vgl. Joannis Loulis,
Der Widerstand der EAM und seine Politisierung, in: Epikentra, Dezember
1976).
141 S. Hans-Jürgen Krüger, Ein General will den König zurückholen, Frankfurter Allgemeine Zeitung Nr. 280, 11.12.1976, S. 10; Privatinterviews;
AdG 1976, S. 20 496.

suchen.[142] Neue Verschiebungen des ohnedies stets labilen griechischen Parteienspektrums könnten dann die Folge sein.

Heute artikuliert sich die Kritik auch unter den Anhängern der Regierungspartei an einem zu liberalen Gewährenlassen radikaler Systemfeinde bereits deutlicher als noch vor ein oder zwei Jahren. Sie richtet sich insbesondere gegen die offizielle Personalpolitik etwa im Hochschulbereich und im Bereich der öffentlichen Verwaltung. Dabei ist aber auch nicht zu verkennen, daß das politische und akademische Establishment dem marxistischen Einfluß unter der akademischen Jugend einigermaßen hilflos gegenübersteht. Die Parallelen zu den Jahren der studentischen Prostestbewegung in der Bundesrepublik sind vielfach frappierend. Man tröstet sich dann nicht selten mit einem griechischen „Nachholbedarf" gegenüber Westeuropa, aber auch mit der Weisheit, es werde nichts so heiß gegessen, wie gekocht, und die Unruhe der Jugend werde sich durch zunehmendes Alter, Berufseintritt und Familiengründung natürlicherweise abkühlen. Die tiefgreifenden Ursachen des Konflikts in der Dimension der Sozio-Ökonomie und der politischen Sozialisation werden dabei allzu gern übersehen. Die Rebellion in der jungen Generation, insbesondere im akademischen Nachwuchs, gegen die „alten Kasten" und gegen eine „arteriosklerose Gerontokratie" reicht jedenfalls über die marxistisch indoktrinierte Jugend hinaus.[143]

---

142 Vgl. Gaitanides, a.a.O., S. 1; v. Schenck, a.a.O., S. 3. Neuerdings ist, wie von Kennern schon seit längerem erwartet, der frühere Außenminister Spyros Theotokis mit einer deutlichen Kritik an der Karamanlis-Regierung hervorgetreten (ZDF-Magazin vom 2.2.1977). Theotokis wird nachgesagt, daß er bereit und in der Lage sein könnte, eine „anspruchsvolle" Neugründung auf der Rechten zustandezubringen (Privatinterviews).

143 Verschiedentlich weisen Gesprächspartner darauf hin, daß das Problem von der Junta geschaffen worden und zu verantworten sei und nicht von der Regierung Karamanlis. Eine demokratisch legitimierte, verantwortliche Regierung wird sich mit diesem Hinweis jedoch nicht zufrieden geben können. Die Gefährlichkeit der hochschulpolitischen Lage wurde erneut deutlich durch die Ergebnisse der Hochschulwahlen im Februar 1977. An den zehn Universitäten und Hochschulen des Landes errangen die kommunistischen Listen 59,7 Prozent der abgegebenen Stimmen und die Sozialisten Andreas Papandreous weitere rund 18 Prozent, so daß die Volksfront heute an den Hochschulen rund 78 Prozent aufweisen kann. Die Höhe der Wahlbeteiligung ist strittig: Die bürgerliche Presse spricht von nur 31 Prozent, die Kommunisten nennen hingegen 77,5 Prozent. — Die Hochschulwahlen werden wohl nicht ohne Auswirkung bleiben auf einen Regierungsentwurf für ein neues Hochschulgesetz, durch welches den Studenten eine beträchtliche Mitbestimmung eingeräumt werden soll. Erziehungsminister Rallis hat in diesem Sinne die „schweigende Mehrheit" der Griechen kürzlich in einer vielbeachteten Rede vor dem aus dem kommunistischen

In dieser Situation steht die Armee heute schweigend im Hintergrund. Der politischen Führung ist es gelungen, das Offizierskorps — und dies wohl stärker als vor 1967 — zum Gehorsam zu veranlassen, einerseits durch maßvolle Säuberungen im engeren Kreis der Juntaanhänger, zum anderen aber auch dadurch, daß sie es wieder auf die Schutzaufgabe nach außen hinlenkte. Der Konflikt mit der Türkei förderte daher den modus vivendi zwischen den Politikern und der Armee, die in dieser Situation aufeinander angewiesen sind. Die Regierung zögerte aus diesem Grund auch nicht, den Streitkräften ein steigendes Militärbudget zukommen zu lassen. Das hat manche alten Wunden vernarben lassen, freilich auch den Vorwurf der Linken genährt, die Regierung habe eine' durchgreifende Entjuntafizierung verhindert. Eine andere Militärpolitik als die von Karamanlis und Verteidigungsminister Averoff hätte jedoch die innenpolitische Kräftebalance zugunsten der Linken umgeworfen. Ihres seit dem Bürgerkrieg traditionellen antikommunistischen Wächteramtes fühlt sich die Armee jedenfalls in ihrer Mehrheit auch heute nicht ledig. Aber auch das griechische Offizierskorps lebt — bei aller „Staat-im-Staat"-Tradidtion — nicht isoliert von den geistigen und politischen Strömungen in der Gesellschaft. Ein Jahrzehnt nach dem Putsch von 1967 teilen viele Offiziere die Enttäuschung ihrer Landsleute über den Westen und die USA. So finden sich heute im jüngeren Offizierskorps unzweifelhaft Strömungen eines „ghaddafistischen" Sozialismus mit neutralistischer Tendenz in der Außenpolitik, Mischungen aus national- und sozialrevolutionären Ideologieelementen, auf die heute etwa in der PASOK oder in der Inland-KP Hoffnungen gesetzt werden. Nicht zufällig hat sich die Linke daher verschiedentlich in ihrer Kritik am Offizierskorps zurückhaltender gezeigt als Kräfte in der Regierungspartei. Wenn es um die Beschuldigung der Regierung geht, gegenüber den Türken und gegenüber der EG eine zu weiche Haltung an den Tag zu legen und den „Stolz des griechischen Volkes" zu verletzen, dann reicht heute der politisch-publizistische Chor von „Elefteros Kosmos" als dem Blatt der Juntaanhänger bis zum Sprachrohr der PASOK „Elefterotipia" und bis zu den Blättern der beiden kommunistischen Gruppierungen. Und das kann zumindest bei Teilen des Offizierskorps nicht ohne Wirkung bleiben.[144]

Bereich drohenden Gefahren gewarnt (s. Frankfurter Allgemeine Zeitung Nr. 39, 16.2.1977, S. 5; Privatinterviews).
144 Privatinterviews.

Ministerpräsident Karamanlis hat bei seiner Rückkehr von einer erneuten Westeuropareise einen Tag nach den Ausschreitungen vom 17. November 1976 die Auffassung vertreten, um die griechische Sache in der Welt stehe es gut, sie laufe aber Gefahr, durch neuen Extremismus im Innern verspielt zu werden.[145] Seine außenpolitischen Operationen im Herbst 1976 waren daher erneut unmittelbare Reflexe der innenpolitischen Spannungen. Wieder folgte er dabei seinem Balancekonzept. Zwischen dem 25. und 27. Oktober 1976 fanden in Athen spektakuläre Gespräche des griechischen Außenministers mit dem sowjetischen Botschafter Iwan Udalstow statt, die der „Vertiefung der freundschaftlichen Beziehungen im Geist von Helsinki" dienen sollten. Abkommen über Handel, technische, wissenschaftliche und kulturelle Zusammenarbeit sind vorbereitet, um die griechisch-sowjetischen Beziehungen „noch besser" zu machen. Karamanlis will die Entspannung mit den kommunistischen Balkan-Nachbarn nun auch auf die Hauptmacht des Ostblocks ausweiten und damit auch Eindruck auf die marxistische Opposition zuhause machen.[146] Gleichzeitig hat er aber auch die Kontakte zu Westeuropa verstärkt. Er weilte Mitte November in Paris, Brüssel, bei der NATO und in Wien. An der Pariser Regierung hat Athen derzeit seinen entschiedensten Befürworter, gerade auch bei den EG-Verhandlungen. Ein Gespräch mit NATO-Generalsekretär Luns, für die Opposition das rote Tuch, machte deutlich, daß der Regierungschef den Kontakt zum Bündnis entgegen allen oppositionellen Pressionen nicht preiszugeben bereit ist.[147] Zu fragen ist allerdings, ob Karamanlis' oft wiederholte Hoffnungen auf den „Geist von Helsinki" sich nicht allzu sehr auf der Linie einer konventionellen Außen- und Interessenpolitik von Staaten bewegen und die ideologisch-offensiven Ziele der sowjetischen Außenpolitik nicht etwas zu geflissentlich übersehen.

Ihre tiefgreifenden inneren Herausforderungen können nur die Griechen selbst meistern. Ihre Verbündeten können ihnen jedoch helfen, sei es durch eine realistische und ausgleichende Haltung der USA und der EG im griechisch-türkischen Konflikt, sei es durch eine Politik der politischen Prioritäten in der Frage des griechischen Beitritts zur Europäischen Gemeinschaft.

145 Frankfurter Allgemeine Zeitung Nr. 262, 20.11.1976, S. 5.
146 Frankfurter Allgemeine Zeitung Nr. 255, 11.1.1976, S. 4.
147 AdG 1976, S. 20 558.

Viele Griechen sind überzeugt, daß dabei insbesondere auch die Bundesrepublik Deutschland noch nicht das ihr Mögliche getan hat.[148]

Die um ein Jahr vorgezogenen Wahlen vom 20. November 1977, durch die Ministerpräsident Karamanlis Mandat und Zeitgewinn für eine Friedenslösung mit der Türkei und den griechischen EG-Beitritt suchte, haben die innenpolitische Kräfteverteilung in Griechenland drei Jahre nach der Wiederherstellung der Demokratie deutlich gemacht. Der Rückgang der Regierungspartei der ,,Neuen Demokratie" auf 41,85 Prozent der Stimmen und 173 Abgeordneten-Sitze (also noch eine gerade ausreichende Mehrheit im Parlament mit 300 Sitzen) war nach dem Wegfall der Ausnahmesituation des Novembers 1974 — ,,Karamanlis oder die Panzer" — zu erwarten gewesen und bedeutete in gewisser Weise eine Normalisierung, bemessen an der Stärke der alten konservativen ERE vor 1963.

Die Verluste der Karamanlis-Partei gingen mehrheitlich auf das Konto der neuen Nationalpartei unter Führung des ehemaligen national-liberalen Politikers und zeitweiligen Ministerpräsidenten Stefan Stefanopoulos, die immerhin fast 7 Prozent (6,82%) der Stimmen gewinnen konnte und in der mit Karamanlis unzufriedene Konservative und Monarchisten sowie Anhänger der Junta (die sog. ,,Junto-Vassiliki") sich sammeln.

Andreas Papandreou ist mit seiner ,,Panhellenischen Sozialistischen Union" ein beachtlicher Fortschritt gelungen: Die PASOK mit jetzt 25,33 Prozent der Stimmen und 92 Mandaten hat offensichtlich Stimmen sowohl vom Demokratischen Zentrum wie aus dem Lager der zersplitterten Linken an sich gezogen. Sie ist nun die mit Abstand stärkste Oppositionspartei und hat die ,,Demokratische Zentrums-union" (EDIK) unter Mavros, die nur noch 11,95 Prozent der Stimmen mit 15 Sitzen gewinnen konnte, weit abgeschlagen. Wenn nicht alles trügt, zeichnet sich damit auch in Griechenland, entgegen der bisherigen Tradition, eine Polarisierung der politischen Kräfte ab. Die griechischen Nationalismus und sozialistischen Progressismus kombinierende und mobilisierende Politik der PASOK mit ihrem demagogisch akzentuierten Kampf gegen die USA, die NATO und die EG wird in den nächsten Jahren für Karamanlis den am meisten ernstzunehmenden innenpolitischen Gegner darstellen. Ihre Stärke ist nicht zuletzt darin zu suchen, daß sie — anders als das Lager der bürgerlichen Parteien — nach modernen Organisationsprinzipien

148 Privatinterviews.

aufgebaut ist. Sie könnte mehr und mehr zum Magneten für die bisher stets zersplitterte griechische Linke und für nicht unbeträchtliche Teile der jungen Generation werden. Gewiß steht sie in Konkurrenz insbesondere zu der nach Moskau orientierten Kommunistischen Partei, die als viertstärkste Gruppe mit 9,36 Prozent der Stimmen und 11 Mandaten in die Volksvertretung einzog. Sie steht jedoch, zumindest in ihren praktischen politischen Forderungen, heute der KP-Ausland näher als den „eurokommunistischen" Inland-Kommunisten (mit nur 2,72 Prozent der Stimmen und nur zwei Mandaten): Dies betrifft insbesondere die Ablehnung des EG-Beitritts. Insgesamt repräsentiert die PASOK heute jedenfalls die auch in Griechenland wachsenden neutralistischen, sich sowohl gegenüber den Vereinigten Staaten wie gegenüber Westeuropa distanzierenden Kräfte. Wenn auch in der Zielrichtung weniger nach Moskau orientiert als die KP-Ausland, sondern mehr einem amorphen „Dritte-Welt-Sozialismus" und Anti-Imperialismus huldigend, konvergiert ihre praktische Politik weitgehend mit derjenigen der griechischen Kommunisten Moskauer Prägung.

Die beträchtliche Schwächung der Demokratischen Zentrums-Union, die die Tradition des griechischen Liberalismus und „Venizelismus" fortzusetzen versuchte, ist nur ein besonders markantes Symptom der griechischen soziopolitischen Strukturveränderungen während der letzten beiden Jahrzehnte. Auch der Versuch, die Partei des bürgerlichen Liberalismus in eine sozialdemokratische und reformsozialistische Kraft zu transformieren, scheiterte, und die Partei wurde inmitten der zunehmenden politischen Polarisierung zerrieben. Ideologische wie organisatorische Schwäche ist aber auch bei der Regierungspartei, die nochmals die absolute Mehrheit der Mandate erringen konnte (freilich nur auf Grund des die stärkste Partei favorisierenden Mehrheitswahlrechts), nicht zu verkennen. Ihr Schicksal wird nicht nur von ihrer Fähigkeit bestimmt werden, eine moderne Parteiorganisation im Lande aufzubauen und jungen fortschrittlich-konservativen Kräften eine Chance zu geben. Es wird in der neuen Legislaturperiode auch wesentlich vom Erfolg oder Mißerfolg des Regierungschefs sowohl gegenüber der Türkei und in der Zypernfrage wie in der EG-Frage abhängen. Ein baldiger, für die Griechen befriedigender Abschluß der EG-Beitrittsverhandlungen gewinnt daher auch im Licht der griechischen Innenpolitik einen hohen politischen Stellenwert. Weder in griechischer Hand noch in derjenigen der EG-Staaten ist schließlich eine tragfähige Lösung des israelischarabischen Konflikts. Auch von ihm werden nicht zu unterschätzende stimulierende oder aber hemmende Wirkungen auf die griechisch-türkische Verständigung wie auf die innenpolitische Stabilität Griechenlands und seine Position im westlichen Bündnis ausgehen. Wieder einmal wird das Schicksal dieses Landes von seiner Stellung im Schnittpunkt dreier Kontinente bestimmt.

Danksagung

Stellvertretend für alle, die mir bei den Recherchen für diese Darstellung halfen, danke ich Herrn Universitätsdozenten Dr. Nikolaus Wenturis, Tübingen, Herrn Dr. Gregor Manousakis und Herrn Georg Mergl, beide Athen. Ebenso gilt mein Dank dem Zentrum für Politische Bildung und Forschung, Athen, insbesondere seinem Direktor, Herrn Dr. Timo Ph. Louys, und dem Leiter seiner Forschungsabteilung, Herrn D. Joannis Loulis. Manche der Gesprächspartner werden nicht mit allen der hier geäußerten Urteile übereinstimmen. Angesichts der hier zur Diskussion stehenden kontroversen Fragen ist das nicht verwunderlich. Alle Beteiligten wissen gleichwohl, daß dies nicht den Dank mindert, den ich ihnen schulde. Das Manuskript wurde im Februar 1977 abgeschlossen. Die drei letzten Abschnitte wurden im Februar 1978 hinzugefügt.   *K.H.*

Literaturverzeichnis zu diesem Band

1. Allgemeine Literatur

Abosch, H., Das Problem des Eurokommunismus, in: Neue Rundschau, Berlin, Jg. 88, 1977, H. 1.

ders., Ein neues Schisma? in: Merkur, Stuttgart, Jg. 30, 1976, H. 7 = 338.

ders., Westeuropäischer Kommunismus: Wandlungen und Widersprüche, in: Vorgänge, Weinheim, Jg. 15, 1976, Nr. 20.

Antic, Z., Eurokommunismus – eine Gefahr und eine Herausforderung (I), in: Politische Studien, 28. Jg., November-Dezember 1977, H. 236.

Arkes, H., Democracy and European Communism, in: Commentary 61 (57), May 1976.

Axen, H., Proletarischer Internationalismus in unserer Zeit, in: Einheit, Berlin-Ost, Nr. 10/1968.

Badstühler, R., Historische Probleme der volksdemokratischen Revolution, in: Jahrbuch für Geschichte, Berlin-Ost, Bd. 12, 1974.

Bartsch, G., Die Entfremdungsfetischisten. Zur Marxismus-Diskussion in Ost- und Westeuropa, in: Politische Studien, München, Jg. 17, 1966, H. 166.

ders., Kommunismus, Sozialismus, Anarchismus. Freiburg 1976.

ders., Neue Konzeption im Westeuropäischen Kommunismus, in: Europa-Archiv, Jg. 20, 1965, Folge 3.

Berlinguer, E., Automie und Vielfalt – Bedingungen für einen wirkungsvollen Internationalismus, in: Rinascita, Nr. 42/25.10.1968.

Berner, W., Die kommunistische Weltkonferenz, in: Die Internationale Politik, 1968–1969, München, Wien 1974.

ders., Die Konferenz der kommunistischen und Arbeiter-Parteien Europas in Karlsbad, in: Europa-Archiv, Nr. 11/1967.

ders., Das Karlsbader Aktionsprogramm. Eine Bilanz der Konferenz der kommunistischen Parteien Europas über Fragen der europäischen Sicherheit, in: Europa-Archiv, Jg. 22, 1967, Folge 11.

Bierbaum, H. und Bischoff, J., Zur Aktualität der Leninschen Partei, in: Sozialistische Politik, Berlin, Jg. 3, 1971, Nr. 10.

Bondy, F., Die europäische Linke und der Nahostkrieg, in: Zeitschrift für Politik, Köln, Jg. 16, 1969, H. 1.

ders., Eurokommunismus – das Wort und die Sache, in: Merkur, November 1977, H. 11.

Borkeman, F., Der europäische Kommunismus. Seine Geschichte von 1919 bis zur Gegenwart, München 1952.

Born, W.-R., Euro-Kommunismus, in: Liberal, Bonn, Jg. 19, 1977, H. 3, in Forts.

Brahm, H., Das kommunistische Vorkonzil in Budapest, in: Europa-Archiv, Jg. 23, 1968, Folge 10.

Brauch, H.-G., Eurokommunismus und Atlantische Allianz: amerikanische Optionen, in: Frankfurter Hefte, Zeitschrift für Kultur und Politik, Jg. 32, Mai 1977, H. 5.

Burks, R.V. (ed.), The future of communism in Europe. Detroit 1968 (= The Franklin Memorial Lectures, Vol 17).

Cante, D., The Left in Europe since 1789. London 1966 (= World University Library), a.d. Englischen übers. v. H. Moor, München 1966.

Carrère d'Encausse, H., La fin du mythe unitaire. 20 ans de conflits dans L'Europe socialiste, in: Revue française de science politique, Paris, Vol. 18, 1968, No. 6.

Carrillo, S., Eurokommunismus und Staat, Berlin 1977.

Cornell, R., Comparative analysis of Communist movements, in: The Journal of Politics, Gainesville, Vol. 30, 1968, No. 1.

Dalma, A. u.a., Euro-Kommunismus: Italien, Frankreich, Jugoslawien, Spanien, Portugal, Zürich 1977.

Devlin, K., The Challenge of Eurocommunism, in: Problems of Communism, 26. Jg., 1977, H. 1.

Dirks, W., Euro-Kommunismus? Eine Perspektive und ein Signal, in: Frankfurter Hefte, Jg. 31, 1976, H. 6.

ders., Ein anderes Europa, in: Frankfurter Hefte, Jg. 32, 1977, H. 2.

Dougherty, J.E. und Pfaltzgraff, D.K., Eurocommunism and the Atlantic Alliance. Special Report, January 1977, Cambridge, Mass., 1977, XIV.

Drews, J., Europa in 10 Jahren kommunistisch? Die Volksfront rüstet sich für die Regierungsbeteiligung, in: Mittelstands-Magazin, Bonn, 1976, 5.

Einodi, M. u.a., Communism in Europe. Ithaca (usw.), 1951, IX.

Fejtö, F., L'evolution des partis communistes de l'Europe de l'est et de l'Ouest, in: International Journal, Toronto, Vol 27, 1971/72, No. 1.

Fetcher, I., Weltkommunismus: Endsieg über den Kapitalismus, in: Der Volkswirt, Frankfurt/M., Jg. 23, 1969, Nr. 52.

Flechtheim, O.K., Weltkommunismus im Wandel, Köln 1965.

Footman, D. (ed.), International Communism, London 1960.

Fricke, K.W., Die SED und die europäische KP-Konferenz, in: Deutschland-Archiv, Köln, Jg. 9, 1976, H. 7.

Garaudy, R., Die ganze Wahrheit oder: Für einen Kommunismus ohne Dogma, Reinbek 1970.

Gozzano, F., Il „fenomeno" dell'eurocomunismo, in: Affari Esteri, Roma, Anno 8, 1976, No. 30.

Griffith, W.E., Communism in Europe, Vol. 1—2. Cambridge 1964—67.

Grlickow, A., In Europa ist eine umfassende Verbindung der Kommunisten mit allen fortschrittlichen Kräften erforderlich, in: Sozialistische Theorie und Praxis, Belgrad, 12, 1974.

ders., Konferenz der kommunistischen und Arbeiterparteien Europas, in: Internationale Politik, Belgrad, Jg. 27, 1976, H. 630—1.

Harich, W., Kommunismus ohne Wachstum? Babeuf und der Club of Rome, Reinbek 1975.

Havemann, R., Volksfront im Westen — Sozialismus im Osten: ein Widerspruch, in: Kursbuch, Berlin 1976, H. 46.

Henry, E., Can socialists and communists co-operate? Moskau 1972. Originaltitel: Mogut li socialisty i kommunisty idti vmeste?
Höpker, W., Kommunismus in Skandinavien. Restauration im Gewande des Linkssozialismus, in: Osteuropa-Archiv, Stuttgart, Jg. 17, 1967, H. 12.
Holzer, R., Eurokommunismus — was ist das? in: Politik — kurz und aktuell. 1978, H. 27, Hrsg. Landeszentrale für politische Bildungsarbeit Berlin.
Hunt, R.N., Books on communism, London 1959, X.
Graf Huyn, H., Kommt Volksfront Europa? in: Zeitbühne, München, Jg. 5, 1976, H. 9.
Jacobs, D.N. (ed.), The new communism, New York 1969, VIII.
Jaeggi, U., Taktik, unaufhaltsamer Sozialdemokratisierungsprozeß oder ein neuer Kommunismus? in: Das Argument, Karlsruhe, Jg. 18, 1976, 98.
Janos, C.A. (ed.), Authoritarian Politics in Communist Europe. Uniformity & Diversity in One-Party-States, Berkeley, Calif., 1976, XII. (= Research Series, No. 28).
Kernig, K.D. (ed.), Die kommunistischen Parteien der Welt, Freiburg/Breisgau, Basel, Wien 1969 (= Sowjetsystem und demokratische Gesellschaft).
Kimmel, A., Kommunismus in Lateineuropa, Köln 1977
ders., Zwischen Stalinismus und Eurokommunismus (I), in: Neue Politische Literatur, April—Juni 1977, H. 2, 1977.
Kogon, E., Der Eurokommunismus — eine Gefahr? in: Frankfurter Hefte, Zeitschrift für Kultur und Politik, Jg. 32, H. 6, 1977.
Kohak, E., European communists and European defense, in: Dissent 23 (3), Summer 1976.
Kohlmaier, H., Zur Strategie der Trendumkehr in Europa, in: Sonde, Neuwied, Jg. 6, 1973, Nr. 2.
Konrad, H., Der Einfluß des Hitler-Stalin-Paktes auf die kommunistischen Parteien Europas, in: Zeitgeschichte, Wien, Salzburg, Jg. 1, 1974, H. 4.
Korpi, W., Working class communism in Western Europe, Rational or nonrational, in: American Social Review, H. 36, 1971.
Kriegel, A., Une nouvelle stratégie communiste? in: Contrepoint, Paris, 1975, H. 17.
Kuskov, E., J. Kuskow: Die Internationalen Beratungen der Kommunistischen und Arbeiterparteien, in: Sowjetwissenschaft, Berlin-Ost, 1973, H. 3.
Labedz, L., International Communism after Khrushchev, Cambridge 1965.
Lamberg, R.F., „Volksfront"-Tendenzen im westeuropäischen Kommunismus. Der sowjetisch-chinesische Konflikt und die Suche nach neuen taktischen Konflikten, in: Europa-Archiv, Frankfurt/M., Jg. 19, 1964, Folge 7.
Laudon, L., Kommt das europäische Schisma? Zur Vorbereitung der Konferenz der kommunistischen und Arbeiterparteien Europas, in: Deutschland-Archiv, Köln, Jg. 9, 1976, H. 2.
Laqueur, W., "Eurocommunism" and its friends, in: Commentary, 62, 1976, 2.
Leonhard, W., Was ist Kommunismus? Wandlungen einer Ideologie, München, Gütersloh, Wien 1976.
Leonhard, W., Eurokommunismus — Herausforderung für Ost und West, München 1978.
Lichtheim, G., Social democracy and communism 1918—1968, in: Studies in Comparative communism, Los Angeles, Vol. 3, 1970, No. 1.
Marcon, L. und Riglet, M., Du passé font-ils table rase? La conférence des partis

communistes européens (Berlin 1976), in: Revue française de science politique, Jg. 26, 1976, H. 6.

Marko, K., Kommunismus, Europa und die Universität. Eine unfreundliche Betrachtung, in: Deutsche Rundschau, Baden-Baden, Jg. 88, 1962, H. 7.

ders., Moskau und die kommunistische Weltbewegung, in: Europäische Rundschau, Wien, Jg. 4, 1976, Nr. 2.

Mies, H., Die deutsche Bourgeoisie und der Eurokommunismus, in: Unsere Zeit, 25.2.1977.

Mock, J., La gauche et le programme commun, in: La Nouvelle Revue des Deux Mondes, 1976, Nr. 9.

Mohn, W., Zur Bedeutung und den Ergebnissen der Weltkonferenz der kommunistischen und Arbeiterparteien in Moskau, in: Marxistische Blätter, Frankfurt/M., Jg. 7, 1969, H. 5.

Möller/Vilmar, Sozialistische Friedenspolitik für Europa, Reinbek 1972.

Moss, R., The specter of Eurocommunism, in: Policy Review, Summer 1977, H. 1.

Mutagirov, M., Strategija i taktika meždunarodnogo kommunističeskogo dviženija. Universitet: Katedra Teorii Naučnogo Kommunizma, Leningrad 1969 (deutsch: Strategie und Taktik der internationalen kommunistischen Bewegung).

Müsel, A., Eurokommunismus — Volksfront — EG, in: PAC Korrespondenz, Erlangen 1976, Nr. 52.

Nollau, G., Die kommunistischen Parteien und Gewerkschaften in Europa und die kommunistische Politik gegenüber der EWG, in: Politisches Seminar der Staatsbürgerlichen Vereinigung 1954 e.V., 12. Tagung 1963, Köln 1964.

Nolte, E., Zwischen heißem und kalten Krieg. Die Rolle der Kommunisten in Europa, in: Die Politische Meinung, Bonn, Jg. 19, 1974, 155.

Osadczuk-Korab, B.A., Brezhnev's Pyrrhic victory: The pan-european conference of communists in East-Berlin, in: International Journal, Toronto, Vol. 32, 1976—77, No. 1.

Ostry, V.L., Kommunistische Konferenzen, in: Österreichische Militärische Zeitschrift, Wien, Jg. 6, 1968, H. 4.

Papcke, S., Was ist neu am Euro-Kommunismus? in: Die neue Gesellschaft, Bonn, Jg. 23, 1976, H. 11.

Paul, G., Kritik und Aktualität der Volksfrontkonzeption, in: Übergangsgesellschaft — Herrschaftsform und Praxis am Beispiel der Sowjetunion, Frankfurt/M. 1974.

Petković, R., Bestrebungen und Konflikte innerhalb der Kommunistischen Bewegung, in: Internationale Politik, Belgrad, Jg. 20, 1969, H. 458.

Perović, P., Moskauer Beratung der kommunistischen Parteien, in: Internationale Politik, Belgrad, Jg. 20/1969, Doppelh. 464/465.

Pipes, R., Liberal communism in Western Europe? in: Orbis, Philadelphia, Vol. 20, 1976, No. 3.

Popov, M., "Eurocommunism" and the pan-european conference, in: The World Today, London, Vol. 32, 1976, No. 10.

Powik, G., Die Kommunisten zur Lage und zu den Aufgaben in Europa, in: Deutsche Außenpolitik, Berlin-Ost, Jg. 21, 1976, H. 10.

Priklmajer-Tomanović, Z., The possibilities of a dialogue between communists and socialdemocrats, in: Socijalizam 19 (6), 1976.

ders., Towards the "historical meeting" of communists and socialists, in: Socijalizam 19 (2), 1976.

Rühle, J., Eurokommunismus — Arzt an wessen Krankenbett? in: Deutschland-
Archiv, Köln, Jg. 10, April 1977, H. 4.

Rulli, G., L'eurocomunismo alla Conferenza dei partit comunisti europei, in: Civilta cattolica 3029, 4. Sept. 1976.

Russo, S., Più difficili i rapporti fra URSS e PC europei, in: Corriere della sera,
18. Okt. 1975.

Sagladun, W.W. u.a., Die kommunistische Weltbewegung, Frankfurt/M. 1976.

Secchia, P., I communisti e l'insurezione, 1943–1945, Rom 1973.

Seeber, D.A., Wandel im Weltkommunismus? in: Herder-Korrespondenz, Frei-
burg/Br., Jg. 30, 1976, H. 3.

Segre, S., La conferenza comunista — occidentale di Bruxelles. Un apertura plu-
ralistica, in: La Comunità Internazionale, 29 (1974), H. 1/2.

Seligman, D., Communists in democratic clothing, in: Fortune 93 (3), March
1976.

Seton-Watson, H., Nationalism and communism, Essays, 1946–1963, London
1964.

Sforza, C., Europäische Diktaturen. Deutsch von H. Reisiger, 1.–6. Aufl., Berlin 1932 (Originaltitel: European Dictatorships).

Sibilew, N., Der Weltsozialismus und die Sozialdemokratie, in: Sozialismus,
Theorie und Praxis, Moskau 1976, 9.

Sogomonjan, G., Kommunisten und Sozialdemokraten. Probleme der Einheit,
in: Neues Forum, Wien, Jg. 20, 1972, H. 220.

Spieker, M., Neomarxismus und Christentum, Paderborn 1976[2].

ders., Demokratie oder Diktatur? Zur Ideologie des Eurokommunismus, in:
Politische Vierteljahresschrift, 1978, H. 1.

Sworakowski, W. (ed.), World Communism. A Handbook. 1918–1965, Stanford, Calif., 1973, XVI.

Schenk, F. (ed.), Kommunistische Grundsatzerklärungen 1957–1971, Köln
1972.

Schleifstein, J., Die kommunistischen Parteien in den kapitalistischen Ländern —
Zentren des antimonopolistischen Kampfes, in: Marxistische Blätter, Frank-
furt/M., Jg. 12, 1974, H. 3.

Schneider, W. (ed.), Kommunismus international, 1950–1965. Probleme einer
gespaltenen Welt, Köln 1965.

Schlomann, F.W. und Fiendlingstein, P., Die chinesisch-kommunistischen Splitterparteien in Europa, in: Aus Politik und Zeitgeschichte, Hamburg 1970,
Bd. 46.

Schulz, K.P., Widerstand gegen ein „Volksfront"-Europa. Die Entartung der
„demokratischen Linken", in: Die Politische Meinung, Bonn, Jg. 21, 1976,
H. 165.

Schweisfurth, Th., Zur Völkerrechtlichen Bedeutung internationaler Vereinbarungen regierender (kommunistischer) Parteien, in: Zeitschrift für ausländi-
sches öffentliches Recht und Völkerrecht, Stuttgart, 36, 1976, H. 1/3.

Staar, R.F. (ed.), Yearbook on International Communist Affairs 1975, Stanford,
Calif., 1975.

Starobin, J.R., Communism in Western Europe, in: Foreign Affairs, New York,
Vol. 44, 1965, No. 1.

Steinkühler, M., Dissens im kommunistischen Lager, in: Deutschland-Archiv, Köln, Nr. 8, 1975.

ders., Einheit und Vielfalt des Kommunismus in Europa, in: Außenpolitik, Hamburg, Jg. 27, 1976, H. 4.

ders., Eurokommunismus im Widerspruch, Köln 1977.

ders., Globale und gesamteuropäische KP-Konferenz, in: Außenpolitik, Hamburg, 1975, H. 2.

ders., Ursprung und Konzept des Eurokommunismus. Gespräch mit Frane Barbieri, in: Deutschland-Archiv, Köln, Jg. 10, April 1977, H. 4.

Studnitz, H.G., Im Zeichen des Eurokommunismus, in: Zeitbühne, München, Jg. 5, 1976, H. 9.

Tannahill, R., The future of the communist parties in Western Europe, in: World Affairs, Washington, Vol. 139, 1976.

Timmermann, H., Eurokommunismus — eine Herausforderung für Ost und West, in: Deutschland-Archiv, Köln, Jg. 9, 1976, 12.

ders., Das Tauziehen um eine Konferenz der europäischen Kommunisten, in: Europa-Archiv, Jg. 31, 1976, Folge 2.

ders., Die Konferenz der europäischen Kommunisten in Ost-Berlin. Ergebnisse und Perspektiven, in: Europa-Archiv, 1976, 10. Okt., H. 31.

ders., Gemeinsame Erklärung der italienischen und französischen Kommunisten. Einführung und Dokumentation, in: Osteuropa-Archiv, Stuttgart 1976, H. 2.

ders., Die nichtregierenden kommunistischen Parteien Europas. Mitgliederbestand und parlamentarische Repräsentanz, Köln 1972 (= Berichte des Bundesinstituts für Ostwissenschaftliche und Internationale Studien).

ders., Das präkonziliare Budapester Karussell. Ein Jahr Vorbereitungen für das dritte kommunistische Weltkonzil, Februar 1968 bis März 1969, Köln 1969 (= Berichte des Bundesinstituts für Ostwissenschaftliche und Internationale Studien).

ders., Eurokommunismus, Fakten, Analysen, Interviews, (erscheint demnächst).

ders., u.a., Eurokommunismus — Gefahr oder Chance? in: Dokumente, 1976, H. 32.

ders., Kommunisten in Westeuropa: Ihre Einflußzonen und ihre Konzeptionen, in: Beiträge zur Konfliktforschung, Köln, Jg. 5, 1975, H. 4.

ders., Kommunistische Gipfeltreffen 1974/75. Vorschau auf die zweite gesamteuropäische und die vierte Weltkonferenz, in: Deutschland-Archiv, Köln, Jg. 7, 1974; H. 4.

ders., Modellvarianten der Einheit und der Zusammenarbeit in der kommunistischen Weltbewegung, in: Aus Politik und Zeitgeschichte, Bonn 1971, Bd. 45.

ders., Moskau und der europäische Kommunismus nach der Gipfelkonferenz von Ost-Berlin, in: Osteuropa-Archiv, 1977, H. 4.

ders., Was wollen die Westkommunisten? in: Deutschland-Archiv, Köln, Jg. 6, 1973, H. 6.

ders., Wer hat Lenin gepachtet? in: Die Zeit, 25/1976.

ders., Westeuropas Kommunisten und die Politik der Entspannung, in: Aus Politik und Zeitgeschichte, Bonn 1975, Bd. 21.

ders., Zur innenpolitischen Strategie der Italienischen Kommunistischen Partei, in: Berichte des Bundesinstituts für Ostwissenschaftliche und Internationale Studien.

ders., Zwischen Weltbewegung und regionaler Kooperation — die Zusammenarbeit der kommunistischen Parteien, in: Die Zusammenarbeit der Parteien in Westeuropa, Europäische Schriften des Instituts für Europäische Politik, Band 43/44, Bonn 1976.

Vadasz, S., Zur Differenzierung in den sozialdemokratischen Parteien von 1915 auf 1916 unter dem Einfluß der Zimmerwalder Begegnung, in: Beiträge zur Geschichte der Arbeiterbewegung, Berlin-Ost, Jg. 16, 1974, H. 4.

Veen, H.J., Marschiert Europa nach links? Eine kritische Analyse sozialistischer und kommunistischer Parteien, in: Die Politische Meinung, Bonn 1978, H. 176.

ders., Sozialismus, Kommunismus und die Integration Westeuropas, Melle 1978.

Vilmar, F., Für eine Kooperation der westeuropäischen Linken, in: Vorgänge, Weinheim, Jg. 16, 1977, Nr. 25.

Viviano, G., Le cause dell'aventodel communismo nell'Europa, in: Revue droit international de sciences diplomatiques et politiques, Genève, Année 41, 1963, No. 2.

Wahl, J., Linke Szene in Europa. Bestandsaufnahme der Aktivitäten zur Volksfront, in: Die Politische Meinung, Bonn, Jg. 21, 1976, H. 165.

Wegmüller, J., Das Experiment der Volksfront. Untersuchungen zur Taktik der Kommunistischen Internationalen der Jahre 1934—1938, Bern, Frankfurt/M. 1972 (= Europäische Hochschulschriften, Reihe 3, Bd. 10).

Westen, K., Die führende Rolle der Kommunistischen Partei im sozialistischen Staat (= Berichte des Bundesinstituts für Ostwissenschaftliche und Internationale Studien. 1970.).

Dokumente, Beiträge ohne Autorennennung

Bewegungen im Weltkommunismus. Eine Dokumentation zur Berliner Konferenz kommunistischer Parteien, in: Herder-Korrespondenz, Freiburg/Br., Jg. 30, 1976, H. 8.

Conference of communist and workers' parties. Documents adopted by the International Conference of Communist and Workers' Parties, Moscow, June 5—17, 1969, in: International Affairs, Moscow 1969.

Das Ringen um eine Kommunistische Gipfelkonferenz, in: dpa-Hintergrund, Hamburg 1968.

Die Budapester Konferenz, in: Europaforum, München, Jg. 12, 1968, H. 1.

Die Konferenz der kommunistischen Parteien Europas in Ost-Berlin, in: Europa-Archiv, Jg. 31, 1976, H. 17.

Ein Gespenst geht um im europäischen Kommunismus, in: Dokumente, Zeitschrift für übernationale Zusammenarbeit, Köln 1957, Jg. 13, H. 1.

Erklärung der Kommunistischen und Arbeiterparteien. Karlsbader Konferenz. Bonn: Deutscher Bundestag 1967, 5 gez. Bl. (= Drucksache, Nr. 6152/67).

Euro-Kommunisten zum Labour-Parteitag eingeladen, in: Frankfurter Allgemeine Zeitung, 3.8.1977.

Für Frieden, Sicherheit und sozialen Fortschritt in Europa, in: Neue Zeit, Moskau 1976, 28.

Gespräch mit Jean Elleinstein über das Phänomen des Italienismus, der Demokratie und des Sozialismus, in: Esprit, Paris, Nr. 2, 1976.

„Ich traue den Kommunisten nicht". Österreichs Bundeskanzler Kreisky über
Sozialdemokraten, Eurokommunismus und Entspannung, in: Der Spiegel
vom 7.3.1977.

Ideologischer Disput zwischen der KPdSU und der spanischen KP, in: Osteuropa-Archiv 1974.

Kommuniqué des eurokommunistischen Gipfeltreffens in Madrid, in: Deutschland-Archiv, Köln, Jg. 10, April 1977, H. 4.

Kommunismus: Konferenz der kommunistischen und Arbeiterparteien Europas
in Ost-Berlin fordert die „gegenseitige Solidarität der Werktätigen aller Länder", in: Weltgeschehen, Villingen 1976, H. 3.

Kommunistische Parteien im Westen. England, Frankreich, Italien, Skandinavien.
Frankfurt/M. 1968 (= Fischer Bücherei. Informationen zur Zeit.)

Kommunistische Parteien in aller Welt, in: Rissener Informationen, Hamburg
1969, Juni—Oktober.

Konstanten und Abweichungen im Weltkommunismus, Hrsg. Konrad-Adenauer-
Stiftung, in: Beiträge zur Wissenschaft und Politik, Bd. 12, 1975.

Le parti communiste et ses organisations de masse, in: Est & Ouest, Paris, Année 21, 1969, No. 433.

Le sommet des PC européens, Berlin, 29—30 juin 1976, in: Problèmes politiques
et sociaux, Paris 1976, No. 293, série URSS No. 48.

Politische Erklärung der Konferenz der Kommunistischen Parteien der kapitalistischen Länder Europas in Brüssel vom 28. Jan. 1974, in: Blätter für Deutsche und Internationale Politik, Köln, Jg. 19, 1974. H. 2.

The great aims of the communists in Europe, in: International Affairs, Moscow
1976, H. 9.

Zum Weltkongreß der Kommunistischen Parteien in Moskau, in: Informationen
für die Truppe, Köln 1969, H. 4.

Zum Wohle der Völker. Über die Bedeutung der Berliner Konferenz der Kommunistischen und Arbeiterparteien Europas, in: Sowjetwissenschaft, Berlin
-Ost, Jg. 29, 1976, H. 9.

2. Frankreich

Abosch, H., Die Farben Frankreichs, in: Merkur, Stuttgart, Jg. 30, 1976, H. 4
= 335.

ders., Eine Sonne ohne Planeten, in: Vorwärts, Bonn, 30. Sept. 1976.

Adam, G., Eléments d'analyse sur les liens entre le P.C.F. et la C.G.T., in: Revue
française de science politique, Paris, Vol. 18, 1968, No. 3.

Albertini, G., Le parti communiste français dans la crise révolutionaire de mai
1968, in: Est & Ouest, Paris 1968, No. 406.

ders., La réponse des électeurs, in: Est & Ouest, Paris, Année 20, 1968, No. 408.

Améry, J., Bericht über den „Gauchismus", in: Merkur, Stuttgart, Jg. 29, 1975,
H. 3 = 322.

Andreu, A. u. Mingalon, J.-L., L'adhésion. Les nouveaus communistes de 1975,
Paris 1975 (= Questions d'actualité).

Andrieu, R., If the Communists Helped Run France, in: International Harald
Tribune, 25. Apr. 1977.

ders., Les communistes et la révolution, Paris 1968.

ders., Les staliniens français, in: Historia Spécial, Nr. 359, 1976.

Arnsperger, K., Der Linksunion schlägt die Stunde der Wahrheit, in: Süddeutsche Zeitung, 10. August 1977.

ders., Die Partei der armen Leute ist am reichsten, in: Süddeutsche Zeitung, 8. April 1977.

ders., In der Linksunion zeigen sich breite Risse, in: Süddeutsche Zeitung, 13. Mai 1977.

ders., Spannungen in der Linksunion, in: Süddeutsche Zeitung, 2. Juni 1977.

ders., Über rote Betriebszellen zur Macht, in: Süddeutsche Zeitung, 1. Juli 1976.

Aron, R., Le silence de l'U.R.S.S. et les paroles du P.C.F., in: Le Figaro, Paris 17. Mai 1976.

Bacot, P., Front de classe et union du peuple de France: le grand débat, in: La nouvelle revue socialiste, Paris 1976, No. 20.

Badi, B. und Dubreuil, R., Analyse systémique d'une crise, l'exemple du Front populaire, in: Revue française de science politique, Paris, Vol. 24, 1974, No. 1.

Balibar, A., Über die Diktatur des Proletariats, mit Dokumenten des 22. Parteitages der KPF, Berlin-West 1977.

ders., Freiheit der Kritik oder Standpunktlosigkeit. Diskussion in der KPF, Berlin-West 1976.

Barjonet, A., Le Parti Communiste Français, Paris 1969 (= Collection forum).

Baron, S., Das Volksfrontbündnis und die Entwicklung des Parteiensystems in Frankreich, Köln, Berlin, Bonn, München 1977 (= Studien zur Politik, Bd. 3).

Bartsch, H., Eine neue Krise im Linksbündnis, in: Kieler Nachrichten, 10. August 1977.

Becker, B., Geschichte und Theorie der Pariser revolutionären Kommune des Jahres 1871, Leipzig 1879.

Bizot, J.F., Au parti des socialistes, Plongée libre dans les courants d'un grand parti, Paris 1975.

Blackmer, D. und Kriegel, A., The international role of the communist parties of Italy and France, Cambridge 1975, IX (= Harvard Studies in international affairs, Center for International Affairs, Harvard University, Nr. 32.)

Blackmer, D. und Tarrow, S. (eds.), Communism in Italy and France, Princeton 1975.

Blume, I., Die Französische Kommunistische Partei und die Intelligenz, in: Zeitschrift für Geschichtswissenschaft, Berlin-Ost, Jg. 24, 1976, H. 1.

Bock, H.M., Die sozialistische Partei in Frankreich. Ein Literaturbericht, in: Das Argument, 19. Jg., September —Oktober 1977, H. 105.

Bodin, L. und Touchard, J., Front populaire 1936, 3. ed., Paris 1972 (= Collection U).

Boissonnat, J., Les socialistes face aux patrons, Paris 1972.

Bon, F. und Fichelet, M., Le Communisme en France et en Italie, Paris 1969, Teil I (Cahiers de la Fondation nationale des Sciences politiques, 175, 1. Le Communisme en France.)

Buonarotti, P., Conspiration pour l'égalité dite de Babeuf. Suivi du procès auquel elle donna lieu, et des pièces justificatives, etc. Préf. par G. Levebvre. 1. ed. (Neudr.) Tome 1., 2, Paris 1957 (= Les classiques du peuple).

Cante, D., Communism and the French Intellectuals 1914—1960, London 1964.

Cantril, H., The politics of despair, New York 1958.

Charlton, S.E.M., The French Left and European Integration, Denver, Colorado 1972 (= Monograph series in world affairs. The Social Science Foundation and Graduate School of International Studies, Vol. 9, 1971–72, No. 4).

Charzat, M., Chevènement, J.P. und Toutain, G., Le C.E.R.E.S. Un combat pour le socialisme, Paris 1975.

Chavardès, M., Le 6 février 1934. La République en danger, Paris 1966.

Chevènement, J.P., Les socialistes, les communistes et las autres, Paris 1977.

Cohn-Bendit, D. u. G., Le gauchisme. Remède à la maladie sénile du communisme, Paris 1968 (= Collections „Combats").

Combin, R., Les origines du gauchisme, Paris 1971.

Cotta, M., Où en sont les communistes? in: L'Express, Paris, 1. Nov. 1976.

Couturier, L., Les péchés de l'ex-stalinien Garaudy, in: Historia, 1976.

Dale, L., Marxism and French labor, New York 1956.

Dalin, V., Babeuf-Studien. Gedenkband aus Anlaß des 200. Geburtstags von Gracchus Babeuf am 23.11.1960 (= Deutsche Akademie der Wissenschaften zu Berlin. Schriftenreihe der Arbeitsgruppe zur Geschichte der deutschen und französischen Aufklärung, Bd. 16).

Deferre, G., Si demain la gauche . . ., Paris 1977.

Defrasne, J., La gauche en France de 1789 à nos jours, Paris 1972 (= Que sais-je? Nr. 1464).

Dolléans, E., Histoire du mouvement ouvrier, o.O. 1939, Vol. II.

Dreyfus, F.-G., Histoire des Gauches en France 1940–1974, Paris 1975.

Droz, J., Le socialisme démocratique (1864–1960), Paris 1966.

Duclos, J., Octobre 17, vue de France, Paris 1967.

Dupeux, G., La société française 1789–1970, Paris 1972.

Dupoirer, E. u. Platone, F., Une nouvelle étape dans le déclin du „socialcentrisme", in: Revue française de science politique, Paris, Vol. 29, 1974, No. 6.

Duverger, M., Die politischen Parteien, Tübingen 1959.

Elleinstein, J., Histoire du phénomène stalinien, Paris 1975.

ders., Le PC, Paris 1975.

ders., Parti communiste Français: PCF, Hamburg, Berlin 1977.

Estier, C., Journal d'un fédéré. La Fédération de la gauche au jour le jour (1965–1969), Paris 1970.

Fajon, E., L'union est un combat. Textes et documents de M. Thorez, W. Rochet et G. Marchais, Paris 1975.

ders., „Stratégie et politique. L'union et la différence, in: Cahiers du communisme, juillet-août 1976.

Faucher, J.-A., La gauche française sous de Gaulle. 13 mai 1958–13 mai 1968, Paris 1969.

Fauvet, J., Histoire du parti communiste Français, 1., 2., Paris 1964, 1965 (= Les grandes études contemporaines).

Fejtö, F., Frankreichs Kommunisten, in: Dokumente, Köln, J. 23, 1975.

ders., Le parti communiste français a-t-il changé? in: Preuves, Paris, Année 17, 1967, No. 193.

ders., The French Communist party and the Crisis of International Communism, XI., London 1967.

Ferber, G., Die Volksfront in Frankreich ist kein Bündnis auf lange Frist, in: Handelsblatt, 8. Juni 1977.

Ferrat, A., Contributions à l'histoire du P.C.F., M. Fauvet saisi par la légende, in: Preuves, Paris, Februar 1965.

Ferrat, A., Histoire du parti communiste français, Paris 1931.

Ferretti, R., „Les militants de la fédération du Bas-Rhin du PS. Elements pour une sociologie.', in: La nouvelle revue socialiste, Nr. 14/15, 1975.

Field, M., La gauche doit-elle se remettre en cause? in: Le quotidien de Paris, 26. Januar 1977.

Fink, H.-J., Profilierung des französischen Kommunismus zum 22. Parteitag der KPF, in: Deutschland-Archiv, Köln, 9. Jg., März 1976, H. 3.

Friedrich, P.J., Defence and the French Political Left, in: Survival, London, Vol. 16, 1974, Nr. 4.

ders., Einheit der französischen Linken auf dem Prüfstand, in: Die neue Gesellschaft, Bonn, Jg. 22, 1975, 5.

ders., Légitimité et représentation, in: Esprit, Paris, Année 43, 1975, No. 443.

Frisch, A., KP im Zwielicht, in: Rheinischer Merkur, 19. November 1976.

Frisch, A., Pochen auf das Atomprestige, in: Rheinischer Merkur, 19. November 1976.

Fuchs, G., „Interêt stratégique de l'Europe du sud", in: Faire, o.O. und o.J.

Garaudy, R., Die große Wende des Sozialismus. Aus dem Französischen übertragen von R. von Mayenburg, Wien, München, Zürich 1970. (Originaltitel: Le grand tournant du socialisme)

ders., Die französischen Quellen des wissenschaftlichen Soizalismus. Mit einem Vorwort von W. Schröder, Berlin 1954 (Originaltitel: Les sources françaises du socialisme scientique)

ders., Kann man heute noch Kommunist sein? Eine historisch-dialektische Analyse, Reinbek bei Hamburg 1970 (Originaltitel: Peut-on être communiste auhourd'hui?)

ders., Le changement: Giscard d'Estaing, le parti communiste et l'espérance, in: Le Figaro, Paris, 15. Mai 1976.

ders., Pour un modèle français du socialisme, Paris 1968.

ders., Die ganze Wahrheit oder Für einen Kommunismus ohne Dogma, Reinbek 1970.

Gaucher, R., Histoire secrète du Parti communiste français (1920–1974), Paris 1974.

Goguel, F. und Grosser, A., La politique en France, Paris 1970.

Goldberg, H., Charles Rappoport ou la crise du marxisme en France, in: L'homme et la société, Paris 1972, No. s.: 24–29.

Goldschmidt, W., Das gemeinsame Programm der französischen Linken, in: Blätter für Deutsche und Internationale Politik, Köln, Jg. 17, 1972, H. 8.

Goldstein, M., Le parti communiste du 3 mai au 6 juin, in: Les temps modernes, Paris, Année 24, 1968, No. 169.

Gorz, A., Quelle gauche? Quel programme? in: Les temps modernes, Paris, Année 29, 1973, Jan. = No. 318.

Grassmann, H., Die Franzosen und ihre Kommunisten, in: Neue Politik, Hamburg, Jg. 21, 1976, H. 3.

Greenberg, L.M., The commune of 1871 as a descentralist reaction, in: The journal of Modern History, Chicago, Vol. 41, 1969, Nr. 3.

Greene, T.H., The communist parties of Italy and France. A study in comparative communism, in: World Politics, Princeton, Vol. 21, 1968, No. 1.

Guérin, A., Les radicaux réformateurs, in: Revue politique et parlamentaire, Paris, Année 72, 1970, No. 813.

Hamm, H., Vom Stalinismus nichts gewußt, in: Frankfurter Allgemeine Zeitung, 28. Februar 1977.

Harmel, C., Les communistes français et l'affair tchécoslavique, in: Est & Ouest, Paris, Année 20, 1968, No. 409.

ders., L'attachement du Parti Communiste français au Parti communiste de l'Union soviétique, in: Est & Ouest, Paris, Année 19, 1967, No. 395.

ders., Trois attitudes du Parti communiste français à propos l'intervention militaire soviétique 1949—1956—1968, in: Est & Ouest, Paris, Année 20, 1968, No. 410.

ders., Vers la création d'un parti communiste français prochinois, in: Est & Ouest, Paris, Année 19, 1967, No. 395.

Harris, A. und de Sedouy, A., Voyage à l'intérieur du Parti communiste, Paris 1974.

Harrison, M.M., A socialist foreign policy for France? in: Orbis, Philadelphia, Vol. 19, 1976, Nr. 4.

Hättich, M., Parteien als Integrationssysteme, in: Strukturprobleme des lokalen Parteisystems, hrsg. von der Konrad-Adenauer-Stiftung, Bonn 1975.

Hermann, L., Die Macht mit Kommunisten teilen, in: Rheinische Post, 23. Juli 1977.

ders., Ein machtbewußter Politbürokrat, in: Rheinische Post, 30. Juli 1977.

Hernu, Ch., Privité à gauche, Paris 1969.

Höhne, R.A., Die Rolle der KPF bei der Vorbereitung der KP-Konferenz in Ost-Berlin, in: Die neue Gesellschaft, Bonn, 23 (1976), H. 6.

Holzamer, H.H., KPF und Sozialisten sind über 70 Fragen zerstritten, in: Die Welt, 20. August 1977.

Hornung, P., Täuschen und hetzen, in: Deutsches Monatsblatt, Bonn, September 1976.

Hubert, J., Frankreichs Linke nach de Gaulle. Regimewechsel und sozialistische Wiedervereinigung an der Seine, in: Die Zukunft, Wien 1969, H. 10.

Huntzinger, J., Die außenpolitischen Konzeptionen der Sozialistischen Partei Frankreichs, in: Europa-Archiv, Folge 12, 1975.

Huwe, K., Steine in den Weg des Partners gewälzt. Die Einheit der Linken wird brüchig, in: Deutsche Zeitung, 19. August 1977.

Isenberg, V., Die Lage der Linken in Frankreich, in: Die neue Gesellschaft, Bonn, Jg. 21, 1974, H. 12.

Jacquot, S., Die französische kommunistische Partei — das Ende des Ghettos? in: Etudes, Paris, Februar 1973.

Jaffré, J., La concurence au sein de la gauche en 1967 et en 1968, in: Revue française de science politique, Paris, Vol. 23, 1973, No. 1.

Johnson, R., The French Communist Party versus the Student's Revolutionary Politics in May—June 1968, London 1972.

Jonky, E., Zum Beispiel französischer Kommunismus, in: Liberal, Bonn, in Forts., beginnt mit Jg. 7, 1965, H. 5.

Judt, T., The French Socialists and the cartel des gauches of 1924, in: Journal of contemporary History, Jg. 11, 1976, H. 2/3.

Juquin, P., Liberté, Paris 1975.

Graf Kageneck, A., Altsozialist warnt Frankreich vor dem Euro-Kommunismus, in: Die Welt, 15. September 1976.

ders., Die Sozialisten sollen im Bündnis mit der KP ertrinken, in: Die Welt, 14. Juni 1976.

ders., Frankreichs KP: Keine Macht dem Präsidenten, in: Die Welt, 9. Juli 1977.

Kanapa, J., A "new policy" of the French communists? in: Foreign Affairs, New York, Vol. 55, 1977, No. 2.

ders., Die französischen Kommunisten und der proletarische Internationalismus, in: France Nouvelle, Paris, Nr. 1585, 29. März 1976.

Kempf, U., Das politische System Frankreichs. Eine Einführung, Opladen 1975.

Kimmel, A., Der französische Kommunismus, in: Neue Politische Literatur, Frankfurt/M., Jg. 14, 1969, H. 4.

Kluth, H., Zur Situation der kommunistischen Partei Frankreichs, in: Die neue Ordnung, Paderborn, 1957, Jg. 11, H. 3.

König, H., Die KPF zwischen de Gaulle und Cohn-Bendit. Eine Dokumentation, in: Osteuropa-Archiv, Stuttgart, Jg. 18, 1968, H. 12.

Kriegel, A., Aux origines du communisme français 1914–1920. Contribution à l'histoire du mouvement ouvrier français, T. 1.2., Paris 1964 (=Société, mouvements sociaux et idéologie, Sér. 1, Etudes 6. Ecole pratique des Hautes. Etude-Sorbonne. 6. Section: Sciences Economiques et Sociales).

dies., Communisme au miroir français, Paris 1974.

dies., Le congrès de Tours (décembre 1920). Naissance du parti communiste français, Paris 1964.

dies., Les communistes français. Essai d'ethnographie politique, Paris 1968.

dies., The french communists. Profile of a people. Transl. by E.P. Halperin. Foreword by A. Zolberg, Chicago 1972, XXIV (franz. Originaltitel: Les communistes français.)

Krusche, L., Kommunisten und Sozialisten zerstreiten sich, in: Stuttgarter Zeitung, 18. August 1977.

ders., Marchais springt auf den rollenden Italien-Express, in: Stuttgarter Zeitung, 5. Juni 1976.

Latzko, H., Babeuf und die Verschwörung der Gleichen, Tübingen 1914, Diss.

Laurens, A., Frankreichs neue Sozialisten, in: Dokumente, Köln, H. 31, 1975.

ders. und Pfister, T., Les nouveaux communistes, Paris 1973.

Lavan, G., Les voies du P.C.F., in: Etudes, Paris, mars 1977.

Lavergne, B., La déclaration commune de la Fédération du parti communiste, in: L'année politique et économique, Paris, Année 41, 1968, No. 202.

ders., Le pour et le contre de l'évolution récente du parti communiste Français, in: L'année politique et économique, Paris, Année 39, 1966, No. 191.

Lecoeur, A., Le parti communiste français et la résistance. Août 1939–juin 1941, Paris 1968 (= Tribune libre).

Leduc, V., Ouvrir la gauche à la gauche pour battre la droite, in: Le Monde, Paris, 5. August 1976.

Lefranc, G., Histoire du Front populaire (1934–1938), Paris 1965 (= Etudes et documents Payot).

ders., L'expérience du Front populaire, Paris 1972.

ders., Le mouvement socialiste sous la Troisième République, Paris 1963.

ders., Les expériences syndicales en France de 1939 à 1950, o.O. und o.J.

ders., Sozialisten und Kommunisten in Frankreich von 1919–1933, in: Politische Parteien in Deutschland und Frankreich. 1918–1933, Wiesbaden 1969.

Lenin, V.I., Über die Pariser Kommune. Ein Sammelband. 3. Aufl., Berlin-Ost 1958 (= Bücherei des Marxismus-Leninismus, Bd. 34).

Leonhard, W., Diktatur des Proletariats, in: Sowjetsystem und demokratische Gesellschaft, Kernig, K.D. (Hrsg.), Freiburg, 1966 ff.

Libbey, K.R., The French Communist Party in the 1960's: an ideological profile, in: Journal of Contemporary History, 11 (1), Januar 1976.

Lichtheim, G., Marxism in modern France, New York, London 1966.

Lieber, N., Politics of the French Left: a review essay, in: The American political Science Review, Menaska, Vol. 69, 1975, No. 4.

Ligou, D., Histoire du socialisme en France (1871–1961), Paris 1961.

Lindon, D., La longue marche. Un programme pour la gauche, Paris 1968.

Ljubimowa, W., Die Wirtschaft Frankreichs und die Lage der Werktätigen nach dem zweiten Weltkrieg. Aus d. Russ. ins Deutsche übertr. von H. Heine und U. Brehm, Berlin-Ost 1955 (Originaltitel: Ekonomika Francii i polo zenie trudjascichsja mass posle vtoroj mirovoj vojny.)

Loth, W., Sozialisten und Kommunisten in Frankreich, in: Europa-Archiv, 1975, H. 2.

Lusset, F., Die gegenwärtige Situation der französischen Kommunistischen Partei, in: Konstanten und Abweichungen im Weltkommunismus, Bonn 1975.

Macridis, R.C., The French CP's Many Faces, in: PC, Vol. XXV, May–June 1976, o.O.

Marchais, G., Die demokratische Herausforderung, Frankfurt/M. 1974.

ders., Einleitung zum Programm für eine demokratische Regierung der Volkseinheit, in: Marxismus Digest, Frankfurt/M. 1972 (Aus: Programme pour un gouvernement démocratique d'union populaire, Paris 1971)

ders., La bonne voie, in: Cahiers du communisme, H. 2, 1977.

Marcus, John T., French socialism in the crisis years 1933–36. Facism and the French Left, New York 1958 (= Books that matter)

Marchais, G., Le défi démocratique, Paris 1973.

ders., Le socialisme pour la France, in: 22e Congrès du Parti Communiste Français, 4–8 Feb. 1976, in: Cahiers du communisme, H. 2–3, 1976.

Marchetti, X., Que cherche le P.C.? in: Le Figaro, Paris, 18. Mai 1977.

Marek, F., Frankreich von der dritten zur vierten Republik, Wien 1947.

Martinet, G., Le marxisme de notre temps ou les contradictions du socialisme, Paris 1962.

Marty, A., L'affaire Marty, Paris 1955.

Masson, G., L'état du c.m.e. et sa transformation démocratique, in: Cahiers du communisme, juillet–août 1976, H. 4–9.

Matveev, R., Im Kampf für die Einschränkung der Macht der Monopole. Über einige Richtungen des Klassenkampfes in Frankreich, in: Sowjetwissenschaft, Gesellschaftswissenschaftliche Beiträge, Berlin-Ost, Jg. 1970, H. 11.

Mayer, D., Pour une histoire de la gauche, Paris 1969.

Mendel, A.P., Why french communists stopped the revolution, in: The Review of Politics, Notre Dame, Vol. 31, 1969, No. 1.

Meyer, A., Réflexions sur l'originalité du Parti socialiste Français, in: La nouvelle revue socialiste, No. 12/13.

Micaud, Ch.A., Communism and the french left, London 1963.

Mock, J., Le front populaire, grand espérance . . ., Paris 1971.

Molinari, J.-P., Contribution à la sociologie du P.C.F., in: Cahiers du communisme, H. 1, 1976.

Moneta, J., Die Kolonialpolitik der französischen KP, Hannover 1968 (= Schriftenreihe des Forschungsinstituts der Friedrich-Ebert-Stiftung)

Morawe, B., Volksfront 1973, in: Dokumente, Köln, Jg. 29, 1973, H. 1.

v. Münchhausen, T., Kommunistische Offensive in den Betrieben, in: Frankfurter Allgemeine Zeitung, 11. März 1977.

ders., Linke Hintergedanken — Der Zank der Sozialisten und Kommunisten um die Machtverteilung nach einem Wahlsieg in Frankreich, in: Frankfurter Allgemeine Zeitung, 8. August 1977.

Naville, P., La classe ouvrière et le régime gaulliste, Paris 1964 (= Naville: Question du socialisme)

Nirascon, G., Les villes „rouges" au service du parti, in: Le Figaro, Paris, 3. Mai 1977.

ders., Les villes „rouges" contre les entreprises, in: Le Figaro, Paris, 4. Mai 1977.

Nicolet, C., A propos du manifeste radical, in: Revue française de science politique, Paris, Vol. 20, 1970, No. 5.

Paperen, J., La gauche française, 2 Bde., Paris 1972/1975.

ders., L'unité de la gauche (1965—1973), Paris 1975.

Paz, M., Echec de 1936, in: La Nef, Juni—Juli 1950.

Percheron, A., A propos de l'application du cadre théorique d'Easton à l'étude du Parti Communiste français, in: Revue Français de Science Politique, 20 (1970) 1.

Perrot, M. und Kriegel, A., Le socialisme français et le pouvoir, Paris 1966.

Pfister, T., Der Kommunismus gegenüber den Linksparteien, in: La Nef, Juni—Juli 1972.

Priklmayer-Tomanović, Z., The French communist party strategy in the struggle for socialism, in: Socijalizma, 19 (4), 1976.

Proudhon, P.-J., De la capacité politique des classes ouvrières. Introduction et notes de Maxime Leroy, Paris 1924 (= Proudhon: Oevres complètes. Nouvelle édition)

Quin, C., Classes sociales et union du peuple de France, Paris 1976.

Racine, N., Le Parti Communiste Français devant les problèmes idéologiques et culturels, in: Le Communisme en France, in: Cahiers de la fondation nationale des sciences politiques, Bd. 175, Paris 1969.

Ranger, J., L'évolution du vote communiste en France depuis 1945, in: Le Communisme en France, in: Cahiers de la fondation nationale des sciences politiques, Bd. 175, Paris 1969.

Rebérioux, M., Die sozialistischen Parteien Europas: Frankreich, in: Geschichte des Sozialismus von 1875—1918, Bd. V, Frankfurt/M. 1975.

Rémond, R., L'histoire du P.C.F., in: Le Monde, Paris, 12. Mai 1977.

Rey, J., L'Europe de sud n'existe pas, in: Faire, Mai 1976.

Reynaud, J.-D., Les syndicats en France, 2 Bde., Paris 1975.

Rieber, A.J., Stalin and the French communist Party. 1914—1947, New York (usw.) 1962, XIV (= Studies of Russian Institute, Columbia University)

Robrieux, Ph., Maurice Thorez. Vie sécrete et vie publique, Paris 1975.

Rocard, M., Perspective de la gauche, in: Preuves, Paris 1973, No. 15.

Rochet, W., L'avenir du parti communiste français, Paris 1969.

ders., Le marxisme et lès chemins de l'avenir, Paris 1966.

ders., Physiologie du parti communiste français, Paris 1948.

Rosanvallon, P., Le parapluie ne suffit pas, in: Faire, Mai 1976.

Rossi-Landi, G., Le Parti Communiste Français: Structures, composition, moyens d'action, in: Le Communisme en France, 1969.

Sévène, Ch.H., Les origines du communisme en France, Paris 1953.

Scheuer, G., Auf halbem Weg zur inneren Demokratie, in: Vorwärts, Bonn, 9. Dezember 1976.

ders., Das „Geständnis" der KPF, in: Vorwärts, Bonn, 6. Januar 1977.

Schmid, K.-P., Die Angst des Marchais, in: Die Zeit, 2. Juli 1976.

ders., Die neuen Kommunisten, in: Mannheimer Morgen, 5. April 1977.

ders., Gaullistischer als die Gaullisten, in: Die Zeit, 5. August 1977.

Schneider, R., A quoi ont joué les communistes? in: L'Express, Paris, 16. Mai 1977.

Scholl-Latour, P., Angst vorm roten Mann? in: Deutsche Zeitung, 14. Mai 1976.

Stein, L., Der Sozialismus und Kommunismus des heutigen Frankreich. Ein Beitrag zur Zeitgeschichte, Leipzig 1842, XII.

Stein, L. von, Geschichte der sozialen Bewegung in Frankreich von 1789 bis auf unsere Tage. Hrsg. von G. Salomon, Bd. 1—3, München 1921.

Steinkühler, M., KPF und KPI zur Deutschlandfrage auf dem XXIV. Parteitag der KPdSU, in: Deutschland-Archiv, Jg. 4, 1971, H. 5.

Streiff, G., L'affaire du parlement européen, in: Cahiers du Communisme, H. 10, 1976.

ders., La France et l'O.T.A.N. une réinsertion de fait. o.O. und o.J.

Tarrow, S.G., Communism in Italy and France: adaption and change, in: Communism in Italy and France, Hrsg. Blackmer, D.L., Tarrow, S.G., Princeton, N.J. 1975.

Tasca, A., Les communistes français pendant la drôle de guerre. Par A. Rossi (d.i. Angelo Tasca), Paris 1951.

Thorez, M., Ausgewählte Reden und Schriften, 1933—1960. Übers. von E. Solewski, Berlin-Ost 1962.

ders., Der Kampf für die nationale Unabhängigkeit und den Frieden. Referat des XII. Parteitags der Kommunistischen Partei Frankreichs, Gennevilliers, 2.—6. 4.1950, Berlin 1951 (= Internationale Schriftenreihe, H. 6)

ders., Ein Sohn des Volkes, Berlin 1951.

Tiersky, R., French communism in 1976, in: Problems of communism, Washington, Vol 25, 1976, Januar—Februar, H. 1.

ders., Le mouvement communiste en France (1920—1972), Paris 1973.

ders., Le P.C.F. et la détente, in: Esprit, Paris, Année 43, 1975, No. 443 = 2.

Timmermann, H., Aspekte des Wandels bei den italienischen und französischen Kommunisten, Köln 1976. (= Berichte des Bundesinstituts für Ostwissenschaftliche und Internationale Studien, Nr. 10, 1976)

ders., Die KPF am Scheidewege? Einführung und Dokumentation zum 22. Kongreß der französischen Kommunisten, in: Osteuropa-Archiv, Stuttgart, Heft 6, 1976.

ders., Autonomie der italienischen und französischen Kommunisten, in: Gegenwartskunde, Opladen, Jg. 20, 1971, H. 1.

ders., Die Französische Kommunistische Partei zwischen Stagnation und Wandel, in: Politische Studien, München, Jg. 22, 1971, H. 199.

ders., Die KPF zwischen Volksfront-Strategie und Internationalismus, in: Europa-Archiv, Jg. 25, 1970.

ders., Die Krise der französischen Linken. Zur kommunistischen Einheitsfront-Strategie vor und während der Präsidentschaftswahlen 1969, Köln 1970 (= Berichte des Bundesinstituts für Ostwissenschaftliche und Internationale Studien, Nr. 15, Köln 1970)

ders., Frankreichs Kommunisten: Wandel durch Mitarbeit. Politische Prämissen und Konsequenzen der „Volksunion", in: Europa-Archiv, 1973, H. 9.

ders., Probleme der Parteifinanzierung bei den italienischen und französischen Kommunisten, in: Osteuropa-Archiv, Stuttgart, Jg. 22, 1972, H. 2.

ders., Zögernde Autonomisten. Zum Standort der Französischen Kommunistischen Partei in der kommunistischen Weltbewegung, Köln 1970 (= Berichte des Bundesinstituts für Ostwissenschaftliche und Internationale Studien, Nr. 22, Köln 1970)

Trotsky, L., Le mouvement communiste en France (1919—1939). Textes choisis et présentés par P. Broué, Paris 1967.

Touchard, J., Introduction à l'idéologie du Parti Communiste Français, in: Le Communisme en France, in: Cahiers de la fondation nationale des sciences politiques, Paris 1969.

Verdier, R., P.S./P.C., une lutte pour l'entente, Paris 1976.

Vree, D., Coalition politics on the left in France and Italy, in: The Review of Politics, Notre Dame, Vol 37, 1975, No. 3.

Wagner, W., Kommunisten im westlichen Bündnis? in: Europa-Archiv, Jg. 31, 1976, H. 10.

Waldeck, R., Ecrits politiques 1956—1969, Paris 1976.

ders., L'avenir du Parti communiste Français, Paris 1969.

Walter, G., Histoire du parti communiste français, Paris 1948.

Walter, N., Rosige Visionen im Kohlenbecken, in: Stuttgarter Zeitung, 21. Juni 1977.

Wildavski, A.B., Maurice Duverger: Les partis politiques; eine methodische Kritik, in: Ziebura, G. (Hrsg.): Beiträge zur allgemeinen Parteienlehre, Darmstadt 1969.

Wilson, F.L., The French left and the elections of 1968, in: World Politics, Princeton, Vol. 21, 1969, No. 4.

Willard, C., Socialisme et communisme français, Paris 1967 (= Collection U. 2)

Winock, M., Thorez ou le communisme d'appareil, in: Esprit, Paris, Année 43, 1975, No. 10 = 450.

Wippold, W., Die Pariser Kommune. Ihre Bedeutung für die Entwicklung von der Lehre von der Diktatur des Proletariats, Berlin-Ost 1961.

Woslenskij, M., Realität oder Illusion? Ein sowjetischer Wissenschaftler zur Zeit-Diskussion „Eurokommunismus", in: Die Zeit, 12. November 1976.

Wright, V. und Machin, E., The French Socialist Party in 1973: Performance and Prospects, in: Government and Opposition, 1974, H. 9.

Ysmal, C., Sur la gauche socialiste, in: Revue Française de Science Politique, Paris, Vol. 20, 1970, No. 5.

Zartmann, W., French communist foreign policy, 1952—1954, A propagand and analysis, in: Western Political Quarterly, Salt Lake City 1956, Vol. 9, Nr. 2.

Dokumente und Beiträge ohne Autorennennung:

Berlinguer präsentiert den Kommunisten Frankreichs seine Erfolgsrezepte, in: Frankfurter Allgemeine Zeitung, 5. Juni 1976.

Ce que veulent les communistes pour la France, in: Cahiers du communisme, H. 2—3, 1976.

C'est la 'même coalition qui guère les affaires du pays, in: Le Monde, Paris, 8. September 1976.

Die große Wende des Sozialismus, Wien 1970.

Die Spannung zwischen Marchais und Mitterrand, in: Neue Zürcher Zeitung, Zürich, 11. August 1977.

Die Sozialistischen und kommunistischen Bewegungen seit der dritten französischen Revolution. Anhang zu Steins Sozialismus und Kommunismus des heutigen Frankreichs, Leipzig/Wien 1848.

Erste Etappe, in: Der Spiegel, 11. April 1977.

Faudra-t-il voter? La Cause du Peuple — J'accuse, in: Les temps modernes, Paris, 1973, A. 29, Jan. = No. 318.

Frankreichs KP ändert ihre Europa-Politik, in: Frankfurter Rundschau, 19. April 1977.

Frankreichs KP. Moskaus Wacht am Rhein, in: Süddeutsche Zeitung, 24. Juni 1977.

Frankreichs KP und die Freiheit der Information, in: Neue Zürcher Zeitung, 24. Juli 1977.

Frankreichs Linksparteien machen sich gegenseitig Vorwürfe. Mitterrand spricht von „verbaler Eskalation", in: Frankfurter Allgemeine Zeitung, 11. August 1977.

Frankreichs Linksunion droht der Bürgerkrieg, in: Handelsblatt, 5. August 1977.

Französisch-italienisches Kommunistentreffen, in: Neue Zürcher Zeitung, 6. Juni 1976.

Für eine fortgeschrittene Demokratie — Für ein sozialistisches Frankreich, in: Supplément au bulletin de propagande, Nr. 7, Nov./Dez. 1968.

Gemeinsame Erklärung der italienischen und französischen Kommunisten, in: Osteuropa-Archiv, Stuttgart, Jg. 26, 1976, H. 2.

Gemeinsames Regierungsprogramm der Französischen Kommunistischen Partei und der Sozialistischen Partei vom 27. Juni 1972. Einleitung von G. Marchais, Frankfurt/M., 1972, XX = Marxistische Taschenbücher, Reihe „Marxismus aktuell" (48)

Georges Marchais devant le XXIIe Congrès: La voie française au socialisme, in: L'Humanité, 5. Februar 1976.

Guide de nouvel adhérent. Hrsg. von BNA du Parti Socialiste, in: Le Poing et la Rose, Suppl. au No. 43, September 1975.

Ich möchte in der Sowjetunion nicht leben, in: Der Spiegel, 16. Mai 1977.

Ideologischer Disput Moskaus mit der KPI und KPF, in: Osteuropa-Archiv, Stuttgart, Jg. 25, 1975, H. 11.

In Frankreich wird der Boden heiß, in: Wirtschaftswoche, 3. Juni 1977.

L'Avenir du Parti Communiste Français, Paris 1969.

KPF, Gemeinsames Regierungsprogramm der KPF und der französischen Sozialisten vom Juni 1972, Frankfurt 1972.

Le dossier noir du P.C.G.T., in: Les temps modernes, Paris, Année 29, 1973, Januar, No. 318.

Le programme commun chiffré par le P.C. „La banqueroute pour la France", in: Le Figaro, Paris, 12. Mai 1972.

Le renouveau socialiste et l'unité de la gauche (1958–1976), in: La nouvelle revue socialiste, Paris 1976, No. spécial.

Le socialisme pour la France, Rede auf dem Parteitag der KPF in: Cahiers du communisme, 1976, H. 2–3.

Les communistes au carrefour, in: Esprit, Paris, Année 28, 1970, No. 392.

Les communistes et L'Etat, in: Le Monde, Paris, 2. April 1977.

Les Français jugent le P.C., in: Paris Match, 20. Mai 1977.

Les Juifs préparent la révolution communiste. Voici la preuve du complot ourdi contre la France, Dives-sur-Mer. o.J. (= Le siècle nouveau. No. spécial. Hrsg.: L'office de propagande nationale)

Manifest von Champigny, Paris, Editions sociales, 1969.

Marchais auf der Suche nach Regierungsfähigkeit, in: Neue Zürcher Zeitung, 14. Mai 1977.

Marchais bekräftigt Willen zur Übernahme der Macht, in: Frankfurter Allgemeine Zeitung, 20. Mai 1977.

Marchais' französischer Sozialismus, in: Neue Zürcher Zeitung, 3. Juli 1976.

Marchais spricht von „Diktat", in: Frankfurter Rundschau, 23. Juni 1977.

Nur wenige Fragen strittig, in: Frankfurter Rundschau, 23. Mai 1977.

„Objektiv schwierige Begegnung", in: Frankfurter Rundschau, 25. Juli 1977.

Peut-on écrire l'histoire du P.C.F.? in: Politique aujourd'hui, März–April 1976 und Mai-Juni 1976.

Riesiger Fehler. Die KP führt gegen die Verbündeten Soizalisten einen verbissenen Wortkrieg. Sind die Kommunisten die siegessichere Volksfront leid? in: Der Spiegel, 1. August 1977.

Schreckliche Vorstellung. Im Streit mit den Sozialisten kann Frankreichs KP hochspielen, obgleich sie in der Wählergunst weit hinter der Mitterrand-Partei liegt, in: Der Spiegel, 4. Juli 1977.

Si demain la gauche gagne, in: Paris Match, 11. Februar 1977.

Vivre libres, Projet de déclaration des libertés soumis à la discussion des Français, Paris 1975.

3. Italien

Adornato, N., Pluralismo e antigoverno, in: Nuova generazione, 8. Februar 1976, Nr. 2.

Alba, E., L'extrème gauche en Italie et son influence sur le P.C.I., in: Est & Ouest, Paris, Année 21, 1969, No. 426.

ders., Le parti communiste devant l'intervention soviétique en Tchécoslavique, in: Est & Ouest, Année 20, No. 413.

Alf, S.G., Leitfaden Italien. Vom antifaschistischen Kampf zum historischen Kompromiß, Berlin-West 1977.

Amendola, G., Gewalt nur gegen einen Faschisten-Putsch, in: Der Spiegel, 1975, H. 32.

Aquila, G., Die italienische sozialistische Partei, Hamburg 1922.

Are, G., Compromesso storico, P.C.I. e relazioni internazionali, in: L'Est, Rivista trimetrale di studi sui paesi dell'Est 1975, H. 4.

ders., Italy's Communists: foreign and defence policy, in: Survival, 18 (5), September—Oktober 1976.

Arfé, G., Storia del socialismo italiano (1892—1926), Torino, 1965 (= Piccola biblioteca Einaudi, 71)

Badaloni, N., Il Marxismo di Gramsci. Dal mito alla ricomposizione politica, Torino 1975.

Ball, G.W., Communism in Italy, in: The Atlantic Community, Lexington, Vol. 14, 1976, No. 2.

Ballerini, G., Analisi del socialismo contemporaneo, Siena 1964.

Barca, Berlinguer, Gruppi u.a., Sozialismus für Italien, Programm einer gesellschaftlichen Umgestaltung, Hamburg-Berlin-West 1977.

Bartoli, E., The road to power: The Italian Communist Party and the Church, in: Survey, Jg. 21, 1975, H. 4 (97).

Barzini, L., Der italienische Kommunismus. Das „Fiasko der Öffnung nach links", in: Monat, Hamburg, Jg. 21, 1969, H. 252, in Forts.

Bates, T.R., Gramsci and the theory of hegemony, in: Journal of the History of Ideas, Jg. 36, 1975, H. 2.

Bedeschi, L., Cattolici e Comunisti, Milano 1974.

Bergh, H. von, Die kommunistische Partei Italiens, in: Internationales Jahrbuch der Politik, München, 1954.

Berlinguer, E., Alleanze sociali eschieramenti politici, in: Rinascita, 12. Oktober 1973.

ders., Für eine demokratische Wende. Ausgewählte Reden und Schriften 1969—1974. Hrsg. Institut für Gesellschaftswissenschaften beim ZK der SED. Aus dem Italienischen übers. von Intertex (= Fremdsprachendienst der DDR), Berlin-Ost 1975.

ders., La politica internazionale dee unisti italiani, Rom 1976.

ders., La proposta comunista, Turin 1975.

ders./Gramsci/Longo/Togliatti, Der historische Kompromiß, Hamburg, Berlin-West 1977.

Berner, Wolfgang, Die KP Italiens und die ägyptischen Kommunisten 1956—1958, Köln 1967 (= Berichte des Bundesinstituts für Ostwissenschaftliche und Internationale Studien, Nr. 28, Köln 1967)

Berti, G., Problemi di storia del PCI e dell'Internazionale Comunista, in: Rivista storica italiana, Napoli, Anno 82, 1970, Fasc. 1.

Blackmer, D.L., Continuity and change in postwar Italian Communism, in: Communism in Italy and France, Hrsg. Tarrow, S.G., Blackmer, D.L., Princeton, N.J., 1975.

ders., Italian Communism: Strategy for the 1970's, in: Problems of Communism, Washington, Vol. XXI, May—June 1972.

Bobbio, N., Esista una dottrina marxista dello strato? in: Mondo operaio, August—September 1975, Nr. 89.

Bocca, G., Palmiro Togliatti, Bari 1973.

Boffa, B., Le dure repliche della storia, in: Rinascita, 5. Dezember 1975, Nr. 48.

Bolaffi, A., Democrazia e socialismo, in: Democrazia e diritto, XVI (1976), Nr. 2.

Bonomi, I., Diari di un anno. 1947, o.O. und o.J.

Bovone, L., Un caso di participazione politica: gli iscritta del PC e della DC in una provincia lombarda, in: Il Politico, Jg. 41, 1976, H. 1.

Brucculeri, A., Il vero volto del communismo, Roma 1956, 2[d] ed (= Le dottrine sociali del cattolicismo. Quaderno 17)

Buci-Glucksmann, Ch., Gramsci et l'état, Paris 1975.

Bulferetti, L., Le ideologie socialistiche in Italia nell'età del positivisma evoluzionistico (1870–1892), Florenz 1951.

Buonarotti, F., Conguira per l'eguaglianza o di Babeuf, a cura di G. Manacorda, Turin 1946 und 1971.

Bakunin, M., Oeuvres, Paris 1907–1913, 6 Bde.

Cammett, J.M., Antonio Gramsci and the origines of italian communism, Stanford, 1967.

Candeloro, G., Lo Sviluppo del capitalismo e del movimento operaio, Bd. VI der Storia dell'Italia moderna, Mailand 1970.

Cap, J., Italien und die KPI, in: Die Zukunft, Wien 1976, H. 11.

Cappeloni, G., Die Kommunisten und die Linkskräfte in Italien, in: Marxistische Blätter, Frankfurt/M., Jg. 7, 1969, H. 3.

Caracciolo, A. (Hrsg.), La formazione dell'Italia industriale, Bari 1969.

Carli, G., Italy's malaise, in: Foreign affairs, Jg. 54, (1975/76), H. 4.

Caruso, A., Il PCI „resta e resterà comunista"? in: Civilta Cattolica, 3035, 4. Dezember 1976.

Cerroni, M., Esista una scienza politica marxista? in: Rinascita, 21. November 1975, Nr. 45.

Cervi, A., Meine sieben Söhne. Ein Heldenepos der italienischen Widerstandsbewegung. Hrsg. von R. Nicolai, Berlin 1956 (Originaltitel: I miei sette figli)

Cortesi, L., La constituzione del partido socialista, Mailand 1962.

ders., Il socialismo italiano traviforme e rivoluzione. Dibattiti congresuali del PSI 1892–1921, Bari 1969.

Cimbalo, G., La questione cattolica nella strategia del Partito Comunista d'Italia alle sue origini, in: Il Politico, Pavivo, Anno 40, 1975, No. 4.

Coletti, L., Chi ha paura di baguarsi non scenda in acqua, in: Nuova generazione, 8. Februar 1976, Nr. 2.

Colonna, F., Comunisti e Parlamento, in: Studi parlamentari e di politica Constituzionale, Roma, Anno 9, 1976, H. 32/33.

Craxi, B., Relazione al Comitato Centralo del PSI, Rom, 15. November 1976.

Cunhal, A., Der steinerne Gast bei Don Giovanni Berlinguer, in: Die Presse, Wien, 12. Februar 1977.

Dalma, A., „Geh nur deinen Weg und laß die Leute reden." Italiens Kommunisten zeigen ihre Krallen, in: Die Presse, Wien, 3. Februar 1977.

ders., Die KPI handelt nach dem Motto: Im Zweifelsfall für Moskau, in: Die Welt, 3. Nov. 1977.

ders., Die KPI hat den Ungarischen Sympathisanten nie verziehen, in: Die Welt, 25. Okt. 1976.

ders., Im Schutz des Verfassungsslogans, in: Die Welt, 3. November 1970.

ders., Der Trapezakt. Italiens Kommunisten treten knapp vor dem Ziel auf der Stelle, in: Die Welt, 30. Juni 1977.

ders., Steuermann Berlinguer zwischen den Klippen des Sparprogramms, in: Die Welt, 11. November 1976.

ders., Wahn mit Methode, in: Die Welt, 24. Juni 1977.

Demaria, G., Le possibilità del comunismo in Italia, in: Rivista Internazionale di Scienze Economiche e Commerciale, Jg. 23, 1976, H. 8.

Devlin, K., Moscow and the Italian CP, in: Problems of Communism, Washington, Vol 14, 1965.

Diani, M. und Veronese, P., Face·au problème de l'Etat. Communistes et socialistes italiens, in: Politique aujourd'hui, 1976.

Diaz, F., Teoria dello stato e volontà politica, in: Mondo operaio, Januar 1976, Nr. 1.

Ercoli (= P. Togliatti), Les enseignements du procès de Moscou, in: L'Internationale communiste XVIII, Nr. 10—11 (Oktober-November 1939), 1278.

Edelmann, M., Causes of fluctuations in popular support for the Italian Communist Party since 1946, in: The Journal of Politics, Gainesville, 1958, Vol. 20, Nr. 3.

Engelbrecht, U., Die KPI läßt sich im Kreml ihren „eigenen Weg" bestätigen, in: Stuttgarter Zeitung, 4. Juli 1977.

ders., Longo sucht Gegensatz Moskau—KPI zu entschärfen, in: Stuttgarter Zeitung, 28. Juli 1977.

Evans, R.H., The changing role of the communist party in Italy, in: Democracy in crisis, Notre Dame, 1971.

Evans, R. und Novak, R., Communism in Italy, in: International Harald Tribune, 5. Mai 1977.

Fagone, V., Il dibattito su democrazia e socialismo, in: La Civilta Cattolica, 17. April 1976.

Favre, P., Le Modèle léniniste d'articulation parti-syndicats-masses, le Parti communiste italien et l'unité syndicale, in: Revue française de sciences politiques, Paris, Vol. 25, 1975, Nr. 3.

Ferrara, M. und M., Palmiro Togliatti. Nach Gesprächen mit Togliatti aufgezeichnet. Übers. von G. Zamis, Berlin 1965.

Ferrari, P. und Maist, H., Les groupes communistes aux Assemblées parlamentaires italiennes (1958—1963) et françaises (1962—1967). Préface de Maurice Duverger, Paris 1969 (= Travaux et recherches de la Faculté de Droit et des Sciences Economiques de Paris, Série „Science Politique", No. 16)

Ferrarotti, F., Betrachtungen über die Entwicklung des Marxismus in Italien, in: Kölner Zeitschrift für Soziologie, Köln, Jg. 20, 1968, H. 2.

Fiori, G., Antonio Gramsci. Life of a revolutionary. Transl. by T. Nairn, London 1970, Originaltitel: Vita di Antonio Gramsci.

Fischer, E., Kommunismus ist Demokratie, in: Der Spiegel, Nr. 35, August 1968.

Fischer, H.-J., Berlinguer unter Erfolgszwang, in: Frankfurter Allgemeine Zeitung, 23. Dezember 1976.

ders., Berlinguers Rückfall, in: Frankfurter Allgemeine Zeitung, 23. Juli 1977.

ders., Christliche Demokraten und Kommunisten teilen sich die Macht. Kompromiß in zehn von zwanzig Regionen Italiens, in: Frankfurter Allgemeine Zeitung, 11. August 1977.

ders., Der Heilige des Italienischen Kommunismus, in: Frankfurter Allgemeine Zeitung, 27. April 1977.

ders., Der Kompromiß wird jetzt historisch, in: Frankfurter Allgemeine Zeitung, 5. Mai 1977.

ders., Ein Kompromiß ist schon geschlossen, in: Frankfurter Allgemeine Zeitung, 10. November 1976.

ders., Und sie bleiben Kommunisten, in: Frankfurter Allgemeine Zeitung, 16. Okt. 1976.

Fontaine, A., „Eppur si muove . . .", in: Le Monde, Paris, 7. März 1977.

Fubini, E. (Hrsg.), A. Gramsci. Il Vaticano e l'Italia. o.O. 1974.

Galante, S., Sulle „condizioni" della democrazia progressiva nelle linea politica del PCI (1943—1948), in: Il Politico, Anno 40, 1975, Nr. 3.

Galli, A., Storia de partito comunista italiano, Mailand 1958.

Gambrino, A., La Nato e il PCI, in: Espresso, Rom, Nr. 21/235, 1976.

Gerratana, V., Quaderni dal carcere. (Gramsci), Turin 1975.

ders., Quando la democrazia sovversiva, in: Rinascita, 2. Januar 1976, Nr. 1.

Gordian, F., Die KPI umfaßt die Christenpartei mit Liebe, in: Stuttgarter Zeitung, 26. Juli 1977.

ders., Italiens Kompromiß erfolgt ohne das Volk, in: Stuttgarter Zeitung, 4. Mai 1977.

Gorresio, V., Berlinguer. Der Wandel der KPI und die Perspektiven der italienischen Politik, München 1970.

Gramsci, A., Note sul Machiavelli e sullo stato moderno, Rom 1974.

Green, T.H., The communist parties of Italy and France. A study in comparative communism, in: World Politics, Princeton, Vol. 21, 1968, No.1.

Greifner, A., Den Fuß in der römischen Tür, in: Europa, München, Jg. 28, 1977, Nr. 1.

Grisoni, D. und Maggiori, R., Lire Gramsci, Paris 1973.

Gröteke, F., Waffenstillstand im Klassenkampf, in: Die Zeit, 28. Januar 1977.

Gruppi, L. (Hrsg.), Togliatti — Comunisti Socialisti Cattolici, Rom 1974.

ders., Togliatti e la via italiana al socialismo, Rom 1974.

ders., Der Italienische Weg zum Sozialismus, in: Schöpfertum und Freiheit in einer humanen Gesellschaft (Gespräche der Paulus-Gesellschaft), Wien 1964.

ders., Gramsci: Philosophie der Praxis und Hegemonie des Proletariats. Homburg, Berlin-West 1977.

ders., Marxismo e salta della politica, in: Nuova Generazione, 22. Februar 1976, Nr. 3.

ders., Qualche riposta alla „Pravda" e anche ai socialisti, in: Rinascita, 17. Oktober 1975, Nr. 41.

Guiducci, R., La citta dei cittadéni e la socità dei socialisti, in: Mondo operaio, Dezember 1975, Nr. 12

Habsburg, O. von, Ein neuer Kommunismus? in: Finanz und Wirtschaft, 12. März 1976.

Halperin, E., Der Kommunismus in Italien, Zürich 1955. Aus: Neue Zürcher Zeitung, Nr. 631, 714, 743, 783, 815.

Hampel, A., Italien — das Land der Christen für den Sozialismus, in: Politische Studien, München, H. 225, 1976.

ders., Die italienischen Kommunisten und die osteuropäischen Bürgerrechtler, in: Herder-Korrespondenz, Freiburg/Br., H. 8, 31. Jg., August 1977.

Hamrin, H., Between Bolshevism and Revisionism. The Italian Communist Party 1944—1947, Stockholm 1975.

Hine, D., Italian compromises-historical, in: Contemporary Review, H. 111.

Hobsbawm, E.J. und Napolitano, G., Auf dem Weg zum „historischen Kompromiß". Ein Gespräch über Entwicklung und Programmatik der KPI, Frankfurt/M. 1977.

Hoagland, J., The Radical Young are Challenging Eurocommunism in Italy, in: International Harald Tribune, 17. Mai 1977.

Höpker, W., Moskaus trojanisches Pferd. Warum ist der italienische Kommunismus so stark? in: Die Politische Meinung, Köln 1958, Jg. 3, H. 26.

Humbarici, A., I Cinesi, in: Far eastern economic review, Hongkong, Vol. 52, 1966, Nr. 7.

Ingrao, P., Democrazia borghese o stalinismo? in: Rinascita, 6. Februar 1976, Nr.6.

Janković, M., Promene u strategiji italijaskik komunista (Änderungen in der italienischen Kommunistischen Strategie), in: Socijalizam, 19 (4), 1976.

Jungblut, B., Die westlichen Kommunisten sind keine Alternative, in: Die Entscheidung, Köln, Jg. 24, 1976, Nr. 5.

Kirein, P., Mit Hammer, Sichel und Heiligenschein . . ., in: Europa, München, Jg. 27, 1976, Nr. 3.

ders., Die KPI gibt sich salonfähig, in: Europa, München, Jg. 26, 1975, Nr. 9.

Klaus, R., Die Gründe für das veränderte Verhalten der Partito Comunista Italiano gegenüber der Europäischen Gemeinschaft. Ein Beitrag zum Verhalten nicht-system-konformer Gruppen zu nationalem und supernationalem Überbau, Berlin 1974.

Kogan, N., Italian Communism, the working class, and organized catholicism, 'in: The Journal of Politics, Gainesville, Vol. 28, 1966, No. 3.

König, H., Der Dialog zwischen Katholiken und Kommunisten in Italien, in: Osteuropa-Archiv, Stuttgart, Jg. 18, 1968, H. 1.

ders., Die italienische kommunistische Partei nach der Krise, in: Osteuropa-Archiv, Stuttgart, Jg. 17, 1967, H. 5/6.

Koppel, H., P.C.I. (partito comunista italiano). Die Entwicklung der italienischen KP zur Massenpartei, Hamburg/Berlin-West 1974.

Krämer, B., Das Haus mit falschen Hütern, in: Die Welt, 2. August 1977.

Kreiner, J., Bischoff, J. (Hrsg.), Sozialismus für Italien, Berlin-West 1977.

Krippendorf, E., Zur politischen Situation in Italien, in: Links, Offenbach 1976, Nr. 76.

ders., Italien: Der historische Kompromiß. Die Kommunistische Partei zwischen Anpassung und Bürgerkrieg, in: Kursbuch, Berlin, 1976, H. 46.

Kusch, E.B., Der „neue Geist", in: Rheinischer Merkur, 24. Juni 1977.

ders., Die KPI rückt näher, in: Rheinischer Merkur, 29. April 1977.

ders., Die Lockungen der KPI, in: Rheinischer Merkur, 31. Dezember 1976.

ders., Eurokommunisten fürchten den Bannstrahl aus dem Kreml, in: General-Anzeiger, Bonn, 4. Mai 1977.

ders., Klippen für die KPI, in: Rheinischer Merkur, 29. Oktober 1976.

ders., Punkte für Berlinguer, in: Handelsblatt, 29. April 1977.

Lanchester, F., La dirigenza de partito. Il caso del PCI, in: Il Politico, Pavia, Anno 41, 1976, Nr. 4.

ders., Il PCI dalla resistenza al dopoguerra (rassegua su recenti studi i testimonianze), in: Il Politico, Pavia, Anno 40, 1975, No. 1.

Lang, E., Seien Sie mal Eurokommunist, in: Deutsches Allgemeines Sonntagsblatt, Hamburg, 24. Juli 1977.

Lehnig, A., Michel Bakunine et l'Italie, Leiden 1961—1963.

Lenin, Sul movimento operaio italiano, Rom 1962.

Levi, A., Italy's new communism, in: Foreign Policy, Nr. 26, 1976.

Livorsi, F., Amadeo Bordiga, Rom 1976.

Lucentini, M. und Ledeen, M., Italian communism at home and abroad, in: Commentary 62, 1976, H. 5.

Macciochi, Maria A., Besuch im Elfenbeinturm, in: Kursbuch, Berlin 1975, H. 40.

Manacorda, G., Il movimento operaio italiano attraverso i suoi congresi. Dalle origini alla formazione de Partito socialista (1835—1892), Rom 1963.

ders., Formazione e primo sviluppo de Partito socialista in Italia, in: Il Movimento operaio e socialista. Bilancio storiografico e problemi storici, Mailand 1965.

Mancini, F. und Galli, G., Gramsci's presence, in: Government and Opposition, London, Vol. 3, 1968, No. 3.

Manzotti, F., Il socialismo riformista in Italia, Florenz 1965.

Markscheffel, G., Italiens KP will in die Regierung. ,,Historischer Kompromiß zwischen Kommunisten und Christdemokraten." in: Die neue Gesellschaft, Bonn 1975, H. 22.

Marx, L.E., Bündnisreife der Kommunisten in Italien? Versuche und Versicherungen, in: Frankfurter Hefte, Frankfurt/M., Jg. 27, 1972, H. 1.

Masini, P.C., Storia degli anarchici italiani da Bakunin a Malatesta (1862—1892), Mailand 1959.

Meichsner, F., Berlinguer bremst Abkupplungsmanöver vom sowjetischen Mutterschiff, in: Die Welt, 14. Februar 1977.

ders., Die KPI verdient am Osthandel, leugnet aber den Profit, in: Die Welt, 17. Januar 1977.

ders., KPI drängt zur Einheit der ,,demokratischen Kräfte", in: Die Welt, 21. Januar 1977.

ders., KPI warnt vor Dämonisierung des Atoms, in: Die Welt, 15. August 1977.

Michels, R., Sozialismus und Faschismus in Italien, München 1925.

Milli, R., Togliatti 1937, 3. ed., Milano 1964.

Mittag, W., Stichwort: Westkommunismus, in: Forum ds, Karlsruhe, 1976, 1.

Morandi, R., Storia della grande industria in Italia, Turin 1966.

Mughini, G., Le PCI et les groupuscules, in: Les temps modernes, Paris, Année 27, 1970, No. 289—290.

Mumwendy, D., Im Gespräch mit Italiens KP vermeidet Moskau den Bruch, in: Die Welt, 4. Juli 1977.

Nardone, G., Il pensiero di Gramsci, Bari 1971.

Narolari, A., Italien im Widerstreit innerer Kräfte. Die Lage nach den vorzeitigen Neuwahlen vom Mai 1972, in: Europa-Archiv, 1972, H. 14.

Natta, A., Il senso della libertà e il gusto della democrazia, in: Rinascita, 20. Februar 1976, Nr. 8.

Neubert, H., Palmiro Togliatti — Revolutionär, Arbeiterführer und Internationalist, in: Einheit, Berlin-Ost, Jg. 29, 1974, H. 8.

Nichols, P., On the Italian Crisis, in: Foreign Affairs, New York, Jg. 54, 1975/76, H. 3.

Nitschke, U., Wohin geht Italien? Zur Frage einer Regierungsbeteiligung der Kommunisten, in: Berichte des Bundesinstituts für Ostwissenschaftliche und Internationale Studien, 1977, Bd. 49.

del Noce, A., L'Eurocomunismo e l'Italia, Rom 1976.

Ochetto, A., Sul concetto di democrazia mista, in: Rinascita, 9. Januar 1976, Nr. 2.

Osten, W., Druck auf Eurokommunismus, in: Vorwärts, Bonn, 4. November 1976.

Pajetta, Keine Kampagne gegen Eurokommunismus, in: Frankfurter Allgemeine Zeitung, 4. Juli 1977.

Palla, P., Marxistische Philosophie der Praxis und wissenschaftlicher Sozialismus in Italien, phil. Diss., Köln 1972.

Panebianco, A., Analisi di una sconfitta. Il declino del PSI nel sistema politico italiano, in: Il Mulino, 247, sept.—oct. 1976.

Pawek, K.W., Euro-Vision in rot, in: Konkret, Hamburg 1977, H. 3.

della Peruta, F., La banda del Matese e il fallimento della teoria anarchica della moderna „Jacquerie" in Italia, in: Movimento operaio, VI (Mai—Juni 1954), Nr. 3.

ders., Il socialismo italiano dal 1875 al 1882. Auszug aus dem annali dell'Instituto Giangiacomo Feltrinelli, Mailand 1958.

Pettraca, O.M., Le scatole vuote, in: Biblioteca della Libertà, 61—62, 1976.

Pisacane, C., Saggio su la Rivoluzione. a cura di G. Pintor, Turin 1956.

Piotte, J.-M., La pensée politique de Gramsci, Paris 1970 (= Sociologie et connaissance).

Portelli, H., Gramsci e il blocco storico, Bari 1973.

ders., Gramsci e la questione religiosa, Mailand 1976.

Pozzolini, A., Le origini del movimento operaio e contadino in Italia, Bologna 1971.

Priester, K., Antonio Gramsci und der italienische Marxismus, in: Neue Politische Literatur, Jg. 21, 1976, H. 2.

Ragioneri, E., Socialdemocrazia tedesca e socialisti italiani (1875—1895), Mailand 1961.

Reissmüller, J.G., Ab und zu ein Knochen, in: Frankfurter Allgemeine Zeitung, 25. Februar 1977.

ders., Ein Kommunist gegen Kompromisse, in: Frankfurter Allgemeine Zeitung, 7. Dezember 1976.

ders., Wer sind die „prosowjetischen Kräfte" in der Partei Berlinguers? in: Frankfurter Allgemeine Zeitung, 9. Februar 1977.

Reventlow, R., Kommunismus und Sozialismus in Italien. 50 Jahre Auseinandersetzung um den unabhängigen demokratischen Weg, in: Geist und Tat, Frankfurt/M., Jg. 24, 1969, H. 1.

Riccamboni, G., The Italian Communist Party and the Catholic world, in: Soc. Compass, 23, (2—3), 1976.

Ricci, G., Geburt eines demokratischen Kommunismus? in: Der Gewerkschaftler, Jg. 10, 1962, Nr. 1.

Robotti, P. und Germanetto, G., Dreißig Jahre Kampf der italienischen Kommunisten 1921—1951, Berlin 1955.

Romano, S.F., I fasci siciliani, Bari 1959.

ders., Storia del movimento socialista in Italia, Mailand, Rom 1954—1956.

ders., Breve storia della grande industria in Italia, Bologna 1967.

de Rosa, G., Die Kommunistische Partei Italiens, in: Stimmen der Zeit, 194, 1976, H. 6.

ders., Il PCI ripropone il „Compromeso Storico", in: La Civiltà Cattolica, 18. Januar 1975, 186.

Rosen, E.R., Der italienische Kommunismus der Nachkriegszeit, in: Zeitschrift für Politik, Berlin (N.F.), Jg. 5, 1958, H. 3.

Rosenbaum, P., Italien 1976 — Christdemokraten mit Kommunisten? Eine Einführung in das italienische Parteiensystem, Hamburg 1976.

Rosselli, N., Carlo Pisacane nel Risorgimento, Mailand 1958.

ders., Mazzini e Bakunin, Dodici anni di movimento operaio in Italia (1860—1872), Turin 1976.

Roth, G., Gramscis Philosophie der Praxis. Eine neue Deutung des Marxismus, Düsseldorf 1972.

Rovan, J., La politique de soutien en Italie, in: Esprit, Paris, Année 24, 1956, No. 2.

Saile, J., Wachsender Widerstand gegen die Pläne der KPI, in: Rheinische Post, 13. Mai 1977.

Saile, W., Berlinguer droht mit dem Sturz der Regierung, in: Badische Neueste Nachrichten, Karlsruhe, 12. Februar 1977.

ders., KPI und Eurokommunismus: Taktik oder Überzeugung? in: Frankfurter Neue Presse, 15. Januar 1977.

Sani, G., Mass-level response to party strategy: The Italian electorate and the Communist Party, in: Communism in Italy and France, Princeton, 1975.

ders., The PCI on the threshold, in: Problems of Communism, Washington, Jg, 25, 1976, H. 6.

Santani, A., Questione Cattolica — Questione Comunista, Rom 1975.

Sassoon, D., The Italian Communist Party's European strategy, in: The Political Quarterly, London, Vol. 47, 1976, No. 3.

Sartre, J.P., Palmiro Togliatti, in: Sartre: Mai '68 und die Folgen, Bd. 2, Reinbek 1975.

Segre, S., The "Communist Question" in Italy, in: Foreign Affairs, New York, Vol. 54, 1976, No. 4.

Settembrini, D., Socialismo marxista e socialismo liberale, in: Mondo operaio, Dezember 1975, Nr. 12.

Shuster, A., Italian Communists negotiate for formal Governing Role, in: International Harald Tribune, 15. Juni 1977.

ders., Italy Red's Balancing Act Strained, in: International Harald Tribune, 8. November 1976.

Spriano, P., Storia del Partito comunista italiano, Turin 1967—1975, Bd. 1—5 (= Biblioteca di cultura storica 95/1—5), 1. Da Bordiga a Gramsci, 1967, 2. Gli anni della clandestinità 1969, 3. I fronti populari, Stalin, la guerra, 1970, 4. La fine del fascismo. Dalla riscossa operia alla lotta armata, 5. La Resistenza. Togliatti e il partito nuovo, 2. ed. 1975.

Schilling, J., Berlinguer sitzt in der Falle, in: Deutsche Zeitung, 29. April 1977.

ders., Vor dem Karren der KPI, in: Münchner Merkur, 23. November 1976.

Schilling, W., Linkstrend in Italien, in: Blätter für Deutsche und Internationale Politik, Köln, Jg. 13, 1968, H. 6.

Schlitter, H., Berlinguer unterstreicht Verantwortungsbewußtsein der KPI, in: Frankfurter Rundschau, 20. Oktober 1974.

ders., Heimliches Händeschütteln, in: Frankfurter Rundschau, 15. April 1977.

ders., Italienische Kommunisten wollen eine Absprache, in: Frankfurter Rundschau, 4. April 1977.

ders., Kommunistische Partei Italiens soll demokratischer werden, in: Frankfurter Rundschau, 15. Dezember 1976.

ders., KPI schlägt sich auf die Seite Carrillos, in: Frankfurter Rundschau, 25. Juni 1977.

ders., KPI strebt in die Regierung, in: Frankfurter Rundschau, 15. Juni 1977.

ders., Selten ist Enrico Berlinguer so in der Klemme gewesen, in: Frankfurter Rundschau, 23. März 1977.

Schmid, Peter, Chez les communistes d'Italie, in: Preuves, Paris, 16, 1966, No. 182.

ders., Italiens ratlose Kommunisten, in: Der Monat, Berlin, Jg. 17, 1965, H. 207.

Schober, C., Wie Berlinguer regiert, in: Rheinischer Merkur, 25. März 1977.

Steffen, J., Wie ehrlich ist die KPI? in: Das Da, Hamburg 1976, Nr. 17.

Stehle, H., Das italienische Experiment und die Kommunisten, in: Europa-Archiv, 31, 1976, H. 23.

ders., Eine Schlappe für die Kommunisten, in: Die Zeit, 25. Februar 1977.

ders., Kampf gegen die Lust am Untergang, in: Die Zeit, 20. Mai 1977.

ders., Kommt die Krise nach Ostern? in: Die Zeit, 8. April 1977.

ders., Revolutionäres macht nur Angst, in: Die Zeit, 5. November 1976.

ders., Warnung vor den Klageweibern, in: Die Zeit, 22. Oktober 1976.

Steinkühler, M., Die italienischen Kommunisten, in: Deutschland-Archiv, Köln, Jg. 8, März 1975, H. 3.

ders., Macchiavellismus heute. Zum Verhältnis zwischen SED und KPI, in: Deutschland-Archiv, Köln, Jg. 7, 1974, H. 2.

ders., Moskau und die kommunistischen Massenparteien Westeuropas, in: Deutschland-Archiv, Köln, Jg. 6, 1973, H. 9.

Stern, A., The Italian CP at the grass roots, in: Problems of Communism, Washington, Vol. 23, 1974, March—April, H. 2.

Stocker, H., Kommunisten in der Regierung? Die Frage der Garantie, in: Frankfurter Hefte, Jg. 31, 1976, H. 9.

Tarrow, S.G., Peasant communism in Southern Italy, New Haven 1967 (= Yale Studies in Political Science 21)

ders., Political dualism and Italian Communism, in: The American Political Science Review, Vol. 61, 1967, No. 1.

ders., The political economy of stagnation: Communism in Southern Italy, 1960—1970, in: The Journal of Politics, Gainesville, Vol. 34, 1972, No. 1.

Tesoro, M., Il ruolo di Serrati nel movimento socialista italiano (= Contributo per un bilancio storiografico), in: Il Politico, Pavia, Anno 38, 1973, Nr. 1.

Texier, J., Gramsci, théoricien des superstructures, sur le concept de société civile, in: La Pensée, Juni 1968.

Tietjen, A., Die Formel der italienischen KP: Autonomie in der Einheit, in: Die Welt, 30. Juni 1977.

ders., Die KPI ist zufrieden, in: Berliner Morgenpost, 12. Juli 1977.

Timmermann, H., Die außenpolitische Dimension des historischen Kompromisses, Bemerkungen zum XIV. Kongreß der KPI, in: Osteuropa-Archiv, Stuttgart, Jg. 25, 1975, H. 7

ders., Die italienischen Kommunisten und ihre außenpolitische Konzeption, in: Europa-Archiv, Jg. 26, 1971, H. 21.

ders., „Historischer Kompromiß" oder Volksfront? Die KPI auf dem Wege zur Regierungsbeteiligung, in: Aus Politik und Zeitgeschichte, Jg. 17, April 76.

ders., I communisti italiani — considerazioni di un socialdemocratio tedesco sue Partito comunista italiano, Bari 1974.

ders., Im Vorfeld der neuen Ostpolitik, in: Osteuropa-Archiv, Jg. 21, 1971, H. 6.

ders., Italien, in: Die Technik der Macht, Olten 1974.

ders., Revolutionärer Reformismus. Bemerkungen zum Sozialismus-Modell der italienischen KP, Köln 1973 (= Berichte des Bundesinstituts für Ostwissenschaftliche und Internationale Studien, Nr. 2, Köln 1973.)

ders., Zur innenpolitischen Strategie der Italienischen Kommunistischen Partei (= Berichte des Bundesinstituts für Ostwissenschaftliche und Internationale Studien, Nr. 42, Köln 1976)

Togliatti, P., A proposito di socialismo e democrazia, in: Rinascita, April 1961.

ders., Diskussion über das Memorandum von Jalta, in: Ost-Probleme, Bonn, Jg. 16, 1964, Nr. 23.

ders., La politica di unità nazionale dei comunisti 11. April 1944, in: La via italiana al socialismo, Rom 1964.

ders., Problemi del movimento operaio internazionale (1956—1961) Rom 1962.

ders., Ausgewählte Reden und Artikel 1924—1964, Berlin, o.J.

ders., Ausgewählte Schriften, Frankfurt/M. 1968.

ders., La formazione del gruppo dirigente del Partito comunista italiano (1923—1924), Rom, o.J.

ders., Momenti della storia d'Italia, Rom 1963.

ders., Reden und Schriften. Hrsg. C. Pozzoli, Frankfurt/M. 1967.

Treves, C., Proletariato e Resistenza, in: Critica Sociale (1—15 November 1917).

Tucci, R., Der Kommunismus im kulturellen Leben Italiens, in: Stimmen der Zeit, Freiburg/Br., Jg. 90, 1964/65, Bd. 175, H. 4.

Tuoky, W., Italy's Economy Makes Strange Bedfellows, in: International Harald Tribune, 18. Januar 1977.

Turati, F., Vie maestre del socialismo, Bologna 1921.

Urban, G. und Lombardo-Radice, L., Communism with an Italian face? A conversation, in: Encounter, London, Vol 48, 1977, No. 5.

Vacca, G., Saggio su Togliatti, Bari 1974.

ders., Discorrendo di socialismo e democrazia, in: Mondo operaio, Jan.-Feb., 1976, Nr. 1 und 2.

ders., La libertà nella lotta per il socialismo, Pluralismo ed egemonia, in: Democrazia e diritto, XVI (1976), Nr. 2.

Valenza, P. (Hrsg.), Der Historische Kompromiß, Berlin 1976.

Walser, Paul, L., Eurokommunismus führt nicht nach Godesberg, in: Tagesanzeiger, Zürich, 8. März 1977.

Wasche, H., Sozialistische Parteien in Großbritannien und Italien. Daten, Probleme, Entwicklungen, Köln 1976 (= Beiträge zur Gesellschafts- und Bildungspolitik. Institut der deutschen Wirtschaft, Nr. 5.)

Weitz, P.R., The CGIL and the PCI: from subordination to independent political force, in: Communism in Italy and France, Princeton 1975.

White, S., Gramsci and the Italian Communist Party, in: Government and Opposition, London, Vol. 7, 1972, Nr. 2.

Williams, G.A., Proletarian order. Antonio Gramsci, factory councils and the origins of Italian Communism. 1911—1921, o.O. und o.J.

Wucher, A., Berlinguer beschwichtigt das Parteivolk, in: Süddeutsche Zeitung, 11. August 1976.

ders., Berlinguer verteidigt die Sparpolitik, in: Süddeutsche Zeitung, 20. Oktober 1976.

ders., DC zu Absprachen mit KPI bereit, in: Süddeutsche Zeitung, 29. April 1977.

ders., Italiens KP rückt von Carrillo ab, in: Süddeutsche Zeitung, 8. Juli 1977.

Zamis, G., Antonio Gramsci – geistiger Gründer und Führer der kommunistischen Partei Italiens, in: Beiträge zur Geschichte der Arbeiterbewegung, Berlin-Ost, Jg. 16, 1974, H. 1.

ders., Die Kommunistische Partei Italiens im Kampf um Demokratie und Sozialismus, in: Einheit, Berlin-Ost, Jg. 18, 1963, H. 6.

Dokumente, Beiträge ohne Autorennennung

Andreotti, KPI demokratisch, in: Süddeutsche Zeitung, 27. Juli 1977.

Auf Messers Schneide, in: Der Spiegel, 25. April 1977.

Bericht der SB-Delegation über den Gründungskongreß der „Partei der proletarischen Einheit" PdVP per il comunismo, in: Links, Offenbach 1976, Nr. 76.

Berliner Rede, in: Konferenz der kommunistischen und Arbeiterparteien Europas in Berlin am 29. und 30.6.1976, Dokumente und Reden, Berlin-Ost 1976.

Berlinguers blendende Taktik. Sechs Monate kommunistische Mitregierung am Tiber, in: Wirtschaftswoche, 7. Januar 1977.

Christliche Demokraten und Kommunisten regieren Italien, in: Frankfurter Allgemeine Zeitung, 6. Mai 1977.

Christliche Demokraten und Kommunisten unzufrieden, in: Frankfurter Allgemeine Zeitung, 4. Mai 1977.

Das Erbe Europas retten . . . Des KPI-Vorsitzenden Berlinguer Manifest über den Eurokommunismus, in: Frankfurter Rundschau, 29. Oktober 1976.

DC erteilt Berlinguer neue Absage, in: Süddeutsche Zeitung, 5. April 1977.

Der entscheidende Kompromiß ist geschlossen, in: Frankfurter Allgemeine Zeitung, 30. April 1977.

Der Kurs der KPI gegenüber Andreotti, in: Neue Zürcher Zeitung, 11. Dezember 1976.

Die Annäherung zwischen KPI und DC, in: Neue Zürcher Zeitung, 20. Oktober 1976.

Die Kommunistische Partei Italiens. Hannover: Vorstand der Sozialdemokratischen Partei Deutschlands, o.J. (1948), 26. Blatt (= Sopade Informationsdienst. Denkschriften 13.)

Die Krise des Weltkommunismus. In einer Polemik zwischen SED und KPI, in: Die neue Gesellschaft, Jg. 15, 1968, H. 6.

Die Schlüsselstellung der italienischen Kommunisten, in: Neue Zürcher Zeitung, 3. Februar 1977.

Die Standortdiskussion in der KPI, in: Neue Zürcher Zeitung, 23. Oktober 1976.

Dr. Hammer and Mr. Sickle, in: The Economist, London, 26. März 1967.

Eurokommunismus und „Klassenfriede", in: Frankfurter Allgemeine Zeitung, 29. Juni 1977.

Gemeinsame Erklärung der KPI und der KPF, in: Osteuropa-Archiv, Stuttgart, 1976, H. 2.

Il Manifesto. Pour faire l'unité de la gauche de classe. La Conférence à Milan, les

30 et 31 janvier 1971, in: Les temps modernes, Paris, Année 27, 1971. No. 296.

Im Anziehungsfeld des Oktober. Artikel von Luigi Longo, Vorsitzender der Italienischen Kommunistischen Partei in der Prawda, in: Neues Deutschland, Berlin-Ost, 30. Juli 1977.

Italiens Christdemokraten stimmen sich mit der KP ab, in: Die Welt, 7. Mai 1977.

Italiens Christen für den Kommunismus, in: Herder-Korrespondenz, Freiburg/Br., Jg. 30, 1976, H. 7.

Italien in der Krise, in: Der Bürger im Staat, 26. Jg., 1976, H. 3.

Italiens KP sucht nach einer neuen Rolle, in: Handelsblatt, 14. April 1977.

Italiens Kommunisten stehen weiter zu Moskau. Beziehungen zwischen den Parteien sollen verbessert werden, in: Frankfurter Allgemeine Zeitung, 4. Juli 1977.

Italiens Parteien überprüfen ihre Forderungen, in: Frankfurter Allgemeine Zeitung, 3. Mai 1977.

Italienische Kommunisten bei Sagladin, in: Frankfurter Allgemeine Zeitung, 2. Juli 1977.

Keine Einigung über Verhalten bei Machtbeteiligung der KPI, in: Die Presse, Wien, 27. Juni 1977.

KPI, gemeinsame Erklärung der KPI und der KPSp vom 12.7.1975, in: Auslandsbulletin 1975, H. 4.

KP Italiens kontra SED/KPD, in: Die neue Gesellschaft, (Sonderheft), Jg. 15, 1968.

KPI schickt Delegation nach Moskau, in: Süddeutsche Zeitung, 28. Juni 1977.

KPI und DC beraten über Italiens Zukunft, in: Stuttgarter Zeitung, 6. Mai 1977.

KPI wirbt in USA, in: Der Spiegel, 13. Juni 1977.

Letters: On Italian Communism, in: Foreign Policy, Washington, No. 22, Spring 1976.

Mehr über die Differenzen zwischen Genossen Togliatti und uns. Zu einigen wichtigen Problemen des Leninismus in der Gegenwart, in: Hong qui (Rote Fahne), 1963, Nr. 3/4.

Moro spricht von monatelangen Verhandlungen mit den Kommunisten, in: Frankfurter Allgemeine Zeitung, 12. Juli 1977.

Moskau lobt Berlinguer und Marchais, in: Frankfurter Allgemeine Zeitung, 12. Juni 1977.

Rekrutierungsschwierigkeiten der KPI. Weniger Jungkommunisten, in: Neue Zürcher Zeitung, 9. August 1977.

Organisatorische Straffung der Partei Berlinguers, in: Neue Zürcher Zeitung, 16. Dezember 1976.

Proposta di progetto a medio terme, Introduzione di Giogio Napolitano, Rom 1977.

Schwierigkeiten bei Christlichen Demokraten und Kommunisten, in: Frankfurter Allgemeine Zeitung, 5. Mai 1977.

Schwierigkeiten für Berlinguers mittleren Kurs, in: Neue Zürcher Zeitung, 22. Oktober 1976.

Signor Berlinguer's Dilemma, in: The Times, London, 11. November 1976.

Sociologie du communisme en Italie, Paris 1974, XI (= Cahiers de la fondation nationale des sciences politiques, No. 194.)

378 Literaturverzeichnis

Stuck with each other, in: The Economist, London, o.J.
Tesi del Congreso, Rom 1963, Kap. 1,8.
Trent'anni di vita e di lotta del PCI, in: Quaderno di Rinascita, Nr. 2, 1951.
Unterstützung für Italiens Kommunisten in Westeuropa, in: Frankfurter Allgemeine Zeitung, 2. Dezember 1976.
Vor der Tür, in: Der Spiegel, 2. Mai 1977.
What is to be done about italian Communism? in: Foreign Policy, Washington, No. 21, o.J.
ZK-Entwurf für eine neue KPI-Generallinie, in: Ost-Probleme, Berlin 1965.

4. Spanien

Acoca, M., Spain's Cabinet Legalizes Communist Party, in: International Harald Tribune, o.J.
Alvarez, S., Kampf dem diktatorischen Franco-Regime! Zur Politik der kommunistischen Partei Spaniens für den Zusammenschluß der Volksmassen. Mit einem Anhang: Der 5. Mai 1958 – ein großer Tag für Spanien, Berlin 1959. Originaltitel: La politica de Muidad del Partido Communista de Espana.
Anhofer, H., Spanien und der Kommunismus, in: Politische Studien, München, Jg. 12, 1961, H. 130.
Artòla, M., Partidos y Programas Politicos 1808–1936, Bd. I, II, Madrid 1974.
Azcarate, M., Sur la politique internationale du P.C.E., in: M. Bosi, H. Portelli, Les PC espagnol, français, italien face au pouvoir, Paris 1976.
Barth, H., Der König und die Kommunisten, in: Die Welt, 5. Februar 1977.
Bindernagel, L., Die Angst vor der alten Dame, in: Der Stern, 26. Mai 1977.
Bizcarroudo, M., Araquistain y la crisis Socialista en la II Republica, Madrid 1975.
Bolloken, B., The grand camouflage. The communist conspiracy in the Spanish civil war, New York 1961 (= Books that matter)
Broué, S.P. und Témime, E., La Révolution et la Guerre d'Espagne, Paris 1961 (Übers.: Revolution und Krieg in Spanien.)
Calamai, M., Storia del Movimentò. Operaio Spagnolo del 1960 al 1975, Bari 1975.
Caluocho, M., Gespräche im Gefängnis, Die gewerkschaftliche Arbeiterbewegung in Spanien, Frankfurt 1976.
Carillo, S., Après Franco . . . quoi? Paris 1966.
ders., Eurokommunismus und Staat, Madrid, Berlin-West, Hamburg 1977.
ders., Demain l'Espagne, Paris 1974.
ders., Spanien nach Franco, Gespräche mit Régis Debray und Max Gallo, Berlin-West 1977.
Cattel, D.T., Communism and the Spanish Civil War, Berkeley, Los Angeles 1955 (= University of California Publications in International Relations, Vol. 4.)
Claudin, F., La crisis del movimiento comunista, Paris 1970.
Coca, G.M., „Anti-Caballero", Madrid 1976.

Colomer, E.S., Historia de Partido Communista de Espana, Madrid 1965, Bd. I.

Debray, R. u.a., Spanien nach Franco. Aus d. Franz. von R. Sami, vollst. durchges. von H. Rüther und S. Tovar, Westberlin 1975.

Delgado, L.C., J'ai perdu ma foie à Moscou, Paris 1950.

Dieterich, A., Ihre Worte fielen wie Axthiebe, in: Stuttgarter Zeitung, 16. Februar 1977.

Gide, A., Return from UdSSR, New York 1937.

Goldsborough, J., Carrillo's book: A Rare Dissection, in: International Harald Tribune, 28. Juni 1977.

ders., Spanish Communists. Champion Moderation, in: International Harald Tribune, 28. Juni 1977.

Gonzales, V. (gen. „El Lampesino"), Die große Illusion. Von Madrid nach Moskau. Übers.: W. Eberhard, Köln, Berlin 1951.

Görtz, R., Der schnelle Entscheid überrascht, in: Die Welt, 12. April 1977.

Haubrich, W., „Die Sowjets haben keine Ahnung von unserer Partei", in: Frankfurter Allgemeine Zeitung, 8. Juli 1977.

ders., Flexibel war Carrillo schon immer, in: Frankfurter Allgemeine Zeitung, 5. Januar 1977.

ders., Spaniens Linke, in: L 76, Frankfurt/M. 1977, Nr. 3.

ders., „Vorreiter des Euro-Kommunismus", in: Frankfurter Allgemeine Zeitung, 15. Dezember 1976.

Hermet, G., Les communistes en Espagne. Etude d'un mouvement politique clandestin, Paris 1971 (= Travaux et recherches de science politique. Fondation national des Sciences Politiques, Nr. 15.)

Herzog, W., Spanien: Der Faschismus, die „Demokratische Opposition" und die revolutionäre Linke, in: Kursbuch, Berlin 1976, H. 46.

ders., Spaniens Linke kämpft gegen den Uhrzeiger, in: Frankfurter Rundschau, 21. Januar 1977.

ders., Spaniens Linke gibt sich sanfter als die heilige Therese, in: Frankfurter Rundschau, 6. Juni 1977.

Höch, R., Richtungsstreit im Untergrund: Die kommunistische Partei Spaniens und ihr Verhältnis zur sowjetischen KP, in: Frankfurter Hefte, Jg. 27, 1972, H. 2.

Hottinger, A., Der lange Marsch der Spanischen KP, in: Neue Zürcher Zeitung, 1. Mai 1977.

Ibárruri, D., Der einzige Weg. Erinnerungen. Übers. von G. Schie, 3. Aufl., Berlin-Ost 1965 (Originaltitel: El unico camino.)

dies., Rechenschaftsbericht des ZK an den 5. Parteitag der kommunistischen Partei Spaniens und Schlußwort, Berlin-Ost 1955, in: Internationale Schriftenreihe, H. 24 (Originaltitel: V Congreso del Partido Comunista de Espana)

dies., Der Kampf des spanischen Volkes gegen das Franco-Regime. (Aus:) Bolschewik 1951, 16, Berlin-Ost 1952, in: Internationale Schriftenreihe, H. 15, (Originaltitel (russ.): Bor'ba ispanskogo naroda protiv rezima Franko.)

dies., Der spanische Kommunistenführer Carrillo bezichtigt Moskau der Lüge, in: Frankfurter Allgemeine Zeitung, 28. Juni 1977.

Jaenecke, H., Die rote Sphinx aus Madrid, in: Die Zeit, 11. März 1977.

Kantorowicz, A., Nach 40 Jahren wieder legal, in: Vorwärts, Bonn, 5. Mai 1977.

Knies, H.-U., Adolfo Suarez und die Sphinx Carrillo, in: General-Anzeiger, Bonn, 29. Dezember 1976.

ders., Carrillo: Die Exkommunizierung ist schon vollzogen, in: General-Anzeiger, Bonn, 5. Juli 1977.

Kriegel, A., Les communistes français et leurs juifs, in: L'Arche, Paris, Januar/Februar 1971.

Kuschnik, H., Die „Neue Zeit" zum Buch von Carrillo, in: Unsere Zeit, 25.6. 1977.

Meaker, G.H., The revolutionary Left in Spain, 1914—1923, Stanford 1974.

Mujal-Leon, E., Spanish communism in the 1970's, in: Problems of communism, Washington, Vol. 24, 1975, March—April, H. 2.

Preston, Paul, The dilemma of credibility: The Spanish Communist Party, the Franco regime and after, in: Government and Opposition, London, Vol. 11, 1976, Nr. 1.

Prieto, J., Comoy porqué sali de ministerio de Defensa nacional, Paris 1939.

Rathfelder, E. u.a., „Alles oder Keiner!" Comisiones Obreras — neue Arbeiterbewegung in Spanien, Berlin 1976.

Ramseier, H., Denken mit dem eigenen Kopf, in: Vorwärts, Bonn, 28. Juli 1977.

Rossanda, R. und Carrillo, S., Ein neuer Pol des Sozialismus in Westeuropa? Ein Gespräch, in: Links, Offenbach 1976, Nr. 74.

Ruehl, L., Die Kommunistische Partei Frankreichs, in: Der Monat, Berlin, Jg. 20, 1968, H. 234.

Sulzberger, C.L., Neither Franco nor Lenin, in: International Harald Tribune, 7. August 1976.

Timmermann, H., Spaniens Kommunisten auf dem Weg in die Legalität, Köln 1975 (= Bericht des Bundesinstituts für Ostwissenschaftliche und Internationale Studien, Nr. 55, Köln 1975.)

Vermehren, M., Loyal zu Rot und Gelb, in: Deutsche Zeitung, 22. April 1977.

Vilar, S.S., Protagonistas de la Espana Democrática. La oposición a la Dictadura 1939—1969, Paris 1969.

Wieser, H. und Traub, R., Die Volksfront. Zur Entstehung, Geschichte und Theorie, in: Kursbuch, Berlin 1976, H. 46.

Dokumente, Beiträge ohne Autorennennung

Antwort an Leszek Kolakowski. „Der Ostblock muß sich wandeln." in: Der Spiegel, H. 21, 1977.

Anhaltende Spannungen in Madrid, in: Neue Zürcher Zeitung, 16. April 1977.

Carrillo vergleicht die Sowjetunion mit der Franco-Diktatur, in: Frankfurter Allgemeine Zeitung, 29. Juni 1977.

Die Führung der spanischen Kommunisten wehrt sich gegen Moskauer Pressionen, in: Frankfurter Allgemeine Zeitung, 27. Juni 1977.

Die Verhaftung Santiago Carrillos in Madrid, in: Neue Zürcher Zeitung, 25. Dezember 1976.

Dies ist die Wahrheit, in: Neues Deutschland, Berlin-Ost, 12. Juli 1972.

Erklärung der Kommunistischen Partei Spaniens für die nationale Aussöhnung, für eine demokratische und friedliche Lösung des spanischen Problems, Berlin 1956. Originaltitel: Declaration del Partido comunista España.

Erste legale Sitzung der spanischen Kommunisten, in: Neue Zürcher Zeitung, 17. April 1977.

Eurokommunisten gegen Moskau, in: Der Spiegel, 11. Juli 1977.

Eurokommunismus und Staat, Berlin-West 1977.

Freilassung Santiago Carrillos gegen Kaution, in: Neue Zürcher Zeitung, 1. Januar 1977.

Gemäßigter Kurs? in: Frankfurter Rundschau, 2. August 1976.

Gewalt nur gegen einen Faschisten-Putsch, in: Der Spiegel, 1975, Nr. 32.

„Ich gehe nur nach Moskau, wenn ich will." in: Der Spiegel, 24. Januar 1977.

Ideologischer Disput zwischen der KPdSU und der spanischen KP, in: Osteuropa-Archiv, Stuttgart, Jg. 24, 1974.

Kommuniqué des Exekutivkomitees der KPSp vom 14.6.1976, in: Le Monde, 16. Juni 1976.

Kommunisten und Ultralinke in Spanien, in: Neue Zürcher Zeitung, 16. November 1976.

Origines et débuts des partis communistes des pays latins (1919—1923). Textes établis et annotés par Siegfried Bahre, Dordrecht 1970 (= Archives de Jules Humbert-Droz. Internationaal Instituut voor Sociale Geschiedenis, Amsterdam 1.)

Programm-Manifest der PCE von 1975. Auszugsweise in: Beiträge zum wissenschaftlichen Sozialismus, April 1976, H. 2.

Rede auf der Berliner Konferenz, in: Konferenz der kommunistischen und Arbeiterparteien Europas.

„Skandale sind manchmal ganz nützlich." in: Der Spiegel, 11. Juli 1977.

Sobre la Politica Internacional del Partido Informe de M. Azcárate ante el CC. in: Nuestra Bandera, No. 72, 1973.

Solidaritätsbekenntnis für spanische Genossen, in: Neue Zürcher Zeitung, 5. März 1977.

Spaniens Kommunisten drängen auf Legalisierung, in: Neue Zürcher Zeitung, 11. Dezember 1976.

Spaniens Kommunisten werfen Moskau Fälschungen vor, in: Frankfurter Allgemeine Zeitung, 22. Juli 1977.

Spaniens KP macht Front gegen Moskau, in: Süddeutsche Zeitung, München, 29. Juni 1977.

Spaniens KP nach 38 Jahren wieder zugelassen, in: Frankfurter Rundschau, 12. April 1977.

Spekulationen um eine Legalisierung der spanischen Kommunisten, in: Frankfurter Allgemeine Zeitung, 2. April 1977.

„Über einige Probleme der internationalen Politik der Partei", VIII. Congreso del Partido Comunista de España, Bukarest 1972.

Unsicherheit in der spanischen Armee, in: Neue Zürcher Zeitung, 15. April 1977.

Weitere Liberalisierungsmaßnahmen in Spanien, in: Neue Zürcher Zeitung, 5. April 1977.

5. Griechenland

Antonaros, E., Linkssozialisten sind schuld an blutigen Straßenschlachten, in: Die Welt, 28. Mai 1976.

Bakojannis, P., Militärherrschaft in Griechenland. Eine Analyse des Parakapita-
    lismus und Spätfaschismus, Stuttgart 1973.
Christinides, A., Die politische Konstellation nach den Wahlen in Griechenland,
    in: Frankfurter Hefte, 1974.
Clogg, R., Griechenlands Aussichten nach den Wahlen, in: Europa-Archiv, 1975.
Dimitrion, P., Die Spaltung der KPG, Athen 1975.
Doecker, G. (Hrsg.), Vergleichende Analyse politischer Systeme. Comparative
    Politics (= Sozialwissenschaft in Theorie und Praxis, Bd. 14, hrsg. von W.
    Besson und Gerd-Klaus Kaltenbrunner), Freiburg 1971.
Ehrhardt, C.A., Die EG und der Mittelmeerraum, in: Außenpolitik, Hamburg
    1976, H. 2.
Filias, V., Gesellschaft und Herrschaft in Griechenland, Athen 1974.
ders., Politische Essays, Athen 1975.
Gstrein, H. (Hrsg.), Zum Beispiel Griechenland, Delp-Disput, Bd. 4, München
    1969.
Gueyras, J., La division de la gauche, in: Le Monde, Paris, 6. März 1976.
Höpker, W., Wie rot ist das Mittelmeer? Europas gefährdete Südflanke, Stuttgart
    1968.
ders., Das Mittelmeer — Meer der Entscheidung, Frankfurt 1971.
Iatrides, J.O., Revolt in Athens. The Greek communist "second round" 1944—
    1945. With a foreword by W.H. McNeile, Princeton, N.J. 1972.
Ihlau, O., Einigungsversuch der Opposition in Athen, in: Süddeutsche Zeitung,
    München, 5. Januar 1977.
ders., Griechenland drei Jahre nach dem Ende der Junta, in: Süddeutsche Zei-
    tung, München, 25. Juli 1977.
Jäger, W. (Hrsg.), Partei und System. Eine kritische Einführung in die Parteien-
    forschung, Stuttgart 1973.
Joannis, L., Die Oppositionsparteien und die Krise in der Ägäis, in: Epikentra,
    (Monatliche Publikation des Zentrums für politische Bildung und Forschung),
    Oktober 1976.
ders., Versuche der Herstellung einer Volksfront in der griechischen Opposition,
    in: Epikentra (Monatliche Publikation des Zentrums für politische Bildung
    und Forschung), Oktober 1976.
Katsoulis, Das Establishment, Athen 1975.
ders., Die Herrschaftseliten in der neugriechischen Gesellschaft, Athen 1975.
Katsoudas, D., Die Verneiner der EG, in: Epikentra (Monatliche Publikation des
    Zentrums für politische Bildung und Forschung), November 1976.
Keith, R.L., Politics in modern Greece, Stanford, California 1969.
Korisis, H., Die politischen Parteien Griechenlands. Ein neuer Staat auf dem Weg
    zur Demokratie. 1821—1910, Hersbruck—Nürnberg 1966.
Kohlschütter, A., Halb Preuße, halb Levantiner, in: Die Zeit, Nr. 34, 13. August
    1976.
Kousoulas, D.G., Revolution and defeat. The story of the Greek Communist
    Party. With a foreword by C.M. Woodhouse, London 1965.
Krüger, H.J., Karamanlis setzt auf die Toleranz, in: Frankfurter Allgemeine Zei-
    tung, 19. Dezember 1975.
Kyriakides, S., Cyprus — Constitutionalism and Crisis Government, Philadelphia
    1968.
Litvinoff, B., What are the real facts concerning the communist danger in

Greece? in: Nato's fifteen Nations, Amsterdam, Vol. 14, 1969, No. 4.

Loulis, J., Versuche der Herstellung einer Volksfront in der griechischen Oppositon, in: Epikentra (Monatliche Publikation des Zentrums für politische Bildung und Forschung), Dezember 1976.

ders., Versenkt ihr Sismik? in: Epikentra (Monatliche Publikation des Zentrums für politische Bildung und Forschung), September 1976.

Manousakis, G., Hellas — wohin? Das Verhältnis von Militär und Politik in Griechenland seit 1900, Bad Godesberg 1967.

ders., Gefahr von der Basis, in: Rheinischer Merkur, 19. November 1976.

Markezinis, S., Politische Geschichte Neugriechenlands, Athen 1964—1968, 4 Bde.

Mathiopoulus, B.P., Die Geschichte der sozialen Fragen und des Sozialismus in Griechenland. (1821—1961), Hannover 1961.

Meynaud, J., Les Forces Politiques en Grèces, Montreal 1965.

Myers, E.Ch., The Greek Entanglement, London 1955.

Nikolinakos, M., Widerstand und Opposition in Griechenland. Vom Militärputsch 1967 zur neuen Demokratie, Darmstadt und Neuwied 1974.

Papandreou, A., Griechische Tragödie — Von der Demokratie zur Militärdiktatur, Wien—München—Zürich 1971.

Pezmazoglai, J., Der bevorstehende Beitritt Griechenlands zur Europäischen Gemeinschaft, in: Europa-Archiv, 1976.

Pfeffer, K.H. und Schaafhausen, I., Griechenland — Grenzen wirtschaftlicher Hilfe für den Entwicklungserfolg, Hamburg 1959.

Pöhlmann, R., Geschichte des antiken Kommunismus und Sozialismus, Bd. 12, München 1893—1901.

Reth, G. von, Die politischen Parteien Griechenlands in den sechziger Jahren, in: Criticón, Nr. 7, 1971.

Richter, H., Griechenland zwischen Revolution und Konterrevolution. (1963—1946), Frankfurt 1973.

Rieder, W.G., Sozialist Papandreou tadelt die SPD-Genossen, in: Münchener Merkur, 24. Februar 1976.

Rieger, W., Karamanlis, Katharsis und Kommunismus, in: Deutsches Allgemeines Sonntagsblatt, Hamburg, 24. August 1975.

Roberts, S.V., Greek Communists Review, Find Acceptance, in: International Harald Tribune, 3. Februar 1976.

Ruehl, L., Die strategische Situation des Mittelmeer-Raumes und der Zustand der NATO-Südostflanke. Von der Vormachtstellung zur Herausforderung des Westens. Europäische Wehrkunde 1976.

Sartre, J.-P., Griechenland — Der Weg in den Faschismus — Dokumentation zur politischen Situation, Frankfurt 1970.

Seton-Watson, H., Die osteuropäische Revolution. Aus dem Englischen übers. von J. Hahn, München 1956, Originaltitel: The East European Revolution.

Svoronos, N., Histoire de la Grèce moderne, Paris 1972.

Schenck, G. von, Neuformierung der griechischen Parteien, in: Das Parlament, Nr. 45, 1976.

Schnur, R., Zur Situation des öffentlichen Dienstes in Griechenland, in: Zeitschrift für Beamtenrecht, Nr. 6, 1966.

Theotikis, Sp., Karamanlis demontiert Demokratie, in: Münchener Merkur, 31. März 1977.

Timmermann, H., Zum Austritt Mikis Theodorakis aus der KP Griechenlands. Bericht und Dokument, Köln 1972.

Tonge, D., Greeks prefer Soviet way, in: The Guardian, 4. März 1976.

Tsaonsis, D., Morphologie der neugriechischen Gesellschaft, Athen 1971.

Venturis, N., Der Integrationsprozeß im politischen System der Republik Zyperns. Die Wirkung der exogenen und endogenen desintegrierenden Faktoren im politischen System der Republik Zypern, Göppinger Akademische Beiträge, Bd. 10, Göppingen 1970.

ders., Die soziopolitischen und ökonomischen Strukturen Griechenlands im Hinblick auf seine Integration in die EG. Eine Modellskizze von Kern-Peripherie-Relationen 1977, o.O. und o.J.

Vlachos, H. (Hrsg.), Griechenland – Dokumentation einer Diktatur, Wien, München 1972.

Wallace, W., Europäische Gemeinschaft, größer aber schwächer? in: Europa-Archiv, 1976, H. 6.

Woodhouse, C.M., A short history of modern Greece, New York 1968.

ders., Apple of discord. A survey of recent greek politics in their international setting. With a foreword by Lord Altringham. Repr., London (usw.) 1951.

Dokumente,.Beiträge ohne Autorennennung

Athen wirft der Linken Volksverhetzung vor, in: Die Welt, 26. Juni 1976.

Das Schisma des griechischen Kommunismus, in: Neue Zürcher Zeitung, 26. Juni 1977.

Die sozialistische Bewegung des 1. Panhellenischen Kongresses, 13./14. Dezember 1975, Athen 1975.

Die Wähler wurden von Karamanlis betrogen, in: Münchener Merkur, 21. Januar 1977.

Griechen voran, in: Badische Neueste Nachrichten, Karlsruhe, 31. Juli 1976.

How Greece's swing to the left could lead to big changes in the rest of Europe, in: The Times, 5. Februar 1976.

Kongreß der Inlandkommunisten in Athen, in: Neue Zürcher Zeitung, 12. Januar 1976.

Le 8ème congrès du parti communiste de Grèce. Documents, o.O., Ed. politiques et littéraires, o.J. (1961).

Probleme der griechischen Linken, in: Neue Zürcher Zeitung, 18. Januar 1976.

„Schmidt hat alle Illusionen ausgeräumt", in: Der Spiegel, 6. September 1976.

Sorgen der griechischen Opposition, in: Neue Zürcher Zeitung, 16. Oktober 1975.

Wandlungen in der politischen Welt Griechenlands, in: Neue Zürcher Zeitung, 17. November 1975.

Warner Thotokis, in: Frankfurter Allgemeine Zeitung, 7. Februar 1977.

Autorenverzeichnis

Fritz René Allemann, geboren 1910 in Basel, Journalist, studierte an der Universität seiner Heimatstadt Geschichte, Nationalökonomie und Soziologie, außerdem (1930/32) Politische Wissenschaft an der Hochschule für Politik in Berlin. Einem zweijährigen Aufenthalt in Lateinamerika (1934/36) verdankt er seine Kenntnisse der spanischen wie der portugiesischen Sprache und sein Interesse für iberoamerikanische und iberische Fragen. Nach langjähriger journalistischer Tätigkeit in London, Paris, Zürich, Bonn und Berlin hat er sich seit 1967 bis heute erneut hauptberuflich diesen Gebieten zugewandt. Ergebnisse dieser Beschäftigung sind u.a. die Veröffentlichungen: „8 mal Portugal", München 1971; sowie „Macht und Ohnmacht der Guerilla", München 1974. Andere Buchveröffentlichungen gelten der deutschen Politik, u.a. „Bonn ist nicht Weimar", Köln 1957; der Schweiz, u.a. „25 mal die Schweiz", München 1965 und dem Vorderen Orient.

Klaus Hornung, geboren 1927, Dr. phil., Professor für Politikwissenschaft an der Pädagogischen Hochschule Reutlingen, Privatdozent an der Universität Freiburg/ Br.
Veröffentlichungen u.a.: Politik und Zeitgeschichte in der Schule — Didaktische Grundlagen, Villingen 1966; Wohin geht Deutschland? Zur politischen Situation und Zeitgeschichte, München 1967; Totalitäre Herrschaft im 20. Jahrhundert (Schriftenreihe der Landesanstalt für Erziehung und Unterricht, Stuttgart 1967); Politische Herrschaft und sozialer Wandel in Griechenland, in: Lothar Bossle, Klaus Hornung, Georg Mergl, Blick vom Olymp — Griechenland heute, Stuttgart 1973; Staat und Armee — Studien zur Befehls- und Kommandogewalt und zum politisch-militärischen Verhältnis in der Bundesrepublik Deutschland, Mainz 1975; Friede durch Revolution oder Gleichgewicht? Bemerkungen zum neomarxistischen und realistischen Friedensverständnis, in: G. Jasper (Hrsg.), Tradition und Reform in der deutschen Politik, Gedenkschrift für Waldemar Besson, Frankfurt 1976; Der Politisch-Revolutionäre Krieg der Gegenwart, Freiburg 1976.

Wolfgang Jäger, geboren 1940, Dr. phil., Professor für Wissenschaftliche Politik an der Universität Freiburg/Br. Veröffentlichungen u.a.: Politische Partei und parlamentarische Opposition. Eine Studie zum politischen Denken von Lord Bolingbroke und David Hume, 1971; (Zus. mit D. Oberndörfer) Klassiker der Staatsphilosophie II, 1971; Hrsg., Partei und System. Eine kritische Einführung in die Parteienforschung, 1973; Öffentlichkeit und Parlamentarismus. Eine Kritik an Jürgen Habermas, 1973; (Zus. mit D. Oberndörfer) Marx — Lenin — Mao. Revolution und neue Gesellschaft, 1975²; Hrsg. (Zus. mit D. Oberndörfer), Die

neue Elite. Eine Kritik der kritischen Demokratietheorie, 1975; Hrsg. (Zus. mit
H.O. Mühleisen), Umweltschutz als politischer Prozeß, 1976; Adenauers Einwir-
kung auf die programmatische Entwicklung der CDU 1945 bis 1949 in der Frage
der Wirtschaftsordnung, in: Konrad Adenauer und seine Zeit, Bd. II, 1976.

Dieter Oberndörfer, geboren 1929, Dr. phil., Professor für Soziologie und Wissenschaftliche Politik an der Universität Freiburg/Br., Direktor des Arnold-Berg-
straesser-Instituts, 1975 bis 1977 Leiter des Sozialwissenschaftlichen Forschungsinstituts der Konrad-Adenauer-Stiftung.
Buchveröffentlichungen u.a.: Von der Einsamkeit des Menschen in der modernen amerikanischen Gesellschaft, Freiburg 1961[2]; Klassiker der Staatsphilosophie I und II, Texte und Einführungen, Stuttgart 1962, 1975[2] und 1971, (I Zus.
mit A. Bergstraesser und II mit W. Jäger); (Hrsg.) Wissenschaftliche Politik. Eine
Einführung in Grundfragen ihrer Tradition und Theorie, Freiburg 1966[2]; (Hrsg.)
Systemtheorie, Systemanalyse und Entwicklungsländerforschung, Berlin 1971;
(Zus. mit W. Jäger) Marx—Lenin—Mao. Revolution und neue Gesellschaft, Stuttgart 1975[2]; (Hrsg.) Africana Collecta I und II, Freiburg 1968 und 1971; (Zus.
mit H. Avenarius und D. Lerche) Steuersystem und Steuerverwaltung in Indone-
sien, Stuttgart 1976; Kommunalverwaltung in Mittelamerika, Mainz 1977.
Außerdem veröffentlichte er zahlreiche Aufsätze in Sammelwerken und politikwissenschaftlichen Zeitschriften.

Guiseppe de Rosa, geboren 1921 in Gorgoglione, Jesuitenpater, ist seit 1959
Chefredakteur der Zeitung Civiltà Cattolica in Rom. Er beschäftigt sich mit
kirchlichen und politischen Problemen. Veröffentlichungen u.a.: Cattolici e
comunisti oggi in Italia. Via italiana al socialismo e dialogo con i cattolici, Rom
1966; Chiesa e comunismo in Italia, Rom 1970.

UTB

Uni-Taschenbücher GmbH
Stuttgart

Band 577
Dietrich Staritz (Hrsg.)
Das Parteiensystem der Bundesrepublik
Geschichte — Entstehung — Entwicklung. Eine Einführung.
255 Seiten, kart., 14,80 DM
ISBN 3-8100-0161-9

Band 762
Dieter Oberndörfer (Hrsg.)
Sozialistische und kommunistische Parteien in Westeuropa
Band 2: Nordländer
Ca. 320 Seiten. Ca. 19,80 DM
ISBN 3-8100-0241-0

Band 575
Uwe Thaysen
Parlamentarisches Regierungssystem in der Bundesrepublik
Daten, Fakten und Urteile für einen Überblick. 2. durchges. Aufl.
112 Seiten, kart., 8,80 DM
ISBN 3-8100-0179-1

Band 703
Rainer Waterkamp
Handbuch politische Planung
Ca. 200 Seiten, kart., ca. 19,80 DM
ISBN 3-8100-0216-X

Band 759
Martin Jänicke (Hrsg.)
Umweltpolitik
Ca. 200 Seiten. Ca. 14,80 DM
ISBN 3-8100-0234-8

Band 572
Michael Bolle (Hrsg.)
Arbeitsmarkttheorie und Arbeitsmarktpolitik
230 Seiten, kart., 19,80 DM.
ISBN 3-8100-0159-7

Band 653
Peter Lösche
Politik in USA
Das amerikanische Regierungs- und Gesellschaftssystem und die
Präsidentschaftswahl 1976. 167 Seiten, kart., 14,80 DM.
ISBN 3-8100-0194-5

Band 702
Wichard Woyke (Hrsg.)
Handwörterbuch Internationale Politik
392 Seiten, gebunden, 36,— DM. ISBN 3-8100-0229-1
kart., 22,80 DM. ISBN 3-8100-0196-1

enwarts kunde

für Gesellschaft, Wirtschaft, nd Bildung

sgegeben von Prof. Dr. Walter el, Hagen; Prof. Dr. Hans-Hermann artwich, Hamburg; Prof. Wolfgang Hilligen, Gießen; Dr. Willi Walter Puls, Hamburg. Zusammen mit Dipl.-Soz. Helmut Bilstein, Hamburg; Dr. Wolfgang Bobke, Wiesbaden; Prof. Dr. Karl Martin Bolte, München; Prof. Friedrich-Wilhelm Dörge, Bielefeld; Dr. Friedrich Minssen, Frankfurt; Dr. Felix Messerschmid, München; Prof. Dr. Hans-Joachim Winkler, Hagen.

Gegenwartskunde ist eine Zeitschrift für die Praxis der politischen Bildung ebenso wie für den politisch allgemein interessierten Leser. Sie veröffentlicht Aufsätze, Materialzusammenstellungen, Kurzberichte, Analysen und Lehrbeispiele zu den Hauptthemenbereichen der politischen Bildung: Gesellschaft — Wirtschaft — Politik. Sie informiert und bietet darüber hinaus dem Praktiker der politischen Bildung unmittelbar anwendbares Material.

„Die didaktische Relevanz der Gegenwartskunde ergibt sich nicht nur aus der Zielsetzung, problembewußte Analysen des gegenwärtigen Geschehens in Gesellschaft, Wirtschaft und Politik zu bieten, die in jeder Nummer mit geradezu bewundernswerter Exaktheit realisiert wird, sondern auch aus ihrer Singularität auf dem deutschen Zeitschriftenmarkt. Zu dieser Weite der Perspektive kommt

die unbestreitbare Aktualität der Beiträge in Vorausspielung und Reaktion." (Informationen für den Geschichts- und Gemeinschaftskundelehrer)

Wer die Informationen der Zeitschrift regelmäßig ordnet und sammelt, hat schon nach kurzer Zeit ein recht aktuelles politisches Kompendium zur Hand, das für die tägliche Unterrichtsarbeit ganz konkrete Hilfen liefert. (betrifft: erziehung)

„Sie (GEGENWARTSKUNDE) hilft dem interessierten Lehrer, in wichtigen Fachbereichen auf dem neuesten Informationsstand zu bleiben: sie unterstützt den Lehrer, der die notwendige Auseinandersetzung mit aktuellen, teilweise kontroversen Themen nicht scheut und sie erfolgreich bestreiten will; sie ist geeignet, den Blick zu schärfen für Notwendigkeit und Ausmaß gesellschaftlicher Veränderung und einen realistischen und dynamischen Demokratiebegriff; sie liefert vor allem neben Anregungen didaktischer Art eine Fülle guten Materials, das nicht nur der Information des Lehrers dient, sondern auch teilweise im Arbeitsunterricht unmittelbar verwendet werden kann."
(Der Bürger im Staat)

Gegenwartskunde erscheint vierteljährlich Jahresabonnement DM 28,—, für Studenten gegen Studienbescheinigung und Referendare DM 20,40, Einzelheft DM 8,—, jeweils zuzüglich Versandkosten.

Leske Verlag + Budrich GmbH